新版
ロシア語
Справочник русского языка
ハンドブック

Takashi Fujinuma　藤沼 貴

東洋書店新社

はじめに

　私は2000年9月に和露辞典（研究社）を出版した。この和露辞典の大きな特徴の一つは、ほかの辞典にくらべて、「囲み欄」がはるかに多いことである。1988年に出た露和辞典（研究社）につづいて、和露辞典の企画、編集、レイアウト、校正など、そのすべてをとりしきった小沼利英氏は、その当時から「囲み欄」について一つの遠謀深慮を抱いていたらしい。その後、小沼氏は東洋書店に転職し、ロシア・ロシア語関係の本をいくつも世に送ったが、今回、同氏の勧めもあってかねての計画を実行に移すことになった。

　ソ連崩壊後、ロシアが「超大国」でなくなってから、ロシアの国際的意義はかえって増大し、ロシア語の重要性も以前よりかえって増している。それと同時に、国際化が英語一辺倒でないことも、日々の経験で明らかになりつつある。今こそロシア語を活用するために役立つ参考書の提供が望まれるようになったのである。

　「囲み欄」はもともと使用者の便宜を考えてのものだったが、今回は「囲み欄」を基本的、一般的な性格の辞書の枠から解き放して、その特徴をストレートに発揮できるようにした。もっと具体的に言えば、現に使われているロシア語をそのまま捉え、それを駆使することができることを狙いにした。そのために、7年前の素材を更新・修正、さらに補充したばかりでなく、根本的にリフォームして、新しい一冊の本をつくることにし、次のような工夫をした。

(1)　各項目を「Aベース」、「Bバリエーション」、「Cオプション」の三つのカテゴリー、言い換えれば、「基本」、「発展」、「応用」の三段階に分け、いろいろなレベルの人が過重な負担なしに、レベルに合わせて活用できるようにした。例えば、あまりロシア語になれていない人は、「Aベース」の部分だけ身につければ、該当のテーマについては用が足りるようにした。急いでB、Cにまで入り込む必要は必ずしもない。

はじめに

(2) 各項目を「表現・文法」、「テーマ別語彙」の構成にし、複数の角度からロシア語にアプローチできるようにした。複数の角度から同時にアプローチすることもできるし、文法の得意な人は、まず文法から入ることもできる。
(3) しかし、上記の側面は密接につながっているので、最後に「Ｄインターチェンジ」を設けて、関連項目への乗り継ぎを容易にした。
(4) 辞書で使われるアルファベット順配列にも利点があるが、本書では、内容別の配列を併用し、実際の使用や学習に便利なようにした。
(5) たとえ１行の例文でも、例文のための例文といった感じの、あまり実用にならないものは排除し、即座に活用できるものを提供するように努めた。
(6) 「表現・文法編」、「テーマ別語彙項目編」には原則として一つ以上の「ミニ・ダイアローグ」を入れ、当該項目の応用例を示すばかりでなく、言葉を生活、文化、情緒に密着させようとした。同時に、つらくなりがちな外国語学習の息抜きになる読み物の役割も持たせるようにした。ちなみに、例文、ミニ・ダイアローグはすべてこの本のための著者自身による新作で、自作以外のものの利用はもちろん、和露辞典など、以前の自著からの再利用もまったくない。
(7) 巻末に変化表と日本語から本文のロシア語をたどることができる語彙索引をあげた。変化表について言えば、ロシア語学習者を初歩の段階で悩ませてきたロシア語の名詞、形容詞、動詞などの変化を言葉の自然のあり方から説明を試みたつもりである。「原理・原則」にもとづけば、そう複雑な変化表など必要ないであろう。

　この目的を達成するために私が構想した内容の分量は、本書の約２倍に達したので、それを絞り込みながら執筆した。それでも利用者の使いやすさや価格などの観点からすると、書き上げた草稿の分量は多すぎたので、さらに30パーセントほど削減し、現実的に許されるぎりぎりの分量にまとめた。

　当初、学校の壁の中にいる私だけでなく、最前線で活躍している練達のロシア語の使い手を共著者に予定していたが、残念ながら、現場

はじめに

　の通訳者はあまりにも多忙で、実現しなかった。またしても、「和露辞典」の場合と同じく、著者は私一人になった。さいわい、私の極東大学（ウラジオストク）での教え子で、現在日本在住のマリーナ・ノヴォショーロヴァさんが校閲作業を引き受けてくれた。企画、編集、レイアウト、校正など本作り万端で、今度も長年の戦友である小沼氏に過重な負担を強いることになった。
　しかし、和露辞典作成の時に比べると、インターネットという武器のおかげで、情報収集の速度と分量は飛躍的に増加し、ロシアを駆け回って実地調査をしたり、資料を大量に買い込んだりする必要は激減して、20世紀と21世紀の「格差」を痛感した。今、出版業は資金、販売などの面でますます難しくなってきているが、作成の能率という点では、信じられないほどのよい状態にある。
　私もこれを機会に今後いろいろな方法を研究して、もっと利用者の要望に応えられるロシア語の参考書が出版できそうな気がしている。
　　2007年8月6日

　　　　　　　　　　　　　　　　　　　　　　　藤沼　　貴

　今回の改訂を機に全体の骨格・構成は残して、改訂・補筆、索引の充実をおこなった。金田一真澄慶應義塾大学教授はじめ、多くの人たちからの助言・叱正も改訂版に組み入れた。とくに有益な助言をしてくださったウラディーミル・ミグダリスキーさんには厚くお礼申し上げたい。
　なお、今回も編集の担当は私の長年の戦友小沼利英さんである。
　　2009年10月28日

※本書は、2009年に東洋書店より刊行された『ロシア語ハンドブック改訂版』を装丁を変えて再版するものです。再版にあたっては、佐藤雄亮先生（モスクワ大学講師）に貴重な助言をいただきました。イリーナ・サヴェーリエヴァさんには校閲をしていただきました。厚く御礼を申し上げます。

目　　次

はじめに

第1部　表現・文法編

挨拶（こんにちは；お早うございます；今晩は；ようこそ；
　　　さようなら）……………………………………………… 2
お祝い（おめでとう（ございます）；祝う）……………………… 8
意志（…したい；…するつもりです）…………………………… 10
依頼（…してください；お願いします；…していただけませんか）… 12
願望（…したい；…してほしい；…したらなあ）……………… 15
感情（喜ぶ；悲しむ；楽しむ；怒る；寂しがる；惜しむ；
　　　なつかしむ）…………………………………………… 18
感嘆（何と…だ！）……………………………………………… 22
疑問（だれが；だれの；何を；どちらの；いつ；どこへ；
　　　どこから；いくつ；なぜ）…………………………… 25
強調 ……………………………………………………………… 29
推測、推量（思う；考える；（…だったらいいと）思う；
　　　予想している）………………………………………… 32
命令、要求（…してください；…せよ；…しなさい）………… 36
必要、義務（…しなければならない；…すべきです）………… 39
強制（…させる；…しなければならない）……………………… 42
勧誘、勧告、提案（…してはいかがですか；…するよう（を）
　　　お勧めします）………………………………………… 45
可能、不可能（…できる；…できない）………………………… 48
能力、才能（…できる；…がうまい；…が上手だ）…………… 52
許可（…してよい；許す）……………………………………… 56
禁止（…してはならない）……………………………………… 59
制限、限定 ……………………………………………………… 62
肯定、否定（はい、ええ；いいえ）…………………………… 65
賛成、反対 ……………………………………………………… 68
承諾、拒絶 ……………………………………………………… 72
目的（…のために；…するために）…………………………… 76
理由、原因（…で；…のために；…のおかげで）……………… 81
結果、帰結（…なので…だ；…のために…になる）…………… 88
仮定（もし…なら（ば））……………………………………… 92
譲歩、認容（…だが、しかし；…でもないのに；
　　　どんなに…しても）…………………………………… 97
程度 …………………………………………………………… 100
比較（…より…だ；…倍…する）……………………………… 104
類似（…と同じように；…のように；…に似て）…………… 110

iv

目　次

選択（…よりも…のほうがいい；…かどうか；…よりも…を選ぶ) 114
時を示す副文 117
大きさ、長さ、重さなど 120
度量衡 123
朝、昼、晩、夜 125
午前、午後 129
時刻 132
期間 135
反復（いつも；たいてい；たまに；…毎に；…おきに) 142
季節 146
年月日、世紀 148
年齢 153
場所 156
位置関係（前後・左右・上下・遠近・中間) 160
運動の起点と終点 164
受身 172
運動の動詞 175
活動体、不活動体 179
関係詞（関係代名詞、関係副詞) 182
間投詞 187
機能動詞 189
句読点 192
時制（現在・過去・未来) 195
小詞（助詞) 198
数詞 202
接続詞 206
挿入語、挿入句 214
代名詞 220
動詞の体 231
副詞 235
不定詞 238
無主語文 242
無人称文 246
話法 253

第2部　テーマ別語彙項目編

衣服 260
服飾品、装身具 264
裁縫、編み物、刺繍 266
履物 268
家庭、家族 270
住居 272
台所 274

v

目　次

- 庭園、園芸 …………………………………277
- 食事 …………………………………………279
- 食料品 ………………………………………281
- パン、ペストリー …………………………284
- 飲み物 ………………………………………286
- 菓子 …………………………………………289
- 料理 …………………………………………291
- 食器 …………………………………………294
- レストラン …………………………………296
- 病院 …………………………………………298
- 病気 …………………………………………300
- 歯科 …………………………………………303
- 身体 …………………………………………305
- 身体器官 ……………………………………307
- 性 ……………………………………………310
- 出産 …………………………………………312
- 薬 ……………………………………………314
- 化粧品 ………………………………………316
- 美容院 ………………………………………318
- 文房具 ………………………………………321
- 郵便 …………………………………………323
- 旅行 …………………………………………325
- ホテル ………………………………………328
- 会議 …………………………………………330
- 会社 …………………………………………332
- 仕事 …………………………………………335
- 株式 …………………………………………337
- 銀行 …………………………………………339
- 金銭 …………………………………………341
- 経済 …………………………………………343
- 財政 …………………………………………345
- 商業 …………………………………………347
- 店 ……………………………………………349
- 貿易 …………………………………………352
- 国際関係 ……………………………………354
- 裁判 …………………………………………356
- 法律 …………………………………………359
- 国会、議会 …………………………………361
- 政党 …………………………………………363
- 内閣 …………………………………………364
- 新聞、雑誌 …………………………………367
- 広告 …………………………………………369
- 環境問題 ……………………………………371

目　次

入学試験 …………………………………373
年金 ………………………………………375
保険 ………………………………………377
オーディオ ………………………………379
テレビ ……………………………………381
電話 ………………………………………383
写真 ………………………………………385
コンピュータ ……………………………387
インターネット …………………………390
Ｅメール …………………………………393
プリンタ …………………………………395
天気 ………………………………………397
天体、星座 ………………………………400
宇宙 ………………………………………401
（自然）災害 ……………………………405
事故 ………………………………………410
自転車 ……………………………………412
自動車 ……………………………………414
市内交通 …………………………………416
道路 ………………………………………419
鉄道 ………………………………………421
飛行機 ……………………………………424
船 …………………………………………426
球技 ………………………………………428
サッカー …………………………………430
テニス ……………………………………432
バスケットボール ………………………434
バレーボール ……………………………435
水泳 ………………………………………437
スキー、スケート ………………………439
体操 ………………………………………441
陸上競技 …………………………………443
ボクシング ………………………………445
柔道 ………………………………………447
重量挙げ …………………………………449
乗馬 ………………………………………450
野球 ………………………………………452
登山 ………………………………………454
釣り ………………………………………456
チェス、碁、将棋 ………………………458
映画 ………………………………………460
劇場 ………………………………………462
演劇 ………………………………………464

vii

目　次

　　大衆芸能 ……………………………………………466
　　音楽………………………………………………469
　　楽器………………………………………………472
　　オペラ、バレエ ……………………………………474
　　歌舞伎……………………………………………476
　　文楽………………………………………………478
　　能、能楽 …………………………………………480
　　美術………………………………………………482
　　色彩………………………………………………485
　　文学………………………………………………487
　　宗教………………………………………………489
　　仏教………………………………………………492
　　ロシア正教会 ………………………………………493

変化表（巻末）………………………………………496
語彙・表現索引 ………………………………………507

第1部　表現・文法編

挨　拶　（こんにちは；お早うございます；今晩は；ようこそ；さようなら）

A　ベース

I　日常の挨拶
1　顔を合わせた時
①挨拶の言葉
ⅰ こんにちは。　　　　　　　　　Здра́вствуйте.
出会いの挨拶として、時間帯、目上・目下、関係の親疎に関わりなく広く、頻繁に使われます。
　　こんにちは。　　　　　　　　Здра́вствуй！
親しい単数の相手にしか使えません。

ⅱ お早うございます。　　　　　　До́брое у́тро.
у́тро に相当する時間帯（「朝、昼、晩、夜」、「午前、午後」の項参照）で使われますので、日本語の「お早うございます」より少し時間幅が広めです。

ⅲ こんにちは。　　　　　　　　　До́брый день.
день に相当する時間帯（「朝、昼、晩、夜」、「午前、午後」の項参照）で使われますが、昼間はЗдра́вствуйте.を使う人が多いので、До́брый день.の使用頻度はあまり多くありません。

ⅳ 今晩は。　　　　　　　　　　　До́брый ве́чер.
ве́чер と ночь に相当する時間帯で使われますので、日本語の「今晩は」より少し早い時間（午後5時前）から使えます。

ⅴ こんちは。　　　　　　　　　　Приве́т.
親しい間柄で使われるくだけた言い方ですが、現在、少しずつ使用範囲が広がっています。

②その返事　上記の挨拶に対しては、
Здра́вствуйте［До́брое у́тро など］. 同じ言葉で答えるのが普通です。

2　安否を問う
①挨拶の言葉
ⅰ お元気ですか。いかがお過ごしですか。　　　　　　　　　　Как вы пожива́ете？
誰に対しても広く使えます。

挨　拶

　　　お元気ですか。いかがお過し　　Как ты поживáешь？
　　ですか。
　　親しい単数の相手にしか使えません。
ⅱ　調子はどうですか。　　　　　　Как「у вас［у тебя］делá？
　　気軽なくだけた言い方です。
②その返事
　ⅰ　Как вы поживáете？に対しては、Спасúбо,「хорошó［отлúчно, нормáльно, ничегó］．А вы？と答えるのが普通です。
　　つまり、「安否をたずねてくれたことに対するお礼＋その返事＋相手の安否を問う」という構造です。
　　安否の問いに対する返事はよほど親しい間柄でなければхорошóと答えるのが無難で、必ずしも実情を述べる必要はありません。
　ⅱ　Как「у вас［у тебя］делá？に対してもХорошó［Отлúчно, Нормáльно, Ничегó］．А у тебя？と答えればいいでしょう。しかし、くだけた言い方ですから、よくない実情に即した返事でもかまいません。

3　別れ
①挨拶の言葉
　ⅰ　さようなら。　　　　　　　　До свидáния.
　　別れの挨拶としてもっとも頻繁に使われます。
　ⅱ　ご機嫌よう。　　　　　　　　Всегó хорóшего.
　　やや丁寧な言い方です。До свидáния, всегó хорóшего.のように、二つ続けて言うこともよくあります。
　ⅲ　じゃあ、また。　　　　　　　Покá．または Ну, покá．
　　くだけた言い方です。すぐに会うことを期待している感じを含みます。
②その返事　上記の挨拶に対しては、同じ言葉で返事をするのが普通ですが、別の言葉でもかまいません。
　　　—До свидáния.　　　—До свидáния.
　　　—До свидáния.　　　—Всегó хорóшего.

4　伝言
①伝言を頼む言葉
　　Передáйте (мой) привéт＋伝えてほしい相手（与格）
　　奥様［同僚の皆様］によろし　　Передáйте (мой) привéт「вáшей
　　くお伝えください。　　　　　　супрýге［всем вáшим коллéгам］．
　　みんなによろしくね。　　　　　Привéт всем.

3

挨拶

上記の基本形を簡略化したもの。くだけた言い方になります。
②その返事
　ⅰ ありがとうございます。（必ず）伝えます。　　Спасибо, (обязательно, непременно) передам.
　これが基本形です。
　ⅱ はい、伝えますよ。　　Хорошо, передам.
　これはくだけた言い方です。

Ⅱ 日常的でない場合の挨拶
1 久しぶりの対面
　ⅰ 久しぶりですね。　　Мы давно не「встречались［виделись］.
　これが基本形でどんな場面でも使えます。
　ⅱ ずいぶん久しぶりですね。　　Сколько лет, сколько зим!
　かなり長く会わなかった場合に使われます。
　ⅲ あなた全然変わらないわね、レーナ。すぐにあなただってわかったわ。　　Ты совсем не изменилась, Лена. Я сразу узнала тебя.

上記のような型にはまった言葉のほかに、何か状況に応じた自分の言葉を付け加えるほうがいいでしょう。

2 初対面
①もっとも基本的な語句を挙げましょう。
　ⅰ 紹介者のある場合
　　ご紹介させていただきます。こちらは私の新しい同僚の伊藤武雄君です。　　Познакомьтесь, пожалуйста, это мой новый коллега Такэо Ито.
　ⅱ 紹介者のない場合
　　自己紹介させていただきます。はじめまして、伊藤武雄と申します。　　Разрешите познакомиться. Меня зовут Такэо Ито.
　ⅲ その返事
　　はじめまして、伊藤さん。私はオレーグです。　　Очень приятно, Ито-сан. Меня зовут Олег.

②上の基本語句だけでは不十分ですので、何かを補うべきです。多少のパターンはありますが、それぞれの状況に応じて、ふさわしい表現を自分で考えましょう。次に挙げるのはその一例にすぎません。
　ⅰ 紹介者のある場合

挨 拶

紹介者(小山)：ご紹介させていただきます。こちらは私の新しい同僚の伊藤武雄君。こちらは私の一番大切なお得意様の一人オレーグ・セミョーノヴィチ・クズネツォフさんです。

Познакомьтесь, пожалуйста, это мой новый коллега Такэо Ито. Это один из моих самых важных клиентов, Кузнецов, Олег Семёнович.

伊藤：はじめまして、伊藤です。あなたのことは小山さんからいろいろと伺っております。

Очень приятно, Ито. Я много слышал о вас от Кояма.

クズネツォフ：はじめまして、伊藤さん。よいお友達になれることと思っております。

Очень приятно, Ито-сан. Надеюсь, что мы будем хорошими друзьями.

ii 紹介者のない場合

伊藤：自己紹介させていただきます。はじめまして、伊藤武雄と申します。あなたのお知り合いの小山文彦さんの新しい同僚です。よろしくお願いいたします。

Разрешите познакомиться. Меня зовут Такэо Ито. Я новый коллега вашего знакомого Фумихико Кояма. Надеюсь, что вы будете помогать мне.

クズネツォフ：はじめまして、伊藤さん。あなたのことはもう小山さんから伺ってます。あなたがパートナーになってくださるので、よろこんでいます。

Очень приятно, Ито-сан. Я уже слышал о вас от Кояма-сан. Я рад, что вы будете моим партнёром.

3　送迎

①出迎え

i ようこそ。よくいらっしゃいました。

С приездом.

もっとも頻繁に使われる表現。もともと「到着おめでとうございます」Поздравляю вас с приездом. ですが、この場合は поздравляю вас は不必要です。

ii 歓迎、ジュニア・スポーツマンのみなさん。

Добро пожаловать Вас, юных спортсменов.

これは（次も同様）i の表現より改まったもので、文章語、ポスターなどでよく使われます。

5

挨　拶

　　　　　ロシア使節団、東京へようこそ。　　Добро́ пожа́ловать ру́сскую делега́цию в Токио.

　　　ⅲ みなさん、ようこそ。　　Приве́тствуем [Приве́тствую] вас, друзья́!

　　　ⅳ ご道中はいかがでしたか？　　Как「 дое́хали [прилете́ли]?

　　　　　おかげさまで、快適（無事、順調）でした。　　Спаси́бо,「 прекра́сно [благополу́чно, норма́льно].

　②見送り

　　　　　さようなら。どうかお気をつけて。　　До свида́ния [Всего́ хоро́шего]. Счастли́вого пути́.

　Всего́ хоро́шего. や Счастли́вого пути́. が生格になっているのは、願望の表現である「あなたにすべてのよいこと（無事安穏な道中）を願っています Жела́ю вам「всего́ хоро́шего [счастли́вого пути́].」が基になっているからです。「**願望**」の項参照。

B　バリエーション

1　安否を問う表現

①前掲と同じ型の表現（Как вы пожива́ете?）を基にして、あるいはその他の表現を使って、直接の相手だけでなく、その関係者の安否を問うこともよくあります。

　　　奥様はお元気ですか。　　Как пожива́ет ва́ша супру́га?
　　　ご両親はお元気ですか。　　Как пожива́ют ва́ши роди́тели?
　　　おたくのボスはお達者ですかね。　　Ваш босс жив и здоро́в?

②次のような表現は相手の健康状態に懸念のある場合に使われるのが普通です。

　　　体調はどうですか。　　Как ва́ше здоро́вье?
　　　今日はご気分はいかがですか。　　Как ва́ше самочу́вствие сего́дня?
　　　この数日ご気分はどうですか。　　Как вы себя́ чу́вствуете э́ти дни?

2　До свида́ния の変形

　別れの挨拶として一番よく使われる До свида́ния は、「…まで」という意味の前置詞 до と「出会い」という意味の名詞 свида́ние の生格が結び付いたフレーズで、「お会いするまで」という意味です。

　これにならって До встре́чи.「お会いするまで」、До сле́дующей встре́чи.「この次お会いするまで」、До ско́рой встре́чи.「もうすぐお会いするまで」など、いろいろな表現ができます。

挨拶

次に会う時点がわかっている場合には、До за́втра.「あした（お会いする）まで」、「じゃ、またあした」、До вто́рника.「火曜（にお会いする）まで」、「じゃ、火曜にまた」などと言うこともよくあります。

3 健康状態を懸念する表現

次のような表現は、多少とも相手の健康状態を懸念しているときに使うのが普通です。

お元気で。　Бу́дьте здоро́вы.　Будь здоро́в(а).
お大事に。　Береги́те себя́.

4 くだけた表現

失礼になるおそれもありますので、注意して使う必要がありますが、次のような気軽な表現があります。

元気でね。　Счастли́во.
頑張ってね。　(Жела́ю вам) Уда́чи.　Вам уда́чи.

5 別れる時のさまざまな表現

早めに帰る場合などに、ほかの人が気を悪くしないために何かを言わなければならないことがあります。挨拶そのものではないので、ここでは深入りしませんが、культу́ра ре́чи（言葉の文化＝言葉遣いの品位）のために重要です。

申しわけありませんが、もう家に帰らなければなりません、今日は娘の誕生日なので。	Извини́те, мне пора́ домо́й. Сего́дня у нас день рожде́ния до́чери.
お先に失礼するのはとても残念なのですが、7時に駅に友人を迎えに行かなければなりませんので。	О́чень жаль поки́нуть вас, но мне ну́жно встре́тить дру́га на вокза́ле в семь (часо́в).

C　オプション

別れの言葉として Проща́йте.（元来「失礼します」の意味）があります。昔は長い間別れる場合の挨拶の語として広く使われましたが、今ではほとんど使われなくなりました。

D　インターチェンジ

☞「お祝い」、「意志」、「依頼」、「願望」

7

お祝い　（おめでとう（ございます）；祝う）

A　ベース

1　お祝いの言葉

お祝い表現の主なものは次の二つ（実質的には一つ）です。

① Поздравля́ю вас＋с＋造格

　新年おめでとうございます。　　　Поздравля́ю вас с (наступи́вшим) Но́вым го́дом.

　誕生日おめでとうございます。　　Поздравля́ю вас с днём рожде́ния.

　男子出産おめでとうございます。　Поздравля́ю вас с рожде́нием сы́на.

　ご結婚10周年おめでとうございます。　Поздравля́ю вас с деся́той годовщи́ной сва́дьбы.

② С＋造格（これは上の Поздравля́ю вас＋с＋造格 の Поздравля́ю вас を略したものですから、①の変種にすぎません。）

　新年おめでとう。　　　　　　С (наступи́вшим) Но́вым го́дом.
　誕生日おめでとう。　　　　　С днём рожде́ния.
　男子出産おめでとう。　　　　С рожде́нием сы́на.
　結婚10周年おめでとう。　　　С деся́той годовщи́ной сва́дьбы.

2　お祝いの言葉に対する返事

①お祝いの言葉が自分だけに向けられている場合は、普通のお礼の表現で答えます。

　誕生日おめでとうございます。　　Поздравля́ю вас с днём рожде́ния.

　どうもありがとうございます。　　Большо́е (вам) спаси́бо.
　男子出産おめでとう。　　　　　　С рожде́нием сы́на.
　ありがとう、ぼくたち本当に幸せだよ。　Спаси́бо, мы о́чень сча́стливы.

②お互いに祝い合う場合。

　新年おめでとうございます。　　Поздравля́ю вас с (наступи́вшим) Но́вым го́дом.

8

お祝い

これはどうも。おめでとうござ　　Спаси́бо, и вас「та́кже［то́же］.
います。
（この返事は　Я「та́кже［то́же］поздравля́ю вас с（наступи́вшим）
Но́вым го́дом. を省略したもの。）

B　バリエーション

1　Да здра́вствует＋主格
これは元来「…よ、健やかなれ」という願望の表現ですが、「祝」、「万歳」など、お祝いや、賞賛の意味で使われることが少なくありません。
日本国万歳！　　Да здра́вствует Япо́ния！
A大学万歳！　　Да здра́вствует Универси́тет A！

2　Сла́ва＋与格
これは元来「…を称える」という賞賛の表現ですが、「祝」の意味で使われることが少なくありません。
史上初めて宇宙空間を飛んだ犬た　　Сла́ва соба́кам, лета́вшим впер-
ちに栄光あれ！　　вы́е в исто́рии по ко́смосу！

C　オプション

「…を祝う」という意味の動詞は торжествова́ть, пра́здновать, отмеча́ть の三つです。

国際高校野球大会での市立高校の勝利を全市が祝う。

Весь го́род торжеству́ет побе́ду городско́й шко́лы на междунаро́дном бейсбо́льном турни́ре шко́льников.

私たちは五つ星のホテルで社長の還暦のお祝いをした。

Мы пра́здновали шестидесятиле́тие президе́нта на́шей компа́нии в пятизвёздной гости́нице.

世界諸国でモーツァルトの生誕250周年を祝った。

Во мно́гих стра́нах ми́ра отмеча́ли 250（двухсотпятидесяти）ле́тие со дня рожде́ния Мо́царта.

D　インターチェンジ

☞「挨拶」、「願望」

9

意　志　（…したい；…するつもりです）

A　ベース

意志を表現するキーは次の二つです。
　1 動詞未来形
　2 хотéть＋動詞不定詞
　1は元来未来の時を示すもの、2は願望を示すものですが、それが意志の表現につながります。

1　**動詞未来形**（完了体、不完了体のどちらも可能）

　　私はもう少し早めに寝るようにするつもりです。　　Я <u>бýду</u> <u>ложи́ться</u> спать пора́ньше.

　　私たちは8時までに家に帰るつもりです。　　Мы <u>вернёмся</u> домо́й до восьми́ часо́в.

2　**собира́ться, хотéть＋動詞不定詞**

　　私はあなたのためにできるかぎりのことをするつもりです。　　Я <u>хочý</u> <u>сдéлать</u> для вас всё, что возмо́жно.

B　バリエーション

　動詞未来形は単に未来の意味しか持たない（つまり、意志を示さない）こともあります。また、хотéть ははっきりした意志ではなく、希望・願望の意味しか示さないこともあります。ですから、意志をはっきり示すために、いろいろな副詞、挿入語などを付け加えることもあります。たとえば、次のようなものです。

　必ず、きっと непремéнно, きっと обяза́тельно, 本心から и́скренно, и́скренне, 誓って чéстное слóво, 保証します руча́юсь

　　私たちは8時までに<u>必ず</u>家に帰るつもりです。　　Мы「<u>непремéнно</u>［<u>обяза́тельно</u>］вернёмся домо́й до восьми́ часо́в.

　　私は<u>本当に</u>あなたのためにできるかぎりのことをするつもりです。　　Я <u>и́скренно</u> хочý сдéлать для вас всё, что возмо́жно.

　　<u>本当に</u>金はあしたまでに返すよ。　　<u>Чéстное слóво</u>, я отда́м тебé дéньги до за́втра.

C オプション

次のような語（主として動詞）を（多くの場合、動詞の不定詞を伴って）使い、それぞれの動詞の本来の意味を通じて、意志を表現することができます。

ду́мать 思う、考える、собира́ться …しようとする、плани́ровать 計画する、про́бовать 試みる、пыта́ться やってみる、стара́ться 努力する、гото́в (-а, -ы) 用意している、覚悟である、намерева́ться …するつもりである、наме́рен (-а, -ы) …するつもりである

あした私は一日中家で休むつもりです。
За́втра я ду́маю це́лый день отдыха́ть до́ма.

私たちは休暇をスイスで過ごすつもりです。
Мы собира́емся [плани́руем] провести́ о́тпуск в Швейца́рии.

私はどんなことでもやるつもりです。
Я гото́в(а) сде́лать всё. (Я гото́в(а) на всё.)

D インターチェンジ

☞「依頼」、「願望」、「推測、推量」

♣ ミニ・ダイアローグ
美は世界を救うか？
Красота́ спасёт мир？

アーニャ：ママ、あたしこれからお昼御飯は食べないわ。
Аня: Я бо́льше не бу́ду обе́дать, ма́ма.

ママ：どうしたの？ 胃の調子が悪いんだったら、まずお医者さんに診てもらいなさい。
Ма́ма: Что с тобо́й？ Е́сли у тебя́ есть кака́я-нибудь пробле́ма с желу́дком, снача́ла обрати́сь к врачу́.

ア：違うの、病気じゃないわ。ただ、ダイエットをするの。体重を5キロへらすつもり。
А: Нет, я здоро́ва. Про́сто я бу́ду на дие́те. Ски́ну вес на пять килогра́мм.

マ：アーニャ、それは毒よ。自殺行為だわ。
М: Э́то вре́дно, А́ня. Что́-то вро́де самоуби́йства.

ア：平気よ、ママ。スタイルがよくなって、きれいになるためなら、あたし命だって賭ける覚悟よ。
А: Ничего́, Ма́ма. Я гото́ва рискова́ть жи́знью, что́бы быть стро́йной и краси́вой.

依　頼　（…してください；お願いします；…していただけませんか）

A　ベース

依頼を表現するキーは次の二つです。

1　命令形（＋пожа́луйста）

　eメールで返事を<u>してください</u>。
　<u>Да́йте</u> мне отве́т по электро́нной по́чте.

　銀行のATMのある場所を<u>教えてください</u>。
　<u>Скажи́те, пожа́луйста</u>, где нахо́дится банкома́т.

2　Прошу́ [Про́сим] вас ＋動詞不定詞

　連絡はすべて、電話ではなくeメールで<u>お願いします</u>。
　<u>Прошу́ вас сообщи́ть</u> всё не по телефо́ну, а по электро́нной по́чте.

　乗客の皆様、飛行中はタバコを吸わないように<u>お願いいたします</u>。
　Уважа́емые пассажи́ры, <u>про́сим вас не кури́ть</u> во вре́мя полёта.

　＊ пожа́луйста の語順は、厳密にきめられてはいませんが、命令形のすぐ後におくのが普通です。文字で書く場合には、挿入語として、前後にコンマをつけます。

B　バリエーション (1)

1　依頼の表現は、「命令形（＋пожа́луйста）」や「Прошу́ [Про́сим] вас ＋不定詞」以外にも、たくさんありますが、最近の口語では подсказа́ть がよく使われます。

　地下鉄の駅に行く道を<u>教えていただけませんか</u>。
　(Вы) <u>Не подска́жете</u>, как пройти́ на ста́нцию метро́？

2　мочь の諸形を使うこともよくあります。

　20カペイカお持ちではありませんか。釣り銭を切らせてしまいまして。
　<u>Не мо́жете</u>（ли вы）найти́ два́дцать копе́ек？ У нас нет сда́чи.

　地下鉄の駅に行く道を<u>教えていただけませんか</u>。
　(Вы) <u>Не мо́жете подсказа́ть</u>, как пройти́ на ста́нцию метро́？

3　掲示、官庁用語では про́сьба＋動詞不定詞を使うことがあります。

　乗車料金はバスに乗る際にお支<u>払いください</u>。
　<u>Про́сьба заплати́ть</u> за прое́зд при вхо́де в авто́бус.

依　頼

バリエーション（2）

第三者への依頼

1　пусть＋未来時制の文

　ピョートル・アンドレーヴィチ、柴田さんからお電話です。
　今忙しいので、10分後にかけ直してもらってください。

　Пётр Андре́евич, вам позвони́л господи́н Сиба́та.
　Сейча́с я за́нят. <u>Пусть</u> он перезвони́т через де́сять мину́т.

2　попроси́те＋対格＋動詞不定詞

　10分後にかけ直してもらうようにお願いしてください。

　<u>Попроси́те</u> его́ перезвони́ть через де́сять мину́т.

3　скажи́те,＋что́бы＋過去時制の文

　10分後にかけ直してもらうように言ってください。

　<u>Скажи́те, что́бы</u> он перезвони́л через де́сять мину́т.

C　オプション

　命令形は、言うまでもなく、命令の表現です。命令形を依頼の意味で使う場合には、あまり命令口調になってはいけません。
　やわらかい感じにするための手段としては、**пожа́луйста**を付けるのが一番普通ですが、**извини́те**や**бу́дьте добры́**などもよく使われます。そのほかにも、たくさんの婉曲語法があります。

　<u>申し訳ありませんが</u>、今手が離せません。少々お待ちください。
　<u>お願いします</u>、ウェイトレスさん。メニューを持ってきてください。

　<u>Извини́те</u>, сейча́с я за́нят. Подожди́те мину́точку.
　<u>Бу́дьте добры́</u>, де́вушка, принеси́те мне меню́.

D　インターチェンジ

☞「意志」、「依頼」、「願望」、「命令、要求」、「不定詞」

13

依　頼

♣ ミニ・ダイアローグ
　　電話で電話の話

亜矢：オレーグさん、あたしをサポートしてくださらない？

オレーグ：もちろん、いいですよ。何をすればいんですか。

亜：あたしロシアで使いやすい携帯電話を買いたいんです。

オ：いやあ、申し訳ありませんが、ぼくはそっちの方はまるっきり無知です。娘のイーラに頼んだ方がいいですよ。今すぐ電話をしてごらんなさい。

亜：いえ、あたしちょっと気が引けます。あたしお嬢さんとはお知り合いじゃないんですもの。
あたしがお電話をすることを、まずお宅で、お嬢さんにお話しになっておいてください。いつお電話をすればいいかしら？それとも、お嬢さんの方から、ご都合のいいときに、お電話をしていただきましょうか。

О телефо́не по телефо́ну

Ая: Оле́г, вы не мо́жете мне помо́чь?

Оле́г: Коне́чно, могу́. В чём де́ло?

А: Я хоте́ла бы купи́ть моби́льный телефо́н, кото́рым удо́бно по́льзоваться в Росси́и.

О: Извини́те, в э́той о́бласти я соверше́нно безгра́мотный. Лу́чше попроси́те мою́ дочь, И́ру. Сейча́с позвони́те ей.

А: Нет, я немно́го стесня́юсь — ведь я не знако́ма с ней. Снача́ла вы скажи́те ей до́ма, что я позвоню́. Когда́ мо́жно звони́ть? И́ли пусть она́ сама́ позвони́т мне, когда́ ей удо́бно.

願　望　(…したい；…してほしい；…したらなあ)

A　ベース

願望の表現は次の二種類に分かれます。

1	自分自身にかかわる願望	a. Я хоте́л(а) бы＋動詞不定形 a'. Я хочу́＋動詞不定形 b. Мне хоте́лось бы＋動詞不定形 b'. Мне хо́чется＋動詞不定形
2	自分以外のものへの願望	a. Жела́ю「вам [тебе́]＋生格 [動詞不定詞] b. (Я) жела́ю, что́бы …

1　自分自身にかかわる願望

ぼくは妻に代わって、朝から晩まで家で家事をしていたいよ。

Я хоте́л бы [Я хочу́, Мне хоте́лось бы, Мне хо́чется] занима́ться дома́шними дела́ми до́ма с утра́ до ве́чера вме́сто жены́.

私は夫や子供をとても愛していますが、でもやっぱり家族のために自分の仕事を犠牲にしたくありません。

Я о́чень люблю́ му́жа и дете́й, но всё-таки не хоте́ла бы поже́ртвовать свое́й рабо́той для семьи́.

2　自分以外のものへの願望

ご幸福と、ご健康と、お仕事のご成功をお祈り申し上げます。

Жела́ю вам сча́стья, здоро́вья и успе́ха в рабо́те.

＊ごきげんよう Всего́ хоро́шего., (飛行機で) 無事ご到着なさいますよう 道中ご無事で Счастли́вого пути́., Мя́гкой поса́дки. など生格形を使った願望の表現は Жела́ю вам всего́ хоро́шего. の省略形です。

よい休日をお過ごしください。

Жела́ю вам хорошо́ провести́ выходны́е дни.

お仕事がうまく行くように、願っております。

Я жела́ю вам, что́бы ва́ша рабо́та была́ уда́чной.

願望

B　バリエーション

願望の表現はこれ以外にもたくさんあります。そのうち二、三だけ挙げておきましょう。

1　Я жду [Мы ждём], когда ...
　　彼女がはやく外国から帰ってきてほしい。

　　Я с нетерпением жду, когда она приедет из-за границы.

2　Пусть ...
　　いつでも私たちの頭上に澄んだ空がありますように！

　　Пусть всегда будет ясное небо над нами!

3　Если [Только, Лишь] бы ...
　　私に彼女のような才能があったらなあ！

　　Если [Только, Лишь] бы у меня был такой талант, какой у неё!

C　オプション

Aベースで主体が複数なら、もちろん、

1 a では、Я хотел(а) бы → Мы хотели бы、a′では、Я хочу → Мы хотим、
1 b では、Мне хотелось бы → Нам хотелось бы、b′では、Мне хочется → Нам хочется、
2 a では、Я желаю → Мы желаем、
2 b では、(Я) желаю → (Мы) желаем、になります。

D　インターチェンジ

☞「意志」、「依頼」、「感嘆」、「仮定」

願望

♣ ミニ・ダイアローグ
海のかなたの島遠く

ヴォロージャ：ぼくはもう何もかも飽き飽きだ。どこか遠くに行ってしまいたいよ。

イーラ：一体、どこに？

ヴ：どこでもいいよ。ともかく今周りにあるものがなくなりさえすれば。退屈な仕事、口うるさい上司、社会的義務。

イ：一口で言えば、あなたは生活全体があなたの都合のいいように動いて行ってほしいのね。それじゃ、太平洋の無人島に行けばいいわ。

ヴ：うん、それは悪くない選択肢の一つだな。そこには、バナナや、パイナップルや、椰子が生えていて、海ではロブスター、カニ、おいしい魚が手づかみできる。

イ：そこまでは保証できないけど。ともかく、その島でうまく暮らしてちょうだい。

ヴ：ところで、どうすればそこまで行けるのかな？交通費は大体どれくらいかかるの？

イ：そこに行く交通機関は何もあるはずないわ。自分の手と足で泳いで行くのよ。道中ご無事でね、ヴォロージャ！

Утопия далеко за океаном.

Володя: Мне всё надоело. Я хотел бы уехать куда-нибудь далеко.

Ира: А куда, собственно говоря?

В: Мне всё равно, куда. Только не было бы ничего, что меня окружает, скучная работа, придирчивые начальники, социальные обязанности.

И: Одним словом, тебе хочется, чтобы вся жизнь шла так, как тебе удобно? Тогда я советую тебе уехать на необитаемый островок в Тихом океане.

В: Да, это один из неплохих вариантов. Там, наверное, растут бананы, ананасы, кокосы. В море можно ловить руками омаров, крабов и вкусную рыбу.

И: Это я не могу тебе гарантировать. Ну, я желаю тебе, чтобы ты там хорошо устроился.

В: Кстати, как туда доехать? Сколько примерно стоит проезд?

И: Туда никакой транспорт не ходит. Тебе надо доплыть своими руками и ногами. Счастливого пути тебе, Володя!

17

感　情

感　情　（喜ぶ；悲しむ；楽しむ；怒る；寂しがる；惜しむ；なつかしむ）

感情を表現するキーは次の4つです。
1 感情を示す動詞
2 感情を示す名詞
3 感情を示す形容詞、形動詞短語尾
4 無人称文
（ほかに、間投詞、感嘆文など）

A　ベース

1 ①感情を体験する主体（主として人）＋感情を示す自動詞

感情を示す主な自動詞：喜ぶ ра́доваться；怒る серди́ться, возмуща́ться, обижа́ться；悲しむ грусти́ть, печа́литься；悩む му́читься, страда́ть；寂しがる、なつかしむ скуча́ть, тоскова́ть；惜しむ、残念に思う жале́ть；興奮［動揺］する волнова́ться；楽しむ наслажда́ться

私の両親は初孫の誕生を喜んだ。　　　　Мои́ роди́тели обра́довались рожде́нию пе́рвого вну́ка.

退職後私の父は農作業を楽しみながら、独り田舎で暮らしている。　　　После ухо́да на пе́нсию мой оте́ц живёт оди́н в дере́вне, наслажда́ясь сельскохозя́йственной рабо́той.

2 ①感情を体験する主体（主として人）＋ чу́вствовать, испы́тывать など ＋感情を示す名詞

感情を示す主な名詞：喜び ра́дость；怒り гнев, возмуще́ние, оби́да；悲しみ грусть, печа́ль；悩み му́ка, страда́ние；寂しさ、なつかしさ ску́ка, тоска́；悔恨 сожале́ние；興奮、動揺 волне́ние；快楽 наслажде́ние

娘が結婚する時、多くの父親は喜びではなくて、悲しさを味わう。　　　Мно́гие отцы́ чу́вствуют не ра́дость, а грусть, когда́ их до́чери выхо́дят за́муж.

女性は「おばあさん」になった時、複雑な感情を体験する、苦い喜びとか、甘い悲しみといったものだ。　　　Когда́ же́нщины ста́ли «ба́бушками», они́ испы́тывают сло́жное чу́вство — го́рькую ра́дость и́ли сла́дкую грусть.

3 ①感情を体験する主体（主として人）＋感情を示す形容詞短語尾

感情を示す主な形容詞短語尾：うれしい рад(-а, -ы)；怒っている

18

感　情

сердит(-а, -ы)；満足している доволен(-льна, -льны)；不満だ недоволен(-льна, -льны)
　②感情を体験する主体（主として人）＋感情を示す形動詞短語尾
　　感情を示す主な形動詞短語尾：腹が立っている обижен(-а, -ы)；怒っている возмущён(-щена, -щены)；悲しい огорчён(-чена, -чены)；興奮している взволнован(-а, -ы)

親は子供が頭がいいと喜ぶが、おじいさん、おばあさんは孫が元気なら喜んでいる。

Родители рады, когда дети умны, а дедушки и бабушки рады, когда внуки здоровы.

子供は親が気くばりが悪いと悲しみ、孫はおじいさん、おばあさんがけちだと腹を立てる。

Дети огорчены, когда родители не заботливы, а внуки возмущены, когда дедушки и бабушки скупы.

4 ①無人称文
　　感情を体験する主体（与格）＋感情を示す語（主として-o）

だれでも自分の生命を継承してくれる孫がいないとわびしい。

Любому человеку грустно, если у него нет внуков, которые продолжали бы его жизнь.

　＊無人称文の時制などについては「無人称文」の項参照。

B　バリエーション

1 ②感情を引き起こす原因（人間、事物：主格）＋感情を示す他動詞＋感情を体験するもの（主として人：対格）
　　感情を示す主な他動詞：喜ばせる радовать；怒らせる сердить, возмущать, обижать；悲しませる、悩ませる мучить；興奮［動揺］させる волновать

孫からのプレゼントなら何でもおばあさんは喜ぶ。

Любой подарок от внуков радует бабушку.

おじいさんはつまらない贈り物をして、孫を怒らせることもある。

Дедушка может обидеть внуков своими скромными подарками.

2 ②感情を体験する主体＋в＋感情を示す名詞（前置格）
　　в＋感情を示す名詞（前置格）の主な例：в восторге, гневе, возмущении, негодавании, печали, тоске, спокойствии, страхе, ужасе, удивлении, изумлении, тревоге, шоке, отчаянии, раздражении；修飾語＋состоянии

19

感　情

私の父は私が一流大学に合格した時には、平然としていたのに、孫が一流大学を受験しただけで、有頂天になっていた。

Мой отец был споко́ен, когда́ я сдал экза́мен в прести́жный университе́т, но он был в восто́рге, когда́ внук то́лько сдава́л экза́мены в оди́н из лу́чших университе́тов.

③ 感情を引き起こす原因（主格）＋動詞 вызыва́ть など＋у＋感情を体験する主体（生格）＋感情を示す名詞（対格）

子供は親には不安と交じり合った愛情を感じさせるが、孫は祖父祖母にただただ静かな喜びと結びついた愛情を味わせる。

Де́ти вызыва́ют у роди́телей любо́вь, сме́шанную с трево́гой, но вну́ки вызыва́ют у де́душек и ба́бушек то́лько любо́вь, свя́занную со споко́йной ра́достью.

④ у＋感情を体験する主体（生格）＋動詞 возника́ть, появля́ться など＋感情を示す名詞（主格）

孫が生まれても祖父母には、親が感じるような責任感は生じない。

Когда́ роди́лись вну́ки, у де́душки и ба́бушки не появля́ется чу́вство отве́тственности, кото́рое чу́вствуют роди́тели.

C　オプション

2 ⑤ 感情を体験する主体（主格）＋приходи́ть＋в＋感情を示す名詞（対格）

в＋感情を示す名詞（対格）の主な例：в восто́рг, возмуще́ние, негодова́ние, печа́ль, у́жас, удивле́ние, изумле́ние, отча́яние; 修飾語＋состоя́ние

一郎が歩き始めた時、両親は大喜びしたが、おじいさんとおばあさんは気が狂わんばかりだった。

Когда́ на́чал ходи́ть Итиро, роди́тели пришли́ в восто́рг, а де́душка и ба́бушка — почти́ в бе́шенство.

⑥ 感情を引き起こす原因（主格）＋приводи́ть＋感情を体験する主体（対格）＋в＋感情を示す名詞（対格）

в＋感情を示す名詞（対格）の主な例はすぐ上の2⑤参照。

孫が発音する一つ一つの言葉が、いや、一つ一つの単語が祖父母を感動させる。

Ка́ждая фра́за, да́же ка́ждое сло́во, кото́рое внук произно́сит, приво́дит де́душку и ба́бушку в восхище́ние.

感　情

D　インターチェンジ

☞「感嘆文」、「間投詞」、「機能動詞」、「無人称文」

♣ ミニ・ダイアローグ
　　人間は矛盾のかたまり

ユーラ：コーリャ、おれレーナがすごく好きなんだ。でも、彼女はおれが愛していることを気づきもしない。どうすればいいんだろう。

コーリャ：どうしようもないさ。レーナを愛することがお前の幸せなら、ひたすら愛して、彼女がお前の方を振り向くまで待つんだな。

ユ：お前は一体恋をしたことがないのか。片思いは痛み、苦しみだ。おれは死にそうだよ。でもその不幸の中に言い知れぬ喜びがある。

コ：やれやれ、恋は不治の病だ。

Челове́к — совоку́пность противоре́чий.

Юра: Ко́ля, зна́ешь, я стра́стно люблю́ Ле́ну, но она́ да́же не замеча́ет, что я люблю́ её. Что мне де́лать?

Ко́ля: Ничего́ не поде́лаешь. Е́сли люби́ть Ле́ну для тебя́ сча́стье, то люби́ и́скренне и жди, когда́ она́ обрати́тся к тебе́.

Ю: Ра́зве ты никогда́ не люби́л? Любо́вь без взаи́мности — боль, му́ка. Я умира́ю. Но в э́том несча́стье нахожу́ невырази́мое наслажде́ние.

К: Ой, любо́вь — э́то неизлечи́мая боле́знь.

21

感　嘆

感　嘆　（何と…だ！）

感嘆（感激、喜びなどばかりでなく怒り、不満などの強い表現も含む）を表現するキーは次の三つです。
1　感嘆文
2　感嘆の意味の語句
3　イントネーション

A　ベース

1　感嘆文
疑問詞で始まる文を感嘆のイントネーション（感嘆の中心語のアクセント音節に向かって音調が次第に高まり、その後なだらかにさがる）で言います。文章の場合は、感嘆符（！）を付けます。

① как＋副詞、形容詞短語尾、動詞
　　なんて寒いんだろう！
　　なんてぼくは運がわるいんだろう！　ロシアから日本に帰って来たら、こんな厳しい寒さになっているなんて！

　　とても寒くなったなあ！

Как хо́лодно！

Как я несча́стен！ Прие́хал в Япо́нию из Росси́и и попа́л в тако́й хо́лод！

Как похолода́ло！

② како́й＋名詞類
　　なんという寒さだ！
　　なんて暑いんだ！死にそうだ！

Како́й хо́лод！
Кака́я жара́！　Чуть не умира́ю！

③ その他の疑問詞
　　何ということをしてしまったの！
　　これは何ということだ！　あたり一面すごい路面凍結（路上のアイスバーン）だ！

　　コーリャ、雪の溜まっているところを歩くのはやめなさい。何べん言ったらわかるのよ！

Что ты наде́лала！
Что э́то тако́е！　Везде́ ужа́сный гололёд！

Ко́ля, не ходи́ по сугро́бам. Ско́лько раз я тебе́ сказа́ла！

感 嘆

B バリエーション

2 **感嘆の意味の語句**（これは多すぎて、すべて列挙することはできませんので、一部だけにとどめます）。
① 「**よい**」の意味
　「よい」などの意味の語句は、印象を強めるために、次々に新しい語が現れます。日本語でも最近まで「素晴らしい」、「素敵」などは強い意味を持っていましたが、今では平凡な言葉です。
　ロシア語はとくに感情的表現が豊富なので、「よい」を意味する単語だけでも数えきれないほどあります。
　　Хорошо́！ О́чень хорошо́！ Прекра́сно！ Отли́чно！
　　Замеча́тельно！ Превосхо́дно！ Чуде́сно！ Потряса́юще！
　　（口語）Здо́рово！ Чу́до！ Фанта́стика！
② 人をほめる
　　えらい！ よくやった！ Молоде́ц！ えらい！ いい子だ！ У́мница！
③ 残念、困惑
　　ああ大変！ やれやれ！ Бо́же мой！ Го́споди！
④ 意外
　　まさか！ Ра́зве！ Неуже́ли！ Не мо́жет быть！
⑤ 残念、罵り
　　しまった！ Увы́！ こん畜生！ Чёрт！ К чёрту！ Чёрт возьми́！
⑥ 嘆声
　　おお！ Ox！ Ой！ ああ Ax！ Ай-яй-яй

C オプション

3 普通の文や語句を感嘆のイントネーションで言います。
　今日はとても寒いですねえ！ Сего́дня о́чень хо́лодно！
　まあ、ナターシャじゃない！ Ната́ша！

D インターチェンジ

☞「間投詞」

23

感　嘆

♣ ミニ・ダイアローグ
新しいから嬉しいというわけでもない

レナ：ユーラ、あなたって忘れっぽいのね。あたしが頼んだ買い物はケフィール（ケフィア＝酸っぱい牛乳）、ウィンナー・ソーセージ、ビート、ボロジノ風黒パンなのに、あなたが買ったのはヨーグルト、ベーコン、カリフラワー、クロワッサンじゃないの。

ユーラ：ぼくが忘れっぽいって?!違うよ、わざわざ、「セブンス・コンチネント」に寄って、なるべく今風の食品を買ったのさ。今時しゃれたスーパーでは、だれも黒パンの塊やセロファン入りのウィンナーなんか買ってないし、ビートなんかお目にかかれない。

レ：何を言ってるの。ああいう店にはビートも売ってるわ。それにうちの近くにいくらでも普通の店があるじゃない。

ユ：あんな店は全くぞっとする！汚い、暗い、何のサービスもない。

レ：それはあなたの思い過ごしよ、ユーラ。古い型の店の方が何でも安いし、質もいいし、店員も親切よ。いいわ、じゃあ、こうしましょう。明日から、うちでは朝食はクロワッサンとヨーグルト、ランチはハンバーガー、夕食は怪しげな日本のお寿司。これぞまさにファンタスチック！

ユ：うわっ、それはごめんだ！

Но́вость не всегда́ ра́дость.

Ле́на: Како́й ты забы́вчивый, Ю́ра! Я попроси́ла тебя́ купи́ть кефи́р, соси́ски, свёклы и бороди́нский, а ты купи́л йо́гурт, беко́н, цветну́ю капу́сту и круасса́ны.

Ю́ра: Како́й я забы́вчивый?! Нет, я специа́льно зашёл в «Седьмо́й контине́нт» и купи́л все э́ти бо́лее мо́дные проду́кты. Тепе́рь в шика́рных суперма́ркетах никто́ не покупа́ет ни буха́нки, ни соси́сок в целофа́нах. Как ты найдёшь там просту́ю свёклу!

Л: Что ты говори́шь! Там и свёклы продаю́тся. К тому́ же, бли́же к нам ско́лько уго́дно обы́чных магази́нов.

Ю: Они́ про́сто у́жас! Гря́зно! Темно́! Нет никако́го се́рвиса!

Л: Ты всё выду́мываешь, Ю́ра! Наоборо́т в старомо́дных магази́нах всё деше́вле, ка́чественнее и де́вушки любе́знее. Хорошо́. Дава́йте сде́лаем так. С за́втра у нас бу́дут круасса́ны и йо́грут на за́втрак, га́мбургеры на ланч и подозри́тельно япо́нские су́ши на у́жин. Всё э́то фанта́стика!

Ю: Ой, ма́ма дорога́я!

24

疑　問　（だれが；だれの；何を；どちらの；いつ；どこへ；どこから；いくつ；なぜ）

A　ベース

疑問を表現するキーは次の三つです。
1　疑問詞
2　疑問のイントネーション
3　疑問の助詞 ли

1　疑問詞
①人　кто
　だれが私の注文をとってくれるの？　　　　Кто принима́ет мой зака́з?
　あなたはどんなお仕事をなさっていますか？　Кем вы рабо́таете?

②所属　чей
　これはだれのハンドバッグ？　　　　　　Чья э́то су́мочка?

③事物　что
　あなたはお嬢さんのプレゼントに何をお買いになりましたか？　Что вы купи́ли в пода́рок до́чери?
　あなたは何を考えていますか？　　　　О чём вы ду́маете?

④選択　како́й, кото́рый
　あなたは国産車と外車と、どちらが好きですか？　Каку́ю маши́ну вы предпочита́ете, оте́чественную и́ли иномарку?

⑤性質　како́й
　今日の天気はどうかな？　　　　　　　Кака́я сего́дня пого́да?
　どういうわけで彼女は欠勤したのだろう？　По како́й причи́не она́ не пришла́ на рабо́ту?

⑥時　когда́
　あなたはいつ日本にもどられますか？　　Когда́ вы вернётесь в Япо́нию?

⑦所　где, куда́, отку́да
　こんな遅くまでどこにいたの？　　　　　Где ты был так допоздна́?
　あの人はどこへ行っていたの？　　　　　Куда́ он пошёл?
　彼らはどこから来たのか？　　　　　　　Отку́да они́ пришли́?

25

疑　問

 ⑧**理由**　почему́
  なぜそんなに急いでいるの？　　Почему́ ты так торо́пишься？
 ⑨**目的**　заче́м
  なぜあなたは外交官になったのですか？　　Заче́м [Почему́] вы ста́ли дипло-ма́том？
 ⑩**数量**　ско́лько
  お宅のお孫さんはお幾つですか？　　Ско́лько лет ва́шему вну́ку？

2　疑問のイントネーション
 ロシア語では、普通の文とまったく同じ語句、語順を使って、イントネーションを疑問の型にする（疑問の中心語のアクセント音節の音調が急激に高まり、その直後に少しさがる）だけで、疑問文になります。　文字で書く場合は、平叙文に疑問符（？）が付くだけです。
  彼は日本語を話しますか？　　Он говори́т по-япо́нски？
  （平叙文：彼は日本語を話します。Он говори́т по-япо́нски.）

3　疑問の助詞 ли
 疑問のキーになる語を先頭に出し、その語のすぐ後に ли を付けます。
  あなたはインターネットの機能を理論的に説明できますか？　　Мо́жете ли вы теорети́чески объясни́ть фу́нкцию интерне́та？

B　バリエーション

1　疑問詞の拡大──疑問の副詞句
 Aベースの1で挙げた独立した1語の疑問詞のほかに、2語以上の組み合わせからなる疑問句がよく使われます。
 単語の疑問詞ばかりを使うと、発言が単純になりやすいので、この型の疑問の表現も覚えるとよいでしょう。
 どうして今日は閉店なのだろう？
 ① Почему́ сего́дня магази́н закры́т？（疑問詞は単語の почему́）
 ② Отчего́ сего́дня магази́н закры́т？（疑問詞は単語の отчего́）
 ③ По како́й причи́не сего́дня магази́н закры́т？（副詞句の по како́й причи́не は почему́ や отчего́ と同じ意味）
 あなたは仕事がうまくいかなかったのをどう釈明するのですか？
 ① Как вы объясни́те неуда́чный результа́т свое́й рабо́ты？（疑問詞は単語の как）
 ② Чем вы объясни́те неуда́чный результа́т свое́й рабо́ты？（疑問詞は単

語の чем)

③ Каки́м о́бразом вы объясни́те неуда́чный результа́т свое́й рабо́ты?
（副詞句 по каки́м о́бразом は как や чем と同じ意味）
この型の疑問句はたくさんありますので、一部を挙げるにとどめます。
どのようにして каки́м о́бразом, どの程度 в како́й сте́пени, どういう理由で по како́й причи́не, 何の目的で с како́й це́лью, どういう時に в како́й моме́нт, どちらに向かって в каку́ю сто́рону

2 что за＋名詞（主格）

что за＋名詞は比較的よく使われる表現で、како́й と大体同じ意味です。
これはどういう建物ですか？　Что э́то за зда́ние?
この場合 за の後の名詞は対格ではなく主格で、что за という熟語の後に主格の名詞がおかれていると説明されます。
女性名詞の場合、とくに注意が必要です。
これはどういう鳥だろう？　Что э́то за пти́ца?　（誤 за пти́цу）

C オプション

疑問の助詞 ли は現在ではあまり使われず、疑問のイントネーションを使うのが普通です。
例えば、次のように言うことができます。
ｉ　イワノフは外国に行ってしまったのですか？　　Уе́хал ли Ива́нов за грани́цу?
ⅱ　イワノフは長いこと外国に行ってしまったのですか？　　На́долго ли Ива́нов уе́хал за грани́цу?
しかし、ли を使うより、疑問のイントネーションを使うことをお勧めします。つまり、上の二つの例文は次のように言う方が普通です。
ｉ'　Ива́нов уе́хал за грани́цу?
ⅱ'　Ива́нов на́долго уе́хал за грани́цу?

D インターチェンジ

☞「関係詞」、「小詞」、「代名詞」

疑問

♣ミニ・ダイアローグ
頭の方が耳より上にある

貞夫：ガリーナ・イワーノヴナ先生、私は毎日テレビでニュースを聞いているのですが、漠然としたイメージがつかめるだけで、細かい所はとらえられません。耳をよくするにはどうすればいいのですか。

ガリーナ：残念なことですが、耳をフィジカルに発達させることはほとんど不可能です。

貞：では、どうすればいいのですか。

ガ：まず、一番大きなトラブルが何かを知ることです。

貞：耳が第一じゃないんですか。

ガ：もちろん違います。

貞：じゃあ、トラブルは何ですか。

ガ：基礎知識の不足ですよ。気を悪くしないでね、貞夫。あなたアフリカの国の名前を10、中南米の首都の名前を10、世界最強の女子テニス選手の名前を10人言えますか。

貞：うーん…

ガ：つまり、あなたは情報の五要素「いつ、どこで、誰が、何を、どのように」のうち、少なくとも「どこで、だれが」の二つはつかめないことになります。

貞：でも、変だなあ。日本語で聴いている時はなぜ自分が何もわかっていないと気づかないのかな。

Голова находится выше ушей.

Садао: Галина Ивановна, я каждый день слушаю новости по телевидению, но я получаю только невнятное представление, подробности не могу уловить. Как лучше развивать слух?

Галина: К сожалению, физически развивать слух почти невозможно.

С: Тогда что мне делать?

Г: Прежде всего вам нужно узнать, в чём главная проблема.

С: Разве слух не является главной проблемой?

Г: Конечно, нет.

С: А в чём проблема?

Г: В том, что у вас не хватает фундаментальных знаний. Не обижайтесь, Садао. Можете ли вы назвать десять африканских стран, десять столиц латиноамериканских стран и десять сильнейших теннисисток мира?

С: Гм...

Г: Значит из пяти факторов информации: «когда, где, кто, что, как», вы не можете уловить, по крайней мере, два, т. е., «где и кто».

С: Но странно. Почему я не замечаю, что я ничего не знаю, когда слушаю на японском языке?

強　調

A　ベース

強調を表現する最大のキーは、強調の役割をする単語です。
強調を示す語

① и́менно
　i　一般的な強調。すぐ後ろの語を強調。
　　　私はほかでもないあなたのこ　　Я сказа́л э́то, име́я в виду́ и́менно
　　　とを念頭において、ああいうこ　вас.
　　　とを言ったのです。
　ii　疑問の強調。すぐ前の疑問詞を強調。
　　　あなたがわが社の機器はもう　　Что и́менно вы име́ли в виду́,
　　　古いと言ったとき、いったい何　когда́ вы сказа́ли, что у нас
　　　を頭においていたのですか？　　обору́дование уже́ устаре́вшее.

② же
　すぐ前の語を強調。
　　　私もペテルブルグの道はよくわ　　Я то́же пло́хо ориенти́руюсь в
　　　かりません。私は何しろモスクワ　Петербу́рге. Я же москви́ч.
　　　の人間ですから。

③ -то
　ある語の後ろに付いて、その語を強調（文字で書く場合には、強調される語と то の間にハイフンを付けます）。口語的表現。
　　　彼女が悪いわけではないんです。　Она́-то не винова́та.

④ и
　すぐ後の語を強調。接続詞と違い、強アクセントで発音されるのが普通。
　　　いやあ、お前は抜け目がない　　И́ како́й ты хи́трый！
　な！

⑤ са́мый
　すぐ後の名詞類を強調。その名詞類に相応する変化形になります。
　　　彼女の叔母さんは東京のど真ん　Её тётка живёт в эли́тной кварー
　　　中の高級マンションに住んでい　ти́ре (, находя́щейся) в са́мом це́нー
　　　る。　　　　　　　　　　　　　тре Токио.

強　調

⑥ вот
　　i　すぐ後ろの語を強調。
　　　　これは思いがけないことだ。　　　Вот сюрпри́з!
　　＊вотと強調される語の間にэ́тоが入ることがよくあります。Вот э́то сюрпри́з!
　　ii　疑問詞と結びついて、特定の事物（+что）、人（+кто）、場所（+где）、時（+когда́）、理由（+почему́）などを強調。
　　　　まさにそこが問題です。　　　　Вот в чём вопро́с.
　　　　…というわけで私はきのう来なかったのです。　… Вот почему́ я не пришла́ вчера́.
⑦ тако́й　先行の疑問詞を強調。
　　　　あの人いったいだれ？　　　　　Кто э́то тако́й?
　　　　いったいこれはなんだ？　　　　Что э́то тако́е?
⑧ ведь　発言（文）全体を強調。
　　　　だからあたしがいつも言っていたでしょう。　　　　Ведь я всегда́ говори́ла.

B　バリエーション

語順やイントネーションで強調を示すこともできます。
1　語順
　　普通の語順とは違う位置に置かれた語が強調されます。
　　　　肉は私はあまり好きではありません。　　　Мя́со я не о́чень люблю́.
　　＊普通の語順は Я не о́чень люблю́ мя́со.
2　イントネーション
　　強調したい語をキーにして、発言全体を強調のイントネーションにします（強調される語のアクセント音節を強く、または高めにする）。次の二つの例では強調される語にアンダーラインが付けてあります。
　　　　ぼくが果物を食べることはめったにない。　　Я ре́дко ем фру́кты.
　　　　果物はぼくはあまり食べない。　　Я ре́дко ем фру́кты.

C　オプション

上に挙げた語以外にも、強調に近い意味を示す語はたくさんあります。例

強　調

えば：
　テーブルの真上［真下］пря́мо「над［под］столо́м, 退職の直前 непосре́дственно［пря́мо］перед ухо́дом на пе́нсию, 結婚直後 непосре́дственно［сра́зу］после жени́тьбы

D　インターチェンジ

☞「感嘆」、「小詞」

♣ミニ・ダイアローグ
　　誰が家庭で住みよいか？

ミーシャ：どうしたんだい、トーリャ？　えらく元気がないな。

トーリャ：なんて馬鹿な！　ひどすぎるよ。

ミ：さっぱりわからん。どういうこと？

ト：カーチャがことわったんだよ。そういうことさ。

ミ：一体何をことわったんだい？

ト：ぼくの妻になってというぼくの心からのプロポーズをだよ。「今あたしに一番興味のないのは家庭生活です」だとさ。変じゃないか。女が家庭を築くという女性の使命に興味がないなんて。

ミ：彼女の方はちっとも悪くないね。悪いのは君さ。女の子はみんな君をはねつけるよ、そんな家父長時代みたいな女性観を捨てないと。

　　Кому́ в семье́ жить хорошо́?

Ми́ша: Что с тобо́й, То́ля? Ты тако́й гру́стный.

То́ля: Кака́я глу́пость! Э́то уже́ сли́шком ...

М: Ничего́ не понима́ю. Скажи́, в чём де́ло?

Т: Ка́тя отказа́лась. Вот в чём де́ло.

М: От чего́ же она́ отказа́лась?

Т: От моего́ и́скреннего предложе́ния быть мое́й жено́й. Она́ сказа́ла: «Тепе́рь то, что ме́ньше всего́ меня́ интересу́ет — э́то семе́йная жизнь». Ведь стра́нно. Же́нщину не интересу́ет же́нское предназначе́ние — созда́ть свою́ семью́.

М: Она́-то ни в чём не винова́та. В э́том винова́т ты сам. Люба́я де́вушка непреме́нно отка́жет тебе́, е́сли ты не оста́вишь таки́е патриарха́льные представле́ния о же́нщине.

31

推測、推量

推測、推量 （思う；考える；（…だったらいいと）思う；予想している）

A　ベース

推測、推量の表現キーは次の二つです。
1 動詞
2 挿入語、挿入句

1　動詞
①**思う、考える** ду́мать，**推測する** предполага́ть，（…だったらいいと）**思う** наде́яться，（…だったらこまると）**思う** боя́ться

　多くの専門家は、日本経済は緩やかによくなると考えて[予想して]いる。

Мно́гие специали́сты ду́мают [предполага́ют], что япо́нская эконо́мика бу́дет постепе́нно улучша́ться.

　国の経済状態の改善と関連して、勤労者の給料が上がるものと、私は期待しています。

Я наде́юсь, что в связи́ с улучше́нием экономи́ческого положе́ния страны́ зарпла́та трудя́щихся бу́дет повыша́ться.

　主婦たちは最近の野菜のものすごい値上がりを嘆いており、これは日本の農業崩壊の兆候かもしれないと危惧している。

Домохозя́йки жа́луются на ужа́сное повыше́ние цен на о́вощи в после́днее вре́мя и боя́тся, что э́то, мо́жет быть, при́знаки разру́хи япо́нского се́льского хозя́йства.

②受身の表現で、**考えられる** ду́маться，**予想される** ожида́ться，**推測される** предполага́ться など

　この先数年の間ロシアには、約十年続いたようなインフレはないと思われる[予測される]。

Ду́мается [Ожида́ется, Предполага́ется], что в ближа́йшие го́ды не бу́дет тако́й дефля́ции в Росси́и, от кото́рой страда́ла Росси́я в тече́ние приме́рно десяти́ лет.

2　挿入語、挿入句
　実現の可能性の強い順に並べると：きっと должно́ быть、おそらく вероя́тнее всего́, по всей вероя́тности（これは、やや文章語的な語句）、多分 наве́рное, наве́рно, вероя́тно, もしかすると мо́жет быть

推測、推量

日本経済の奇跡は、おそらく、もう二度とないだろうが、日本はきっと技術大国の地位に留まり続けるだろう。

Чу́до япо́нской эконо́мики, по всей вероя́тности, бо́льше не повтори́тся, но Япо́ния, должно́ быть, бу́дет остава́ться технологи́ческой держа́вой.

ロシアはインフラの面では米国、ドイツ、日本などに遅れをとっているが、豊富なエネルギー資源を持っているので、もしかすると、経済大国の仲間入りをするかもしれない。

Росси́я отстаёт от США, Герма́нии и Япо́нии в отноше́нии инфраструкту́ры, но она́, мо́жет быть, войдёт в число́ экономи́ческих держа́в, так как она́ облада́ет огро́мными энергети́ческими ресу́рсами.

B　バリエーション

推測、推量を示す動詞に程度などを示すさまざまな語句を付け加えることができます。たくさんありますので、そのうちの二、三だけを挙げるにとどめます。

社会主義者は資本主義がまもなく崩壊して、社会主義がそれに取って代わると、確信をもって予測していた。

Социали́сты с уве́ренностью предполага́ли, что капитали́зм ско́ро поги́бнет и социали́зм его́ заме́нит.

一部の日本人は現在の高い生活水準が無限に続くと、素朴に期待している。

Часть япо́нского наро́да наи́вно наде́ется, что ны́нешний высо́кий у́ровень жи́зни бу́дет держа́ться бесконе́чно.

多くの若者たちは年金制度が二、三十年後には完全に崩壊するだろうと、真剣に危惧している。

Мно́гие молоды́е лю́ди серьёзно опаса́ются, что пенсио́нная систе́ма по́лностью разру́шится через два́дцать — три́дцать лет.

C　オプション

1　Aベースの推測、推量を示す動詞を名詞に変換し、それに**распространя́ться, уси́ливаться, исчеза́ть, бытова́ть**などさまざまな動詞を付け加えます。

推測、推量

日本の所得税の制度は根本的に変更されるだろうという<u>予測が広まっている</u>。

比較的最近まで、社会保障制度はますます充実するだろうという<u>期待が多くの国にあった</u>。

消費税は最終的に15―20パーセントまで上がるのではないかという<u>不安が高まっている</u>。

<u>Распространяется предположение</u>, что система подоходного налога в Японии будет изменена коренным образом.

Не так давно <u>бытовала</u> во многих странах <u>надежда</u>, что система социального благосостояния будет всё более совершенствоваться.

<u>Усиливается опасение</u>, что потребительский налог повысится в конечном счёте до 15 ― 20 процентов.

2 Аベースで示した本来の挿入語句のほかに、本来挿入語句でないものを（とくに口語で）、挿入語句として使って、推測、推量を表現できます。

年金の額は、<u>ぼくの予想では</u>、だんだん減るだろう。

年金の額は、<u>ぼくの予想では</u>、減らないだろう。

Размер пенсии, <u>я предполагаю</u>, будет постепенно уменьшаться.

Размер пенсии, <u>я надеюсь</u>, не будет уменьшаться.

D インターチェンジ

☞「挿入語、挿入句」

♣ミニ・ダイアローグ

　　　　ないよりまし

オクサーナ：康志、あなたきっとご両親にクリスマス・プレゼントなさるんでしょう？

康志：ええ、ぼくはもう買いましたよ。一体何か、当ててごらんなさい。

オ：ひょっとすると、生きた子豚かな。来年の干支（えと）は亥（中国などでは、豚）だから。

　　　Лучше чем ничего.

Оксана: Ясуси, вы, наверное, собираетесь сделать родителям новогодний подарок?

Ясуси: Да, я уже купил. А что именно ― догадайтесь.

О: Может быть, живого поросёнка, так как эмблема будущего года ― свинья.

推測、推量

康：それは確かに面白いプレゼントですね。でも、うちの母は豚だとびっくりするのではないかな。ぼくが買ったのは父と母に宝くじ10枚ずつですよ。

オ：ちょっとなんだかよくわからないわ。それが当たるって、前もってわかっているの。

康：当たればいいなと思っているけど、今のところわかりませんね。もし当れば、両親は2、3百万ドルほどもらえるんです。

オ：そんなことが可能だと思うんですか。

康：もちろんです。もし20枚ずつ毎年買えば、たった5万年後には1等が当たるんです。

オ：5万年！ その間に人類は相当な進化の過程を通り過ぎて、人間はきっと豚になっているでしょうね。

Я: Это, действительно, интересный подарок. Но я боюсь, что моя мать испугается поросёнка. Я купил по десять лотерейных билетов отцу и матери.

О: Я что́-то не понимаю. Вы заранее знаете, что они выиграют,

Я: Надеюсь, но пока неизвестно. Если выиграют первый приз, то родители получат два или даже три миллиона долларов.

О: А вы думаете, что это возможно?

Я: Конечно. Если будешь покупать по двадцать билетов каждый год, то всего лишь через пятьдесят тысяч лет выиграешь первый приз.

О: Пятьдесят тысяч лет! В течение этих лет человечество пройдёт целый процесс эволюции, и люди, должно быть, превратятся в свиней!

命令、要求

命令、要求 (…してください；…せよ；…しなさい)

A　ベース

直接の相手に対する命令を表現するキーは次の二つです。
1　動詞命令形（二人称）
2　命令を示す語句
1　動詞命令形

命令，要求を示すためには、動詞命令形（二人称）を使うのが普通で、これでほとんどの用が足りるでしょう。

　高くても質のいい服を買いなさい。
　質の悪い服は長持ちしないので、結局質のいいものより高くつくことを頭に入れておきなさい。

Покупáй(те) кáчественную одéжду, хотя́ онá стóит подорóже.
Имéй(те) в виду́, что одéжда плохóго кáчества недóлго дéржится, поэ́тому, в конéчном счёте, онá стóит дорóже, чем кáчественная.

＊丁寧な表現のためにはпожáлуйстаを付けるのを忘れないように。
пожáлуйстаの位置は厳密には決まっていませんが、命令形のすぐ後が普通です。

　幾つかいろいろなのをご試着なさってください。こちらが試着室です。

Примéрьте, пожáлуйста, нéсколько вариáнтов. Вот здесь примéрочная.

2　命令を示す語句
①名詞（末尾の句読点は感嘆符ではなく、ピリオドでもかまいません。）
　　止まれ！　Стóп！　進め！　Марш！　（犬に）ワンと吠えて！　Гóлос！
②副詞
　　早く！　Быстро！［Быстрéе！］　気を付け！　Смирно！　回れ右！　Кругóм！
③前置詞＋名詞類、その他常用の語結合
　　こっちへおいで！　Ко мне！　（犬に）お座り！　На мéсте！

命令、要求

B　バリエーション

命令形以外にも、命令の意味で使われる動詞のいろいろな形がありますが、頻繁に使われるものはありません。

1　**不定詞**　告示などで使われるもので、日常的な会話や普通の文章で使うものではありません。「**不定詞**」の項参照。
2　**完了体未来**　親しい目下の者に断定的に命令する場合に使うもので、軽蔑的にも聞こえるので、普通は使いません。

　　お前は明日の朝俺のところに来るんだ。　　Ты придёшь ко мне завтра утром.

3　**完了体過去**　この用法は特定の動詞に限られています。しかも命令の意味より誘いかけの意味で使われるのが普通です。

　　　出て行け！　Пошёл вон！
　　次のような場合は誘いかけです。
　　　さあ、行こう！早く！　Пошли！ Быстрее！
　　次の場合は、タクシーの運転手などに言う言葉。元来「では、出発しましょう」という誘いかけですが、「では、出発してください」という柔らかい命令にもなります。
　　　では、お願いします。Поехали.

C　オプション

一人称命令形、三人称命令形と呼ばれる形もあります。

1　**一人称命令形**
　自分と同じ行為・動作を相手に誘いかけるものです。「**勧誘，勧告，提案**」の項参照。
2　**三人称命令形**
　Пусть［Пускай］+ 主語 + **動詞不完了体現在形**（または**完了体未来形**）
　　あいつには言いたいことを言わせておけばいい。　Пусть он говорит то, что он хочет.
　　彼女がなるべく早く私のところに来るようにしてください。　Пусть она придёт ко мне поскорее.

D　インターチェンジ

☞「**必要、義務**」、「**禁止**」、「**不定詞**」、「**小詞**」

命令、要求

♣ ミニ・ダイアローグ
家族じゃないが、よい隣人

ミハイル：正幸、君は何か動物を飼っているかい？

正幸：うん、いろいろたくさん飼っているよ。ウサギ、ハムスター、カメ一匹、トカゲ、何種類かのヘビ…

ミ：ストップ！　おどかすなよ、正幸、変なコレクションだな。どういうわけなのか、説明してくれよ。

正：初めのうちぼくは犬や猫を飼っていたけれど、ずっと前にやめてしまった。犬や猫はあんまり賢くて、従順なので、かわいそうになってしまう。「こっちへ来い」と言えば、来る。「あっちへ行け」と言えば、すぐに離れてしまう。犬や猫は人間に取り入ることさえできるんだ。

ミ：でもぼくはカメやヘビがいると気味が悪いな。あの連中には人間と共通する物が何もない。

正：いや、ためしに君も飼ってみろ。あいつらは何でもわかるよ。ただ愛して、愛し抜くのさ。心から、本気で。そうすれば彼らは目でこう言うよ。「神様、ミーシャをお救いください」

Не члены семьи, а добрые соседи.

Михаи́л: Скажи́, Масаю́ки, ты де́ржишь каки́х-нибудь живо́тных?

Масаю́ки: Да, мно́го ра́зных: кро́ликов, хомяко́в, черепа́х, я́щериц, не́сколько ви́дов змей …

Ми. Стоп! Не пуга́й меня́, Масаю́ки. Кака́я у тебя́ стра́нная колле́кция! Объясни́, почему́.

Ма: Снача́ла я держа́л соба́к и ко́шек, но давно́ переста́л. Они́ так умны́ и послу́шны, что стано́вится их жа́лко. Ты ска́жешь им: «Иди́те ко мне», то они́ подойду́т. Ска́жешь: «Отойди́те», — они́ бы́стро отойду́т. Соба́ки и ко́шки да́же уме́ют заи́скиваться пе́ред людьми́.

Ми: Но мне жу́тко бы́ло бы с черепа́хами и зме́ями. Они́ не име́ют ничего́ о́бщего с людьми́.

Ма: Нет. Попро́буй ты корми́ть их. Они́ всё пойму́т. То́лько люби́ть и люби́ть их от души́, и́скренне. Тогда́ они́ глаза́ми ска́жут: «Го́споди, спаси́ Ми́шу».

必要、義務

必要、義務　（…しなければならない；…すべきです）

A　ベース

1　義務

義務を表現するキーは次の形です。

主体（文法的な主語で主格）＋дóлжен (-жнá, -жны́) または обя́зан (-а, -ы)＋動詞不定詞

このデパートの店員はお客を笑顔で迎えなければならない。

Продавцы́ э́того универма́га должны́ встреча́ть покупа́телей с улы́бкой.

お客が何か苦情を言った時は、店員は自分には何の非がなくても、まず謝らなければならない。

Когда́ покупа́тель жа́луется на что́-нибудь, то продаве́ц до́лжен пре́жде всего́ извини́ться, да́же е́сли он не винова́т ни в чём.

店員一人一人が合計で月300万円の商品を売らなければならない。

Ка́ждый продаве́ц обя́зан прода́ть това́ры на о́бщую су́мму бо́лее чем три миллио́на иен в ме́сяц.

この表現そのものに難しい点はありませんが、до́лжен と обя́зан（名詞では долг と обя́занность）の意味の差と、それによる使い方の差は難問です。

日本語では「義務」1語で、ほとんどすべての義務的なものを表現できるので、比較的簡単です。

英語には duty と obligation の2語がありますが、duty は内面的に、または法的に要請される義務、obligation は約束、規則、外的条件によって要請される義務と定義されています。

それに引き換え、ロシア語の долг と обя́занность は境目があいまいです。一応、ロシア語の долг は英語の duty、обя́занность は obligation に近いものと分けておくと便利ですが、両者が交じり合っている部分もあることを頭に入れておきましょう。

2　必要

①必要を示すもっとも有力な表現は次のような無人称文です。

主体（与格）＋ну́жно（不変化）または на́до（不変化）＋動詞不定詞

39

必要、義務

日本のデパートの店員は自分が売っている商品について、職業的な知識を<u>持っていることが必要な</u>ばかりでなく、デパート全体で売っているすべての商品について、かなりくわしい知識を<u>持っている必要があります</u>。

Всем продавца́м япо́нских универма́гов не то́лько「ну́жно [на́до]」име́ть профессиона́льные зна́ния о това́рах, кото́рые они́ са́ми продаю́т, но и「ну́жно [на́до]」име́ть дово́льно подро́бные зна́ния о всех други́х това́рах, кото́рые продаю́тся во всём универма́ге.

B　バリエーション

②事物を主語にして次のように言うこともできます。

事物（主格）＋ну́жен (-жна́, -жно, -жны́)

よい店員になるためには、お客の希望をすばやく察することができる、一種の思いやりのようなものがどうしても<u>必要です</u>。

Что́бы быть хоро́шим продавцо́м, обяза́тельно <u>нужна́</u> не́кая забо́тливость, с кото́рой мо́жно бы́стро догада́ться о жела́нии покупа́теля.

C　オプション

次のように на́добность, необходи́мость を中心にすることもできます。
есть [その他の動詞] ＋ на́добность [необходи́мость] ＋в＋前置格 [動詞不定詞]

毎朝開店時に笑顔で客を<u>迎える必要がある</u>。

<u>Есть необходи́мость встреча́ть</u> с улы́бкой покупа́телей ка́ждое у́тро при откры́тии магази́на.

緊急に売場の配置を<u>変える必要が生じた</u>。

<u>Появи́лась на́добность</u> сро́чно <u>измени́ть</u> расположе́ние отде́лов.

D　インターチェンジ

☞「禁止」、「不定詞」、「無人称文」、「命令，要求」

必要、義務

♣ ミニ・ダイアローグ
兵士として生まれるにあらず

ポリーナ：日出男、一つ質問をしていい？日本では義務教育は何年？

日出男：日本では国民はみんな９年学習する義務があるのだけれど、だんだん多くの子供やティーンエージャーが学校に行くのを拒否するようになってきているね。

ポ：いやなら、学校に行く必要はないのよ。国は勉強したい国民を教育する義務があるけれど、国民は勉強する義務はないわ。

日：本当なの？国民はだれでも教育を受ける義務があると、ぼくは思っていたけど。

ポ：私の考えでは、そうじゃないわ。社会や国家は誰にでもまず完全な自由を与えなければならないのよ。それに、教育の基本は自由と、教える者、教えられる者同士の愛情でしょう。

日：今になってわかったよ、どうしてぼくが学校で出来が悪かったか。ぼくはいつも勉強を兵役みたいに思っていて、自由なんて全然感じていなかったからね。

ポ：かわいそうな日出男。あなたは兵士ではなくて、無邪気な少年として、もう一度学校に入りなおさなければ。

Солдáтами не рождáются.

Полина: Хидэо, мóжно задáть тебé одúн вопрóс? Скóлько лет продолжáется обязáтельное обучéние в Япóнии?

Хидэо: У нас все граждáне должны́ учúться дéвять лет, но всё бóльше и бóльше детéй и подрóстков откáзываются ходúть в шкóлу.

П: Éсли не хóчешь, не нýжно ходúть в шкóлу. Госудáрство имéет обя́занность обучáть граждáн, котóрые хотя́т учúться, но граждáне не обя́заны учúться.

Х: Прáвда? Я дýмаю, что любóй граждáнин имéет долг получúть образовáние.

П: По-мóему, нет. Óбщество úли госудáрство должнó прéжде всегó дать пóлную свобóду любóму человéку. К томý же, оснóвой образовáния явля́ются свобóда и взаúмная любóвь между учителя́ми и учáщимися.

Х: Тепéрь я пóнял, почемý я плóхо учúлся в шкóле. Я всегдá считáл учёбу чéм-то врóде вóинской повúнности — никакóй свобóды не чýвствовал.

П: Бéдный Хидэо! Ты ещё раз пошёл бы в шкóлу, не как солдáт, а как наúвный мáльчик.

41

強　制

強　制　（…させる；…しなければならない）

A　ベース

強制を表現するキーは次の二つです。

1 заставля́ть, принужда́ть, вынужда́ть＋強制される人・事物＋動詞不定詞
2 強制される人・事物＋быть＋заста́влен(-а, -о, -ы), принуждён(-дена́, -дено́, -дены́), вы́нужден(-а, -о, -ы)＋動詞不定詞

　この場合、1は能動態、2はそれを受動態に変換したもので、いわば、一つのメダルの裏表です。

1　заставля́ть, принужда́ть, вынужда́ть＋強制される人・事物＋動詞不定詞

今では日本の男性は妻に家事を全部やらせることはない。

Тепе́рь япо́нские мужчи́ны не заставля́ют свои́х жён занима́ться все́ми дома́шними дела́ми.

同僚との関係がきわめて悪くなって、彼は転職しなければならなくなった。

Кра́йне осложнённые отноше́ния с колле́гами вы́нудили его́ перейти́ на другу́ю рабо́ту.

＊二番目の例文のように、ロシア語では（英語などと同じように）無生物が主語になるのは普通のことです。

「雨が激しかったので私は一日中家でじっとしていた」を日本人は普通 Из-за си́льного дождя́ (Дождь был таки́м си́льным, что) мне пришло́сь просиде́ть до́ма це́лый день. というロシア語にします。それでもよいのですが、ロシア語では「雨」を理由ではなく、主体にして Си́льный дождь заста́вил меня́ просиде́ть до́ма це́лый день. （「激しい雨が一日中私を家に留まらせた」）と言うことがよくあります。

2　強制される人・事物＋быть＋заста́влен(-а, -о, -ы), принуждён(-дена́, -дено́, -дены́), вы́нужден(-а, -о, -ы)＋動詞不定詞

旅行客はみんな靴まで脱がされた。

Все пассажи́ры бы́ли вы́нуждены снять да́же о́бувь.

強　制

彼は課長だったので、全責任を取って、辞表を提出せざるを得なかった。

Он, как нача́льник отде́ла, был вы́нужден пода́ть в отста́вку, взяв всю отве́тственность на себя́.

B　バリエーション

приходи́ться, нельзя́ не, не мочь не なども、強制の表現の一種に加えてよいでしょう。

雨が激しかったので私は一日中家にじっとしていなければならなかった。

Из-за си́льного дождя́ мне пришло́сь просиде́ть до́ма це́лый день.

同僚との関係があまりにも悪くなって、彼は転職を余儀なくされた。

Его́ отноше́ния с колле́гами бы́ли насто́лько испо́рчены, что 「он не мог не ［ему́ нельзя́ не́ было］ перейти́ на другу́ю рабо́ту.

C　オプション

日本語では、強制の意味を表すには、動詞に助動詞「させる、せる」を付け加えるのが、つまり2語を使うのが普通ですが、ロシア語を含めて、ほかの外国語では必ずしもそうではありません。1語で強制の意味を示す動詞がたくさんありますので、それも活用してください。全部を列挙することはできないので、いくつか挙げるにとどめましょう。

退職させる увольня́ть、（どこかに）行かせる отправля́ть, посыла́ть, 退去させる высыла́ть、滞らせる заде́рживать、罰金を払わせる штрафова́ть、急がせる торопи́ть、（…するのを）やめさせる отгова́ривать

われわれの仕事を遅らせている要因はなんだろうか。

Каки́е фа́кторы заде́рживают на́шу рабо́ту？

熱があるのに彼は出勤しようとしたが、妻がやめさせた。

Он хоте́л пойти́ на рабо́ту несмотря́ на высо́кую температу́ру, но жена́ отговори́ла его́.

D　インターチェンジ

☞「禁止」、「譲歩，認容」、「必要，義務」、「不定詞」、「命令，要求」

強制

♣ ミニ・ダイアローグ
人生に無駄はない

靖志：まだ1時間半もある！　どうしてどの航空会社も旅行者を出発2時間前に空港に来させて、こんなに長く待たせるのだろう。

亜矢：それは簡単に説明できるわ。もしお客が1人遅れたら、そのお客が来るまで、ほかのお客全員が待たなければならないでしょう、多くの路線で1日に1便しかないから。

靖：でも、飛行機の方はしょっちゅう遅れるね。一度などぼくは硬いベンチに座って7時間も待たされた。別の時には、ひどいホテルに一晩泊まらされたこともあるよ。

亜：考えてごらんなさい、靖志、あたしたちの祖先は江戸から京都に行くのに50日も費やしたのよ。

靖：いやあ、君は東海道沿いの宿場にあったいろいろなおいしい物をぼくに思い出させてしまった。

亜：私たちに1時間半の時間をくれたのは、喫茶店に行って何かおいしい物を食べるためかもね。

靖：そうだ、君の言う通りだよ。

В жи́зни нет ничего́ ли́шнего.

Ясуси: Ещё есть це́лых полтора́ часа́! Почему́ все авиакомпа́нии заставля́ют пассажи́ров прие́хать в аэропо́рт за́ два часа́ до вы́летов самолётов и ждать так до́лго.

Ая: Э́то объясня́ется о́чень про́сто. Е́сли оди́н пассажи́р опозда́ет, то все други́е пассажи́ры должны́ ждать, пока́ он не прие́дет, так как на мно́гих ли́ниях рейс быва́ет то́лько оди́н раз в день.

Я: А самолёты о́чень ча́сто опа́здывают. Оди́н раз я был вы́нужден ждать семь часо́в, си́дя на жёсткой скаме́йке. В друго́й раз мне пришло́сь останови́ться на́ ночь в плохо́й гости́нице.

А: Поду́май, Ясуси. На́шим пре́дкам ну́жно бы́ло потра́тить пятьдеся́т дней, что́бы дойти́ из Эдо в Киото.

Я: Ой, ты заста́вила меня́ вспо́мнить ра́зные вку́сные ве́щи, кото́рые бы́ли на ста́нциях по доро́ге Токайдо.

А: Вро́де бы нам да́ли полтора́ часа́, что́бы пойти́ в ка́фе пое́сть что́-нибудь вку́сное.

Я: Да, ты права́!

勧誘、勧告、提案　（…してはいかがですか；…するよう（を）お勧めします）

勧誘、勧告を示すキーは次の四つです。
1 一人称命令形
2 二人称命令形
3 советовать, рекомендовать, предлагать など勧誘、勧告を示す動詞
4 仮定法（動詞過去＋бы）

A　ベース

1　一人称命令形

さあ、行こう　Пойдём(те)！

4，5日休もう　Будем отдыхать несколько дней.

などは勧誘、勧告のもっとも有力な方法。しかし、勧誘、勧告する行為に話者自身も参加する場合に限ります。

2　二人称命令形

二人称命令形はもちろん命令のために使われるものですが、命令の意味が少しやわらげられると勧誘、勧告の意味になりますから、明確な境界はありません。

　2，3日休め。でないと、病気になるよ。

Отдыхай пару дней, иначе ты заболеешь.

　すべてを完全に、几帳面にやろうと努力するのをやめなさい。それは一種の病気だと私は思うね。

Не старайтесь сделать всё совершенно и аккуратно. Это по-моему своего рода болезнь.

*「必要、義務」などの表現も、勧誘、勧告の意味で使えます。

　時々休むほうがいいよ、いきなりバタンと倒れないようにね。

Нужно иногда отдыхать, чтобы вы вдруг не надорвались.

　なんでも理想的にやろうとしちゃだめだよ。人間が間違いをするのは、まったく当たり前なんだ。

Ты не должна стараться сделать всё идеально. Совершенно нормально, что человек ошибается.

45

勧誘、勧告、提案

B　バリエーション

3　勧誘、勧告の意味の動詞を使うのも有力な方法です。
勧告する主体（主格）＋советовать, рекомендовать, предлагать などの諸形＋**勧告される相手（与格）**＋**勧告の内容（名詞（対格）／動詞不定詞）**

　　　数日旅行なさることをお勧めします。あなたは休むだけではなくて、ふだんの生活条件から離れなければね。

　　Я советую вам путешествовать несколько дней. Вам нужно не только отдыха́ть, но и освободиться от условий ежедневной жизни.

　　　ぼくは君に仕事の後で同僚と飲むのをやめるように言いたいね。ああいうことはストレスを解消するどころか、かえって強めるよ。

　　Я не рекомендую тебе пить с коллегами после работы. Это не снимает, а, наоборот, увеличивает стрессы.

4　提案、勧告の動詞を動詞＋名詞に換えることができます。
　提案する　предлага́ть → де́лать предложе́ние
　忠告する　сове́товать → дава́ть сове́т

　　　妻も子供たちも私に少なくとも１週間はオフをとるように勧めた。

　　И жена́ и де́ти да́ли мне сове́т освободи́ться от рабо́ты по кра́йней ме́ре на неде́лю.

　　　ホームドクターが私に大きな総合病院で精密検査を受けるように勧めた。

　　Наш дома́шний до́ктор сде́лал мне предложе́ние подве́ргнуться подро́бному осмо́тру в одно́й из кру́пных поликли́ник.

C　オプション

5　仮定法（**動詞過去＋бы**）も「……すればいいのになあ」という感じで、勧誘、勧告の意味になります。

　　　君は休日にお得意さんとゴルフをするのはやめたほうがいいんじゃないの。あれは仕事の延長だよ。

　　Ты переста́л бы игра́ть в гольф с клие́нтами в выходны́е дни. Это продолже́ние рабо́ты.

勧誘、勧告、提案

あなたは会社のための仕事は、必ずしも社会への貢献ではないことを、理解すべきでしょうね。

Вы дожны́ бы́ли бы поня́ть, что рабо́та для ва́шей компа́нии не всегда́ явля́ется заслу́гой перед о́бществом.

D インターチェンジ

☞「命令、要求」、「仮定」、「必要、義務」、「機能動詞」

♣ ミニ・ダイアローグ
　　できるだけ自然に

Как мо́жно есте́ственнее.

散歩をしに行こう3，40分ほど。毎日少なくとも8000歩、歩くことを君に勧めるね。

Пойдём погуля́ем 30-40 мину́т. Я сове́тую тебе́ ходи́ть ка́ждый день не ме́ньше восьми́ ты́сяч шаго́в.

いや、ただ道や森を歩くのは退屈だ。いろいろな機器があるスポーツジムに行くほうがましだよ、散歩の機械もあるしね。

Нет, про́сто походи́ть по у́лицам и́ли по́ лесу ску́чно. Пошли́ бы в спорти́вный зал, где есть разнообра́зные снаря́ды, включа́я и маши́ну прогу́лки.

それどんな機械なの？

Что э́то за маши́на?

動くベルトの上で足踏みをすると、何歩君が歩いたか、機械が自動的に計算してくれるんだ。両側にスクリーンがあって、そこで絶えず景色が変化するしね。

Вы шага́ете на дви́гающейся поло́ске. Она́ автомати́чески подсчи́тывает, ско́лько шаго́в вы прошли́. С обе́их сторо́н есть экра́ны, на кото́рых ви́ды непреры́вно меня́ются.

くだらん！　そのほうがよっぽど退屈だ。

Глу́пость！　Э́то ещё скучне́е.

周りですばらしいレオタードを着て歩いているチャーミングな女の子たちをちらちら見ていればいいのさ。

Я рекоменду́ю вам посма́тривать на очарова́тельных де́вушек, кото́рые шага́ют вокру́г вас в потряса́ющих трико́.

47

可能、不可能

可能、不可能　　（…できる；…できない）

A　ベース

可能、不可能を表現するキーは次の二つです。

可　能	不可能
1 мочь	не мочь
2 мо́жно	нельзя́

1 мочь は「主語＋мочь＋動詞不定詞」の形で使うのが普通です。

私たちは１平方メートル２千ドル以下のマンションなら買える。

Мы мо́жем купи́ть кварти́ру не доро́же, чем по две ты́сячи до́лларов за оди́н квадра́тный метр.

私は全額を一度に払うことはできない。

Я не могу́ заплати́ть всю су́мму сра́зу.

2 мо́жно の類は「主語なし мо́жно＋動詞不定詞」の形、つまり、無人称文で使うのが普通です。（意味上の主体についてはＣオプションの項参照。）

町のどの地域にも、理想の住宅を見つけることができます。

Мо́жно найти́ идеа́льную кварти́ру в любо́м райо́не го́рода.

理想の住処などこの世で見つかるものですか。

Нельзя́ найти́ идеа́льное жили́ще на э́том све́те.

B　バリエーション

可能、不可能をあらわす表現は мочь, мо́жно 以外にもたくさんありますので、それを全部一度に覚える必要はありません。ここでは次の三つ（こまかく分ければ四つ）だけにとどめます。

1 (не) возмо́жны
① возмо́жно＋動詞不定詞
　　この表現は基本的に「мо́жно＋動詞不定詞」と同じ使い方です。つまり、無人称文で、主語はありません。（意味上の主体については、次項のＣオプション参照。）

可能、不可能

内装の仕上げをしていないマンションを購入されて、ご自分のお好みの内装をなさることも<u>可能で</u><u>す</u>。

Возмо́жно приобрести́ кварти́ру без отде́лки интерье́ра и отде́лывать всё по ва́шему вку́су.

安くて、質のいい不動産を見つけるのは<u>不可能だ</u>。

Невозмо́жно найти́ дешёвую и ка́чественную недви́жимость.

②主語+возмо́жен(-жна́, -жно́, -жны́)

主語は人ではなくて、事物や状況などです。

住宅を選ぶ際にいくつかの選択肢が<u>可能です</u>が、どの選択肢にも長所だけでなく、欠点もあることをお忘れなく。

При вы́боре жили́щ <u>возмо́жны</u> не́сколько вариа́нтов, но име́йте в виду́, что ка́ждый из них име́ет не то́лько свои́ плю́сы, но и ми́нусы.

2 удава́ться [уда́ться] +動詞不定詞

これも無人称文です。（意味上の主体についてはCオプション参照。）

彼は古い小さなマンションと共同住宅の一部屋を売って、都心からあまり遠くない所に悪くない3DKのマンションを買うことが<u>できた</u>。

Ему́ <u>удало́сь</u> прода́ть ста́рую небольшу́ю кварти́ру и ко́мнату в коммуна́льной кварти́ре и купи́ть прили́чную трёхко́мнатную кварти́ру не о́чень далеко́ от це́нтра го́рода.

3 быть в「состоя́нии [си́лах] +動詞不定詞

政府が国民に住宅を十分に供給することは、向こう40年間<u>できない</u>と予想されている。

Предполага́ется, что прави́тельство <u>не бу́дет в состоя́нии</u> по́лностью обеспе́чить населе́ние жили́щами в тече́ние после́дующих сорока́ лет.

ロシア語では未来の可能性を示すには、я бу́ду мочь ではなく、上記の быть в「состоя́нии [си́лах] +動詞不定詞」などを使います。

мочь（不完了体）に対応する完了体の смочь があり、それを未来の意味で使うことができますが、完了体なので、反復や継続の意味で使うことはできず、その使用範囲は限られています。

心配しないで、その仕事は明日までに終えることが<u>できます</u>から。

Не беспоко́йтесь, я <u>смогу́</u> зако́нчить э́ту рабо́ту до за́втра.

ソーニャは妊娠しています。半年かそれ以上全力で仕事をすることは<u>できません</u>。

Со́ня ждёт ребёнка. Она́ <u>не бу́дет</u> <u>в состоя́нии</u> рабо́тать с по́лной отда́чей полго́да и́ли бо́льше.

49

可能、不可能

C オプション

1 A2の **мо́жно, нельзя́** の場合は、無人称文なので、主語はありません。<u>意味上の主体が必要ならば、該当の語を与格にして</u>付け加えます。

あなたは町のどの地域にも、理想の住宅を見つけることが<u>できます</u>。　　<u>Вам</u> мо́жно найти́ идеа́льную кварти́ру в любо́м райо́не го́рода.

＊しかし、このような場合は、Вы мо́жете найти́ ...という方が普通です。

2 ①上に挙げた（не）мочь, мо́жно, нельзя́ のうち мочь と мо́жно は **完了体、不完了体両方**の動詞不定形と結び付きます。

大体私が払えるのは、平均的な日本人と同じくらいです。まあ、20万か30万ドルですね。　　Вообще́ я <u>могу́</u> заплати́ть сто́лько, ско́лько сре́дние япо́нцы <u>мо́гут заплати́ть</u>, зна́чит, приме́рно две́сти-три́ста ты́сяч до́лларов.

今すぐ私が払えるのは全額の3分の1です。　　Сейча́с я <u>могу́</u> заплати́ть одну́ треть всей су́ммы.

共益費は毎月払っても<u>いいです</u>。　　<u>Мо́жно</u> плати́ть за содержа́ние [ко́ндо] ежеме́сячно.

共益費は売買契約を結ぶ際に、2年間先払いしても<u>いいです</u>。　　<u>Мо́жно</u> заплати́ть за содержа́ние [ко́ндо] за́ два го́да вперёд при заключе́нии контра́кта о поку́пке кварти́ры.

② i нельзя́ が不可能を意味するときは、普通 **完了体の動詞**と結び付きます。

信用できる保証人がいないと、契約を結ぶことは<u>できない</u>。　　<u>Нельзя́</u> заключи́ть контра́кт без надёжного поручи́теля.

ii нельзя́ ＋ **不完了体**は「**禁止の意味**」になるのが普通です。

こまかい点を全部チェックするまで契約を結んでは<u>いけない</u>。　　<u>Нельзя́</u> заключа́ть контра́кт, не прове́рив все подро́бности в нём.

D インターチェンジ

☞「許可」、「禁止」、「挿入語，挿入句」、「不定詞」、「無主語文」、「無人称文」

可能、不可能

♣ ミニ・ダイアローグ

余の辞書に「不可能」の語はない

ママ：ニーナ、結婚したらあなたと
　　　コーリャはどこで暮らすの？

ニーナ：暮らせる所に暮らすわ。ど
　　　こに住むかなんて重要じゃない
　　　わ、愛さえあれば。

マ：そんな甘い考え、若気の至り
　　ね。どこに住むかはとても重要
　　よ。

ニ：コーリャの、つまり彼の両親の
　　家でも駄目なわけじゃないわ。

マ：何言ってるの！　絶対無理！
　　あそこは小さな2DKでしょ。
　　コーリャの妹はまだ学校に行っ
　　てるし、おまけにおばあさんまで
　　いるのよ。

ニ：平気。あたしキッチンに寝られ
　　るし、それがむしろ好きだもの。

マ：駄目。そんなことじゃやってい
　　けません。ニーナ、多分、ここで
　　暮らすほうがましなんじゃない。
　　うちは3DKだし、私たち以外は
　　誰もいないし。すぐにコーリャに
　　電話して訊いてごらんなさい、
　　賛成かどうか。

ニ：（電話で）コーリャ？　あたし
　　よ。万事あたしの狙い通りになっ
　　たわ。だから言ったでしょ。うち
　　の両親はあたしたちのためなら何
　　でも、できないことまでやってく
　　れるって。

В моём словаре нет слова «невозможно».

Мама: Нина, где вы с Колей будете жить, когда поженитесь?

Нина: Мы будем жить там, где можно. Где жить, неважно, если есть любовь.

М: Это оптимизм молодости. Очень важно, где жить.

Н: Почему нельзя у Коли, т.е., у его родителей?

М: Что ты! Это совершенно невозможно! Ведь у них небольшая двухкомнатная квартира. Колина сестра ещё ученица. К тому же, даже бабушка есть.

Н: Ничего. Я могу, даже люблю спать на кухне.

М: Нет. Так не годится. Нина, пожалуй, лучше жить здесь. У нас трёхкомнатная и кроме нас никого нет. Сейчас позвони Коле и спроси его, согласен или нет?

Н: (по телефону) Коля? Это я. Всё получилось так, как я хотела. Ведь я говорила, что мои родители сделают для нас всё, даже невозможное.

51

能力、才能

能力、才能（…できる；…がうまい；…が上手だ）

A ベース

能力を表現するキーは、主として、「助動詞的な動詞の уметь, мочь ＋動詞不定形」です。

日本は自前の軍事力で自分の国を守ることができない。

Япония не может защищать свою страну своими военными силами.

多くの日本人はピストルを撃つこともできない。

Многие японцы даже не умеют стрелять из пистолетов.

* уметь は能力、мочь は可能性を示すという、入門書などによくある説明は間違いではありませんが、あまり厳密に二分しないほうがいいでしょう。「私は妹ほどうまく英語をしゃべることはできない」は能力について述べていますが、それを Я не умею так хорошо говорить по-английски, как моя сестра. ではなく、Я не могу … と言うことは十分に可能です。

とくに、уметь は「習得した能力を示す」という定義は狭すぎます。十八世紀末のカラムジンの小説『あわれなリーザ』が大人気を博したのは И крестьянка любить умеет. 「農民の女でも愛することはできる」という主張が読者の共感を得たからです。любить は習得した能力ではありません。

B バリエーション

1 不完了体で能力を示すことができます。

彼女は料理がうまい。

Она хорошо готовит.

上の表現は「彼女は料理をうまく作ることができる。Она умеет хорошо готовить.」と同じ意味ですが、むしろ、Она хорошо готовит. のほうがよく使われます。これと同じ言い方はたくさんあります。

彼女は絵[泳ぎ、歌、ピアノ]がうまい。

Она хорошо「рисует [плавает, поёт, играет на пианино]．

彼女は絵[歌]が下手だ。

Она плохо「рисует [поёт]．

うちの娘は勉強がよくできる。

Наша дочка хорошо учится.

うちの娘は勉強なら何でもよくできる。

Наша дочка хорошо учится всем предметам.

能力、才能

彼は足が速い。	Он бы́стро бе́гает.
彼は遠目が利く。	Он далеко́ ви́дит.
私は眼鏡がないとよく見えない。	Я пло́хо ви́жу без очко́в.

2 名詞をキーにする
① 能力を持つ［持たない］主体（主語）+ 能力を示す語句（述語）

うちの子は野球［サッカー、テニス、ピアノ、バイオリン］がうまい。	Наш сын хоро́ший бейсболи́ст [футболи́ст, тенниси́ст, пиани́ст, скрипа́ч]. = Наш сын хорошо́ игра́ет в бейсбо́л [в футбо́л, в те́ннис, на пиани́но, на скри́пке].
彼はマッサージの名人だ。	Он хоро́ший массажи́ст [ма́стер масса́жа].
彼は骨董品の目利きだ。	Он выдаю́щийся цени́тель антиква́рных веще́й.

② y + 主体（生格）+ 能力を示す語句（述語）

彼女は耳［目］がいい。	У неё хоро́ший слух [хоро́шее зре́ние].
彼女は鼻が利く。	У неё о́строе обоня́ние.

③
　i име́ть + спосо́бность［облада́ть спосо́бностью］+ 動詞不定詞（または + к + 与格）

文明国ならどの国でも核兵器を造る能力を持っている。	Люба́я цивилизо́ванная страна́ име́ет спосо́бность производи́ть я́дерное ору́жие.
定年退職する人の多くがまだ働く能力を持っている。	Мно́гие из тех, кото́рые ухо́дят на пе́нсию, ещё име́ют спосо́бность к труду́ [спосо́бность рабо́тать, работоспосо́бность].

　ii име́ть + спосо́бности［облада́ть спосо́бностями］+ к + 与格

彼女は並はずれた語学の才能がある。	Она́ име́ет незауря́дные спосо́бности [облада́ет незауря́дными спосо́бностями] к (иностра́нным) языка́м.

* i では単数のспосо́бность（能力）が使われ、ii では複数のспосо́бности（特定の才能）が使われています。
* спосо́бности の代わりに тала́нт という語を使うこともできます。

53

能力、才能

これはспособностиよりすぐれた才能を意味します。ほかにдарование, дар, генийなど、才能を示す語もありますが、способностиとталантの2語で十分でしょう。

3　形容詞＋動詞不定詞（＋к＋与格）
この場合、способныйは上の2のⅰとⅱの両方の意味を表現できます。
①能力　この表現は多くの場合、способен (-бна, -бны) ＋動詞不定詞（または、＋к＋与格）のように短語尾で使われます。

社会主義時代は、労働能力のある国民はすべて働かなければならなかった。

При социализме все граждане, способные к труду, должны были работать.

現代では60歳以上の年金生活者でも働く能力がある。

В наши дни многие пенсионеры старше 60 (шестидесяти) лет способны к труду.

②才能

私の甥は数学に非凡な才能がある。

Мой племянник необыкновенно способен к математике.

多くの教育学者は特定の科目に特別な才能のある子供たちのための特殊学校をよいとは思っていない。

Многие педагоги не одобряют специальные школы для детей особенно способных к определённым предметам.

C　オプション

Bバリエーションの3で「способный [способен]＋к＋与格」という表現を挙げましたが、「способный [способен]＋на＋対格」という形もあります。「＋к＋与格」が一般的に能力を示すのに対して、「＋на＋対格」は重大なことをやってのける能力、悪いことを平気でやる能力を示します。

彼は立派なことを[自己犠牲を]することのできる男だ。

Он способен на「подвиг [самопожертвование].

彼は卑劣なことをやってのける男だ。

Он способен на подлость.

彼はどんな（恐ろしい）ことでもやりかねない。

Он способен на всё.

D　インターチェンジ

☞「可能，不可能」、「禁止」、「不定詞」

能力、才能

♣ ミニ・ダイアローグ
燕雀(えんじゃく)いずくんぞ鴻鵠(こうこく)の志を知らんや

ニーナ：イーゴリ、天才って何？
イーゴリ：実に簡単さ。天才とはすごい才能がある人さ。

ニ：普通そう考えられていることは知っているわ、でも天才ご本人は自分が並外れた才能をもっていることを否定して、ほかの人よりちょっと努力することができるだけだと言っているわ。

イ：まさにそこに天才の本質があるのさ。君は文字通り朝から晩までピアノの前に座っていたり、テニスコートを走り回ったりできるかい？それは天才だけが持っている特別な能力なんだよ。

ニ：あなたに賛成できないな。サリエーリは相当な才能があって、誰よりも努力したのに、モーツァルトを超えることができなかった。それはモーツァルトが天才だったからよ。

イ：君の言う通りかもしれない。でも、どうしてぼくたちのようなまったくの凡才が天才のことを議論しなければならないの？

Орёл лета́ет вы́ше воробья́.

Ни́на: И́горь, что тако́е «ге́ний»?
И́горь: О́чень про́сто. Ге́ний — тот, кто необыкнове́нно тала́нтлив.

Н: Я зна́ю, что при́нято так счита́ть, но ге́нии са́ми отрица́ют, что они́ отлича́ются незауря́дной спосо́бностью, и утвержда́ют, что они́ то́лько уме́ют стара́ться чуть бо́льше други́х.

И: Вот в чём заключа́ется су́щность ге́ния. Ра́зве ты мо́жешь буква́льно с утра́ до ве́чера сиде́ть за пиани́но и́ли бе́гать по те́ннисному ко́рту? Это необыкнове́нная спосо́бность, кото́рой облада́ют то́лько ге́нии.

Н: Не могу́ согласи́ться с тобо́й. Салье́ри име́л большо́й тала́нт и стара́лся бо́льше кого́-либо друго́го, но не смог превы́сить Мо́царта, так как он был ге́ний.

И: Мо́жет быть, ты права́, Ни́на. Но заче́м нам, са́мым обыкнове́нным лю́дям рассужда́ть о ге́ниях?

55

許　可

許　可　（…してよい；許す）

A ベース

許可を示す表現のキーは、動詞の разрешать(ся) と名詞の разрешение です。

1　許可する

①主体（許可する人・事物）+ разрешать の諸形 + 与格（許可される相手）+ 動詞不定詞（または名詞）

医者は彼にタバコを吸うことを許可した。　　Врач разрешил ему курить.

政府は彼に外国に出ることを許可しない。　　Правительство не разрешает ему выезд за границу.

②主体（許可する人・事物）+ давать の諸形 + 与格（許可される相手）+ разрешение + 動詞不定詞（または на + 名詞）

政府は彼に外国に出ることを許可しない。　　Правительство не даёт ему разрешения「выехать［на выезд］за границу.

2　許可される

①許可される人・事物（与格）+ разрешаться の諸形 + 動詞不定詞（または名詞）

彼はタバコを吸うことを医者に許可されている。　　Ему разрешается курить врачом.

②主体（許可される人・事物）+ получать разрешение + 動詞不定詞（または на + 名詞）

彼は外国に出る許可を政府からもらった。　　Он получил разрешение от правительства「выехать［на выезд］за границу.

B バリエーション

1　動詞 позволять, давать, допускать も許可の表現に使われます。

彼のけがはひどかったのに、監督は欠場を許さなかった。　　Тренер не позволил ему отказаться от выступления, хотя у него была тяжёлая травма.

許　可

　　少女は自分の妹にさえ新しい服を触らせなかった。　Девочка не давала даже своей сестре потрогать её новое платье.
　　ほんのちょっと発言させてください。　Позвольте [Дайте] мне сказать два слова.

2 　можно, мочь など、可能を意味する語も実質的に許可を示すことがよくあります。
　　ここではタバコを吸ってもいいですよ。　Здесь можно курить.
　　あなたたちは3時間ごとに休憩してよろしい。　Вы можете отдыхать через каждые три часа.

C　オプション

　　A1の例の場合、主体がなくて、いわゆる不定人称文になることがよくあります。(「**無主語文**」の項参照)。
　　多くの家庭で食事の時には子供たちにテレビを見させない。　Во многих семьях детям не разрешают смотреть телевизор во время еды.
　　私は家に入館証を忘れてきたので、図書館に入れてもらえなかった。　Мне не разрешили войти в библиотеку, так как я забыл дома читательский билет.

D　インターチェンジ

☞ 「可能、不可能」、「禁止」

♣ ミニ・ダイアローグ
　　　　世界はますます狭くなる　　　　　　　　Мир становится теснее.
マーシャ：グローバル化って盛んに言われているけど、実際は、世界は細分化が進んでいるわ。開放的な国とされていたアメリカさえ、今では外国人の入国、まして移住を、そんなに簡単に許可しないものね。　Маша: Много говорят о глобализации, а на самом деле, мир всё больше и больше дробится. Теперь даже США, которые считались самой открытой страной, не так-то легко разрешают иностранцам въехать, тем более переселиться.

57

許　可

ニーナ：でも、どうしようもないわ。入りたい人に入るのを許していたら、どんな人が入ってくるか見当もつかないから。

マ：世界のいろいろな都市では外国人は数日しか滞在できなくて、数日ごとに滞在再登録をしなければならないのよ。

ニ：最近「スワッピング」の組織が広まっていたでしょう。

マ：「スワッピング」って夫婦交換という意味ね。

ニ：いいえ。この場合は住居交換のことよ。たとえば、2週間カナダに行くアイスランドの旅行者が、2週間アイスランドに来るカナダ人と一時的に住居を交換するの。でも今このシステムは危機に瀕しているわ。多くの国で旅行者はホテル以外に住むことを許可されないから。今では国境が刑務所の周囲の高いコンクリートの塀みたいになってきているのよ。

Нина: Но ничего́ не поде́лаешь. Бог зна́ет, кто прие́дет, е́сли позво́лить въе́хать всем, кто хо́чет.

М: В не́которых города́х ми́ра иностра́нцам мо́жно прожива́ть то́лько не́сколько дней и через ка́ждые не́сколько дней ну́жно перерегистри́роваться.

Н: Неда́вно распространи́лась так называ́емая систе́ма «сва́ппинга».

М: «Сва́ппинг» — э́то означа́ет обме́н супру́гами?

Н: Нет! В да́нном слу́чае э́то обме́н жильём. Ска́жем, исла́ндские тури́сты, кото́рые уезжа́ют на две неде́ли в Кана́ду, вре́менно обме́ниваются кварти́рами с кана́дцами, приезжа́ющими на две неде́ли в Исла́ндию. Но тепе́рь э́та систе́ма нахо́дится под угро́зой ги́бели, так как тепе́рь во мно́гих стра́нах тури́стам не даю́т разреше́ния прожива́ть в други́х места́х кроме как в гости́ницах. Тепе́рь госуда́рственные грани́цы стано́вятся похо́жими на высо́кие бето́нные сте́ны, кото́рые окружа́ют тю́рьмы.

禁　止

禁　止　（…してはならない）

A　ベース

禁止を示す表現のキーは、動詞の запреща́ть(ся) です。
1　禁止する
主体（禁止する人・事物）＋**запреща́ть** の諸形＋**与格**（禁止される相手）＋**動詞不定詞**（または**名詞**）

医者は彼にタバコを吸うことを禁止した。　　Врач запрети́л ему́ 「кури́ть [куре́ние].

この国の政府は全国民に国外に出ることを禁止している。　　Прави́тельство э́той страны́ запреща́ет всему́ наро́ду 「вы́ехать [вы́езд] за грани́цу.

2　禁止される
禁止される人・事物（**与格**）＋**запреща́ться** の諸形＋**動詞不定詞**（または**名詞**）

彼はタバコを吸うことを医者に禁止されている。　　Ему́ запреща́ется 「кури́ть [куре́ние] врачо́м.

麻薬や武器の持ち込みはすべての人に厳しく禁止されている。　　Всем стро́го запреща́ется 「ввози́ть наркоти́ки и ору́жие [ввоз наркоти́ков и ору́жия].

B　バリエーション

1　基本の запреща́ть(ся) のほかに、特に掲示などでは、いろいろな語法が使われます。
「ここは禁煙です」という同じ意味でも、次のようなバリエーションがあります。
①**受動形動詞** Здесь 「кури́ть [куре́ние] запрещено́.
②**не＋動詞不定詞**（厳しい感じ）　Здесь не кури́ть.
③**不定人称文**（柔らかい感じ）　Здесь [У нас] не ку́рят.
2　**нельзя́＋不完了体動詞の不定詞**
ここは禁煙です。　　　　　　　　　　　　Здесь нельзя́ кури́ть.

59

禁　止

3　не мочь は本来不可能の意味ですが、**実質的に禁止の意味**になります。
　　ここでは指定の場所以外は禁煙です。
　　Здесь вы не мо́жете кури́ть кро́ме как в ука́занных места́х.

C　オプション

　官用語や改まった感じの場合 запреща́ть, запреща́ться, запрещено́ の代わりに воспреща́ть, воспреща́ться, воспрещено́ が使われることがあります。
　全館喫煙厳禁　Во всех зда́ниях кури́ть стро́го 「воспреща́ется [воспрещено́].

D　インターチェンジ

☞「可能、不可能」、「許可」、「提案、勧告」、「命令、要求」

♣ミニ・ダイアローグ
　　毒をもって毒を制す

基樹：もうがまんできない！どこもかしこも禁煙だ。これは明らかな喫煙者差別、基本的人権の侵害じゃないか。訴えてやる！

ガーリャ：どうしてそんなに怒っているの？

基：ね、ガリーナさん、つい2年前までぼくの職場では、どこでも自由にタバコが吸えたんです。それから仕事中の喫煙が禁止になって、その半年後には禁止が広がって、隔離された狭いコーナー以外は、建物全体で禁煙になりました。今度はそのコーナーが閉鎖されて、「インターネット・ルーム」に変わったんです。

Клин кли́ном выбива́ют.

Мото́ки: Я бо́льше не могу́ терпе́ть! Везде́ запреща́ется кури́ть. Э́то я́вная дискримина́ция куря́щих и наруше́ние основны́х прав челове́ка. Я пода́м в суд!

Га́ля: Почему́ вы так оби́жены?

М: Зна́ете, Гали́на, всего́ лишь два го́да наза́д на мое́й рабо́те свобо́дно кури́ли везде́, пото́м запрети́ли кури́ть во вре́мя рабо́ты, через полго́да по́сле э́того запреще́ние распространи́лось — запрети́ли кури́ть во всём зда́нии, кроме одного́ небольшо́го изоли́рованного уголка́. Тепе́рь э́тот уголо́к закры́ли и преврати́ли в «интерне́т-кабине́т»!

禁　止

ガ：でも、基樹さん、今では喫煙が有害なことは、百パーセント証明されているのよ。
基：よく知っていますよ。それなら、まずタバコの生産と販売を禁止すべきでしょう。
ガ：そんなに興奮しないで。あなた、手まで震えていますよ。
基：ちょっとタバコを吸わせてください。一服すれば、すぐ興奮がおさまります。

Г: Но, Мотоки, теперь ведь на сто процентов доказано, что курить вредно.
М: Знаю прекрасно. Тогда сначала надо запретить производство и продажу табака!
Г: Не раздражайтесь так. У вас даже руки дрожат.
М: Дайте мне закурить. Затянусь, и раздражение сразу пройдёт.

制限、限定

制限、限定

A ベース

制限、限定の表現は多種多様です。少しずつ的をしぼって覚えましょう。
1 制限、限界、範囲などを意味する語を使います。
①制限、限定を意味する語は、**名詞では** ограничéние、**動詞では** ограни́чивать(ся) です。

図書館の本をコピーする場合ページ数に制限がありますか。

Есть ли ограничéние колúчества страни́ц при ксерокопи́ровании книг библиотéки?
Да, есть, 200 страни́ц в день.

ええ、あります。1日200ページです。

図書館の本をコピーする場合ページ数が制限されていますか。

Ограни́чивается коли́чество страни́ц при ксерокопи́ровании книг библиотéки?
Да, есть. Кромé того́, запрещáется копи́ровать одну́ кни́гу по́лностью.

ええ、制限あります。それに、1冊丸ごとコピーすることは禁止されています。

②限度・範囲 を意味する語は предéл などです。

利用者の年齢の下限は12歳ですが、上限はありません。

Ни́жний предéл во́зраста читáтеля — двенáдцать лет, но вéрхнего предéла нет.

入館証の期限は1年ですが、5回までは毎年延長できます。6回目には、登録をしなおして、新しい入館証をもらう必要があります。

Срок читáтельского билéта — оди́н год, но мо́жно продлевáть его́ ежегóдно до пяти́ раз (в「предéлах [рáмках] пяти́ раз」). В шестóй раз ну́жно перерегистри́роваться и получи́ть нóвый билéт.

③最大限を意味する語は、**名詞では** мáксимум、**副詞では** максимáльно。
最小限を意味する語は、**名詞では** ми́нимум、**副詞では** минимáльно です。

制限、限定

閲覧者は誰でも図書館のコンピュータを使うことができますが、利用時間は<u>最長</u>1時間です。

Любо́й чита́тель мо́жет по́льзоваться компью́тером библиоте́ки, но <u>ма́ксимум</u> вре́мени испо́льзования — оди́н час.

市立図書館では、その市の市民は<u>最大限</u>5冊まで図書を借り出すことができます。

В муниципа́льной библиоте́ке жи́тель да́нного го́рода мо́жет взять на́ дом <u>максима́льно</u> пять книг.

図書の返却が遅れると<u>最低限</u>1冊1日10円の罰金が科されます。

Опозда́ние возвраще́ния кни́ги штрафу́ется <u>минима́льно</u> по десяти́ ие́н за одну́ кни́гу за оди́н день.

④**数量・対象を特定する副詞**は то́лько, (всего́) лишь などです。

特定の貴重な図書は書庫内<u>のみ</u>で5分<u>だけ</u>閲覧を許される。

Специа́льно ука́занные библиоте́чные ре́дкости разреша́ется посмотре́ть <u>всего́ лишь</u> пять мину́т <u>то́лько</u> внутри́ книгохрани́лища.

⑤**限度を示す前置詞**は до＋**生格**です。

閲覧者は最大限5冊の本を3週間の期限で借りることができますが、特別な理由があれば<u>1回に限り</u>、さらに1週間期限を延ばすことができます。

Чита́тель мо́жет взять <u>до</u> пяти́ книг на́ дом сро́ком на три неде́ли, но е́сли есть осо́бая причи́на, мо́жет продли́ть срок ещё на неде́лю <u>то́лько оди́н раз</u>.

B バリエーション

3 比較級を使います。

① не＋大、多、長、高、重など（プラス方向の意味）の形容詞の比較級、または小、少、短、低、軽など（マイナス方向の意味）の形容詞の比較級を使って、数量の上限を示します。

閲覧者は1度に<u>最大</u>5冊［5冊以下］の本を借りられます。

Чита́тель мо́жет взять 「<u>ме́нее [не бо́лее]</u> пяти́ книг в оди́н раз.

閲覧者は誰でもインターネット室のコンピュータを1日に<u>最長［最大］</u>2時間［2時間以下］使うことができます。

Любо́й чита́тель мо́жет по́льзоваться компью́тером в интерне́т-кабине́те 「<u>не до́льше [не бо́льше, ме́нее]</u> двух часо́в в день.

② не＋小、少、短、低、軽など（マイナス方向の意味）の形容詞の比較

制限、限定

級、または大、多、長、高、重など（プラス方向の意味）の形容詞の比較級を使って、数量の下限を示します。

入館証は最低12歳［12歳以上］の者に発行されます。

Читательские билеты выдаются людям 「старше ［не моложе］ двенадцати лет.

D　インターチェンジ

☞「許可」、「禁止」

♣ ミニ・ダイアローグ
子供は勉強、親は苦境

ローザ：有香、日本では国立大学でも授業は有料と聞いたけど、本当？　本当なら、その額はどれくらい？

有香：その通りよ。私の場合1年に5千ドルくらい払っているわ。これは日本の大学ではほとんど最低額ね。最高は1万ドルにもなるわ。医大だともっと多いのよ。私の父は5千ドルがうちの限度だ、とはっきり言っているの。

ロ：授業料の額の法律的な制限はないのかしら？

有：ないわね、私の知るかぎりでは。両親は家計を切り詰めようと頑張ってるわ。父は私が大学を卒業するまで、お酒は1日1合以上は飲まないと宣言までしたのよ。

Дети учатся, родители мучатся.

Роза: Юка, я слышала, что в Японии даже в государственных вузах обучение платное. Это правда? Если да, то размер платы какой?

Юка: Да, совершенно верно. Я плачу примерно пять тысяч долларов в год. Это почти минимальная плата среди японских вузов. Максимум доходит до десяти тысяч. В случае медицинских институтов ещё больше. Мой отец откровенно говорит, что пять тысяч — предельная сумма для нас.

Р: Не существует ли юридического ограничения размеров платы за обучение?

Ю: Нет, насколько я знаю. Родители стараются сократить семейные расходы. Отец даже объявил, что он будет пить не больше 180 грамм сакэ в день до тех пор, пока я не окончу университет.

64

肯定、否定

肯定、否定　（はい、ええ；いいえ）

A　ベース

　肯定、否定の表現のキーは、英語の Yes, No に当たる Да と Нет です。
　問いに対して Да か Нет の一語だけで答えることも可能ですが、Да の後には、問いの文と同じ文を肯定形で、Нет の場合は問いの文を否定形で付けることがよくあります。

1　肯定

あなたは寿司がどういうものかご存じですか。　　Вы зна́ете, что тако́е су́ши?

ええ、知っています。　　Да, я зна́ю(, что тако́е су́ши).

2　否定

あなたは寿司が好きですか。　　Вы лю́бите су́ши?

いいえ、きらいです。　　Нет, я не люблю́ (су́ши).

　問いの中の名詞などを、答えでは、代名詞などに変えることがよくあります。

あなたはコーリャが好きですか。　　Вы лю́бите Ко́лю?
ええ、私は彼が好きです。　　Да, я люблю́ его́.
あなたはターニャが好きですか。　　Вы лю́бите Та́ню?
いいえ、ぼくは彼女が好きではありません。　　Нет, я не люблю́ её.

B　バリエーション

　ロシア語の Да, Нет と日本語の「はい」、「いいえ」や英語の Yes, No は必ずしも同じではありません。

1　日本語

①相手の問いの内容を容認する答えの場合は、肯定の語「はい」、「ええ」。
　あなたは魚が好きですか。―はい、好きです。
　あなたは魚が好きではありませんか。―はい、好きではありません。
②相手の問いの内容を否認する答えの場合は、否定の語「いいえ」。
　あなたは魚が好きですか。―いいえ、きらいです。

肯定、否定

2 英語
①後続の文が肯定形の場合―肯定の語 Yes。
②後続の文が否定形の場合―否定の語 No。

3 ロシア語
①後続の文が肯定形の場合は、肯定の語 Да。

ロ　Вы лю́бите ры́бу？　　Да, я люблю́.
英　Do you like fish？　　Yes, I do.
日　あなたは魚が好きですか。　はい、好きです。

②後続の文が否定形の場合―否定の語 Нет。

　i ロ Вы лю́бите ры́бу？　　Нет, я не люблю́.
　　英 Do you like fish？　　No, I don't.
　　日 あなたは魚が好きですか。　いいえ、好きではありません。

　ii ロ Вы не лю́бите ры́бу？　　Нет, не люблю́.
　　英 Don't you like fish？　　No, I don't.
　　日 あなたは魚は好きではありませんか。はい、好きではありません。

ここまでは、ロシア語の肯定、否定は英語と同じです。しかし、次のような場合があります。

③相手の答えがすでに予測されていて、質問の形で念を押す場合。

　i ロ Вы лю́бите ры́бу？　　Да, я люблю́.
　　英 You like fish, don't you？　　Yes, I do.
　　日 あなたは魚が好きなのですね。　はい、好きです。

　ii ロ Вы не лю́бите ры́бу？　　Да, я не люблю́.
　　英 You don't like fish, do you？　　No, I don't.
　　日 あなたは魚が好きではないのですね。　はい、好きではないです。

C　オプション

1　Да, Нет の反復
Да や Нет を反復することがあります。

あなたはこのレストランが気に入りましたか。　　Вы дово́льны э́тим рестора́ном？

ええ、その通りです。　　Да, да.

どうもぼくのレストランの選び方は間違っていたみたいだね。　　Мо́жет быть, я непра́вильно вы́брал рестора́н？

肯定、否定

とんでもない。私はこのレストランが気に入りました。　Нет, нет, я очень довольна этим рестораном.

2 次のような語句を添えて、肯定・否定の意味をはっきりさせたり、強めたりすることができます。

①肯定

обязательно, непременно, конечно, безусловно, с удовольствием

ぼくがあなたを食事に誘ったら、あなたは承知なさいますか。　Вы согласитесь, если я приглашу вас на обед?

ええ、もちろんです。　Да, непременно.

日本人はお寿司に一番新鮮な魚を使いますか。　Японцы употребляют самую свежую рыбу для суши?

ええ、必ずそうします。　Да, обязательно.

オーリャ、ぼくの誕生祝に来てくれるね？　Оля, ты придёшь на вечер по случаю моего дня рождения?

ええ、喜んで。　Да, с удовольствием.

②否定

ни в коем случае, ни за что

ぼくがあなたを食事に誘ったら、あなたは断りますか。　Вы откажетесь, если я приглашу вас на обед?

とんでもない。絶対に断りませんよ。　Что вы! Я не откажусь ни в коем случае.

君は生のカニを食べるかい？　Ты ешь сырых крабов?

いいえ、絶対食べません。カニ・アレルギーですから。　Нет, ни за что. У меня аллергия на них.

D　インターチェンジ

☞「賛成、反対」、「承諾、拒絶」

67

賛成、反対

賛成、反対

A ベース

賛成、反対の表現のキーは次の三つです。
1 形容詞 согла́сный の短語尾
2 動詞 согласи́ться
3 前置詞 за, про́тив

1 形容詞 согла́сный の短語尾

賛成です согла́сен（согла́сна, согла́сны）
不賛成です несогла́сен（несогла́сна, несогла́сны）

　私たちは仕事で中国に行くミーチャのためにパーティーをするつもりなんだけれど、あなたはどう思う？

　もちろん、あたしは賛成よ。

　私たちはクラス会を一流レストランでやろうと計画しているのだけれど、君はどう？

　悪いけど、反対だね。若い者にはぜいたくだよ。

　Мы собира́емся устро́ить ве́чер для Ми́ти, уезжа́ющего по рабо́те в Кита́й. Что ты ду́маешь о на́шем пла́не?

　Коне́чно, я согла́сна.

　Мы плани́руем устро́ить собра́ние друзе́й по шко́ле в первокла́ссном рестора́не. Как ты отно́сишься к э́тому?

　К сожале́нию, я несогла́сен. Э́то ро́скошь для молодёжи.

2 動詞 согласи́ться

賛成 согласи́ться, 反対 не согласи́ться

　もしニコライのお別れパーティーのためにお金を出し合うことに賛成なら、金曜までに200ルーブル持ってきてくれよ。

　どうして君たちが会議の後でティータイムを設けることに反対したのか、ぼくにはわからない。

　Е́сли ты согласи́шься сложи́ться на проща́льный ве́чер Никола́я, то принеси́ две́сти рубле́й до пя́тницы.

　Я не понима́ю, почему́ вы не согласи́лись устро́ить чаепи́тие по́сле заседа́ния.

3 前置詞、または述語化した前置詞 за, про́тив

賛成 за, 反対 про́тив

　この二語は前置詞ですから、普通は名詞類を伴って、次のような形にな

賛成、反対

ります。

за＋名詞類の対格、против＋名詞類の生格

私はあなたの提案に賛成です。　Я за ва́ше предложе́ние.
私はあなたの提案に反対です。　Я про́тив ва́шего предложе́ния.

しかし、口語で賛成、反対を示すときには、名詞類をつけないことがよくあります。

ぼくの計画をどう思う？
Как ты ду́маешь о моём пла́не?

あたしはもちろん賛成［あたしは、悪いけど、反対］。
Я, коне́чно, за. ［Я, к сожале́нию, про́тив.］

おい、みんな、あしたテニスをやろうよ。
Ребя́та, за́втра бу́дем игра́ть в те́ннис.

ぼくはいいよ。
Я за.

私はだめ。
Я про́тив.

B　バリエーション

肯定、否定の表現にはたくさんのバリエーションがあります。その一部だけを挙げておきましょう。

1　動詞 принима́ть, отка́зыватья

来週は木曜が祝日になります。そこで、わが研究所では木曜は出勤日にして、休日を金曜日に移し、三日続けて休めるようにしたいのですが。

На сле́дуюшей неде́ле в четве́рг бу́дет пра́здник, поэ́тому я предлага́ю в на́шем институ́те сде́лать четве́рг рабо́чим днём и перенести́ выходно́й день на пя́тницу, что́бы мы могли́ отдыха́ть три дня подря́д.

それはいい案ですね、私は賛成です。
Э́то хоро́шая иде́я. Я с удово́льствием принима́ю ва́ше предложе́ние.

私は反対です。金曜は休暇を取って、四日続けて休むつもりですから。
Я ｢не принима́ю ва́ше предложе́ние ［отка́зываюсь от ва́шего предложе́ния］, так как я наме́рена взять о́тпуск в пя́тницу и отдыха́ть четы́ре дня подря́д.

69

賛成、反対

2　動詞 возражáть

　皆さんが反対でなければ、社員食堂閉鎖の件をちょっと話し合いたいんですが。

　　Éсли вы не возражáете, я хотéл бы предложи́ть небольшу́ю бесéду по пóводу закры́тия служéбной столóвой.

3　名詞 мнéние

　わが社のオフィスを都心から少し遠くに移転する必要があると思います。来月からまた賃貸料があがりますから。
　　私は同じ意見です。
　　私は別の考えを持っています。オフィスを都心から移すと、わが社の一流企業としてのイメージを損ねるおそれがあります。

　　Я ду́маю, что ну́жно перенести́ наш óфис подáльше от цéнтра гóрода, потому́ что со слéдующего мéсяца арéнда за негó опя́ть повы́сится.
　　Я тогó же мнéния с вáми.
　　Я имéю другóе мнéние. Перенóс óфиса из цéнтра гóрода мóжет повреди́ть прести́жности нáшей компáнии.

C　オプション

　次のような語をつけて、賛成、反対の意味をはっきりさせたり、強めたりすることができます。

кон́ечно, безуслóвно, ни за что, ни в кóем слýчае

　私は無条件で［もちろん］あなたに賛成です。
　ぼくは絶対にあなたの提案には賛成しない。

　　Я ｢безуслóвно ［,конéчно,］ соглáсна с вáми.
　　Я ｢ни за что［ни в кóем слýчае］не соглашу́сь на вáше предложéние.

D　インターチェンジ

☞「肯定、否定」、「承諾、拒絶」

♣ ミニ・ダイアローグ
　　我や先、人や先

由美：オクサーナ、考えられる？私たちの市では市立託児所が全部民営化に、つまり、個人営業になったの。私はこんな、いわゆる「改革」には絶対反対よ。あなたが日本人だったら、こんな決定を文句なしに受け入れるかしら？

オクサーナ：母親の立場からはもちろん反対ね。でも大体、誰も現実には逆らえないわ。だって、日本では子供の数が激減しているのでしょ。

由：ええ、でも、私はやっぱり反対。民間託児所の方が高いから。

オ：あいた託児所は老人ホームに転用できるわ。これもプラス面の一つね。

由：ありがたいことに、うちの両親はまだ若いからそんな施設は必要ないわ。

オ：あたしが言っているのはあなたのご両親のことではなくて、あたしたち二人のことよ。あたしたちは自分が思っているより早く年をとって、昔託児所だったホームで暮らすことになるわ。あなたが賛成かどうか、問題にもならないわよ。

Кому́ ра́ньше, кому́ по́зже ?

Ю́ми: Окса́на, представля́ешь ? В на́шем го́роде все городски́е я́сли приватизи́рованы, т. е., перенесены́ на ча́стное веде́ние. Я никак не могу́ согласи́ться на таку́ю, так называ́емую рефо́рму. Е́сли бы ты была́ япо́нка, ты приняла́ бы э́то реше́ние без проте́ста ?

Окса́на: С то́чки зре́ния ма́тери, коне́чно, я не согла́сна. Но вообще́ никто́ не мо́жет идти́ против действи́тельности. Ведь в Япо́нии число́ дете́й ре́зко уменьша́ется.

Ю: Да, но всё же я про́тив. Ча́стные я́сли доро́же стоя́т.

О: Освобождённые я́сли мо́жно преврати́ть в дома́ престаре́лых. Э́то то́же оди́н из плю́сов.

Ю: К сча́стью, мои́ роди́тели ещё молоды́е. Им нену́жно тако́е заведе́ние.

О: Я говорю́ не о твои́х роди́телях, а о нас с тобо́й. Мы постаре́ем быстре́е, чем мы ду́маем, и бу́дем жить в дома́х, бы́вших когда́-то я́слями. Нева́жно, ты бу́дешь согла́сна и́ли нет.

承諾、拒絶

承諾、拒絶

A ベース

1 承諾
①相手の提案が問いかけの形（疑問文）の場合。

　　　肯定の返事　Да

　あなたは私の提案を受け入れることができますか。　　　Вы мо́жете приня́ть моё предложе́ние ?

　はい（、できます）。　　　Да(, могу́).

　私と一緒に食事にいらっしゃいますか。　　　Вы пойдёте пообе́даете со мной ?

　ええ。　　　Да.

＊この場合も、次の②の場合も Да.や Хорошо́.だけではぶっきらぼうで、何か潤色をしたいところです。その方法についてはCオプションを参照してください。

②相手の提案がさまざまな形の場合。

　　　Хорошо́（よい）、По́нял（わかりました）、またはその類語。

　一緒に食事に行こう。　　　Пойдём пообе́даем вме́сте.

　いいですよ。　　　Хорошо́.

　あなたはこの仕事を土曜までに終わらなければなりませんよ。　　　Вы должны́ зако́нчить э́ту рабо́ту до суббо́ты.

　わかりました。　　　По́нял.［Поня́тно.］

③賛成、受け入れを示す表現。

　「**賛成、反対**」の項参照。

2 拒絶
①相手の提案が問いかけの形（疑問文）の場合。

　　　否定の返事　Нет

　あなたは私の提案を受け入れることができますか。　　　Вы мо́жете приня́ть моё предложе́ние ?

　いいえ（、できません）。　　　Нет (, не могу́).

　1の承諾の場合も、Да.や Хорошо́.だけではぶっきらぼうですが、拒絶の場合は、意識的に相手の気持ちを傷つけようとでも思っていない限り、Нет.や Не могу́.では、とても失礼になります。ここでは、

承諾、拒絶

もっとも単純な形を基本として示しましたが、実際に使う場合は、Ｃオプションを参考にして、失礼でない表現をしましょう。
②相手の提案がさまざまな形の場合。

Не могу́. Невозмо́жно. など、「できない、無理」を意味する語句

一緒に食事に行こう。　　　Пойдём пообе́даем вме́сте.
行けません。　　　　　　　Не могу́.
あなたはこの仕事を土曜ま　Вы должны́ зако́нчить э́ту
でに終わらなければならな　рабо́ту до суббо́ты.
い。
それは無理です。　　　　　Э́то невозмо́жно.

③反対、断りを示す表現。
「賛成、反対」の項参照。

B　バリエーション

1　да や хорошо́ に代わるもの
①　пожа́луйста

塩入れをこちらに渡していただ　Не мо́жете ли переда́ть мне соло́-
けませんか。　　　　　　　　нку？
どうぞ。　　　　　　　　　　Пожа́луйста.
もう一杯お茶をください。　　　Да́йте мне ещё ча́шку ча́ю.
どうぞ。　　　　　　　　　　Пожа́луйста.

②相手の言葉のなかにある語の反復。
さあ、一晩飲み明かそう！　　　Дава́й, бу́дем пить всю ночь！
やろう！　　　　　　　　　　Дава́й！

2　хорошо́ と同類のもの
Ла́дно.　Прекра́сно.　Замеча́тельно, Превосхо́дно.　Вот э́то да. など
多数。

C　オプション

「Aベース」で示した単純な基本形をそのまま使うことは少なく、いろいろな潤色が必要です。
1　承諾の場合は「よろこんで、感謝して、承諾する」という感じにすることがよくあります。非常に多くの表現があり得ますが、そのうちの二、三だけ挙げておきましょう。

73

承諾、拒絶

あなたは私の提案を受け入れることができますか。

はい、もちろん、できます。[はい、よろこんで。はい、大変光栄なことです。はい、ありがとうございます。]

Вы можете принять моё предложение?

Да, конечно, могу. [Да, с удовольствием. Да, это для меня большая честь. Да, я очень благодарен].

私と一緒に食事に行きましょう。

ええ、ぜひとも。[ええ、よろこんで。ええ、あなたと食事をするのはいつも楽しいです。]

Вы пойдёте пообедаете со мной?

Да, обязательно. [Да, я очень рад. Да, с вами обедать всегда приятно].

あなたはこの仕事を土曜までに終わらなければなりませんよ。

わかりました。頑張ります。[わかりました。それほど無理ではありません。承知しています。大丈夫です。]

Понял. Я постараюсь. [Понятно. Это не так-то трудно. Знаю. Не беспокойтесь].

2 拒絶の場合は相手の気持を傷つけないため、拒絶が自分の意志に反しているというニュアンスを出すべきでしょう。この場合もいろいろな表現がありますし、その場にふさわしい表現を自分で考え出すことも必要です。ここで挙げるのは二、三の例だけです。

あなたは私の提案を受け入れることができますか。

よろこんでお受けしたいのですが、その頃私はちょうど東京を留守にしますので。[お受けしたい気持ちはやまやまなんですが、残念ながら、私の会社の内規に抵触しますので。]

Вы можете принять моё предложение?

С удовольствием принял бы, но как раз в это время я буду отсутствовать в Токио. [Я очень хочу принять ваше предложение. Но, к сожалению, внутренние правила моей компании не позволяют это.]

私と一緒に食事に行きましょう。

ご一緒したいんですが、今日はサンドイッチを持ってきてしまったのですから。

Вы пойдёте пообедаете со мной?

С удовольствием бы, но сегодня я принёс с собой бутерброды.

あなたはこの仕事を土曜までに終わらなければなりませんよ。

Вы должны закончить эту работу до субботы.

承諾、拒絶

私は自分でもなるべく早く終わりたいのですが、期限を月曜まで延ばしていただけませんか。	Я сам хочу закончить её как можно раньше, но не можете ли отложить срок до понедельника?
おっしゃることはわかりますが、物理的に無理ではないかと思います。	Я вас понимаю, но боюсь, что это физически невозможно.

D インターチェンジ

☞ 「肯定、否定」、「賛成、反対」

♣ ミニ・ダイアローグ

わが家が一番	Лучше всего дома.
オレーグ：ニーナ？ 月の土地を買わない？	Олег: Нина, ты не хочешь купить участок земли на луне?
ニーナ：いやよ、絶対に。月なんか、空気も水もないでしょ。	Нина: Нет, ни в коем случае. Там даже нет воздуха и воды.
オ：うん、その通りだね。でも、考えてもごらん、地球では空気も水ももうひどく汚染されて、ないより悪いくらいだ。酸素とミネラルウォーターのボンベを持って一緒に月に行こうよ。	О: Да, ты права. Но подумай, на земном шаре и воздух, и вода уже так загрязнены, что хуже, чем нет. Поедем вместе на луну с баллонами с кислородом и минеральной водой.
ニ：ありがたいけど、お断りだわ。生まれた星で死ぬ方が、ボンベを抱えて宇宙服で月面の荒野で生きるよりましよ。	Н: Спасибо тебе Олег, но всё же я отказываюсь. Лучше умереть на родной планете, чем жить с баллонами и в космическом костюме на пустыне на луне.
オ：わかった。じゃ、ぼくもここに残るよ。その強情な君が好きなんだ。	О: Хорошо, тогда я тоже останусь здесь. Я люблю тебя с твоим упрямством.

目的

目　的　（…のために；…するために）

A　ベース

目的を表現するキーは次の四つです。
1 前置詞
2 名詞句
3 接続詞
4 動詞不定詞

1　前置詞

① для（諸種の目的）

いろいろな目的を示すことができるので、よく使われます。

自分のためだけの人生は退屈な喜劇、他人のためだけの人生は崇高な悲劇。

Жизнь исключи́тельно для себя́ — ску́чная коме́дия, жизнь исключи́тельно для други́х — благоро́дная траге́дия.

社会での仕事のために家庭生活を犠牲にするのはいいことだろうか？

Хорошо́ ли поже́ртвовать семе́йной жи́знью для рабо́ты в о́бществе？

② за＋対格（獲得・擁護の対象）

多くの国で多くの子供たちが一切れのパンのために働いている。

Мно́го дете́й во мно́гих стра́нах рабо́тает за кусо́к хле́ба.

「平和のために！」というスローガンの下で流血を繰り返している国がある。

Существу́ют стра́ны, кото́рые повторя́ют кровопроли́тие под ло́зунгом «За мир！»

③ за＋造格（取得・受け入れの対象）

今では多くの夫が休日に妻と買い物のために出かけるのが好きになっている。

Тепе́рь мно́гие мужья́ лю́бят ходи́ть с жёнами за поку́пками в выходны́е дни.

私の母は95歳だ。20年間も毎年「もうすぐ私をお迎えに天使が来てくださる」と言っている。

Мое́й ма́тери 95（девяно́сто пять）лет. В тече́ние 20（двадцати́）лет ка́ждый год она́ говори́т: «Ско́ро а́нгел прилети́т за мной»

目的

2 名詞句

① **с це́лью**＋**生格**（または**不定詞**），**в целя́х**＋**生格**（達成すべき目標）

彼が大統領になったのは国民に奉仕する<u>ため</u>で、巨大な権力を振るう<u>ため</u>ではない。

Он стал президе́нтом <u>с це́лью</u> служи́ть наро́ду, а не по́льзоваться огро́мной вла́стью.

多くの政治家が大臣になりたがるのは、国民に奉仕する<u>ため</u>で、役得を悪用するためではない。

Мно́гие полити́ческие де́ятели хотя́т стать мини́страми <u>с це́лью [в целя́х]</u> служе́ния наро́ду, а не злоупотребле́ния служе́бным положе́нием.

② **в интере́сах**＋**生格**、**в по́льзу**＋**生格**（利害の対象）

日本人は半世紀以上、自分たちが働いている会社、機関、組織の<u>ため</u>だけに生き、働いていた。

Япо́нцы бо́льше полуве́ка жи́ли и рабо́тали то́лько <u>в интере́сах</u> компа́ний, учрежде́ний и организа́ций, где они́ рабо́тали.

この国では企業と労働者の係争は、裁判でほとんどいつも労働者の<u>ため</u>になるように解決される。

В э́той стране́ конфли́кты ме́жду предприя́тиями и рабо́чими разреша́ются судо́м почти́ всегда́ <u>в по́льзу</u> рабо́чих,

3 接続詞

что́бы＋**動詞不定詞**（または**動詞過去形**）

セルゲイとナターリアはお互いに言った。「ぼく［あたし］はあなたに会っていつまでも愛する<u>ために</u>、この世に生まれたのだ（わ）」。

Серге́й и Ната́лья сказа́ли друг дру́гу: «Я появи́лся [появи́лась] на э́том све́те, <u>что́бы</u> встре́титься с тобо́й и люби́ть тебя́ ве́чно».

そのとき二人は自分たちが幸福になる<u>ために</u>、世の中のものすべてが存在していると信じていた。

Тогда́ они́ ве́рили, что всё на све́те существу́ет для того́, <u>что́бы</u> они́ бы́ли счастли́вы.

＊ **что́бы** の後の形については、次のように単純に分類しておくのが実際的で便利です。

① 主文の主体と、**что́бы**以下の主体が同じものならば、**что́бы**＋不定詞—上記の二つの例文のうちの1番目のものがこれに当たります。

② 主文の主体と、**что́бы**以下の主体が違うものならば、**что́бы**＋主語（主文の主語とは違うもの）＋動詞過去形—上記の2番目。

＊この点についてもう少しくわしくは、Сオプションを参照。

77

目的

4 動詞不定詞
英語と同じように、ロシア語でも行為、動作の目的を示すのに不定詞が使われます。(「**不定詞**」(238ページ) の項参照)。

B バリエーション

上記のAベースで挙げたもの以外に、次のようなものもあります。

1 前置詞
④ **ра́ди**＋**生格** (価値の高い目的を示すのが普通)

神のために ра́ди Бо́га, キリストのために ра́ди Христа́, 祖国のために ра́ди Ро́дины

Бо́га ра́ди のように、前置詞が名詞類の後になることもあります。

自分の命より尊いもののために生きることのできる者は幸いである。

Счастли́в тот, кто мо́жет жить ра́ди того́, что доро́же свое́й жи́зни.

⑤ **в**＋(大体は動名詞的な名詞の) **対格**

立派に生きるためには、明確な目的を見つける必要がある。楽に生きるためには、正当化のための口実を見つけるだけでいい。

Что́бы жить хорошо́, ну́жно найти́ определённую цель, что́бы жить легко́, доста́точно найти́ како́й-либо по́вод в оправда́ние.

⑥ **на**＋**対格** (将来のことに備えるために)

何かを獲得するためには数世紀が必要だが、すべてを失うためには一瞬で足りる。君は最悪の時のために常に備えていなければならない。

Для того́, что́бы дости́чь чего́-нибудь нужны́ века́, а для того́, что́бы потеря́ть всё, ну́жен то́лько оди́н миг. Ты всегда́ до́лжен быть гото́вым на чёрный день.

2 名詞句
во и́мя＋**生格** (価値の高い目的を示すのが普通)

君たちには自分の命を犠牲にできるような祖国があるか？

Есть ли у вас така́я Ро́дина, во и́мя кото́рой мо́жно поже́ртвовать свое́й жи́знью?

C オプション

1 что́бы の後の主語についての補足
次の二つの文を見てください。

78

目的

①彼は会合に遅れないように、タクシーをつかまえた。　　Он взял такси, чтóбы не опоздáть на собрáние.
②彼は妻が会合に遅れないように、タクシーを呼んだ。　　Он вы́звал такси, чтóбы егó женá не опоздáла на собрáние.

この二つの文の違いはＡベース３＊にある説明で、明快で便利ですが、次の補足を付け加えれば、もっと正確になります。чтóбы 以下が無人称文、不定人称文などの主語のない文なら、чтóбы の後には当然主語がなく、動詞は過去形。

二度と戦争が起こらないために、私たちは何をしているのか？　　Что мы дéлаем, чтóбы бóльше нé было войны́?

2　для тогó［その他］, чтóбы

чтóбы の前に для тогó を付け加えて、для тогó, чтóбы となることが、とくに文章語では頻繁にあります。意味は変わりませんが、для тогó が付くことで、чтóбы 以下が目的の意味だということが明確になります。

для тогó のほかに、к томý, с тем, за тем, на то が чтóбы の前に付くこともあります。前にあげた例文をちょっと書き換えて見ましょう。

立派に生きるためには、しっかりした目的を見つけなければならない。楽に生きるためには、正当化のための口実を見つけさえすればいい。　　Для тогó, чтóбы жить хорошó, нýжно найти́ определённую цель, а для тогó, чтóбы жить легкó, достáточно найти́ какóй-либо пóвод в оправдáние.

D　インターチェンジ

☞「不定詞」

♣ミニ・ダイアローグ
　　　堂々めぐり　　　　　　　　　　Заколдóванный круг
シューラ：なぜ君はそんなに一生懸命英語を勉強しているの？　　Шура: Зачéм ты так старáтельно ýчишься англи́йскому языкý?
ベーラ：もちろん英語が自由に話せるためよ。　　Бела: Конéчно, чтóбы я свобóдно говори́ла по-англи́йски.
シ：どうして君が英語ぺらぺらになる必要があるんだい？　　Ш: Почемý тебé нýжно глáдко говори́ть по-англи́йски?

79

目的

べ：あたし米国の文化研究者になりたいの。そのためにはアメリカに住んで、すべてを自分の目で見なければ。でも、言葉なしでは生活も成り立たないもの。

シ：そういう目的なら、学校や講習会で言葉を勉強するのは意味ないよ。何よりまずアメリカに行って、日常生活の中で言葉を含めてすべてを体験することだね。大体、生活から切り離された状態で言葉を勉強することは不可能だ。できるのはただ話したり、書いたりなどをする習慣を身につけることだけだよ。

べ：これじゃ、堂々めぐりよ。よその国に住むには言葉を知らなければならない、言葉をマスターするには、その言葉が使われている国に住まなければならない。

Б: Я хотéла бы стать культурóлогом США. Для э́того ну́жно жить в Амéрике и ви́деть всё свои́ми глазáми. А без языкá не мóжет быть и жи́зни.

Ш: С такóй цéлью учи́ться языку́ в шкóле и́ли на ку́рсах нет смы́сла. Прéжде всегó поезжáй в Амéрику испытáть в ежеднéвной жи́зни всё, включáя и язы́к. Воoбщé невозмóжно учи́ться языку́ в состоя́нии, отóрванном от жи́зни. Возмóжно тóлько усвóить нáвыки говори́ть, писáть и т.д.

Б: Вот получи́лся заколдóванный круг. Для тогó, чтóбы жить в чужóй странé, ну́жно знáние языкá, а для овладéния языкóм, ну́жно жить в той странé, где употребля́ется дáнный язы́к.

理由、原因　　（…で；　…のために；…のおかげで）

A　ベース

理由、原因を表現するキーは次の四つです。
1 前置詞
2 接続詞
3 副詞句
4 副詞

1 前置詞

① от＋生格（主体の意志によらない原因）

多くのリンゴが初めは乾燥した天気のために、その後は強風のためにだめになってしまった。

Много яблок погибло сначала от сухой погоды, потом от ураганов.

② из＋生格（主体の意志による原因）

多くの農民はいろいろな種類の果物の栽培を始めたが、ミハイルは持ち前の用心深さで、ほかの農民の試みを注意深く観察しながら、普通の野菜を作り続けている。

Многие крестьяне начали выращивать разные виды фруктов, но Михаил из свойственной ему осторожности продолжает выращивать обычные овощи, внимательно наблюдая попытки других крестьян.

③ по＋与格

　i ある状況が原因

多くの農民は必要に迫られてライ麦やオート麦の栽培をやめてしまった。今ではライ麦やオート麦はまったく採算の合わない作物なのだ。

Многие крестьяне по необходимости перестали выращивать рожь и овёс. Это теперь совершенно нерентабельные культуры.

　ii 主体の側の事柄が原因（大体は否定的なもの）

最近まで農民は習慣というより、むしろ惰性で、何百年も同じことを繰り返してきた。

До недавнего времени крестьяне веками повторяли одно и то же самое по привычке или, скорее всего, по инерции.

81

理由、原因

iii 主体の側の否定的な特徴が原因

私の不注意のためにトマトとキュウリがすっかり虫に食われてしまった。

Все помидóры и огурцы́ бы́ли изъéдены несекóмыми <u>по</u> моéй невнимáтельности.

④ **благодаря́**＋**与格**（主としてよい結果を生じる原因）

農業の科学技術の発達の<u>おかげで</u>、現在では収穫は以前ほど天候の変化に左右されない。

<u>Благодаря́</u> развитию агрономи́ческой наýки и технолóгии урожáй тепéрь мéньше зави́сит от изменéний погóды, чем рáньше.

⑤ **из-за**＋**生格**（主として悪い結果を生じる原因）

現代の稲は乾燥した天候に強いのだが、今年はひどい旱魃のため<u>に</u>稲の作柄が悪かった。

В э́том годý урожáй ри́са был плохи́м <u>из-за</u> си́льной зáсухи, хотя́ совремéнные порóды ри́са усто́йчивы к сухóй погóде.

2 接続詞

理由を示す接続詞はたくさんあります。ここではもっともよく使われる三つだけを挙げておきます。

① так как

最近では若者たちは農業をやりたがらない、<u>というのは</u>、農業にはあまりにもたくさんの時間、精力、気配り、多方面の深い知識が必要だからだ。

Послéднее врéмя молодёжь не склóнна занимáться сéльским хозя́йством, <u>так как</u> онó трéбует сли́шком мнóго врéмени, сил, забóтливости и глубóких многосторóнних знáний.

② потомý что

日本でも、ロシアでも農村は崩壊しかけている。それは若者たちが農業をやりたがらず、もっと有利な仕事を求めて、都会に出てしまう<u>からだ</u>。

Деревни погибáют как в Япóнии, так и в Росси́и, <u>потомý что</u> молодёжь, не желáя занимáться сéльским хозя́йством, уезжáют в городá в пóисках бóлее вы́годной рабóты.

*理由、原因を示す文、語句の語順は原則的に自由ですが、потомý чтоに始まる副文は主文の後です。

理由、原因

③ оттого́ что
　一部の国で農業が危機的状況から脱出できないのは、政府自体が農産物の自給より、輸入の方をよいと考えているからだ。

В не́которых стра́нах се́льское хозя́йство не мо́жет вы́йти из крити́ческого положе́ния оттого́, что само́ прави́тельство предпочита́ет и́мпорт сельскохозя́йственных проду́ктов самоснабже́нию.

B　バリエーション

1　副詞句

　理由を示す副詞句もたくさんあります。ここでは5つ挙げておきます。その他はCオプションを見てください。
　これらの副詞句は、キーになっている名詞の意味にしたがって、それぞれ独自の意味をもっています。たとえば、「в результа́те＋生」なら「…の結果（результа́т＝結果）」、「в связи́ с＋造」なら「…と関連して（связь＝関連）」という意味です。

① в результа́те＋生格（…の結果）
　国内の農業の崩壊の結果、野菜の供給はますます輸入に頼ることになる。

В результа́те разруше́ния оте́чественного се́льского хозя́йства снабже́ние наро́да овоща́ми всё бо́лее зави́сит от и́мпорта.

② всле́дствие＋生格（…の結果）
　輸入農業製品の比率が増えた結果、農業をしようという農民の意欲はいっそう低下している。

Всле́дствие увеличе́ния проце́нта и́мпортных сельскохозя́йственных проду́ктов, ещё бо́лее па́дает жела́ние крестья́н занима́ться се́льским хозя́йством.

③ по причи́не＋生格（…の原因で）
　農業生産の意義が低下したことが原因で、農民の道徳的基盤の衰退が生じている。

По причи́не сниже́ния значи́мости сельскохозя́йственного произво́дства происхо́дит паде́ние мора́льных усто́ев крестья́н.

④ в зави́симости от＋生格（…に従って）

理由、原因

父の世代の道徳的基盤の衰退が深まるにつれて、農村生活に対する嫌悪感が若者の間でますます強まっている。

Отвраще́ние к дереве́нской жи́зни всё бо́лее уси́ливается у молодёжи в зави́симости от углубле́ния паде́ния мора́льных усто́ев поколе́ния их отцо́в.

⑤ **в связи́ с**＋造格（…と関連して）

現在では経済生活のグローバリゼーションと関連して、多くの国で北極海の魚から南の島の果物にいたるまで、世界中のありとあらゆる食品を手に入れることができる。

Тепе́рь в связи́ с глобализа́цией экономи́ческой жи́зни во мно́гих стра́нах мо́жно доста́ть всевозмо́жные проду́кты всего́ ми́ра от ры́бы Се́верного Ледови́того океа́на до фру́ктов ю́жных острово́в.

2　**理由、原因を示す文＋副詞**（「それだから」、「従って」などの意味）**＋結果、帰結を示す文**。（88ページ参照。）

① поэ́тому

私はロシア産の小さくて酸味のあるリンゴが大好きです。ですから、輸入の大きな甘いリンゴはめったに食べません。

Я о́чень люблю́ небольши́е и кислова́тые я́блоки ру́сских сорто́в, поэ́тому ре́дко ем импортные кру́пные и сла́дкие я́блоки.

② так что

この国では今では深刻な食糧問題は存在していない。だから、政府の義務は国民に良質で汚染されていない食品を供給することだ。

В э́той стране́ тепе́рь не существу́ет серьёзных пробле́м с пита́нием, так что обя́занность прави́тельства — снабжа́ть наро́д ка́чественными и экологи́чески чи́стыми проду́ктами.

③ ита́к

政府のもっとも重要な義務の一つは国民の健康保持です。ですから、政府は躊躇なく食料の売買を管理すべきです。

Одно́й из са́мых ва́жных обя́занностей прави́тельства явля́ется сохране́ние здоро́вья населе́ния, ита́к оно́ должно́ контроли́ровать торго́влю продово́льственными проду́ктами без вся́ких колеба́ний.

理由、原因

④ сле́довательно

　購買者はたいてい見かけのきれいな食品を好みます。その結果、多くの商店で大粒できれいな輸入リンゴが、見かけの地味な国内産のリンゴを追い出してしまいました。

Покупа́тели вообще́ предпочита́ют краси́вые на вид проду́кты, сле́довательно, во мно́гих магази́нах кру́пные и краси́вые импо́ртные я́блоки вы́теснили скро́мные на вид оте́чественные я́блоки.

C　オプション

1　前置詞
　с＋生格
　口語的表現、成句的結合など、限られた範囲で使われるのが普通です。
　旅行で疲れる уста́ть с доро́ги, 飢え死にする умере́ть с го́лоду, 悲しくて酒を飲む［病気になる］вы́пить［заболе́ть］с го́ря, 慣れていないので難しい тру́дно с непривы́чки, 笑い転げる пока́тываться со́ смеху, これという理由もなく（怒る）（разозли́ться）ни с того́ ни с сего́

2　接続詞句
①Ａベースの２①、②を見てください。この２つの接続詞 потому́ что, оттого́ что は元来 по＋тому́＋что ...; от＋того́＋что ... で、
　　「前置詞＋代名詞 то（の変化形）＋その то によって代表されている что 以下の文」
という結合でできている接続詞句です。これと同じ方法で、Ａベースで挙げた前置詞や副詞句を使って、たくさんの**接続詞句**がつくられています。Ａベースに挙げられている前置詞、副詞句を前置詞、副詞句の範囲だけにとどめず、それを接続詞句に拡大して使うことができれば、ロシア語の活用範囲が飛躍的に広がります。
　そのような接続詞句を幾つか挙げておきましょう。
　благодаря́ тому́, что; из-за того́, что; в результа́те того́, что; всле́дствие того́, что; в зави́симости того́, что; в связи́ с тем, что

　夏は温度が程よく高く、雨も十分で、秋には大きな台風がなかったおかげで、米の作柄が極めてよかった。

Урожа́й ри́са был необыкнове́нно хоро́шим благодаря́ тому́, что ле́том температу́ра была́ уме́ренно высо́кой, дожде́й бы́ло доста́точно и о́сенью не́ было больши́х тайфу́нов.

85

理由、原因

> 人々の嗜好が複雑になり、食事が一種の楽しみになっていることと関連して、いろいろな夏野菜が冬に温室で栽培されている。

> В связи с тем, что вкусы людей становятся разнообразнее и еда становится одним из наслаждений, разные летние овощи выращиваются зимой в теплицах.

② и́бо

これは「なんとなれば」といった日本語に相応する文章語的な接続詞です。20世紀初めにはもう古くなっていた語でしたが、演説や文章では20世紀を通じて比較的よく使われました。しかし、衰退の傾向にあると考えていいでしょう。

3　副詞句

理由、原因を示す副詞句には次のようなものもありますが、多用されるものではありませんので、列挙するにとどめます。

в си́лу [си́лой]＋**生格**，по по́воду＋**生格**（これは理由の意味ではなく、「…に関して」という意味で使われるほうが多い）。

4　副詞

① вот почему́（それだから（こそ））

> 人はなぜだか、夏になるときびしい寒さと雪が恋しくなるが、冬になればなるで、今度は逆に灼けつくような太陽が恋しくなる。それだからこそ、スイカやトマトが夏に劣らず冬の時期に買われるのだ。

> Челове́к почему́-то ле́том скуча́ет по моро́зу и сне́гу, а зимо́й, наоборо́т — по жгу́чему со́лнцу, вот почему́ арбу́зы и помидо́ры покупа́ются зимо́й не ме́ньше, чем ле́том.

② потому́（それゆえに）

поэ́тому と同じ意味ですが、文章で使われます。

D　インターチェンジ

☞「結果、帰結」、「接続詞」

理由、原因

♣ ミニ・ダイアローグ
　　仕事には動機が必要だ

リータ：リョーヴァ、あなたが怠け者だから、うちはいつもしなければならないことをするのが遅れるのよ。きょうは新年前の最後の日曜よ、だからきょう中に部屋の掃除と床拭きをして、ツリーを立て、その飾り付けをしないと。

リョーヴァ：リータ、ぼくはひどい腰痛で起きることもできないよ。

リ：あなたの腰痛っていつも気のせいで出るのよ。さっさと起きなさい、もう11時過ぎだから。

リョ：意地悪だなあ、リータ。君と子供たちが幸せなのは、頼りになる稼ぎ手のおかげだということを忘れたの？

リ：あなたはツリーのランプや、鈴や、そのほかの飾り物などが入っている箱に、シャンパンを一瓶しまっておいたのを忘れたの？

リョ：あっ、そうだ！思い出した！

リ：あら、あなた急に立ち上がったわね。腰痛はどうなったの。

リョ：シャンパンを早く取り出さないと、あれがギックリ腰を治す一番いい薬だからね。

Нужны́ сти́мулы к рабо́те.

Ри́та: Лёва, из-за твое́й ле́ности мы всегда́ не успева́ем сде́лать то, что ну́жно. Сего́дня после́днее воскресе́нье до Но́вого го́да, поэ́тому сего́дня ну́жно убра́ть ко́мнаты, помы́ть пол и поста́вить и наряди́ть ёлку.

Лёва: Ри́та, я не могу́ да́же встать от си́льного радикули́та.

Р: Твой радикули́т всегда́ возника́ет по психологи́ческой причи́не. Встава́й неме́дленно, так как уже́ двена́дцатый час.

Л: Кака́я ты зла́я, Ри́та. Ра́зве ты забы́ла, что ты и на́ши де́ти счастли́вы благодаря́ надёжному корми́льцу?

Р: А ты забы́л, что ты сохрани́л буты́лочку шампа́нского в коро́бочке с ла́мпочками, колоко́льчиками и други́ми украше́ниями для ёлки?

Л: Ну да! Я вспо́мнил!

Р: Ой, ты вдруг встал. А что с твои́м радикули́том?

Л: На́до поскоре́е доста́ть шампа́нское, потому́ что э́то са́мое лу́чшее сре́дство от бо́ли в спине́.

結果、帰結

結果、帰結　　（…なので…だ；…のために…になる）

A　ベース

結果、帰結を表現するキーは次の二つです。
1 結果、帰結を示す語句（副詞、副詞句、接続詞）
2 原因と結果の両方を示す相関接続詞

1　結果、帰結を示す語句（84ページ参照。）

①副詞 поэ́тому

私はうっかり乗車券をなくしてしまった、それで、運悪く、検札が来たときに、罰金を払わなければならなかった。

Я случа́йно потеря́л биле́т, поэ́тому мне пришло́сь заплати́ть штраф, когда́, как наро́чно, пришёл контролёр.

②副詞句 в результа́те (э́того), таки́м о́бразом

いまでは地上の交通はまったく当てにならなくなってしまった。その結果、地下鉄の乗客数はだんだん増えている。

Тепе́рь назе́мный тра́нспорт стал совсе́м ненадёжным. В результа́те (э́того) число́ пассажи́ров метро́ всё бо́лее увели́чивается.

ますます多くの人が地下鉄を利用するようになり、換気装置は古くなり、外の空気は日ごとに汚くなっている。こんな具合だと、まもなく地下鉄の乗客は息もできない状態になるだろう。

Всё бо́льше люде́й по́льзуется метро́, систе́ма вентиля́ции устарева́ет, во́здух на у́лице с ка́ждым днём всё сильне́е загрязня́ется. Таки́м о́бразом, де́ло ско́ро дойдёт до того́, что пассажи́рам метро́ не́чем бу́дет дыша́ть.

多くの国で、都市交通の財政状態は極端に悪化している。そのため、年金生活者の優遇措置は廃止されたり、縮小されたりしている。

Во мно́гих стра́нах фина́нсовое положе́ние городско́го тра́нспорта до кра́йности ухудша́ется. В связи́ с э́тим льго́ты для пенсионе́ров отменя́ются и́ли сокраща́ются.

結果、帰結

③接続詞 ита́к, так что

近い将来、石油系燃料に代わる新しいタイプのエネルギーを実用化する見込みが少ないので、大気汚染を防止する方法は、有毒ガス排出量を制限するほかはない。

Ма́ло наде́жды примени́ть в ближа́йшие го́ды на пра́ктике эне́ргию но́вого ти́па, заменя́ющую окамене́лое то́пливо, ита́к [так что], пока́ нет друго́го вы́хода предотврати́ть загрязне́ние во́здуха, кро́ме как ограни́чить коли́чество выпуска́емого вре́дного га́за.

2 相関接続詞 так ... что, тако́й ... что

地下鉄の網の目が広がった結果、一部の駅は地下奥深くに建設されるようになって、その結果、外に出るのに十分くらいかかる。

В результа́те разви́тия се́ти метрополите́на не́которые ста́нции постро́ены так глубоко́ под землёй, что тре́буется о́коло десяти́ мину́т для того́, что́бы вы́йти на у́лицу.

大都市の環境条件はひどく悪化して、犬でも散歩のために外に出たがらないくらいだ。

Экологи́ческие усло́вия в кру́пных города́х ухудша́ются до тако́й сте́пени, что да́же соба́ки не хотя́т вы́йти на у́лицу для прогу́лки.

B バリエーション

上記のAで挙げたものより文章語的で、使用頻度も少なめですが、次のような語句もつかわれます。

① потому́

A1①の поэ́тому と同じ意味。

モスクワの地下鉄の駅の多くは革命後、贅沢な材料と一流の建築家の設計によって建築された。それゆえに、「地下の殿堂」と呼ばれるのももっともなことである。

Мно́гие ста́нции метро́ в Москве́ постро́ены по́сле револю́ции из роско́шных материа́лов и по прое́ктам выдаю́щихся архите́кторов, потому́ они́ не напра́сно называ́ются «подзе́мными дворца́ми».

② в связи́ с э́тим

A1②の в результа́те (э́того) と大体同じ意味。

89

結果、帰結

地下鉄の駅はだんだん増えている。それに関連して、今では駅は質素に、安く建設されるようになっている。

Число станций метро всё более увеличивается, в связи с этим теперь они строятся попроще и подешевле.

③ следовательно

А1③の итак と同じ意味。

建築家たちは地下鉄駅建設を通じて新しい時代に対する自分の期待を表現しようとした。したがって、どの駅も何か前向きの刺激を現代の乗客にも感じさせる。

Архитекторы старались выразить свою надежду на новую эпоху через строительство станций метро, следовательно, каждая станция воодушевляет даже современных пассажиров чём-то положительным.

④ настолько [столь, столько, в такой степени], что ...

Аベース2 так ... что と同じ。

モスクワの地下鉄は各駅が実に独特な外見を持っているので、いつも乗っている乗客は一目で駅を区別することができる。

Каждая станция московского метрополитена имеет настолько оригинальный облик, что часто ездящие пассажиры одним взглядом могут различить одну станцию от другой.

C オプション

и など、ごく普通の接続詞などでも、結果、帰結を示すことができます。しかし、多用し過ぎると、表現が単純になるので注意してください。

ぼくは最終のバスに間に合わなくて、タクシーを捕まえなければならなかった。

Я не успел на последний автобус и пришлось взять такси.

わたしはとても疲れて、電車の中でうたた寝をしてしまい、降りる駅を乗り過ごしてしまった。

Я очень устала, задремала в поезде и проехала свою станцию.

D インターチェンジ

☞ 「仮定」、「理由、原因」、「接続詞」

結果、帰結

♣ミニ・ダイアローグ
似た者夫婦

オルロフ：日本では熟年夫婦の離婚が増えていると聞きましたが、それはどういう理由ですか？

木村：日本の熟年女性の多くは不公平で男中心の家庭生活の果てに、自分はすべてを失ってしまったと感じています。ですから、その中の一部の女性は三十年も四十年も辛抱した末、家庭生活からの解放を決意するのです。

オ：いったい日本の夫たちは奥さんが晩年になって、そんな不幸な結論にたどり着くほど、非人間的な扱いをしているんですか。

木：私は日本人男性の一人として、日本の夫は決して非人間的ではないと信じたいです。でも、日本経済の奇跡の時代、彼らは文字通り朝から夜遅くまで働いて、その結果、妻や家庭を顧みる暇がなかったのです。そこで、私は新しい格言を創作しましたよ。

オ：一体どんな？
木：「イワンは奴隷、ゆえにイワンの妻も奴隷なり」

Каков муж, такова и жена.

Орлов: Я слышал, что в Японии увеличивается число разводов пожилых супругов. Чем это объясняется?

Кимура: Многие пожилые японские женщины чувствуют, что они всё потеряли в результате несправедливой патриархальной семейной жизни. Поэтому некоторые из них решают освободиться от семейной жизни после тридцати-сорока лет терпения.

О: Разве японские мужья так бесчеловечно относятся к своим жёнам, что они приходят к такому печальному выводу в последние годы своей жизни?

К: Я, как один из японских мужчин, хочу верить, что японские мужья далеко не бесчеловечные. Однако, в периоды чуда японской экономики они буквально с утра до поздней ночи работали. Так что им просто некогда было заботиться о своей жене и семье. Итак, я создал новое изречение.

О: Какое именно?
К: «Иван — раб, следовательно, иванова жена — рабыня».

仮 定

仮　定　（もし…なら（ば））

A　ベース

仮定の意味を表現するキーは、**接続詞** éсли（もし……ならば）で、これを使えば、ほとんどの場合に対応できます。

éсли で始まる仮定の事柄を示す文の後（または、前）に、仮定の事柄から生じる結果について述べた文がおかれるのが普通です。

| éсли＋仮定の文（副文），仮定から生じる帰結の文（主文） |

あした天気が<u>よければ</u>、一家でディズニー・ランドに行くつもりです。

朝ごはんを食べる暇がなかった<u>のなら</u>、仕事の前にせめてコーヒー１杯くらい飲みなさい。

必要が<u>あったら</u>、いつでも私に電話をしてください。

Éсли завтра погода будет хорошая, мы поедем в Дисней-Лэнд всей семьёй.

Выпейте хотя бы чашку кофе перед работой, если вы не успели позавтракать.

Если понадобится, позвоните мне в любое время.

B　バリエーション

仮定の表現では éсли の役割はとても大きくて、これさえ知っていれば大丈夫と言えるほどですが、ほかの方法もあります。

1　éсли の代わりに раз や когда を使います。

いったん<u>誓って約束したら</u>、あなたの一存で変えることはできません。

子供が<u>できたのなら</u>、解決策は一つしかないよ。

Раз дано честное слово, вы не сможете изменить что-нибудь по своей воле.

Когда она ждёт ребёнка, у тебя может быть только один выход.

＊ раз は口語的な表現です。

＊ когда は仮定ばかりでなく、時間の意味を含みます（上の例では「今、子供が生まれそうだという時になっては」の意味）。

2　**前置詞 без, с, при** に名詞をつけて、仮定の内容を示します。

仮　定

厳しいゴミの分別を導入しなければ、まもなく町全体が巨大なゴミ捨て場になってしまう。

Без введе́ния стро́гой систе́мы сортиро́вки му́сора весь го́род ско́ро преврати́тся в огро́мную помо́йку.

よく考えた計画があれば、あなたのビジネスはうまくいくでしょう。

С хорошо́ проду́манным пла́ном ваш би́знес бу́дет уда́чным.

必要があれば多少の手直しをしなければならない。

При необходи́мости ну́жно ввести́ те и́ли ины́е измене́ния.

3　в слу́чае＋名詞（生格）などの副詞句を使います。

第三子を出産した場合、母親は一時金を受け取ることができる。

В слу́чае рожде́ния тре́тьего ребёнка мать мо́жет получи́ть вре́менное посо́бие.

4　命令形を使います。

起きないと遅れるよ(英語にも同じような表現があります)。

Встава́й, а「то [ина́че] ты опозда́ешь.

5　副動詞を使います。

日本に住んでいる以上、日本の伝統に従わなければならない。

Живя́ в Япо́нии, ну́жно сле́довать япо́нским тради́циям.

海外で銀行カードを失くして、彼女はすっかり困ってしまった。

Потеря́в ба́нковские ка́рточки за грани́цей, она́ соверше́нно растеря́лась.

6　предполо́жим, поло́жим, допу́стим

火星に水が存在するとすれば、有機物がそこに存在する可能性があることになる。

Предполо́жим, на Ма́рсе существу́ет вода́, то э́то пока́зывает возмо́жность существова́ния органи́ческих веще́ств на нём.

C　オプション（1）

1　е́сли は助詞の то とペアで使われることがよくあります。то そのものには独自の意味はなく、仮定の文と帰結の文の係り結びをはっきりさせる働きをします。

е́сли＋仮定の文，　то＋仮定から生じる帰結の文

仮　定

あした天気がよければ、一家でディズニー・ランドに行くつもりです。

Éсли завтра погóда бýдет хорóшая, то мы поéдем в「Диснейлéнд［Дисней Ленд］всей семьёй.

＊この例文はAベースの最初の例文に то を加えただけで、то を加えても、意味の大きな変化はありません。

2　éсли で始まる文では主語を使わずに、**動詞を不定詞**にすることができます。それは次の場合です。

①éсли で始まる文の主体が、帰結の文の主語と同じ場合

必要以上に食べれば、余計な体重を増やすことになり、健康にてもよくないことです。

Éсли есть бóльше чем нýжно, то вы бýдете набирáть себé лишний вес, что óчень врéдно для здорóвья.

②帰結の文に主語のない場合

本を読み終わったら、元の場所に戻しておかなければいけません。

Éсли прочéсть книгу, нýжно постáвить её обрáтно тудá, где онá былá.

③éсли で始まる文が一般的な内容の場合

何か創造的なことをしていれば、若さが長く保てます。

Éсли занимáться чéм-нибудь твóрческим, мóлодость у вас дóльше сохраняется.

C　オプション（2）

「仮定法」という文法カテゴリーが英語にあります。とても複雑で、受験生を落第させる試験問題の主力です。ロシア語にも仮定法はありますが、簡単で、受験生泣かせにはなりません。重要な点は次の二つだけです。

1　英語と同じように、**現実にはない**、あるいは、**ありそうにもない仮定**の場合に使います。

2　動詞は**過去形＋бы**で、過去、現在、未来のどの場合にも、**この形一つ**です。

> Éсли бы＋動詞過去形を含む副文，動詞過去形＋бы を含む主文

きのう天気がよかったら、一家でディズニー・ランドに行ったはずだ（天気が悪かったので行けなかった）。

Éсли бы вчерá погóда былá хорóшая, мы поéхали бы в「Диснéйлéнд［Дисней Ленд］всей семьёй.

94

仮定　　　　　　　　　　　　　　　　　　　　　　　仮定

きょう天気がよかったら、一家でディズニー・ランドに行くのだがなあ（天気が悪いので行けない）。

Если бы сегодня погода была хорошая, мы поехали бы в 「Диснейленд [Дисней Ленд]」 всей семьёй.

あしたが休日ならば、一家でディズニー・ランドに行くのだが（休日ではないので行けない）。

Если бы завтра был выходной день, мы поехали бы в 「Диснейленд [Дисней Ленд]」 всей семьёй.

ロシア語の仮定法では、過去、現在、未来が全部同じ形ですから、завтра, вчера などの単語や、前後関係で、いつの時点のことかを判断します。

3 仮定の条件の文、または帰結の文の組み合わせがなくて、そのどちらかだけでも可能です。

ぼくがイケメンだったらなあ！
あたしならあんなことはしない。

Если бы я был красавцем!
Я бы так не сделала.

仮定法の場合は、現実的な仮定の場合に比べて、если の使われる頻度が多く、ほかの方法は少なくなります。

4 接続詞は если 以外、когда が使えますが、あまり頻繁には使われません。(раз は仮定法では使いません)。

5 **前置詞 без, с** が使えます。

厳しいゴミの分別を導入しなければ、まもなく町全体が巨大なゴミ捨て場になってしまう。

Без введения строгой системы сортировки мусора весь город скоро превратился бы в огромную помойку.

もっとよく計画を練っていたら、あなたのビジネスはうまくいったのに。

С хорошо продуманным планом ваш бизнес был бы удачным.

よく考えた計画がなかったら、あなたのビジネスはうまくいかなかったでしょう。

Без хорошо продуманного плана ваш бизнес был бы неудачным.

6 предположим, положим, допустим も使えます。

あたしの犬がコンテストで大賞をとったら、犬の方が私の飼い主になってくれるのになあ。

Предположим, моя собака завоюет гран-при на конкурсе, она была бы моей кормилицей.

D　**インターチェンジ**

☞「時を示す副文」、「理由、原因」、「譲歩、認容」

95

仮　定

♣ ミニ・ダイアローグ
夢がなければ、人間になれない

母：ユーリャ、恥ずかしくないの。あなたの成績（5段階の）3ばかりじゃない。こんなことじゃ、どこの大学にも入れませんよ。

ユーリャ：入れるわ。あたしもうまじめに演大（国立演劇芸術大学）の受験勉強をしているもの。

母：演大ですって！　あそこの競争率は最高で、50倍か100倍よ。それに、才能がなければ、ちゃんとした芸能人にはなれません。

ユ：じゃ、あたしに才能があったら？　あたしが世界的に有名な女優になったら。きっとママも喜ぶわ。

母：馬鹿なことを言うのはやめて、よく勉強して、パパのようにお医者さんになりなさい。うわ言みたいなことばかり言って。

ユ：うわ言を言うのも悪くないわ。熱に浮かされてうわ言を言う病人がいないと、お医者さんはみんな上がったりだもの。

Без мечты́ не бу́дешь челове́ком.

Ма́ма: Как тебе́ не сты́дно, Ю́ля! Ты у́чишься то́лько на тро́йки! Таки́м о́бразом ты не попадёшь ни в како́й институ́т.

Ю́ля: Попаду́. Я уже́ серьёзно гото́влюсь поступи́ть в ГИТИС.

М: ГИТИС! Там са́мый большо́й ко́нкурс — на одно́ ме́сто пятьдеся́т и́ли да́же сто абитурие́нтов. К тому́ же, без тала́нта не бу́дешь хоро́шим арти́стом.

Ю: А е́сли у меня́ есть тала́нт? Уверя́ю, ма́ма, ты бу́дешь ра́да, когда́ я бу́ду арти́сткой с мирово́й изве́стностью.

М: Прекрати́ глу́пость, учи́сь хорошо́ и будь врачо́м, как па́па. А ты всё вре́мя бре́дишь.

Ю: Бре́дить то́же непло́хо. Все врачи́ пропа́ли бы, е́сли бы не́ было больны́х, кото́рые бре́дят от лихора́дки.

譲歩、認容　（…だが、しかし；…でもないのに；どんなに…しても）

A　ベース

譲歩、認容の表現のキーは、主として、次の二つです。
① 接続詞 хотя́
② 前置詞 несмотря́ на＋対格

　私は自分ではスポーツをしませんが、テレビでスポーツ番組を見るのは好きです。

　Я люблю́ смотре́ть спорти́вные переда́чи по телеви́дению, хотя́ сам не занима́юсь спо́ртом.

　私はサッカーの試合を見によくスタジアムまで行きますが、六、七十パーセントの試合は退屈です。

　Хотя́ я ча́сто хожу́ смотре́ть футбо́льные ма́тчи на стадио́ны, но они́ на 60-70 проце́нтов ску́чные.

　多くの人は愛国心もないのに、自分の国のナショナル・チームを応援します。

　Мно́гие боле́ют за сбо́рные кома́нды свои́х стран несмотря́ на отсу́тствие патриоти́зма.

несмотря́ на は**名詞類の対格と結びつく前置詞**ですが、「несмотря́ на то, что＋文」の形にすることで、実質的に接続詞として使えます。

　多くの人は愛国者でもないのに、自分の国のナショナル・チームを応援します。

　Мно́гие боле́ют за сбо́рные кома́нды свои́х стран несмотря́ на то, что они́ не явля́ются патрио́тами.

B　バリエーション

хотя́ は A ベースの二番目の例文のように хотя́ ..., но ［да, а など］ …の構文になることもあります。しかし、意味に大きな差はありません。хотя́ の後に и が付くことがありますが、意味は変わりません。

　他の多くの分野で女性は男性とまったく同等ですが、スポーツの世界では男女ははっきり区別されています。

　В спорти́вном ми́ре же́нщины и мужчи́ны чётко разделя́ются, хотя́ и во мно́гих други́х областя́х же́нщины соверше́нно равны́ с мужчи́нами.

譲歩、認容

C　オプション

譲歩、認容の表現には次のようなものもあります。

1 接続詞 да́же е́сли, е́сли да́же

たとえ審判が間違いを<u>しても</u>、その判定は覆らない。

<u>Да́же е́сли</u> су́дьи ошиба́ются, их реше́ния не опроверга́ются.

2 接続詞 пусть

彼が世界的に有名<u>でも</u>、トップチームはもう彼を雇わないだろう。

<u>Пусть</u> он име́ет мирову́ю изве́стность, сильне́йшие кома́нды бо́льше не бу́дут нанима́ть его́.

3 前置詞 при＋前置格

大活躍をしている<u>のに</u>、彼は十分な評価を得ていない。それは彼がフィールドであまりにも粗暴な行動をするからだ。

<u>При</u> всех его́ успе́хах он не по́льзуются доста́точной оце́нкой, так как он ведёт себя́ на по́ле сли́шком гру́бо.

4 кто [что, когда́, где, как, ско́лько] など疑問詞＋ни＋直説法、命令法、仮定法の文

監督がどんなに努力<u>しても</u>、ゴールができるのはプレイヤーだけだ。

<u>Как ни</u> стара́ется тре́нер, то́лько игроки́ мо́гут заби́ть гол.

なんと言おうと、今日の審判は不公平だった。

<u>Что ни скажи́</u>, судья́ сего́дняшнего ма́тча был несправедли́вым.

どれほどファンがいらいらして<u>も</u>、彼らはボールに触ることもできないのだ。

<u>Ско́лько бы</u> боле́льщики <u>ни</u> раздража́лись, они́ са́ми не мо́гут да́же косну́ться мяча́.

D　インターチェンジ

☞「仮定」、「接続詞」

譲歩、認容

♣ ミニ・ダイアローグ
愛のあるところに、言葉もある

伸夫：イリーナ・セルゲーヴナ先生、外国語は9歳までに始める必要がある、でないと言葉はマスターできないと聞いたんですが。そんなことぼくは信じたくないけれども、それは本当だな、と感じるのです。

イリーナ：絶対違います。遅く勉強を始めたのに、立派にロシア語をマスターしている外国人を、私は何百人も見てきましたし、今も見ています。伸夫、あなたもそういう外国人の一人になりますよ。

伸：ぼくは先生からそんなお励ましの言葉を聞いてとてもうれしいです、イリーナ・セルゲーヴナ。あるロシア人の学生がロシアの女の子と恋愛をしろ、そうすれば、授業に出なくても、ロシア語なんかすぐ覚えられる、とぼくに言ったんですが。

イ：それは間違いというより嘘ですね。誰かを好きになれば、美しい言葉が出てくるというのは本当ですけれど。

Где любовь, там и слова.

Нобуо: Ирина Сергеевна, я слышал, что нужно начать учиться иностранным языкам до возраста девяти лет. Иначе овладеть языком невозможно. Я чувствую, что это правда, хотя не хочу верить этому.

И: Абсолютно нет. Я видела и вижу сотни иностранцев, которые прекрасно владеют русским языком несмотря на то, что они начали изучать его поздно. Нобуо, вы тоже войдёте в число этих иностранцев.

Н: Я очень рад слышать такие ободряющие слова от вас, Ирина Сергеевна. А один русский студент мне сказал: «Полюби русскую девушку, тогда ты легко научишься русскому языку, даже если не ходишь на уроки».

И: Это ошибка, скорее, ложь, хотя правда, что вы найдёте красивые слова, когда кого-либо полюбите.

程　度

程　度

程度を表現するキーは次の二つです。
　1 副詞　　2 в＋程度を示す形容詞＋степени［мере］　　до＋程度を示す形容詞＋степени［меры］

A　ベース

副詞

程度が大きいことを示すのにもっともよく使われる副詞は о́чень、ある程度大きいことを示すのに使われる副詞は дово́льно などです。このような程度の大きさを示す表現を、程度の大きい順に並べてみましょう。

　о́чень хоро́ший［хорошо́］＞дово́льно хоро́ший［хорошо́］＞хоро́ший［хорошо́］＞не о́чень хоро́ший［хорошо́］

これにさらに、下に示すように、хоро́ший［хорошо́］の反意語（アントニム）である плохо́й（пло́хо）の程度の系列を付け加えれば、一つの性質（ここでは「よい、悪い」）の程度の全系列ができます。

　неплохо́й［непло́хо］＞не о́чень плохо́й［не о́чень пло́хо］＞плохо́й［пло́хо］＞дово́льно плохо́й［дово́льно пло́хо］＞о́чень плохо́й［о́чень пло́хо］

ロシアの音楽家は外国でも素晴らしい活躍をしている。
　日本の音楽家も外国でかなりよくやっているといっても、ロシアの音楽家とは比較にならない。

Ру́сские музыка́нты о́чень хорошо́ выступа́ют и за рубежо́м.
Япо́нские музыка́нты то́же дово́льно хорошо́ выступа́ют за грани́цей, хотя́ невозмо́жно сравни́ть их с ру́сскими.

B　バリエーション

　в＋程度を示す形容詞＋степени［мере］
　до＋程度を示す形容詞＋степени［меры］
　в と степени との間にさまざまな形容詞を入れることによって、さまざまな程度を示すことができます。в と степени との間に入れることのできる形容詞は多すぎて、すべてを挙げることはできませんが、そのうちいくつかを選んで、程度の大きい順に並べてみましょう。

程　度

в「о́чень большо́й [вы́сшей] сте́пени > в большо́й сте́пени > в「значи́тельной [доста́точной] сте́пени > в не́которой сте́пени > в「небольшо́й [незначи́тельной] сте́пени

数十年前とは違い、西欧のクラシック音楽の日本での人気はもう相当しっかりしたものになっている。

Ина́че чем не́сколько деся́тков лет наза́д, популя́рность за́падной класси́ческой му́зыки в Япо́нии уже́ в доста́точной「сте́пени [ме́ре] про́чная.

演歌の人気の低下は、演歌歌手の社会的地位が向上して、民衆の心を表現できなくなったことに、かなり影響されている。

Паде́ние популя́рности «энка» (япо́нских популя́рных пе́сен) в значи́тельной сте́пени зави́сит от того́, что в результа́те повыше́ния социа́льного положе́ния певцо́в «энка» они́ потеря́ли спосо́бность выража́ть се́рдце просто́го наро́да.

C　オプション

Aベースで示した語以外に、程度を示すたくさんの語があります。そのうち比較的よく使われるものを挙げておきましょう。

1　程度が大きい

си́льно, весьма́, здо́рово（口語的）

私はムソルグスキーの歌劇「ボリス・ゴドゥノフ」を聴くと、いつでもものすごく疲れる。

Я си́льно устаю́ ка́ждый раз, когда́ слу́шаю о́перу Му́соргского «Бори́с Годуно́в».

初登場のソプラノ歌手は相当いい活躍をしたが、時々経験不足を露呈した。

Дебюта́нт-сопра́но весьма́ уда́чно пе́ла, но вре́мя от вре́мени она́ обнару́живала недоста́ток о́пыта.

2　程度が非常に大きい

кра́йне, преде́льно, чрезвыча́йно, необы́чно, необыкнове́нно, осо́бо, сли́шком, чересчу́р（以上二語は否定的ニュアンスを含む）, ужа́сно（口語的）

日本では比較的最近まで西洋音楽のコンサートはとても緊張した雰囲気で行なわれるのが普通だった。

Не так давно́ в Япо́нии конце́рты за́падной му́зыки проводи́лись обы́чно в необыкнове́нно напряжённой атмосфе́ре.

程　度

音楽は実に危険な誘惑だと主張する人もいる。

ロックコンサートの会場では、ものすごく興奮したティーンエージャーが狂ったように叫んだり、手を振ったりしていた。

彼女は二十歳で本格的にバイオリンの練習をはじめたが、あまりにも遅かった。

Некоторые люди утверждают, что музыка является особо опасным соблазном.

В зале рок-концерта ужасно взволнованные подростки безумно кричали и махали руками.

Она по-настоящему начала учиться играть на скрипке в возрасте двадцати лет, но это было слишком поздно.

D　インターチェンジ

☞「副詞」

♣ ミニ・ダイアローグ
夫は花に包まれ、妻は汗に濡れ

ジーナ：元気、ヴェーラ？
ヴェーラ：好調よ、夫はいなくても。
ジ：えっ、あなた離婚したの？
ヴェ：いいえ、ボーリャは仕事は捨てたけど、女房は捨ててないわ。ただ、今ではずっと郊外の家にいて、都会の生活にまるで無関心。私の方はここで食べるために必死で働いているの。ありがたいことに、うちでは子供が大きくて、独立しているけど。
ジ：郊外の家の生活は素敵だけれど、定住は相当退屈じゃないかしら。

Муж в цветах, а жена в поте.

Зина: Как ты живёшь, Вера?
Вера: Отлично, хотя мужа нет.

З: Разве ты развелась?
В: Нет, Боря работу покинул, а жену — нет. Только он постоянно живёт на даче и совсем не интересуется городской жизнью. А я здесь работаю изо всех сил за кусок хлеба. Слава Богу, у нас дети уже взрослые и самостоятельные.

З: Жить на даче прекрасно, но постоянно жить довольно-таки скучно?

程　度

ヴェ：彼は退屈する暇がないわ。夏は飛び切りおいしい野菜の栽培、冬は屋内で観葉植物と花。夫の花は信じられないほど綺麗。まさに奇跡よ。
ジ：でもあなたはご主人がいなくて、さびしいでしょ、ヴェーラ。
ヴェ：ええ、少し。それに家庭では時々男手が必要になるでしょ。だから今では私は妻だけでなくて、夫の役割もしているの。今では私はある程度ヘルマフロドトス（男女性具有のギリシャの神）よ。

В: Ему́ не́когда скуча́ть. Ле́том выра́щивает вкусне́йшие о́вощи, а зимо́й — зелёные расте́ния и цветы́ в до́ме. Его́ цветы́ невероя́тно краси́вые, про́сто чу́до.
З: Но тебе́ ску́чно без му́жа, Ве́ра?
В: Да, немно́го. Кро́ме того́, в семье́ иногда́ быва́ет нужна́ мужска́я рука́. Поэ́тому тепе́рь я исполня́ю роль не то́лько жены́, но и му́жа. В не́которой сте́пени, тепе́рь я Гермафроди́т!

比　較

比　較　（…より…だ；…倍…する）

比較の方法は大別して二つあります。
1 差異・格差をキーにして**比較する**。
2 類似をキーにして**比較する**。
この項では1の場合だけを取り上げ、2については「類似」の項参照。

A　ベース

比較を表現する最大のキーは比較級です。
1　比較級の形
比較級には下記の二つの形があります。
①単一形　形容詞、副詞の語幹＋-ee

意　味	美しい（く）	早い（く）	面白い（く）	エネルギッシュな（に）
原級（形容詞）	красивый	быстрый	интересный	энергичный
原級（副　詞）	красиво	быстро	интересно	энергично
原級語幹	красив-	быстр-	интересн-	энергичн-
比　較　級	красивее	быстрее	интереснее	энергичнее

②複合形　более［менее］＋形容詞、副詞
　　красивый 美しい → более красивый もっと美しい, интересный 面白い → менее интересный それほど面白くない
　　более は英語の more、менее は英語の less に相応します。
③ロシア語と英語の比較級の違い
　　英語にも比較級には単一形（語幹＋-er）と複合形（more＋形容詞、副詞）二つの形があります。
　　しかし、英語では、ある語の比較級は単一形だけに限られ、ある語の比較級は複合形だけに限られています。たとえば、strong の比較級は stronger に限られており、more strong とはなりません。逆に、powerful の場合、比較級は more powerful で、powerfuler という形はありません。
　　これに引き換え、ロシア語では一つの語が原則として二つの形の比較級、つまり、単一形、複合形両方の形をもっています。ですから、кра-

比較

сивый ［красиво］の比較級は красивее と более красивый ［красиво］の二つで、интересный ［интересно］の比較級は интереснее と более интересный ［интересно］の二つです。

2 比較級の用法
①**単一形は**主として形容詞短語尾、副詞に使われます。
マルガリータは美人だが、オクサーナはもっときれいだ。　Маргарита красива, но Оксана ещё красивее.
こっちへいらっしゃい。早く！　Иди ко мне. Быстрее!

②**複合形は**主として形容詞長語尾に使われます。
トヴェーリはとても美しい町だが、ロシアにはもっと美しい町がたくさんある。　Тверь очень красивый город, но в России есть много более красивых городов.

③「**…よりも**」(英語 than) の意味を示す方法。
i 接続詞 чем
オクサーナはマルガリータよりきれいだ。　Оксана красивее, чем Маргарита.

ii 比較級＋名詞類（生格）
オクサーナはマルガリータよりきれいだ。　Оксана красивее Маргариты.
ウサギはカメより早く走る。　Заяц бегает быстрее черепаха.

この方法は i の чем 以下が名詞類の主格である場合にだけ使うことができます。それ以外の場合は使えません。

彼女は音楽より、スポーツに興味がある。　Она интересуется спортом больше, чем музыкой. を Она интересуется спортом больше музыки.

と言い換えることは（чем 以下が造格で、主格ではないので）不可能です。

彼は日本より外国に長く住んでいた。　Он жил за границей дольше, чем в Японии. を Он жил за границей дольше Японии.

と言い換えることも（чем 以下が前置詞＋名詞で、主格ではないので）不可能です。

比　較

④比較されるものの間の較差の示し方。
　　i 較差を漠然と示す
　　　次のような副詞を使います。
　　　ずっと намно́го, гора́здо, несравне́нно, いくらか немно́го, ほんのちょっと чуть

　　　オクサーナはマルガリータよりずっときれいだ。
　　　　Окса́на гора́здо [намно́го, несравне́нно] краси́вее Маргари́ты.
　　　ペテルブルグはモスクワより少し寒い。
　　　　В Петербу́рге немно́го холодне́е, чем в Москве́.
　　　ニューヨークはボストンよりちょっと暖かい。
　　　　В Нью-Йо́рке чуть тепле́е, чем в Бо́стоне.

　　ii 較差を特定の数量で示す
　　　на＋数量を示す語句（対格）
　　　今日は昨日より3度寒かった。
　　　　Сего́дня бы́ло на три гра́дуса холодне́е, чем вчера́.

　　iii 較差を倍数で示す
　　　в＋数詞＋раз［ра́за］
　　　チータは人間より3倍早く走る。
　　　　Гепа́рд бе́гает в три ра́за быстре́е, чем челове́к.
　　　子供は親が考えているより百倍も抜け目がない。
　　　　Де́ти в сто раз хитре́е, чем роди́тели ду́мают.
　　　＊ロシア語では次のような表現も可能です。
　　　人間はチータより3倍遅く走る。
　　　　Челове́к бе́гает в три ра́за ме́дленнее, чем гепа́рд.
　　（日本語では「人間の走る速さはチータの3分の1だ」というような表現が普通）。

B　バリエーション

　上記のように、比較級の単一形は、**「形容詞、副詞の語幹＋-ее」**が原則ですが、これ以外のものもあります。形式的には特殊変化ですが、特殊変化をする語は大体よく使われるものなので、軽視することはできません。

比 較

① i 形容詞、副詞の語幹（末尾の子音が交替）+ -e（表では副詞は省略）

意 味	形容詞、副詞	語 幹	子音交替した語幹	比較級
大声の	гро́мкий	громк-	громч-	гро́мче
金持ちの	бога́тый	богат-	богач-	бога́че
高価な	дорого́й	дорог-	дорож-	доро́же
しっかりした	твёрдый	твёрд-	твёрж-	твёрже
乾いた	сухо́й	сух-	суш-	су́ше
清潔な	чи́стый	чист-	чищ-	чи́ще

ii 形容詞、副詞の語幹（末尾にある接尾辞 -к- または -ок- が脱落し、その前の子音が交替）+ -e

まれな	ре́дкий	редк-→ ред-	реж-	ре́же
短い	коро́ткий	коротк-→ корот-	короч-	коро́че
近い	бли́зкий	близк-→ близ-	бл́иж-	бли́же
高い	высо́кий	высок-→ выс-	выш-	вы́ше

② 接尾辞 -ше [-же], -ьше のつくもの

意 味	原 級	比較級
古い、年とった	ста́рый	ста́рше
薄い、細い	то́нкий	то́ньше
早い	ра́нний	ра́ньше または ра́нее
遅い	по́здний	по́зже または поздне́е
長い	до́лгий	до́льше または до́лее
遠い	далёкий	да́льше または да́лее
大きい	большо́й	бо́льше または бо́лее
小さい	ма́ленький	ме́ньше または ме́нее（この語は語幹も変わる）

③ 長語尾形の比較級　語幹 + ший

大きい	большо́й	бо́льший
小さい	ма́ленький	ме́ньший（この語は語幹も変わる）
若い	молодо́й	мла́дший（この語は語幹も変わる）
古い、年とった	ста́рый	ста́рший
高い	высо́кий	вы́сший（接尾辞 -ок- 脱落）
低い	ни́зкий	ни́зший（接尾辞 -к- 脱落）

107

比　較

④原級と比較級が別語

| よい | хоро́ший | лу́чший | （現在はすでに存在しない語から作られた） |
| 悪い | плохо́й | ху́дший | （別の形容詞 худо́й から作られた） |

C　オプション

1　単一形と複合形の使い分け

　　Aベースの2①②で述べたように、単一形は主として形容詞短語尾、副詞に使われ、複合形は主として形容詞長語尾に使われますが、時には、単一形が形容詞長語尾に使われ、複合形が形容詞短語尾、副詞に使われることもあります。

　　ぼくはオクサーナ<u>より</u><u>きれいな</u>女の子を知らない。　　Я не зна́ю де́вушку <u>краси́вее</u> Окса́ны.

　　コーリャは若い女の子に<u>必要以上に慎重な</u>態度をとっている。　　Ко́ля обраща́ется с молоды́ми де́вушками <u>бо́лее осторо́жно, чем сле́дует</u>.

　　Aベースの2④ⅱの「較差を特定の数量で示す」場合は、「на＋数量を示す語句（対格）」のほかに、（あまり使われなくなっていますが）「数量を示す語句（造格）」でも可能です。

　　今日は昨日<u>より3度</u>寒かった。　　Сего́дня бы́ло <u>тремя́ гра́дусами</u>（＝на три гра́дуса）<u>холодне́е, чем</u> вчера́.

2　Aベースの2④ⅲの「較差を倍数で示す」場合は、「в＋数詞＋раз［ра́за］」のほかに、вдво́е, втро́е, вче́тверо, впя́теро のような副詞を使うことも可能です。

　　チータは人間より<u>3倍早く</u>走る。　　Гепа́рд бе́гает <u>втро́е</u>（＝в три ра́за）<u>быстре́е, чем</u> челове́к.

D　インターチェンジ

☞ 「類似」、「選択」、「副詞」

比 較

♣ ミニ・ダイアローグ
自分の欠点には気づかない

マーシャ：あたし子供のことがとても心配なの。安眠もできないわ。

イーラ：私の感じでは、サーシャもコーリャも素晴らしい子よ。何が心配なの？

マ：サーシャに比べると、コーリャは発達がはるかに遅いの。

イ：そんなことないわ！ コーリャは健康そのもの、ほかの子より背も高いし、頑丈よ。

マ：いいえ、頭の方よ。あの年頃でサーシャはもう読み書きができて、話すのも今のコーリャより2倍も早くて、はっきりしていた。

イ：私の勘違いでなければ、コーリャはまだ3歳になっていないでしょ。読み書きができないのが当たり前よ。サーシャが例外ね、神童かもしれないわ。

マ：サーシャも心配だわ。あの子は同い年の子の平均身長より1.5センチ低いの。もうすぐコーリャがお兄ちゃんより背が高くなるわ。

イ：マーシャ、あなたの方が子供たちより、よっぽど問題よ。

В своём глазу́ и бревна́ не замеча́ем.

Ма́ша: Я о́чень беспоко́юсь за свои́х дете́й. Да́же не могу́ спать споко́йно.

Ира: По-мо́ему и Са́ша и Ко́ля прекра́сные ма́льчики. О чём ты беспоко́ишься?

М: По сравне́нию с Са́шей Ко́ля растёт намно́го ме́дленнее.

И: Что ты! Он совеше́нно здоро́в, вы́ше и сильне́е други́х ма́льчиков.

М: Нет, в смы́сле ума́. В его́ во́зрасте Са́ша уже́ чита́л и писа́л, и говори́л в два ра́за быстре́е и ясне́е, чем Ко́ля сейча́с говори́т…

И: Е́сли я не ошиба́юсь, Ко́ле ещё нет трёх лет. Есте́ственно, что он не чита́ет и пи́шет. Са́ша исключе́ние, мо́жет быть, вундерки́нд.

М: Са́ша то́же меня́ беспоко́ит. Он ни́же на полтора́ сантиме́тра, чем сре́дний рост его́ рове́сников. Ско́ро Ко́ля бу́дет вы́ше бра́та.

И: Ма́ша, пробле́ма в тебе́ само́й, а не в твои́х де́тях.

類　似

類　似　(…と同じように；…のように；…に似て)

ある事物、人などと他の事物、人を比較するキーは大別して二つです。
I 差異、格差をキーにして**比較する**。
II 類似をキーにして**比較する**。
Iは「比較」の項で取りあげ、ここではIIの方を取りあげます。

A　ベース

類似をキーにして比較する場合、次の三つの方法があります。
1 同種比較　似たもの同士の現実的な類似点を指摘する。
2 比喩　異種のものとの類似点を指摘する。
3 架空比較　現実的でない類似点を指摘する。

1　同種比較

① как (и)

　　私の姉は彼女の夫<u>と同じように</u>、仕事が好きだ。
　　Моя́ сестра́ лю́бит свою́ рабо́ту, <u>как и</u> её муж.

　　私の姉は彼女の夫<u>と同じように</u>、有能な弁護士だ。
　　Моя́ сестра́ компете́нтный адвока́т, <u>как и</u> её муж.

　　多くの女性が私の姉の例<u>にならって</u>社会で活躍したいと思っている。
　　Мно́гие же́нщины хотя́т акти́вно рабо́тать в о́бществе, <u>как</u> пока́зывает приме́р мое́й сестры́.

＊ та́к же, как (и) または тако́й же, как (и) の形になることがよくあります。

　　私の姉は彼女の夫<u>と同じように</u>、仕事が好きだ。
　　Моя́ сестра́ лю́бит свою́ рабо́ту <u>та́к же, как</u> и её муж.

　　多くの女性が私の姉がやってのけたように、社会でしっかりした地歩を築こうと努力している。
　　Мно́гие же́нщины стара́ются про́чно утверди́ться в о́бществе <u>та́к же, как</u> э́то удало́сь мое́й сестре́.

　　私の姉は彼女の夫<u>と同じように</u>、有能な弁護士だ。
　　Моя́ сестра́ <u>тако́й же</u> компете́нтный адвока́т, <u>как и</u> её муж.

② 「似ている」という意味の **похо́жий, схо́дный, подо́бный, аналоги́чный**、「同種の」という意味の **одина́ковый** など類似を意味する形容詞を使います。

類似

エリートの日本女性は伝統的な日本女性より、むしろ西欧の女性に似ている。

Элитные японские женщины более похожи на женщин западных стран, чем на традиционных японок.

私の姉のようなキャリアウーマンは徐々に増えている。

Постепенно увеличивается число женщин, подобных ｢моей сестре [одинаковых с моей сестрой], которые делают блестящую карьеру.

2 比喩

　　как, словно, точно

わが社の社長は慈父のように思いやりがある。

Президент нашей компании заботливый, ｢как [словно, точно] добрый отец.

その当時、日本の企業は家族か血族のグループのように、しっかり団結した集団だった。

В то время японские предприятия являлись крепко сплочёнными коллективами, ｢словно [как, точно] семьи или группы кровных родственников.

3 架空比較

　　как, точно, как будто (бы), будто (бы)

小企業のオーナーたちは自分の労働者を、まるで自分の身体の一部のように慎重に、しかも無頓着に扱った。

Владельцы мелких предприятий внимательно и вместе с тем небрежно относились к своим рабочим, точно к частям своего тела.

経済的なバブルがはじけるまで、日本の勤労者は自分の企業が発展するためにすべてを捧げた。まるでそれが彼らの人生の唯一の目的であるかのようだった。

До того, как лопнула экономика мыльного пузыря, японские трудящиеся отдавали всё для успеха своих предприятий, как будто (бы) это является единственной целью их жизни.

B バリエーション

1　名詞（造格）が比喩的な類似表現に使われることがありますが、やや文学的な表現なので、日常的に多用されるわけではありません。

111

類　似

雪が銀のように光っている。

Снег блестит серебро́м (=как серебро́).

光陰矢の如し（時間は矢のように飛ぶ）。

Вре́мя лети́т стрело́й (=как стрела́).

2　подо́бие, схо́дство など「似たもの」を意味する名詞を使います。

かつて日本では、経営者と従業員の間に愛情に似た相互依存の感情があった。

Когда́-то в Япо́нии между предпринима́телями и трудя́щимися существова́ло чу́вство взаимозави́симости, како́е-то подо́бие любви́.

3　вро́де＋名詞（生格）

今でも豊田市や日立市はみんなが運命を共にしている共同体の感がある。

До сих пор таки́е города́, как Тоёта и Хита́ти, произво́дят впечатле́ние, что они́ явля́ются чем-то вро́де комму́ны, где все жи́тели деля́т одну́ судьбу́.

C　オプション

Aベースの2の比喩「わが社の社長は慈父のように思いやりがある。Президе́нт на́шей компа́нии забо́тливый, как до́брый оте́ц.」は「…のように」と比較をはっきり示しているので、修辞学や文学の用語で「直喩」と呼ばれています。これに対して次のような例では、比較を示す言葉が表面に出ておらず、比喩が奥に隠れているので「隠喩」または「暗喩」と呼ばれています。

わが社の社長はわれわれにとってはやさしい父親だ。

Президе́нт на́шей компа́нии до́брый оте́ц для нас.

第二次大戦後数十年の間日本人はエコノミック・アニマルだった。

В тече́ние не́скольких деся́тков лет япо́нцы бы́ли экономи́ческими живо́тными.

これは見かけでは比較や類似を示していませんが、実質的には比較の有力な手段で、頻繁に使われます。

D　インターチェンジ

☞「比較」

類 似

♣ミニ・ダイアローグ
　　　我ら類猿人

ガーリャ：夏樹、人間とサルがお互いに軽蔑し合っていることを、知っている？

夏樹：知らないし、信じもしないな。なぜサルが人間を軽蔑するの？

ガ：なぜかと言えば、人間はサルにとてもよく似ているけれど、サルから見れば、サルのだめなコピーなのよ。外見や行動はサルとほとんど同じだけど、人間はサルのようにすばやく木に登れない。身体は毛がなくて醜い、なんだか出来損ないの製品みたいなのよ。

夏：でも、ぼくはサルを軽蔑していないよ、むしろぼくらの祖先として、親近感を持っている。

ガ：あなたの言う通り。人間はサルの方が人間に似ていると思いこんで、「類人猿」などという学術用語を作り出しているけれど、初めにサルがいて、その後に人間が現れたのよ。人間がサルに似ていると言うべきだわ。

夏：でも、お前の顔はサルにそっくりだ、と言われたら、誰でも怒るだろうな。

ガ：そう、それが人間は偏見を持ってサルを見ている証拠よ。自分がサルから生まれたくせに。

Мы обезья́нообра́зные лю́ди.

Га́ля: На́цуки, ты зна́ешь, что лю́ди и обезья́ны друг дру́га презира́ют?

На́цуки: Нет, не зна́ю и не ве́рю. Почему́ обезья́ны презира́ют люде́й?

Г: Потому́ что челове́к о́чень похо́ж на обезья́ну, но он с то́чки зре́ния обезья́ны явля́ется её дурно́й ко́пией. Вне́шность и поведе́ние челове́ка почти́ таки́е же, как у обезья́ны, но он не мо́жет так бы́стро ла́зить на де́рево, как обезья́на. Его́ те́ло го́лое и некраси́вое, что́-то вро́де изде́лия с бра́ком.

Н: Но я не презира́ю обезья́н, да́же име́ю к ним симпа́тию, как к на́шим пре́дкам.

Г: Ты соверше́нно прав. Лю́ди ду́мают, как бу́дто бы обезья́на похо́жа на челове́ка и да́же вы́думали те́рмин «человекообра́зная обезья́на», но снача́ла существова́ла обезья́на и пото́м появи́лся челове́к. На́до сказа́ть, что челове́к похо́ж на обезья́ну.

Н: Но любо́й челове́к оби́дится, е́сли ему́ ска́жут: «Твоё лицо́ напомина́ет обезья́ну».

Г: Да, э́то дока́зывает, что лю́ди с предрассу́дком смо́трят на обезья́н, от кото́рых они́ са́ми роди́лись.

選 択

選 択 （…よりも…のほうがいい；…かどうか； …よりも…を選ぶ）

A ベース

1 平叙文

①選ぶという意味の動詞

ⅰ **выбрать**（いろいろな意味で、もっとも広く使われる），**избрать**（抽象的な意味），**отобрать**（「すぐれたものを選ぶ」）

私たちはどのような職業でも選ぶ権利を持っている。

Мы имéем прáво вы́брать любу́ю профéссию.

ニーナは芸術学を専門として選び、大学卒業後国立博物館に研究員として就職した。

Ни́на избралá искусствовéдение как свою́ специáльность и после оконча́ния институ́та поступи́ла в Госудáрственный музéй как нау́чный сотру́дник.

国立博物館の展示品はほとんどすべて入念に選び抜かれた芸術品や古代文化の遺物です。

Почти́ все экспонáты в Госудáрственном музéе явля́ются тща́тельно отóбранными произведéниями иску́сства и́ли па́мятниками дрéвней культу́ры.

ⅱ **предпочитáть**＋対格＋与格（または＋動詞不定詞＋**чем**＋動詞不定詞）

たいていの日本人は現代彫刻家の作品よりも、古代の仏像のほうを好む。

Мнóгие япóнцы предпочитáют дрéвние стáтуи Бу́дды произведéниям совремéнных ску́льпторов.

暇のある時、私は友達と飲むより、博物館に行くほうが好きです。

Когдá есть свобóдное врéмя, я предпочитáю посети́ть музéй, чем вы́пить с друзья́ми.

②比較級

たいていの外国人は現代日本の画家の作品より、北斎や広重の作品のほうがはるかにいいと思う。

Мнóгие инострáнцы горáздо бóльше лю́бят произведéния Хокусáя и Хироси́гэ, чем произведéния совремéнных япóнских худóжников.

選　択

たいていの外国人には現代日本の画家の作品より、北斎や広重の作品のほうがずっと気に入る。

Мно́гим иностра́нцам гора́здо бо́льше нра́вятся произведе́ния Хокуса́я и Хироси́гэ, чем произведе́ния совреме́нных япо́нских худо́жников.

2 疑問文
①直接疑問

あなたは古代ギリシャ芸術とルネサンス芸術と どちらが好きですか。

Что вы бо́льше лю́бите, древнегре́ческое иску́сство и́ли иску́сство Возрожде́ния?

風景画と静物画と、どちらのジャンルがあなたの好みに合いますか。

Како́й жанр вам бо́льше нра́вится: пейза́ж и́ли натюрмо́рт?

②間接疑問

あなたは聖像画がお好きかどうか、おうかがいしたいのですが。

Я хоте́л бы спроси́ть, лю́бите ли вы ико́ны и́ли нет.

B　バリエーション

「Aベース1」に挙げた動詞は原則として、「**動詞＋名詞**」の形に置き換えられ、次のような表現が可能ですが、あまり使用頻度の高いものではないので、これも深入りしないことにします。

選ぶ　де́лать вы́бор; остана́вливать вы́бор на ＋前置格
優先させる　отдава́ть [ока́зывать] предпочте́ние; дава́ть「пе́рвенство [приорите́т]

C　オプション

1　вы́брать, избра́ть などとともによく使われる前置詞は из です。
可能性のある無数のものから一つだけを選ぶのはとても難しい。
О́чень тру́дно вы́брать то́лько одну́ из ты́сячи возмо́жностей.

2　「AをBに選ぶ」は вы́брать [избра́ть] ＋対格＋造格などです。
政府は加藤氏を博物館長に選んだ。
Прави́тельство избра́ло господи́на Като́ дире́ктором музе́я.
私は委員会の委員に選ばれた。
Я был и́збран в чле́ны комите́та.

115

選 択

D　インターチェンジ

☞「疑問」、「比較」、「機能動詞」

♣ミニ・ダイアローグ
両方いただき

花枝：スヴェトラーナ、あなた都会に住むのと田舎とどっちが好き？

スヴェトラーナ：あたしは両方好きよ。一つだけ選ぶことは無理ね。

花：ええ、私も両方好きよ、でも都会と田舎に同時に住むことはできないでしょ。嫌でも、都会か田舎か、どちらか一つを選ばなければならないわ。

ス：そんなことないわ、花枝。それは十分可能よ。ロシアでは都会の人は大体郊外の家を持っていて、そこで休日と夏の大部分を過ごすのよ。若い人はたいてい都会に住む方が好きだけど、それでも時々郊外の家に行くわ。

花：ほんと？　あなたも田舎の家があるの？

ス：もちろんよ。花枝、明日の土曜か1週間先にうちの田舎の家にいらっしゃい。いや、夏休みに2、3週間来る方がいいわ。それが多分一番いい選択肢ね。

И то, и другое.

Ханаэ: Светлана, что ты больше любишь, жить в городе или в деревне?

Светлана: Я люблю и то, и другое, не могу и не надо выбирать одно.

X: Да, я тоже люблю оба, но ведь невозможно одновременно жить в городе и в деревне. Хочешь не хочешь, приходится выбрать или город или деревню.

C: Что ты, Ханаэ. Это вполне возможно. У нас в России многие горожане имеют дачи, где они проводят выходные дни и почти целое лето. Молодёжь вообще предпочитает жить в городе, но всё же иногда бывает на дачах за городом.

X: Правда? У тебя тоже есть дача?

C: Конечно. Ханаэ, приезжай к нам на дачу завтра в субботу или через неделю. Нет, лучше приезжай на две-три недели во время летних каникул. Это, пожалуй, оптимальный вариант.

時を示す副文

A ベース

時を示す複文のキーは、主として接続詞 когда, как, пока です。
次の三つに分けて見ていきましょう。表示を簡単にするため、以下では、主文の行為を「A」と表示し、副文の行為を「B」と表示することにします。
1 AとBが同時
2 AがBの後
3 AがBの前

1 AとBが同時
①副文が接続詞 когда で始まる
　i когда 以下の行為が一定の時点で行なわれる。

　　強い地震が起こった時、幸いにも、私はしっかりした鉄筋コンクリートの建物の中にいた。

К счáстью, я был в прóчном железобетóнном здáнии, когдá произошлó сúльное землетрясéние.

　ii когда 以下の行為が一定の時間幅で行なわれる。

　　強い地震の後に何度も余震が繰り返されている間、私たちは家から出ることができなかった。

Когдá повторя́лось нéсколько толчкóв пóсле сúльного землетрясéния, мы не моглú выходúть из дóма.

②副文が пока で始まる（…の間）

　　ひどい揺れがつづいている間、母親は両手で子供を抱いて、テーブルの下に座っていた。

Покá продолжáлся сúльный толчóк, мать сидéла под столóм, обнимáя обéими рукáми детéй.

2 AがBの後
①副文が接続詞 как で始まる
　i после тогó, как（…の後に）

　　われわれが家に戻った後、津波の可能性があるという知らせが、われわれに伝えられた。

Нам сообщúли, что есть возмóжность цунáми пóсле тогó, как мы вернýлись домóй.

時を示す副文

 ii **с тех пор, как**（…以来）
  たくさんの住民が突然襲ってきた津波のために不慮の死をとげて<u>以来</u>、村役場はできるだけ詳細な津波情報を村民に提供するように努めている。

  Се́льское управле́ние стара́ется дать жи́телям как мо́жно подро́бнее информа́цию о цуна́ми <u>с тех пор, как</u> мно́го жи́телей поги́бло от неожи́данно напа́вшего цуна́ми.

② **пре́жде чем**（…の前に）
  火山が噴火する<u>前</u>に、周辺の住民は数日にわたって、奇妙な地鳴りを聞いていた。

  <u>Пре́жде чем</u> вулка́н изве́ргнулся, жи́тели вокру́г него́ слы́шали стра́нный подзе́мный гул в тече́ние не́скольких дней.

3 AがBの前

① **до того́, как**（…まで）
  自分で体験する<u>まで</u>は、津波の力を想像することは難しい。

  Тру́дно предста́вить себе́ мо́щность цуна́ми <u>до того́, как</u> мы са́ми испыта́ем её.

② **пока́ (не)**（…まで）（AがBで示されている時点まで持続）
  火山が活動をやめる<u>まで</u>、住民は市役所ホールから出ずにじっとしていた。
  危険が完全に去る<u>まで</u>、避難した住民はほとんど眠ることができなかった。

  Жи́тели сиде́ли невы́ездно в за́ле в зда́нии городско́го управле́ния, <u>пока́ не</u> ути́х вулка́н.
  Эвакуи́рованные жи́тели почти́ не могли́ спать, <u>пока́</u> по́лностью прошла́ опа́сность.

③ **пе́ред тем, как**（…の前）
  強い台風が襲ってくる<u>直前</u>に、奇妙な静けさが生じることがよくある。

  Ча́сто быва́ет стра́нная тишь непосре́дственно <u>пе́ред тем, как</u> си́льный тайфу́н обру́шивается.

B バリエーション

1 **в то вре́мя, как** はAとBが同時であることを示しますが、「その一方で」といった対比の意味にもなります。

政府はハリケーンの被害者に絶対必要な援助もせず放置した。<u>それでいながら</u>、外国の難民の救援のために多くの資金と精力を費やした。

Прави́тельство оста́вило пострада́вших от си́льных урага́нов без необходи́мой по́мощи <u>в то вре́мя, как</u> оно́ потра́тило мно́го де́нег и сил для по́мощи зарубе́жным бе́женцам.

2　次のような как は по́сле того́ как, с тех пор как と同じく А が時間的に В の後であることを示します。

　　　私たちが外国から日本に戻ってきて<u>から</u>、もう３年になる。

Вот уже́ три го́да, <u>как</u> мы верну́лись в Япо́нию из-за грани́цы.

　　　とくに、口語では上のような場合は по́сле того́ を入れないのが普通です。

3　как то́лько, то́лько что は英語の as soon as と同じように、А が В の直後であることを示します。

　　　爆弾が破裂したような轟音が聞こえた<u>瞬間</u>、火山の火口から炎の柱が立ち昇った。

<u>Как то́лько</u> послы́шался гро́хот вро́де взры́ва бо́мбы, из кра́тера вулка́на подня́лся столб пла́мени.

C　オプション

пре́жде чем, пе́ред тем как, до того́ как では как の後に文ではなく、動詞不定詞が使われることがあります。

　　　地震の時には、家から跳び出す<u>前に</u>、必ずガスやすべての火を消さなければならない。地震の後の火事は地震そのものより恐しい。

<u>Пре́жде чем вы́скочить</u> из до́ма во вре́мя землетрясе́ния, обяза́тельно ну́жно вы́ключить газ и вообще́ все огни́. Пожа́ры по́сле землетрясе́ния опа́снее, чем само́ землетрясе́ние.

D　インターチェンジ

☞「期間」、「接続詞」

大きさ、長さ、重さなど

大きさ、長さ、重さなど

A　ベース

　大きさ、長さ、重さなどを示すのにキーとなる語は
大きさ величина, размер, объём, 長さ длина, 容積、体積 объём, 重さ вес, 面積 площадь, 高さ［縦］высота, 幅、横 ширина, 深さ、奥行き глубина, 厚さ、太さ толщина など
　これらの語を使って長さなどを示す表現、たとえば「この川の長さは100キロです」は以下の三例です。

1　キーとなる語（длина など）の**主格**＋長さなどを問われている**名詞の生格**＋**数量・単位名の主格**

　Длина́ э́той реки́ — сто киломе́тров. この川の長さは100キロです。

2　長さなどを問われている**名詞の主格**＋длино́й などキーの語の**造格**＋（в）＋**数量・単位名の主格**

　Э́та река́ длино́й（в）сто киломе́тров. この川の長さは100キロです。

3　長さなどが問われている**名詞の主格**＋име́ть＋длину́ などキーの語の**対格**＋**数量・単位名の生格**

　Э́та река́ име́ет длину́ ста киломе́тров. この川の長さは100キロです。
　いくつか例文を挙げます。

①アララット山の高さは5165メートルです。

Высота́ горы́ Арара́та — 5165（пять ты́сяч сто шестьдеся́т пять) ме́тров.

②東京タワーの高さは333メートルです。

Токи́йская ба́шня высото́й 333 ме́тра.；Токи́йская ба́шня име́ет высоту́ 333（трёхсот тридцати́ трёх）ме́тров.

③相撲の力士の平均体重は約150キロです。

Сре́ди́й вес борцо́в япо́нского сумо — приме́рно 150 килогра́мм.

④このプールは縦50メートル、横18メートルです。

Э́тот бассе́йн длино́й в 50 ме́тров и ширино́й в 18.

大きさ、長さ、重さなど

⑤ここには幅2メートル、奥行き80センチ、高さ1メートル93センチの戸棚を置くことができます。

Сюда́ мо́жно поста́вить шкаф ширино́й в два ме́тра, глубино́й в 80 сантиме́тров и высото́й в сто (оди́н метр) девяно́сто три сантиме́тра.

⑥私の部屋は縦7メートル、横5メートルで、広さは35平方メートルになります。

Моя́ ко́мната име́ет длину́ 7 ме́тров, ширину́ 5 ме́тров и пло́щадью получа́ется 35 квадра́тных ме́тров.

B　バリエーション

上のような文に対する問いは次の通りです。

①東京タワーの高さはどれくらいですか。

Кака́я [Какова́] высота́ Токи́йской ба́шни?

②そのホールはどれくらいの大きさですか。

Како́й разме́р э́того за́ла?

③あなたの部屋はどれくらいの広さですか。

Кака́я [величина́ [пло́щадь] ва́шей ко́мнаты?

＊形容詞「広い」широ́кий に対応する名詞は широта́ ですが、Кака́я широта́ ва́шей ко́мнаты? とは言いません。широ́кий は「普通より広い」の意味ですから名詞の широта́ は「大きな広さ」の意味です。大小にかかわらない広さ（面積、空間の分量）の意味で широта́ を使うことはできません。

C　オプション

重さについては**動詞** ве́сить を使うのも有力な方法です。

彼の体重は75キロです。

Он ве́сит 75 килогра́мм.＝Его́ вес — 75 килогра́мм.＝Он ве́сом (в) 75 килогра́мм.

♣ミニ・ダイアローグ

最近東京駅の周りに高さ30メートル以上のビルがたくさん建てられましたよ。

После́днее вре́мя вокру́г Токи́йского вокза́ла постро́или мно́го высо́тных зда́ний вы́ше тридцати́ ме́тров.

大きさ、長さ、重さなど

一部の日本人は怒っているそうですね、そのビルから数百メートルのところに皇居がありますから。新しい高層ビルの上の階から皇居を見下ろせるんです。

でも、ともかくあの区域には高い建物を建てなければなりませんよ。あの辺は１平方メートルの土地が一千万円するんだから。

Я слы́шала, что не́которые япо́нцы возмущены́, так как на расстоя́нии не́скольких сот ме́тров от них нахо́дится Импера́торский дворе́ц. С ве́рхних этаже́й но́вых высо́тных зда́ний мо́жно смотре́ть вниз на Дворе́ц.

Но всё равно́ ну́жно постро́ить высо́кие зда́ния в э́том райо́не, так как там оди́н квадра́тный метр земли́ сто́ит — сто ты́сяч до́лларов.

度量衡

A ベース

1 度量衡など（мéра)を意味するロシア語

長さ（度）длинá, 容積（量）объём, 重さ（衡）вес, 広さ（面積）плóщадь, 高さ высотá, 幅 ширинá, 奥行き глубинá, 太さ、厚さ толщинá

2 度量衡の単位（едини́ца измерéния）

メートル法（метри́ческая систéма мер）は19世紀末にロシアに導入されたものの、広く使われることはありませんでしたが、革命後1918年に正式採用され、1927年以降はほぼ完全に使用されています。

メートル метр, リットル литр, グラム грамм：2メートル два мéтра, 30メートル три́дцать мéтров, 100リットル сто ли́тров, 1グラム грамм, 3グラム три грáмма, 10グラム дéсять грáммов, 870グラム восемьсо́т три́дцать 「грáммов [грамм]。грамм は口語（とくに食料品などの売買）では、複数生格で грáммов ではなく、грамм を使うのが普通。トン тóнна, アール ар, ヘクタール（ヘクト＋アール）гектáр

B バリエーション

上掲の基本単位に、次の補助的な要素を付け加えることができます。

ミリ（1000分の1）милли-：～メートル［リットル、グラム］миллимéтр ［миллили́тр, миллигрáмм］、7～（メートル）семь миллимéтров；センチ（100分の一）санти-：～メートル сантимéтр, 89～（メートル）во́семьдесят дéвять сантимéтров；デシ（10分の一）деци-；デカ（10倍）дека-；ヘクト（100倍）гекто-；キロ（1000倍）кило-：～メートル［リットル、グラム］киломéтр［килоли́тр, килогрáмм, (口) ки́ло］：4～（メートル）четы́ре киломéтра, 60～（グラム）шестьдеся́т кило(грáмм), 口語では「半キロ（＝500グラム）」полкило́ もよく使われます。

平方 квадрáтный：～センチ（メートル）［メートル（平方 メートル 米＝平 米）］：～メートル［キロメートル］квадрáтный 「метр［киломéтр］, 100～センチ сто квадрáтных сантимéтров, 333～メートル три́ста три́дцать три квадрáтных мéтра

立方：куби́ческий, ～メートル［センチ（メートル）＝ＣＣ］куби́ческий

123

度量衡

метр[сантиме́тр]：27～センチ（メートル）два́дцать семь куби́ческих сантиме́тров, 180СС сто во́семьдесят куби́ческих сантиме́тров

C　オプション

　メートル法以前のロシアの度量衡は複雑ですが、19世紀から20世紀初めまで使われていた単位のうち主なものだけを挙げておきます。長さ вершо́к (4.45cm カッコ内の数字は概数。以下同じ), че́тверть (18cm), арши́н (71.12cm), са́жень (2.134m), 容積 че́тверть (3.08ℓ), ведро́ (12.3ℓ), 重さ фунт (409.5g), пуд (16.38kg), 広さ деся́тина (1.092ヘクタール) ヤードポンド法 систе́ма англи́йских мер, インチ дюйм, フート фут, ヤード ярд, マイル ми́ля, エーカー акр, ガロン галло́н, ブッシェル бу́шель, オンス у́нция, ポンド фунт, 英[米]トン англи́йская [америка́нская] то́нна

D　インターチェンジ

☞「大きさ、長さ、重さなど」

♣ ミニ・ダイアローグ

アンナ：　正夫、日本人はまだ日本古来の計量単位を使っているの？

正夫：　ほとんど使っていません。でも、部屋や住宅の広さの場合、ぼくの祖父は必ず、父は時々「坪」という古い単位を使いますが、ぼくは「坪」って、なんのことやら、わかりません。

ア：　つまり、あなたはその点で新しいタイプの日本人ね。

正：　そうとも言い切れませんね。日本酒なら日本人は例外なく古い単位の「合」や「升」を使います。でないと、お酒がまずくなるような気がするんです。

А́нна: Маса́о, япо́нцы ещё по́льзуются япо́нской традицио́нной систе́мой мер?

Маса́о: Почти́ нет. Но, наприме́р, в слу́чае разме́ров ко́мнат и кварти́р мой дед всегда́, а оте́ц иногда́ употребля́ет ста́рую едини́цу «цубо». Я же не име́ю поня́тия, что тако́е «цубо».

А: Зна́чит, вы в э́том отноше́нии но́вый тип япо́нцев.

М: Не совсе́м. Для япо́нского «сакэ» любо́й япо́нец без исключе́ния употребля́ет ста́рые едини́цы «го» и́ли «сё», ина́че вкус «сакэ», нам ка́жется, испо́ртится.

朝、昼、晩、夜

朝、昼、晩、夜

A ベース

1 ①朝、昼、晩、夜は元来自然現象で、季節や風土によって変わりますので、その区分は漠然としたものです。しかし、自分たちがこしらえた時間、時刻の枠にそれを収めようとする無意識の傾向が人間にあり、そのために、元来単純なものが複雑になっています。

②人によってそれぞれ、時間の感覚、自然の感じ方が違うばかりでなく、それぞれの言語によって表現法が違うので、日本語の朝、昼、晩、夜をロシア語の表現に短絡的に結びつけることはできません。

2 朝、昼、晩、夜を表現するキーは、言うまでもなく、次の4語です。

朝 у́тро、昼 день、夕方 ве́чер、夜 ночь

この4語の時間帯は何時から何時までと厳密に定義されているわけではなく、およそ次のような目安です。

у́тро 　　日の出頃から正午まで（午前4時頃～12時）
день 　　正午から日没頃まで（12時頃～午後4時半頃）
ве́чер 　　日没頃から就寝時頃まで（午後4時半頃～11時頃）
ночь 　　就寝時頃から日の出頃まで（午後11時頃～午前4時頃）

3 これらの名詞を「朝に、昼に、晩に、夜に」という意味で使う場合は、上記の名詞を造格の у́тром, днём, ве́чером, но́чью にします（これは文法では、副詞とみなされます）。

今日は一日のうちに何度も天気が変わった。朝は太陽が明るく輝いていたのに、昼には急に天気が崩れ、夕方には雷雨になった。夜はすっかり静かになったが、空には月も、星も見えなかった。残りの雨雲にすっかりおおわれていた。

Сего́дня пого́да меня́лась не́сколько раз за день. У́тром я́рко блесте́ло со́лнце, но днём пого́да внеза́пно испо́ртилась и ве́чером разрази́лась гроза́. Но́чью всё сти́хло, но на не́бе не́ было ви́дно ни луны́, ни звёзд. Всё бы́ло покры́то оста́вшимися ту́чами.

4 ロシア語の у́тро, день, ве́чер, ночь は日本語の「朝、昼、晩、夜」と完全に一致するわけではありません。これについてはCオプションで、もう少しくわしく説明しますが、ここではロシア語の ночь と日本語の「夜」の違いを指摘しておきます。

125

朝、昼、晩、夜

きょうの朝2時くらいに、電話の　Сего́дня но́чью около двух часо́в
ベルで私は目をさましました。　телефо́нный звоно́к разбуди́л меня́.
ロシア語では日の出までは ночь ですから、午前2時は ночь です。ロシア語で Сего́дня у́тром около двух часо́в ... と言うと、変な感じがしますが、日本語では午前2時、3時は「夜」ではなく、「朝」になるようです。

B　バリエーション

前記の4語に別の語をつけて意味をふくらませることができます。
①副詞類＋у́тром, днём, ве́чером, но́чью
　朝早く ра́но у́тром, 夕方遅く по́здно ве́чером, 夜遅く по́здно но́чью, 今日の昼に сего́дня днём, 金曜日の夕方に в пя́тницу ве́чером, 三日前の夜に три дня наза́д но́чью
②形容詞的な修飾語＋у́тром, днём, ве́чером, но́чью
　冬の朝に зи́мним　у́тром, 春の夕べに весе́нним　ве́чером, 眠れぬ夜に бессо́нной но́чью
③в＋形容詞的な修飾語＋у́тро, день, ве́чер, ночь
　冬の朝に в зи́мнее　у́тро, 春の夕べに в весе́нний　ве́чер, 眠れぬ夜に в бессо́нную ночь
＊単に「朝に」、「夕方に」の意味で、в у́тро, в ве́чер と言うことはできません。必ず修飾語をつけましょう。
＊день は英語の day と同じように、「日」と「昼」の意味がありますので、в ～ день の場合は「～の日に」という（昼を含む）広い意味になります（たとえば、в жа́ркий ле́тний день は「暑い夏の日に」です）。

C　オプション

1　Aベースの1で у́тро, день, ве́чер, ночь の時間帯のおよその区分を示しておきました。
2　この区分は日本語の朝、昼、晩、夜の区分とは必ずしも一致しません。厳密とは言えませんが、次のような関係になるでしょう。
　　у́тро　　日本語の明け方、朝、午前
　　день　　日本語の昼と大体同じ
　　ве́чер　　日本語の夕方、晩全体と、夜の一部（日本語の「晩」と「夜」の区別もあいまいですが）
　　ночь　　日本語の夜の一部、未明

朝、昼、晩、夜

それを図示すると、大体次のようになります。

0時		6時	12時＝0時	6時		12時
ноч	ь	утро	день	веч	ер	ночь
午　前			午　後		
夜	未明明け方	朝	昼	夕方	晩	夜
		4時	11時	4時	11時	

　＊この表にはいささか問題もありますが、それについては、「**午前、午後**」、「**挨拶**」の項を参照してください。

3　朝、昼、晩、夜を意味する語はほかにもいろいろあります。
　未明に чуть свет, 明け方に на рассвéте, 朝から с утрá, 真昼（正午）に в пóлдень, 昼下がりに пóсле полýдня, пополýдни, たそがれ時に в сýмерках, 真夜中に в пóлночь, 夜半過ぎに пóсле полýночи, зá полночь

D　インターチェンジ

☞「挨拶」、「午前、午後」、「時刻」

♣ ミニ・ダイアローグ

朝型と夜型

ジェーニャ：昇、あなたは「フクロウ型」、それとも「ヒバリ型」？

昇：ぼくはフクロウでもヒバリでもないよ。人間です。

ジ：たしかにそうね。それはよく知っているわ。でも、フクロウというのは夜張り切る人のことで、朝の方が元気のいい人がヒバリと呼ばれるのよ。

昇：正直に言うと、それは初めて聞いたなあ。

Жáворонок и совá

Женя: Нобору, вы совá или жáворонок?

Нобору: Я не совá и не жáворонок. Я человéк.

Ж: Да, несомнéнно. Это я óчень хорошó знáю, но совóй называ́ется человéк, котóрый бóлее энергúчен нóчью, а жáворонок — это человéк, котóрый бодрée ýтром.

Н: Признаю́сь, я в пéрвый раз слы́шу э́то.

朝、昼、晩、夜

ジ：たとえば、私の兄は典型的なヒバリ型。空が白らむと起きて、お昼までに仕事を全部終わらせてしまうの、ちなみに、兄は脚本作家よ、そして、午後はスポーツをやったり、イタリア語講座に通ったり、アマチュア・コーラスで歌ったり。

昇：するとぼくの妹は相当なフクロウ型ですね。夜遅く職場から帰ってきて、夕食をして、ワインを飲んで、DVDで真夜中まで音楽を聴いて、それから、eメールの返信を始めるんだから。寝るのは明け方ですよ。

ジ：これで、あなたがフクロウかヒバリか答えられるわね。

昇：ぼくは多分カラスですね。朝と昼は飛び回って、仲間とガアガア騒いで、夕方には家に帰ると、後はただ自分の巣でじっとしているか、眠っているだけだから。

Ж: Наприме́р, мой брат типи́чный жа́воронок. Он встаёт чуть свет, зака́нчивает всю рабо́ту до обе́да — кста́ти, он сценари́ст — и во второ́й полови́не дня занима́ется спо́ртом, хо́дит на ку́рсы италья́нского языка́, поёт в люби́тельском хо́ре и т. д.

Н: Зна́чит, моя́ сестра́ настоя́щая сова́, прихо́дит с рабо́ты по́здно ве́чером, у́жинает, пьёт вино́, слу́шает му́зыку по DVD до глубо́кой но́чи и пото́м начина́ет отвеча́ть на электро́нную по́чту. Ложи́тся спать на рассве́те.

Ж: Тепе́рь вы мо́жете отве́тить, сова́ ли вы и́ли жа́воронок?

Н: Я скоре́е всего́ воро́на, у́тром и днём лета́ю и ка́ркаю с друзья́ми. К ве́черу возвраща́юсь домо́й и пото́м уже́ про́сто сижу́ и́ли сплю в своём гнезде́.

午前、午後

A　ベース

　日本語でも、その他多くの国語でも、午前は夜中の0時から正午まで、午後は正午から夜中の12時までで、厳密に二分されています。
　しかし、ロシア語には、日本語の午前、午後に完全に当てはまる語はなく、午前、午後を示すためには、二分法ではなく、四分法を使って、時刻の後に、「朝、昼、晩、夜」を意味する語の生格 утра́, дня, ве́чера, но́чи をつけます。(この場合 утра́ のアクセントは語尾にあります)。
　日本語の「朝、昼、晩、夜」と同じように、ロシア語の у́тро, день, ве́чер, ночь も何時から何時までと厳密に定義されているわけではありません。「朝、昼、晩、夜」の項のC2を参照してください。
　「朝、昼、晩、夜」の項で示されている区分の結果、午前、午後の表現は次のようになります。
　<u>午前2時</u> два часа́ <u>но́чи</u>,　<u>午前8時</u> во́семь часо́в <u>утра́</u>,　<u>午前11時40分</u> оди́ннадцать часо́в со́рок мину́т <u>дня</u>
　<u>午後1時</u> час <u>дня</u>,　<u>午後6時20分</u> шесть часо́в два́дцать мину́т <u>ве́чера</u>,　<u>午後11時半</u> полови́на двена́дцатого <u>но́чи</u>

B　バリエーション

1　пе́рвая [втора́я] полови́на дня
　日本語などの午前、午後の二分法に大体当てはまるロシア語は
　午前は пе́рвая полови́на дня,　**午後**は втора́я полови́на дня ですが、これは元来、「一日の前半」、「一日の後半」という大まかな区分で、正午で厳密に二分されているわけではありません。

　何時ごろにお会いしましょうか。
　できれば<u>午前中（一日の前半）</u>がいいです。
　彼女は昼食までに家事を全部済ませて、<u>午後（一日の後半）</u>は余裕をもって自分の好きなことをしています。

Во ско́лько мы встре́тимся?
Жела́тельно, <u>в пе́рвой полови́не дня</u>.
Она́ зака́нчивает все дома́шние дела́ до обе́да и <u>во второ́й полови́не дня</u> споко́йно занима́ется свои́ми люби́мыми дела́ми.

午前、午後

2 до [после] обеда

一日の前半、後半を正午ではなく、昼食を境に二分することもできますし、ロシア人の多くはそう考えているようです。しかも、ロシア人の昼食は日本人のように正午ではなく、午後1時か2時頃ですから、昼食を境に二分すると、必ずしも日本人の考える午前、午後とは一致しません。

日本では、学校の生徒は普通<u>お昼までに</u>一番重要な教科、たとえば、数学、物理、外国語などを勉強し、<u>お昼からは</u>少し楽な音楽、図画、体育などをやります。

В Японии школьники, как правило, занимаются самыми важными предметами, например, математикой, физикой, иностранными языками <u>до обеда</u>, а <u>после обеда</u> — более лёгкими: музыкой, рисованием, физкультурой.

C オプション

午前、午後に関係した表現として、次のようなものもありますが、Aベース、Bバリエーションで挙げたものに比べると、使用頻度が低いものです。

昼過ぎに　　после полудня, за полдень, пополудни
真夜中過ぎに　после полуночи, за полночь, пополуночи
お昼 [真夜中] ごろに　около полудня [полуночи]

D インターチェンジ

☞「朝、昼、晩、夜」、「時刻」

♣ミニ・ダイアローグ
　　悪い癖は伝染する

リューダ：瑠璃子、あなたもう不眠症は直った？
瑠璃子：いいえ、余計ひどくなったわ。昨日というか、むしろ今日だけど、5時に…午前の、に寝て、午後1時に起きたわ。

Дурные примеры заразительны.

Люда: Рурико, ты уже поправилась от бессонницы?
Рурико: Нет, стало ещё хуже. Вчера или, вернее, сегодня я легла спать в пять часов… утра и встала в час дня.

午前、午後

リ：それじゃ寿命を縮めるわ。あたしが犬を飼うように勧めたでしょ。犬は夜が明けるとすぐ起きて、あなたが午後まで眠るのを邪魔してくれるわ。

瑠：あたしこの前あなたに会ったすぐ後で犬を買ったのよ。初めのうちは役に立ったわ。夜明けに吠えてあたしを起こしてくれたの。だからあたしは夜の10時頃には寝なければならなくなってしまった。

リ：で、今は？

瑠：あたしの犬はとても気立てがよくて、すぐにあたしのライフスタイルに合わせてくれたの。今では昼過ぎに起きてオートミールを食べて、午後の2時に昼食よ、ワインを飲みながらね。

リ：犬がワインを飲むの！

瑠：何も驚くことないわ。夜の2時か3時ごろ、寝酒にブランデーまで飲むわ。

リ：なんてお利口な犬でしょう！

Л: Ты э́тим сокраща́ешь себе́ жизнь. Ведь я посове́товала тебе́ держа́ть соба́ку. Она́, встава́я чуть свет, меша́ла бы тебе́ спать до полу́дня.

Р: Я купи́ла соба́ку сра́зу по́сле после́дней встре́чи с тобо́й. Она́ помога́ла мне в пе́рвые дни, на рассве́те буди́ла меня́ свои́м ла́ем, и мне приходи́лось ложи́ться спать где́-то часо́в в де́сять ве́чера.

Л: А тепе́рь?

Р: Моя́ соба́ка така́я до́брая, что сра́зу приспосо́билась к моему́ о́бразу жи́зни. Тепе́рь она́ встаёт пополу́дни, ест овся́ную ка́шу, и в два часа́ дня обе́дает, запива́я вино́м.

Л: Соба́ка пьёт вино́!

Р: Ничего́ тут удиви́тельного. Пе́ред сном, в два-три часа́ но́чи она́ да́же выпива́ет конья́к.

Л: Кака́я у тебя́ до́брая соба́ка!

131

時　刻

時　刻

A　ベース

　時刻を示すためには、時 час，分 минýта の 2 語と（このほか、秒 секýнда も使われることがあります）と数詞が不可欠です。

1　これらの語と数詞の組み合わせで、次のような表現ができます。
　①1時 час（оди́нは不要），2（3，4）時 два（три，четы́ре）часá，5～20時 пять часóв～двáдцать часóв　21時 двáдцать оди́н час，22，23，24 двáдцать два（три，четы́ре）часá
　②1分 однá минýта，2（3，4）分 две（три，четы́ре）минýты，5～60分 пять минýт～шестьдеся́т минýт。この中間は一般の数詞＋名詞の規則に従います。たとえば、21分 двáдцать однá минýта，22（23，24）分 двáдцать две（три，четы́ре）минýты，58（59）分 пятьдеся́т вóсемь（пятьдеся́т де́вять）минýт（「数詞」の項参照）。
　③このほかにロシア語には次の言い方があります。
　　　0時～1時 пéрвый час，1時～2時 вторóй час，10時～11時 оди́ннадцатый час，11時～12時 двенáдцатый（この言い方は、12時間制にしか使われません）

2　時刻の示し方
　①**数詞＋数詞**（名詞は入れない）
　　この示し方はもともと事務的なものでしたが、現在では日常的にもよく使われます。7時10分 7：10（文字で書くときは、時を示す数字の後に：を入れ、次に分を示す数字。口で言うときは семь де́сять），12時59分 12：59（двенáдцать пятьдеся́т де́вять），3時 3：00（口で言うときは три ноль ноль），5時6分 5：06（分数が1桁の場合、前に ноль を付けるのが普通 пять ноль шесть）。
　　この示し方の場合は、24時間制を使い、午前、午後などの語は使いません。
　　16：25 шестнáдцать двáдцать пять　　23：06 двáдцать три ноль шесть
　②**数詞・час の諸形＋数詞・минýта の諸形**
　　7時10分 семь часóв дéсять минýт，1時2分 час две минýты，12時59分 двенáдцать часóв пятьдеся́т де́вять минýт
　　この示し方の場合も、24時間制を使うのが普通ですが、午前、午後の語

をつけることも（とくに時数だけならば）よくあります。
　　午前 11 時 одиннадцать часо́в утра́, 午後 9 時 де́вять часо́в ве́чера
　③**数詞・мину́таの諸形＋順序数詞の生格**
　　7 時 10 分 де́сять мину́т восьмо́го, この言い方の末尾 восьмо́го はもともと восьмо́й час の生格 восьмо́го ча́са ですが、普通 ча́са は入れません。восьмо́й час は上述 1③ の言い方で、7 時から 8 時までの間を指します。
　　この示し方の場合は 12 時間制を使い、午前、午後の語を付けます。
　　午前 7 時 10 分　де́сять мину́т восьмо́го утра́
　　午後 7 時 10 分　де́сять мину́т восьмо́го ве́чера
　＊ 4 時 3 分前 без трёх мину́т четы́ре (часа́) という言い方もありますが、以前よりは使われなくなっているようなので、細かい説明は省略します。

B　バリエーション

1　**時刻の副詞化（「何時何分に」）**
　　上記の時刻の示し方の①,②,③とも в ＋時刻（対格）
7 時 10 分に в семь де́сять, в семь часо́в де́сять мину́т, в де́сять мину́т восьмо́го
　　ただし、順序数詞を使って、しかも分数のない場合は、в ＋前置格で、часу́ をつけます。12 時過ぎに、1 時前に в пе́рвом (часу́), 11 時過ぎに、12 時前に в двена́дцатом (часу́).

2　**полови́на, пол-**
　　A 2③ の示し方の場合、30 分の代わりに полови́на（半分の意味）、略して пол- を使うことがよくあります。
　　6 時半 полови́на седьмо́го, полседьмо́го《口》（この場合は一語の合成語）
　＊ 15 分 че́тверть（4 分の 1 の意味）はあまり使われなくなっていますので、細かい説明は省略します。

C　オプション

1　**ちょうど、大体**
　　①ちょうど ро́вно, то́чно
　　　彼はちょうど［ぴったり］3 時に来た。
　　　Он пришёл「ро́вно［то́чно］в три часа́.
　　②「大体、およそ」などの示し方は、一般の場合と同じです。
　　　ソーニャは大体 3 時［3 時頃］に来た。
　　　i приме́рно, приблизи́тельно などの副詞を付けます

時　刻

　　　Со́ня пришла́ 「приме́рно [приблизи́тельно] в три часа́.
　ii около＋生格
　　　Со́ня пришла́ о́коло трёх часо́в.
　iii 数詞と名詞を逆順にします
　　　Со́ня пришла́ часа́ в три.
＊この場合前置詞は数詞と名詞との間に入ります。

期　間

A　ベース

期間を表現するキーは次の四つです。
1 前置詞なしの名詞対格
2 副詞句（в течéние など）＋名詞類の生格
3 前置詞＋名詞対格（または前置格）
4 期間の起点・終点を示す表現

1　前置詞なしの名詞対格

　　私は20年銀行で働いていました。　　Я рабóтал <u>двáцать лет</u> в бáнке.
　　彼女は丸1か月ソチで保養をした。　Онá отдыхáла <u>цéлый мéсяц</u> в Сóчи.
　　上の二つの例では、期間を示す語が一見、主格か対格かわかりませんが、女性の場合、語尾を間違えないようにしてください。

　　ほとんど1週間いい天気が続い　　Почти́ <u>недéлю</u> стои́т хорóшая
　　ている。　　　　　　　　　　　погóда.
　　私は一晩中眠れなかった。　　　　Я не спалá <u>всю ночь</u>.

＊ このように前置詞をつけない名詞対格が、期間を表わすのによく使われます。この場合、前置詞をつけるのは間違いです。

2　副詞句

① в течéние ［в продолжéние, на протяжéнии］＋時間を示す名詞類の生格
② во врéмя＋名詞生格

　　3週間のヨーロッパ旅行の間、　　<u>Во врéмя трёхнедéльной поéздки</u>
　　食事がとても贅沢だったので、私　по европéйским стрáнам нас так
　　は5キロ体重が増えてしまった。　роскóшно корми́ли, что я попрáви-
　　　　　　　　　　　　　　　　　лась на пять килогрáмм.

　　私は食事中に電話がかかってく　　Я не люблю́, <u>когдá</u> мне звоня́т <u>во
　　るのは好きじゃない。　　　　　врéмя обéда</u>.

3　前置詞＋名詞

①一定の時間幅
　　ⅰ в＋時を示す語の対格
　　　　江戸時代に　　<u>в「 эпóху ［э́ру］ Эдо</u>
　　　　私の学生時代に　<u>в мои́ студéнческие гóды</u>
　　ⅱ в＋人生の時期を示す語の前置格

135

期　間

　　　子供時代［青年時代、老年期］に　в「détstve [mólodosti, stárosti]
② ある時点までの期間
　　i　за＋対格
　　　私はこの仕事を1年半で終わ　　Я до́лжен зако́нчить э́ту рабо́ту
　　　らなければならない（仕事の完　за полтора́ го́да.
　　　成までの期間が1年半）。
　　ii　в＋対格
　　　使い方は、すぐ上のза＋対格の場合と基本的に同じですが、短い期
　　　間の場合に使うのが普通です。
　　　私はこの仕事を2日で終わら　　Я до́лжен зако́нчить э́ту рабо́ту
　　　せなければならない。　　　　　в [за] два дня.
③ ある時点からの期間
　　на＋対格
　　　外国人学生のグループが3週間　Гру́ппа иностра́нных студе́нтов
　　　滞在の予定で日本に来た（到着か　прие́хала в Япо́нию на три неде́ли.
　　　らの期間が3週間）。

4　期間の起点・終点
　ここでは基本的なことを列挙するだけにとどめ、Bバリエーションの項
で、少しくわしく説明します。
① 起点
　　с＋生格
　　　日本では学年は4月1日に［か　В Япо́нии уче́бный год начина́-
　　　ら］始まる。　　　　　　　　　ется с пе́рвого апре́ля.
② 終点
　　i　до＋生格
　　　私は去年のクリスマスまで　　Я была́ в про́шлом году́ в Нью-
　　　ニューヨークにいました。　　　Йо́рке до Рождества́.
　　ii　по＋対格
　　　最初に12月まで、3か月まと　Прошу́ вас снача́ла заплати́ть по
　　　めて払ってください。　　　　декабрь, сра́зу за три ме́сяца.
　　iii　к＋与格
　　　私は夕方頃までには帰ってきます。　Я верну́сь к ве́черу.
③ 起点と終点の両方を示す
　　i　с＋生格―до＋生格（またはпо＋対格）

期　間

当店の営業時間は9時から23時まで。休日、昼休みはありません。

Магази́н рабо́тает с 9 (девяти́) до 23 (двадцати́ трёх) без выходны́х (дней) и обе́да [обе́денных переры́вов].

あなたのビザは2007年の3月7日から4月6日まで、1か月間有効です。

Ва́ша ви́за де́йствует оди́н ме́сяц, с 7-го ма́рта по 6-е апре́ля 2007 го́да.

B　バリエーション

1　期間の連続
① весь の諸形を時間を示す語句に付ける
　彼女はこの20年間ずっと全力を尽くして活動した。

Она́ рабо́тала не жале́я сил все э́ти два́дцать лет.

② 副詞、副詞句を動詞に付ける
　そんなに朝から晩までぶっ続けに働いたらだめだ。
　多くの家で一日中テレビを全然切らずにつけっぱなしにしている。

Не на́до так「беспреры́вно [непреры́вно] рабо́тать с утра́ до ве́чера.
Во мно́гих се́мьях телеви́зоры включены́ це́лый день без вся́ких переры́вов.

　5日間ずっと快晴が続いている。

Я́сная пого́да стои́т пять дней подря́д.

③ вплоть など＋期間の終点を示す語句（生格）
　彼は新しい発光法を発明するまでずっと無名の地方の物理学者に過ぎなかった。

Он был лишь неизве́стным провинциа́льным фи́зиком вплоть до изобрете́ния но́вого ме́тода излуче́ния.

2　期間の断続
с переры́вом [переры́вами, интерва́лом, интерва́лами] などを付ける
　6か国間の協議は3度の中断を挟んで4日間にわたって続けられた。

Перегово́ры ме́жду шестью́ госуда́рствами продолжа́лись в тече́ние четырёх дней с тремя́ переры́вами.

　多少の中休みはあったものの、もう1週間も雨が降っている。

Уже́ це́лую неде́лю идёт дождь с не́которыми интерва́лами.

3　期間の起点を示すのには、「от＋生格」も使われますが、現在では成句

137

期　間

的なもの（от рожде́ния, от роду 生まれてからなど）以外は独立して使われることはあまりありません。「от — до」のペアでも、最近ではあまり使われません。

4　期間の終点を示す「по＋対格」は、по の後の名詞が示す時間を必ず含みます。по декабря́ は12月を含みます。つまり、12月31日までです。

　　до декабря́ は12月を含まないと説明されていることもありますが、含むか含まないかは必ずしもはっきりしません。日常的には、期間の終点を示す場合、ほとんど「до＋生格」が使われ、「по＋対格」はあまり使われません。この場合、前後の事情で、含むか含まないかは了解できることが多いので、誤解が生じることはまれです。しかし、とくに念を押したい時は、次のように言えば大丈夫です。

　　　私は３月まで、つまり、３月末まで出張しています。　　　Я бу́ду в командиро́вке до ма́рта, т.е., до конца́ ма́рта.

　　　私は３月まで、つまり、３月になるまで出張しています。　　　Я бу́ду в командиро́вке до ма́рта, т.е., до нача́ла ма́рта.

　　事務的な場合などには、次の表現があります。

　　　この文書は来年３月まで有効です。　　　Э́тот докуме́нт действи́телен до ма́рта бу́дущего го́да включи́тельно.

5　「к＋与格」の場合、終点が漠然としているだけでなく、その終点に向かってあることが志向されているという意味も含まれています。

　　ⅰ　劇場の改築は2010年10月ころまでには終わるでしょう。　　　Реконстру́кция теа́тра бу́дет заверше́на к сентябрю́ 2010 (две ты́сячи деся́того) го́да.

　　この文は「改築が2010年完成を目指して行われ、その時までには完成するだろう」という感じが含まれており、行為や時間の流れが感じられます。

　　　私は夜10時ころまでには家に帰ります。　　　Я верну́сь домо́й к десяти́ часа́м ве́чера.

　　このような文の場合、動詞 верну́сь は完了体で、時間幅を示すものではありませんが、前置詞 к を使うことで、その時点を目指して帰ろうという意図が感じられ、行為の流れがにじみ出ます。

　　これを次の二つの文と比較して見ましょう。

　　ⅱ　劇場の改築は2010年10月ころに終わるでしょう。　　　Реконстру́кция теа́тра бу́дет заверше́на о́коло сентября́ 2010 го́да.

　　ⅲ　劇場の改築は2010年10月までには終わるでしょう。　　　Реконстру́кция теа́тра бу́дет заверше́на до сентября́ 2010 го́да.

期　間

　iiの例は、完成のおよその時点を示したもので、9月でなければ、7，8月か、10, 11月という感じがします。
　iiiの例は完成の最終期限を示したもので、2010年10月までのいつの時点で終了してもいいわけです。

C　オプション

　期間を示すには上記の一般的な型以外に、期間を表わす単語、熟語などが使われますが、その数が多いので、ここでは一部だけを挙げるにとどめます。

1　時間幅を示す副詞、名詞、語結合

①副詞

　長い間 до́лго，少しの間 недо́лго，短い間 ко́ротко，ずっと前から давно́，いつまでも ве́чно，しばらくの間 пока́

②名詞対格

　ほんのちょっとの間 мину́ту, мину́точку, секу́ндочку
＊前に数詞などを付けることもあります。

　<u>ちょっと待ってください</u>。今ナターシャを呼びます。　　<u>Одну́ мину́ту</u>. Я сейча́с позову́ Ната́шу.

　ほんの<u>２，３分だけ</u>お邪魔します。　　Я посижу́ у вас буква́льно <u>две мину́ты</u>.

③熟語

　長い間 до́лгие го́ды，しばらくの間 не́которое вре́мя

④順序数詞

　順序数詞を使って、期間が第＊年目に入っている（足掛け＊年である）ことを示します。

　私の妻はもう<u>足掛け３年</u>お茶を習っています。　　Моя́ жена́ у́чится ча́йной церемо́нии уже́ <u>тре́тий год</u>.

⑤**ある時点までの時間**

　（ある時点まで）長い間 задо́лго，少しの間 незадо́лго

　彼女は列車が出発する<u>少し前に</u>駅に着いた。　　Она́ прие́хала на вокза́л <u>незадо́лго</u> до отправле́ния по́езда.

　飛行機が離陸するどれくらい前にチェックインを済ませないといけませんか。　　Как <u>задо́лго</u> до вы́лета самолёта необходи́мо пройти́ регистра́цию?

　普通、２時間前です。　　Как пра́вило, <u>за́ два часа́</u>.

139

期　間

⑥ある時点からの時間

（ある時点から）長い間 надо́лго, 少しの間 ненадо́лго, いつまでも навсегда́

彼らは短期間の予定で東京に来ました。

どれくらいの間 極東に行かれるのですか。

私は極東に行ってもう戻りません。

Они́ прие́хали в Токио ненадо́лго.

Как надо́лго вы уезжа́ете на Да́льний Восто́к?

Я уезжа́ю на Да́льний Восто́к навсегда́.

D　インターチェンジ

「期間」の表現はほかの多くの項に接続しています。むしろ、時間表現の体系全体をとらえるようにしながら、いろいろな項目に取り組むのがよいでしょう。それに関連する項目は次のようなものです。

☞「朝、昼、晩、夜」、「午前、午後」、「時を示す副文」、「年月日、世紀」、「時制」、「季節」、「動詞の体」、「年齢」、「反復」

♣ミニ・ダイアローグ
　　　ゴールデンウィーク

オレグ：佐藤さん、説明していただきたいんですが、ゴールデンウィークってなんですか？

佐藤：ゴールデンウィークと日本で呼ばれるのは、4月29日から5月5日までの1週間のことです。この1週間に4日祭日があります。そのほかに土曜や日曜が入ると、ほとんど1週間仕事から解放されますね。

オ：それは面白い。ロシアにもほとんど同じように何日も続けて、休日のある時期があります。

Золота́я неде́ля

Олег: Бу́дьте любе́зны, Сато-сан. Объясни́те мне, что тако́е «золота́я неде́ля»?

Сато: Золото́й неде́лей у нас называ́ется одна́ неде́ля от 29-го апре́ля по 5-е ма́я. В э́той неде́ле есть четы́ре выходны́х дня. Е́сли кроме них включи́ть суббо́ту и воскресе́нье, то мы свобо́дны от рабо́ты почти́ на це́лую неде́лю.

О: Интере́сно. У нас то́же есть почти́ тако́й же пери́од, в кото́ром есть не́сколько выходны́х дней подря́д.

佐：ええ、知ってます。5月1日のメーデーから9日の戦勝記念日までですね。

オ：その通りです。もし4月29日、30日が土、日に当たっていたら、その二日は働いて、休日を先延ばしにします。5月1日はもちろん祝日で、5月2日もメーデーのデモ行進の疲れ休めの休日です。そして、3日と4日も、4月末の土曜と日曜の代替休日です。それから一日おいて、5月6日は土曜、7日は日曜。一日おいて、また祝日の戦勝記念日。こうして、十日ほど、ほとんど仕事をしないわけです。

佐：でも、メーデーも戦勝記念日もソ連時代ほど派手なお祝いはしないでしょう。

オ：それは問題になりませんよ、佐藤さん。こういう祭日のルーツは、大昔からあった春のお祭りなんです。まあ、ラーダ（スラヴの春の女神）のお祭りでパッとやりましょう。国民祭日とか、国家の記念日じゃなくて！

С: Да, я зна́ю. С Пе́рвого ма́я до 9-го ма́я, Дня побе́ды.

О: И́менно так. Е́сли 29-е и 30-е апре́ля прихо́дятся на суббо́ту и воскресе́нье, то мы рабо́таем в э́ти дни и перено́сим выходны́е дни вперёд. Пе́рвое ма́я, коне́чно пра́здник, и второ́е ма́я, как пра́вило, выходно́й день для о́тдыха после первома́йских демонстра́ций. 3-е и 4-е ма́я выходны́е дни, перенесённые от конца́ апре́ля. Пото́м через день 6-е ма́я — суббо́та, а седьмо́е — воскресе́нье. Через день опя́ть-таки пра́здник, День побе́ды. В результа́те мы не рабо́таем почти́ де́сять дней.

С: Но и Пе́рвое ма́я и День побе́ды не так торже́ственно отмеча́ются, как в сове́тскую эпо́ху?

О: Э́то нева́жно, Сато́-сан. Э́ти пра́здники беру́т нача́ло в пра́здниках весны́, кото́рые существова́ли и́здавна. Дава́йте, бу́дем весели́ться на пра́здниках Ла́ды, а не на национа́льных, не на госуда́рственных пра́здниках!

反　復

反　復　（いつも；たいてい；たまに；…毎に；…おきに）

A　ベース

反復を表現するキーは大きく分けて二つあります
 1 副詞
 2 名詞

1　副詞

次のような語を使います。左から右に向かって、頻度数の多い順に並べてみましょう。

いつも всегда＞たいてい обычно＞頻繁に часто＞時々 иногда＞たまに ре́дко

マーシャはいつも［たいてい、しょっちゅう、時々、たまに］職場に弁当を持ってくる。

Ма́ша [всегда́ [обы́чно, ча́сто, иногда́, ре́дко] прино́сит сухо́й паёк на рабо́ту.

2　名詞

① ка́ждый と名詞

　i　ка́ждый＋名詞（対格）

日本人はほとんどみんな毎日お米を食べます。

Почти́ все япо́нцы едя́т рис ка́ждый день.

私の父は毎朝起きるとすぐコップたっぷり1杯の水を飲みます。

Мой оте́ц пьёт по́лный стака́н холо́дной воды́ ка́ждое у́тро, как то́лько встаёт.

私の夫はビールの飲みすぎです。毎週うちにはビールの空き缶が、少なくとも15たまります。

Мой муж пьёт сли́шком мно́го пи́ва. Ка́ждую неде́лю у нас нака́пливается не ме́нее пятна́дцати ба́нок из-под пи́ва.

毎年夏には私たちは家族みんなで両親の故郷の村に行きます。そこでは毎日祖母が私たちにおいしくて、新鮮で、汚染されていない野菜や果物を食べさせてくれます。

Ка́ждое ле́то мы всей семьёй е́здим в родну́ю дере́вню роди́телей, где ка́ждый день ба́бушка ко́рмит нас вку́сными, све́жими и экологи́чески чи́стыми овоща́ми и фру́ктами.

反　復

彼はウクライナ・レストランに行くと必ずレバ入り餃子を注文する。

Он зака́зывает пельме́ни с печёнкой ка́ждый раз, когда́ быва́ет в украи́нском рестора́не.

ii через＋ка́ждый＋数詞＋名詞

私の妹は2-3時間おきにコーヒーを飲みます。麻薬中毒者と同じように、コーヒー中毒の人間もいるに違いありません。

Моя́ сестра́ пьёт ко́фе через ка́ждые два-три часа́. Я уве́рен, что существу́ют кофема́ны так же, как наркома́ны.

飲み水を浄化するフィルターはある程度有効ですが、必ず3か月おきよりも頻繁にカートリッジを取り替えなければなりません。

Фи́льтры для очище́ния питьево́й воды́ в не́которой сте́пени эффекти́вны, но обяза́тельно ну́жно меня́ть картри́джи ча́ще, чем через ка́ждые три ме́сяца.

＊1日［週、月］おきには через「день［неде́лю, ме́сяц］で、оди́нは不要です。

iii ка́ждый＋順序数詞＋名詞

私の父はひどく几帳面な人間で、朝にはトマト、オレンジ、グレープフルーツの3種類の違うジュースを、3日目毎に順番に飲むことに決めています。

Мой оте́ц необыкнове́нно аккура́тный челове́к. Он положи́л себе́ пра́вилом пить у́тром три ра́зных ро́да со́ка поочерёдно ка́ждый тре́тий день: тома́тный, апельси́новый и грейпфру́товый.

② раз

i 数詞または数量を示す語＋раз ［ра́за］

私は日本ではロシア・レストランに2、3回［数回］しか行ったことがない。

Я была́ то́лько「два-три ра́за［не́сколько раз］в ру́сских рестора́нах в Япо́нии.

ii （数詞または数量を示す語＋）раз ［ра́за］＋в＋時を示す語句（対格）

日本人は米がとても好きだ。日に3度米を食べる者もいる。

Япо́нцы о́чень лю́бят рис. Не́которые из них едя́т его́ три ра́за в день.

③ по＋時を示す語の複数

反　復

私は月曜と火曜は酒を飲みません、いわゆる休肝日です。

Я не пью спиртны́е напи́тки по понеде́льникам и вто́рникам, так сказа́ть, я даю́ выходны́е дни свое́й пе́чени.

B　バリエーション

1　Aベースで挙げた重要なもの以外にも、反復を示すたくさんの語句があります。その一部を追加しておきましょう。（左が頻度数が高いものです）
зачасту́ю＞неред́ко＞вре́мя от вре́мени＞и́зредка

2　це́лыми＋時間幅を示す語の複数（造格）
特定の時間幅の間持続して反復されることを示します。
це́лыми дня́ми　一日中続けて何日も反復される
це́лыми ноча́ми　一晩中続けて幾晩も反復される

彼女は痩せようと試みて、何度か何日も続けて一日中何も食べなかったが、何の結果も出なかった。

Она́ пыта́лась похуде́ть и не́сколько раз це́лыми дня́ми ничего́ не е́ла, но никако́го результа́та не́ было.

C　オプション

「反復」を否定する表現もここで挙げておきましょう。
（たった）一度だけ（то́лько）оди́н раз、一度も…ない ни ра́зу, никогда́

私はたった一度だけアゼルバイジャン・レストランに行ったことがある。バクー茶がとても気に入った。

Я то́лько оди́н раз была́ в азербайджа́нском рестора́не. Мне о́чень понра́вился баки́нский чай.

D　インターチェンジ

☞「制限、限定」、「動詞の体」、「副詞」

反復

♣ ミニ・ダイアローグ

<table>
<tr><td>お菓子中毒</td><td>Сладкоголик</td></tr>
<tr><td>ターニャ：リョーシャ、そんなにしょっちゅうビールを飲んだらだめ。あなた毎日飲んでるじゃない。</td><td>Táня: Лёша, не нáдо так чáсто пить пи́во. Ты пьёшь кáждый день.</td></tr>
<tr><td>リョーシャ：なぜだめなの。夕方1日に1度ビールを飲むのは一番簡単で安上がりなストレス解消法だろ。それに身体にも害がないし。</td><td>Лёша: Почему́ не нáдо？ Вéчером раз в день пить пи́во сáмый простóй и дешёвый спóсоб снять стрéссы. И неврéдно для здорóвья.</td></tr>
<tr><td>タ：でもやっぱりビールはお酒の一種よ。せめて5日ごとには自分の肝臓を休ませないと。</td><td>Т: Всё же пи́во алкогóльный напи́ток. Иногдá, хотя́ бы через кáждые пять дней, нýжно давáть óтдых своéй пéчени.</td></tr>
<tr><td>リョ：よし、木曜は何も飲まないことにしよう。ところで、ターニャ、君は甘い物を食べるのが好きだね。1日に1度以上食べてる。</td><td>Л: Хорошó, я ничегó не бýду пить по четвергáм. А ты лю́бишь поéсть слáдости, Тáня？ Ты ешь не раз в день.</td></tr>
<tr><td>タ：いいえ、1日に1回だけよ。</td><td>Т: Нет, тóлько оди́н раз в день.</td></tr>
<tr><td>リョ：ぼくはだまされないよ。君がきのう昼食の後にケーキ、夕方にチョコレートキャンディー、寝る前にマシュマロを食べるのを見たよ。</td><td>Л: Ты меня́ не проведёшь. Я ви́дел, что ты вчерá éла пирóжное пóсле обéда, вéчером конфéты и перед сном зефи́р.</td></tr>
<tr><td>タ：いいえ、あたしは甘い物を朝から晩までひっきりなしに食べているわ、つまり、1日に1回だけね。</td><td>Т: Нет, я ем слáдости с утрá до вéчера непрерывно, знáчит, тóлько оди́н раз в день.</td></tr>
</table>

145

季 節

季 節

A ベース

春 весна ： 春に весной 春の весенний ＊ 「春に」、「冬に」などの場合、
夏 лето ： 夏に летом 夏の летний   季節を示す名詞の造格を使いま
秋 осень ： 秋に осенью 秋の осенний   す。これは文法的には副詞とみ
冬 зима ： 冬に зимой 冬の зимний   なされます。

初［晩］春 ранняя［поздняя］весна ： 初［晩］春 ранней［поздней］весной,
　　　　　　　　　　　　　　　　　　　рано［поздно］весной
初［晩］夏 раннее［позднее］лето ： 初［晩］夏 ранним［поздним］летом,
　　　　　　　　　　　　　　　　　　　рано［поздно］летом
初［晩］秋 ранняя［поздняя］осень ： 初［晩］秋 ранней［поздней］осенью,
　　　　　　　　　　　　　　　　　　　рано［поздно］осенью
初［晩］冬 ранняя［поздняя］зима ： 初［晩］冬 ранней［поздней］зимой,
　　　　　　　　　　　　　　　　　　　рано［поздно］зимой

＊ в「раннее［позднее］лето は「早く［遅く］来た夏に」の意味。

B バリエーション

春［夏、秋、冬］の初め начало「весны［лета, осени, зимы］、春［夏、秋、冬］の半ば середина「весны［лета, осени, зимы］、春［夏、秋、冬］の終わり конец「весны［лета, осени, зимы］、春［夏、秋、冬］のたけなわ разгар「весны［лета, осени, зимы］

上の表現を副詞的に使う時は、в＋前置格。

春…のはじめに в начале「весны［лета, осени, зимы］、春…の半ばに в середине「весны［лета, осени, зимы］、春…の終わりに в конце「весны［лета］、春…たけなわに в разгаре「весны［лета］

春［秋、冬］が来た。　　　　　　Наступила「весна［осень, зима］.
春［夏、秋、冬］の到来　　　　　наступление「весны［лета, осени, зимы］
春［夏、秋、冬］が来る。　　　　Наступает［Приходит, Приближается］
　　　　　　　　　　　　　　　　「весна［лето, осень, зима］.
夏が過ぎた　　　　　　　　　　　Прошло лето.

四季の名はしばしば時期を示す語句と結合します。この冬 эта зима、今年

季節

の春 весна́ э́того го́да、この前の秋 про́шлая о́сень、去年の夏 ле́то про́шлого го́да、この次の夏 сле́дующее ле́то、来年の冬 зима́ бу́дущего го́да。

四季の名は寒暖、よい、悪い、その他さまざまな特徴を示す語と結合します。暖かい［素晴らしい］春 тёплая［прекра́сная］весна́、暑い［異常な］夏 жа́ркое［необыкнове́нное］ле́то、寒い［黄金の］秋 холо́дная［золота́я］о́сень。

C オプション

上記のように、時期を示す修飾語と季節の名の結合を副詞的に使う時は**造格**。特徴を示す修飾語と季節の名の結合なら、**в＋対格**。この冬に э́той зимо́й、去年の秋に о́сенью про́шлого го́да、陰気な秋に в уны́лую о́сень、雨のない夏に в сухо́е ле́то

♣ ミニ・ダイアローグ
厳寒燃ゆ

多佳子：以前、ロシアの冬は厳しかったんでしょう？

リータ：ええ、とても。たとえば3月8日の国際婦人デーは春の祝日とされていますが、この日はひどい寒さが多くて、男たちは愛する女性のために花を買う行列に何時間も路上に立っていなければならなかったんです。ぼくの友人は3時間立って、恋人に素敵な花束を贈って、流感になって、1週間も寝込みましたよ。

多：で、彼女はその献身的な愛にどんなふうに応えてくれたの？

リ：彼女は家で寝ていた彼を見舞いに来て、そこに一生居残りよ。

Моро́з горя́чий.

Тако́ко: Ра́ньше ру́сская зима́ была́ суро́вая?

Ри́та: Да, о́чень. Наприме́р, восьмо́е ма́рта, Междунаро́дный же́нский день счита́ется весе́нним пра́здником, но в э́тот день ча́сто быва́л си́льный моро́з. Мужчи́нам приходи́лось стоя́ть в о́череди за цвета́ми для люби́мых же́нщин не́сколько часо́в пря́мо на у́лице. Оди́н мой друг постоя́л три часа́, подари́л люби́мой де́вушке прекра́сный буке́т, заболе́л гри́ппом и слёг в посте́ль на це́лую неде́лю.

Т: И чем отве́тила де́вушка на его́ самоотве́рженную любо́вь?

Р: Она́ навести́ла па́рня, лежа́вшего до́ма, и оста́лась там на всю жизнь.

147

年月日、世紀

年月日、世紀

A ベース

1 年 год

①西暦を使うのが普通で、**順序数詞に** год を付けます。

　　1945年　тысяча девятьсот сорок пятый год

　　1812年の冬　зима 1812 (тысяча восемьсот двенадцатого) года

②「…年に」は в ... году（前置格）です。

　　2007年に　в две тысячи седьмом году

　　1917年に　в тысяча девятьсот семнадцатом году

＊英語には1945を nineteen forty five と呼ぶような簡便な言い方がありますが、ロシア語にはありません。

＊年号の表記は算用（アラビア）数字使うのが普通です、アルファベットで書くと、とても複雑になるので、あまり使われません。

＊ロシア語の順序数詞の変化は、上記のように、最後の順序数詞の部分だけが変化し、その前の部分は変化しません。

2 月 месяц

①月名：　1月 январь　　2月 февраль　　3月 март　　4月 апрель
　　　　　5月 май　　　　6月 июнь　　　7月 июль　　8月 август
　　　　　9月 сентябрь　10月 октябрь　11月 ноябрь　12月 декабрь

※月名は全部男性名詞です。

②「…月に」は в+前置格です。　　3月に в марте　　11月に в ноябре

＊ январь, февраль, сентябрь, октябрь, ноябрь, декабрь は、主格以外の格でアクセントが語尾におかれます。

3 日付 число

①日付は**順序数詞単数中性形**＋число で示されますが、多くの場合 число は**省略**されます。

　　今日は何日ですか。今日は15日です。　　Какое сегодня число? Сегодня 15-е (пятнадцатое).

②「…日に」は**生格**で示されます。　　10日に десятого　　12日に двенадцатого

＊日付の表記は算用（アラビア）数字使うことが多いですが、アルファベットを使うこともあります。

年月日、世紀

とくに1日、5日のように短い場合にアルファベットが使われます。
1日 пе́рвое　5日に пя́того

4　上記の1，2，3の組み合わせ
　①2，3を使って月日を示すためには、まず日付を示し、その後に月名の生格を付けます。
　　3月31日　31-е (три́дцать пе́рвое) ма́рта
　　彼女は10月23日に生まれた。　Она́ родила́сь 23-го (два́дцать тре́тьего) октября́.

　②1，2，3をまとめて**年月日を示す場合は、日付＋月（生格）＋年号（生格）**となります
　　2010年3月31日　　31-е (три́дцать пе́рвое) ма́рта 2010 (две ты́сячи деся́того) го́да
　　彼女は1981年10月23日に生まれた。　Она́ родила́сь 23-го (два́дцать тре́тьего) октября́ 1981 (ты́сяча девятьсо́т восемьдеся́т пе́рвого) го́да.

5　世　紀
順序数詞＋век
　①20世紀 двадца́тый век　21世紀 два́дцать пе́рвый век
　　文字で表示する場合には、アルファベットを使うことはあまりありません。また、20 [21] век のように算用（アラビア）数字を使うことも多くありません。
　　普通は XX век, XXI век のようにローマ数字を使います。
　②「…**世紀に**」は**в＋前置格**です。
　　21世紀に в XXI (два́дцать пе́рвом) ве́ке
＊ столе́тие も век と同じように、世紀という意味ですが、現在ではあまり使われません。

B　バリエーション

　数字で年月日を示す場合は、ロシア語では、日、月、年の順に書くのが普通です。
　2006年8月31日は31.08.2006と書かれます。日付、月が一桁の場合は、08、03のように、始めに0をつけるのが普通です。日付を先にするか、月を先にするかは各国で違い、重大な誤解に発展するおそれもありますので、09 мая 2007のように月名（生格）をアルファベットで書くこともよくあります。

149

年月日、世紀

手紙などで月日を、日付（算用数字）＋スラッシュ＋月（ローマ数字）で書くことがあります。たとえば、19/Ⅲは3月19日です。

このような書き方の場合も、それを読むときは、Aベースの場合と同じです。たとえば、31.08.2006は три́дцать пе́рвое（число́）а́вгуста две ты́сячи шесто́го го́да です。

C オプション

1 日 день

日付は число́ ですが、一般に「日」を意味するロシア語は день で、「…日に」の場合は в день（対格）になります。

最初［最後］の日に в「пе́рвый［после́дний］ день、誕生日に в день рожде́ния、休日に в выходны́е дни

2 曜日 дни неде́ли

曜日名　月曜 понеде́льник　火曜 вто́рник　水曜 среда́　木曜 четве́рг
　　　　金曜 пя́тница　　　土曜 суббо́та　日曜 воскресе́нье

「…曜日に」の場合は в＋曜日名の対格 になります。

月曜に в понеде́льник、金曜に в пя́тницу、火曜に во вто́рник、この次の［この前の］日曜に в「сле́дующее［после́днее］ воскресе́нье

3 週 неде́ля

週は неде́ля、「…週に」は на неде́ле（前置格）です。「…週の…曜日に」は「в＋曜日名の対格＋на … неде́ле」です。

今［先］週に на「э́той［про́шлой］ неде́ле、来週の土曜日に в суббо́ту на「сле́дующей［бу́дущей］ неде́ле

4 日本の元号

昭和、平成をそのままロシア語に直訳することはできます。たとえば、昭和20年は 20-й（двадца́тый）год「э́ры［эпо́хи］Сёва、平成19年は 19-й（девятна́дцатый）год「э́ры［эпо́хи］Хэйсэй と言うことはできます。しかし、これを理解できるロシア人はほとんどいませんから、コミュニケーションとしては無効です。昭和20年は1945（ты́сяча девятьсо́т со́рок пя́тый）год、平成19年は2007（две ты́сячи седьмо́й）год と言うべきです。

5 紀元前、紀元後

紀元前（英語のB.C.）は до на́шей э́ры を年号の後に付けます。略して до н.э. と書くこともあります。紀元後（英語のA.D.）は何も付けないのが普通ですが、紀元前と混同されないために付ける場合は、на́шей э́ры を年号の後に付けます。略して н.э. と書くこともあります。

年月日、世紀

紀元前543年　　543 (пятьсо́т со́рок тре́тий) год до на́шей э́ры
紀元前Ⅶ世紀　　Ⅶ (седьмо́й) век до на́шей э́ры
紀元後20年　　20 (двадца́тый) год на́шей э́ры

D　インターチェンジ

☞「期間」、「数詞」

キリスト降誕以前	До Рождества́ Христо́ва
鮎子：フェージャ、「エ ヌ・ドット、エ・ドットまで」って、どういう意味？	Аюко: Фе́дя, что зна́чит «до н.э. (до эн то́чка, э то́чка)»?
フェージャ：それは「われわれの時代まで」の略語だよ。	Федя: Э́то сокраще́ние «до на́шей э́ры».
鮎：つまり、最初の人間が地球に現れるまでということ？	А: Зна́чит, до того́ вре́мени, когда́ пе́рвый челове́к появи́лся на Земле́?
フ：いや、いつ人間がこの世に現れたかは、誰も知らない。「われわれの時代」と呼ばれるのはイエス・キリスト誕生後の時代だよ。	Ф: Нет, никто́ не зна́ет, когда́ появи́лся челове́к на све́те. «На́шей э́рой» называ́ется вре́мя после рожде́ния Иису́са Христа́.
鮎：とすると、われわれの時代はたった二千年ちょっと、われわれの時代までは数百万世紀。なんだか変ね。	А: Зна́чит, на́ша э́ра то́лько две ты́сячи с ли́шним лет, а до на́шей э́ры миллио́ны веко́в? Что́-то стра́нно.
フ：それはわれわれがキリスト教紀元（西暦）を使っているからさ。1917年までは「エヌ・エまで」ではなくて、「エル・ハーまで」、つまり、「キリスト降誕以前」と書かれていたんだよ。キリスト教徒にとってはキリスト誕生は本当に時代を画したんだ。	Ф: Э́то объясня́ется тем, что мы употребля́ем христиа́нское летосчисле́ние. До 1917 го́да писа́ли вме́сто «до н.э.» «до Р.Х.» т.е., «До Рождества́ Христо́ва». Для христиа́н рожде́ние Христа́ действи́тельно соста́вило эпо́ху.

151

年月日、世紀

鮎：紀元元年はキリストが生まれた年の12月25日に始まったのかしら、それとも、次の年の1月1日かしら？

フ：この場合、そんな厳密さは意味がないよ。実のところ、キリストの正確な生年月日はわからないんだ。多くの学者は紀元後、つまり「キリスト誕生」後にキリストが生まれたと考えているほどなんだよ。

А: Пе́рвый год на́шей э́ры начался́ два́цать пя́того декабря́ того́ го́да, в кото́ром роди́лся Христо́с и́ли пе́рвого января́ сле́дующего го́да?

Ф: В да́нном слу́чае така́я то́чность не име́ет значе́ния. Со́бственно говоря́, неизве́стна то́чная да́та рожде́ния Христа́. Мно́гие учёные да́же счита́ют, что Христо́с роди́лся в на́шу э́ру, т.е., по́сле «рождества́ Христо́ва».

年　齢

A　ベース

1　単に年齢を示す表現
　　主体（与格）＋年齢を示す語句（主格）
　　あなたは何歳ですか。Ско́лько вам лет？
　　私は23歳です。Мне 23（два́дцать три）го́да.
　　あなたのお兄さんは何歳ですか。Ско́лько лет ва́шему бра́ту？
　　30歳です。Ему́ 30（три́дцать）лет.

2　「…歳で」という表現は普通次の二つです。
　①в во́зрасте＋年齢を示す語句（生格）
　　多くの日本人は60歳か65歳で退職する。Мно́гие япо́нцы ухо́дят на пе́нсию в во́зрасте 60（шести́десяти）и́ли 65（шести́десяти пяти́）лет.

　②когда́＋主体（与格）＋年齢を示す語句（主格）
　　彼女は16歳の時、権威ある音楽コンクールで優勝した。Она́ завоева́ла пе́рвое ме́сто на прести́жном музыка́льном ко́нкурсе, когда́ ей бы́ло 16（шестна́дцать）лет［в во́зрасте 16（шестна́дцати）лет］.

B　バリエーション

1　途中経過としての年齢
　　Мне идёт 31-й（три́дцать пе́рвый）год.
　　という言い方があります。これは31番目の年、つまり30歳から31歳になる途中だ、という意味です。
　　「私は30過ぎです」、「私は31になるところです」などの日本語に当たります。
　　これは元旦に全員が一つずつ年をとった、昔の日本の数え年とは違うものです。**日本の数え年**をロシア語に直訳することはできません。

年　齢

2　「…歳になる」動詞 испо́лниться

私はまもなく20歳になります。　　　Ско́ро мне испо́лнится 20 (два́дцать) лет.

昨日は私の父の誕生日でした。父はちょうど60歳になりました。　　　Вчера́ был день рожде́ния моего́ отца́. Ему́ испо́лнилось ро́вно 60 (шестьдеся́т) лет.

C　オプション

1　年齢を概数で示す場合

① i 一般の概数を示す方法

彼女は40歳くらいだと思います。　　　Я ду́маю, что ей 「о́коло сорока́ лет [приме́рно со́рок лет].

ii 年齢特有の方法

彼女は40歳近くでしょう。　　　Ей, наве́рное, под со́рок лет.

彼女は40歳を越えているでしょう。　　　Ей, наве́рное, за со́рок лет.

彼女はまだ40歳になっていないでしょう。　　　Ей, наве́рное, ещё нет сорока́.

iii 「30代、40代」などの言い方

0～9歳 пе́рвый деся́ток, 20代 тре́тий деся́ток, 50代 шесто́й деся́ток

＊ шесто́й деся́ток が60代ではなく、50代であることに注意。

女性の40代は危機だ。　　　Пя́тый деся́ток у же́нщины явля́ется крити́ческим пери́одом.

彼はもう80代だ。　　　Он уже́ на девя́том деся́тке.

2　「…歳に見える」動詞 вы́глядеть（この場合、**主体は与格でなく、主格**）

彼女は35歳くらいに見えますが、本当は54歳です。　　　Она́ вы́глядит приме́рно 35 (три́дцать пять) лет, но, на са́мом де́ле, ей 54 (пятьдеся́т четы́ре) го́да.

彼女は歳より若く見える。　　　Она́ вы́глядит моло́же свои́х лет.

男性の歳は本人の意識できまり、女性の歳は見かけできまる。　　　Мужчи́не сто́лько лет, ско́лько он сам сознаёт, а же́нщине сто́лько лет, ско́лько она́ вы́глядит.

年　齢

D　インターチェンジ

☞「数詞」.

♣ ミニ・ダイアローグ 　　１年ごとに若くなる	С каждым годом молодéешь.
ジェーニャ：お誕生日おめでとう、おじいちゃん。	Женя: Поздравляю тебя с днём рождéния, дедуля.
おじいさん：ありがとう、ジェーニャ。お前はいい子だね。私の誕生日を忘れたことがない。	Дедушка: Спасибо тебé, Жéня. Ты такóй дóбрый — никогдá не забывáешь мой день рождéния.
ジェ：ただ、おじいちゃんの歳がいくつか忘れちゃった。	Ж: Тóлько я забыл, скóлько тебé лет.
お：今日ちょうど五十歳になったよ。	Д: Сегóдня мне испóлнилось рóвно пятьдесят лет.
ジェ：冗談言ってら。パパがもうすぐ四十二になるんだよ。おじいちゃんは八つでお父さんになったの？	Ж: Ты шутишь. Ведь пáпе скóро будет сóрок два гóда. Рáзве ты стал отцóм, когдá тебé бы́ло вóсемь?
お：いや、日本人は六十歳で新しい第二の人生がはじまるだろ。おじいちゃんの場合は、六十から毎年一つずつ年が減るのさ。まもなく花咲く青春だね。	Д: Нет. У япóнцев в вóзрасте шестидесяти начинáется нóвая вторáя жизнь. У меня же с шестидесяти лет вóзраст уменьшáется кáждый год по одномý гóду. Скóро у меня будет цветущая мóлодость.
ジェ：それから這い這いをするようになるんだね。	Ж: А потóм ты бýдешь пóлзать на четверéньках.

155

場　所

場　所

A　ベース

　この項で扱うのは、場所を直接示す表現です。
　「場所」を示すには、ほかのものとの関係を使って間接的に示す場合（たとえば、「…の下」、「…の左」など）もありますが、その種のものはここでは扱いません。(「**位置関係**」の項参照)。
　また、起点、終点、方向は、出発、到達、目標の場所を示していますが、やはりここでは扱いません。(「**運動の起点と終点**」の項参照)。
　場所を直接示す表現のキーは次の二つです。
　1　場所を示す副詞
　2　前置詞＋名詞類
1　場所を示す副詞
　　ここに здесь,（口）тут、そこに、あそこに там、いたるところに везде́、всю́ду、家に до́ма、どこに где、どこかに где́-то, где́-нибудь、どこにも…ない нигде́、その他
2　前置詞＋名詞類
　① в＋前置格
　　ⅰ …の内部に：
　　　　机の（引き出しの）中に　в столе́、地中に　в земле́、
　　　　列車の（車両の）中で　в по́езде
　　　　（この意味が「в＋前置格」の基本的な意味です。「Bバリエーション」で挙げるさまざまな意味も、この基本的な意味に関連しています。）
　② на＋前置格
　　ⅰ …の上に：
　　　　机の上に　на столе́、地上に　на земле́、屋上に　на кры́ше、
　　　　山の上で　на горе́
　　　　（これが「на＋前置格」の基本的な意味。「Bバリエーション」で挙げる意味もそれに関連しています。）
　③ у＋（人を示す名詞、代名詞の）**生格**
　　　　私は祖父の家に住んでいる。　　　Я живу́ у моего́ де́да.

場　所

　　私はバッグを友達のところに置　　Я забы́ла мою́ су́мочку у мое́й
き忘れた。　　　　　　　　　　　подру́ги.
　　＊у＋（物を示す名詞の）生格」の場合には、「…のそばに」の意味に
なります。
　　彼の机は窓際にある。　　　　　Его́ стол стои́т у окна́.

B　バリエーション
① в＋前置格（以下の番号はAベースからの通し番号にします）。
　ii 屋根などで覆われた建造物の（一部の）中で：
　　　建物の中で в до́ме、（「家で」なら до́ма)、ホテルで（過ごす）（про-
　　жива́ть) в гости́нице
　　　境界などで限定された地域・特定の区域に：
　　　ロシアで в Росси́и、東京で в Тóкио
　iii 周囲を囲まれた限定性の強い空間で：
　　　（広い通りから横に入った）通り[横丁]で в переу́лке、
　　　廊下で в коридо́ре, 通路で в прохо́де
　iv 一定の施設、特定の集団などで：
　　　大学で学ぶ учи́ться в университе́те、社会でいい地位を占める
　　занима́ть хоро́шее ме́сто в о́бществе
② на＋前置格
　ii 表面に付着して：
　　　天井に на потолке́、壁に на стене́
　　　＊「на столе́ 机の上に」の場合も、表面に密着しているのが原則で
　　　す。距離が離れた上部を指す場合は над＋造格などが使われます。
　　　テーブル・ランプが机の上に　　Ла́мпа стои́т на столе́.
　（置いて）ある。
　　　電灯が机の上(方)に下がってい　Ла́мпа виси́т над столо́м.
　る。
　iii 海、湖、川などに接したところで：
　　　海辺[湖畔、川岸]の家、海[湖、川]を臨む家 до́мик на 「мо́ре [о́зере,
реке́]
　　　＊「川の水面で」も「川辺で」も同じ на реке́ になりますが、前後の
　　　　関係で判別でき、混同されることはほとんどありません。
　iv 覆いのない開放的な場所、あるいは ста́нция, заво́д, ры́нок などのよう
　　に、元来は覆いがなくて開放的だった場所に：

157

場　所

　　　広場に na площади、墓地で na кладбище、停留所で na остановке、駅で na станции、工場 [市場] で na 「фабрике [базаре]、倉庫で na складе
　　　　＊上記の語の影響によるもの na вокзале 駅の建物 [ターミナル駅] で ← na станции、
　　　na телеграфе ← na почте
　　　　＊道路の類も大体において、この部類に入ります。
　　　道で na дороге、通り [大通り、並木道、街道、歩道] で na 「улице [проспекте, бульваре, шоссе, тротуаре]
　　　道に属するものでも、限定性が強い場合は、B①iiiで示したように少数ですが、в переулке 横丁で、в коридоре 廊下で、в проходе 通路に、などのようなものもあります。
　v 限定性のない、または乏しい地域・空間：
　　　大陸で na континенте、ロシア連邦の領土で na территории Российской Федерации
　　　　＊i 方位もこの部類に入ります
　　　北方 [南方、東方、西方で] で、na 「севере [юге, востоке, западе]、極東で na дальнем востоке
　　　　＊ii 島、半島、岬などもこの部類に含めてよいでしょう。
　　　石垣島で na острове Исигаки、カムチャッカ半島で na полуострове Камчатка、na Камчатке
　　　襟裳岬で na мысу Эримо、喜望峰で na мысу Доброй Надежды
　vi 合議体、行為・催しなどの場所：
　　　会議で na заседании、委員会で na 「комиссии [комитете]、授業で na 「уроке [занятии]、コンサートで na концерте
　　　　＊na факультете, na курсе ← 上掲のものの影響

C　オプション

в と na が両方とも使われる場合
① воздух
　　i「空中、空気中」の意味：в воздухе
　　ii「戸外」の意味：na воздухе
② двор
　　i「宮廷」の意味：во дворе
　　　「中庭」(限られた空間を意識)：во дворе

ii「中庭」（単に場所を示す）：на дворе́
　　　　＊「戸外」の意味の時は на дворе́
③ мо́ре
　　i 限定された海の領域の意味：в мо́ре
　　　　領海で в территориа́льном мо́ре
　　　　周囲を水で囲まれた広い海の中の時も в мо́ре, 公海で、沖合い遠くの海で в откры́том мо́ре, 大海の孤島 одино́кий острово́к в мо́ре
　　ii 単に海を漠然と示す：на мо́ре
　　　　海は凪いでいる。　　　　　　Тишь на мо́ре.
④ по́ле
　　i 耕作地、農作業の場の意味：в по́ле
　　　　農民たちが朝から畑で働いている。　Крестья́не рабо́тают в по́ле с утра́.
　　ii 畑を漠然と場所として示す場合や、野原の意味：на по́ле
　　　　畑にはたくさんのカラスがいる。　На по́ле мно́го га́лок.
⑤ ку́хня（台所、キッチン）
　　в と на の両方を同じように併用する。

D　インターチェンジ

☞「位置関係」、「運動の起点と終点」

位置関係（前後・左右・上下・遠近・中間）

位置関係（前後・左右・上下・遠近・中間）

A　ベース

　一定の位置にあることを示す表現は「場所」の項で取り上げています。ここで取り扱うのは、何かを基準にして、ものの位置を相対的に示す表現です。

　位置関係を表現するキーは次の三つです。
1 前置詞＋造格
2 副詞
3 副詞から生じた前置詞＋名詞類（生格、その他）

1　　前置詞＋造格	2　　副詞	3　　左記の副詞から生じた前置詞＋生格、その他
① i　前に　перед	впереди́	впереди＋生格
	про́тив, напро́тив	против［напротив］＋生格
ii　後に　за	сза́ди, позади́	сзади［позади］＋生格
② i　左に	нале́во, сле́ва	нале́во［сле́ва］от＋生格
ii　右に	напра́во, спра́ва	напра́во［спра́ва］от＋生格
③ i　上に　над	наверху́, вверху́	наверху, вверху＋生格
ii　下に　под	внизу́	внизу＋生格
④ i　遠くに	далеко́, вдали́	далеко́ от＋生格
ii　近くに	бли́зко, недалеко́	бли́зко к＋与格、от＋生格；недалеко́ от＋生格
	о́коло	около＋生格
⑤　中間に　между	среди́, посреди́, пос(е)реди́не	среди［посреди, пос(е)редине］＋生格
⑥　周りに　около	вокру́г	около＋生格

① i　地下鉄の駅の<u>前に</u>大きなスーパーマーケットが建設中です。
　　　左手に10階建てのベージュ色の建物が見えますね。その<u>向かい側に</u>地下鉄の入り口があります。

<u>Перед</u> ста́нцией метро́ стро́ится большо́й суперма́ркет.

Вы ви́дите сле́ва десятиэта́жное бе́жевое зда́ние. <u>Напротив</u> (него́) есть вход в метро́.

160

位置関係（前後・左右・上下・遠近・中間）

　エスカレーターで私の前に感じのいい若い女性が立っていた。
　ii　列車の駅は地下鉄駅の後ろにあります。
　乗車券売り場には長い行列ができていた。私の前にも後ろにもたくさんの利用客が並んでいた。
② i、ii　（地下鉄へ通じる通路の）左にも右にも、いろいろなものを売っている小さな店が並んでいる。

③ i、ii　地下鉄の駅で会おう。
　どこで、上の出口のあたり、それとも、下のプラットフォーム？
　ii　冬、地下鉄の車両は座席の下にあるヒーターで暖められる。

④ i、ii　以前あたしは「ノーヴィエ・チェリョームシキ」駅は都心からとても遠いと思っていたけれども、今では近いと感じます。
　駅の近くにバスと路線タクシーの停留所がある。

⑤　「スモレンスカヤ」駅は「キエフスカヤ」駅と「アルバーツカヤ」駅の間にあります。
　地下鉄の乗客の間には年配の人がかなり多い。
⑥　駅のまわりにたくさんのキオスクがある。

　На эскала́торе впереди́ меня́ стоя́ла симпати́чная де́вушка.
　Железнодоро́жная ста́нция нахо́дится за ста́нцией метро́.
　В ка́ссу была́ больша́я о́чередь. Впереди́ и сза́ди меня́ стоя́ло мно́го пассажи́ров.
　Сле́ва и спра́ва (от прохо́да в метро́) есть ряды́ магази́нчиков, где продаю́тся разнообра́зные това́ры.

　Встре́тимся на ста́нции метро́. Где и́менно, наверху́ у вы́хода и́ли внизу́ на платфо́рме?
　Зимо́й ваго́ны метро́ ота́пливаются подогрева́телями, находя́щимися под сиде́ниями.

　Ра́ньше я ду́мал, что ста́нция «Но́вые Черёмушки» о́чень далеко́ от це́нтра го́рода, но тепе́рь чу́вствую, что она́ бли́зко.
　Около [Недалеко́ от] ста́нции есть остано́вки авто́бусов и маршру́тных такси́.

　Ста́нция «Смоле́нская» нахо́дится ме́жду ста́нциями «Ки́евская» и «Арба́тская».
　Среди́ пассажи́ров метро́ дово́льно мно́го пожилы́х люде́й.
　Около ста́нций есть мно́го кио́сков.

B　バリエーション

1　次のような副詞句も「位置関係」を示すのに使われます
　　左(右)に　　на「ле́вой [пра́вой] стороне́, с「ле́вой [пра́вой] стороны́,

161

位置関係（前後・左右・上下・遠近・中間）

真ん中に　в це́нтре, …のすぐ近くに、…の隣に　ря́дом с＋造

プラットフォームの左［右］側に都心方面行の列車が止まる。
На 「ле́вой ［пра́вой］ стороне́ платфо́рмы остана́вливаются поезда́, иду́щие в сто́рону це́тра го́рода.

「大手町」駅は東京の中心にある。
Ста́нция «Отэмати» нахо́дится в це́нтре То́кио.

2　位置関係をはっきりさせるには、次のような方法を使います。
①前置詞の前に pря́мо などを付ける
地下鉄のちょうど出口のところに大きなトラックが止まっている。
Пря́мо перед вы́ходом из метро́ стои́т огро́мный грузови́к.

②名詞類の前に са́мый を付ける
「大手町」駅は東京のちょうど真ん中にある。
Ста́нция «Отэмати» нахо́дится в са́мом це́нтре То́кио.

C　オプション

「前」という表現について、もう少しくわしく説明しましょう。
ロシア語の перед の意味の範囲は、日本語の「前」より狭く、「正面」に限定されます。
たとえば、日本語では渋谷駅の近くで会うときに、「渋谷駅の前で会いましょう」と言うことがよくあります。この場合、「前」という語は必ずしも駅の正面とはかぎりません。
この日本語に相応するロシア語は Встре́тимся о́коло ста́нции Сибуя. です。Встре́тимся перед ста́нцией Сибуя. と言えば、場所が駅の正面のあたりに限定されてしまいます。

D　インターチェンジ

☞「運動の起点と終点」、「場所」

162

位置関係（前後・左右・上下・遠近・中間）

♣ ミニ・ダイアローグ
デラックスな一触即発の危機（ダモクレスの剣）

ワーリャ：リョーシャ、新しいテレビが今さっき届いたわ。さて、問題はどこに置くかだわ。寝室の隅か、平凡に食堂か。

リョーシャ：テレビだって？　ぼくは何も知らないよ。それは、ま、ぼくには関係がないな。

ワ：関係あるわ、絶対に。第一、支払いはあなたよ。私はクレジット・カードで買ったのだから。それに、箱を開けて、テレビを据え付けるのもあなたの役目。

リ：わっ、でっかいテレビ！　こんな怪物、うちじゃ客間の窓の下か、ど真ん中にしか置けないな。

ワ：リョーシャ、これは怪物じゃなくて、慰めの天使よ。今流行のワイド液晶スクリーン付きデジタル・テレビだもの。リョーシャ、これを寝室に置きましょうよ。

リ：何を言ってるんだ。ぼくらの寝室は小さい上に、もうベッドがあるんだよ。

ワ：じゃあ、天井から壁際に吊るしましょう。布団の中で寝ながら、足の上にぶら下がっているテレビを見るのよ。

リ：見事な光景だね。上にはテレビが今や落ちんとする剣のようにぶら下がっている。下にはあわれな犠牲者。それがぼくたちだ。

Роско́шный дамо́клов меч

Варя: Лёша, то́лько что доста́вили но́вый телеви́зор. Тепе́рь вопро́с, куда́ его́ поста́вить? В у́гол спа́льни и́ли про́сто в столо́вой.

Лёша: Телеви́зор? Я ничего́ не зна́ю. Э́то, пожа́луй, меня́ не каса́ется.

В: Каса́ется безусло́вно. Во-пе́рвых, тебе́ плати́ть, так как я купи́ла его́ по креди́тной ка́рточке. Во-вторы́х, тебе́ на́до раскры́ть я́щик и поста́вить телеви́зор.

Л: Како́й огро́мный телеви́зор! Тако́й мо́нстер у нас мо́жно поста́вить то́лько в гости́ной около окна́ и́ли пря́мо в це́нтре.

В: Лёша, э́то не мо́нстер, а а́нгел утеше́ния. Мо́дный цифрово́й телеви́зор с больши́м жидкокристалли́ческим «экра́ном [диспле́ем]. Дава́й, Лёша, поста́вим его́ в на́шей спа́льне.

Л: Что ты говори́шь! На́ша спа́льня ма́ленькая и там уже́ стои́т крова́ть.

В: Тогда́ подве́сим к потолку́ у стены́. Мы бу́дем смотре́ть лёжа в посте́ли телеви́зор, кото́рый виси́т над на́шими нога́ми.

Л: Прекра́сная карти́на. Сверху́ свиса́ет телеви́зор, как дамо́клов меч, а внизу́ бе́дные же́ртвы — э́то мы с тобо́й.

運動の起点と終点

運動の起点と終点

A　ベース

I　運動の終点、目的地；方向
　1　運動の終点、行く先が場所や物の場合
　　もっとも基本的なキーは次の二つです。
　　①副詞
　　②前置詞＋名詞
　　もう一つは、Bバリエーションで述べる。
　　③副詞句

　　①副詞
　　どこへ（に）куда́, そこへ（に）туда́, ここへ（に）сюда́, どこへ（に）…もない никуда́, 右へ（に）напра́во, 左へ（に）нале́во, 前へ（に）вперёд, 後へ（に）наза́д, 上へ（に）вверх, наве́рх, 下へ（に）вниз, 後へ（に）наза́д

　　＊日本語で「に」と「へ」が併用される場合、以下では、簡略化のため「に（へ）」のように一々併記せず、「に」だけ書くことにします。

　　ぼくは自分では道を知らないんだ。ただナビゲーターが教えてくれる方にいくだけさ。

　　この交差点では車は右にしか曲がれない。左に曲がりたければ、次の道まで行かないとだめです。

Я сам не зна́ю доро́гу, про́сто е́ду туда́, куда́ мне ука́зывает навига́тор.

На э́том перекрёстке маши́ны мо́гут повора́чивать то́лько напра́во, е́сли вы хоти́те поверну́ть нале́во, то ну́жно дое́хать до сле́дующего переу́лка.

　　②前置詞＋名詞
　　　i　в＋対格
　　　　a …の（内部へ）へ

運動の起点と終点

　　　　運転の初心者には車を車　　　Нео́пытным води́телям немно́го
　　　　庫に入れるのはちょっと難　　сло́жно поста́вить маши́ну в гара́ж.
　　　　しい。
　　b 運動の到着点・終点・目的地を示す
　　　　町の中心に行くのは車よ　　　Е́хать в центр го́рода быстре́е на
　　　　り、地下鉄のほうが早い。　　метро́, чем на маши́не.
ii на＋対格
　　a …の上へ
　　　　車が凍った道ですべっ　　　　Маши́на заскользи́ла на замёрз-
　　　　て、歩道に乗り上げた。　　　шей доро́ге и зае́хала на тротуа́р.
　　b …の表面へ
　　　　後ろを走っていた車が私　　　Маши́на, иду́щая сза́ди, налете́ла
　　　　たちの車にぶっつかって、　　на на́шу маши́ну и си́льно повреди́-
　　　　後部をひどく損傷した。　　　ла её за́днюю часть.
　　　＊上記のвとнаについてのくわしい説明は「場所」参照。
iii до＋生格
　　前置詞 до は一般に「限界」を示します。運動の場合は、次の二
　つの例のような「限界」を示します。
　　a 能力・状況が許す限界としての到着点
　　　　アフリカ大陸縦断のオー　　　Мно́гие маши́ны, уча́ствовавшие
　　　　トレースに参加した車の多　　в мотого́нке через Африка́нский
　　　　くはゴールにまで到達しな　　контине́нт, не дое́хали до фи́ниша.
　　　　かった。
　　b 運動がいったん終了する中間到着点
　　　　私たちはモスクワまで列　　　Мы дое́хали до Москвы́ по́ездом,
　　　　車で行きましたが、モスク　　но от Москвы́ пое́хали на мое́й
　　　　ワからは私の車で行きまし　　маши́не.
　　　　た。
　　c до は長さ、時間などで測られる距離の限界点（終点）も示しま
　　　す。これは厳密に言えば「運動の終点」ではありませんが、ここ
　　　に付け加えておきます。
　　　　モスクワからペテルブル　　　Расстоя́ние от Москвы́ до Петер-
　　　　グまでの距離は約600キロ　　бу́рга о́коло шестисо́т киломе́тров.
　　　　です。
　　　　私の住いから職場まで地　　　От мое́й кварти́ры до рабо́ты
　　　　下鉄で約25分です。　　　　　о́коло 25 мину́т езды́ на метро́.

運動の起点と終点

 iv к＋与格　…の方へ
  私は駅の<u>そばまで</u>行ったが、駐車する場所が見つからなかった。

  Я подъéхал <u>к</u> вокзáлу, но не мог найти мéсто, где мóжно постáвить машину.

 2　運動の終点、方向が人の場合
  к＋与格
  i 運動の終点　…のところへ
  私は父が病気になったという知らせを受けると、すぐに父の<u>ところへ</u>出かけた。

  Я поéхал <u>к</u> отцý, как тóлько я узнáл, что он заболéл.

  ii 運動の方向　…の方へ
  ドライバーは車から飛び出し、轢かれた子供の<u>方</u>に駆け寄った。

  Водитель выскочил из машины и подбежáл <u>к</u> задáвленному ребёнку.

Ⅱ　運動の起点を示す
 1　運動の起点が場所や物の場合
  もっとも基本的なキーは次の二つです。
 ①副詞
  どこから откýда，そこから оттýда，ここから отсюда，どこからも…ない ниоткýда，右から спрáва，左から слéва，前から спереди，後から сзáди
 ②前置詞＋名詞
  i из＋生格　…（の内部）から
  町の中心<u>から</u>出るのに、1時間以上かかることは珍しくない。

  Нерéдко трéбуется бóльше чáса, чтóбы вы́ехать <u>из</u> цéнтра гóрода.

  朝は町の中心に行く車の数は、中心<u>から</u>来る車よりはるかに多い。

  Ýтром числó машин, ｢идýщих〔éдущих〕в цетр гóрода, гораздо бóльше, чем числó машин, ｢идýщих〔éдущих〕<u>из</u> цéнтра.

  ii с＋生格　…（の上・表面）から
  1台の車が別の車にぶっつけられて、橋<u>から</u>川に転落した。

  Машина упáла <u>с</u> мостá в рéку от удáра налетéвшей на неё другóй машины.

運動の起点と終点

乗用車がものすごく大きなトラックと衝突して、トラックの積荷が乗用車の運転席に落ちてきた。

Легковáя машúна столкнýлась с огрóмным грузовикóм и груз с грузовикá упáл на мéсто водúтеля легковóй машúны.

iii от＋生格
　a …（のそば・外側）から
　　あなたの車を入り口からもっと離して駐車してください。私たちが家に入る邪魔になります。

Стáвьте вáшу машúну подáльше от вхóда. Онá мешáет нам войтú в дом.

　　私たちは空港からタクシーで行った。

Мы поéхали на таксú от аэропóрта.

　b 長さ・時間などで測られる距離の起点
　　モスクワから東京までの距離は約1万キロです。

Расстояние от Москвы до Токио около 10,000 (десятú тысяч) километров.

　　私の住いから最寄りの駅まで徒歩で約15分です。

От моéй квартúры до ближáйшей стáнции около 15 минýт「пешкóм [ходьбы]」.

2　運動の起点が人の場合
　от＋生格
　　私は友達の所から夜遅くタクシーで帰宅した。

Я приéхал домóй от дрýга на таксú поздно вéчером.

B　バリエーション

前項「Aベース」で述べた前置詞＋名詞の追加

I　運動の終点、行く先、方向を示す前置詞＋名詞
　もっとも重要なものは、すでにAベースの②ですでに取り上げましたので、それ以外のものを追加しておきます。

　1　運動の終点、方向
　　① на　…方面へ
　　　東京方面行きの最終列車は0時13分に4番線から発車します。

Послéдний пóезд на Токио отправляется в 12:13 от четвёртого путú.

　　★この場合のна＋対格は運動の終点ばかりでなく、終点に至るまでの

167

運動の起点と終点

すべての地点を含みます。
　たとえば、上の例文の場合、出発する駅が京都とすると、<u>на</u> Токио は終点の東京ばかりでなく、途中の米原、名古屋、豊橋、静岡、新横浜など、すべての行く先を含みます。<u>в</u> Токио は**行く先が東京である**ことしか示していません。

② **за＋対格**　…の後ろ［向こう側、奥］へ
　私たちの車は建物の角<u>の奥に</u>入った。

Наша машина заéхала <u>за</u> ýгол здáния.

③ **под＋対格**　…の下へ
　彼の車はもう25年もたっていて、今ではほとんど毎日車の<u>下にもぐりこんで</u>、何かを直さなければならない。

Егó машúне ужé 25 лет. Тепéрь емý почтú кáждый день прихóдится влезáть <u>под</u> машúну, чтóбы чтó-нибудь починúть.

Ⅱ　運動の起点を示す前置詞＋名詞
　1　**из-за＋生格**　…の後ろ［向こう側、奥］から
　急に曲がり角の<u>陰から</u>車が飛び出してきて、私は危うく轢かれそうになった。

Вдруг <u>из-за</u> углá вы́скочила машúна и чуть не задавúла меня́.

　2　**из-под＋生格**　…の下から
　彼は何かを修繕して、汚れた手と顔で、車の<u>下から</u>這い出した。

Он чтó-то починúл и вы́лез <u>из-под</u> машúны с запáчканными рукáми и лицóм.

　＊上記のことからわかるように、**за, под** は**一定の位置**を示す場合は**＋造格**、**運動の方向**を示す場合は**＋対格**となり、**運動の起点の場合は из** と結びついて、複合前置詞を作り、**из-за, из-под＋生格**になります。これについては、Ｄインターチェンジ項参照。

　運動の終点や起点を示すもう一つの重要な方法は**副詞句**です。
Ⅰ　運動の終点、行く先、方向を示す副詞句
　1　**в стóрону＋生格；в＋修飾語＋стóрону**
　私たちはプーシキン広場からトベルスカヤ通りをクレムリンの<u>方向</u>に行かなければならなかったのに、間違って、まったく反対の<u>方</u>に行ってしまった。

Мы должны́ бы́ли бы поéхать по Тверскóй ýлице от Пýшкинской плóщади <u>в стóрону</u> Кремля́, но по ошúбке поéхали <u>в</u> совершéнно другýю <u>стóрону</u>.

　2　**в направлéнии [по направлéнию]＋к＋与格；в＋修飾語＋направлéнии**

運動の起点と終点

あなたがもしサドーヴォエ環状道路をアルバートの方に行けば、右手に動物園が見えるでしょうが、反対方向に行けば、右手にはチャイコフスキーコンサートホールが見えるでしょう。

Если вы е́дете по Садо́вому кольцу́ в направле́нии к Арба́ту, то вы уви́дите спра́ва зоопа́рк, а е́сли вы е́дете в противополо́жном направле́нии, то уви́дите спра́ва Конце́ртный зал и́мени Чайко́вского.

II 運動の起点を示す副詞句

со стороны́＋生格；с＋修飾語＋стороны́

私たちは国立図書館の方からオホートヌイ・リャードを通って赤の広場に近づいた。

反対側からオホートヌイ・リャードを通って赤の広場に近づくのは不可能です。というのは、オホートヌイ・リャードは車が一方通行になっているからです。

Мы подъе́хали со стороны́ Госуда́рственной библиоте́ки к Кра́сной пло́щади по Охо́тному ря́ду.

Невозмо́жно подъе́хать с друго́й стороны́ к Кра́сной пло́щади по Охо́тному ря́ду, потому́ что по Охо́тному ря́ду движе́ние маши́н односторо́ннее.

C オプション

1 кの使い方についての注意

AベースIの2をもう一度参照してください。

対象が人の場合はロシア語のкは、英語のtoと同じように、二つの意味をもっています。

① 私は父が病気になったという知らせを受けとると、すぐに父のもとへ行った。

② 私は急に倒れた父のそばに駆け寄った。

Я пое́хал к отцу́, как то́лько я узна́л, что он заболе́л.

Я побежа́л к неожи́данно упа́вшему отцу́.

①の場合は「父」が運動の終点で、父に会うことが目的です。

②の場合は、運動の方向です。日本語に訳せば「父の方へ、父のそばへ」などになるでしょう。

①の場合日本語では、「父の元に行った」、「父の所に行った」と言うばかりでなく、「父の家に行った」と言うこともよくあります。運動の最終目的は家という物体ではなく、父そのものなのですが、日本語では「家に」と言うことがよくあります。

しかし、ロシア語ではЯ пое́хал в дом отца́.と言うと、物体にすぎな

169

運動の起点と終点

い家が終点になり、「父に会いたい、直接言葉をかわしたい」という意味にはなりません。

2 対格では使わない前置詞

多くの前置詞が終点、方向を示す場合は対格、位置を示す場合は前置格（または造格）で使われますが、**над, перед, между** の場合は、方向、位置の意味に関係なく、「＋造格」だけで「＋対格」になることはありません。

飛行機の中では小さくて軽い荷物は座席の上に、大きめで重い荷物は座席の下におきます。

В самолёте кладу́т небольшо́й и лёгкий бага́ж над кре́слами, багажи́ же побо́льше и потяжеле́е — под кре́сла. (方向を示す場合、под なら「＋対格」、над は「＋対格」にはなりません)

入り口の前に駐車しないこと！

Маши́ну не ста́вить перед вхо́дом！(перед の場合も「＋対格」にはなりません)

D インターチェンジ

☞「運動の動詞」

♣ ミニ・ダイアローグ
時には後ろ向きになるのも悪くない
オルロフ：私は日本の新幹線が大好きです。快適で、便利で、速い。東京から京都まで、500キロがたった の３時間。

加藤：むしろ速すぎて、窓の外の景色が楽しめません。東京から西へ大阪、京都方面に行くと、左には青い海、右手には緑の山が見えるはずなんですが、実際は何も見えません。何もかもどんどん後ろへ飛び去っていくばかり。

Иногда́ огля́дываться наза́д непло́хо.
Орлов: Мне о́чень нра́вится ваш «Синкансэн». Ую́тно, удо́бно и бы́стро. От Токио до Киото — пятьсо́т киломе́тров — всего́ лишь три часа́.

Като: Да́же сли́шком бы́стро, чтобы любова́ться ви́дами за о́кнами. Е́сли пое́хать из Токио на за́пад, в направле́нии в Осака и Киото, вы могли́ бы ви́деть сле́ва си́нее мо́ре, а спра́ва зелёные го́ры, но, на са́мом де́ле, ничего́ не ви́дно — всё бы́стро лети́т и лети́т наза́д.

170

オ：ご心配なく、加藤さん、私は新幹線で行く時には、広重の浮世絵の「東海道五十三次」を持っていって、窓などのぞかずに絵を見ています。列車が大井川に近づくと、テーブルの上に「金谷（大井川遠岸）」を置き、列車が名古屋に着くと絵の束から「熱田神宮」を取り出します。

加：それは名案ですね。感じのいい女の子が車両を回って、昔の東海道の宿場のおいしい食べ物を売ってるでしょう、たとえば、安倍川の近くの甘いお餅、浜名湖のうなぎ飯など。列車はひたすら前に疾走しているけど、私たちは広重の絵を見ながら、昔ながらの珍味を食べて、心は昔へ帰って行くんですね。

O: Не беспокойтесь, Като-сан. Когда езжу по линии Токайдо, я беру с собой серию цветной гравюры Хиросигэ «53 (пятьдесят три) вида Токайдо» и я смотрю не в окно, а на картины. Когда поезд приближается к реке Ои, я кладу на столик картину «Каная (Далёкий берег реки Ои)», а когда поезд прибывает в город Нагоя, я достаю из папки картин «Синтойстский храм Ацута».

К: Это хорошая идея. Знаете, симпатичные девушки ходят по вагонам и продают вкусные продукты древних станций Токайдо, например, сладкое моти около реки Абэ, рис с угрём озера Хаманако и другие. Поезд мчится прямо вперёд, а мы смотрим картины Хиросигэ, едим традиционные деликатессы и душой возвращаемся обратно в старые времена.

受　身

受　身

A　ベース

　受身を示すためには、日本語なら、助動詞の「れる」、「られる」をつければ、大体処理できます。英語なら「be動詞＋（他動詞の）過去分詞」で表現されます。しかし、ロシア語の場合は受身全体に対応できるような単一の語法はなく、その時に応じて、いろいろな方法を使う必要があります。
　その中で最大のキーは次の二つです。
1 -ся 動詞
2 быть＋受動分詞（被動形動詞）過去
　この二つの使い方は、動詞の体によって振り分けられます。
1　不完了体の動詞の場合は -ся 動詞
　　学校のすぐそばに地下鉄の駅が<u>建設されている</u>。　　　Ря́дом со шко́лой <u>стро́ится</u> ста́нция метро́.
2　完了体の動詞の場合は быть＋受動分詞（被動形動詞）過去
　　①テレビ塔は町の中心に<u>建てられている</u>。　　Телеба́шня <u>постро́ена</u> в це́нтре го́рода.
　　②テレビ塔は町の中心に<u>建てられた［建てられるだろう］</u>。　Телеба́шня <u>была́［бу́дет］ постро́ена</u> в це́нтре го́рода.
　＊主体が人、生物の場合には -ся 動詞は、原則として受身の意味では使われません。つまり、次のような言い方は間違いです。
　　　親はたいてい子供に尊敬されない。　（誤）Роди́тели ча́сто не уважа́ются детьми́.
　　正しい言い方は、「Bバリエーション」を参照してください。
　＊「быть＋受動分詞」の場合、2①のように、現在形では動詞 быть は表示されません。この場合は「建てられた」のは過去ですが、その結果が現在も残っていて、今テレビ塔が「建っている」のです。
　　2②の Телеба́шня <u>была́ постро́ена</u>. の場合は「建てられた」という過去の事実が述べられているだけで、現在もそのまま残っているかどうかは述べられていません。

172

B バリエーション

ロシア語では受動の意味を示すのに、次のような方法も使われます。

1 不定人称文（主語なし。動詞（三人称）複数）

旅行者は一人一人細かくチェックされる。　　Ка́ждого пассажи́ра проверя́ют тща́тельно.

私はお金を盗まれた。　　У меня́ укра́ли де́ньги.

＊「無主語文」を参照。

2 語　順

A 2 ②の後の＊で述べたように、主体が人、生物の場合には、-ся動詞は、原則として、受身の意味では使われませんので、「親はたいてい子供に尊敬されない」を Роди́тели ча́сто не уважа́ются детьми́. と言うのは間違いです。受動分詞現在を使って Роди́тели ча́сто не уважа́емы детьми́. と言うのは文法的には正しいのですが、普通は単に Де́ти ча́сто не уважа́ют（свои́х）роди́телей. と言います。

これでは「子供が親を尊敬しない」と言っているだけで、受身にはならないと感じるのでしたら、語順を変えて Роди́телей ча́сто не уважа́ют де́ти. とします。目的語の「親」が先に出ることで、それが話題の主眼になり、「親はどうしたの？」、「親は子供に尊敬されていないのです」という感じになり、実質的に受身の意味になるのです。

3 その他

受身と同等のものとして、いろいろな言い方があります。その例を二、三挙げておきます。

彼は後輩に尊敬されている。　　Он по́льзуется уваже́нием мла́дших колле́г.

彼女の作品は高く評価されている。　　Её произведе́ния「по́льзуются высо́кой оце́нкой ［получа́ют высо́кую оце́нку］.

旅行者は一人一人入念にチェックされる。　　Ка́ждый пассажи́р подверга́ется тща́тельной прове́рке.

Aで述べたこととこの項で述べたことをまとめると、ロシア語の受身表現の体系は次のようになり、これ以上複雑にすることはできますが、これより単純にすることはできません。

受　身

不完了体	-ся 動詞	不定人称文
完了体	быть＋受動分詞（被動形動詞）過去	語順　その他

C　オプション

受身の表現で、行為をする人、その道具などは造格で示されます。

　この美しい絵は5歳の女の子によって描かれた。　　　Эта красивая картина нарисована пятилетней девочкой.

　スケッチの多くは鉛筆や木炭で描かれる。　　　Многие наброски рисуются карандашом или углем.

D　インターチェンジ

☞「動詞の体」、「無人称文」

♣ミニ・ダイアローグ

　　　　胸の痛み　　　　　　　　　　　Боль в сердце.

レーナ：今ワーニャから聞かされたんだけど、コーリャとイーラが離婚したんだって。

Лена: Сейчас Ваня сказал мне. Коля и Ира развелись!

マーシャ：本当？　あんなに愛し愛されていたのに。

Маша: Правда? Ведь они так сильно любили друг друга.

レ：どうかなあ。コーリャって、愛されるのは好きだけど、人を愛することはできないのよ。要するに、まだ子供なのね。

Л: Я сомневаюсь. Коле нравится, когда его любят, но он сам любить не умеет. Одним словом, он ещё ребёнок.

マ：イーラがかわいそうだわ。傷ついたハートを抱いて一生生きていくんですもの。

М: Жалко Иру. Она будет жить всю жизнь с разбитым сердцем.

レ：大丈夫、2年もすれば何もかも忘れるわ。

Л: Ничего. Через два года всё будет забыто.

マ：いいえ、傷は癒されても、傷跡は残るわ。

М: Нет. Даже если рана заживёт, шрам останется.

レ：うーん、早くクローン心臓が発明されるといいね。

Л: Да-а! Скорее бы изобрели клонированное сердце.

運動の動詞

A ベース

ロシア語には「運動の動詞」と呼ばれる動詞のグループがあります。

идти́ 歩いて行く、лете́ть 飛ぶ、нести́ 歩いて運ぶ、гнать 追い立てるなど、往来、移動などの具体的な行為を示す動詞です。

ロシア語のほとんどの動詞に完了体と不完了体がありますが、「運動の動詞」の場合は、不完了体の中に、さらに定体と不定体のペアがあります。

	定 体	不定体
歩いて行く	идти́	ходи́ть
乗って行く	е́хать	е́здить
這っていく	ползти́	по́лзать
這って上り下りする よじ登る	лезть	ла́зить
走る	бежа́ть	бе́гать
疾走する	нести́сь	носи́ться
ぶらぶら歩く	брести́	броди́ть
飛ぶ	лете́ть	лета́ть
泳ぐ	плыть	пла́вать
連れて行く	вести́	води́ть
持って運ぶ	нести́	носи́ть
乗せて運ぶ	везти́	вози́ть
引いて行く	тащи́ть	таска́ть
転がす	кати́ть	ката́ть
転がる	кати́ться	ката́ться
追い立てる	гнать	гоня́ть
追いかける	гна́ться	гоня́ться

定体は「一定の方向への運動・移動」を示します。

不定体は「往復・方向不定の運動、一般的運動」などを示します。

例を挙げましょう。

運動の動詞

定　　体	不　定　体
歩いて行く　идти́ 私の息子は今歩いて学校に行くところだ。Мой сын идёт в шко́лу. 早く行きなさい、でないと遅れますよ。Иди́те бы́стро, ина́че вы опозда́ете.	ходи́ть 私の息子は学校に通っている（往復）。Мой сын хо́дит в шко́лу. 彼女は足を折って、今は杖をついて歩いている（一般的）。Она́ слома́ла себе́ но́гу и тепе́рь хо́дит с па́лкой.
乗って行く　е́хать この列車はノンストップで仙台に行く。Наш по́езд е́дет в Сэнда́й без остано́вок.	е́здить 子供たちが公園で自転車を乗り回している（方向不定）。Де́ти е́здят на велосипе́дах по па́рку.
走る　бежа́ть 彼は全速力でゴールに向かって走っている。Он изо всех сил бежи́т к фи́нишу.	бе́гать 彼は足が速い（一般的）。 Он бы́стро бе́гает.
持って運ぶ　нести́ 彼らは負傷者を救急車の方に運んでいった。Они́ несли́ ра́неных к маши́не ско́рой по́мощи.	носи́ть 以前、郵便配達の人は歩いて郵便物を運んでいた（一般的）。Ра́ньше почтальо́ны носи́ли по́чту пешко́м.
乗せて運ぶ　везти́ 救急車が負傷者たちを病院に運んでいった。Маши́ны ско́рой по́мощи везли́ ра́неных в больни́цу.	вози́ть 今では、郵便配達の人はバイクで郵便物を運ぶ（一般的）。Тепе́рь почтальо́ны во́зят по́чту на мотоци́клах.

B　バリエーション

　上に挙げた基本的な「運動の動詞」に接頭辞のついた動詞もよく使われます。ロシア語動詞の接頭辞は一般に、英語の動詞と結びつく副詞のようなものです。go という動詞だけを知っていても、go away, go out, go through など、副詞や前置詞との結びつきを知らないと、動詞を使いこなすことはできません。ロシア語の場合は、接頭辞を知らないと、動詞をうまく使いこなせません。

運動の動詞

上記の「運動の動詞」は定体の動詞も、不定体の動詞もすべて不完了体ですが、接頭辞がつくと

接頭辞＋不定体動詞＝不完了体（たとえば、прилетáть（飛んで来る）、уноси́ть（運び去る））。ただし、多少の例外があります。

接頭辞＋定体動詞＝完了体（たとえば、прилетéть（飛んで来る）、унести́（運び去る））となります。（下表では原則として不完了体を示します。）

接頭辞	意味	語	例	訳
в-	中に入る	входи́ть	Он вхо́дит в свою́ ко́мнату.	彼は自分の部屋に入る。
воз-/вос-	上に上がる	восходи́ть	Со́лнце восхо́дит из-за горы́.	太陽が山の陰から上る。
вы-	外に出る	выходи́ть	Она́ выхо́дит из ко́мнаты.	彼女は部屋から出る。
до-	…まで到達する	доходи́ть	Он дохо́дит до больни́цы.	彼は歩いて病院までたどり着く。
за-	①途中で寄る ②奥に入る	заходи́ть заходи́ть	Заходи́те ко мне в любо́е вре́мя. Со́лнце захо́дит за́ гору.	いつでもうちに寄ってください。 太陽が山の陰に沈む。
о-/об-	迂回する、回る	обходи́ть	Де́вочка обхо́дит ско́льзкие места́.	少女は滑りやすい場所を避けて通る。
пере-	越える、横断する	переходи́ть	Он перехо́дит у́лицу при кра́сном сигна́ле.	彼は赤信号で道路を横断する。
по-	①少しする ②始める	походи́ть（完了体） пое́хать（完了体）	Хорошо́ походи́ть на у́лице перед сном. Они́ пое́хали в пое́здку по А́фрике.	寝る前に少し外を歩くのはよい。 彼らはアフリカ旅行に出発した。
под-	近寄る	подходи́ть	Официа́нтка подхо́дит с меню́.	ウエートレスがメニューをもって近づく。

177

運動の動詞

pro-	通過する	проходи́ть	Она́ прохо́дит ми́мо меня́.	彼女は私の前を素通りする。
раз-/рас-	分かれる	расходи́ться	Гроза́ прошла́ и ту́чи расхо́дятся.	雷雨が止み、雨雲が散る。
с-/со-	下に動く	сходи́ть	Лы́жники схо́дят с горы́.	スキーヤーが山を下っていく。
у-	離れ去る	уходи́ть	Постаре́вшие во́лки куда́-то ухо́дят.	年老いた狼はどこかへ去っていく。

C　オプション

「運動の動詞」とは「運動の意味を示す動詞」だ、と誤解されることがよくあります。しかし、そうではなくて、前掲のような、ごく限られた動詞のグループの文法的な呼び名にすぎません。ですから、運動の意味をもっていても、「運動の動詞」でないものはたくさんあります。дви́гаться（運動する）という語でさえ、「運動の動詞」ではありません。

いくつか例を挙げましょう。

意味	歩く	到着する	降りる	疾走する	届ける
運動の動詞	ходи́ть	приходи́ть	сходи́ть	носи́ться	привози́ть
非運動の動詞	шага́ть	прибыва́ть	спуска́ться	мча́ться	доставля́ть

D　インターチェンジ

☞「運動の起点と終点」、「動詞の体」、「不定詞」、「変化表」（巻末）

活動体、不活動体

A ベース

ロシア語の名詞には活動体と不活動体の区別があります。
1 活動体──人間、動物など、生命があって活動しているもの
  不活動体──植物、事物、観念など
  ＊中性名詞はほとんどすべて不活動体です。例外的なものはありますが、それについては、Cのオプションの項を見てください。
2 活動体と不活動体は少しだけですが変化形がちがいます。重要なのは対格の形です。
  ①多くの場合(男性名詞単数と、男性・女性両方の複数で)、不活動体では対格が主格と同じ。活動体では対格が生格と同じです。

不活動体	男		性		
単数主格	стол	словарь	複数主格	столы́	словари́
単数対格	стол	словарь	複数対格	столы́	словари́
	女		性		
複数主格	ла́мпы	две́ри			
複数対格	ла́мпы	две́ри			

活動体	男		性			
単数主格	студе́нт	геро́й	писа́тель	複数主格	студе́нты	геро́и	писа́тели
単数対格	студе́нта	геро́я	писа́теля	複数対格	студе́нтов	геро́ев	писа́телей
	女		性			
複数主格	же́нщины	мы́ши				
複数対格	же́нщин	мы́шей				

  ②女性名詞単数では不活動体でも活動体でも、対格の形は次の2種類。

	対格が対格特有の形		対格が主格と同じ	
主	ла́мпа	же́нщина	дверь	мышь
対	ла́мпу	же́нщину	дверь	мышь

B バリエーション

1 活動体、不活動体には、中間的なものもあります。たとえば、мертве́ц

活動体、不活動体

(死人)は活動体。しかし、труп(死体)は不活動体です。
2 男性名詞でも形が女性名詞と同じ場合は、女性の変化に従います。
単主 мужчи́на　対 мужчи́ну　　複主 мужчи́ны　対 мужчи́н
3 集合名詞は人間、動物を示すものでも、不活動体とみなされ、変化形もそれに従います。
単主 наро́д(人々、国民)　対 наро́д　　複主 наро́ды(諸国民)　対 наро́ды
4 中性名詞はほとんどすべて不活動体で、対格は主格と同じ形ですが、会話などでは下記のように、対格＝生格の形を使うロシア人もいます。
単主 чудо́вище(怪物、怪獣)　　対 чудо́вища

C　オプション

形容詞などが名詞と結びつく場合、その変化形は名詞の変化形によって決まるので、当然、名詞の主格形には形容詞の主格形が付き、名詞の生格形には形容詞の生格形が付きます。
Aベースの名詞一覧表に形容詞をつけてみましょう。

1 不活動体　　男　　　　　性
単数主格 но́вый стол　　но́вый слова́рь　複数主格 но́вые столы́　но́вые словари́
単数対格 но́вый стол　　но́вый слова́рь　複数対格 но́вые столы́　но́вые словари́
　　　　　　　　女　　　　　性
複数主格　　но́вые ла́мпы　　но́вые две́ри
複数対格　　но́вые ла́мпы　　но́вые две́ри
活動体　　　男　　　　性
単数主格　молодо́й студе́нт　　молодо́й геро́й　　молодо́й писа́тель
単数対格　молодо́го студе́нта　молодо́го геро́я　молодо́го писа́теля
活動体　　　男　　　　性
複数主格　молоды́е студе́нты　　молоды́е геро́и　　молоды́е писа́тели
複数対格　молоды́х студе́нтов　молоды́х геро́ев　молоды́х писа́телей
　　　　　　　女　　　　性
複数主格　молоды́е же́нщины　　ма́ленькие мы́ши
複数対格　молоды́х же́нщин　　　ма́леньких мыше́й

ここまでは何の問題もないでしょう。しかし、次の女性単数の場合は注意が必要です。
2 女性名詞単数では、不活動体でも活動体でも、対格が対格特有の形の場合と、対格が主格と同じ場合の2種類があります。

活動体、不活動体

　　　　名詞対格が対格特有の形　　　　　名詞対格が主格と同じ
主　хоро́шая ла́мпа　хоро́шая же́нщина　　больша́я дверь　больша́я мышь
対　хоро́шую ла́мпу　хоро́шую же́нщину　　большу́ю дверь　большу́ю мышь

　左側の場合は、名詞対格が対格特有の形ですから、形容詞も対格特有の形になっているのは当然です。しかし、右側の名詞対格が主格と同じ場合も、形容詞は対格特有の形です。つまり、女性単数対格の場合、形容詞類の形は、すべての場合を通じて、対格特有の語尾（たとえば、-ую など）になります。

D　インターチェンジ

　インターチェンジといえば、一番近い部分に接続することですが、この項では、ロシアからはるか遠くの日本に接続しましょう。
　「ロシア語にはどうして活動体、不活動体などという面倒くさい区別があるのだろう。そして、どうしてロシア人は子供でも瞬間的に活動体と不活動体を分別して、変化形を混同したりしないのだろう？」と、不思議がる人がいるかもしれません。
　しかし、実は日本語にもほとんど同じ区別があり、皆さんも子供のときから、それをちゃんと知っていて、見事に使い分けているのです。たとえば、「町はずれに森がある。そこにはタヌキがいる」を「町外れに森がいる。そこにはタヌキがある」と言ったら、笑われてしまいますね。なぜ？　それは、森は不活動体ですから「ある」、「いる」のうちから、「ある」を選んで使い、タヌキは活動体ですから「いる」を使わなければならないからです。これを皆さんはいつも光信号的速さでやってのけているのです。
　外国の人はさぞかし、こう言ってボヤいているでしょう。「日本語にはどうして「いる」と「ある」などという面倒くさい区別があるのだろう。そして、どうして日本人は子供でも瞬間的に「いる」と「ある」を分別して、混同しないのだろう？」。
　これを聞いたら、皆さんは言うでしょう。「えっ。そんなこと問題になるかなあ？　簡単なことじゃない」
☞　「**変化表**」（巻末）

関係詞（関係代名詞、関係副詞）

関係詞（関係代名詞、関係副詞）

ロシア語にも、英語などと同じように、関係詞（関係代名詞、関係副詞）があります。

ロシア語の関係詞は変化形が一見複雑ですが、ほかの代名詞や形容詞とほとんど同じ形なので、特に新しく覚える必要はありません。関係副詞 (когда́, где) の場合は変化しません。

A　ベース

ロシア語の関係詞のなかで、圧倒的に重要なのは кото́рый で、少し誇張すれば、これ一つでなんでも OK といえるほどです。そのほかの関係詞は кото́рый にくらべると、使用範囲が限られるのです。

まず、кото́рый をしっかり使いこなすようにしましょう。

先行詞 が人の場合も、事物の場合も、特別の場合を除き、кото́рый を使います。

あなたは世界で一番強いお酒の一つとされているウオッカを、飲んだことがありますか。

Вы когда́-нибудь пи́ли во́дку, <u>кото́рая</u> счита́ется одни́м из са́мых кре́пких алкого́льных напи́тков в ми́ре?

ランキング上位を占めているロシアの女子テニス選手は美貌でも抜群です。

Ру́сские тенниси́стки, <u>кото́рые</u> занима́ют пе́рвые места́ в рейти́нге, отлича́ются и свое́й красото́й.

B　バリエーション

1　кото́рый 以外の関係代名詞

① кто

人に対して使いますが、先行詞は тот, те, все, ка́ждый など、代名詞に限られます。

関係詞（関係代名詞、関係副詞）

ロシア人っていったい何者だろう。どう定義すればいのかな？
とても簡単だよ。ロシア人というのは、自分をロシア人と思っている人のことさ。

Со́бственно, кто таки́е ру́сские лю́ди？ Как их определи́ть？ О́чень про́сто. Ру́сские — те, кто счита́ет себя́ ру́сским.（下記の＊＊を参照）

＊先行詞が名詞なら、人間に対してもкото́рыйを使います。
あそこに座っているのは有名な女優です。

（正）Же́нщина, кото́рая сиди́т там, изве́стная актри́са.
（誤）Же́нщина, кто сиди́т там, изве́стная актри́са.

＊＊先行詞が複数でも、 関係代名詞ктоで始まる節の動詞は、このページ3・4行目の例文のように単数になるが普通です。

② что

i 事物に対して使いますが、先行詞はто, всё, что́-то, что́-нибудь, ко́е-что など、代名詞かそれに類したものに限られます。

私はただ自分が本当だと思うことを言っただけです。
Я то́лько сказа́л то, что я счита́ю пра́вдой.

私はあなたのためなら、できることは何でもします。
Я сде́лаю для вас всё, что смогу́.

ii 先行詞は特定の語ではなく、前で言ったことの全体を指す場合があります。

ぼくはあなたのためなら命も犠牲にします、それ（あなたのために命を犠牲にすること）がぼくには嬉しいんです。
Я сде́лаю всё возмо́жное для вас, что про́сто ра́дость для меня́.

③ како́й

ぼくも君と同じような車を買いたい。
Мне хоте́лось бы купи́ть таку́ю же маши́ну, кака́я у вас есть.

＊この場合、現代ではМне хоте́лось бы купи́ть таку́ю же маши́ну, кото́рая у вас есть.と言う傾向が見られます。

しかし、本来はкото́рыйは同じ一つのものを示し、како́йは同種の別のものを示します。

2週間前に買ったぼくの車が盗まれた。
Угна́ли мою́ маши́ну, кото́рую я купи́л две неде́ли наза́д.

ぼくが国際オートショーで買ったような車には、君はお目にかかれないよ。
Ты не уви́дишь таку́ю маши́ну, каку́ю я купи́л на междунаро́дном автошо́у.

183

関係詞（関係代名詞、関係副詞）

2 関係副詞
④ где, кудá, откýда
i 先行詞が名詞

昨日私は30年前に自分が生まれた町を訪れた。

Вчерá я посети́л го́род, где я роди́лся три́дцать лет томý назáд. (Вчерá я посети́л го́род, в котóром я роди́лся три́дцать лет томý назáд. も可能)

昨日私は20年前に自分が学んだ学校を訪れた。

Вчерá я посети́л шкóлу, где я учи́лся двáдцать лет томý назáд. (Вчерá я посети́л шкóлу, в котóрой я учи́лся двáдцать лет томý назáд. も可能)

私はみんなが走っていく方に走っていった。

Я побежáла в ту стóрону, кудá все бежáли.

モスクワ駅と呼ばれるのはモスクワ方面行きの列車が出る駅のことです。

Москóвскими вокзáлами называ́ются те вокзáлы, откýда отправля́ются поездá на Москвý.

ii 先行詞が副詞（там, тудá, оттýда）

人間は自分が生まれた所で死にたいと本能的に思うのではないだろうか。

Мне кáжется, что человéк инстинкти́вно хóчет умерéть там, где он роди́лся.

サケ、マスなどの種類の魚は、産卵のために自分が生まれた場所に戻ってくる。

Нéкоторые порóды ры́бы, напримéр, лососёвые возвращáются для метáния икры́ тудá, где они́ роди́лись.

彼はみんなが行く方には行きたがらないタイプの人間だ。

Он человéк такóго ти́па, котóрый не хóчет идти́ тудá, кудá все идýт.

私は何かおいしそうな匂いのする方に行った。

Я пошёл тудá, откýда пáхнет чéм-то вкýсным.

⑤ когдá
i 先行詞が名詞

普通の人が地球以外の天体を旅行する日はもう遠くない。

Недалёк день, когдá обы́чные лю́ди бýдут путешéствовать по други́м планéтам. (この言い方が普通ですが、Недалёк день, в котóрый …も可能)

184

関係詞（関係代名詞、関係副詞）

ii **先行詞が副詞**

人間は極楽に住んでいると、地獄に憧れることがよくあるものだ。

Человéка чáсто тя́нет в ад тогдá, когдá он живёт в раю́.

C オプション

1 文字で書く場合、ロシア語では、先行詞と関係詞の間に、必ずコンマを付けます。英語では、関係詞が限定的用法の場合、コンマは付けず、付加的用法の場合には、コンマを付けますが、ロシア語にはそのような区別はありません。関係詞が限定的用法か、付加的用法かは、コンマの有無ではなく、前後関係（コンテキスト）で判断します。

2 関係代名詞の先行詞には тот が付くことがよくあります。これは強い意味をもっておらず、英語の the のようなものがほとんどです。

スキタイと呼ばれる人たちの特徴を言い表すのは容易ではありません。

Не так легкó охарактеризовáть тех людéй, котóрых называ́ют скифами.

D インターチェンジ

☞「(指示) 代名詞」

♣ **ミニ・ダイアローグ**
　　愛こそわが生命

ユーリャ：ペーチャ、あなた感じない、近頃、前にあったような愛があたしたちにはもうないって。

ペーチャ：ユーリャ、それはただ、昔の愛というか、むしろ情熱が去って、新しい、もっと確かな愛ができたということだよ。

ユ：あたしは前からあったものが習慣か惰性で繰り返されているだけのような気がする。

Любóвь моя́ жизнь.

Юля: Пéтя, ты не чу́вствуешь, что тепéрь у нас нет той любви́, котóрая рáньше былá.

Петя: Ю́ля, э́то прóсто прошлá стáрая любóвь, скорéе всегó, страсть, и пришлá нóвая прóчная любóвь.

Ю: Мне кáжется, что тóлько повторя́ется по привы́чке и́ли дáже по инéрции то, что бы́ло прéжде.

関係詞（関係代名詞、関係副詞）

ペ：ユーリャ、逆だよ、今ぼくたちには前にはなかった新しいもの、素晴らしいものがたくさんある。たとえば、ぼくたちの二人の子供だ。あの子達がぼくらの絆になっているじゃないか。ぼくらの愛は今ではぼく達二人だけのものじゃないんだよ…

ユ：あなたはいつもあたしより知的よ…論理的で。でも、あなたが問題にしているのは真実だけど、あたしの求めているのは命なの。ペーチャ、ともかく「君を愛している」って言って、あたしにキスして。

ペ：ユーリャ、君には負けたよ。結局、愛を知る者のみが真実に到達できるのかなあ？

П: Наоборо́т, тепе́рь у нас есть мно́го но́вого и прекра́сного, чего́ не́ было ра́ньше. Наприме́р, на́ши дво́е дете́й, кото́рые свя́зывают нас с тобо́й. Тепе́рь на́ша любо́вь не то́лько для нас двои́х ...

Ю: Ты всегда́ разу́мнее меня́ — логи́чнее. Но ты говори́шь об и́стине, а я хочу́ жи́зни. Пе́тя, про́сто скажи́ мне, «Я тебя́ люблю́», и поцелу́й меня́.

П: Ю́ля, я сдаю́сь тебе́. В конце́ концо́в, смо́гут ли дости́чь и́стины то́лько те, кто зна́ет любо́вь?

間投詞

A　ベース

　間投詞は定義が難しく、いろいろな意見があり得ますが、ここでは次のように比較的狭く定義しておきます。
1　間投詞はほかの品詞とは違って、言語体系の有機的要素ではなく、言語体系の周辺に存在している特殊なもので、次のような特徴を持っている。
　①ああ、Ah！、Ax（A）！等のように、話し手の心的、肉体的状態から発せられる自然音、または擬音。
　②孤立しており、ほかの語と結びついて、言語的な機能(修飾、被修飾、文の構成)を果たさない。
　③はっきりした語義内容を持たない。
2　間投詞は次のように分類されます。
　①人間が発する自然音
　　ⅰ叫び声：
　　　　А！, Ах！, Ай！, О！, Ох！, Ой！, Эх！, Ай-яй-яй！, Ага！, Увы！
　　ⅱ呼びかけ：
　　　⑴人間に対するもの：
　　　　　Эй！, Алло́！, Ау́！
　　　⑵動物などに対するもの：
　　　　　Кис-кис！(猫に対して)、Цып-цып！(ニワトリに対して)
　　ⅲ命令、制止：
　　　　На！ほらっ（何かを与える）、Чш！, Шш！しっ（静粛を求める）
　　ⅳ笑い声、生理音：
　　　　Ха-ха-ха！アハハ（笑い声）、Чих！ハックション（くしゃみの音）
　②擬音
　　ⅰ鳴き声：
　　　　Мя́у ニャー（猫の声）、Гав-гав ワンワン（犬）、Му-му モーモー（牛）、Кукареку́ コケコッコー（ニワトリ）、Кар-кар カーカー（カラス）、
　　ⅱ物音：
　　　　Тик-так チクタク、カチカチ（時計）、Динь-динь リンリン（鈴）、Бум-бум ゴーンゴーン、ドーンドーン（鐘、大砲）

187

間投詞

iii 運動・動作をともなう音：
　　Бац！Бах！, Бух！ドスン、バタン、Треск！メリメリ、Хлоп！パタン

B　バリエーション

* Го́споди！（やれやれ）、Бо́же мой！（おや、まあ）のような嘆声を間投詞に含める人もいますが、ここでは上掲の定義に従って、間投詞とはみなさず、感情表現に用いられている名詞類と考えます。

* Спаси́бо（ありがとう）、Здра́вствуйте（こんにちは）などの挨拶の言葉や、Иди́（行け）、Стой（待て）などを間投詞に加える人もいますが、やはり前掲の定義に従って、ここでは間投詞に含めません。

C　オプション

間投詞、小詞の両方にまたがる ну については、「小詞」の項のCで取り上げます。

D　インターチェンジ

☞「感嘆」、「小詞」

機能動詞

機能動詞は、普通次のように定義されています。「それ自身は具体的な意味に乏しく、動作・行為を意味する名詞と結び付いて、〈…をする〉という意味を作る動詞」。

A ベース

1 де́лать　いろいろな種類の動詞に結び付いて広く用いられます。
　①単に名詞が持つ動作・行為の意味を動詞化する（この場合、同じ意味の動詞が併用されていることが多い）。
　　　提案する де́лать　предложе́ние＝предлага́ть；選択する де́лать вы́бор＝выбира́ть；間違う де́лать оши́бку＝ошиба́ться
　②多少とも複雑な一まとまりの過程を行なう（この場合、相応する同じ意味の動詞がないか、あまり使われないことが多い）。
　　　体操をする де́лать гимна́стику；マッサージをする де́лать масса́ж；リフォームをする де́лать ремо́нт

2 多少とも複雑なことを表現するのに用いられます。
　① соверша́ть
　　　偉業を果たす соверша́ть по́двиг；旅行をする соверша́ть путеше́ствие；犯罪［殺人］を犯す соверша́ть 「преступле́ние［уби́йство］；自殺をする соверша́ть самоуби́йство.
　② производи́ть
　　　分析する производи́ть ана́лиз；捜索する производи́ть о́быск；リフォームをする производи́ть ремо́нт（＝де́лать ремо́нт）.

3 ある時間にわたって何かをするのに用いられます。
　① вести́
　　　会談［会話］をする вести́ 「перегово́ры［разгово́р］；放送［中継］をする вести́ 「переда́чу［трансля́цию］；日記をつける вести́ дневни́к
　② проводи́ть
　　　会議をする проводи́ть 「заседа́ние［собра́ние］；試合をする проводи́ть 「состяза́ние［матч］；リフォームをする проводи́ть ремо́нт（＝де́лать［производи́ть］ремо́нт）

機能動詞

4 何かを出す、与える
　① дава́ть
　　　返事をする дава́ть отве́т；同意する дава́ть согла́сие；許可する дава́ть разреше́ние
　② ока́зывать
　　　影響[作用]する ока́зывать「влия́ние [де́йствие]；援助[サービス]をする ока́зывать「по́мощь [услу́гу]
5 受ける、対応する
　① принима́ть
　　　決定する принима́ть реше́ние；参加する принима́ть уча́стие
　② по́льзоваться＋造格
　　　人気[好評]を博す по́льзоваться「популя́рностью [хоро́шей репута́цией]；尊敬[信用]される по́льзоваться「уваже́нием [дове́рием]
6 心理的な働きをする
　　име́ть
　　　意図する име́ть наме́рение；理解する име́ть поня́тие

B　バリエーション

普通の定義によると、機能動詞は他動詞だけで、自動詞は含まれません。しかし、ロシア語の場合は、Aベースで取り上げた他動詞に-ся が付いて、受身の意味になっている動詞も、機能動詞に含めるのが妥当と思われます。

しばしばひどい間違いがされている。　　Ча́сто де́лаются гру́бые оши́бки.
マッサージはこの部屋で行なわれています。　Масса́ж「де́лается [прово́дится] в э́той ко́мнате.

日本では高齢者の間でたくさんの自殺が行なわれています。　В Япо́нии соверша́ется мно́го самоуби́йств пожилы́ми людьми́.
今アンケートへの回答を分析中です。　Сейча́с произво́дится ана́лиз отве́тов на опро́с.
許可は知事によって出される。　Разреше́ние даётся губерна́тором.
被災地に何の援助も行なわれていない。　Не ока́зывается никака́я по́мощь пострада́вшим райо́нам.
すぐには決定されない。　Сра́зу же не принима́ется реше́ние.

C　オプション

次のように、それ自身は具体的な意味に乏しく、特定の名詞と結び付いて、その名詞で表される行為・過程の進行・生成などを示すだけの自動詞も、機能動詞に含めることができます。

1　ある、行われる
① **быть**
きのうわが社で重要な会議があった。　Вчера́ у нас бы́ло ва́жное заседа́ние.

② **быва́ть**（反復して）ある・行われる
わが社では、週に1回全体会議がある。　У нас быва́ет о́бщее заседа́ние раз в неде́лю.

2　行われる、生じる
① **идти́**　行為・過程が行われる、進行している
この部屋はふさがっています。今この中で会議が行われていますので。　Э́та ко́мната занята́ — идёт в ней заседа́ние.

新しいプロジェクトが話題になっています。　Речь идёт о но́вом прое́кте.

すべてうまく行っている。　Всё идёт хорошо́.

② **проходи́ть**　行為・過程がある時間にわたって行われる、進行する
会談は友好的雰囲気の中で行われている。　Перегово́ры прохо́дят в дру́жественной атмосфе́ре.

定期市は毎年行われる。　Я́рмарка прохо́дит ежего́дно.

③ **состоя́ться**　開催される
フェスティバルは秋に行われる。　Фестива́ль состои́тся о́сенью.

このほかにも機能動詞のカテゴリーに入れたい動詞がありますが、ここでは取り上げません。

句読点

句読点

A ベース

1 （.）（ピリオド、句点；то́чка）ひとまとまりの発言の終了を示します。

いいですよ。　　　　　　　　Хорошо́.

春だ。明るい太陽。暖かい風。　Весна́. Я́ркое со́лнце. Тёплый ве́тер.

ぼくのおじいさんは5時に起きる。　Мой де́душка встаёт в пять часо́в.

2 （,）（コンマ、読点；запята́я）ひとまとまりの発言の中の区切り目を示します。その他、挿入語句の前後など、いろいろな場合に使われます。

ОК、今すぐそちらに行くよ。　Хорошо́, сейча́с я подойду́ к тебе́.

春が来て、太陽は明るく輝き、暖かい風が吹いている。　Наступи́ла весна́, со́лнце све́тит я́рко и ду́ет тёплый ве́тер.

ぼくのおじいさんは5時に起きます、娘、つまり、ぼくの母がもっと遅く起きるように頼んでいるのに。　Мой де́душка встаёт в пять часо́в, хотя́ его́ дочь, зна́чит, моя́ мать про́сит его́ встава́ть попо́зже.

3 （;）（セミコロン；то́чка с запято́й）ピリオドとコンマの中間の（ピリオドほど明確でなく、コンマよりは強い）区切り目を示します。

待ちに待った春が来た。やっと氷が解け始めている。　Наступи́ла весна́, кото́рую мы так до́лго жда́ли; наконе́ц-то, лёд начина́ет та́ять.

4 （:）（コロン；двоето́чие）先行の語句・文の説明、理由、例などを示します。

会合には私の旧友たちが来た、コーリャ、サーシャ、アリョーシャ、ペーチャ、ユーラなどだ。　На собра́ние пришли́ мои́ ста́рые друзья́: Ко́ля, Са́ша, Алёша, Пе́тя, Ю́ра и други́е.

5 （?）（クエスチョン・マーク、疑問符；вопроси́тельный знак）疑問の発言の後に付けます。

192

句読点

あなたはロシア語の句読法の規則を知っていますか？　Вы зна́ете пра́вила пунктуа́ции ру́сского языка́?

6　(!)（感嘆符；восклица́тельный знак）感嘆の発言の後に付けます。
彼女はほんとに歌がうまいなあ！　Как хорошо́ она́ поёт!

7　(-)（ハイフン；чёрточка）①合成語の中間。②語の途中での改行。
今私は日露戦争の歴史を読んでいます。　Сейча́с я чита́ю исто́рию Ру́сско-япо́нской войны́.
今私は日露戦争の歴史を読んでいます（途中改行）。　Сейча́с я чита́ю исто́рию Ру́сско-япо́нской войны́.

8　(—)（ダッシュ；тире́）直接話法の発言を、他の文から独立させる場合に使います。その他多くの用法がありますが、ここでは深入りしません。
「私はいやです」と彼は言った。　— Я не хочу́, — сказа́л он.

9　(« »)（引用符；кавы́чки）
① 直接話法の発言を（心の中で考えていることなども）、他の文の間に入れて書く（印刷する）場合。
彼女は心の中で、（私は何も悪くない）と言った。　Она́ сказа́ла про себя́, «Я ни в чём не винова́та».
② 語句を普通とは違う意味で使う場合。
私たちが喧嘩をすると、「正しい」のはいつも妻の方だ。　Когда́ мы ссо́римся, моя́ жена́ всегда́ ока́зывается «пра́вой».

10　(...)（多重点；многото́чие）発言の未完結、中断、口ごもったこと、発言の前のほうの省略などを示します。
私はこの指輪がとても気に入っているけれど…　Мне о́чень нра́вится э́то кольцо́, но ...
ぼくはあなたがす…す…　Я вас лю ... лю ...
「…これがぼくの言いたいことすべてだ」と彼は言った。　— ... Вот всё, что я хоте́л сказа́ть, — сказа́л он.

B　バリエーション

句読点にはそれほど重要なバリエーションはありませんので、ここでは日本語の句読点との比較を考えることにしましょう。
1　ピリオド　日本語の句点（。）に大体相応します。が、日本語の文はロシア語（英語）などより短いので、句点がロシア語などより多いようです。
2　コンマ　日本語の読点（、）に似ていますが、ロシア語（英語）のコンマほど規則に束縛されず、かなり自由に使えます。たとえば「私は、東京

句読点

で、生まれた」と書いても、日本語では許されます。しかし、このようなコンマの使い方は英語でもロシア語でも「誤り」とされます。
3 セミコロン 日本語にはありませんが、句点に近いようです。
4 コロン 日本語にはありません。「つまり」、「それは」、「たとえば」のような語に相当します。
5 疑問符 ロシア語では（英語などでも）疑問文の場合は必ず付けなければなりませんが、日本語では付けなくてもかまいません。「あなたは毎日、新聞を読みますか（？）」
6 感嘆符 ロシア語では、文法的に明らかに感嘆文の場合は付けなければなりません。付けても付けなくてもよい中間的な場合もあります。Прекра́сно.(!)（感嘆符を付けないと文法的には平叙文、感嘆符を付けると感嘆文になります。）
　　日本語では付けても付けなくてもかまいません。「君は変人だ（！）」
7 ハイフン ①ロシア語では（英語などでも）単語の途中で改行する時はハイフンを必ず付けますが、日本語では不要です。
②合成語など、ロシア語でハイフンがある場合、日本語では何もないか、中点（中黒）、つまり、・で置き換えます。　白黒の чёрно-бе́лый. ヴォルガ・ドン運河　Во́лго-Донско́й кана́л
　＊ロシア語では何もないのに、日本語では中点が入っている場合もあります。ニージニー・ノヴゴロド Ни́жний Но́вгород
8 ダッシュ 日本語には元来なかったもので、今でもあまり使われません。
9 引用符 日本語では「　」が主です。（　）など、その他の括弧が使われることもあります。
10 多重点 ロシア語とほぼ同じです。

C　オプション

かっこ（ско́бки）、引用符（кавы́чки）のいろいろ
1　日本の「　」、『　』はロシア語では使われません。（　）、《　》などについてははっきりした使い方の慣例はありません。
2　引用符は現在のロシア語では« »が普通で、" "はほとんど見られません。直接話法の場合はダッシュ——が使われます。

D　インターチェンジ　☞「感嘆」、「疑問」、「話法」

時　制（現在・過去・未来）

時　制（現在・過去・未来）

A　ベース

1　ロシア語動詞の体系
　ロシア語の時制はほかの多くの言語と同じように、過去、現在、未来の三つから成り立っています。
　しかし、ロシア語の場合、動詞体系の中心は「**体（アスペクト）**」です。この「時制」の項を見る場合にも、「**動詞の体**」の項を参照してください。

2　時制の基本的用法
　時制だけに限ってみれば、ロシア語に特有なものはありません。

①現在
　　現在のこと、一般的真実について述べます。
　　不完了体動詞の現在形を使います。
　　私は1日に8時間以上は働きません。　Я не работаю больше восьми часов в день.

②過去
　　過去のことについて述べます。
　　完了体・不完了体動詞の過去形を使います。
　　彼は会社のお得意さんと一度もゴルフをしなかったので、クビになった。　Его уволили, так как он никогда не играл в гольф с клиентами своей компании.

③未来
　　未来のことについて述べます。
　　完了体動詞の未来形・不完了体動詞の未来形を使います。
　　彼は来週タイに出張します。　Он поедет в командировку в Таиланд на следующей неделе.
　　彼はタイ支店開設が可能か調査をします。　Он будет заниматься исследованием в связи с возможностью открытия филиала в Таиланде.
　＊上例の поедет のような形は完了体未来と呼ぶのが普通ですが、これを完了体現在と呼ぶ人もいます。

195

時　制（現在・過去・未来）

B　バリエーション

1　現在形の用法の拡大
①歴史・説話的現在
過去のことを今起こっているように、ありありと述べる場合に使います。

　　　ナポレオンがモスクワを<u>撤退す</u>る。　　　Наполео́н <u>отступа́ет</u> из Москвы́.

②近未来の往来
近い未来ですでに決まっている往来の行為には、現在形が使われるのが普通です。

　　　彼女は今月末に外国演奏旅行に<u>出かけます</u>。　　　Она́ <u>уезжа́ет</u> в заграни́чное турне́ в конце́ э́того ме́сяца.

③能力
　　　彼女はロシア語が<u>うまい</u>。　　　Она́ <u>хорошо́ говори́т</u> по-ру́сски.

2　過去形の用法の拡大
①過去の結果の残存
完了体過去を使って、過去の行為の結果の残存を示します。

　　　タイ出張の帰途、彼はたとえばアンコールワット寺院など、12世紀のみごとな建築文化財が<u>保存されている</u>カンボジアを訪れた。　　　На обра́тном пути́ из командиро́вки из Таила́нда он посети́л Камбо́джу, где <u>сохрани́ли</u> замеча́тельные па́мятники архитекту́ры двена́дцатого ве́ка, наприме́р, Ангко́р-Ват.

　　　＊この部分は「動詞の体」の項を参照。

②命令、誘いかけ（一人称命令）
少数の語の過去形が口語で、命令や誘いかけの意味で使われます。

　　　<u>出て行け</u>！　　　<u>Пошёл</u> вон！
　　　さあ、<u>行こう</u>。　　　<u>Пошли́</u>.

　　　＊この部分は「命令、要求」の項を参照。

3　未来形の用法の拡大
①誘いかけ（一人称命令）
完了体・不完了体未来形は誘いかけの意味で使われます。

　　　さあ、<u>行こう</u>。　　　<u>Пойдём</u>(те).
　　　15分か20分<u>休もう</u>。　　　<u>Бу́дем отдыха́ть</u> 15-20 мину́т.

　　　＊この部分は「命令、要求」の項を参照。

時　制（現在・過去・未来）

②可能・不可能
完了体未来形で可能、不可能を表します。

あたしの眼鏡はどこ？　どうしても見つからないんだけど。　　Где мои́ очки́？　Ника́к их не найду́.

＊この部分は「動詞の体」の項を参照。

C　オプション

1　完了形、進行形
上で述べたように、ロシア語動詞の場合、一番重要なのは完了体・不完了体で、多くの機能を「体」が果たしてくれます。動作の完了は完了体、進行過程は不完了体で表現されますので、ロシア語には英語のように独立した完了形や進行形はありません。

2　時制の一致
ロシア語には英語のような「時制の一致」はありません。

きのう田中が私に言っていたが、彼はまもなく別の会社に移るそうだ。　　Вчера́ Тана́ка сказа́л мне, что он ско́ро перейдёт в другу́ю компа́нию.

※ перейдёт は英語なら過去形になるはずですが、ロシア語では未来形になっています。

きのう田中が私に言ったのだが、彼は先月退職したそうだ。　　Вчера́ Тана́ка сказа́л мне, что он ушёл из свое́й компа́нии в про́шлом ме́сяце.

※ ушёл は英語なら過去完了（過去より前の時制）になるはずですが、ロシア語ではただの過去形です。

D　インターチェンジ

☞「動詞の体」、「命令、要求」

小詞（助詞）

小詞（助詞）

初めにちょっと説明をします。
1 　小詞というのはロシア語の品詞の一つで、日本語にはこれに相応する品詞がありません。小詞という呼び名は日本人には耳慣れないので、代わりに助詞という語を使う人もいますが、ロシア語の小詞と日本語の助詞はいろいろな点で大きく違っています。
2 　品詞の定義は一般に難しいのですが、小詞の場合はとくに困難です。現在標準的とされていて、多くの文法書、教科書で使われている定義も矛盾を含んでおり、性格の違ういろいろな語が雑居しているように思えます。ここでは（標準的な定義に論争を挑むつもりはありませんが）、あえて狭い定義を設けて、少数の小詞だけを取り上げることにしましょう。その定義は次のようなものです。
 1 小詞自体には独自の意味がなく、他の語句や、発言全体に補助的な意味を付け加えるにすぎない。
 2 上記のことから、小詞一語で独立して使われることはない。
 3 構文的な役割を果たさない。つまり、主語、述語にならない。他の語句を修飾しない。語句や文を結合する役割をしない。
 4 語形成の要素にならない。つまり、複合語、合成語の構成要素にならない。

A　ベース

上のような厳しい条件に当てはまるのは、ごく少数です。
1　強調の и́менно, же, уж, ведь
　① и́менно　すぐ後ろの語を強調します。

多佳子は動詞の体をテーマにして卒業論文を書いている。それはロシア語文法の中で、外国人にはまさに最大の難問だ。

Такако пи́шет дипло́мную рабо́ту на те́му ви́дов глаго́ла. Э́то и́менно са́мый тру́дный для иностра́нцев вопро́с в грамма́тике ру́сского языка́.

②же　すぐ前の語を強調します。
　　ぼくたちに文法の問題をなんでも説明してくれるのが、ほかでもない彼女なんだよ。

Она́ же объясня́ет нам все граммати́ческие вопро́сы.

③уж, да も強調の小詞になることがありますが、使用頻度が高くないので、説明、用例は省略します。

④ведь　文（発言）全体を強調します。
　　ぼくは動詞の体はまったくわからない。なにしろ日本語を含めて多くの言語に、体のカテゴリーがないからね。

Я не име́ю никако́го поня́тия о ви́дах глаго́ла. Ведь нет катего́рии ви́да во мно́гих языка́х, включа́я и япо́нский.

2　強調、その他の и
①単純な強調
　　一体なんで驚いているの？ロシア人なら、子供でも、動詞の体を間違えずに使うのは、まったく当たり前のことだよ。

И чему́ ты удивля́ешься? Соверше́нно есте́ственно, что ру́сские, да́же де́ти, употребля́ют ви́ды глаго́ла без оши́бок.

②「…も」の意味
　　全然文法の勉強をしない学生もいる。

Есть и студе́нты, кото́рые совсе́м не занима́ются грамма́тикой.

③「でさえも」の意味
　　正直な話、私はたった７，８か月しかロシア語文法の勉強をしたことがありません。
　　心配する必要はありませんよ。それでもりっぱなものです。

Че́стно говоря́, я занима́лся ру́сской грамма́тикой всего́ лишь семь— во́семь ме́сяцев.

Не беспоко́йтесь, и э́то прекра́сно.

　　＊１と２については「**強調**」の項を参照。

3　疑問の ли
　　あなたは文法や、言語学全般について書かれた本を読みますか。
　　いや、手に取ることもないね。

Чита́ете ли вы кни́ги о грамма́тике и́ли вообще́ о лингви́стике?
Нет, да́же в ру́ки не беру́.

　　＊３については「**疑問**」の項を参照。

4　指示の вот, вон
①вот は近くの物を指し示すのが普通ですが、ある程度遠くのものを指し

小詞（助詞）

　　　示すこともあります。
　　　　ほらこれが有名な言語学者の書いた一番人気のある実用ロシア語文法ですよ。

　Вот э́то са́мая популя́рная практи́ческая грамма́тика ру́сского языка́, напи́санная изве́стным лингви́стом.

　　　＊ вот は強調の小詞としても使われます。それについては「**強調**」の項を参照。
②　вон は離れたものを指し示します。
　　　いい文法の本はどこで買えますか。
　　　ほらあそこに白い三階建ての建物が見えるでしょう。あれがこの町で一番大きな本屋です。多分あそこでロシア語の教科書や参考書がたくさん見つかると思いますよ。

　Где мо́жно доста́ть хоро́шие кни́ги по грамма́тике?
　Вон там вы ви́дите бе́лое трёхэта́жное зда́ние. Э́то са́мый большо́й кни́жный магази́н в на́шем го́роде. Там вы, наве́рное, найдёте мно́го уче́бников и посо́бий по ру́сскому языку́.

Ｂ　バリエーション

　はじめに述べたように、小詞の定義をゆるやかにすると、種々雑多なものが入り込んできて、複雑になってしまいます。しかし、上のＡベースのように定義を厳しくすると、やはりいろいろな問題が生じます。中でも無視できないのは бы と пуска́й, пусть です。

１　бы

　бы は動詞の過去形と結びついて仮定法を作るという重要な機能を果たします。つまり、仮定法の構成要素になるもので、補助的なニュアンスを付け加えるものではありませんから、Ａベースの定義からすれば小詞ではありません。むしろ、助動詞と言いたいくらいです。しかし、ロシア語には助動詞というカテゴリーはありませんし、第一、бы は変化もしませんから、動詞や助動詞には入れられません。結局は、少し定義をゆるめて、小詞に入れるほかはなさそうです。
　бы の用法については、「**仮定**」、「**願望**」、「**譲歩、認容**」の項を参照。

２　пуска́й、пусть

　пуска́й, пусть はもともと動詞 пуска́ть, пусти́ть の命令形ですが、次のように使われることがよくあります。

200

小詞（助詞）

①たとえ学生が文法に興味を感じなくても、教師はそれを教えなければならない。
②学生全員に最低限の文法知識を習得させるべきだ。そうしないとロシア語はマスターできない。

Преподава́тели должны́ учи́ть студе́нтов грамма́тике, 「пусть [пуска́й] она́ не интересу́ет их.
Пуска́й [Пусть] все студе́нты усво́ят минима́льные зна́ния по грамма́тике. Ина́че они́ не овладе́ют ру́сским языко́м.

　例文①の場合は、пуска́й, пусть を接続詞とみなすことができますから、Аベースの定義に従って小詞には含めません。
　一方、例文②の場合は、文（発言）全体を三人称の命令文にする働きをしています。つまり、命令法の構成要素で、補助的なニュアンスを付け加えているのではありませんから、Аベースの定義からすれば、やはり小詞ではありません。
　しかし、どの品詞に入れるのにも無理がありますので、これは小詞に入れてもよいでしょう。
　пуска́й, пусть の用法については、「命令、要求」、「譲歩、認容」の項を参照。

C　オプション

間投詞と小詞にまたがる ну

ну は間投詞、小詞として使われますが、無理に文法的に二分せず、ここでまとめて取り上げます。

1　**呼び掛け、誘い**
　　さあ、話してごらん。もじもじしないで
　　Ну, скажи́. Не стесня́йся.
2　**驚き、不満**
　　やれやれ、どしゃ降りだ
　　Ну, и ли́вень!
3　**疑問、不信**
　　もう会うのはやめましょう。
　　えっ、なんだって？
　　Бо́льше не бу́дем встреча́ться. Ну?
4　**強意**
　　ひどいよ。まったくだ！
　　Про́сто у́жас. Ну, да́!

D　インターチェンジ

☞「仮定」、「願望」、「強調」、「譲歩、認容」、「命令、要求」

数　詞

A　ベース

	1 個数詞		2 順序数詞
0	нуль; ноль	(0の)	нулево́й
1	оди́н	1番目の	пе́рвый
2	два	2番目の	второ́й
3	три	3番目の	тре́тий
4	четы́ре	4番目の	четвёртый
5	пять	5番目の	пя́тый
6	шесть	6番目の	шесто́й
7	семь	7番目の	седьмо́й
8	во́семь	8番目の	восьмо́й
9	де́вять	9番目の	девя́тый
10	де́сять	10番目の	деся́тый
11	оди́ннадцать	11番目の	оди́ннадцатый
12	двена́дцать	12番目の	двена́дцатый
13	трина́дцать	13番目の	трина́дцатый
14	четы́рнадцать	14番目の	четы́рнадцатый
15	пятна́дцать	15番目の	пятна́дцатый
16	шестна́дцать	16番目の	шестна́дцатый
17	семна́дцать	17番目の	семна́дцатый
18	восемна́дцать	18番目の	восемна́дцатый
19	девятна́дцать	19番目の	девятна́дцатый
20	два́дцать	20番目の	двадца́тый
21	два́дцать оди́н	21番目の	два́дцать пе́рвый
25	два́дцать пять	25番目の	два́дцать пя́тый
30	три́дцать	30番目の	тридца́тый
40	со́рок	40番目の	сороково́й
50	пятьдеся́т	50番目の	пятидеся́тый
53	пятьдеся́т три	53番目の	пятьдеся́т тре́тий
60	шестьдеся́т	60番目の	шестидеся́тый
70	се́мьдесят	70番目の	семидеся́тый

数　詞

80	во́семьдесят	80番目の	восьмидеся́тый
90	девяно́сто	90番目の	девяно́стый
100	сто	100番目の	со́тый
146	сто со́рок шесть	146番目の	сто со́рок шесто́й
200	две́сти	200番目の	двухсо́тый
300	три́ста	300番目の	трёхсо́тый
400	четы́реста	400番目の	четырёхсо́тый
500	пятьсо́т	500番目の	пятисо́тый
600	шестьсо́т	600番目の	шестисо́тый
700	семьсо́т	700番目の	семисо́тый
800	восемьсо́т	800番目の	восьмисо́тый
900	девятьсо́т	900番目の	девятисо́тый
1000	ты́сяча	1000番目の	ты́сячный
1847	ты́сяча восемьсо́т со́рок семь	1847番目の	ты́сяча восемьсо́т со́рок седьмо́й
2000	две ты́сячи	2000番目の	двухты́сячный
5000	пять ты́сяч	5000番目の	пятиты́сячный
1万	де́сять ты́сяч	1万番目の	десятиты́сячный
10万	сто ты́сяч	10万番目の	стоты́сячный
100万	миллио́н	100万番目の	миллио́нный
1億	сто миллио́нов	1億番目の	стомиллио́нный
10億	миллиа́рд	10億番目の	миллиа́рдный
100億	де́сять миллиа́рдов	100億番目の	десятимиллиа́рдный
1000億	сто миллиа́рдов	1000億番目の	стомиллиа́рдный
1兆	триллио́н	1兆番目の	триллио́нный

＊上記の「43番目の、146番目の、1847番目の」の例が示しているように、複合的な順序数詞の場合、<u>最後の数詞だけが順序数詞</u>になります。

B　バリエーション

1　集合数詞

　　2 дво́е　3 тро́е　4 че́тверо　5 пя́теро　6 ше́стеро　7 се́меро
　　8 во́смеро　9 де́вятеро　10 де́сятеро
　　① 集合数詞は上記の9つだけで、11以上にはありません。しかも、普通使われるのは дво́е、тро́е、че́тверо だけで、5以上は個数詞 пять、шесть… де́сять を使うのが普通。

数　詞

②集合数詞と結び付く名詞
　 i 複数形しかない名詞：3昼夜 трóе сýток；時計2個 двóе часóв
　ii 普通複数で使われる名詞：3人の子供 трóе детéй
　iii 二つ一対になっているもの：鋏2丁 двóе нóжниц；ソックス4足 чéтверо носкóв（※しかし、この場合は четы́ре пáры носкóв が普通の言い方）。
　iv 人を示す男性（または総性）名詞と結び付くこともあります。しかし、現在では普通の個数詞が使われるのが普通。двóе брáтьев（現在では два брáта を使うのが普通）。

2　分数

1/2、1/3、1/4の場合は、一般の分数の表現のほかに、特定の名詞（以下の例でアンダーラインの付いているもの）も使われます。

1/2 однá вторáя, <u>половúна</u>；**1/3** однá трéтья, <u>треть</u>；**1/4** однá четвёртая, <u>чéтверть</u>；**1/5** однá пя́тая；**1/15** однá пятнáдцатая；**1/100** однá сóтая；**1/156** однá сто пятьдеся́т шестáя；**1/1000** однá ты́сячная；**1/10000** однá десятиты́сячная；**1/1000000** однá миллиóнная；**2/3** две трéтьих；<u>две трéти</u>；**3/4** три четвёртых；<u>три чéтверти</u>；**2/8** две восьмы́х；**15/31** пятнáдцать трúдцать пéрвых；**183/2000** сто вóсемьдесят три двух ты́сячных

3　小数

0.1（ロシア語では0,1のように小数点はピリオドではなくコンマを使う）нуль [ноль] цéлых, однá деся́тая（以下 [ноль] は略す）；**0.2** нуль цéлых, две деся́тых；**0.5** нуль цéлых, пять деся́тых；**1.1** однá цéлая, однá деся́тая；**1.3** однá цéлая, три деся́тых；**1.5** однá цéлая, пять деся́тых；<u>полторá</u>；**2.8** две цéлых, вóсемь деся́тых；**6.4** шесть цéлых, четы́ре деся́тых；**0.01** нуль цéлых, однá сóтая；**0.02** нуль цéлых, две сóтых；**0.57** нуль цéлых, пятьдеся́т семь сóтых；**0.001** нуль цéлых, однá ты́сячная；**2.034** две цéлых, трúдцать четы́ре ты́сячных；**987.654** девятьсóт вóсемьдесят семь цéлых, шестьсóт пятьдеся́т четы́ре ты́сячных

（コンマ以下が4桁以上の場合）**2.0065** две цéлых, два нуля́, шестьдеся́т пять；**5.0004** пять цéлых, три нуля́, четы́ре；**1.0123** однá цéлая, нуль, сто двáдцать три；**2.3456** две цéлых, трúдцать четы́ре, пятьдеся́т шесть；**3.07891** три цéлых, нуль, семьдеся́т вóсемь, девянóсто одúн；**4.00123**

数　詞

четы́ре це́лых, два нуля́, сто два́дцать три.
C　オプション
1　数詞の変化
　①個数詞の変化は「変化表」（巻末）参照。
　②順序数詞の変化は形容詞の変化に準じます。
　　　ただし、前記のように複合的な順序数詞の場合、最後の数詞だけが順序数詞になり、その順序数詞だけが変化し、その前の個数詞の部分は不変化です。
2　数詞と名詞の結び付き
　①数詞が主格の場合
　　i оди́н (одна́, одно́, одни́) ＋名詞主格（数詞と性数が一致）
　　　1人の少年 оди́н ма́льчик；1冊の本 одна́ кни́га；1通の手紙 одно́ письмо́；一昼夜 одни́ су́тки
　　ii два [две], три, четы́ре ＋名詞単数生格
　　　2人の少年 два ма́льчика；2冊の本 две кни́ги；3人の少女[少年] три「де́вочки [ма́льчика]
　　iii пять 以上＋名詞複数生格
　　　10人の少年 де́сять ма́льчиков；1万冊の本 де́сять ты́сяч книг
　　iv 複合的な数詞の場合、名詞の数・格は最後の数詞によって決まる。
　　　121人の学生 сто два́дцать оди́н студе́нт
　　　122人の学生 сто два́дцать два студе́нта
　　　127人の学生 сто два́дцать семь студе́нтов
　②数詞が主格以外の格の場合
　　名詞も数詞と同じ数・格になる。
2　数詞と形容詞の結び付き
　①数詞が主格の場合
　　i два [две], три, четы́ре ＋形容詞複数主格（または複数生格）
　　　名詞が男性・中性の場合は、形容詞複数生格と結び付き、名詞が女性の場合は、形容詞複数主格と結び付くのが普通。
　　　2人の若い男 два молоды́х челове́ка；3軒の大きな家 три больши́х до́ма；3人の美しい歌手 три краси́вые певи́цы；4つの難しい謎 четы́ре сло́жные зага́дки
　②数詞が主格以外の格の場合
　　形容詞も数詞と同じ数・格になる。
　※以上の記述は対格＝主格の場合にも当てはまる。

接続詞

接続詞

接続詞は大別して二種類あります。
1 **等位接続詞**：文法的に対等の語句、文を結び付けるもの：и, или, но, а など
2 **従属接続詞**：文法的に主従の関係にある文を結び付けるもの。
  a 名詞的副文を導くもの
  что, как, чтобы,（как）будто など
  b 副詞的副文を導くもの
  éсли, когда, так что, хотя, чтобы, как, потому что など
　　＊ここでは1と2のaだけを取り上げ、2のbは取り上げません。このグループの接続詞については、「仮定」、「期間」、「時を示す副文」、「結果、帰結」、「譲歩、認容」、「比較」、「目的」、「理由、原因」などの項を参照。

A　ベース

1　等位接続詞

① и　大体、英語の and に相応します。

2週間の旅行の間に、私たちはヨーロッパのいくつかの都市を訪れます。イタリアではローマとミラノに行きます。

Во вре́мя двухнеде́льного путеше́ствия мы посети́м не́сколько городо́в Евро́пы. В Ита́лии мы бу́дем в Ри́ме и Мила́не.

私たちはまず飛行機でローマに着いて、2日間町の名所を観光します。

Мы снача́ла прилети́м в Рим самолётом и бу́дем осма́тривать достопримеча́тельности в го́роде в тече́ние двух дней.

＊三つ以上のものを並べる場合には、原則として、A, B,(C, D, …) и X. のように、途中では接続詞を使わずに並列し、最後の語の前だけに и を付けます。

私たちはローマ、ミラノ、パリ、プラハ、ワルシャワ、ペテルブルグ、モスクワに行った。

Мы бы́ли в Ри́ме, Мила́не, Пари́же, Пра́ге, Варша́ве, Петербу́рге и Москве́.

＊次のように и をまったく使わないで終わる言い方もあります。これは全部を列挙せずに途中で打ち切った感じです。

206

接続詞

　　私たちはローマ、ミラノ、パリ、プラハ、モスクワなどに行った。　　Мы бы́ли в Ри́ме, Мила́не, Пари́же, Пра́ге, Москве́.

② и́ли

　　大体、英語の or に相応します。
　　スカラ座ではオペラの「蝶々夫人」か「ラ・ボエーム」を聞きます。　　В теа́тре «Ла Ска́ла» мы бу́дем слу́шать о́перу «Чио-чио-са́н [Мада́м Баттерфля́й]» и́ли «Боге́му».

　　夜はホテルで休むか劇場に行くかのどちらかです。　　Ве́чером мы бу́дем отдыха́ть в гости́нице и́ли пойдём в теа́тры.

　＊三つ以上のものを並べる場合には、и の場合と同じように、最後の語の前だけに и́ли をつけます。

　　私たちはローマか、プラハか、ワルシャワか、ペテルブルグに行きます。　　Мы бу́дем в Ри́ме, Пра́ге, Варша́ве и́ли Петербу́рге.

③ но

　　大体、英語の but に相応します。
　　私たちは比較的安いけれども、感じのいいホテルに泊まりました。　　Мы останови́лись в сравни́тельно дешёвой, но симпати́чной гости́нице.

　　旅行者はほとんどみんな重いスーツケースをもっていましたが、それを自分で運ぶ必要はありませんでした。　　Почти́ у всех тури́стов бы́ли тяжёлые чемода́ны, но им сами́м не ну́жно бы́ло носи́ть их.

④ а

　ⅰ 英語に置き換えれば、やはり but ですが、но がはっきりした対比であるのにたいして、а は軽い対比で時には и に近くなることもあります。

　　夜私の妻は劇場に行きましたが、私はホテルに残りました、と言っても、部屋ではなくて、バーにですが。　　Ве́чером моя́ жена́ пошла́ в теа́тр, а я оста́лся в гости́нице, — не в но́мере, а в ба́ре.

　ⅱ а は не ... а の形でもよく使われます。英語の not ... but に相応するものです。

接続詞

イタリアで私の妻は英語ではなくて、イタリア語でしゃべろうと努力していました。	В Италии моя жена старалась говорить не по-английски, а по-итальянски.

не ... но も同じような意味で使われます。二つを比較しましょう。

私たちは有名というより、むしろくつろげるレストランで食事をしました。	Мы обедали не в известном, а в уютном ресторане.
私たちは有名なレストランではなくて、(逆に) くつろげるレストラン (の方を選んで) で食事をしました。 (★上の例より下の例の方が対比が明確)	Мы обедали не в известном, но в уютном ресторане.

2 従属接続詞

① что

i говорить, рассказывать, сообщать など発言・伝達の意味の動詞とともに。

遅れた人たちのために、夕食は午後11時まで調理場にとっておいてくれると、私たちのガイドさんが知らせてくれた。	Наш экскурсовод сообщила нам, что для опоздавших ужин сохраняется на кухне до 11 часов ночи.
彼女はその上、私たちが頼めば、とっておいた夕食を部屋まで持ってきてくれると言った。	Она ещё сказала, что если мы потребуем, сохранившийся ужин принесут в номер.

ii видеть, слышать, чувствовать など知覚・認識の意味の動詞とともに。

ヨーロッパ諸国では歴史的な記念物が大体よく保存されているのを、旅行者たちは自分の目で見た。	Туристы своими глазами видели, что в странах Европы исторические памятники вообще хорошо сохранились.
お土産店の店員たちは日本人の旅行者を最上のお得意さんと考えているのだなと、私は感じた。	Я чувствовала, что продавцы магазинов сувениров считают японских туристов лучшими для них клиентами.

iii думать, понимать, считать など、思考・心的行為の意味の動詞とともに。

接続詞

外国旅行の結果、私はヨーロッパと日本の差がまだ大きいのを知った。

В результа́те зарубе́жного тури́зма я узна́ла, что ещё остаётся больша́я ра́зница ме́жду Евро́пой и Япо́нией.

私は自分が何かを得て外国旅行から帰ってきたような気がする。

Мне ка́жется, что из пое́здки за грани́цей я верну́лся домо́й немно́го обогащённым.

iv　рад, уве́рен, убеждён 心的状態の意味の形容詞とともに。

今パリで働いていて、家族と一緒にそこに住んでいる息子が私たちを出迎えてくれたので、とてもうれしかった。

Мы бы́ли о́чень ра́ды, что встре́тил нас в Пари́же мой сын, кото́рый сейча́с рабо́тает и живёт со свое́й семьёй там.

＊この項の что は英語の that に相応する接続詞です。しかし、現在の英語ではこの種の that は省略されるのが普通なのに反し、ロシア語の что が省略されることはまれです。

② как

ви́деть, слы́шать, замеча́ть など知覚・認識の意味の動詞とともに。

外国人の旅行者が観客席に入って、一番いい席に座るのを、地元の観客はいささか不満そうに見ていた。

Ме́стные зри́тели ви́дели с не́которым неудово́льствием, как иностра́нные тури́сты вхо́дят в зал и занима́ют са́мые лу́чшие места́.

何人かの疲れ切った旅行者が上演の途中でいびきまでかいているのが、彼らの耳に聞こえた。

Они́ слы́шали, как не́которые о́чень уста́вшие тури́сты да́же храпя́т во вре́мя спекта́кля.

＊この場合の как は 2①ii の что に近いもので、「…様子を」、「…するのを」といった意味です。

一方、次の例文の как は疑問詞が前後の文の繋ぎの役割もしているもので、「どのようにして、どのような経路で」と言った意味です。

私はバスがどのような経路で空港からホテルまで行ったのか覚えていない。

Я не по́мню, как наш авто́бус прое́хал от аэропо́рта до гости́ницы.

接続詞

B　バリエーション

1　接続詞の反復
同じ接続詞が二回以上反復して使われることがあります。
①…も、…も　　и ... и,
②(否定形とともに)　…も…もない　　ни ... ни
③…か、…か　　или ... или ;либо ... либо
④時には…、時には　　... то ... то

　　私はローマにも、ミラノにも行ったことがある。　　　Я был и в Ри́ме, и в Мила́не.

　　私はローマにも、ミラノにも行ったことがない。　　　Я не́ был ни в Ри́ме, ни в Мила́не.

　　私はローマか、ミラノかに行く。　　　Я бу́ду 「или [ли́бо] в Ри́ме, 「или [ли́бо] в Мила́не.

　　私は時にはローマを、時にはミラノを思い出す。　　　Я вспомина́ю то Рим, то Мила́н.

2　не ... а ... に近いものとして ... а не ... があります。
　　イタリアで私たちはイタリア・レストランに行った、日本レストランではなく。　　　В Ита́лии мы бы́ли в италья́нских рестора́нах, а не в япо́нских. (これは実質的に次の表現と同じです。В Ита́лии мы бы́ли не в япо́нских, а в италья́нских рестора́нах.)

3　что の変種（Aベース２①の что と構文的に同じで少し意味の違う接続詞）
①как бу́дто (бы), бу́дто (бы) など
　　従属節で示される内容が不確定なもの、疑わしいもの、虚偽などの場合に、動詞 говори́ть, ду́мать, выду́мывать, хва́статься などとともに。

　　「真実の口」広場で、私は自分の隣にいるのが妻ではなくて、オードリー・ヘップバーンのような思いがした。　　　На пло́щади «Рта и́стины» я ду́мал, как бу́дто бы ря́дом со мной стоя́ла не моя́ жена́, а О́дри Хепбёрн.

接続詞

旅行者の一人がイタリア語をよく知っているように自慢していたが、「ブオンジョルノ（今日は）」、「コメヴァ（元気）？」、「グラツィエ（ありがとう）」以外は何も知らないことがわかった。

Один турист хвастался, будто бы он прекрасно знает итальянский язык, но оказалось, что он ничего не знает кроме «Buongiorno», «Come va ?» и «Grazie».

② чтобы

чтобы は主として、次の例文のように、主節で示される行為・動作の目的を示すために使われます（「目的」の項参照）。

私は空港での荷物チェックが面倒にならないように、コンピュータはもって行かないことに決めた。

Я решил не брать с собой компьютер, чтобы проверка моего багажа в аэропортах не была сложной.

私たちは成田空港に午前十時までに着くために、とても早く起きた。

Мы встали очень рано, чтобы приехать в аэропорт Нарита до десяти часов утра.

しかし、ここで取り上げる чтобы は上記のものとは違いますので、混同しないようにしてください。

i хотеть, желать, приказывать などとともに、希望、要求、依頼など、今のところ現実でない内容を示します。

多くの旅行者は日程が過密にならないことを希望していた。

Многие туристы хотели, чтобы их порядок дня не был перегруженным.

私たちは11時までにホテルに戻るように、遅れる場合は添乗員に必ず電話をするように言われた。

Нам сказали, чтобы мы вернулись в гостиницу до 11 часов ночи и обязательно позвонили экскурсоводу, когда опоздаем.

ii бояться, опасаться, беспокоиться などとともに、忌避・不安などの内容を示します。これは上記の i とは内容は反対ですが、今のところ現実でない点では同じです。

今では多くの旅行者が何か予想しない嫌なことが起きるのを恐れて、海外ではクレジットカードを使わない。

Теперь многие туристы не пользуются кредитными карточками за границей, боясь, чтобы не было неожиданных неприятностей.

211

接続詞

残念なことだが、今では旅行者はみんな、自分たちの飛行機が爆破されるのではないかと、多少とも不安に思っている。

К сожалéнию, тепéрь все тури́сты бóлее и́ли мéнее беспокóятся, чтóбы их самолёты нé были взóрваны.

iii **не ду́мать, не вéрить** などとともに、その動詞の対象が事実でないか、事実でありそうもないことを示します。

私は一人一人の旅客を慎重にチェックするのは、テロ防止の有効な方法だとは思わない。

Я не ду́маю, чтóбы тща́тельная провéрка ка́ждого пассажи́ра была́ эффекти́вным спóсобом предотвраще́ния терроа́ктов.

普通の旅行者のグループに危険な犯罪者がいるなどとは、私は信じないし、そういう例があったことは記憶にない。

Я не вéрю, чтóбы в гру́ппах обы́чных тури́стов бы́ли опа́сные престу́пники и не пóмню, чтóбы бы́ли таки́е примéры.

4 複合接続詞

少数ですが **не тóлько ... но и** （英語の not only ... but also に相応）のように複合的な接続詞もあります。

多くの旅行者はカメラ機能付きの携帯電話やデジタルカメラばかりでなく、ビデオカメラも持っていた。

Мнóгие тури́сты носи́ли не тóлько моби́льные телефóны с фу́нкцией фотографи́рования и́ли цифровы́е фотоаппара́ты, но и видеока́меры.

C オプション

1 上のAベース、また、次のBバリエーションで挙げた接続詞は、やはりそこで挙げてある動詞とともに使われるのが普通ですが、それらの**動詞から派生した名詞**などとともに使われることもあります。

帰りの飛行機の中で、成田空港到着の1時間半前、私たち全員に「私たちの旅はもう終わろうとしています。私たちのグループは解散されたものとみなされます」というお知らせが文書で配られた。

В самолёте на обра́тном пути́ за полтора́ часа́ до прилёта в Нари́ту нам всем да́ли пи́сьменное сообщéние, что на́ша поéздка ужé зака́нчивается и на́ша гру́ппа счита́ется распу́щенной. （сообщéние ← сообща́ть）

212

スケジュールがあまり盛りだくさんにならないようにという、私たちの希望はかなり満たされた。

В значительной степени было удовлетворено наше желание, чтобы наше расписание не было слишком сгущённым. （желание ← желать）

2 что と共に使われる動詞などが、**与格、造格、前置詞＋さまざまな格**などと結び付くとき、что の前に代名詞 **то のさまざまな格**、または**前置詞＋то のさまざまな格**がおかれます。

私はわれわれの旅行がこれ以上ないほどうまくいったことを疑わない。

Я не сомневаюсь в том, что наша поездка прошла как нельзя лучше.

私たちは旅行社ができるかぎりのことを私たちのためにしてくれたことに満足している。

Мы остались довольны тем, что наше туристическое агентство сделало для нас всё возможное.

D インターチェンジ

接続詞以外にも、繋ぎの役目をする語はたくさんありますので、この項のインターチェンジは複雑です。出口、入り口を間違えないようにしましょう。

☞「関係詞」、「仮定」、「期間」、「時を示す副文」、「結果、帰結」、「譲歩、認容」、「比較」、「目的」、「理由、原因」

213

挿入語、挿入句

挿入語、挿入句

1 　挿入語、挿入句というのは、文（発言）の途中に、前後の部分と文法的な結び付きなしに挿入される語句のことです。挿入されるものは語でも、句でも、文でもかまいません。品詞は副詞的なものが多いですが、特に限定はありません。
　　和美は、どうも、拓也と結婚したらしい。
　　和美は、実は、拓也と結婚したらしい。
　　和美は、人の噂では、拓也と結婚したそうだ。
　　和美は、ぼくは信じないが、拓也と結婚したそうだ。
　　上記4つの例文の下線の部分は、ロシア語的な感覚では挿入語（句、文）ですが、日本語ではこういうものを特に「挿入語」と呼ぶことはないし、話者（筆者）が「挿入語」と意識することもありません。
　　英語でよく使われるI meanやYou knowはロシア語的感覚では挿入句ですが、英語ではそれを「挿入語」と規定することはないようです。
　　ところが、ロシア語では挿入語は一つの品詞に匹敵するような重要なグループになっていて、子供でも文字を書き始めると、挿入語を意識させられ、その前後をコンマで区切ることを教えられます。たとえば、

　　ぼくは国語で、きっと、（5点法　　Я, наве́рное, получу́ пятёрку по
　　の）5をもらえるだろう。　　　　 родно́му языку́.

という例文の場合、日本語では「きっと」の前後に読点をつけて書いても、つけずに書いても、何の問題もありません。しかし、ロシア語では、必ずнаве́рноеが挿入語であることを意識して、前後にコンマをつけて書かなければなりません。もしЯ наве́рное получу́ пятёрку по родно́му языку́.とコンマ抜きで書いたら、小学生程度の国語力もない、無教養な人間と思われるでしょう。

2 　次の二つのロシア語を見てください。
　　彼の商売が繁盛することは間違い　　Нет сомне́ния [Несомне́нно],
　　ない。　　　　　　　　　　　　　что у него́ бу́дет уда́чный би́знес.
　　彼の商売はきっと繁盛するよ。　　　У него́, несомне́нно, бу́дет уда́чный би́знес.

　　この二つは基本的な意味は同じでも、明らかに違った感じがします。下の例文では、несомне́нноが挿入語になっているため、「間違いない」という判断が軽くなっているのです。日本語でも、このような感じの違いは表

214

挿入語、挿入句

現できますが、場合に応じていろいろな表現手段を使わなければなりません。ロシア語では、こういう場合に、挿入語句が大活躍してくれます。
挿入語句はロシア語のニュアンスを豊かにする大きな武器なのです。

A ベース

挿入語句は次のような種類に分けられます
1 発言(文)の内容に対する話者（筆者）の態度・判断
① 可能性・蓋然性などの予測
おそらく、もしかすると может быть, возможно, 多分 вероятно, наве́рно(е), пожа́луй, 十中八九 по всей「вероя́тности [ви́димости], きっと должно́ быть, まちがいなく несомне́нно, без вся́кого сомне́ния, 文句なしに бесспо́рно, 絶対に безусло́вно, もちろん коне́чно, разуме́ется, 自明のことだが само́ собо́й разуме́ется,（以下は口語的）運が悪いと、ひょっとして…かもしれない чего́ до́брого, неро́вен час, どうやら…のようだ вро́де (бы)

彼は確かに人並み優れた才能があるが、すぐれたスポーツ選手になるには、強い気性が欠けているかもしれない。

У него́, бесспо́рно, есть незауря́дные спосо́бности, но, мо́жет быть, не хвата́ет си́лы во́ли, что́бы он стал выдаю́щимся спортсме́ном.

彼女は、十中八九、次のオリンピックで金メダルを取るだろうが、もちろん、それは簡単ではない。

Она́, по всей вероя́тности, завою́ет золоту́ю меда́ль на сле́дующих олимпи́йских и́грах, но э́то, коне́чно, не так про́сто.

② 現実性の程度についての判断
…のようだ (мне) ка́жется, 多分…らしい ви́дно, по-ви́димому, 明らかに очеви́дно, 例によって по обыкнове́нию, по обы́чаю, как всегда́, как обы́чно, как во́дится, 時々あることだが случа́ется, быва́ет, 時々あったものだ быва́ло, 少なくとも по「кра́йней [ме́ньшей] ме́ре

彼は明らかにまだ負傷が治っていないようだが、例によって、それを隠して、何ごともないように出場している。

Он, по-ви́димому, ещё не совсе́м попра́вился по́сле тра́вмы, но, как всегда́, скрыва́ет э́то и выступа́ет, как бу́дто бы всё в поря́дке.

③ 発言の内容についての判断
実際 в са́мом де́ле, действи́тельно, 実際は на са́мом де́ле, в

215

挿入語、挿入句

действи́тельности, 奇妙なことだが как ни стра́нно, стра́нное де́ло 若いフィギュアスケートの選手はあがってうまく演技できなかったと言っていたが、本当のところ、彼女はアキレス腱を痛めていたのだった。 Молода́я фигури́стка сказа́ла, что она́ неуда́чно вы́ступила от волне́ния, но, на са́мом де́ле, у неё бы́ло повреждено́ ахи́ллово сухожи́лие.

④ 心理・情緒的反応

幸いなことに、運よく к сча́стью, 不幸なことに、運わるく к несча́стью, 私にとってはひどく残念なことに к (моему́ вели́кому) сожале́нию, 驚いたことに к удивле́нию, к изумле́нию, うれしいことに к удово́льствию, к ра́дости, 悔しいことに к доса́де, 悲しいことに к огорче́нию, 間のわるいことに как на́зло, как наро́чно

私の妻にとってはうれしいことに、私には情けないことに、妻が全日本女子バスケットボール選抜チームの監督に選ばれた。 К ра́дости мое́й жены́ и к моему́ огорче́нию, она́ назна́чена гла́вным тре́нером же́нской сбо́рной баскетбо́льной кома́нды Япо́нии.

2 発言の出所・拠り所

私の（個人的な）意見では по моему́ (ли́чному) мне́нию, みんなの意見では по всео́бщему мне́нию, 私が思うに по-мо́ему, 君の考えだと по-тво́ему, 私の見るところでは на мой взгляд, 彼の言葉によると по его́ слова́м, 著者の言葉によれば по слова́м а́втора, うわさでは по слу́хам, 私の聞いたところでは как я слы́шал, 秘密で語られているところでは как говоря́т под секре́том

信頼のおける筋によると、もっとも人気のあるスポーツマンの年俸は千万ドルを超えている。私が思うに、もうスポーツマンやアーチストの収入の上限を限定すべき時だ。 Годовы́е дохо́ды са́мых популя́рных спортсме́нов, по достове́рным исто́чникам, превыша́ют де́сять миллио́нов до́лларов. По-мо́ему, уже́ пора́ ограни́чить ма́ксимум дохо́дов спортсме́нов и арти́стов.

3 発言の内容の相互関係
① 対比

逆に наоборо́т, напро́тив, 一方では с одно́й стороны́, 他方では с друго́й стороны́, ところが一方 а ме́жду тем, 予想に反して вопреки́ ожида́нию

216

挿入語、挿入句

年齢はどの種目のスポーツ選手にも影響する。<u>一面では</u>いい影響だが、<u>その反面</u>、悪い影響もある。

Во́зраст влия́ет на спортсме́нов всех ви́дов, <u>с одно́й стороны́</u>, пози́тивно, <u>с друго́й</u> же <u>стороны́</u>, негати́вно.

② **結論**

つまり <u>зна́чит, ста́ло быть</u>, 即ち <u>то есть</u>, このようにして <u>таки́м о́бразом</u>, 結局のところ, 要するに <u>в конце́ концо́в, в коне́чном счёте</u>

ドーピングテストの結果、彼はプラスだった。<u>つまり</u>、彼が禁止されている薬物を使っていたことが証明されたのだ。彼は初めのうち抗議していたが、<u>結局</u>スポーツ界を永久に引退せざるをえなくなった。

Результа́т те́ста на до́пинг у него́ был положи́тельным, <u>зна́чит</u>, бы́ло дока́зано, что он употребля́л запрещённые стре́дства. Он снача́ла протестова́л, но, <u>в конце́ концо́в</u>, ему́ пришло́сь навсегда́ уйти́ из спо́рта.

③ **付加**

そのほかに、さらに <u>к тому́ же, кро́ме того́</u>, ついでに <u>кста́ти</u>, ついでに言えば <u>кста́ти сказа́ть</u>

村田理恵子は日本で珍しい、ほとんど唯一の既婚の女子柔道選手です。<u>それに</u>、彼女は最近第二子を産みました。<u>ついでながら</u>、彼女のご主人も有名なスポーツ選手です。

Рие́ко Мура́та явля́ется ре́дкой, почти́ еди́нственной в Япо́нии заму́жней дзюдои́сткой. <u>К тому́ же</u>, она́ неда́вно родила́ второ́го ребёнка. <u>Кста́ти сказа́ть</u>, её муж то́же изве́стный спортсме́н.

④ **列挙、優先順位**

第一に <u>во-пе́рвых</u>, 第二に <u>во-вторы́х</u>, 第三に <u>в-тре́тьих</u>, 最後に <u>наконе́ц</u>, 一番に <u>в пе́рвую о́чередь</u>, まず <u>пре́жде всего́</u>

彼にはすぐれたスポーツ選手に必要な条件が全部そろっている。<u>第一に</u>、非凡な才能、<u>第二に</u>、自分の技量を絶えず高めようとする意欲、<u>第三に</u>、人柄のよさ、<u>第四に</u>、自分のプレーで最大限に観客によろこんでもらおうとする気持ち、そして、<u>最後は</u>、魅力的な容姿だ。

У него́ есть все да́нные, необходи́мые для выдаю́щихся спортсме́нов, <u>во-пе́рвых</u>, необыкнове́нный тала́нт, <u>во-вторы́х</u>, устремлённость постоя́нно повыша́ть своё мастерство́, <u>в-тре́тьих</u>, до́брый хара́ктер, <u>в-четвёртых</u>, жела́ние доставля́ть свое́й игро́й зри́телям наибо́льшее удово́льствие <u>и, наконе́ц</u>, привлека́тельная вне́шность.

挿入語、挿入句

⑤ 例証

たとえば например, к примеру, так

サッカーは多くの国で一番人気のあるスポーツだが、アメリカではもっと人気のあるスポーツがいくつもある。たとえば、野球、アメリカン・フットボール、バスケットボールなどだ。

Во многих странах футбол является самым популярным видом спорта, но в США существует несколько более популярных видов спорта, например, бейсбол, американский футбол, баскетбол и др.

4　発言の方法

大まかに言えば грубо говоря, 穏やかに言えば、控え目に言って мягко говоря, 厳密に言えば строго говоря, もともと、実のところ собственно говоря, ここだけの話ですが между нами говоря, 率直に言えば откровенно говоря, 正直に言えば честно говоря, по правде говоря, сказать по совести, 白状すると признаюсь, 誓って言いますが честное слово, 大体のところ вообще (говоря), 全体として в общем(-то), 要するに одним словом, короче (говоря), 言い換えれば иначе говоря, другими [иными] словами

昨日の試合で審判は控え目に言っても多くの誤りをした。一般的に、今まで審判の不公平さが見られなかったわけではないが。

Во вчерашнем матче судья, мягко говоря, сделал много ошибок. В общем-то, до сих пор нередко наблюдалась несправедливость судей.

B　バリエーション

境界線上の挿入語句

彼のパスはいつものようにとても正確だった。

① Он, как всегда, очень точно передавал мяч.
② Как всегда, он очень точно передавал мяч.

上のような例の場合、文法では①の как всегда は挿入語、②の場合は**副詞句**（接続詞 как ＋副詞 всегда）と説明されますが、その差は小さく、как всегда や как обычно などは挿入語と挿入語でないものとの境界線上にあると考えてよいでしょう。このような例は少なくありません。

C　オプション

挿入文

挿入語、挿入句

①ぼくたちのチームは、<u>ぼくは確信しているが</u>、ヨーロッパ・チャンピオンになるよ。

② ぼくたちのチームはヨーロッパ・チャンピオンになると、<u>ぼくは確信しているよ</u>。

Наша команда , <u>я уверен</u>, будет чемпионом Европы.

<u>Я уверен</u>, что наша команда будет чемпионом Европы.

上の例の場合、①と②は基本的には同じ意味ですが、①の下線部は挿入文で、②の下線部は挿入文ではなく、複文の中の主文です（что 以下は副文）①は②に比べると、「確信」の程度がやや軽いようです。

挿入文は次の例の下線部のように、かなり長くなることもあります。

サッカーの試合中および試合の後でいわゆるフリガンが、<u>残念なことによく起きるのだが</u>、さまざまな醜態をしでかすのだ。

Во время и после футбольных матчей так называемые хулиганы, <u>к сожалению, это довольно часто бывает</u>, совершают разные безобразия.

次のような場合は、長さ、構文、内容から見て、すでに挿入文の枠を越えて、<u>отступление</u>（補足的な発言）と呼ぶような領域に入っています。

ちょうど20年前、<u>もう昔のことなのに、ぼくはその瞬間をありありと覚えているし、絶対忘れないけれど</u>、ぼくたちの国のチームが勝ってワールド・チャンピオンになったんだ。

Ровно двадцать лет назад — <u>это уже давно, но я помню этот момент, как сейчас, и никогда не забуду</u> — наша команда завоевала звание чемпиона мира.

D **インターチェンジ**

☞ 「可能、不可能」、「結果、帰結」

219

代名詞

代名詞

1 代名詞の原初的な定義

品詞の定義は一般に難しく、いろいろな問題や矛盾がありますが、代名詞の場合は特に複雑です。代名詞は、日本語、英語、ロシア語などで定義が食い違っていて、日本語や英語の概念をそのままロシア語に適用することはできません。

元来、日本語の代名詞という語（英語のpronoun、ロシア語のместоимéние も）、名詞の代わりをするものという意味です。「A社の総務部長」、「山田花江さん」、「パソコン」などは個別的な特徴を示している名称で、名詞です。これらの名詞を別の語に置き換えて、「A社の総務部長→彼」、「山田花江さん→彼女」、「パソコン→それ」と言うことができます。この場合は、既知のもの、目で見えるもの、話し手と聞き手の間で了解されているものなどを、具体的な特徴を言い表さずに、概括的な語で単純にそのもの自体を示しています。このような働きをする「彼、彼女、それ」などを、名詞を代替するものという意味で、代名詞と呼んでいます。

2 ロシア語の代名詞

日本語の文法では「代名詞は体言（名詞類）の代わりをするもの」と定義されていますので、原初的な代名詞の定義でほぼ処理できるでしょう。英語の代名詞の範囲は日本語の代名詞より広く、ロシア語の代名詞の範囲は英語よりさらに広くて、名詞ばかりでなく、形容詞などを代替するものも含まれます。ロシア語文法では7種類の代名詞が挙げられています。

1 人称代名詞	я, ты, он …
（1'再帰代名詞	себя）
2 指示代名詞	э́тот, тот その他
3 所有代名詞	мой, твой, его́ その他
4 疑問・関係代名詞	кто, что, кото́рый その他
5 否定代名詞	никто́, ничто́, не́чего その他
6 定代名詞	весь, ка́ждый, вся́кий その他
7 不定代名詞	кто́-то, что́-то, не́кто その他

このほかに、数詞を代替する数量代名詞（сто́лько, не́сколько その他）を認める人もあり、здесь, сюда́, тогда́, так などを副詞的代名詞と言う人もいます。また、いろいろな品詞の中に「代名詞的語」があると説明する人もいます。紙数の関係で、ここでは上記の分類の1、2、3だけを取り上

げ、その他は別の機会にゆずります。

人称代名詞

A　ベース

1　ロシア語の人称代名詞

　人称は英語、ロシア語など、多くの言語で一人称、二人称、三人称の三つに分かれています。日本語の場合は、難しい問題もありますが、やはり、一人称、二人称、三人称の三つがあると考えていいでしょう。

　　一人称　　（単数）話し手、または筆者
　　　　　　　　（複数）話し手、または筆者を含む人々
　　二人称　　（単数）話し相手、または読者
　　　　　　　　（複数）話し相手、または読者を含む人々
　　三人称　　話し手（筆者）、話し相手（読者）以外のもの全部

ロシア語には、次のような人称代名詞があります。

一人称	二人称	三人称
単数 я 私	ты 君、お前、あなた、вы あなた	он 彼、それ онá 彼女、それ、онó それ
複数 мы 私たち	вы 君たち、お前たち、あなたたち	они́ 彼ら、彼女たち、それら

2　人称代名詞の意味

　я：英語の I と同じです。я 一語で日本語の「私、あたし、ぼく、おれ」などに対応します。性の区別はなく、男女両方に使われます。

男性	Я япóнец. 私は日本人です。Я спал. 私は眠っていた。
女性	Я япóнка. 私は日本人です。Я спалá. 私は眠っていた。

　мы：英語の we と同じです。мы 一語で日本語の「わたくしたち、ぼくら、われわれ」などに対応します。

　ты：身内、親しい間柄、目下などの単数の相手に対して使われます（B 1 参照）。性の区別はなく、男女共通です。

　вы：元来は複数の語で、「君たち、お前たち、あなたたち」などの意味です。しかし現在では単数の相手に対しても使われます。その場合は ты と違い、親密でない間柄や目上の人に対して使われます（B 1 参照）。単数の相手に対して使われる場合でも、元来が複数の語なので、文法的な数

221

代名詞

は複数です。

Тама́ра Андре́евна, вы бы́ли в Япо́нии?　タマーラ・アンドレーヴナさん、あなたは日本にいらっしゃったことがありますか。

он：人称代名詞の三人称単数は、性の区別があり、он は男性です。しかし、英語の he とは違います。he は人間に対してしか使われませんので、日本語の「彼」に当たります。

一方、ロシア語の он は人間、動物、植物、具体的な物、抽象的なものなど、男性形の名詞すべてに対して使えますから、he「彼」に当たる場合と it「それ」に当たる場合があります。

Вы зна́ете япо́нского писа́теля Ясуна́ри Кава́бата? Он оте́ц моего́ дру́га.　あなたは日本の作家川端康成を知っていますか。彼は私の友人の父親です。

Вы зна́ете япо́нский го́род Ко́фу? Он нахо́дится недалеко́ от Токио.　あなたは日本の甲府市を知っていますか。それは東京の近くにあります。

она́：三人称単数女性の人称代名詞です。しかし、он と同じように、она́ も人間、動物、植物、具体的な物、抽象的なもの、女性形の名詞すべてに対して使えますから、she「彼女」に当たる場合と it「それ」に当たる場合があります。мать も она́ で代替され、кни́га も она́ で代替されます。

оно́：三人称単数中性の人称代名詞です。人間には中性がありませんので、оно́ は英語の it、日本語の「それ」にあたります。

они́：三人称複数の人称代名詞です。人間、動物、物の区別も、性の区別もありません。英語の they、日本語の「彼ら、彼女たち、それら」に当たります。

＊比較的最近まで、教科書、参考書の多くで、「он（彼）、она́（彼女）、оно́（それ）」という訳語がつけられていましたが、これは大きな間違いで、今では改められつつあります。

3　再帰代名詞

再帰代名詞というのは、主体と同じ目的語などを示すために使われる代名詞です。主体の行為が主体自身に向けられる、つまり「再び帰ってくる」というのが元来の意味です。英語では myself, yourself, himself, herself, itself; …のように、すべての人称・数の再帰代名詞があります。

それに引き替え、ロシア語の再帰代名詞は себя́ 一つしかありません。

① すべての人称、数で себя́ が使われます。

　ⅰ Я не люблю́ мно́го говори́ть о　私は自分のことをいろいろしゃべ

222

себе́.
　ii Ты, ка́жется, не лю́бишь мно́го говори́ть о себе́.
　iii Она́ не лю́бит мно́го говори́ть о себе́.
　iv Япо́нцы вообще́ не лю́бят говори́ть о себе́.

　　　君は自分のことをいろいろしゃべるのが好きではないらしいね。
　　　彼女は自分のことをいろいろしゃべるのは好きではない。
　　　日本人はたいてい自分のことをしゃべるのが好できはない。

②上の例文 i と ii （つまり、一人称と二人称）では、Я не люблю́ мно́го говори́ть обо мне.とか、Ты не лю́бишь мно́го говори́ть о тебе́. と言うことも不可能ではありません。しかし、三人称の場合は о себе́ を о нём や о ней に置き換えると、意味が違ってしまいます。

　Она́ забо́тися <u>о свое́й ма́тери</u> бо́льше, чем <u>о себе́</u>.

　Она́ о́чень лю́бит <u>свою́</u> мать и всегда́ забо́тится <u>о ней</u>.

　　　彼女は自分のこと以上に、母親のことを気づかっている。

　　　彼女は母親をとても愛していて、いつも彼女（＝母親）のことを気にかけている。

　つまり、三人称の場合は、<u>目的語</u>などが<u>主体</u>と同じであれば <u>себя́</u> を使わなければなりません。Она́ забо́тится <u>о ней</u>.のように<u>三人称の代名詞</u>を使うと、別の第三者になってしまうからです。

③ себя́ の変化形は тебя́ と同じですが、себя́ には主格がありません。
　英語の再帰代名詞には文字通りの再帰的（主体の行為が主体自身に及ぶ）用法と、主体を明確に示す、いわゆる「強調的用法」があります。
　You should do it yourself. 君はそれを自分でやるべきだ。
　ロシア語の себя́ には主格がないので、上の英語に相応するロシア語は
　Ты <u>сам</u> до́лжен сде́лать э́то.
となります。つまり、себя́ とは別の語（定代名詞）の сам が使われます。

④上の場合だけではなく、一般に себя́ は定代名詞 сам と一緒に使われることがよくあります。
　彼女は自分自身のことを語るのが好きでない。
　Она́ не лю́бит говори́ть о само́й себе́.

　＊ロシア語の再帰代名詞は себя́ 一語しかないため、不当に軽く見られがちで、上記の代名詞の分類でも独自の場所がなく、人称代名詞の軒先を借りている感じです。しかし、その重要さは英語の myself や yourself に劣りませんから、大切に扱いましょう。

223

代名詞

B　バリエーション

1　ты と вы

　A 2 で説明したように、単数の相手に対しては、身内、親しい仲、目下の場合、ты が使われます。父母、祖父母、兄姉、叔父叔母なども ты、神様も人間の父ですから ты です。学生同士、親しい同僚などなら、男女を問わず ты です。ロシア語の ты や вы と同じように、ほかの多くの言語にも 2 種類の二人称単数の代名詞があります。たとえば、フランス語の tou と vous、ドイツ語の du と Sie などです。

　プーシキンにこんな短い詩があります。

ТЫ И ВЫ	ТЫ と ВЫ
Пусто́е *вы* серде́чным *ты*	空しい вы に代えて、情のこもった ты を
Она́ обмо́лвясь замени́ла,	ふと間違えて、その女(ひと)は口にした、
И все счастли́вые мечты́	そしてある限りの幸せな夢を
В душе́ влюблённой возбуди́ла.	恋する心に搔き立てた。
Пред ней заду́мчиво стою́;	私はその女(ひと)の前に思いに沈んで立つ、
Свести́ оче́й с неё нет си́лы!	その女(ひと)から目を放す力もなく。
И говорю́ ей: как вы ми́лы!	そして言う、本当にあなたは素敵だ！
И мы́слью: как тебя́ люблю́!	そして心で思う、本当に君を愛している！

2　мы с＋造格

　ロシア語では、мы с тобо́й; мы с жено́й という型の表現が（特に日常的には）よく使われます。これは「われわれと君」、「私たちと妻」という意味ではなく、「君とぼく」、「妻と私」、つまり ты и я; моя́ жена́ и я という意味です。この場合の мы はいわゆる「包括型」の一人称複数代名詞で、前にある мы にすでに ты や жена́ が含まれているのです。

C　オプション

1 人称代名詞の修飾

i 日本語では、「まだ若くてきれいな幸恵は結婚する気がない」と同じように「まだ若くてきれいな彼女（あたし）は結婚する気がない」と言うことができます。つまり、名詞と同じ方法で、代名詞に修飾語句を付けることができるのです。しかし、ロシア語では（英語と同じように）、名詞と同じ方法で、代名詞に修飾語句を付けることはできません。

まだ若くてきれいな幸恵は結婚する気がない。	(正) Ещё молода́я и краси́вая Сатиэ не хо́чет вы́йти за́муж.
まだ若くてきれいな彼女［あたし］は結婚する気がない。	(誤) Ещё молода́я и краси́вая она́ [я] не「хо́чет [хочу́] вы́йти за́муж.
	(正) Она́ (Я), ещё молода́я и краси́вая, не「хо́чет [хочу́] вы́йти за́муж.
または、	(正) Ещё молода́я и краси́вая, она́ [я] не「хо́чет [хочу́] вы́йти за́муж.

つまり、名詞の場合は、その前に形容詞を付けて修飾しますが、代名詞の場合は、代名詞から修飾語句を分離します。文章では上記のようにコンマで区切られます。口頭の場合は、代名詞と修飾語句が音声的に別のグループになり、両者の間に小さなポーズ（区切り）が入ります。

ⅱ 関係代名詞をふくむ文で、人称代名詞を修飾することはできません（つまり、人称代名詞は関係代名詞の先行詞にはなりません）。それに代わる言い方はいろいろありますが、次の例文の３番目はその一つです。

まる１年休暇をとらずに働いたイワノフは相当なボーナスをもらった。	(正) Ива́нов, кото́рый рабо́тал це́лый год без о́тпуска, получи́л соли́дную пре́мию.
まる１年休暇をとらずに働いた彼［私］は相当なボーナスをもらった。	(誤) Он [Я], кото́рый рабо́тал це́лый год без о́тпуска, получи́л соли́дную пре́мию.
	(正) Он [Я] рабо́тал це́лый год без о́тпуска, и получи́л соли́дную пре́мию.

ⅱ **人称代名詞の変化**
「変化表」（巻末）参照

指示代名詞

A ベース

1 **指示代名詞の意味**

　指示代名詞は元来「これ」、「それ」、「あれ」のように、一定の空間の中にあるものを、個別的な特徴を言い表さずに、直接そのものを「指し示す」語だったと考えられます。たとえば、次の「これ」、「それ」、「あれ」

代名詞

が指示代名詞です。

これは本です。**それ**はノートです。**あれ**は本棚です。

今では、指示代名詞の使用範囲は空間だけでなく、時間、発言の文脈、観念の中にあるものなどにも使われます。たとえば、次の「あれ」、「それ」、「これ」も指示代名詞と考えてよいでしょう。

「君に金を貸したが、**あれ**は忘れたのか」、「借りたさ。**それ**は覚えているよ」、「念のために言っておくが、友情は友情、金は金。**これ**は常識だよ」。

2 指示代名詞の二つの用法

英語やロシア語の指示代名詞には二種類の用法があります。

① Это книга. **これ**は本です。

　この場合、代名詞 это は独立して使われており、名詞に相応します。

② Эта книга очень интересная. この本はとても面白い。

　この場合、эта は名詞と結び付いて使われており、形容詞や所有代名詞に相応します。

2 指示代名詞の二分法、三分法

日本語とロシア語の指示代名詞の間には基本的な違いがあり、それに注意を払わなければならないのですが、これまで、ほとんどすべての教科書や参考書で十分な注意が払われておらず、その結果、大きな誤解や混乱を引き起こしていました（現在では改められつつありますが）。

日本語の指示語（指示代名詞など）は三分法です。それに疑問の指示語も加えて、日本語の指示語は「コソアド」の体系だと言われています。この説明や定義には、いろいろな問題がありますが、それには深入りせず、まず日本語の指示語の一覧表を見てください。

	事物	連体詞	場所	方向	副詞	形容動詞
近称	これ	この	ここ	ここへ	こう	こんな
中称	それ	その	そこ	そこへ	そう	そんな
遠称	あれ	あの	あそこ	あそこへ	ああ	あんな
疑問	どれ	どの	どこ	どこへ	どう	どんな

これは日本人には当たり前のことで、この三分法が頭の中にしっかり根付いており、それを外国語にも無意識のうちに当てはめようとします。

ところが、英語やロシア語には、日本語のような三分法はなく、二分法と単一法の混合です。

代名詞

日	英	ロ	日	英	ロ	日	英	ロ
この	this	этот	ここ	here	здесь	ここへ	here	сюда́
その	that	同上	そこ	there	там	そこへ	there	туда́
あの	同上	同上	あそこ	同上	同上	あそこへ	同上	同上

日	英	ロ	日	英	ロ
こう	so	так	こんな	such	тако́й
そう	同上	同上	そんな	同上	同上
ああ	同上	同上	あんな	同上	同上

3 э́тот と тот

上の表では、日本語の「これ、それ、あれ」の三語、英語の「this, that」の二語が、ロシア語では э́то の一語だけになっています。「この、その、あの」、「this, that」の場合も、ロシア語では э́тот 一語だけです。

э́то, э́тот は「これ、この」で、「それ、あれ」や「その、あの」は то, тот と覚えている人があれば、それは正しくありません。то や тот は現代語では、あらかじめ э́то (これ) や э́тот (この) で表現されるものがあって、それと対比して「あれ、あの」という意味で使われるのが普通です。

Э́тот стол деревя́нный, а тот стально́й.　このテーブルは木製ですが、あちらのはスチール製です。

現代語では、э́то, э́тот との対比なしに、いきなり то, тот が独立して使われることはまれです。日本語では、ふつう次のように言います。

あの (英語なら that) 雪に被われた山が富士山です。

しかし、ロシア語では、あらかじめ э́та гора́ (この山) との対比がなければ、50キロや100キロ離れていても

Э́та гора́, покры́тая сне́гом, Фудзия́ма. か Вот э́та гора́, покры́тая сне́гом, Фудзия́ма. が普通です。

また、自分が手に持った本を指し示しながら、たずねる場合は、当然次のようになります。

これは何ですか。(英語なら this)、ロシア語では Что э́то? です。

5メートル離れた窓を指してたずねる場合は：

あれは何ですか。(英語なら that)、ロシア語では Что э́то? です。

Что то? となる可能性は0パーセントです。つまり、このような場合、ロシア語では「これ」も「あれ」も э́то なのです。

では、まず自分が手に持った本を指し示しながら、Что э́то? とたず

227

代名詞

ね、それに誰かが答える場合はどうなるでしょうか。
　Что śто？　Śто кни́га.です。その日本語訳は「これは何ですか。それは本です」が当然でしょう。
　次に、誰かが3、4メートル離れた窓を指さしながらたずね、やはり3、4メートル窓から離れた人がそれに答える場合はどうなりますか。
　Что śто？　Śто окно́.ですね。
　その日本語訳は「あれは何ですか。それは窓です」が当然でしょう。
　実際に、このような質問と答えを教師と生徒が交わしているロシア語の授業をよく見かけます。
　ところが、そのテキストを見ると、śтоを全部日本語の「これ」に置き換えて、次のような訳が付いていることがあるのですが、大きな誤りです。
　Что śто？　これは何ですか。　Śто кни́га.　これは本です。
　Что śто？　これは何ですか。　Śто окно́.　これは窓です。
教師が本を手に持って「これは何ですか」とたずねるのは当然ですが、教師から2メートルも離れた席にすわっている生徒が、教師の手の中の本を見ながら、「これは本です」と言うのは変です。当然「それは本です」でしょう。3メートル離れた窓なら、「あれは窓です」のはずです。
　日本語の「コソアド」の体系とロシア語などの指示語の体系が同じでないことを、もう一度確認しておきましょう。

日本語	ロシア語	日本語	ロシア語
これ	śто	この	śтот
それ	śто（時にтo）	その	śтот（時にтот）
あれ	śто（時にтo）	あの	śтот（時にтот）

B　バリエーション

1　関係代名詞の先行詞に付く тот

　彼女は父親が残してくれた家を売ってしまった。

　　Она́ продала́ тот дом, кото́рый её оте́ц оста́вил ей.

　彼は図書館から借りた本を失くしてしまった。

　　Он потеря́л ту кни́гу, кото́рую он взял от библиоте́ки.

　上の例文で下線を付けた тот, ту は言うまでもなく、指示代名詞 тот のさまざまな形です。тот はこのように関係代名詞の先行詞に結び付いて使われることがよくあります。その場合、指示の意味の強さは「まさにその」というような強い意味から、英語の定冠詞に近い、弱い意味の場合まで、いろいろです。

228

2 関係代名詞の先行詞

① тот, те は（名詞なしで）関係代名詞 кто の先行詞になります。

働かざる者、食うべからず。Не ест тот, кто не работает.

あまり働かない者は、少ししか報酬を受け取らない。Те, кто мало работает, получают мало.

② то は（名詞なしで）関係代名詞 что の先行詞になります。

彼は父から遺産でもらったもので暮らしている。Он живёт на то, что получил от отца в наследство.

③ тот, те は（名詞なしで）関係代名詞 который の先行詞になれます。

財産のない者は自分の労働力が一番当てになる財産だ。Самое надёжное имущество для тех, которые не обладают никаким состоянием, является своей работоспособностью.

C オプション

人称代名詞としての это の用法

いささか面倒な問題なので、ここでは深入りしませんが、これは何ですか。Что это? それは本です。Это книга.という応答の場合。問いの это （これは）は指示代名詞（英語 this）ですが、答えの это （それは）は実は指示代名詞ではなく、人称代名詞（英語 it）です。ロシア語の это（と時に эти）は指示代名詞ばかりでなく、人称代名詞としても使われるのです。

所有代名詞

A ベース

1 所有代名詞

所有代名詞は誰かへの、または、何かへの所属を示すもので、日本語の「私の、あなたの、それの」、英語の「my, your, its」などに相応します。人称代名詞との対応関係を一覧してみましょう。

я → мой,　вы → ваш,　ты → твой,　мы → наш,
он → его,　оно → его,　она → её,　они → их
себя → свой

2 所有代名詞の変化

一人称、二人称の所有代名詞の変化は形容詞に準じます。たとえば мой なら、мой, моего, моему ... となりますので、ここでは全部を一覧しない

代名詞

ことにします。
　三人称の所有代名詞はロシア語としては珍しく変化がなく、次の例のように、его, её, их がすべての変化形に結び付きます。

これは彼女の本だ。　　　　　　Э́то её кни́га.（её＋**女性単数主格**）
私は彼女の手紙を保存している。　Я сохрани́л её пи́сьма.（её＋**中性複数対格**）

B　バリエーション

1　себя́ と свой
　себя́ の用法については代名詞(「**再帰代名詞**」の項、人称代名詞のA 3 ②)で述べましたが、свой についてもそれと同じようなことが言えます。

コーリャは自分の（彼自身の）本　Ко́ля чита́ет свою́ кни́гу.
を読んでいる。
コーリャは彼の（コーリャ自身の　Ко́ля чита́ет его́ кни́гу.
ではなくて、別の第三者の）本を読
んでいる。
　この二つの文を相互に代替することはできません。

2　所有代名詞の述語的用法
　英語の所有代名詞には名詞類を修飾する my, your などと、主として述語になる mine, yours などの二つのタイプがあります。
　ロシア語にはこのような二種類の所有代名詞はなく、мой, ваш のタイプ一つで、それが修飾語にも、述語にもなります。

これは私の携帯電話です。　　　　Э́то мой моби́льный телефо́н.
　　　　　　　　　　　　　　　　（英語なら my）
この携帯電話は私のです。　　　　Э́тот моби́льный телефо́н мой.
　　　　　　　　　　　　　　　　（英語なら mine）
　離婚の時にガーリャは夫に言っ　При разво́де Га́ля сказа́ла му́жу:
た。「うちにあるものは全部あなたの　«Всё у нас твоё: и кварти́ра, и
ものよ、マンションも、家具も、車　ме́бель, и маши́на, то́лько де́ти
も。ただ子供たちはあたしのもの」　мой».

動詞の体

A ベース

　ロシア語動詞の体系は「体」（アスペクト、aspect）と呼ばれるものを軸に構成されており、その点で日本語や英語の動詞体系とは根本的に異なっています。

　もちろん、ロシア語の動詞には日本語や英語の動詞との共通点もたくさんありますが、安易に英語からの類推などに頼らず、ロシア語動詞の体に直接、正面から取り組むことが必要です。

　動詞の体を理解し、使いこなすためには、次の4つのポイントをしっかり押さえることが必要です。①体の基本的性格。②動詞の変化と時制。③二つの体の動詞のペア。④体の形成。

1　体の基本的性格

　ロシア語の動詞には（少数の例外を除いて）**完了体と不完了体**の二つの体があります。ですから、日本語なら「書く」、英語なら write の一語ですむのに、ロシア語では、**писа́ть（不完了体）**と**написа́ть（完了体）**の二語が必要です。体の異なる二つの動詞がペアになって、一つの行為や動作を別の面（アスペクト）から示すのです。

　　完了体は完了・結果など限定された行為・動作を示します。
　　不完了体は進行・習慣・反復・動作一般など、限定されない、あるいは狭く限定されない行為・動作を示します。

完了体の例

　私は昨夜彼に電話をかけた。　　　　Я позвони́л ему́ по телефо́ну вчера́ ве́чером.（完了）

　私はすっかりロシア語を忘れてしまった（今では覚えていない）。　Я совсе́м забы́ла ру́сский язы́к.（結果）

不完了体の例

　私が彼に電話をかけていた時に、父が私の部屋に入って来た。　Когда́ я звони́ла ему́ по телефо́ну, мой оте́ц вошёл в мою́ ко́мнату.（進行過程）

　私は彼に電話をしたが、誰も出なかった。　Я звони́ла ему́ по телефо́ну, но никто́ не брал тру́бку.（非完結）

動詞の体

　　彼はほとんど毎日奥さんに電話を　　Он звони́т жене́ по телефо́ну
　　する。　　　　　　　　　　　　　почти́ ка́ждый день.（反復）
　　電話をかけるほうが、メールを送　　Звони́ть по телефо́ну гора́здо
　　るよりずっと楽だ。　　　　　　　ле́гче, чем посыла́ть по́чту.（一般）

2　動詞の変化と時制

　ロシア語動詞は次のように変化します。

		過去	現在	未来
完了体	単数男	позвони́л	単数一人称	позвоню́
	女	позвони́ла	二人称	позвони́шь
	中	позвони́ло	三人称	позвони́т
	複数	позвони́ли	複数一人称	позвони́м
			二人称	позвони́те
			三人称	позвоня́т
不完了体	単数男	звони́л	単数一人称 звоню́	бу́ду звони́ть
	女	звони́ла	二人称 звони́шь	бу́дешь звони́ть
	中	звони́ло	三人称 звони́т	бу́дет звони́ть
	複数	звони́ли	複数一人称 звони́м	бу́дем звони́ть
			二人称 звони́те	бу́дете звони́ть
			三人称 звоня́т	бу́дут звони́ть

①不完了体には過去、現在、未来の３時制があります。
②完了体には過去と未来の２時制しかありません。
③過去形は不完了体も完了体も同じ変化型です。未来形は不完了体が複合形（бу́ду など＋不定詞）で、完了体は単一形です。
④上記の完了体未来形は不完了体現在形と変化型が同じなので、これを完了体現在形と呼ぶ人もいます。しかし、実際には未来のことを示すものなので、未来形と呼ぶほうがわかりやすいでしょう。

3　二つの体の動詞のペア

　ロシア語では、完了体と不完了体の二つの動詞のペアがワンセットになって、動作を表現するわけですから、動詞への対応がいささか複雑です。たとえば、писа́ть という動詞を知るためには、この語が「書く」という意味であることや、その変化形などばかりでなく、この動詞が不完了体であること、そしてそれとペアを組んでいる完了体が написа́ть であることも、知っておかなければなりません。
　ペアになる二つの動詞は、普通、形態的に相関関係をもっています。

動詞の体

①同じ語根に完了体の接尾辞（-ить）と不完了体の接尾辞（-ать, -ять）を付けることで、完了体と不完了体ができます。
　ⅰ 接頭辞のない動詞

完了体	不完了体
пусти́ть	пуска́ть
реши́ть	реша́ть
ступи́ть	ступа́ть

　ⅱ 接頭辞のある動詞

включи́ть	включа́ть
запусти́ть	запуска́ть
разреши́ть	разреша́ть
вы́ступить	выступа́ть

　ⅲ 語根末に子音交替のある動詞　　　　交替する音

отве́тить	отвеча́ть	（т — ч）
вы́разить	выража́ть	（з — ж）
заряди́ть	заряжа́ть	（д — ж）
возврати́ть	возвраща́ть	（т — щ）
роди́ть	рожда́ть	（д — жд）
попра́вить	поправля́ть	（в — вл）

②完了体に接尾辞 -ва-, -ива-（-ыва-）が付いて、不完了体ができます。

дать	дава́ть
прода́ть	продава́ть
встать	встава́ть
призна́ть	признава́ть
записа́ть	запи́сывать
приговори́ть	пригова́ривать

③不完了体の動詞が基で、それに接頭辞が付くことで完了体ができます。

完了体を作る接頭辞	不完了体	完了体
за-	плати́ть	заплати́ть
на-	писа́ть	написа́ть
о-	сле́пнуть	осле́пнуть
по-	смотре́ть	посмотре́ть
при-	гото́вить	пригото́вить
про-	чита́ть	прочита́ть［проче́сть］
с-	де́лать	сде́лать
у-	ви́деть	уви́деть

233

動詞の体

④完了体と不完了体が発生的に別の語の場合も、少数ですがあります。

     完了体   不完了体
     сказáть говорúть
     взять   брать

次の例は発生の源は同じですが、形が大幅に違っています

     сесть   садúться

B　バリエーション

　動詞の体はロシア語の最大の難関で、外国人には習得不可能とまで言われていますが、必ず習得できると信じることにしましょう。
　ただし、Aベースに書いてあることは、体の内容のほんの一部です。とくに、そこで述べられていることは、現在形や過去形の場合を想定しています。不定詞や命令形などの場合は、かなり違った面があります。その一部はDインターチェンジで指摘されている項で説明されていますので、それを参照してください。

C　オプション

　体のペアはAベースであげたもの以外にもいろいろあります。その一部を補足しておきます。

完了体は接尾辞 -ну- をもち、不完了体はさまざまな不完了体接尾辞をもつ。

    完了体   不完了体
    крúкнуть   кричáть
    погúбнуть   погибáть［гúбнуть］
    загнýть   загибáть
    притянýть   притя́гивать

完了体は接尾辞 -ня- ［-я-］、不完了体は接尾辞 -нима- をもつ。

    поня́ть   понимáть
    приня́ть   принимáть

D　インターチェンジ

☞「運動の動詞」、「禁止」、「命令、要求」

副　詞

A　ベース

1　副詞の基本的な特徴
語形変化は基本的にありません。
　　下に挙げた一つ目の例文の場合、**быстро** は形容詞 **быстрый** から派生したものですが、副詞の範囲内では **быстро** の形で使われることがほとんどで、それ以外の形は比較級の **быстре́е** だけです。
　　二つ目の例文の場合、**крити́чески** は形容詞 **крити́ческий** から派生したものですが、**крити́чески** の形だけしかなく、それ以外の形はありません（比較級は **бо́лее крити́чески**）。

　　マリーナは早く考えをまとめ、考えていることを正確に表現することができる。

　　Мари́на уме́ет бы́стро сообража́ть и то́чно выража́ть то, что ду́мает.

　　ミーシャは自分に対してあまりにも批判的で、自分の意見を言うのをいつも躊躇している。

　　Ми́ша сли́шком крити́чески отно́сится к самому́ себе́ и всегда́ стесня́ется вы́сказать своё мне́ние.

2　動詞・形容詞・副詞などを修飾します。
① 動作・状態の特徴を示します。
　　彼は自分の意見を人が納得するように説明することができる。

　　Он уме́ет убеди́тельно объясни́ть своё мне́ние.

　　マーシャは何時も静かにすわって、ほかの者がみんな夢中で議論しているのを、にこにこ笑いながら観察している。

　　Ма́ша всегда́ споко́йно сиди́т и с улы́бкой наблюда́ет, как все други́е горячо́ спо́рят.

② 動作・状態の方法、形態などを示します。

明子は「ディベート・サークル」に入っていて、<u>英語で</u>さまざまなテーマで討論する勉強をしている。

Акико входит в «кружо́к деба́тов», в кото́ром она́ у́чится дискуси́ровать <u>по-англи́йски</u> на разнообра́зные те́мы.

古代の哲学者たちは森を散歩したり、<u>のんきに</u>草の上に寝そべったりして、議論をするのが好きだった。

Дре́вние фило́софы люби́ли спо́рить друг с дру́гом, гуля́я по́ лесу и́ли <u>свобо́дно</u> лёжа на траве́.

③ 動作・状態、特徴・環境の程度・数量を示します。

妻と私が言い争いをすると、とても早口で、私より<u>百倍もたくさん</u>しゃべる。

Когда́ мы с жено́й ссо́римся, она́ говори́т <u>о́чень бы́стро</u> и <u>в сто раз бо́льше</u>, чем я.

＊この部分についてくわしくは、「程度」の項を参照。

④ 時、場所、目的、理由など、動作・状態の環境を示します。

ⅰ **時**　вчера́, весно́й, у́тром, пополу́дни, давно́ など

ⅱ **場所**　здесь, внизу́, ря́дом, издалека́ など

ⅲ **目的**　заче́м, напра́сно など

ⅳ **理由、原因**　поэ́тому, потому́ など

＊この部分についてくわしくは、「期間」、「季節」、「年月日、世紀」、「位置関係」、「目的」、「理由、原因」の項を参照。

3　副詞の形と範囲

副詞には形態的な枠付けがなく、その形は種々雑多です。しかも、本源的な副詞は少数で、ほとんどがほかの語句から派生したものです。そのうち二、三のものだけを挙げてみましょう。

① **性質形容詞から**

早く бы́стро（← бы́стрый）、よく хорошо́（← хоро́ший）、外面的に вне́шне（← вне́шний）

② **関係形容詞から**

実際的に практи́чески（← практи́ческий）、ロシア語で、ロシア風に по-ру́сски（← ру́сский）

③ **名詞（造格）**

朝・午前中に у́тром（← у́тро）、走って бего́м（← бег）

これ以外にもたくさんあります。

このようにロシア語の副詞は形が種々雑多で、その範囲も広く、日本語などでは表現できないような内容が、一つの副詞で表現できます。次

に少しだけ例を挙げておきます。

　　それなりの理由があって ненапра́сно, 友達のよしみで по-прия́тельски, 短い期間だけ ненадо́лго

　ロシア語の副詞は発生の時期がほかの品詞より新しいものが多く、ロシア語が豊かになるにつれて、次々に生まれてきたものです。それだけにロシア語の副詞を使いこなすことは難しくもあり、ロシア語を豊かで文化的に使いこなすために必要なことでもあります。

B　バリエーション

1　副詞は（Ａベースで述べたように）動詞、形容詞、副詞を修飾するのが普通ですが、時には名詞を修飾することもあると、多くの文法書で説明されています。たとえば、

　　前進 движе́ние вперёд, 乗馬 езда́ верхо́м, 音読 чте́ние вслух, 暗誦 чте́ние наизу́сть, 白昼夢 сон наяву́, トルコ・コーヒー ко́фе по-туре́цки, ズボンの外に出して着たシャツ руба́шка навы́пуск

2　副詞は述語になることもあります。

　　今や、モスクワやニューヨークは昔ほど遠くはない。　　Тепе́рь Москва́ и Нью-Йо́рк не так далеко́, как ра́ньше.

　＊このような場合、述語には形容詞短語尾ではなく、副詞を使うのが正しいのです。

　　モスクワは日本から遠い。

　　　正　Москва́ далеко́ от Япо́нии.
　　　誤　Москва́ далека́ от Япо́нии.

C　オプション

　副詞の場合にも、中間的なもの、境界線上のものがあります。例えば、現在では、「外国で」は за грани́цей, за рубежо́м、「外国へ」は за грани́цу, за рубе́ж と書かれます。つまり、これらは副詞ではなく、名詞句（前置詞＋名詞）と意識されているわけです。しかし、これらを名詞句から派生した副詞とみなして、заграни́цей, зарубежо́м, заграни́цу, зарубе́ж と書いていた時期もありました。同じような例はほかにもあります。

D　インターチェンジ

☞「期間」、「季節」、「年月日、世紀」、「位置関係」、「目的」、「理由、原因」

不定詞

不定詞

A ベース

　動詞は多くの場合、人称、数、性、時制、体 (aspect)、態 (voice) などで変化し、一定の限界をもつ形で使われます。しかし、人称、数、時制などに縛られない形で使われることもあります。動詞のそのような形は不定詞 (不定形、infinitive) と呼ばれます。このような点で、ロシア語の不定詞は英語の不定詞と基本的に同じです。

　しかし、ロシア語と英語の不定詞の間には相違点もいろいろありますので、注意してください。

　第一の相違点は、英語では頭に to の付かない root-infinitive と、to の付く to-infinitive があります（たとえば、be と to be）が、ロシア語の不定詞には to のようなものが付くことはなく、いつも不定詞だけで使われます。

1　不定詞の形

①ロシア語の不定詞は、少数の特定の形に限定されており、とくに大半の不定詞の語末が「-母音+ть」になります。

②語末が「-母音+ть」でなく、сть, зть, сти́, зти́, дти́, чь になるものも、少数あります。

2　不定詞の機能

①**動詞本来の機能**

　　ⅰ 助動詞的動詞と結合

　　　　彼は一昼夜目を覚まさずに熟睡することができる。　　　Он мо́жет кре́пко спать це́лые су́тки беспреры́вно.

　　ⅱ 助動詞的な語と結合して複合述語を作る

　　　　彼は慢性的な不眠症を直すために、どんなことでもするつもりでいる。　　　Он гото́в сде́лать всё возмо́жное, что́бы изба́виться от хрони́ческой бессо́нницы.

　　　　彼は慢性的な不眠症を直すために、どんなことでもしなければならない。　　　Он до́лжен сде́лать всё возмо́жное, что́бы изба́виться от хрони́ческой бессо́нницы.

　　ⅲ 無人称文を作る助動詞的な語と結合

不定詞

彼の工場にはベッド付きの休息室があって、1時間の範囲内でいつでもそこで休息をしたり、眠ったりすることもできる。
(「無人称文」の項参照)

На его заводе есть комната отдыха с кроватями. Можно отдыхать там в любое время или даже поспать в пределах часа.

② 名詞的機能
　i 主語や述語になる
　　7時間以上眠ることが仕事で成功する第一条件だ。

Спать не менее семи часов — первое условие для успешной работы.

　　すべての病気の、最高の治療法は、眠って、眠って、眠ることだ。

Лучшее средство для лечения всех заболеваний — спать, спать и спать.

　ii 他動詞の目的語になる
　　手術の後で、彼は就寝前にワインを飲むのをやめた。

После операции он бросил пить вино перед сном.

　　医者は彼に就寝前に睡眠薬の代わりに、温かい牛乳を飲むようにすすめた。

Доктор посоветовал ему выпить немного тёплого молока перед сном вместо снотворного средства.

　　昨日奥さんが彼を11時に床につかせたが、やっぱり彼は1時まで寝つけなかった。

Вчера жена заставила его лечь спать в одиннадцать часов, но всё равно он не мог заснуть до часа ночи.

③ 形容詞的機能
　i 動作・行為に対する主体・状況の関わり方（可能・不可能・義務、能力など）を示す名詞と結び付く
　　私は何しろ5時間以上眠ることができないのです。

У меня просто нет возможности спать более пяти часов.

　　私は十分眠りたいという気持ちはあるんですよ。でもそれができないんです。

У меня есть желание спать много, но это просто невозможно.

　ii 思考・意図などを示す名詞と結び付く

不定詞

      12時前に寝るという決心は私の場合、せいぜい2日しか続かなかった。　Реше́ние ложи́ться спать до двена́дцати часо́в продолжа́лось у меня́ всего́ лишь два дня.

      日曜は1日中寝ていたいという私の夢は実現したことがない。　Моя́ мечта́ спать це́лый день в воскресе́нье никогда́ не сбыва́ется.

  iii 要求・依頼・命令などを示す名詞と結び付く

      せめて5時間は寝なさいという私に対する医師の忠告は、今では厳しい要求になった。　Да́нная мне врачо́м рекоменда́ция спать хотя́ бы 5 часо́в тепе́рь преврати́лась в стро́гое тре́бование.

  iv 発言・伝達などを示す名詞と結び付く

      彼は病院で不眠症を治療することに決めたという通知をeメールでみんなに送った。　Он разосла́л всем сообще́ние о реше́нии лечи́ться от бессо́нницы в больни́це по электро́нной по́чте.

  v ロシア語では上記以外のいろいろな名詞に動詞不定詞を付けて修飾することはできません。この点で英語とは異なります。たとえば、ロシア語では下記のように言うことはできません。

    誤　家はただ住むための場所でなく家族関係の基盤だ　Дом не то́лько ме́сто жить, но и осно́ва семе́йных отноше́ний.

④副詞的機能

  i 運動の動詞、「立ち上がる」、「横たわる」、「腰をおろす」などの動詞と結び付いて、その動詞で示される動作の目的を示します

      彼は夜の2時に床についた。　Он лег спать в два часа́ но́чи.

      彼は気分転換のために外に出た。そうしないと寝付けないことが、自分でわかっていた。　Он вы́шел на у́лицу освежи́ться. Он сам знал, что ина́че ему́ не уда́стся засну́ть.

  ii a ロシア語では上記以外のいろいろな動詞に動詞不定詞を付けて、動作の目的を示すことはできません。この点で英語とは異なります。たとえば、「彼は試験に合格するために1日3時間しか眠らないことに決めた。」はロシア語では

      Он реши́л спать всего́ лишь три часа́ в день, что́бы вы́держать экза́мен. となり、必ず что́бы が入ります。

    主動詞が運動の動詞でも「立ち上がる」といった類の動詞でもありませんから、что́бы のない不定詞だけを付けて、Он реши́л спать всего́ лишь три часа́ в день вы́держать экза́мен. と言っても、ロシア語ではまったく意味が通じません。

b「…しないために」という否定の場合も、不定詞だけではだめで、必ず「чтóбы не＋**不定詞**」になります。

彼は自分の神経にさわらぬようにと夜にテレビを見るのをやめた。
（「**目的**」の項参照）

Он перестáл смотрéть телевúзор нóчью, чтóбы не раздражáть своú нéрвы

B　バリエーション

英語では名詞的機能を果たす動詞は、不定詞のほかに動名詞（-ing）があり、これも不定詞に劣らずよく使われます。しかし、ロシア語では動詞が名詞的機能で使われる場合はほとんど不定詞です。

ロシア語で英語の動名詞に近いのは、-ние などの接尾辞をもつ名詞ですが、これはすでに動詞の範囲の外に出てしまった名詞ですし、ロシア語動詞の中には -ние 型の動名詞を持たないものも多いので、その用法は英語の動名詞にくらべて、ずっと限定されています。

C　オプション

不定詞を中心にした無人称文の一種の「**不定詞文**」があります。
1　必要、必然
全部話さなければいけないの？
ぼく一人でこれを全部やる（やらなければいけない）のですか。

Всё сказáть？
Мне одномý всё э́то сдéлать？

※ **不定詞文**でもほかの**無人称文**の多くと同じように、意味上の主体は二重下線部のように与格で示されます。

現実から逃がれることはできない。

Не уйтú от действúтельности.

※ Молчáть！（黙れ！）など、**命令**の**不定詞文**も「必要」の一変種です。
2　条件、仮定
ここでじっとしていたら、君は多くのものを失うだろう。

Éсли остáться здесь, ты потеряешь мнóгое.

D　インターチェンジ

☞「意志」、「依頼」、「願望」、「必要、義務」、「命令、要求」、「目的」、「無人称文」

無主語文

無主語文

A ベース

英語などでは主語のない文は非常に少数ですが、ロシア語では主語のない文は珍しくないばかりか、とても重要な役割を果たしています。
無主語文には次のようなものがあります。
　1 無人称文　2 不定詞文　3 不定人称文　4 普遍人称文　5 語文（名辞文）　6 省略文　7 命令文
この中でもっとも重要なものは1の無人称文で、このために独立した項「**無人称文**」を設けることにします。2の不定詞文も無人称文の一種ですが、独立した項「**不定詞**」で扱っています。
また、7の命令文は大体において主語を持ちませんが、普通、無主語文の中には含めず、独立したカテゴリーとして取り扱いますし、そのほうが便利です。ここでもその慣例に従います（「**命令、要求**」の項参照）。
その結果、ここで取り上げるのは次の三種と省略文です。
　1 不定人称文
　2 普遍人称文
　3 語文（名辞文）
1　不定人称文
① **不定人称文の基本形**
　（主語はない）**動詞三人称複数現在・未来、または複数過去**

　人間の教育は妊娠の初期に始まると言われている。
　Говоря́т, что образова́ние челове́ка начина́ется в пе́рвый пери́од бере́менности.

　もし健康な子供を生みたいなら、なるべく早くタバコをやめるようにと言われた。
　Мне сказа́ли, чтобы я бро́сила кури́ть как мо́жно скоре́е, е́сли я хочу́ роди́ть здоро́вого ребёнка.

② **不定人称文の意味内容**
　i 不特定多数の主体が漠然と想定されている場合

昔は「親はなくても、子は育つ」と言われたものだが、今では子供の正常な発育のためには、ただ単に親でなく、仲のよい親がいなくてはならないと信じている人が多い。

Когда-то говорили, что «Дети растут без родителей», но теперь верят, что для нормального развития детей нужны не просто родители, а именно дружные родители.

＊この場合の говорили や верят は英語の They say などに近いもので、不特定多数の主体が想定されています。

ii 実際には特定の主体が存在しているのに、それを特に示す必要がないか、わざとぼかしている場合

うちに娘が生まれたとき、すぐさま感じのいい音楽の CD が数枚送られてきた。それは大きなある楽器会社からのプレゼントだった。

Когда у нас родилась дочка, нам сразу прислали несколько компактных дисков симпатичной музыки. Это был подарок от одной крупной компании музыкальных инструментов.

＊CD 送付の主体は後述の部分で明らかですが、最初は主語を明示しない方が叙述の流れとして当然。

子供が生まれてからというもの、妻がよく終業時間に職場に電話をかけてきて、「あなたを待っている人がいますよ、パパ」と言う。

После рождения ребёнка жена часто звонит мне на работу в те минуты, когда работа заканчивается, и говорит : «Тебя ждут, папа!»

＊この例文では、「赤ちゃんが待っていますよ」と言うより、「待っている人がいますよ」と遠まわしに言うほうがかえって効果的かもしれません。

iii 動作・行為が叙述のキーになっていて、動作・行為をした主体は重要でない場合

生まれた子には「学」という名がつけられた。これは "учиться" という意味の日本語の動詞です。

Новорождённого ребёнка назвали «манабу», который является японским глаголом, обозначающим «учиться».

＊子供の名前はみんなで相談して決めるので、誰が付けたかよくわからない場合が多いですし、誰が名前を選んだか重要でないこともよくあります。

＊このような主体消失の構文は、次の例文のように、日本語・英語の

243

無主語文

　　　　受身に相応する場合がよくあります。
　　　　赤ん坊は自分が愛されているかどうか、よくわかっています。そして、愛されていないと感じている場合は、一生心に傷が残るのです。

　　Ребёнок хорошо понимает, любят ли его или нет. И когда он чувствует, что его не любят, у него на всю жизнь останется серьёзная психологическая травма.

　　＊このような受身の意味の不定人称文については「受身」の項参照。

2　普遍人称文
　① 普遍人称文の基本形
　　　　（主語はない）動詞二人称単数
　② 普遍人称文の用法
　　あらゆる場合に普遍的に適用される事柄を示します。そのため、諺などでよく使われます。

　　急がば廻れ（静かに行く方が、遠くまで行ける）。
　　Тише едешь, дальше будешь.

　　身から出た錆（蒔いたものは、刈ることになる）。
　　Что посеешь, то пожнёшь.

　　二兎追う者は一兎も得ず。
　　За двумя зайцами погонишься — ни одного не поймаешь.

　　百年生きたら、百年勉強。
　　Век живи, век учись.

3　語文（名辞文）
　① 語文の基本形
　　　　（修飾語）名詞類
　　冬。酷寒、白雪。　　Зима. Мороз и белый снег.
　　暑いなあ！　　　　　Жара!
　　真の天才だ！　　　　Настоящий гений!

　ロシア語の語文のような表現は日本語にもありますので、日本人には違和感がない（少ない）と思います。これを主語述語の揃った Есть зима. Есть мороз и белый снег. の述語 есть が省略されたものと考え、過去形の Была зима. や未来形の Будет зима. に相応する現在形と考える人もいますが、語文はそれだけで完全な形式で、省略形ではないと考える方が、言語の実態に近いでしょう。есть などを付けてしまうと、次のようなニュアンスがすべて消えてしまいます。

　　Вода. 水です（客観的叙述）、　Вода! 水だ！（オアシスを見つけて

感激)、　Водá?!　水なの?!（「酒じゃないのか」という落胆)

B　バリエーション

普遍人称文の拡大

上記のように普遍人称文は動詞が二人称単数ですが、次のような場合も意味は普遍人称文と同じです。

大きなことをすれば、小さな欠点は出るものだ。

Лес рýбят, щéпки летя́т.
(動詞は三人称複数で不定人称文と同じ)

危険が怖ければ、冒険はするな。

Волкóв боя́ться — в лес не ходи́ть.
(不定詞)

持っているものを大切にせずに、失してから泣く。

Что имéем — не храни́м, потеря́вши плáчем.（一人称複数)

このようなものを普遍人称文とみなす人もいますが、ここでは普遍人称文は動詞が二人称単数のものに限ることにし、その他のものはたまたま意味が普遍的になっているものと考えることにします。

C　オプション

仮面無主語文（省略文）

あなたは奥さんが子どもの世話をするのを手伝いますか。

はい、もちろん、手伝います。

Вы помогáете женé уха́живать за ребёнком？

Да, конéчно, помогáю.

上の言い方は日常的に頻繁に使われているものですが、厳密な意味での無主語文ではなく、前後関係で明らかなので、主語が省略されているにすぎません。いわば仮面無主語文で、主語を補って、普通の文に変換することが簡単にできます。

Вы помогáете женé уха́живать за ребёнком？　Да, помогáю. = Да, я помогáю.

これに引き替え、A1、2、3の場合は主語のない構文ですから、主語を補うことはできません。

D　インターチェンジ

☞「無人称文」、「不定詞」、「受身」、「命令、要求」、「感嘆」

無人称文

無人称文

A　ベース

　無主語文で述べたように、ロシア語には主語のない文がたくさんあります。その中で一番重要で頻繁に使われるのが無人称文です。無人称文を使わなければ、ロシア語は使えないと言っても過言ではありません。

1　「…できる」、「…できない」、「…してもよい」、「…してはいけない」、「…する必要がある」など（行為・動作に対する主体や状況の関わり）を示す**無人称文**

①英語の助動詞とロシア語の無人称文

　「私は働く」というように行為・動作をそのまま述べる言い方のほかに、「私は働かなければならない」、「私は働く必要がある」、「私は働くことができる（できない）」、「私は働かなくてもいい」、「私は働くかもしれない」などのように、行為・動作に対する主体や状況の関わりについて述べる言い方があります。

　　　英語ではこのような場合、助動詞を使うのが普通です。
　　　私は働かなければならない。　　I have to [should, must] work.
　　　私は働ける（働けない）。　　　I can(not) work.
　　　私は働く必要がある。　　　　　I need to work.
　　　ロシア語ではこのような場合、いろいろな構文が使われます。
　　　私は働かなければならない。　　Я「 до́лжен [должна́] рабо́тать.
　　　私は働ける（働けない）。　　　Я (не) могу́ рабо́тать.
　　　私は働く必要がある。　　　　　Мне「 ну́жно [на́до] рабо́тать.

　最初の例文と二番目の例文には、Я という主語と、英語の助動詞に似た до́лжен [должна́]、 могу́ がありますが、三番目の例文には主語が見当たりません。これは無人称文です。

　ロシア語では、行為、動作に対する主体や状況の関わりについて述べる場合は、このような無人称文を使うことが多いのです。

②無人称文のキーとなる（英語の助動詞に相応する）語
　　i a できる（可能性がある、してもよい）мо́жно、できない（可能性がない、してはいけない）нельзя́、必要がある ну́жно, на́до, на́добно
　　　b すべきである сле́дует
　　　上に挙げた語のaグループは、文法では一応副詞に分類されてい

無人称文

ますが、一般の副詞とは違う特殊な機能語です。ロシア語ではこのような語が英語の助動詞と同じように、頻繁に使われます。

　　ｂグループの сле́дует などは動詞ですが、主語を伴わず無人称文で使われるので、無人称動詞と呼ばれています。

　　ａグループとｂグループは発生的には別種のものですが、表現面や実用面では、同種のものと考えるほうが便利でしょう。

ii 上記（ｂグループ）の無人称動詞、あるいは、それに近いものとして「…したい」хо́чется,「…せざるをえない」прихо́дится,「たまたま…する」случа́ется など一群の -ся 動詞があります。これらの動詞は сле́дует などよりもっと мо́жно, нельзя́, ну́жно とは性質が異なっていますが、ここでまとめて覚えるほうが便利なので、難しい議論は避けて、ここに含めることにしましょう。

iii 次の сто́ит（値する）もここに含めておきましょう。

（だれにとっても）この展覧会は一見の価値がある。　　　（Любо́му）Сто́ит посмотре́ть э́ту вы́ставку.

③ 上記の語をキーとする無人称文

　　мо́жно, нельзя́, ну́жно, сле́дует, хо́чется, прихо́дится など＋動詞不定詞

　　無人称文ですから、主語はありません。意味上の主体を示すときには、その語が与格になり、次のような構文になります。

　　主体（与格）＋мо́жно, нельзя́, ну́жно, сле́дует など＋動詞不定詞

部外者は許可なくわが社の事務所に入ることは許されない。　　Посторо́нним нельзя́ входи́ть в наш о́фис без разреше́ния.

事務所に入る時は、上役でも通行証を提示する必要がある。　　Да́же нача́льникам ну́жно предъявля́ть про́пуск при вхо́де в о́фис.

身分を確認できる証明書を見せれば、あなたは臨時の通行証をもらうことができます。　　Вам мо́жно получи́ть вре́менный про́пуск, е́сли вы пока́жете докуме́нт, удостоверя́ющий ва́шу ли́чность.

すべての人がこの規則を守らなければなりません。　　Всем сле́дует соблюда́ть э́ти пра́вила.

私はなんのチェックも証明書の提示もなしにどんな建物にも自由に入りたい。　　Мне хо́чется входи́ть в любо́е зда́ние без вся́ких прове́рок и без предъявле́ния докуме́нтов.

247

無人称文

今では旅行者は一部の空港で指紋を押捺しなければならない。

先日われわれは数時間も行列する羽目になった。飛行機の同時爆破計画が摘発されたからだ。

Тепе́рь пассажи́рам прихо́дится дава́ть отпеча́тки па́льцев в не́которых аэропо́ртах.

Неда́вно нам случи́лось стоя́ть в о́череди не́сколько часо́в, так как был раскры́т план одновреме́нных взры́вов самолётов.

2 自然現象、不可抗力、肉体的・心理的現象などを示す無人称文

ロシア語では自然現象、不可抗力、肉体的・心理的現象などを示すのにも、無人称文がよく使われます。その頻度は、英語はもちろん、日本語と比べても、はるかに高いのです。

日本語	ロシア語	英語
寒い（無主語） 夜が明けた（実質的主語がある）	Хо́лодно．（無主語） Рассвело́．（無主語）	It is cold．（形式的主語がある） It (The morning) dawned．（形式的、または実質的主語がある）

この種の無人称文をもう少しくわしく見ていきましょう。

①自然現象

この種類の文は最小限一語（副詞または無人称動詞）で完全です。

暑い［暖かい、涼しい、寒い］。　　Жа́рко．［Тепло́．Прохла́дно．Хо́лодно．］

夜が明ける。　　Света́ет．

日が暮れる。　　Смерка́ется．

もちろん、これにいろいろなものを付け足すことは可能です。意味上の主体は1の場合と同じく与格になります（下記の二番目の例文参照）。

ロシアの冬はとても寒い。　　О́чень хо́лодно зимо́й в Росси́и.

ぼくはここにいると暑すぎる。　　Мне здесь сли́шком жа́рко.

少しずつ暖かくなる。　　Понемно́гу тепле́ет.

朝から小雨がぱらついている。　　С утра́ мороси́т［ка́пает］.

子供たちの寝室に隙間風が入る。　　В спа́льне дете́й ду́ет.

②不可抗力

この種類の文も一語だけで文法的には完全ですが、普通は下記のよう

248

な形式になります。

　無人称動詞（他動詞）＋対格（不可抗力が及ぶ対象）＋造格（作用の主体である不可抗力）

　　一部の住民はほとんど毎年<u>水浸しになる</u>海岸に住んでいる。　Часть населе́ния живёт на берега́х мо́ря, где почти́ ка́ждый год <u>залива́ет</u> (<u>водо́й</u>).

　　ここでは<u>台風</u>で家の屋根が<u>吹き飛ばされる</u>ことが珍しくない。　Здесь нере́дко <u>срыва́ет</u> кры́ши домо́в <u>тайфу́нами</u>.

③**肉体的・心理的現象**

　ⅰ **副詞**
　　（私は）<u>苦しい</u>　　　　　　　(Мне) <u>Тяжело́</u>.
　　（頭が）<u>重い</u>　　　　　　　Голове́ [В голове́] <u>тяжело́</u>.
　　私は頭が重い　　　　　　Мне в голове́ тяжело́.

　ⅱ **無人称動詞（他動詞）＋対格（作用が及ぶ対象）または場所を示す語句（作用が及ぶ場所）**

　　うちの女房はバスに乗ると<u>酔う</u>ことが多い。　Мою́ жену́ ча́сто <u>ука́чивает</u> в авто́бусе.
　　私は<u>吐き気がする</u>。　Меня́ <u>тошни́т</u>.
　　<u>腰がずきずき痛む</u>。　<u>Ко́лет поясни́цу</u>.
　　<u>胃がきりきり痛む</u>。　<u>Ко́лет в желу́дке</u>.

　ⅲ **無人称動詞（自動詞）＋場所を示す語句（作用が及ぶ場所）**

　　<u>頭がぼうっとする</u>。　<u>Тума́нится в голове́</u>.
　　<u>耳鳴りがする</u>。　<u>Шуми́т в уша́х</u>.

　ⅳ **無人称動詞（-ся動詞）＋状態を体験している主体（与格）**

　　私はこの数日<u>体調がよくない</u>。　Мне <u>нездоро́вится</u> э́ти дни.
　　どうにもぼくは<u>信じられん</u>。　Ника́к мне не <u>ве́рится</u>.
　　ママ、あたし<u>眠れないの</u>。なぜか<u>胸がどきどきするの</u>。　Ма́ма, мне не <u>спи́тся</u>. Почему́-то у меня́ си́льно бьётся се́рдце.

3　無人称文の時制と人称・数

①**基本形**

　　無人称文にももちろん過去、現在、未来の区別はあります。普通なら、主語に従って動詞の形がきまりますが、無人称文には主語がないので、限定度のもっとも少ない形──**中性・三人称・単数**が使われます。

249

無人称文

　　i 現在の時制で動詞のない無人称文は過去では <u>было</u>、未来では <u>будет</u> が入ります。

現在	門のそばに駐車しては<u>いけない</u>。	<u>Нельзя</u> ставить машину у ворот.
過去	門のそばに駐車しては<u>いけなかった</u>。	<u>Нельзя было</u> ставить машину у ворот.
未来	門のそばに駐車しては<u>いけないだろう</u>。	<u>Нельзя будет</u> ставить машину у ворот.
現在	きょうは寒い。	Сегодня хо́лодно.
過去	昨日は寒かった。	Вчера́ бы́ло хо́лодно.
未来	明日は寒いだろう。	За́втра бу́дет хо́лодно.

　　ii 無人称文動詞が使われている場合、動詞の形は現在・未来なら三人称単数、過去なら中性単数になります。

現在	数十人の人が激流に<u>流される</u>。	Деся́тки люде́й <u>уно́сит</u> бу́рным пото́ком.
過去	数十人の人が激流に<u>流された</u>。	Деся́тки люде́й <u>унесло́</u> бу́рным пото́ком.
未来	数十人の人が激流に<u>流されるだろう</u>。	Деся́тки люде́й <u>унесёт</u> бу́рным пото́ком.

②動詞部分の拡大

　　上記のように、**было, будет** や該当の動詞の過去、現在、未来ばかりでなく、その行為・状況の開始、終結、継続、生成などを示す動詞が無人称文に入ることがあります。その場合も動詞の形が現在・未来の場合は三人称単数、過去は中性単数であることに変わりはありません。

急に寒くなった。	Вдруг ста́ло хо́лодно.
次第に暖かくなる。	Постепе́нно стано́вится тепле́е.
まもなく涼しくなるだろう。	Ско́ро「ста́нет［бу́дет］прохла́дно.
たそがれがはじまった。	На́чало смерка́ться.
やっと耳鳴りがしなくなった。	Наконе́ц-то переста́ло шуме́ть в уша́х.

B　バリエーション

1　無人称文と人称文

①ロシア語では人称文 Я хочу́ есть. Я хочу́ спать. Мы хоти́м поговори́ть с ва́ми. も、無人称文 Мне хо́чется есть. Мне хо́чется спать.

Нам хо́чется поговори́ть с ва́ми. も両方ともよく使われます。

　人称文では Я хочу́ ..., Мы хоти́м ... のように、主格の主語 (я, мы) がはっきり表面に出ているので、主体の意志がはっきり感じられ (「私はしたいのだ」という感じ)、無人称文の場合は主語がなく、主体は与格の мне, нам で弱めに表現されているので、主体の意志がそれほど強く感じられない (「…したい気がするのですが」という感じ) という説明があります。これはある程度正しいでしょうが、実際に Я хочу́ есть. Мне хо́чется есть. (両方とも「私はおなかがすいた」の意味)、Я хочу́ пить. Мне хо́чется пить (両方とも「私はのどがかわいた」の意味) の場合、人称文と無人称文の間にそれほど差があるかどうか疑問です。

　無人称文を使った丁寧表現 (「**意志**」、「**依頼**」、「**願望**」の項参照) を含めて、単純化された説明に頼らず、実際の経験を通じて、それぞれの場合に応じたフィーリングをつかむことが必要です。

②不可抗力、肉体的現象

　次のような場合も同じ事実を伝えるのに、無人称文、人称文の両方を使うことができます。

ⅰ 強風で屋根が吹き飛ばされた。　Си́льным ве́тром сду́ло кры́шу. (無人称文。Си́льным ве́тром は造格で、文法的主語にはなれません)。
　　Си́льный ве́тер сду́л кры́шу. (人称文。Си́льный ве́тер が主語)。

ⅱ 私は吐き気がする。　Меня́ тошни́т. (無人称文。Меня́ は対格、文法的主語にはなれません)。
　　У меня́ тошнота́. (人称文。тошнота́ が主語)。

　このような場合、現代ロシア語では人称文が優勢になっています。

2　仮面無人称文

　多くの文法書などで次のようなものも無人称文に含められています。
a 私の部屋にはテレビがない。　В мое́й ко́мнате нет телеви́зора.
b 時間も、お金も足りない。　Не хвата́ет ни вре́мени, ни де́нег.
c 私たちは三人でレストランに行った。　Нас бы́ло тро́е в рестора́не.

　日本語、英語などなら、上記の例文の下線の部分が主語になるはずです。しかし、「ロシア語ではその部分が生格なので、主格であるべき文法的主語とは認められない。したがって、上記の三つの文は主語を持たない文、つまり、無人称文である」という理論です。

　しかし、これまで述べた無人称文とこの三つの例文は明らかに違う種類のものです。上の例文はそれぞれ以下の文に対応します。

a' 私の部屋にはテレビがある。　В мое́й ко́мнате есть телеви́зор.

無人称文

　　b′時間もお金もある。　　Есть и врéмя и дéньги.
　　c′私たちは三人でレストランに行った。　　Мы были втроём в рестоpáне.
　　この例文a′b′c′は頻度的によく出てくる基本的な文ですが、その中の下線のついた語句は主格ですから、文法的な主語です。それを前の例文と比較してみると、例文a′b′c′では主語である語句が、例文a，b，cの生格の（主語でない）語句に相応しています。つまり、基本的な文のa′b′c′では主語になっているものが、例文a，b，cでは、たまたま否定、数量などとの関連で、生格になっているのです。言い換えれば、例文a，b，cの下線部分は、基本的な文の主語と実質的には同等のもので、いわば「隠れ主語」です。
　　例文a，b，cの下線の語句は、理論的には主語でないと考える人がいるにしても、実際に使う人の感覚では主語の変形です。
　　ここではこのような「隠れ主語」を含む文は仮面無人称文として、ほかの無人称文とは一線を画すことにします。

C　オプション

　　Aベース１の①で挙げた мóжно，нýжно や хóчется に似た働きをする порá，лень などがあります。
　　もう家に帰らなければ。　　　　　　Мне порá идти́ домóй.
　　（実際には省略して（Мне）Порá домóй.と言うことが多い）
　　外出なんて面倒くさい。　　　　　　Мне лень выходи́ть из дóма.
　　порá は元来「時」という名詞，лень は「怠惰」という名詞ですが、上の例文の場合は Тепéрь мне нýжно идти́ домóй. に近い意味、下の例文の場合は Мне не хóчется выходи́ть из дóма. に近い意味ですから、この種の порá，лень などは、機能を重視して мóжно，нýжно，хóчется などと一緒に、無人称文の核になる語のグループに含められます。

D　インターチェンジ

☞「無主語文」、「不定詞」

話　法

「話法」とは自分や他人が言った言葉を伝える方法のことです。日本語では話法の規則がゆるやかなので、日本人は話法の意識が乏しいと言えるでしょう。しかし、英語にはかなりはっきりした話法の規則があり、日本人もそれを学習することで、話法の意識が生じます。ロシア語の話法の場合は、日本語寄りにではなく、英語寄りに考えれば、わかりやすいでしょう。

A　ベース

話法には直接話法と間接話法があります。

I　直接話法

直接話法は誰かが言った言葉をそのまま引用するものです。

　三日前に康夫は東京の私に電話をかけてきて「ぼくはきのうペテルブルグに来たよ。ここの音楽学校で歌の勉強をするつもりだ」と言った。

Ясуо позвони́л мне в Токио три дня наза́д и сказа́л: «Вчера́ я прие́хал в Петербу́рг. Я бу́ду учи́ться пе́нию здесь в консервато́рии».

引用部分は康夫の言ったことばそのままですから、特別な操作は必要ありません。注意しなければならないのは次の点です。

1　引用部分と導入部分の位置

①導入部分が先行、引用部分が後続（導入部分内の語順は「主語 — 述語」）

　　康夫は私に言った「ぼくはきのう東京に来たよ」。

Ясуо сказа́л мне: «Вчера́ я прие́хал в Токио».

②引用部分が先行、導入部分が後続（導入部分内の語順は「述語 — 主語」）

　　「ぼくはきのう東京に来たよ」と康夫は私に言った。

«Вчера́ я прие́хал в Токио», — сказа́л мне Ясуо.

③引用部分の前半＋導入部分（述語 — 主語）＋引用部分の後半

　　「ぼくは東京に来た」と康夫は私に言った。「きのうだよ」

"Я прие́хал в Токио, — сказа́л мне Ясуо, — вчера́".

＊②③では導入部分の語順が倒置（「述語 — 主語」）です。

2　引用符

話法

' '" "« »など、いろいろな引用符が以前は使われていましたが、今では« »が優勢です。導入部分の前後には—（ダッシュ）が使われます。

※句読点は少し複雑なので切り離して、次の「Bバリエーション」で取り上げることにします。

Ⅱ 間接話法

間接話法は誰かが言った言葉を話者（筆者）が自分の言葉の中に組み込んで伝えます。

三日前に康夫は東京の私に電話をかけてきて、自分はきのうペテルブルグに着いて、そこの音楽学校で歌の勉強をするつもりだと言った。

Ясуо позвони́л мне в Токио три дня наза́д и сказа́л, что в предыду́щий день он прие́хал в Петербу́рг и бу́дет учи́ться пе́нию там в консервато́рии.

1 直接話法から間接話法への変換

間接話法は誰かが言った言葉をそのまま伝えるのではなく、話者（筆者）が発話の時点、場所、状況に応じて変換して伝えます。直接話法と間接話法の二つの例文を比較して、変換の箇所を確認しましょう。

直接話法 вчера́ я прие́хал в Петербу́рг. Я бу́ду здесь учи́ться пе́нию в консервато́рии.

間接話法 в предыду́щий день он прие́хал в Петербу́рг и (он) бу́дет там учи́ться пе́нию в консервато́рии

これを表にまとめてみましょう。

直接話法	間接話法	変更の理由
вчера́ →	в предыду́щий день	康夫が вчера́（昨日）と言ったのは三日前のことなので、現時点ではすでに昨日ではない。前日と言い換える必要がある。
я →	он	康夫本人にとっての一人称は、他人である話者にとっては三人称。
бу́ду →	бу́дет	同上。
здесь →	там	ペテルブルグにいる康夫にとっての здесь（ここ）は、ペテルブルグにいない話者にとっては там（そこ）。

2 時制の一致

英語には「時制の一致」がありますが、ロシア語は日本語と同じで、「時制の一致」はありません。

話　法

直接話法	間接話法
Он сказа́л: «Я посыла́ю электро́нную по́чту».	Он сказа́л, что он посыла́ет электро́нную по́чту.
Он сказа́л: «Я посла́л электро́нную по́чту».	Он сказа́л, что он посла́л электро́нную по́чту.
Он сказа́л: «Я пошлю́ электро́нную по́чту».	Он сказа́л, что он пошлёт электро́нную по́чту.

　ロシア語の場合、現在形は普通の意味での現在であると同時に、「相対的現在」を示します。つまり、e-mail を送っているのが、主節の сказа́л と同じ時点（相対的現在）であれば、現在形を使って посыла́ет となります。

　同じように、ロシア語動詞の過去形は普通の意味での過去と「相対的過去」を示しますので、сказа́л の前の時点で送っていれば、過去形を使って посла́л となります。未来形の場合も同様です。

B　バリエーション

1　**直接話法の句読点**

　直接話法では句読点がかなり面倒です。しかし、句読点が必要なのは文字で書く場合だけですし、直接話法を文字で書く機会は少ないので、あまり神経質になる必要はありません。

①**基本形**（引用の部分が平叙文）
　　AベースのⅠの1を見てください。
　　ⅰ 導入部分が引用部分に先行する場合　Ясуо сказа́л мне: «Вчера́ я прие́хал в То́кио».　を図式化すると次のようになります。
　　導入部分：«引用部分».（引用部分の前後に引用符をつけ、その後にピリオド）
　　ⅱ 導入部分が引用部分に後続する場合　«Вчера́ я прие́хал в То́кио», — сказа́л мне Ясуо.
　　«引用部分», —導入部分.
　　ⅲ 導入部分が引用部分の中間の場合　«Вчера́ я прие́хал в То́кио, — сказа́л мне Ясуо, — наконе́ц-то».
　　«引用部分の前半, —導入部分, —引用部分の後半».
　　ⅳ 導入部分が引用部分の中間にあって、引用部分の前半と後半がそれぞれ独立した平叙文（たとえば Вчера́ я прие́хал в То́кио.　Через две

話法

　　недéли вернýсь в Росси́ю.) を導入部分の前と後に分けて引用する場合)。
　　　「ぼくはきのう東京に来ました」と康夫が言った。「2週間後にロシアに帰ります」。

　　　«Вчерá я приéхал в Токио, — сказáл мне Ясуо. — Через две недéли вернýсь в Росси́ю».

　　＊　引用部分の前半の後は基本形と同じくコンマです。
　　＊　導入部分の後は基本形のようにコンマではなくピリオド。

②変形
　i 引用の全体が疑問、感嘆、未完結の場合
　　　康夫が私にたずねた。「ナターシャが東京に来たんですか？」

　　　Ясуо спроси́л меня́: «Натáша приéхала в Токио?»

　　　「ナターシャが東京に来たんですか！」とうれしそうに康夫が言った。

　　　«Натáша приéхала в Токио!» — рáдостно сказáл Ясуо.

　　　「きのうぼくは東京に来ました」と康夫が言った。「やっと…」

　　　«Вчерá я приéхал в Токио, — сказáл мне Ясуо, — наконéц-то …»

　　＊　「？,！,…」などは引用符の内側におかれます。

　ii 導入部分が引用部分の中間にあって、引用部分の前半が疑問、感嘆、未完結の場合。
　　　「ナターシャが東京に来たんですか？」と康夫が私にたずねた。「変だな」。

　　　«Натáша приéхала в Токио? — спроси́л меня́ Ясуо. — Стрáнно».

　　　「ナターシャが東京に来たんですか！」と康夫がうれしそうに言った。「それはいい」。

　　　«Натáша приéхала в Токио!» — рáдостно сказáл Ясуо. — Прекрáсно».

　　　「きのうぼくは東京に来ました…」と康夫が言った。「やっと」

　　　«Вчерá я приéхал в Токио … сказáл мне Ясуо. — наконéц-то».

　　＊　引用の前半部分の後に「？,！,…」などがおかれ、基本形にあるコンマはなくなります。
　　＊　導入部分の後はコンマではなくピリオドです。

2　間接話法

　間接話法では話者(筆者)が言った（書いた）導入部分と、誰かが言った言葉の部分の接続方法が少し面倒です。

① (誰かが言った言葉が) 平叙文の場合
　　i 接続の語は主として接続詞 **что**
　　　セルゲイは忙しかったと私に言った。

　　　Сергей сказа́л мне, что он был за́нят. (← Серге́й сказа́л мне: «Я был за́нят».)

　　ii たまに **как бу́дто (бы), бу́дто (бы)** など
　　　セルゲイは有名な女優たちが自分の知人であるかのように言っている。

　　　Серге́й говори́т, как бу́дто бы он знако́м с изве́стными актри́сами. (← Серге́й хва́стается: «Я знако́м с изве́стными актри́сами».

② 命令文
　　i 接続詞 **что́бы**
　　　9月にモスクワに来なさいと、ユーリアが私に言った。

　　　Ю́лия сказа́ла мне, что́бы я прие́хала в Москву́ в сентябре́. (← Ю́лия сказа́ла мне: «Приезжа́й в Москву́ в сентябре́».

　　ii 命令・依頼などの意味の動詞＋動詞不定詞
　　　9月にモスクワに来るようにと、ユーリアが私に勧めた［命令した、頼んだ］。

　　　Ю́лия「предложи́ла мне［приказа́ла мне, попроси́ла меня́］прие́хать в Москву́ в сентябре́. (← Ю́лия сказа́ла мне: «Приезжа́й в Москву́ в сентябре́».

③ 疑問文
　　i 疑問詞のある疑問文
　　　疑問詞をそのまま繋ぎの語にします。
　　　父親が息子にいつ［なんのために、何に乗って、誰と、どれくらいの期間、誰の費用で］外国に行くのかとたずねた。

　　　Оте́ц спроси́л сы́на, когда́［заче́м, на чём, с кем, как надо́лго, за чей счёт］он пое́дет за грани́цу.［← Оте́ц「спроси́л сы́на［сказа́л сы́ну］: «Когда́［Заче́м, На чём, С кем, Как надо́лго, За чей счёт］ты пое́дешь за грани́цу ?».

　　ii 疑問詞のない疑問文
　　　接続詞 ли が直接話法の疑問文にあるかないかにかかわらず ли を繋ぎの語にする。

257

話法

|ロシア人が私に『戦争と平和』を読んだことがありますかとたずねることがある。|Ру́сские иногда́ спра́шивают меня́, чита́ла ли я «Войну́ и мир». (← Ру́сские иногда́ спра́шивают меня́: «Чита́ли ли вы «Войну́ и мир»?[«Вы чита́ли «Войну́ и мир»?»])|

C オプション

　文学作品の対話などの場合、—(ダッシュ)だけを使って引用符を使わないのがむしろ普通です。『戦争と平和』から引用してみましょう。
　「ああ！　ロストフ伯爵！」と、うれしそうにピエールは言いはじめた。
「じゃあ、あなたはそのご子息のイリヤさんですね」。
　「あなたは勘違いなさっています」落ち着き払ってボリスは言った。
　— А! Граф Росто́в! — ра́достно заговори́л Пьер. — Так вы его́ сын, Илья́.
　— Вы ошиба́етесь, — неторопли́во проговори́л Бори́с.
　現在では、これが文学作品では最も普通の書き方ですが、作家によってほかのいろいろな書き方が見られます。芸術作品の場合、必ずしも一般の規則に縛られないのです。

D インターチェンジ

☞「疑問」、「句読点」、「時制」、「接続詞」、「命令、要求」

第 2 部　テーマ別語彙項目編

衣　服

衣　服（одежда）

A　ベース

服 одежда; костюм/紳士服（男物）мужская одежда/婦人服（女物）женская одежда/子供服 детская одежда/夏服 летняя одежда/合服 межсезонная [демисезонная] одежда/冬服 зимняя одежда/注文服，誂え，オーダーメイド костюм「на заказ [по специальному (индивидуальному) заказу]/仮縫い примерка; смётка/イージーオーダー одежда, сшитая по упрощённой системе заказа/既製服，出来合い，吊るし，プレタポルテ готовый костюм; готовое платье; прет-а-порте/ブランド服 брендовая одежда; брендовое платье; брендовый костюм/洋服 европейская [западная] одежда; одежда европейского стиля/和服, 着物 японская (национальная) одежда; кимоно/事務服；作業服 рабочая одежда/制服；ユニフォーム форма/スーツ，背広上下 костюм/シングル（ブレステッド）スーツ однобортный костюм/スリーピース，三つ揃い костюм-тройка/ダブル（ブレステッド）スーツ двубортный пиджак/ツーピース（スーツ）костюм-двойка/ビジネススーツ деловой костюм/パンタロンスーツ женский брючный костюм/外出着，よそ行き выходная [праздничная, лучшая] одежда; выходное [праздничное, лучшее] платье/普段着 повседневная [ежедневная, будничная] одежда/カジュアル одежда свободного стиля; кэжуал одежда/上着 верхняя одежда; пиджак; жакет/替え上着 пиджак/ジャケット жакет; пиджак; куртка; кофта: ツイードの〜 твидовый жакет/作業着, 仕事着 рабочая одежда/訪問着 женское парадное кимоно/ウェア одежда; костюм: スポーツ〜 спортивная одежда/タウン〜 городская одежда; одежда для улицы/ホーム〜 домашняя одежда/マタニティ〜 одежда для беременных/アンサンブル ансамбль/セーター свитер; фуфайка：タートルネック[トックリ]〜 свитер с (высоким) воротником «хомут»/V ネック〜 свитер с V-образным вырезом/丸首〜 свитер с круглым вырезом/カーディガン вязаный жакет на пуговицах; кардиган/プルオーバー пуловер/ズボン、スラックス брюки；（口）штаны/半ズボン штаны до колен; шорты/ラッパズボン брюки-клёш/パンツ（＝ズボン）брюки；（口）штаны/ショートパンツ шорты/ホットパンツ мини-шорты/ジッパー, チャック молния/タイツ трико/チョッキ жилет；жилетка/スカート юбка：キュロット〜 юбка-

260

衣服

штаны; кюлот/スリット〜 юбка с разрезом/タイト〜 узкая юбка/膝上〜 юбка「до колен [над коленами]/膝下〜 юбка ниже колен/膝丈〜 юбка около колен/プリーツ〜 юбка в складках/フレア〜 юбка-клёш/巻き〜 запахивающаяся юбка/ミニ〜 мини-юбка/タック складка/スパンコール блёстки/ポケット карман/袖 рукав/襟 воротник/裾 подол/柄 узор (柄を示すのには、形容詞、в+単数対格、с+造格などが使われる)/格子縞の клетчатый; в клетку/縞柄の полосатый; в полоску/花柄の в цветочек; с цветочными узорами：〜服 платье в цветочек; платье с цветочными узорами/赤い斑点のある в красную крапинку /水玉模様の в горошек; с горошком/無地の одноцветный：〜ベージュのドレス бежевое платье без узора

B　バリエーション(1)：シャツ、下着

シャツ рубашка; сорочка：ワイ〜 рубашка; (верхняя) сорочка/オープン〜 рубашка с открытом воротом/スポーツ〜 спортивная рубашка/Т〜 майка; футболка/長袖〜 рубашка с длинными рукавами/半袖〜 рубашка с короткими рукавами/ポロ〜 рубашка поло; тенниска-поло/アロハ〜 гавайская рубашка; рубашка-гавайка/タンクトップ женская майка без рукавов; майка на бретельках; рубашка с бретельками; фуфайка-безрукавка; сарафан/カフス манжета; обшлаг/ブラウス блузка; кофточка/下着 (нижнее) бельё/肌着 нательное [носильное] бельё/男性用下着 мужское бельё/ズボン下、ロングパンツ кальсоны; подштанники/ブリーフ (мужские) трусы; трусики/女性用下着、ランジェリー женское [дамское] бельё/スリップ (женская) сорочка; комбинация/肩紐つきのスリップ сорочка на бретелях/ペチコート нижняя юбка/シュミーズ (женская) сорочка/ブラジャー бюстгалтер：Cカップの〜 бюстгалтер с чашками размером С/パンティ (женские) трусы; трусики/コルセット корсет/ガードル пояс-корсет/子供用下着 детское бельё/ネグリジェ (日本と違い露出的な夜の下着) ночная сорочка; неглиже/パジャマ пижама：〜のジャケット пижамная куртка/〜のズボン пижамные「брюки [штаны, панталоны]

B　バリエーション(2)：コート

コート верхняя одежда; пальто/オーバー(コート) пальто/キルティングのコート стёганное пальто; стёганка/毛皮コート、シューバ шуба; меховое пальто/ミンクのコート норковая шуба/ダスター(コート) плащ; ветровка/ダウンコート стёганное пальто на гусином пуху; пуховое пальто/

261

衣　服

ダッフルコート мужское пальто свободного покроя с капюшоном и застёжкой на деревянные пуговицы/トレンチコート тренч/裏が羊の毛皮のなめし革のコート дублёнка на бараньем меху/ハーフコート полупальто/レインコート плащ; непромокаемое пальто; дождевик/ウインドブレイカー (口) ветровка/アノラック куртка свободного покроя с капюшоном; анорак/ジャンパー джемпер; куртка：革〜кожаная куртка/ダウンジャケット стёганная куртка на гусином пуху/ブルゾン куртка; блузон

♣ミニ・ダイアローグ

ぼくの妹は今着付け教室に通っています。3か月後には母や専門家に手伝ってもらわずに着物を着るようになります。

Моя сестра сейчас ходит на курс по одеванию кимоно. Через три месяца она будет одеваться в кимоно без помощи матери или специалиста.

着物を着るのは3か月も勉強しなければならないほど難しいの？

Одеваться в кимоно так сложно, что нужно учиться три месяца？

ええ、簡単じゃありません。でもいい着物を買うよりは簡単です。

Да, не просто. Но всё же проще, чем купить хорошее кимоно.

C　オプション(1)：礼服、和服

礼服 парадная форма; парадный костюм; торжественная одежда/イブニングドレス вечернее платье/ローブデコルテ платье с декольте/モーニング(コート) визитка/燕尾服 фрак/タキシード смокинг/フロックコート сюртук/紋付き кимоно с семейными гербами/浴衣 халат, юката (летнее лёгкое кимоно)/羽織 хаори (накидка японского покроя, надеваемая поверх длинного кимоно)/袴 хакама (нижняя часть японской одежды в виде широких шаровар)/留め袖 томэсодэ (парадное кимоно для замужних женщин с рукавами обычной длины с узорами по подолу)/振り袖 фурисодэ (парадное кимоно для молодых незамужних девушек с длинными рукавами)/訪問着 женское парадное кимоно/袷 авасэ (кимоно для прохладного дня на подкладке)/長襦袢 нагадзюбан (длинное нижнее кимоно)/肌襦袢 хададзюбан (нательное бельё, надеваемое на голое тело)/半襟 сменный воротничок (нижнего женского кимоно)/足袋 таби (японские носки из плотной ткани)/帯 оби (пояс для кимоно)/腰帯[紐] косиоби [химо (пояс-шнурок, завязываемый вокруг талии для сохранения краси-

衣服

вой формы кимоно́)/ひとえ хитоэ (ле́тнее кимоно́ без подкла́дки)/縮み бума́жный креп/縮緬 шёлковый креп/紬 цумуги (шёлковая ткань ти́па чесучи́)/羽二重 мя́гкий и блестя́щий шёлк/絽 шифо́н; шёлковый газ

C オプション(2)：衣服の素材

繊維 ткань; волокно́/生地, 素材 ткань; мате́рия; материа́л/木綿、綿、コットン хлопчатобума́жная ткань: ～の хлопчатобума́жный/絹、シルク шёлк: ～の шёлковый/ウール шерсть: ～の шерстяно́й/ニット трикота́ж: ～の трикота́жный/カシミヤ кашеми́р: ～の кашеми́ровый/麻 холст; полотно́: ～の холщо́вый/亜麻、リネン лён: ～の льняно́й/化学繊維、化繊 синте́тика: ～の синтети́ческий/ナイロン нейло́н: ～の нейло́новый/混紡 мела́нж: ～の мела́нжевый/レーヨン иску́сственный шёлк; виско́за: ～の виско́зный/デニム дени́м: ～の дени́мовый/ギャバジン габарди́н: ～の габарди́новый/ジーンズ джи́нсы: ～の джи́нсовый/ズック、キャンバス холст: ～の холстяно́й/ピケ пике́: ～の пике́йный/コーデュロイ рубча́тый вельве́т: ～の рубча́то-вельве́товый/ビロード ба́рхат: ～の ба́рхатный/ベルベット вельве́т: ～の вельве́товый/フェルト во́йлок: ～の во́йлочный/フリース флис: ～の фли́совый/プリント наби́вка: ～の набивно́й/サージ са́ржа: ～の са́ржевый/クレープ креп: ～の кре́повый/クレープデシン крепдеши́н: ～の крепдеши́новый/サテン сати́н; атла́с/更紗 си́тец: ～の си́тцевый/紗 тюль/ジョーゼット (主に婦人服用) жо́ржет/ポリエステル полиэфи́р/モスリン мусли́н: ～の мусли́новый/モヘア мохе́р: ～の мохе́ровый/ラシャ сукно́: ～の суко́нный/レース кру́жево: ～の кружевно́й

D インターチェンジ ☞「服飾品」、「装身具」、「履物」、「住居」

♣ ミニ・ダイアローグ

年配の日本人は「ルバーシカ」というロシア語を知っていますよ。それを「ルパシカ」と発音しますが。

それはどういう訳ですか。

昔、多くの日本人がロシアのкосоворо́тка を着ていて、それが「ルパシカ」と呼ばれていたんです。

その頃日本人はロシアにとても関心があったのですね。

Пожилы́е япо́нцы зна́ют ру́сское сло́во «руба́шка». Хотя́ они́ и произно́сят его́ «рупа́шка».

Чем э́то объясня́ется?

О́чень давно́ мно́гие япо́нцы носи́ли ру́сскую косоворо́тку. Она́ называ́лась «рупа́шка».

В то вре́мя япо́нцы си́льно интересова́лись Росси́ей.

服飾品、装身具

服飾品、装身具（предметы одежды; украшение）

A ベース

サスペンダー помочи, подтяжки/ベルト ремень; пояс/ネクタイ галстук: ～を締める надевать галстук/彼は～をしめていた［ノー～だった］Он был「в галстуке［без галстука］./蝶～ бабочка/ボータイ бант/アスコットタイ аскотский галстук/ネクタイピン булавка для галстука/カフスボタン запонка （普通複数形 запонки で）/靴下（ストッキング）чулки;（ソックス）носки/パンティストッキング колготки/ガータ（靴下留め）подвязка/レッグウォーマー вязанные гамаши/帽子（総称）головной убор/ハット（まわりに縁がある）шляпа/キャップ（縁・つばがない）шапка; шапочка;（前につばがある）шапка; фуражка; картуз/毛皮帽 меховая шапка/ハンチング кепка/野球帽 бейсболка/ベレー帽 берет/麦わら帽子 соломенная шляпа/（帽子の）つば поле/目出し帽 балаклава; шапка-маска с прорезями для глаз/シルクハット цилиндр/バッグ сумка; сумочка/ハンドバッグ сумочка/ショルダーバッグ сумка через плечо/ポシェット дамская сумочка; барсетка/札入れ бумажник/財布 кошелёк; портмоне/小銭入れ кошелёк для монет/パス入れ кошелёк для карточек/キーホルダー кольцо［держатель, брелок］для ключей; держатель ключей/マフラー、襟巻き шарф; кашне/スカーフ（長方形の）шарф;（普通、正方形の）платок/ショール、ストール шарф/ネッカチーフ（шейный）платок; платочек;（三角形の）косынка/ハンカチ носовой платок/バンダナ цветной платок; пёстрый платок/手袋 перчатки/ミトン（親指の部分が分れた手袋）рукавицы

B バリエーション

ノット（ネクタイの結び目）узел：ウィンザー～ виндзорский узел/シングル～ простой узел/セミウィンザー～ половинный виндзорский узел/ダブル～ двойной узел/時計 часы：腕～ наручные часы/懐中～ карманные часы/アナログ～ аналоговые часы/デジタル～ цифровые часы/ファッション～ часы для украшения/アラーム付き～ часы с будильником/眼鏡 очки：～の縁 оправа; ободок/金縁～ очки в золотой оправе/遠近両用の～ бифокальные очки; очки с двойным фокусом/サングラス солнцезащитные

服飾品、装身具

очки; тёмные очки; очки от солнца／櫛 гребешок; гребёнка; гребень

C　オプション

装身具 аксессуар; украшение／宝石 драгоценный камень; драгоценность／イヤリング серьги; серёжки／ピアス пирсинг-серьги／ネックレス ожерелье／ペンダント кулон／ロケット медальон: 恋人の写真の入った〜 медальон с портретом любимого／ブローチ брошь; брошка／指輪 кольцо：婚約［結婚］〜 обручальное［свадебное］кольцо／サファイヤの〜 кольцо с сапфиром／ダイヤモンドの〜 кольцо с бриллиантом／ブレスレット、腕輪 браслет

D　インターチェンジ

☞「衣服」、「履物」、「化粧品」、「美容院」

♣ ミニ・ダイアローグ

ぼくは女性が羨ましいよ。男性よりずっと自由におしゃれができるから。男性にはいろいろな社会的制約があってね。

でも今ではスポーツ選手でも、ネックレスや、イヤリングや、腕輪をつけてプレーしているわ…。

でも、ぼくがイヤリングをして職場に現れたら、上役はどんな反応をするだろうか。

そのかわり、ほかの点では女性には男性より社会的制約が多いわ。でも、そんなことどうでもいいの。女性は社会的差別に関係なく、本能的におしゃれをしているのだから。

Я завидую женщинам. Они могут украшать себя намного свободнее, чем мужчины. Для мужчины существуют разные социальные ограничения.

Но теперь даже спортсмены выступают с ожерельями, серёжками, браслетами…

А если бы я появился на работе с серёжками, то какая реакция была бы у начальников？

Зато в других отношениях для женщины больше ограничений, чем для мужчины. Но это неважно. Женщины украшают себя инстинктивно, вне зависимости от социальной дискриминации.

265

裁縫、編み物、刺繡

裁縫、編み物、刺繡（рукоделие）

A ベース

裁縫、縫い物 шитьё／縫う шить／寸法 мéрка／裁断、カッティング крóйка; крой; раскрóй／型紙 выкройка／縫い代 припуск на швы／仮縫い（下縫い）смётка；（仮縫いした服の補正）примéрка：〜をする（下縫いする）сметáть；（仮縫いした服の補正）дéлать примéрку; примерять／縫い目 шов／ステッチ стежóк／綴じ目 шов／裁縫用具 швéйные принадлéжности; принадлéжности для「шитья́［швéйной рабóты］／縫い針（縫い）игóлка／待ち針 булáвка／糸 нитка／カッター резéц／物差し линéйка／はさみ нóжницы／裁ちばさみ портнóвские нóжницы／アイロン утю́г：ズボンに〜をかける глáдить брю́ки утюгóм／スチーム〜 утю́г с пароувлажнителем／ミシン швéйная машина：〜をかける шить на машине／電動〜 электрическая швéйная машина／刺繡する вышивáть／鉤針 крючóк／長鉤針、アフガン針 длинный［афгáнский］крючóк

B バリエーション

採寸 снятие мéрок：〜する、寸法を取る снимáть мéрки／バスト обхвáт грýди（略 Ог.）／ウエスト обхвáт тáлии（略 От.）／ヒップ обхвáт бёдер（略 Об.）／着丈 длина́ спины до тáлии／フリーサイズ свобóдный размéр／袖丈 длина́ руки до запястья／肩幅 длина́ плеча́／首［袖］回り обхвáт「шéи［запястья］／型紙を取る изготáвливать［дéлать］выкройку／標準型紙 стандáртная выкройка／前身頃 перёд; пóлочка／後ろ身頃 спинка／襟 воротник／袖 рукáв／湯のし декатировáние; декатирóвка／生地を裁断する кроить［раскрáивать］ткань／下［仮］縫い смётoчные стёжки／仕上げ обрабóтка／ポケット［ボタン］を縫いつける пришивáть「кармáны［пýговицы］／針山 подýшечка для булáвок и игóлок／指ぬき напёрсток／チャコ портнóвский мел／巻尺 сантиметрóвая лéнта／裁ち台 раскрóйная доска; раскрóйный стол／霧吹き（器）пароувлажнитель／アイロン台 глáдильная「доска́［подстáвка］; колóдка; подýшечка／足踏み［手動］ミシン ножнáя［ручнáя］швéйная машина／いろいろな機能のついたミシン швéйная машина с мнóжеством фýнкций／ミシン針 машинная иглá／上［下］糸 вéрхняя［нижняя］

нитка/糸巻き шпу́лька/ボビン челно́к

C　オプション

隠し針 пота́йные стёжки/千鳥掛け крестообра́зные стёжки/かがり縫い обмёточные стёжки/穴かがり пе́тельные стёжки/刺し縫い стега́льная стро́чка/くけ縫い подши́вочная стро́чка; подши́вочный шов/平［筒］編み пло́ское［трубча́тое］вяза́ние/目 пе́тля/棒針編み вяза́ние на спи́цах/表［裏］編み лицево́е［изна́ночное］вяза́ние/ゴム編み рези́нка/ガータ編み чуло́чное вяза́ние/鹿子編み букли́рованный узо́р/手刺繍 ручна́я вы́шивка; ручно́е вышива́ние/ミシン刺繍 маши́нная вы́шивка; вышива́ние на маши́нке/ロシア民族刺繍 ру́сская наро́дная вы́шивка/アップリケ апплика́ция/ヘムステッチ стро́чка/カタン糸 кату́шечные ни́тки/下絵 рису́нок/ステンシル при́порох/幾何学模様 геометри́ческий узо́р/刺繍枠 па́льцы/刺繍枠の輪 о́бруч

D　インターチェンジ

☞「衣服」、「色彩」、「美術」、「服飾品、装身具」、「履物」

♣ ミニ・ダイアローグ

　1週間後にぼくはアメリカに留学に行くんだ。裁縫道具を買わなくちゃ。
　何のために？
　もしシャツのボタンが取れたらどうする？アメリカにはおふくろも、妹もいないんだよ。
　アメリカ人のかの女は？
　日本にだってぼくはかの女なんかいないんだぜ。
　心配するな。今はボタンの取れたシャツを着ているとセックスアッピールがあると思われるんだ。

　Через неде́лю я уезжа́ю учи́ться в Аме́рику. Ну́жно купи́ть шве́йные принадле́жности.
　Заче́м?
　Что, е́сли вдруг оторвётся бу́говица у руба́шки? Там у меня́ не бу́дет ни ма́мы, ни сестры́.
　А америка́нская де́вушка?
　Да́же в Япо́нии у меня́ нет никако́й де́вушки.
　Не беспоко́йся. Тепе́рь ходи́ть в руба́шке с ото́рванными пу́говицами счита́ется сексапи́льным.

履物

履物（обувь）

A　ベース

履物、靴 обувь／～をはく надевáть обувь／子供に～をはかせる надевáть обувь рёбенку; обувáть ребёнка／～を脱ぐ снимáть обувь; разувáться／～を磨く чи́стить обувь／日本では家では～を脱がなければいけない В Япóнии нýжно снимáть обувь при вхóде в помещéние.／（履物類は左右一対なので、普通複数形）ハイヒール тýфли на высóких каблукáх／半ブーツ полусапóжки／ブーツ сапоги́; сапóжки／短靴 мужски́е тýфли／編上靴 боти́нки／防寒靴 зи́мние боти́нки／スニーカー、ジョギングシューズ кроссóвки／靴屋 магази́н óбуви／靴ひも шнурки́／敷き皮 стéлька／靴墨 крем для óбуви; гутали́н／靴ブラシ щётка для óбуви／靴磨き чи́стка óбуви／靴直し（修繕）ремóнт óбуви／靴べら рожóк

B　バリエーション

革靴 кóжаная óбувь／本革［合成皮革］の靴 óбувь из «натурáльной [синтети́ческой] кóжи／裏に［合成］毛皮が付いた靴 óбувь с (синтети́ческим) мéхом внутри́／パンプス тýфли-лóдочки／サンダル сандáлии; босонóжки／スリッポン тýфли без шнуркóв／室内ばき домáшние тýфли; кóмнатные тýфли／上ばき（小・中学校で）вторáя óбувь;（室内で）домáшние тýфли; кóмнатные тýфли／スリッパ тáпочки; шлёпанцы／ヘップサンダル тáпки／イタリア製［輸入］の靴 италья́нская ［и́мпортная］ óбувь／ブランドものの靴 брéндовая óбувь／（靴の）底 подóшва／踵（一般）пя́тка; пятá／ヒール、踵（ハイヒールの）каблýк／爪先 кóнчики пáльцев ног;（靴の）爪先 носóк: この靴は～が少しきつい Э́ти тýфли немнóго жмут в носкáх.／甲皮 верх／新しい靴はたいていどこか窮屈なところがあるが、だんだん履きなれてくる Нóвая óбувь обы́чно гдé-нибудь жмёт, но постепéнно привыкáешь к ней.／靴が新しいので、靴擦れができた Я натёр себé нóги, так как ходи́л в нóвой óбуви.

★ 参考 靴のサイズ

ロシア・ソ連では1960年代半ばまで штих（1 штих は3分の2センチ）を使っていた。1964年、センチ制が国家規格として採用された。しかし、日常

生活では штих が使われ、靴屋でも штих 制で表示しているところが多く、штих 制とセンチ制を両方表示している所もあった。現在では штих 制に戻っている。両者を対比すると次のようになる。

cm	23	24	25	26	27	28	29	30
штих	34.5	36	37.5	39	40.5	42	43.5	45

C　オプション

テニスシューズ те́ннисные ту́фли/サッカーシューズ футбо́льные боти́нки/登山靴 высокого́рные боти́нки; альпини́стские боти́нки/スパイク шип/スパイクシューズ боти́нки на шипа́х/オーバーシューズ гало́ши; кало́ши/（ロシアの伝統的な）フェルト製の防寒用長靴 ва́ленки/ゴム長 рези́новые сапоги́/ダンスシューズ ба́льные ту́фли; танцева́льные ту́фли/バレエシューズ бале́тные ту́фли/樹皮靴（ロシア農民の）ла́пти/下駄 гэта（японские деревя́нные санда́лии с подста́вками）/草履 дзори（японские санда́лии без каблука́ с утолще́нием к пя́тке из соло́мы, камыша́ и́ли бамбу́ковой коры́）/わらじ варадзи（японские соло́менные ла́пти）/鼻緒 ремешо́к для японской традицио́нной о́буви,（под который просо́вываются па́льцы ног）

D　インターチェンジ

☞「衣服」、「服飾品、装身具」、「住居」

♣ミニ・ダイアローグ

　史上最大の陸上競技選手はアベベだとぼくは信じているよ。彼はオリンピックで２回連続してマラソンで１位になったんだ。スポーツ史上最初で最後さ。

　ええ、私も彼の偉業はよく知っているわ。ローマで彼は42キロもはだしで走り抜いたのね。彼には靴なんて問題じゃなかったのよ。

　Я уве́рен, что са́мым вели́ким атле́том в исто́рии явля́ется Абе́бе. Он завоева́л пе́рвенство в марафо́не два ра́за подря́д на Олимпиа́де в пе́рвый и в после́дний раз в исто́рии спо́рта.

　Да, я хорошо́ зна́ю его́ по́двиг. В Ри́ме он пробежа́л це́лых со́рок два киломе́тра босико́м. Для него́ о́бувь не име́ла значе́ния.

家庭、家族

家庭、家族（семья）

A　ベース

家庭 семья/家族（全体）семья；（一員）член　семьи/祖父 дед/おじいさん дедушка/祖母、おばあさん бабушка/父、お父さん отец/母、お母さん мать/パパ папа/ママ мама/親、両親 родители/夫 муж/妻 жена/夫婦 супруги/子供 дети/息子 сын/娘 дочь/孫（男）внук；（女）внучка/長［次］男 старший［второй］сын/長［三］女 старшая［третья］дочь/末っ子 младший ребёнок/一人っ子 единственный ребёнок/一人息子 единственный сын/一人娘 единственная　дочь/私は子供が一人です У　меня「один　сын　［одна　дочь］./私は子供が二［三］人です У　меня「двое［трое］детей./一男二女 один сын и две дочери/双子［双生児］близнецы；двойня/年子 погодок/兄弟 брат/姉妹 сестра（★兄［弟］は старший（младший）брат、姉（妹）は старшая（младшая）сестра と言えるが、ロシア語などではふつう兄弟姉妹の年の上下を区別しない）/家庭を持つ［作る］ создавать　семью/赤ちゃん ребёнок/大家族 большая семья/4人家族 семья из четверых/核家族 нуклеарная семья/自分の両親と同居する жить вместе со своими родителями/舅 свёкор/姑 свекровь/婿 зять/嫁 невестка；сноха/（専業）主婦 домохозяйка

♣ ミニ・ダイアローグ

　日本人はたいてい文字通り朝から夜遅くまで働いているわ。家庭生活なんてないのよ。
　まあ！日本の奥さんはかわいそう！
　でも、信じられる？　奥さんたち自身が言っているのよ。「亭主元気で留守がいい」って。

　Японцы　вообще　работают　буквально　с утра　до　позднего вечера. У них нет семейной жизни.
　Ой！ Бедные японские жёны！
　Но, представьте, они сами говорят：«Хорошо, когда муж здоров и его нет дома».

B　バリエーション

共働き（ób a）работающие супруги/仕事と家庭の両立 совмещение работы с домашними делами/家事 домашние дела/家計 домашнее хозяйство；семей-

家庭、家族

ный бюдже́т/家計簿 учёт семе́йного бюдже́та/マイホーム свой дом; своя́ семья́; дома́шний [семе́йный] оча́г/家庭サービスをする исполня́ть роль до́брого отца́/家庭教育 семе́йное воспита́ние/親の責任[義務]роди́тельская отве́тственность [обя́занность]/教育ママ мать, приве́рженная воспита́нию дете́й/子供のしつけ воспита́ние дете́й/しつけのいい[悪い]子供 хорошо́ [пло́хо] воспи́танные де́ти/スキンシップ непосре́дственный конта́кт/親子の対話 конта́кт между роди́телями и детьми́/甘やかす балова́ть/甘やかされた子供 избало́ванные [изне́женные, испо́рченные] де́ти

C　オプション

満点パパ идеа́льный па́па/一家団欒 счастли́вый семе́йный круг/家族旅行 пое́здка всей семьёй/温室育ち тепли́чное расте́ние/過保護 тепли́чное воспита́ние/お母さんっ子 ма́мин сын/親離れしていない зави́симый от роди́телей/内助の功 незаме́тная по́мощь жены́/家庭の事情 семе́йные обстоя́тельства/家庭のもめ事 семе́йные「конфли́кты [нела́ды]/家庭内暴力 наси́лие (дете́й) в семье́/家庭崩壊 распа́д [разруше́ние] семьи́/両親の離婚 разво́д роди́телей/義父、継父 о́тчим/義母、継母 ма́чеха/継子（男）па́сынок;（女）па́дчерица/母子[父子]家庭 семья́ без「отца́ [ма́тери]/未婚の母 незаму́жняя ма́ма

D　インターチェンジ

☞「仕事」、「住居」

♣ ミニ・ダイアローグ

誰でも例外なく孫をかわいがる。自分の子供を愛さなかった人でも。

そう。新しい命が、生命力の弱っている高齢者に力を与えるんだ。

だから君にも言っておく。孫を作るために結婚する必要があるんだ。

Все лю́ди без исключе́ния лю́бят вну́ков, да́же те, кото́рые не люби́ли свои́х дете́й.

Да, но́вая жизнь даёт эне́ргию пожилы́м лю́дям, у кото́рых жи́зненные си́лы слабе́ют.

Поэ́тому я говорю́ тебе́, что́бы име́ть вну́ков, ну́жно жени́ться.

住　居

住　居（жилище）

A　ベース

住居（居住用の場所・施設）жили́ще；（人間が住んでいる場所・施設）жильё／マンション、アパート（一棟）（многокварти́рный）дом；（一戸）кварти́ра／団地（жило́й）микрорайо́н／一戸建て（普通の）отде́льный дом；（高級な）особня́к／別荘、カントリーハウス да́ча／木造の деревя́нный／コンクリートの бето́нный／鉄筋コンクリートの железобето́нный／敷地（建築用の）土地 уча́сток земли́ （для строи́тельства）；（一定区域内の土地）террито́рия／（都市）ガス газ／水道 водопрово́д；（口）вода́／電気 электри́чество／暖房 отопле́ние／入口 вход／建物［マンション］の入口、車寄せ подъе́зд／玄関 се́ни／（玄関を入るときの）暗証番号 код／錠 замо́к／郵便受け я́щик для пи́сем и газе́т／ドア、扉 дверь／玄関の間 пере́дняя／廊下 коридо́р／прохо́д／階段 ле́стница／居間、リビングルーム о́бщая ко́мната；гости́ная／客間 гости́ная／（公共の建物の）応接室 приёмная／寝室 спа́льня；（口）спа́льная／勉強部屋、書斎（рабо́чий）кабине́т／食堂 столо́вая／台所、キッチン ку́хня／ダイニングキッチン ку́хня-столо́вая／バス、浴槽、湯船 ва́нна／バスルーム、風呂場 ва́нная／シャワー душ／シャワールーム душева́я／トイレ туале́т／（トイレ内の）便器 унита́з／シャワーレット унита́з с ду́шем／洗面台 умыва́льник／窓 окно́／二重窓 двойно́е окно́／小窓 фо́рточка／アルミサッシュ алюми́ниевый переплёт／天井 потоло́к／壁 стена́／壁紙 обо́и／床 пол／屋根 кры́ша／ガレージ гара́ж／塀、垣根、フェンス забо́р；стена́／庭（敷地内で家の立っていない部分）двор；（敷地内で草木の植わっている部分）сад

B　バリエーション

公営［市営、都または県営］住宅 муниципа́льная［городска́я, префектура́льная］кварти́ра／公団住宅 кварти́ра жили́щной корпора́ции／協同組合［共同出資］住宅 коопера́тивная кварти́ра／（複数家族の）雑居住宅 коммуна́льная кварти́ра／建て売り гото́вый дом（с земе́льным уча́стком）／注文建築 дом по индивидуа́льному зака́зу／レンガ造りの кирпи́чный／タイル貼りの израз цо́вый／プレハブ［組み立て］住宅 сбо́рочный дом／ブロック住宅 бло́чный дом／耐火（性）の огнеупо́рный; огнесто́йкий／耐震（性）の сейсмосто́йкий; анти-

住居

сейсми́ческий; антисейсми́чный/イズバー（ロシアの伝統的木造家屋）изба́/インテリア интерье́р/内装 отде́лка интерье́ра; вну́тренняя отде́лка/日照、日当たり со́лнечность/通風、風通し вентиля́ция; прове́тривание/交通の便 удо́бство с тра́нспортом/プロパンガス газ в балло́не/照明 освеще́ние; свет/冷房 устано́вка для охлажде́ния во́здуха/エアコン、空調 кондиционе́р/断熱材 теплоизоля́тор; теплоизоляцио́нные материа́лы/給湯 горя́чее водоснабже́ние: ～器 водонагрева́тель/換気扇 вентиля́тор/コンセント што́псельная розе́тка/電話[テレビ]の差し込み口 телефо́нная [телевизио́нная] розе́тка/門 воро́та/（ドアの）のぞき穴 щель; (口) глазо́к/チャイム звоно́к/インターフォン домофо́н/ポーチ по́ртик/門灯 свети́льник на воро́тах/表札 табли́чка с фами́лией жильца́/吹き抜け ле́стничная кле́тка/ウォークインクロゼット、納戸 гардеро́бная/(屋内の)物置、納戸 чула́н/物置、倉庫 кладова́я; склад/収納部分 помеще́ние для хране́ния веще́й/屋根裏部屋 мансáрда; чердáк/水まわり сантéхника/寄せ木床、パルケット паркéтный пол/漆喰壁 штукатýренная стенá/じゅうたん、カーペット ковёр/カーテン занавéска/シャッターカーテン жалюзи́/ブラインド штóра/雨戸、よろい戸 стáвень/棟 конёк/庇 навéс/煙突（дымовáя) трубá/（雨）樋 водостóчный жёлоб/ベランダ верáнда/バルコニー балкóн/テラス террáса/植木 деревья

C オプション

茶の間 ó6щая кóмната; столóвая/床の間 декорати́вный уголóк в кóмнате япóнского стиля/押入れ шкаф, встрóенный в стéну/掘りごたつ котацу, встрóенное в пол/掃き出し窓 окнó, доходя́щее до ýровня пóла/戸袋 я́щик для стáвней/たたみ циновка; татами/土間 пол на ýровне земли́/たたき пол на ýровне земли́, покры́тый「бетóном [камня́ми и т. д.]」

D インターチェンジ

☞「家庭」、「環境問題」、「庭園、園芸」、「度量衡」

273

台　所

♣ ミニ・ダイアローグ

ぼくの叔父さんは一戸建ての豪邸に住んでいて、大きな家に住むのは不便だと一家中が文句を言っている。

わからないね。ぼくはともかく羨ましいよ。

でも、何でも高くつく。掃除夫、庭師を雇わなければならない。水、ガス、照明やエアコンの電気をたくさん使う。

ぼくに言わせれば、それは不便じゃなくて、贅沢というものさ。

Мой дядя живёт в огромном особняке и вся семья жалуется, что неудобно жить в большом доме.

Не понимаю, я просто завидую им.

Но всё дорого стоит. Нужно нанять уборщиков, садовников... Тратится большое количество воды, газа и электричества для освещения и использования кондиционеров...

По-моему, это называется не неудобством, а роскошью.

台　所 (кухня)

A　ベース

台所、炊事場、キッチン кухня／食卓（обеденный）стол／流し、シンク мойка;（кухонная）раковина／蛇口（водопроводный）кран／温水 горячая вода／冷水 холодная вода／たわし мочалка; щётка для посуды／スポンジ губка／洗剤 моющее средство／温冷水混合蛇口 смеситель／クレンザー шлифовальный порошок／（洗った食器の）水切り篭 сушилка／ガス［電気］レンジ газовая［электрическая］плита／クッキングプレート、電磁調理器 электро-магнитная плита／（レンジの）バーナー конфорка;（конфорочная）горелка／オーブン、天火 духовка; духовая печь; духовой шкаф／電子レンジ микроволновая печь／ガス管 газопровод／換気扇、レンジフード вентилятор; воздухоочиститель／（電気）冷蔵庫（электро）холодильник／冷凍庫、冷凍室、フリーザー морозилка／冷凍冷蔵庫 двухкамерный холодильник／やかん чайник／浄水器 водоочиститель／フライパン сковорода; сковородка／鍋 кастрюля; котёл／片手鍋 ковш／ボール миска／包丁（кухонный）нож／まな板 кухонная доска／ダストシュート мусоропровод／生ごみ кухонный мусор／生ごみ入れ ящик［ведро］для кухонного мусора／

台所

ゴミ捨て場 помо́йка

♣ ミニ・ダイアローグ

昔、日本の台所はとても寒かったのよ。窓は北向きだったし、暖房はなかったし。

それは食料の保存にはよかったんだね。当時冷蔵庫はなかったけれど、台所全体が大きな冷蔵庫だったのだから。

でも、女性はその冷蔵庫の中で働かなければならなかったのよ。

Когда́-то на япо́нской ку́хне бы́ло о́чень хо́лодно. О́кна выходи́ли на се́вер, отопле́ния не́ бы́ло.

Э́то бы́ло хорошо́ для сохране́ния проду́ктов. Тогда́ не́ было холоди́льников, но це́лая ку́хня была́ больши́м холоди́льником.

Но же́нщины должны́ бы́ли рабо́тать в э́тих холоди́льниках.

B　バリエーション

システムキッチン компле́ктная ку́хня/**キッチン家具セット** ку́хонный гарниту́р/**対面式シンク** ра́ковина, испо́льзующаяся с обе́их сторо́н/**移動棚** дви́гающиеся по́лки/**引き出し式収納部** выдвига́ющееся ме́сто для хране́ния веще́й/**自動点火[消火]バーナー** конфо́рка автомати́ческого отлюче́ния/**ビルトイン浄水器** вде́ланный водоочисти́тель/**生ごみ処理器** аппара́т для обрабо́тки ку́хонного му́сора/**ジューサー** соковыжима́лка/**ミキサー** ми́ксер/**フードプロセッサー** универса́льная ку́хонная маши́на/**電気ポット** электроча́йник/**保温ポット、魔法瓶** те́рмос/(電気)**肉挽き器** (электро́)мясору́бка/**計量カップ** ме́рный сосу́д; ме́рная кру́жка/**めん棒** ска́лка/**のべ板** доска́ для раска́тки те́ста/**グリル(魚焼き器)** гриль-печь для ры́бы/**鉄板** про́тивень/**レンジの蓋** (защи́тная [откидна́я]) кры́шка плиты́ (ロシアでは使用しない時に蓋を閉めるレンジが多い)/**炊飯器** рисова́рка/(乾燥機つき)**食器洗い器** посудомо́ечная маши́на (с суши́лкой); посудомо́йка/**秤** весы́/**おろし金** тёрка/**泡立て器** муто́вка/**漉し器** фильтр/**缶切り** консе́рвный нож/**栓抜き** ключ для открыва́ния буты́лок/**タイマー** та́ймер/**布巾** ку́хонное полоте́нце/**卓上コンロ** насто́льная пли́тка/**湯沸かし器** водонагрева́тель/**ラップ** обёрточная плёнка/**アルミホイル** алюми́ниевая фольга́/**紙タオル** бума́жное ку́хонное полоте́нце/**ポリ袋** полиэтиле́новый паке́тик/**食器棚** шкаф для посу́ды/**サイドボード** буфе́т

275

台所

C オプション

炉 печь／ロシア式の炉 ру́сская печь（暖房調理両用）／かまど печь; оча́г／井戸 коло́дец／ざる корзи́на／米びつ я́щик для ри́са／飯びつ ка́дка для варёного ри́са／刺身包丁 то́нкий и о́стрый нож для разреза́ния саси́ми／出刃包丁 большо́й ку́хонный нож／すり鉢 гли́няная конусообра́зная сту́пка с надре́зами внутри́／すりこ木 небольшо́й деревя́нный пе́стик (для растира́ния пи́щи в гли́няной сту́пке)／杵 большо́й деревя́нный пе́стик／臼 больша́я деревя́нная сту́пка

D インターチェンジ

☞「住居」、「食事」、「食料品」、「食器」、「料理」

♣ ミニ・ダイアローグ

　昔は女性にとって台所は戦場だったわ。そこには火があり、刃物があり、生き抜くための闘いがあった。

　そう、女性はそこで勇士のように闘ったわ。その後、台所は女性にとって仕事場になった。鍛冶屋さんの鍛冶場のように。

　で、今は何？

　今台所は画家のアトリエに似ているわ。そこで創造精神が発揮されるのよ。

　В ста́рые времена́ ку́хня была́ по́лем бо́я для же́нщин. Там бы́ли ого́нь, нож и борьба́ за жизнь.

　Да, они́ герои́чески воева́ли там. Пото́м ку́хня ста́ла для же́нщин мастерско́й, как ку́зница для кузнецо́в.

　А тепе́рь что？

　Тепе́рь ку́хня похо́жа на сту́дию худо́жника, где проявля́ется тво́рческий дух.

庭園、園芸

庭園、園芸（садоводство）

A ベース

庭園 парк/庭 сад/造園(術)、ガーデニング садово́дство; садо́во-па́рковое иску́сство/プラニング плани́рование/設計案 прое́кт/デザイン диза́йн/庭の設計 проекти́рование са́да/模様替え、リフォーム перепроектиро́вка/植物の選択 вы́бор расте́ний/種 се́мя/球根 лу́ковица/苗床 расса́дник/苗木園 пито́мник/配色 расцве́тка/見通し перспекти́ва/小さな庭 небольшо́й са́дик/前庭、前栽 палиса́дник/木 де́рево/灌木 куста́рник/蔓物 вью́щиеся расте́ния/草花 цветы́/花壇 клу́мба/（клу́мба より大きめの）花壇、花園 цветни́к/垣根、フェンス забо́р; стена́/仕切り壁 пограни́чная стена́/生け垣 жива́я и́згородь/芝生 газо́н/中庭、パチオ па́тио; вну́тренний дво́рик/並木道 алле́я/タイル貼りの道 доро́жка, покры́тая изразца́ми/植え付け поса́дка/剪定 обре́зка/温室、温床 парни́к/温室 оранжере́я;（主として早生植物用のハウス）тепли́ца/植木鉢 горшо́к/鉢植え植物 горше́чное расте́ние/プランター конте́йнер; балко́нный я́щик/吊り籠 вися́чая корзи́на/じょうろ ле́йка/シャベル（コパールナヤ）лопа́та/移植ごて сово́к/鍬 моты́га/剪定ばさみ сека́тор/花ばさみ садо́вые но́жницы/ほうき метла́/芝刈機 газонокоси́лка/（土掻き用の）熊手 садо́вые ви́лы,（鉄爪の細い）熊手 (про́волочные) гра́бли/ホース шланг/スプリンクラー（散水装置）спри́нклер/散水ノズル дождева́тель к шла́нгу/自動撒水器 автомати́ческий поли́в/（園芸用）篩 садо́вое си́то/耕運機、カルチベーター культива́тор/肥料 удобре́ние/追肥 подко́рмка/水やり поли́в/除草 удале́ние сорняка́/排水の改善 улучше́ние дрена́жа/植え替え、移殖 переса́дка/株分け разделе́ние/挿し木 черенкова́ние

B バリエーション

（庭園の）構成 построе́ние; оформле́ние; стиль; тип; планиро́вка/建築[幾何学]的構成 архитекту́рное [геометри́ческое] оформле́ние; архитекту́рная [геометри́ческая] планиро́вка/自由[風景的]構成 свобо́дное [пейза́жное] построе́ние; свобо́дная [пейза́жная] планиро́вка/園亭、四阿 бесе́дка/柱廊 колонна́да/回廊 коридо́р/アーチ а́рка/パーゴラ、緑廊 пе́ргола/彫刻 ста́туя/噴水 фонта́н/池、水槽 водоём; бассе́йн/池 пруд/橋 мо́ст(ик)/流水

庭園、園芸

路 кана́л/滝 водопа́д/日本（式）庭園 сад в япо́нском сти́ле; сад япо́нского ⌈сти́ля［ти́па］/飛び石 ка́мни［ка́менные пли́ты］, поло́женные с промежу́тками/石庭(せきてい) ка́менный сад/砂 песо́к/灯火 фона́рь/石灯籠(どうろう) ка́менный фона́рь

C　オプション

イスパノモレス式庭園 испа́но-маврита́нский ⌈сад［парк］; сад испа́но-маврита́нского ти́па/フランス［イギリス］式庭園 францу́зский［англи́йский］парк; парк ⌈францу́зского［англи́йского］ти́па

D　インターチェンジ

☞「住居」、「台所」

♣ ミニ・ダイアローグ

　私の友達の1人が4、5年ガーデニングを夢中でやって、とうとう病気になってしまったわ。ガーデニングはもしかすると体に悪いのかしら。
　とんでもない。ガーデニングは逆にとても健康的な趣味だわ。でも、もちろん、過労になったり、化学薬品をたくさん使ったりしたらだめよ。ガーデニングの本質は自然に学ぶこと。自然を征服しようとしたり、支配しようとしてはいけないわ。

　Одна́ моя́ подру́га не́сколько лет стра́стно занима́лась садово́дством и, наконе́ц, заболе́ла. Садово́дство, мо́жет быть, вре́дно для здоро́вья？
　Нет！Садово́дство, наоборо́т, о́чень здоро́вое времяпрепровожде́ние. Но, коне́чно, не на́до перегружа́ть себя́ рабо́той и́ли употребля́ть мно́го химика́тов. Су́щность садово́дства заключа́ется в том, что́бы учи́ться у приро́ды, а не пыта́ться победи́ть её и́ли управля́ть ей.

食　事 (еда)

A　ベース

食事 еда: おいしい〜 вку́сная еда́/粗末[贅沢]な食事 скро́мная [роско́шная] еда́/食事をする есть: 家で〜 есть до́ма/朝食 за́втрак: 〜をする за́втракать/〜にご飯を食べる есть рис на за́втрак/昼食 обе́д; ланч; ленч/〜をする обе́дать/夕食 у́жин; 夕食をする у́жинать/ディナー、正餐 обе́д/外食する есть вне до́ма/ティータイム чай; чаепи́тие/食事休み обе́денный переры́в; переры́в на обе́д/食休み коро́ткий о́тдых по́сле еды́

B　バリエーション

米食 пита́ние ри́сом/パン食 пита́ние хле́бом/肉食（肉料理）мясна́я пи́ща;（肉を食べること）пита́ние мя́сом/菜食（肉を使わない料理）вегетариа́нская пи́ща;（肉を食べないこと）вегетариа́нство; вегетариа́нское пита́ние/バランスのとれた食事 сбаланси́рованное пита́ние/偏食 не сбаланси́рованное [однообра́зное] пита́ние/食べ物に好き嫌いがある привере́дливый в еде́/規則正しい[不規則な]食事 пра́вильный [непра́вильный] режи́м пита́ния/規則正しい食生活をする соблюда́ть пра́вильный режи́м пита́ния/朝食を抜く не за́втракать/1日2食 двухра́зовое пита́ние в день: 私は〜です Я ем два ра́за в день./食欲 аппети́т/旺盛な〜 большо́й аппети́т/〜がない У меня́ нет аппети́та./〜がないと訴える[こぼす] жа́ловаться на (плохо́й) аппети́т/空腹 го́лод/お腹がへった Мне хо́чется есть.; Я хочу́ есть.; Я 「го́лоден [голодна́].; Я 「проголода́лся [проголода́лась]./主食 гла́вная пи́ща

★ 参考 ロシアでは、多くのほかの国と同じように、「主食、副食」の概念がないので、状況に応じて適切な表現を用いることが必要。

C　オプション

弁当 ланч(-)бокс; упако́ванный за́втрак; сухо́й паёк/弁当箱 ланч(-)бокс/学校給食 шко́льное пита́ние/集団給食 коллекти́вное пита́ние/店屋物 гото́вая еда́ с доста́вкой на́ дом/出前をとる зака́зывать еду́ с доста́вкой на́ дом/

食事

ケイタリング кéйтеринг（★ロシアでは出前のサービスはなかったが、食事の宅配、ケイタリングが現れている）/**美食家、グルメ** гурмáн (-ка); гастронóм/**食べ歩き** пóиски вкýсной еды́/**ダイエット、食餌療法** диéта：彼女は今〜をしている Сейчáс онá соблюдáет диéту.; Сейчáс онá (сидит) на диéте./〜の диети́ческий/〜食 диети́ческая пи́ща/野菜〜 овощнáя диéта/断食療法 голóдная диéта/低カロリー食 малокалори́йная пи́ща/減塩 уменьшéние коли́чества сóли：〜食 пи́ща с уменьшенным содержáнием сóли/バターを植物油に換える заменя́ть сли́вочное мáсло расти́тельным/甘いものを控える воздéрживаться от слáдкого/コレステロールを増す食品 пи́ща, увели́чивающая коли́чество холестери́на/食べすぎ[過食し]ない не переедáть/間食をしない не есть междý приёмами пи́щи/精進料理 пóстные блю́да

D　インターチェンジ

☞「食器」、「食料品」、「飲み物」、「パン、ペストリー」、「料理」、「レストラン」

♣ミニ・ダイアローグ

　コーリャ、そんなにしょっちゅう食堂で食事をするのはよくないよ。非衛生で、まずくて、高くつく。
　それは言いすぎだよ。今は一番大衆的な食堂でも、すべてが衛生的で、おいしくて、値段は手ごろだ。それに、食堂だと、時にはかわいい女の子と相席で食事ができるしね。

　Кóля, тебé не нáдо так чáсто есть в столóвых — не гигиени́чно, невкýсно и дóрого стóит.
　Ты всё преувели́чиваешь. Тепéрь дáже в сáмых просты́х столóвых всё гигиени́чно, вкýсно и цéны доступные. К томý же, в столóвых иногдá мóжно поéсть за одни́м столóм с симпати́чной дéвушкой.

食料品（продукты）

A　ベース

食料品 продукты（普通、複数）/生鮮食品 свéжие продýкты/穀類 зернó/米 рис/大麦 ячмéнь/小麦 пшенúца/そば（粉）грéчка；гречúха/トウモロコシ кукурýза/挽き割り крупá/オートミール овсяная крупá/小麦の挽き割り мáнная крупá/小麦粉 пшенúчная мукá/そば粉 грéчневая мукá/コーンフレーク кукурýзные хлóпья/パン хлеб（「パン、ペストリー」参照）

肉 мясо/牛肉 говядина/仔牛肉 телятина/豚肉 свинúна/仔豚肉 поросёнок/羊肉 барáнина/ウサギ крóлик/鶏肉 кýрица；（口）курятина/ひな鳥 цыплёнок/肉の塊 большóй кусóк мяса/骨付き肉 мясо с кóсточкой/骨なし肉 мякоть/挽き肉 фарш/レバー печёнка/タン язык/ハム ветчинá/ソーセージ колбасá：ウインナー сосúски/フランクフルト～ сардéлька/燻製～ копчёная колбасá/半燻製～ сырокопчёная колбасá/サラミ салями/ベーコン（копчёная свиная）грудúнка；бекóн/燻製もも肉 óкорок/燻製胸肉 корéйка/焼豚 óкорок, жáреный с сáхаром и сóевым сóусом/獣脂 сáло/ヘット、牛脂 говяжье сáло/ラード、豚脂 свинóе сáло；шпик

魚 рыба/チョウザメ類 осетрóвые（ロシアにはいろいろなチョウザメが存在しているが日本語の呼び名がない。大きい順に並べると белýга, осётр, севрюга, стéрлядь,（белýга と стéрлядь を交配した）бéстер/カワカマス щýка/カワスズキ óкунь/コイ сазáн；карп/ニジマス форéль/フナ карáсь/ナマズ сом（ロシアではよく食べる）/ウナギ ýгорь/サバ скýмбрия/アジ ставрúда/サンマ сáйра/ニシン сельдь；селёдка/イワシ（сельдь）ивáси/マグロ тунéц/カツオ полосáтый тунéц/タラ трескá/スケソウダラ、明太 минтáй/サケマス類 лосóсевые/サケ кетá；сёмга/カラフトマス горбýша/カレイ кáмбала/ヒラメ（лóжный）пáлтус/モンゴウイカ каракáтица/ヤリイカ кальмáр/クルマエビ、小エビ креветка/イセエビ、ロブスター（はさみを持たない）лангýст(a)/ウミザリガニ（はさみを持つ）、オマール омáр/ザリガニ рак/カニ краб（ロシアには海魚も川魚もあり、魚類は意外に豊富）

野菜 óвощи/ジャガイモ、馬鈴薯 картóфель；картóшка/人参 моркóвь；моркóвка/玉ネギ（рéпчатый）лук/長ネギ зелёный лук；лук-порéй/キャベツ капýста/キュウリ огурéц/トマт помидóр（томáт は専門用語で、日常では使わない。ただし形容詞では、**トマトジュース[ソース]**томáтный「сок

281

食料品

［со́ус］などのように、よく使われる）/ナス баклажа́н/ピーマン пе́рец/ビート свёкла/カバチョーク（瓜の一種）кабачо́к/カボチャ ты́ква/大根 ре́дька; дайкон/かぶ ре́па/ラディッシュ、二十日大根 ре́дис; реди́ска/セロリ сельдере́й/サラダ菜 сала́т/カリフラワー цветна́я капу́ста/キノコ грибы́/マッシュルーム шампиньо́н/ニンニク чесно́к/ニンニクの芽 молодо́й чесно́к/インゲン фасо́ль/さやインゲン стручко́вая фасо́ль/エンドウ豆、グリーンピース горо́х/さやエンドウ стручко́вый горо́х/イタリアン・パセリ петру́шка/パセリ курча́вая петру́шка/ヒメウイキョウ、ディル укро́п/スカンポ（ки́слый）щаве́ль/白菜 кита́йская капу́ста; кита́йский сала́т/レタス（сала́тный）лату́к/サニーレタス саво́йская капу́ста/ホーレンソウ шпина́т

果物 фру́кты/リンゴ я́блоко/セイヨウナシ гру́ша/モモ пе́рсик/ネクタリン некстари́н/バナナ бана́н（普通、複数形 бана́ны で使う）/ブドウ виногра́д/柑橘類 цитру́совые/オレンジ апельси́н/蜜柑 мандари́н/グレープフルーツ грейпфру́т/レモン лимо́н/パイナップル анана́с/スイカ арбу́з/メロン ды́ня/柿 хурма́/ドライフルーツ сухи́е фру́кты; сухофру́кты

やわらかい木［草］の実、ベリー я́года/スモモ сли́вы/サクランボ、チェリー ви́шня; чере́шня/アンズ абрико́с/干しアンズ курага́/イチゴ клубни́ка/ノイチゴ земляни́ка/ラズベリー мали́на/コケモモ брусни́ка/ツルコケモモ клю́ква/スグリ、グースベリー крыжо́вник/フサスグリ сморо́дина/クロ［アカ、シロ］フサスグリ чёрная［кра́сная, бе́лая］сморо́дина/サンザシ боя́рышник/プルーン черносли́в/ブラックベリー ежеви́ка/ブルーベリー голуби́ка/ガマズミ кали́на/ナナカマド ряби́на/ノイバラ шипо́вник/堅い木の実、ナッツ оре́х/クルミ гре́цкий оре́х/アーモンド минда́ль; минда́льный оре́х/ピーナッツ земляно́й［кита́йский］оре́х; ара́хис/カシューナッツ（оре́хи）「ке́шью［кэ́шью］/クリ кашта́н

乾物 сушёные проду́кты; бакале́я/干物 сушёные：魚の～ сушёная ры́ба/調味料 припра́ва/塩 соль/砂糖 са́хар/ソース со́ус/ケチャップ ке́тчуп/マヨネーズ майоне́з/醤油 со́евый со́ус/油 ма́сло/植物油 расти́тельное ма́сло/オリーブ油 оли́вковое ма́сло/乳製品 моло́чные проду́кты/牛乳 молоко́：低脂肪～ молоко́ с уме́ньшенной жи́рностью/瓶入り［パック入り、量り売り］のヨーグルト буты́лочное［паке́тное, разливно́е］йо́гурт/ヨーグルト йо́гурт/ケフィア、飲むヨーグルト кефи́р/クリーム сли́вки：サワークリーム смета́на/バター（сли́вочное）ма́сло/（植物性）マーガリン（расти́тельный）маргари́н/チーズ сыр/カッテージチーズ творо́г;（口）тво́рог/パスタ па́ста/ヌードル лапша́/マカロニ макаро́ны/スパゲティ спаге́тти/バーミセリ вермише́ль/缶詰 консе́рвы/香辛料、スパイス припра́ва; спе́ции/こしょう

食料品

пе́рец/からし горчи́ца/西洋ワサビ хрен/ショウガ имби́рь

♣ ミニ・ダイアローグ

| 君はお米を日本から持ってきているの、それともここで買っているの？ | Ты привози́шь рис из Япо́нии и́ли покупа́ешь здесь? |
| 以前はもって来ていたけど、今はここで買っているよ。もうロシアで日本米に劣らない米を売っているね。 | Ра́ньше привози́л, но тепе́рь здесь покупа́ю. В Росси́и уже́ продаётся рис не ху́же, чем япо́нский. |

B　バリエーション

七面鳥 инде́йка/鴨(かも) у́тка/野鳥 дичь/肩ロース лопа́тная часть/リブロース спи́нная часть/サーロイン окова́лок/ランプ костре́ц/ヒレ филе́; филе́й/肩肉 плечева́я часть/胸肉 груди́нка/もも肉 бедро́/すね肉 го́лень

C　オプション

レンコン ло́тос/ゴボウ лопу́х; репе́йник/サツマイモ сла́дкий карто́фель; бата́т/たけのこ молодо́й бамбу́к/豆腐 то́фу/油揚げ жа́реный то́фу/うどん япо́нская лапша́/そば гре́чневая лапша́/みりん сла́дкое сакэ

D　インターチェンジ

☞「菓子」、「食事」、「パン、ペストリー」、「料理」、「レストラン」

♣ ミニ・ダイアローグ

私牛乳を買うのやめたわ。売っているのは牛乳じゃなくて、水で溶かした粉よ。	Я переста́ла покупа́ть молоко́. Продаётся не молоко́, а порошо́к, разведённый в воде́.
でも、これは大量生産が成功した結果だよ。今ではどこでも簡単に牛乳が手に入るよ。	Но э́то результа́т успе́шного ма́ссового произво́дства. Тепе́рь везде́ легко́ доста́ть молоко́.
じゃ、あなたは偽札をもらって、うれしいと思うの？	А вы пора́дуетесь, получи́в фальши́вые банкно́ты?

パン、ペストリー

パン、ペストリー（хлеб, выпечка）

A ベース

パン хлеб/白［小麦］パン бéлый［пшенúчный］хлеб/コッペパン бýлка：大型の（棒）パン батóн/切れ目の入ったパン нарезнóй батóн/スライスしてあるパン разрéзанный батóн/小型丸パン、バターロール、ロールパン бýлочка/丸型パン крýглый［крýгленький］хлеб/黒［ライ麦］パン чёрный［ржанóй］хлеб/食パン［角］型黒パン бухáнка/ウラジーミル［ボロジノ］風黒パン владúмирский［бородúнский］чёрный хлеб/フランスパン（楕円形の）（францýзская）бýлка；（棒状の）батóн/オープンサンド бутербрóд：チーズ［ソーセージ、ハム、イクラ、魚］をのせた～ бутербрóд с「сы́ром［колбасóй, ветчинóй, икрóй, ры́бой］/ピロシキ（単数）пирожóк；（複数）пирожки́/肉［キャベツ、ライス、あんず］入りピロシキ пирожóк с мя́сом［капýстой, рúсом, курагóй］/カフカス風ピロシキ（肉入りで、多量の油で焼いた、中身が一部露出している）беляши́／（カフカス風の）三角型揚げピロシキ чебурéк/ロシア風（パン生地の）パイ пирóг：肉［きのこ］パイ пирóг с мя́сом［грибáми］/魚入りパイ пирóг с ры́бой；ры́бник/アップルパイ я́блочный пирóг；пирóг с я́блоками/イチゴ［ツルコケモモ、プルーン］入りパイ пирóг с клубнúкой［клю́квой, черносли́вами］/ロシア風パンケーキ（パンケーキより薄く、クレープより厚い）блины́/ロシア風クレープ（блины́ より薄い）блúнчики/ハンバーガー гáмбургер/ピザ пú́цца/パン屋 бýлочная/マクドナルド Макдóнальдс/ピザテリア пиццéрия

♣ミニ・ダイアローグ

日本にはほとんど何でもあるけれど、黒パンを見つけるのは大変よ。

そうですね、日本人はたいてい黒パンには関心がないですね。多分、なじみがないからでしょう。それに、日本では黒パンの方が白パンより高いんです。

まさか？

В Япóнии почтú всё есть, но найтú чёрный хлеб трýдно.

Да, япóнцы вообщé не интересýются чёрным хлéбом, навéрное, потомý, что онú незнакóмы с ним. К томý же, в Япóнии чёрный хлеб дорóже, чем бéлый.

Неужéли?

パン、ペストリー

| 不思議じゃありませんよ。日本ではライ麦が栽培されていないので、ライ麦パン、つまり黒パンがとても高いのです。 | Это не удиви́тельно. В Япо́нии не выра́щивается рожь, поэ́тому ржано́й, т. е., чёрный хлеб, о́чень дорого́й. |

B　バリエーション

パン、焼き菓子、ペストリーなどの総称 вы́печка/練り粉、パン[パイ]生地 те́сто/イースト дро́жжи/イースト入り[イースト抜き]のパン[パイ]生地 дрожжево́е [пре́сное] те́сто/卵、バターなどを加えたパン[パイ]生地 биски́тное те́сто/味付け[甘食]パン сдо́бная бу́лочка/炉で焼いた подо́вый/食パン формово́й хлеб/錠前型白パン кала́ч/堅焼きパン лепёшка/輪型パン бара́нка/（大きい）堅い輪型パン бу́блик/（小さい）堅い輪型パン су́шка/焼いた[揚げた]ピロシキ печёный [жа́ренный] пирожо́к/乾パン суха́рь/カッテージチーズつきペストリー ватру́шка/カッテージチーズ・ケーキ сы́рник; творо́жник/チーズクッキー сы́рное пече́нье/ロシア風小型ホットケーキ ола́дья/菓子パン бу́лочка со сла́дкой начи́нкой/ホットドッグ хо́т-дог/チーズバーガー чи́збургер/サンドイッチ са́ндвич/サンドイッチ用のパン то́нко наре́занные ло́мтики хле́ба (для са́ндвича)/あんぱん бу́лочка со сла́дкой бобо́вой начи́нкой

C　オプション

ウエディングパン карава́й/イースターパン кули́ч/（肉、魚などを入れてオーブンで焼いた、中身が一部露出している）穴あきピロシキ расстега́й/（肉、魚、野菜などを詰め、オーブンで焼いた大型の）筒型パイ（適当な厚さに切って食べる）кулебя́ка/（油でカリッと焼き上げた）小枝クッキー хво́рост（「枯れ枝」の意味）

D　インターチェンジ

☞「菓子」、「食事」、「食料品」、「料理」、「レストラン」

飲み物

> ♣ ミニ・ダイアローグ
>
> きのう私はテレビで面白い儀式を見ました。ある町で伝統的な服を着た感じのいいお嬢さんが、大きな丸いパンときれいな塩入れを持って、外国のお客さんを出迎えていました。
>
> それはいわゆる「パンと塩」で、ロシア古来の風習です。パンと塩はロシア的な歓待のシンボルです。それに、昔は遠来の疲れたお客さんに実際にパンと塩をご馳走したのですよ。
>
> Вчера́ я ви́дела интере́сную церемо́нию по телеви́дению. В одно́м го́роде симпати́чная де́вушка, оде́тая в традицио́нное пла́тье, встреча́ла иностра́нных госте́й с больши́м кру́глым хле́бом и краси́вой соло́нкой.
>
> Э́то так называ́емое «хлеб-соль» — стари́нный ру́сский обы́чай. Хлеб и соль явля́ются си́мволом ру́сского гостеприи́мства. И, действи́тельно, в ста́рые времена́ угоща́ли прие́хавших издалека́ уста́лых госте́й хле́бом и со́лью.

飲み物 (напитки)

A ベース

茶 чай/紅茶 (чёрный) чай/セイロン[インド、グルジア]茶 цейло́нский [инди́йский, грузи́нский] чай/香味のあるお茶 арома́тный чай; чай с арома́том/ティーバッグ чай в паке́тиках/磚茶 (レンガのように固形の茶) кирпи́чный чай/緑茶 зелёный чай/抹茶、挽茶 толчёный [мо́лотый] чай; чай в порошке́/粉茶 размельчённый чай; чай в порошке́/玉露 гиоку́ро; зелёный чай вы́сшего со́рта/煎茶 се́нча; зелёный чай сре́днего со́рта/番茶 банча; зелёный чай ни́зшего со́рта/お茶を入れる зава́ривать чай/濃い[薄い]お茶 кре́пкий [сла́бый, жи́дкий] чай/ミルク[レモン]ティー чай с «молоко́м [лимо́ном]/お茶に砂糖を入れて[入れずに]飲む пить чай «с са́харом [без са́хара]/サモワール (ロシアの湯沸かし器) самова́р/(冷)水 холо́дная вода́/湯 горя́чая вода́/熱湯 кипято́к/コーヒー ко́фе/ストレート (コーヒー) ко́фе без молока́ и са́хара/ブラック (コーヒー) чёрный ко́фе

飲み物

(кófe は形からみると中性だが、実際は男性名詞)/ミルク（コーヒー）кófe с молоком/アイスコーヒー холóдный кóфе со льдом/ウインナーコーヒー кóфе со взбúтыми слúвками/トルココーヒー кóфе по-турéцки/エスプレッソ кóфе «эспрéссо»/カプチーノ кóфе капучúно/アメリカン америкáнский кóфе/インスタントコーヒー растворúмый кóфе/コーヒーを沸かす варúть［готóвить］кóфе/濃い［薄い］コーヒー крéпкий［слáбый, жúдкий］кóфе/ココア какáо/ジュース сок：オレンジ［トマト、グレープ、グレープフルーツ、パイナップル、ピーチ、ミックス］～ апельсúновый［томáтный, виногрáдный, грейпфрýтовый, ананáсовый, пéрсиковый, кóмплексный］сок/氷を入れて со льдом/氷を入れず безо льда/アルコール飲料 спиртнýе［алкогóльные, крéпкие］напúтки/ビール пúво：黒～；ウィーン～ классúческое пúво/ドライ～ свéтлое пúво/生～ пúво「из бóчки［в крýжке］」/ワイン винó：赤［白］～ крáсное［бéлое］винó/辛口、ドライ сухóе/少し辛口、ミディアムドライ полусухóе/甘口、スイート слáдкое/イタリア［グルジア］ワイン итальянское［грузúнское］винó/ウオツカ вóдка

♣ ミニ・ダイアローグ

あなたは1日に何回お茶を飲みますか。

ちょっと待ってください、1回、2回、3回…最低6回です。飲みすぎかなあ。

で、どんなお茶をお飲みですか、紅茶ですか、緑茶ですか。

大体、緑茶ですね。日本人ですから。

Скóлько раз в день вы пьёте чай ?

Подождúте, раз, два, три ... минимáльно шесть раз. Мóжет быть, слúшком мнóго.

А какóй чай вы пьёте, чёрный úли зелёный ?

В основнóм, зелёный. Ведь я япóнец.

B　バリエーション

お茶をカップ［コップ］で飲む пить чай из「чáшки［стакáна］/煮出したお茶 завáрка/お茶を飲むこと；ティーパーティ чаепúтие; чай/ティータイム чаепúтие; чай; перерúв на чай/コーヒー・ブレーク перерúв на кóфе/ソフトドリンク безалкогóльные напúтки/清涼飲料 прохладúтельные напúтки/クワス квас（黒パンやライ麦粉から作ったロシアの伝統的な清涼飲料）/コカコーラ кока-кóла/ペプシコーラ пепси-кóла/ファンタ фáнта/スプライト

287

飲み物

спрайт/ミネラルウォーター минера́льная вода́：炭酸入り[炭酸抜き]～ газиро́ванная [негазиро́ванная] минера́льная вода́; минера́льная вода́「с га́зом [без га́за]/シャンパン шампа́нское/コニャック конья́к/アルメニア・コニャック армя́нский конья́к/ブランデー конья́к; бре́нди/（スコッチ）ウイスキー（шотла́ндское）ви́ски/ジン джин/発泡酒 шипу́чее вино́/強い[弱い]酒 кре́пкое [сла́бое] вино́/飲み干す вы́пить до дна/一気に飲む вы́пить за́лпом

C　オプション

薬草酒 насто́йка/果実酒 нали́вка/蜜酒 медову́ха/飴湯、蜜湯 сби́тень/日本酒 саке́; япо́нское ри́совое вино́/銘酒 саке́ изве́стной ма́рки/地酒 ме́стное саке́/燗酒 подогре́тое саке́/熱燗 горя́чее [си́льно разогре́тое] саке́/冷酒；冷や холо́дное [не подогре́тое] саке́/焼酎 япо́нская во́дка

D　インターチェンジ

☞ 「食事」、「食料品」、「料理」、「レストラン」

♣ ミニ・ダイアローグ

正夫、夏ロシアではクワスをお飲みなさい。ジュースやコーラよりずっといいわ。

どこで売っていますか、スーパー？

いいえ、本物のクワスは店では売ってないと思うわ。大道で樽から直接でないとだめね。ただ毎回「新鮮ですか」って、売っている人に尋ねるのよ。クワスはいたみやすいの。

Маса́о, я рекоменду́ю вам ле́том в Росси́и пить квас. Он гора́здо лу́чше, чем сок и́ли ко́ла.

А где он продаётся, в суперма́ркетах？

Нет, настоя́щий квас, по-мо́ему, не продаётся в магази́нах. Обяза́тельно на у́лице пря́мо из бо́чки. То́лько ка́ждый раз спра́шивайте у продавца́：«Све́жий у вас？» Квас бы́стро по́ртится.

菓子

菓　子（сладости）

A　ベース

菓子 сладости; сла́сти; конди́терские изде́лия／お菓子屋；ケーキ店 конди́терская／ケーキ пиро́жное／ショートケーキ пиро́жное со сли́вками／エクレア эклéр／デコレーションケーキ торт／ロールケーキ руле́т／チョコレートケーキ шокола́дный руле́т／シナモン［レーズン、ナッツ］入りケーキ руле́т с кори́цей［изю́мом, оре́хами］／パウンドケーキ кекс／キャンディー конфéты／チョコレートキャンディー шокола́дные конфéты／チョコレート шокола́д／板チョコ пли́тка шокола́да; шокола́дка／フルーツゼリー мармела́д／レモン（の輪切りの形をした）ゼリー лимо́нные до́льки／（硬めの）マシュマロ зефи́р／香料入りロシア風クッキー пря́ник／（押し型模様のついた）高級なロシア風クッキー печа́тный пря́ник／トゥーラ風クッキー ту́льский пря́ник／クッキー、ビスケット類 печéнье／クラッカー крéкер

B　バリエーション

ビスケット生地のケーキ бискви́тное пиро́жное／（さくさくした生地の）ケーキ песо́чное пиро́жное／（薄い皮が層をなした）パイ風のケーキ（たとえばミルフィーユなど）слоённое пиро́жное／ビスケット生地［さくさくした生地、ウエハース生地］のデコレーションケーキ бискви́тный［песо́чный, ва́фельный］торт／（薄い皮が層をなした）パイ слоённый торт／（ロシア風の硬い生地の）パイ пиро́г：アップルパイ пиро́г с я́блоками; я́блочный пиро́г／（薄い皮が層をなした、日本などでは普通の）アップルパイ слоённый торт с я́блоками／丸型のケーキ карто́шка／アーモンドケーキ минда́льное пиро́жное／ロシア風ドーナツ（リング形でなく、パン型のものが多い）по́нчик／ドーナツ до́натсы／ウエハース ва́фли／固いキャンディー караме́ль／キャラメル и́рис／ドロップ ледене́ц／ミルクチョコレート моло́чный шокола́д; по́ристый шокола́д／甘くない［苦味のある］チョコレート го́рький шокола́д／ナッツ入りチョコレート шокола́д с оре́шками／バニラ味の（チョコレートでコーティングした）マシュマロ вани́льный зефи́р（в шокола́де）／フルーツ羹 пасти́ла／ハルバー（ナッツなどを固めたアラブ系の菓子）халва́／（チョコレートでコーティングした）ハルバー халва́ в

289

菓　子

шоколáде/香料入りロシア風カステラ коврúжка/ナッツ орéхи/アーモンド минда́ль/ピーナツ ара́хис; земляно́й〔кита́йский〕оре́х/カシューナッツ оре́хи 「кéшью〔кэ́шью〕/ヘイゼルナッツ фунду́к/ガム жва́чка; жева́тельная（рези́нка）/甘党 сласте́на; сладкоéжка（«Сладкоéжка»は甘味喫茶のチェーン店の名前にもなっている）

★ 参考 喫茶店 кафé（ソ連時代、喫茶店はほとんどなくなり、кафé は食事、酒なども出すレストランに近いものとなっていたが、今では喫茶店風の кафé が続出している。「喫茶店」を意味する кофе́йня, кофе́йная はソ連時代の辞書では「廃語」とされていたが、現在、復活の傾向にある。お菓子屋の一隅でお茶、コーヒー、ケーキなどを飲食できるところは昔からあり、それを кафé-конди́терская と呼ぶこともある）。

C　オプション

和菓子 япо́нские сла́дости/生菓子 мя́гкие япо́нские сла́дости/餅菓子 сла́дости из мо́ти; мо́ти со сла́дкой начи́нкой/大福（餅）мо́ти со сла́дкой бобо́вой начи́нкой/桜餅 мо́ти со сла́дкой бобо́вой начи́нкой, завёрнутое в листо́к са́куры/柏餅 мо́ти со сла́дкой бобо́вой начи́нкой, завёрнутое в дубо́вый листо́к/草餅 мо́ти с полы́нью и со сла́дкой бобо́вой начи́нкой/饅頭 пирожо́к со сла́дкой начи́нкой/羊羹 япо́нская пасти́ла（из бобо́в, бата́та и т. д.）/干菓子 сухи́е япо́нские сла́дости/煎餅 япо́нское（ри́совое）пече́нье

D　インターチェンジ

☞「食事」、「食料品」、「飲み物」、「パン、ペストリー」

♣ミニ・ダイアローグ

ピロージノエ（ケーキ）という単語は、語のルーツが「ピール」で、ピローグやピロシキと同類ですね？

その通りよ。ちなみに、ピールは「お酒をたくさん飲む宴会」という意味なのよ。

ロシア語では甘辛同源か！

Сло́во «пиро́жное», вероя́тно, име́ет оди́н ко́рень «пир» со слова́ми «пиро́г» и «пирожки́»?

Да, соверше́нно ве́рно. Кста́ти, «пир» обознача́ет торжество́, на кото́ром лю́ди мно́го пьют.

По-ру́сски сла́дости и спирт име́ют оди́н ко́рень！

料 理（кухня）

A ベース

料理（総称）кухня/ロシア料理（全体）ру́сская ку́хня/日本料理、和食 япо́нская ку́хня/ロシア料理のレストラン ру́сский рестора́н; рестора́н ру́сской ку́хни/（個々の料理）блю́до; ку́шанье/おいしい料理 вку́сное「блю́до［ку́шанье］/肉［魚］料理 мясны́е ［ры́бные］ блю́да/ロシア料理（個々の）ру́сские блю́да; блю́да ру́сской ку́хни/生の сыро́й/（油を使わずに）焼く печь/パンを焼く печь хлеб/魚を直火で焼く печь ры́бу на откры́том огне́/（油を使って）焼く жа́рить/魚をバター焼きにする жа́рить ры́бу на ма́сле/炒める жа́рить/フライパンで炒める жа́рить на сковоро́дке/炒［煎］る жа́рить/コーヒー豆を炒る жа́рить ко́фе/揚げる жа́рить в большо́м коли́честве ма́сла/軽く焼く、あぶる поджа́ривать/キツネ色になるまで炒める жа́рить до кори́чневого цве́та/煮る вари́ть/蒸し煮する туши́ть/蒸す вари́ть на пару́/ゆでる вари́ть; отва́ривать/ご飯を炊く вари́ть ［отва́ривать］ рис/味付けする приправля́ть：塩と胡椒で～ приправля́ть со́лью и пе́рцем/塩をふる соли́ть; посыпа́ть со́лью

B バリエーション

ザクースカ、前菜、オードブル заку́ска/イクラ（зерни́стая）икра́/（赤）イクラ кра́сная икра́; икра́ лососёвая/（黒）イクラ、キャビア чёрная икра́; икра́ осетро́вая/筋子（па́юсная）икра́/サラダ сала́т：野菜～ сала́т из све́жих овоще́й/グリーン～ зелёный сала́т/季節の～ сезо́нный сала́т/トマトとキュウリの～ сала́т из све́жих помидо́ров и огурцо́в/ポテト～ сала́т столи́чный/スープ суп；（「最初に出す料理」の意味で）пе́рвое/コンソメスープ、ブイヨン бульо́н/ロシアスープ（多くの場合キャベツが入る）щи/ボルシチ（ビート入りの）борщ/メインディッシュ второ́е/ビフテキ、ビーフステーキ бифште́кс（натура́льный）/ハンバーグステーキ бифште́кс（ру́бленый）/ビーフストロガノフ бефстро́ганов; говя́дина по-стро́гановски/キエフ風カツレツ（バターの塊を中に包んだチキンカツ）ки́евская котле́та/シャシルィク（羊肉などの串・鉄板焼き）шашлы́к/ペリメニ（ロシア風餃子）пельме́ни/ロシア風水餃子 бульо́н с пельме́нями/ロールキャベツ го-

料理

лубцы́/挽肉詰め[その他のものを詰めた]ナス[ピーマン、トマト]фарширо́ванный「баклажа́н[пе́рец, помидо́р]/オムレツ яи́чница; омле́т/付け合わせ гарни́р/マッシュポテト карто́фельное пюре́/マカロニ макаро́ны/米[ソバ、小麦、キビ]の粥 ри́совая[гре́чневая, ма́нная, пшённая]ка́ша

C　オプション(1)

生ハム сырокопчёная ветчина́/スモークサーモン копчёный лосо́сь/ゆで卵のイクラ添え яйцо́ с икро́й/パテ паште́т/ゆでた鶏[豚]肉 отварна́я「ку́рица[свини́на]/肉[魚]の盛り合わせ ассорти́「мясно́е[ры́бное]/煮こごり、ゼリー сту́день; заливно́е; желе́/ニシンの塩漬け солёная сельдь：野菜などで包んだ～ селёдка под шу́бой/ニシンの燻製 копчёная сельдь/ゆでビーツのソースかけ отварна́я свёкла под со́усом/きのこの酢漬け[マリネ]марино́ванные грибы́/きのこの塩漬け солёные грибы́/アンチョビ анчо́усы/ドレッシング дре́ссинг/ロシア風酢油サラダ винегре́т/ミートボール[クルトン、ゆで卵]入りコンソメ бульо́н с「мясны́ми фрикаде́льками[гренка́ми, яйцо́м]/とろみのついたスープ похлёбка/辛味のきいたスープ соля́нка/塩漬けキュウリ入りスープ рассо́льник/魚スープ уха́/きのこスープ грибно́й суп/ポタージュ(・エペー)суп-пюре́/グリーンピース[ポテト]スープ суп-пюре́ из「горо́ха[карто́феля]/牛乳入りスープ моло́чный суп/ヌードルスープ суп-лапша́; суп с лапшо́й/冷製スープ холо́дный суп/ロシア風ビーフシチュー рагу́/メンチカツ ру́бленая говя́жья котле́та/(丸型の)メンチカツ бито́чки из говя́дины/仔牛肉のメンチカツ теля́чья котле́та/牛肉の壺煮 говя́дина, тушённая в「горшке́[горшо́чке]; мя́со в горшке́/牛肉の煮込み отварна́я говя́дина/牛肉ワイン煮込み говя́дина, тушённая с вино́м/仔豚の丸焼き жа́реный поросёнок/豚肉のカツレツ свина́я котле́та; шни́цель/鶏の丸焼き жа́реная ку́рица/タンシチュー язы́к, тушённый с со́усом/煮魚 отварна́я ры́ба/焼き魚 печёная[запечённая]ры́ба/フライパンなどで焼いた[油で揚げた]魚 жа́реная ры́ба/魚のワイン蒸し ры́ба, тушённая с вино́м/ポテトコロッケ карто́фельная котле́та/きのこのサワークリーム煮 грибы́, тушённые со смета́ной/グラタン запека́нка/スクランブルエッグ яи́чница-болту́нья/目玉焼き яи́чница-глазу́нья/ハムエッグ яи́чница-глазу́нья с ветчино́й/カッテージチーズのプディング пу́динг из творо́га

料理

C オプション（2）

料理法 кулинария / ロシア［フランス］料理教室 курс «русской [французской] кулинарии / 強［中、弱、とろ］火で на «сильном [среднем, слабом, медленном] огне / 輪切[小口切り、角切り、乱切り、斜め切り、千切り]にする нарезать «кружочками [мелкими кружочками, кусочками, неодинаковыми кусочками, наискось, тонкими палочками] / 魚を三枚におろす разделить рыбу на три слоя / マリネにする мариновать / 吸い物 суп по-японски / 澄まし汁 прозрачный суп по-японски / 味噌汁 мисо суп; суп с пастой из соевых бобов / 口取り закусочка / 刺身 сырая рыбка, разрезанная кусочками / 酢の物 маринованное / 煮物 варёное / 焼き物 жареное / 揚げ物 жареное (с большим количеством масла) / てんぷら тэмпура (креветка, рыба, овощи и другие продукты, зажаренные с большим количеством масла) / すき焼き сукияки (разрезанная тонкими слоями говядина, лук и другие продукты, зажаренные с соевым соусом и сахаром на чугунной сковороде) / しゃぶしゃぶ сябу-сябу (говядина, разрезанная крайне тонкими слоями и погружённая в горячий суп на несколько секунд) / すし суши / 焼き鶏 якитори / カレーライス рис с говядиной и овощами, приправленными кэрри / オムライス рис (чаще всего с курицей и томатным кетчупом), завёрнутый в тонкий омлет

D インターチェンジ

☞ 「食事」、「食料品」、「パン、ペストリー」、「レストラン」

♣ ミニ・ダイアローグ

ぼくの考えでは、いい奥さんの三つの条件は美人、頭のよさ、優しさだ。

ぼくは健康で、謙虚で、料理がうまいことだと思うね。

で、君の奥さんはその条件を満たしているんだよね？

たしかにすごく丈夫だ…彼女の母親は控えめだし、ぼく自身が料理の名人ときている！

По-моему, есть три условия для хорошей жены — красота, ум и доброта.

А я думаю — здоровье, скромность и умение вкусно готовить.

И ваша супруга удовлетворяет этим условиям?

Она и в самом деле очень здорова… и её мать скромная, а сам я прекрасный повар!

食 器

食　器（посуда）

A　ベース

食器 посу́да/食器[茶器]セット серви́з/ディナーセット столо́вый серви́з/ティー[コーヒー茶碗]セット ча́йный серви́з/皿 таре́лка; блю́до: 取り～ таре́лка/深い[浅い]～ глубо́кая [ме́лкая] таре́лка/スープ～ таре́лка для су́па/ケーキ～ десе́ртная таре́лка/大～ блю́до/深～、鉢 ми́ска/茶碗、カップ ча́шка : 紅茶～（ча́йная）ча́шка/コーヒー～ кофе́йная ча́шка/スープカップ ча́шка для су́па/マグカップ、モーニングカップ、ジョッキ кру́жка/カップの受け皿、ソーサー、茶托 блю́дце/コップ、タンブラー стака́н/ポット、やかん ча́йник/コーヒー沸かし кофе́йник; кофева́рка/ポット[土瓶]敷き подста́вка/食事用食器一揃い прибо́р/スプーン、匙 ло́жка: テーブル[スープ]～、大匙 столо́вая ло́жка/ティー～、小匙 ло́жечка; ча́йная「ло́жка[ло́жечка]/木の～ деревя́нная ло́жка/フォーク ви́лка/ナイフ нож

B　バリエーション

アイスクリーム皿 посу́да для моро́женого/果物皿 ва́за для фру́ктов/（ジャム、蜜などを入れる）小皿 розе́тка/バターナイフ нож для ма́сла/スープ入れ глубо́кая посу́да для су́па; су́пница/サラダ入れ、サラダボール сала́тник/ミルク入れ моло́чник/バター入れ масле́нка/塩入れ соло́нка/こしょう入れ пе́речница/辛子入れ горчи́чница/（塩入れ・こしょう入れを立てるための）薬味スタンド судо́к/砂糖入れ[壷] са́харница/砂糖挟み щипцы́ для са́хара/パン皿、パン籠 хле́бница/コップ[グラス]ホールダー（コップを挿し込むための、銀・鉄製などの円筒形の枠。取っ手がついていて、コップで熱いお茶を飲む時に使う）подстака́нник/水差し кувши́н（水以外の飲み物をテーブルに出す時にも使う）/ワイングラス рю́мка для вина́/シャンパングラス бока́л для шампа́нского/ぐい呑 сто́пка/アイスペール ведро́ для льда/ストロー соло́минка/お盆 подно́с/ナプキン салфе́тка/テーブルクロス ска́терть/箸 па́лочки（для еды́）; хаси/箸置き подста́вка для па́лочек/ご飯茶碗 ри́совая ча́шка/汁椀 ча́шка для су́па/急須、土瓶、やかん ча́йник/徳利 фарфо́ровая буты́лочка для саке́/猪口、おちょこ рю́мочка/醤油差し посу́да для со́евого со́уса/重箱（расписна́я）деревя́нная коро́бочка для

294

пи́щи/**弁当箱** ла́нч(-)бо́кс

C　オプション

ホフロマ Xохлома́（ロシア北部の村の名。極彩色の木製品の産地として有名。村の名が製品の名称にもなっている）：～**の** хо́хломский/～**塗り、～塗りの模様** хо́хломская ро́спись/～**塗りのスプーン** хо́хломские ло́жки/**パーレフ** Па́лех（ボルガ川近くの村の名。精密画の模様をほどこした民芸漆器の産地として有名。町の名が製品の名称にもなっている）：～**の** па́лехский/～**風の模様** па́лехская мане́ра рису́нка／**陶磁器** кера́мика；фарфо́ро-фая́нсовые изде́лия/**陶器**（陶土製品の総称）гонча́рные изде́лия；（一般の陶器）фая́нсовые изде́лия；（高級陶磁器）фарфо́ровые изде́лия/**磁器** фарфо́р；фарфо́ровые изде́лия/**漆器** лакиро́ванные изде́лия；ла́ки/**白磁** бе́лый фарфо́р/**青磁** зеленова́то-голубо́й фарфо́р

D　インターチェンジ

☞「**食事**」

♣ ミニ・ダイアローグ

今ぼくはロシアのきれいな木のスプーンを毎日使っていますよ。

あなたが言っているのはホフロマ塗りのスプーンのこと？

ぼくはその名前は知らないな。いつもそれで熱いスープを飲んでいるのに、色が全然変わらないんだ。

そうね、あなたは一生それを使えるわ。そしてあなたの息子さんもその同じスプーンで百年スープを飲むでしょう。

どこから息子が出てくるのかな？ぼくはまだ結婚してないよ。

Тепе́рь я ка́ждый день по́льзуюсь ру́сской краси́вой деревя́нной ло́жкой.

Вы име́ете в виду́ хо́хломскую ло́жку?

Я не зна́ю её назва́ния. Я ча́сто ем ей горя́чий суп, но её цвета́ совсе́м не изменя́ются.

Да, вы мо́жете по́льзоваться ей всю жизнь. И ваш сын то́же бу́дет есть суп э́той же ло́жкой сто лет.

Отку́да у меня́ сын? Я ещё не жена́т.

レストラン

レストラン（ресторан）

A　ベース

レストランpесторáн：有名な［一流の、しゃれた］〜 извéстный ［первоклáссный, шикáрный］ ресторáн／ホテルの［中心街の、駅の］〜 ресторáн「в гостúнице ［на глáвной ýлице, на вокзáле］／ロシア［ウクライナ、グルジア、日本］〜 рýсский ［украúнский, грузúнский, япóнский］ ресторáн／ロシア［ウクライナ、グルジア、日本］料理の〜 ресторáн「рýсской ［украúнской, грузúнской, япóнской］ кýхни／〜のチェーン店 цепь ресторáнов／カフェ кафé（ロシアにはいろいろなタイプのカフェがあるが、レストランに準ずる飲食設備もある）／（電話で）席の予約をする закáзывать ［бронúровать］ местá （по телефóну）／クローク гардерóб／席に着く садúться за стол／テーブル стол／椅子 стул／ウェイター、ウェイトレス официáнт（ка）／コック пóвар／シェフ шеф-пóвар／支配人、店長 дирéктор／テーブルクロス скáтерть／一揃いの食器 прибóр／ナイフ нож／フォーク вúлка／スプーン лóжка／ナプキン салфéтка／メニュー меню́／料理［飲み物］を注文［オーダー］する закáзывать「блю́да ［напúтки］／オードブル закýска／（セルフサービスの）サラダコーナー салáтный стол／スープ пéрвое; суп／メインディッシュ вторóе／デザート десéрт, слáдкое（料理について、くわしくは「料理」の項参照）／伝票 счёт／支払いをする рассчитáться／現金［カード］で払う платúть「налúчными ［по кáрточке］／チップ чаевы́е：〜を払う давáть「чаевы́е ［на чай］

B　バリエーション

コートを脱ぐ раздевáться／コートをクロークに預ける отдавáть вéрхнюю одéжду в гардерóб／1人前 однá пóрция／野菜サラダを2人前 две пóрции салáта из свéжих овощéй; салáт из свéжих овощéй — два рáза／スープは何にしようか Что （взять） на пéрвое？／スープはボルシチをください Дáйте борщ на пéрвое.／サリャンカというのはどんなスープか説明してください Объяснúте, пожáлуйста, какóй суп соля́нка？／今日は何かお勧めのメインディシュがありますか Что вы рекомендýете сегóдня на вторóе？／お下げしてよろしいですか。ええ、どうぞ。 Мóжно убрáть？　Да, пожáлуйста.

レストラン

C　オプション

こちらではカードは使えますか。	У вас мо́жно испо́льзовать ка́рточку?
お持ちのカードは何でしょうか。	Кака́я у вас ка́рточка?
ビザです。	Ви́за.
ビザなら扱っております。	Мы принима́ем Ви́зу.
申し訳ございません。当店では現金払いのみでございます。	Извини́те, пла́та у нас то́лько нали́чными.

（★ロシアなどのレストランでは、料金をレジで払わず、担当のウェイターやウェイトレスに払う方式が多い。その場合、料金を手渡さず、テーブルの上におかれた明細書とレシート入りの小型の紙挟みに、料金と料金の10-15パーセント増し（チップとして）のお金をおいて帰るのが普通。）

D　インターチェンジ

☞「食事」、「食料品」、「食器」、「パン、ペストリー」、「ホテル」、「料理」、「旅行」

♣ ミニ・ダイアローグ

ぼくはキリスト教の断食期間になると、必ずレストランに行きます。それは宗教の冒瀆になりませんか。	Я всегда́ хожу́ в рестора́ны во вре́мя поста́ христиа́нства. Э́то не святота́тство?
いいえ、全然。いくつかのレストランで、特別の精進料理を出してくれるんです。	Ни в ко́ем слу́чае. В не́котрых рестора́нах специа́льно гото́вят по́стные блю́да.
私はもともとほとんど菜食主義者ですし、日本では一年中精進料理が食べられます。	Я и без того́ почти́ вегетариа́нка, и в Япо́нии мо́жно есть по́стные блю́да кру́глый год.
なるほど、だからあなたは心も容姿も清純で美しいんですね。	Тепе́рь я по́нял. Поэ́тому у вас и душа́, и вне́шность чи́стые и краси́вые.
ありがとう。あなたのお世辞はすばらしいご馳走以上においしいわ。	Спаси́бо. Ва́ши комплиме́нты вкусне́е, чем прекра́сная еда́.

297

病　院

病　院（больница）

A　ベース

病院 больни́ца/総合[専門]病院 многопро́фильная ［специализи́рованная］ больни́ца/総合外来病院 поликли́ника（★ больни́ца は入院患者のための施設、поликли́ника は外来患者のための施設だが、両方を総合した поликлини́ческая больни́ца「外来・入院病院」、больни́чно-поликлини́ческий ко́мплекс「外来・入院総合病院」もある）/大学[研究所]付属病院 кли́ника（入院施設もあり、治療と研究、医学生の教育を行なう）/救急病院 больни́ца ско́рой медици́нской по́мощи / 病院に行く приходи́ть в「больни́цу［поликли́нику; посеща́ть「больни́цу［поликли́нику］/外来患者 приходя́щий больно́й/入院する ложи́ться в больни́цу/入院させる класть в больни́цу/病院に入る поступа́ть в больни́цу/病院に運ぶ привози́ть［отвози́ть, отправля́ть］в больни́цу/病院に行かせる направля́ть в больни́цу/病院に収容する、入院させる помеща́ть в больни́цу; госпитализи́ровать/入院している лежа́ть［находи́ться, лечи́ться］в больни́це/退院する выпи́сываться［выходи́ть］из больни́цы/退院させる выпи́сывать из больни́цы/入院患者 стациона́рный больно́й/入院治療 стациона́рное лече́ние/治療 лече́ние：〜する лечи́ть/診療 осмо́тр：〜する осма́тривать/手術 опера́ция：〜をする де́лать опера́цию/〜室 операцио́нная/（病）院長 главвра́ч/医者 врач; до́ктор/看護師 медсестра́; медици́нская сестра́/医務助手 фе́льдшер; фельдшери́ца/患者 больно́й; пацие́нт/カルテ медици́нская ка́рта

B　バリエーション

小児科[精神、結核]病院 де́тская［психиатри́ческая, туберкулёзная］больни́ца/診療部門 приёмное отделе́ние/内[外、小児、産婦人、眼、耳鼻咽喉、皮膚、泌尿器、腫瘍、心臓病、精神、放射線]科 терапевти́ческое［хирурги́ческое, де́тское, акуше́рско-гинекологи́ческое, офтальмологи́ческое, оториноларингологи́ческое, дерматологи́ческое, урологи́ческое, онкологи́ческое, кардиологи́ческое, психиатри́ческое, радиотерапевти́ческое］отделе́ние/問診 консульта́ция：〜する получи́ть консульта́цию/聴診 аускульта́ция; выслу́шивание：〜する выслу́шивать/

触診 ощу́пание：～する ощу́пать/検査 медици́нское「обсле́дование［иссле́-дование］/血圧測定 измере́ние артериа́льного давле́ния/血液検査 ана́лиз кро́ви/検便 ана́лиз ка́ла/コレステロール測定 определе́ние у́ровня холе-стери́на в крови́/レントゲン写真 рентге́новский сни́мок/（胸部）レントゲン検査 рентгенологи́ческое иссле́дование (грудно́й кле́тки)/バリウムを使うレントゲン検査 рентгенологи́ческое иссле́дование с ба́рием/胃カメラ гастроско́п：～検査 гастроско́пия/内視鏡 эндоско́п：～検査 эндоско́пия/超音波検査 ультразвуково́е иссле́дование (УЗИ)/集中治療 интенси́вная терапи́я/点滴 ка́пли：～をする ста́вить ка́пельницу/（人工）透析 (иску́ст-венный) диа́лиз/リハビリ реабилита́ция/当直医 дежу́рный врач/薬局 апте́-ка/処方箋 реце́пт：～を書く［出す］пропи́сывать реце́пт

C オプション

総合検査、人間ドック по́лное медици́нское обсле́дование/断層撮影 томогра́фия/コンピュータ断層撮影、СТ компью́терная томогра́фия; КТ/ СТスキャナー КТ-скани́рование/血液バンク банк кро́ви/物理療法室 фи-зиотерапевти́ческий кабине́т/蘇生術 реанима́ция; оживле́ние о́рганов/霊安室 морг

D インターチェンジ

☞「薬」、「出産」、「身体」、「身体器官」、「病気」

> ♣ ミニ・ダイアローグ
>
> 以前は「自分を売る」という表現は「労働力を売る」とか「売春をする」という意味だったけど、今では人間が文字通り自分を、つまり、自分の臓器を移植のために売っている。
>
> そう、しかも信じられないほど高く。
>
> Ра́ньше выраже́ние «продава́ть себя́» име́ло значе́ние «продава́ть рабо́чие си́лы» и́ли «занима́ться проститу́цией», а тепе́рь лю́ди в прямо́м смы́сле продаю́т себя́, т. е. свои́ о́рганы для переса́дки.
>
> Да, к тому́ же, неимове́рно до́рого.

病　気

病　気（болезнь）

А　ベース

病気 боле́знь; заболева́ние：〜になる заболева́ть/彼は〜だ Он бо́лен.; Он боле́ет./〜に罹っている страда́ть＋造格; быть больны́м＋造格：彼は糖尿病に罹っている Он страда́ет диабе́том./彼は流感だ Он бо́лен гри́ппом./治療 лече́ние：〜する лечи́ть/慢性の хрони́ческий/急性の о́стрый/伝染病 инфекцио́нные「боле́зни［заболева́ния］/一過性の ра́зовый/症状 симпто́м; при́знак/発熱 повыше́ние температу́ры/痛み боль/頭痛 головна́я боль/吐き気 тошнота́/悪寒 озно́б/（全身の）だるさ（о́бщая）сла́бость/食欲不振 плохо́й аппети́т/嘔吐 рво́та/下痢 поно́с/便秘 запо́р/血圧（кровяно́е）давле́ние; артериа́льное давле́ние（АД）：私の血圧は上が130、下が90です У меня́ давле́ние 130/90 (сто три́дцать на девяно́сто)./血圧計 измери́тель（артериа́льного）давле́ния; тоно́метр/上の血圧 ве́рхнее［систоли́ческое］давле́ние/下の血圧 ни́жнее［диастоли́ческое］давле́ние/高血圧 высо́кое［повы́шенное］давле́ние/高血圧症 гипертони́я/低血圧 ни́зкое［пони́женное］давле́ние/コレステロール холестери́н/中性脂肪 нейтра́льный жир/風邪 просту́да/鼻風邪 на́сморк/癌 рак/肺［胃、乳、乳腺、肝臓、皮膚］癌 рак「лёгких［желу́дка, груди́, моло́чной железы́, пе́чени, ко́жи］/腫瘍 о́пухоль：良［悪］性〜 доброка́чественная［злока́чественная］о́пухоль/脳〜 о́пухоль мо́зга/潰瘍 я́зва：胃〜 я́зва желу́дка/炎症 воспале́ние/化膿 нагное́ние; опре́лость/肺炎 воспале́ние лёгких；【医】пневмони́я/胃炎［アトニー］воспале́ние［атони́я］желу́дка/心臓血管系の病気 серде́чно-сосу́дистые заболева́ния/心臓疾患 поро́ки се́рдца/貧血（症）малокро́вие；【医】анеми́я/脳出血、脳溢血 кровоизлия́ние в мозг/心臓発作 серде́чный при́ступ/狭心症 стенока́рдия；（旧）грудна́я жа́ба/梗塞 инфа́ркт/心筋梗塞 инфа́ркт миока́рда/脳梗塞 инфа́ркт мо́зга/心不全 серде́чная недоста́точность/呼吸器の病気 боле́зни［заболева́ния］дыха́тельных о́рганов/ぜんそく а́стма/気管支炎 бронхи́т/中耳炎 воспале́ние сре́днего у́ха/外耳炎 нару́жный оти́т/耳鳴り шум［звон］в уша́х/鼻血 носово́е кровотече́ние/花粉症 сенна́я лихора́дка; поллино́з/鼻炎 рини́т：アレルギー性〜 аллерги́ческий「рини́т［на́сморк］/ギックリ腰 радикули́т/腰痛 радикули́т; боль「спины́［поясни́цы］/骨折 перело́м ко́сти/脱臼 вы́вих（в суста́ве）/皮膚病

病気

кожные болезни/湿疹 экзема/吹出物 сыпь/にきび прыщи/腫れ物 нарыв/婦人病 женские [гинекологические] болезни/子宮内膜炎 эндометрит/子宮筋腫 миома матки/精神病 психические болезни/精神分裂病 шизофрения/欝病 депрессия/アルコール中毒 алкоголизм/中毒 отравление/食中毒 отравление пищей/心身症[病] психосоматическое заболевание/アルツハイマー Альцгеймера болезнь/認知症 деменция/不整脈 нерегулярный [аритмичный] пульс/黄疸 желтуха/肝炎 гепатит/エイズ СПИД (синдром приобретённого иммунодефицита)/肝硬変 цирроз печени/胆嚢炎 холецистит/前立腺肥大 гипертрофия предстательной железы/痔 геморрой/難病 трудноизлечимые болезни/リューマチ ревматизм/公害病 заболевания, вызванные загрязнением/職業病 профессиональная болезнь; профессиональное заболевание/臓器移植 пересадка органов/心臓移植 пересадка сердца

♣ ミニ・ダイアローグ

ぼくの父はほとんど2年病気でね、時には入院し、時には家で寝ています。

そう？早く回復なさるといいわね。でも、正夫、健康が人間の正常な状態で、病気は何か異常なものと、考えてはだめよ。健康と病気は人間の二つの正常な状態なのよ。

Мой отец болеет почти два года. Он иногда лежит в больнице, иногда дома.

Да? Я желаю, чтобы он скоро выздоровел. Но не думайте, Масао, что здоровье — нормальное состояние человека и болезнь — что-то ненормальное. Здоровье и болезнь — два нормальных состояния человека.

B　バリエーション

胃[十二指腸]潰瘍 язва 「желудка [двенадцатиперстной кишки]/血便 стул с прожилками крови/腸炎 энтерит/大腸炎 колит/虫垂炎、盲腸炎 аппендицит/脳[腎]炎 воспаление 「мозга [почек]/ウイルス性肝炎 гепатит вирусный　/硬化 склероз/動脈硬化 атеросклероз; (旧) артериосклероз/肥大 гипертрофия/亢進 гипертония/結石 камень：腎臓〜 камни в почках/胆石 жёлчные камни/蜘蛛膜下出血 подпаутинное кровотечение; подпаутинная геморрагия/脳軟化 размягчение мозга；【医】энцефаломаляция/脳死

病　気

мозгова́я смерть／血栓 тромб：〜症 тромбо́з; тромбоэмболи́я／塞栓症 эмболи́я／弁膜症 пораже́ние [поро́к] кла́панов се́рдца／気管支拡張症 бронхоэкта́з; бронхоэктази́я／咽頭炎 фаринги́т／喉頭炎 ларинги́т／扁桃腺炎 тонзилли́т／アデノイド адено́ид／肺気腫 эмфизе́ма／肋膜炎 плеври́т／蓄膿症 эмпие́ма／副鼻腔炎 носова́я эмпие́ма／物もらい ячме́нь／結膜炎 конъюнктиви́т／角膜炎 керати́т／虹彩炎 ири́т／網膜炎 воспале́ние сетча́тки; ретини́т／網膜剝離 отсло́йка сетча́тки／白内障 катара́кт／緑内障 глауко́ма／筋萎縮症, 筋ジストロフィー мы́шечная дистрофи́я／ヘルニア гры́жа／脱腸 ки́шечная гры́жа／関節炎 воспале́ние суста́ва; артри́т／脊椎湾曲 искривле́ние позвоно́чника／脊椎分離 спондилоартро́з／脊椎カリエス спинно́й ка́риес／ヘルペス ге́рпес／ただれ（炎症）воспале́ние

С　オプション

閉塞 заку́порка：腸〜 заку́порка [непроходи́мость] кише́чника／静脈[腸]〜 заку́порка 「вен [кишо́к]／虚血 ишеми́я／筋炎 миози́т／書痙 пи́счий спазм; пи́счая су́дорога／筋無力症 гиподинами́я／子宮脱 выпаде́ние ма́тки／子宮後[前]屈 заги́б ма́тки「кза́ди [кпе́реди]／子宮付属器炎 аднекси́т／子宮頸管糜爛 эро́зия ше́йки ма́тки／性病 венери́ческие боле́зни／梅毒 си́филис／淋病 гоноре́я／軟性下疳 мя́гкий шанкр／鼠けいリンパ肉芽腫症 па́ховый лимфогранулемато́з／ビタミン欠乏症 авитамино́з; гиповитамино́з／躁欝病 маниака́льно-депресси́вный психо́з／躁病 ма́ния／精神薄弱 олигофрени́я／誇大妄想狂 ма́ния вели́чия／甲状腺炎 воспале́ние щитови́дной железы́；【医】тиреоиди́т／А型肝炎 гепати́т А／В型肝炎 гепати́т В／膵臓炎 панкреати́т／ネフローゼ нефро́з／腎臓炎 нефри́т／痛風 пода́гра／内[外]痔核 вну́тренний [нару́жный] геморроида́льный у́зел／痔ろう заднепрохо́дный свищ; заднепрохо́дная фисту́ла／腱鞘炎 тендовагини́т／膠原病 коллаге́новая боле́знь; коллагено́з／アジソン病 Аддисо́нова боле́знь; бро́нзовая боле́знь／ベーチェット病 боле́знь Бе́хчета／スモン病 подо́страя миерооти́ческая невропа́тия／パーキンソン氏病 паркинсони́зм; боле́знь Паркинсо́на／臍帯血移植 переса́дка пупо́винной кро́ви／生体肝移植 переса́дка пе́чени из живо́го те́ла／胃けいれん спазм [спа́зма] желу́дка

歯 科

♣ ミニ・ダイアローグ

医学はすごい進歩をしているのに、病気の数はますますふえていますよ。

そうね。現代科学はたくさんの病気を絶滅させたけど、まさにそのことで、新しい病気を作り出してしまったわ。たとえば、新しい型の抗生物質の発明は、いつも一段と強いウイルスが生まれる原因になってしまうのよ。

Медици́нская нау́ка де́лает колосса́льные успе́хи, но число́ заболева́ний всё бо́лее увели́чивается.

Да, совреме́нная нау́ка истреби́ла мно́го заболева́ний, но тем же са́мым произвела́ но́вые боле́зни. Наприме́р, изобрете́ние но́вого ти́па антибио́тика всегда́ стано́вится причи́ной появле́ния бо́лее си́льного ви́руса.

歯　科（стоматоло́гия）

A　ベース

口腔科医、歯科医 стомато́лог/歯科医、歯医者 зубно́й　врач；(旧・文) данти́ст/歯科医院 стоматологи́ческая поликли́ника (★「歯科医」は日常生活では зубно́й врач も使うが、看板などでは現在は普通 стомато́лог を使う)/歯 зуб/乳歯 моло́чный зуб/永久歯 постоя́нный зуб/前歯 пере́дний зуб/奥歯 за́дний зуб/親知らず зуб му́дрости/上［下］の歯 ве́рхние［ни́жние］зу́бы/虫歯 (細菌におかされた歯) карио́зный зуб；(歯が細菌におかされた状態) зубно́й ка́риес/歯茎 десна́/歯磨き чи́стка зубо́в/歯を磨く чи́стить зу́бы/練り歯磨き зубна́я па́ста/歯ブラシ (зубна́я) щётка

B　バリエーション

取り外せる入れ歯 съёмный зубно́й проте́з/抜歯 удале́ние зу́ба/歯を抜く удали́ть зуб/自分の歯を残す оставля́ть есте́ственные зу́бы/歯に穴をあける просве́рливать зуб/(歯の) 詰め物；インレー пло́мба；вкла́дка/私は歯に金を詰めてもらった Мне запломбирова́ли зуб зо́лотом./歯冠 коро́нка/歯に金冠をかぶせる ста́вить золоту́ю коро́нку на зуб/義歯、入れ歯 зубно́й проте́з：〜を入れる протези́ровать/総〜 по́лный зубно́й проте́з；(вставны́е) че́люсти/部分〜 части́чный зубно́й проте́з/ブリッジ мостови́дный зубно́й

303

歯　科

протéз/歯肉炎 воспалéние дёсен; гингиви́т/歯周病 периодонти́т/歯槽膿漏（のうろう）альвеоля́рная пиорéя; флюс/歯石 зубнóй кáмень：～を取る удаля́ть зубны́е кáмни/歯垢 зубнóй налёт/歯がずきずき痛む испы́тывать пульси́рующую боль

C　オプション

口腔衛生措置 санáция/門歯 резéц/犬歯 клык/臼歯 кореннóй зуб/ほうろう質 эмáль/歯髄 пýльпа; зубнáя мя́коть/歯間ブラシ межзýбная щётка/糸ブラシ нить для чи́стки межзýбных простра́нств/膿瘍 абсцéсс

♣ ミニ・ダイアローグ

　ストマトログとズブノイ・ヴラーチの違いは何ですか。
　実際には違いはないですね。今では歯医者さんは歯の手入れをするだけではなくて、歯、歯茎、口腔のいろいろな病気を治します。つまり、今や歯医者ではなくて口医者です。ストマトログはギリシャ語でまさに「口の専門家」という意味なのです。

　Какáя рáзница между стоматóлогом и зубны́м врачóм？
　Практи́чески рáзницы нет. Тепéрь зубнóй врач не тóлько ухáживает за зубáми, но и лéчит рáзные болéзни зубóв, дёсен и пóлости рта. Значит, он теперь явля́ется не зубны́м, а ротовы́м врачóм. Стоматóлог по-грéчески значит и́менно «специали́ста по рту».

身　体

身　体（тело）

A　ベース

身体 тéло/体の大きい人 крýпный［большóй］ человéк/体の小さい人 мáленький［небольшóй］человéк/体格 телосложéние：スポーツマンのような～の人 человéк атлети́ческого телосложéния/身長 рост：私は～175センチです Мой рост 175 (сто сéмьдесят пять) сантимéтров.; Я рóстом 175 сантимéтров./長身 большóй［высóкий］рост/短身 небольшóй［ни́зкий, мáленький］рост/彼は背が低い Он ни́зкого рóста.; Он мал［невели́к］рóстом./彼は背が高い Он высóкого рóста.; Он вели́к рóстом.; Он высóкий./体重 вес：私は～67キロです Мой вес 67 (шестьдесят семь килогрáммов).; Я вéсом 67 килогрáммов.; Я вéшу 67 килогрáммов./胸囲、バスト обхвáт грýди/胴回り、ウエスト обхвáт тáлии/腰回り、ヒップ обхвáт бёдер/頭 головá/髪 вóлосы/後頭部 заты́лок/顔 лицó/額 лоб/眉 бровь/目 глаз/まつ毛 ресни́ца/眉間 перенóсица/鼻 нос/鼻の穴 ноздря́/口 рот/唇 губá/舌 язы́к/歯 зуб/歯茎 деснá/こめかみ висóк/頬 щекá/耳 ýхо/耳たぶ мóчка/顎 подборóдок/首 шéя/のど гóрло/胴体 тýловище/肩 плечó/胸、乳 грудь/乳首 груднóй сосóк/背中 спинá/腹 живóт/わき腹 бок/へそ пупóк;（口）пуп/腰 поясни́ца/細腰、ウエスト тáлия/尻 я́годицы; зад;（口）пóпа/四肢 члéны/腕、手 рукá/肘 лóкоть/手首（手首から指先まで）кисть/手のひら ладóнь/手の甲 ты́льная сторонá руки́/拳 кулáк/親［人差し、中、薬］指 большóй［указáтельный, срéдний, безымя́нный］пáлец/小指 мизи́нец; мáленький пáлец/指先 кóнчик пáльца/爪 нóготь/足 ногá/足の付け根、鼠径 пах/股 пах; внýтренняя часть бедрá/もも（腿、股）бедрó; ля́жка/膝 колéно/脛 гóлень/ふくらはぎ икрá/くるぶし лоды́жка; щи́колотка/足首 предплю́сна; стопá; ступня́;（足首から下全体）стопá; ступня́/踵 пя́тка/足の甲 подъём/足の指 пáлец ноги́/足の裏 ступня́; подóшва/土踏まず мя́коть на ступнé/骨 кость/骨格、骸骨 скелéт/頭蓋骨 чéреп/肩甲骨 лопáтка/鎖骨 ключи́ца/肋骨、あばら骨 ребрó/関節 сустáв/筋肉 мы́шца; мýскул/腱 сухожи́лие/アキレス腱 ахи́ллово［ахиллéсово］сухожи́лие

305

身　体

B　バリエーション

頭のてっぺん、頭頂 тéмя／二の腕、上腕(じょうわん) предплéчье／前腕、前膊 запя́стье／頬骨 черепнáя корóбка／あご骨 чéлюсть／頸骨 шéйный позвонóк／背骨、脊椎 позвонóк／骨盤 тáзовая кость／仙骨 крéстец／尾骶骨(びてい) кóпчик；хвостéц／坐骨 седáлищная кость／大腿骨 бéдренная кость／膝蓋骨(ひつがい)、膝のお皿 надколéнник／脛骨 большáя берцóвая кость／腓骨(ひ) малоберцóвая ［мáлая берцóвая］ кость／筋肉組織 мускулатýра／心筋 мы́шцы сéрдца；миокáрд／内臓筋 мы́шцы внýтренних óрганов／三角筋 дельтовúдная мы́шца／僧帽筋 трапециевúдная мы́шца／膝の靱帯 надколéнная свя́зка

C　オプション

上腕骨 плечевáя кость／橈骨(とう) лучевáя кость／尺骨 локтевáя кость／横紋［平滑］筋 поперечнополосáтая ［глáдкая］ мы́шца／骨格筋 скелéтные мы́шцы／上腕［大腿］二頭筋 двуглáвая мы́шца「плечá ［бедрá］」／三頭筋 трёхглáвая мы́шца

D　インターチェンジ

☞「大きさ、長さ、広さ」、「身体器官」、「度量衡」、「病気」

♣ミニ・ダイアローグ

レオナルド・ダ・ヴィンチの天才の秘密はどこにあったんだろう？

そもそも秘密などなかったのさ。彼は子供の時絵描きの工房で綿密に人間の体を観察した。

うん。その後体を解剖学的に研究したね。

В чём был секрéт гениáльности Леонáрдо да Вúнчи？

Сóбственно, никакóго секрéта нé было. Он мáльчиком в мастерскóй худóжника тщáтельно наблюдáл тéло человéка.

Да, потóм он изучáл егó анатомúчески.

身体器官

それで、彼は人体が正方形、円、円筒など、ごく単純な形からできていて、宇宙の万物も、石、植物、動物や天体さえ、基本的に同じ構造を持っていて、簡単な形の組み合わせだけが違うということを発見したんだ。その結果、あれほどの深さと鋭い洞察に到達したのだよ。

Итак, он нашёл, что тéло человéка состоит из сáмых простых форм: квадрáтов, кружкóв, цилиндров и т. д., и всё во вселéнной — кáмни, растéния, живóтные и дáже небéсные тела, в основнóм, имéют одинáковые конструкции, тóлько комбинáции простых форм рáзные. В результáте этого он достиг такóй глубины и проницáтельности.

身体器官（органы и части тела）

A　ベース

内臓 внýтренности／呼吸器 дыхáтельные óрганы／鼻腔 носовáя пóлость／咽頭 глóтка／喉頭 гортáнь／気管 трахéя; дыхáтельное гóрло／気管支 брóнхи／肋骨 ребрó／肋膜 плéвра／横隔膜 диафрáгма; грудо-брюшная прегрáда／声帯 голосовые свя́зки／口蓋垂 язычóк／心臓 сéрдце／血管 кровенóсный сосýд／動脈 артéрия／静脈 вéна／食道 пищевóд／消化器 пищеварительные óрганы／胃 желýдок／腸（総称）кишéчник；（個々の部分）кишкá／大 ［小、直、盲、十二指］腸 большáя ［тóнкая, прямáя, слепáя, двенадцатиперстная］ кишкá／肛門 áнус; зáдний прохóд／肝臓 пéчень／胆のう жёлчный пузырь／膵臓 поджелýдочная железá／泌尿器 мочевыделительные óрганы／泌尿生殖器官 мочеполовые óрганы／腎臓 пóчка／膀胱 мочевóй пузырь／汗腺 пóтовые жéлезы／脳 мозг／脳細胞 клéтка мóзга／頭蓋骨 черепнáя пóлость; пóлость чéрепа／大脳 большóй мозг／小脳 мозжечóк; мáлый мозг／神経 нерв／神経組織 нéрвная ткань／神経系 нéрвная систéма／中枢［末梢］神経 центрáльная ［периферийная］ нéрвная систéма／視［運動、三叉、交感］神経 зрительный ［двигательный, тройничный, симпатический］ нерв／聴神経 слуховóй ［звуковóй］ нерв／肋間［座骨］神経 меж(ду)рёберный ［седáлищный］ нерв／言語中枢 речевóй центр

307

身体器官

B　バリエーション

口蓋 нёбо/右[左]心室 пра́вый [ле́вый] желу́дочек/右[左]心房 пра́вое [ле́вое] предсе́рдце/右[左]心耳 пра́вый [ле́вый] 「а́трий [а́триум]/弁 кла́пан/大動脈 ао́рта/肺動脈 лёгочная арте́рия/冠状動脈 корона́рные сосу́ды/頸動脈 со́нная арте́рия/上[下]大静脈 ве́рхняя [ни́жняя] по́лая ве́на/肺胞（лёгочная）альвео́ла/肺静脈 лёгочная ве́на/噴門 вход в желу́док/幽門 приврáтник; вы́ход из желу́дка/虫垂 аппе́ндикс/胆管 жёлчный прото́к/腎盂 по́чечная лоха́нка/尿管 мочето́чник/内分泌器官 о́рганы вну́тренней секре́ции/副腎 надпо́чечник; надпо́чечная железа́/甲状腺 щитови́дная железа́/脳下垂体 ни́жний мозгово́й прида́ток/外分泌器官 о́рганы вне́шней секре́ции/唾液腺 слю́нная железа́/胃液腺 желу́дочная железа́/脳膜 мозгова́я оболо́чка/大脳右[左]半球 большо́е「пра́вое [ле́вое] полуша́рие; пра́вое [ле́вое] полуша́рие головно́го мо́зга/前頭葉 ло́бная до́ля/後頭葉 заты́лочная до́ля/側頭葉 височна́я до́ля/頭頂葉 теме́нная до́ля/松果体 шишкови́дная железа́/視床 зри́тельный буго́р; тала́мус/脳下垂体 ни́жний мозгово́й прида́ток/神経細胞 не́рвная кле́тка/ニューロン、神経単位 нейро́н/神経突起 неври́т; нейри́т/神経繊維 не́рвное волокно́

C　オプション

溝 бо́розды（головно́го мо́зга）/脳梁 мозо́листое те́ло/脳弓 свод/橋(きょう) мост/延髄 продолгова́тый мозг/脊髄 спинно́й мозг

D　インターチェンジ

☞「出産」、「身体」、「性」

♣ミニ・ダイアローグ

どうしましょう？うちの機械が全部一度に壊れてしまった。冷蔵庫も、テレビも、洗濯機も。

何年使ったの？

Что де́лать？ У меня́ все аппара́ты одновреме́нно слома́лись, и холоди́льник, и телеви́зор, и стира́льная маши́на …

Ско́лько лет ты и́ми по́льзовалась？

身体器官

9年よ。このマンションに引っ越した時に買ったの。

どんな機械でも動くのは、10年以下よ。全部新しく買いなさい。

でも、あたしはもう35歳なのに、何でもちゃんと動いているわ。胃も、足も、特に心臓はね。私は一度も新しい心臓を買ったことはないの。母からもらったのが今でも立派に動いているのよ、35年間1秒も休まずに。

Де́вять лет. Я купи́ла их, когда́ мы перее́хали в э́ту кварти́ру.

Любо́й аппара́т рабо́тает ме́ньше десяти́ лет. Покупа́й всё за́ново.

Но мне уже́ три́дцать пять лет, а у меня́ всё норма́льно рабо́тает, и желу́док и но́ги, осо́бенно, се́рдце. Я никогда́ не покупа́ла но́вое се́рдце. То, кото́рое я получи́ла от ма́тери, до сих пор прекра́сно рабо́тает, в тече́ние тридцати́ пяти́ лет, не отдыха́я ни на секу́нду.

性

性（пол）

A　ベース

性 пол／男[女]性 мужско́й ［же́нский］ пол／性差 полово́е разли́чие／生殖 размноже́ние／性欲 полово́е влече́ние; вожделе́ние／性生活 полова́я жизнь／肉体関係 половы́е сноше́ния／性交、性行為 полово́й акт／受精、受胎 оплодотворе́ние;（植物の）опыле́ние／インポ（テンツ）(性的不能) импоте́нция; импоте́нтность; полово́е бесси́лие;（性的不能者）импоте́нт／冷感症 полова́я хо́лодность／月経 менструа́ция／（月経開始後の）低温期 пери́од ни́зкой температу́ры（после нача́ла менструа́ции）／性教育 полово́е воспита́ние／性的成熟 полово́е созрева́ние／性ホルモン половы́е гормо́ны／避妊 предупрежде́ние бере́менности／経口避妊薬、ピル противозача́точная пилю́ля／コンドーム、スキン презервати́в

B　バリエーション

生殖器 половы́е о́рганы／陰茎、ペニス（полово́й) член; пе́нис／睾丸、精巣 яи́чко／精液 спе́рма;（口）се́мя／精子、精虫 сперматозо́ид;（口）се́мя／子宮 ма́тка／膣、ワギナ влага́лище; вагина／卵巣 яи́чник／卵子、卵細胞 яйцекле́тка／愛撫 ла́ска／性的興奮 полово́е возбужде́ние／前戯 предвари́тельные ла́ски／勃起 эре́кция: ～する приобрета́ть эре́кцию; эреги́ровать／～不能 отсу́тствие эре́кции／挿入する вставля́ть／オルガスム орга́зм／射精 семяизверже́ние;【医】эякуля́ция: ～する изверга́ть се́мя／オナニー онани́зм; рукоблу́дие／同性愛 гомосексуали́зм;（女性の）лесби́йская любо́вь; лесбиа́нство／同性愛者（男）гомосексуали́ст;（女）лесбия́нка; гомосексуали́стка

C　オプション

精管 семявынося́щий прото́к; семяпрово́д; семенно́й кана́л／精嚢 семенно́й ｢мешо́к［пузырёк］／海綿体 гу́бчатые пеще́ристые тела́／陰嚢 мошо́нка; скро́тум／卵管 яйцево́д; фалло́пиева труба́／大[小]陰唇 больши́е ［ма́лые］｢половы́е[срамны́е] гу́бы／クリトリス、陰核 кли́тор; похо́тник／恥骨 лобко́вая кость; лобо́к/陰毛 лобко́вые во́лосы/（性）染色体（полова́я)「хромосо́ма [хромозо́ма]/海綿体の充血 наполне́ние кро́вью по́лостей пе́щеристых тел/早漏 преждевре́менное семяизверже́ние/性[花柳]病 полова́я [венери́ческая] боле́знь/梅毒 си́филис/淋病 гоноре́я/エイズ（後天性免疫不全症候群）СПИД（синдро́м приобретённого иммунодефици́та）/HIV（ヒト免疫不全ウイルス）ВИЧ（ви́рус иммунодефици́та челове́ка）/性的倒錯 полово́е извраще́ние：～者 челове́к, страда́ющий половы́м извраще́нием/変態性欲 противоесте́ственное полово́е влече́ние/サディズム сади́зм/マゾヒズム мазохи́зм/性犯罪 половы́е преступле́ния：～の累犯性 повторя́емость половы́х преступле́ний/性犯罪者の年齢の低下 сниже́ние во́зраста половы́х престу́пников/性科学 сексоло́гия/性科学者 сексо́лог/性病理学 сексопатоло́гия/性病理学者 сексопато́лог

D　インターチェンジ

☞「家庭、家族」、「身体」、「身体器官」、「病院」、「病気」

♣ミニ・ダイアローグ

男女の間に差はあるだろうね。

もちろんあるけど、誇張されてるわ。

でも、男女の体力差はとても大きいよね。

差はあるわ。それは紛れもない事実よ。でもその差はそれほど大きくないわ。スポーツ競技の記録が示しているように、女性は体力的にたった10パーセント男性より弱いだけよ。

Есть ра́зница ме́жду мужчи́нами и же́нщинами？

Коне́чно, есть, но она́ преувели́чивается.

Всё-таки ра́зница ме́жду же́нщинами и мужчи́нами в физи́ческих си́лах о́чень больша́я.

Ра́зница есть. Э́то я́вный факт. Но она́ не о́чень больша́я. Реко́рды спорти́вных соревнова́ний пока́зывают, что же́нщина физи́чески слабе́е, чем мужчи́на всего́ лишь на де́сять проце́нтов.

出　産

出　産（роды）

A　ベース

受精 оплодотворе́ние/妊娠 бере́менность：～する бере́менеть/彼女は～している Она́ ждёт ребёнка.; Она́ бере́менна./彼女は最初の子供を～していた Она́ была́ бере́менна пе́рвым ребёнком./～5か月 на пя́том ме́сяце бере́менности/胎児（最初期の）эмбрио́н; заро́дыш;（その後の）плод/産院 роди́льный дом/産休 декре́тный о́тпуск; о́тпуск по бере́менности и рода́м/母親が赤ん坊の動きを感じる Мать ощуща́ет движе́ния младе́нца./出産準備期 дородово́й пери́од/胎児発育状況の観察 наблюде́ние за разви́тием ребёнка/臨月 после́дний ме́сяц бере́менности/出産予定日 предполага́емый день ро́дов/陣痛（родовы́е）поту́ги; родовы́е му́ки; му́ки в рода́х/出産、お産 ро́ды; рожде́ние ребёнка: 無事男子［女子］を～する благополу́чно роди́ть 「ма́льчика［де́вочку］/元気そうな赤ちゃんが生まれた Роди́лся здоро́вый ребёнок./赤ん坊 ребёнок; младе́нец/新生児 новорождённый（「ребёнок［младе́нец］）/安産 лёгкие ро́ды/難産 тру́дные［тяжёлые］ро́ды/出産後の時期 послеродово́й пери́од/授乳 кормле́ние（ребёнка）：～期 грудно́й во́зраст/～する корми́ть（ребёнка）/母乳 матери́нское［грудно́е］молоко́：～で育てる корми́ть ребёнка свое́й гру́дью/離乳 отня́тие от гру́ди/離乳食 де́тское пита́ние（при отня́тии от гру́ди）/這い這いをする по́лзать/伝い歩きをする ходи́ть, держа́сь за что-л./片言を話す лепета́ть/歯が生え始める Пока́зываются пе́рвые зу́бы.

B　バリエーション

妊婦 бере́менная же́нщина/産婦人科 гинеколо́гия; акуше́рство и гинеколо́гия/産科医 акуше́р/婦人科医 гинеко́лог/助産婦 акуше́рка/妊娠検査 прове́рка бере́менности/妊娠中毒、悪阻 тошнота́［рвота́］（натоща́к）в нача́ле бере́менности/膣からの出血 вагина́льное кровотече́ние/分娩室 роди́льное отделе́ние/流産 самопроизво́льный або́рт;（口）вы́кидыш/死産 рожде́ние мёртвого ребёнка/早産 преждевре́менные ро́ды/緊急出産 неотло́жные ро́ды/帝王切開 ке́сарево сече́ние/未熟児 недоно́шенный ребёнок/保育器 инкуба́тор/命名する называ́ть; дава́ть и́мя/出産届 регистра́ция новорож-

312

出産

дённого/粉ミルク порошкóвое［сухóе］молокó/人工哺育(ほいく) искýсственное кормлéние ребёнка/産後鬱病 послеродовáя депрéссия/産後神経症 послеродовóй психóз/乳児 груднóй「ребёнок［младéнец］」/赤ん坊の発育は順調です Ребёнок растёт нормáльно./先天的障害児 ребёнок с врождёнными порóками/不妊(症) бесплóдие/人工授精 искýсственное оплодотворéние

C　オプション

胎教 предродовóе воспитáние/試験管ベビー ребёнок из пробúрки/家族計画 планúрование семьú/計画出産 запланúрованное рождéние/受胎調節 противозачáточные мéры/避妊具［剤］противозачáточные срéдства/避妊薬 противозачáточное лекáрство/月経周期 менструáльный перúод/妊娠中絶 (искýсственный)「абóрт［вы́кидыш］」/母性本能 матерúнский инстúнкт; матерúнство; чýвство матерúнства/母性愛 матерúнская любóвь; матерúнство/母子手帳 кнúжка мáтери и новорождённого ребёнка/出生率 рождáемость

D　インターチェンジ

☞ 「家庭，家族」、「身体」、「身体器官」、「性」

♣ミニ・ダイアローグ

なぜ人間はパンダが大好きなのかね。世界のどの動物園でも、パンダの檻の前はいつも大変な人だかりだ。

それはパンダが人間に似ているからさ。

パンダは人間に似ているかな？

似てるよ。動物はたいてい唯一の目的が繁殖だ。多くの動物が子供を生むとすぐに死んでしまう。ところがパンダはただ座って、食べているだけで、出産率は毎年さがっているよ。

Почемý лю́ди так лю́бят больши́х панд? Во всех зоопáрках мúра перед их клéтками всегдá мнóго зрúтелей.

Это потомý, что онú похóжи на людéй.

Онú похóжи на людéй?

Да, у живóтных вообщé едúнственная цель — размножéние. Мнóгие живóтные умирáют срáзу пóсле рождéния детёнышей. А пáнды прóсто сидя́т и едя́т, и у них рождáемость снижáется с кáждым гóдом.

313

薬

薬（лекарство）

A　ベース

薬、薬剤、（医）薬品 лека́рство；【医】медикаме́нт; сре́дство/内服（内用）薬 лека́рство вну́треннего употребле́ния/外用薬 лека́рство нару́жного употребле́ния/粉薬 порошо́к; лека́рство в порошка́х/顆粒 зерно́; лека́рство в зёрнах/錠剤 табле́тка; лека́рство в табле́тках/カプセル ка́псула; лека́рство в ка́псулах/丸薬 пилю́ля; лека́рство в пилю́лях/水薬 миксту́ра/ドリンク剤 лека́рственные напи́тки/点滴薬 ка́пли/軟膏、塗り薬 мазь/坐薬【医】суппозито́рий; свеча́/貼り薬、膏薬 пла́стырь/湿布 компре́сс/目薬 глазны́е ка́пли/点鼻薬 ка́пли в нос/頭痛薬 лека́рство [сре́дство]「от [про́тив] головно́й бо́ли/風邪薬 лека́рство [сре́дство]「от [про́тив]「просту́ды [гри́ппа]; противогриппо́зное сре́дство/咳止め лека́рство [сре́дство] от ка́шля/うがい薬 полоска́тельное; полоска́ние (для го́рла)/胃腸薬 желу́дочно-кише́чное сре́дство/下剤 слаби́тельное/下痢止め закрепля́ющее/抗生物質 антибио́тики (普通複数)/痛み止め、鎮痛薬 обезбо́ливающее [болеутоля́ющее] сре́дство/解熱剤、熱冷まし жаропонижа́ющее сре́дство/消炎剤 противовоспали́тельное сре́дство/トローチ、のど飴 леде́нец для го́рла/抗アレルギー剤 противоаллерги́ческое сре́дство/消化剤 сре́дство, стимули́рующее пищеваре́ние/ビタミン剤 витами́ны; витами́нные препара́ты/薬学 фармаце́втика/薬剤師 фармаце́вт/薬局 апте́ка/薬剤師、薬局の主人 [店員] апте́карь/処方箋 реце́пт (на лека́рство)：～を出す пропи́сывать реце́пт/薬を処方する пропи́сывать лека́рство/薬を飲む [服用する] принима́ть лека́рство;（水薬の場合）принима́ть [пить] лека́рство/食前 [食後、食間] に服用する принима́ть「перед едо́й [после еды́, между приня́тиями пи́щи]/(傷に)薬をつける [塗る] ма́зать (ра́ну) ма́зью/服用量 до́за/薬が効く Лека́рство「помога́ет [де́йствует]./副作用 побо́чное де́йствие

B　バリエーション

血圧降下剤 сре́дство, понижа́ющее давле́ние/強心剤 кардиотони́ческое сре́дство; сре́дство, стимули́рующее де́ятельность се́рдца/止血薬[剤]、血止め

薬

кровоостана́вливающее сре́дство/抗癌剤(こうがん) противора́ковое сре́дство/トランキライザー、精神安定剤 транквилиза́тор; сре́дство, подавля́ющее не́рвное напряже́ние/興奮［覚醒］剤 стимуля́тор; возбужда́ющее сре́дство/睡眠薬 снотво́рное сре́дство/麻酔薬 нарко́тики（普通複数）/消毒薬、殺菌剤 антисепти́ческое［дезинфици́рующее］сре́дство/抗ヒスタミン剤 антигистами́нское сре́дство/ニトログリセリン нитроглицери́н/インシュリン инсули́н/マーキュロ меркурокро́м/強壮剤 тонизи́рующее［укрепля́ющее］сре́дство/ホルモン剤 гормона́льные препара́ты/薬アレルギー аллерги́ческая реа́кция на лека́рство/薬疹 сыпь, вы́званная лека́рством

C オプション

万能薬 панаце́я/即効薬 быстроде́йствующее лека́рство/一時抑えの薬 паллиати́в；паллиати́вное лека́рство/漢方薬 сре́дство［лека́рство］кита́йской медици́ны/薬草 лека́рственные［лече́бные, медици́нские］тра́вы/生薬(しょうやく) необрабо́танное лека́рство/朝鮮人参 женьше́нь

D インターチェンジ

☞「身体」、「身体器官」、「病院」、「病気」

♣ ミニ・ダイアローグ

　風邪を引いた時、ぼくは自分で飲み物を作る、レモンジュース、ニンニク、蜂蜜、ワイン、熱いお湯でね。これは薬よりよく効くよ。
　それは一種のポンチだね。何世紀か前には、ポンチやお茶、それにジャムまで薬とされていたのだよ。

Когда́ просту́жен, я гото́влю сам напи́ток из лимо́нного со́ка, чеснока́, мёда, вина́ и горя́чей воды́. Он помога́ет бо́льше, чем лека́рство.
Э́то своего́ ро́да пунш. Не́сколько веко́в наза́д пунш, чай и да́же варе́нье счита́лись лека́рствами.

化粧品

化粧品（косметика）

A　ベース

化粧品 космéтика; космети́ческие срéдства／コンパクト пýдреница／パフ пухóвка／白粉 пýдра：～をつける пýдрить（лицó）; пýдриться／～をはたく припýдривать（лицó）; припýдриваться／ファンデーション тонáльный крем／(化粧) クリーム (космети́ческий) крем; крем для лицá：～を顔に塗る мáзать [намáзывать]（лицó）крéмом／～を手に塗る смáзывать рýки крéмом／口紅 губнáя помáда; тю́бик помáды：～をつける крáсить [накрáшивать] гýбы（помáдой）; подводи́ть гýбы／～をさす подкрáшивать гýбы／リップスティック карандáш для губ／頰紅 румя́на：～をつける пóльзоваться румя́нами; положи́ть румя́на／眉墨 карандáш для бровéй／マスカラ тушь（для ресни́ц）：～をつける крáсить ресни́цы／アイシャドー тéни для век：～をつける подводи́ть вéки; положи́ть тень на вéки／メイク，メイキャップ макия́ж；（俳優などの）грим／お化粧をする крáситься; дéлать макия́ж; пóльзоваться космéтикой／眉墨をつける，眉を引く крáсить брóви; подводи́ть брóви／アイラインを引く подводи́ть глазá／オーデコロン одеколóн／香水 духи́／マニキュア（手の爪を染めること）маникю́р；（爪を染めるエナメル液）лак для ногтéй／ペディキュア педикю́р／爪を染める，マニキュアをする крáсить нóгти

♣ ミニ・ダイアローグ

今では大抵のデパートの一階は、いろいろな会社の化粧品売り場で埋めつくされてますね。私はデパートに入ると、すぐに目まいがします—化粧品の匂い、派手な広告、それに売っている子はみんなチャーミング！

Тепéрь пéрвые этажи́ почти́ всех универмáгов зáняты отдéлами космéтики рáзных компáний. Как тóлько я вхожý в универмáг, у меня́ крýжится головá — зáпах космéтики, я́ркие реклáмы, к томý же, все продавщи́цы очаровáтельные！

316

化粧品

あのね、日本の女性の中には、その子達の中から自分の息子のために、美人で気くばりのいいお嫁さんを選ぶ目的で、わざわざ化粧品売り場に来る人がいるのよ。

Знаете, некоторые японки посещают отделы косметики специально для того, чтобы из этих продавщиц выбрать своему сыну невесту, красивую и заботливую.

B　バリエーション

ハンド[ボディ、足につける]クリーム крем для 「рук, [тела, ног]/荒れ性[脂性、普通の肌]用のクリーム крем для 「сухой [жирной, нормальной] кожи/ナイトクリーム ночной крем/モイスチャークリーム увлажняющий крем/日焼け止めクリーム (солнце) защитный крем/乳液 (косметическое) молочко; молоко/メイク[化粧]を落とす снимать макияж/メイク[化粧]落としのクリーム[乳液] крем [сливки, молочко] для снятия макияжа/栄養クリーム питательный крем/フェイシャル[ボディ]スクラブ скрабы для 「лица [тела]/薬用リップクリーム гигиеническая помада для губ; бальзам для губ/厚化粧をする сильно краситься; напудриваться; нарумяниваться/パック (косметическая) маска：～をする делать маску/香水スプレー пульверизатор для духов/香水をかける душиться (духами)/脱臭剤 дезодорант; дезодоратор/眉ブラシ щёточка для бровей/スクリューブラシ спиральная щёточка/毛抜き щипчики/リップブラシ、紅筆 щёточка для губ/スポンジ губка

C　オプション

アレルギー аллергия/アトピー атопия/皮膚炎 дерматит; воспаление кожи/(アレルギー性)湿疹 (аллергическая) экзема/過敏症 повышенная чувствительность; раздражение/紫外線、UV ультрафиолетовые лучи/メラニン（色素）меланин/コラーゲン коллаген/老廃物 отработанные вещества/新陳代謝 обмен веществ

D　インターチェンジ

☞ 「薬」、「美容院」、「身体」、「身体器官」、「病気」

美容院

> ♣ ミニ・ダイアローグ
>
> なんでそんなに長く鏡の前に座ってるんだよ？
> 見えないの？　夫が恥をかかないように、お白粉をつけないとね。
>
> 意味ないね。君はお化粧なんかしなくても美人なんだ。
> これは私が女であることの証明よ。
>
> ともかく早くしろよ！　遅れるぞ！
> 怒鳴らないで。
> ぼくは自分が男である証拠に怒鳴っているんだ！
>
> Почему́ ты так до́лго сиди́шь перед зе́ркалом？
> Ты не ви́дишь？ На́до попу́дриться, что́бы му́жу не́ было сты́дно.
>
> Вот и напра́сно. Ты краси́ва без вся́кой косме́тики.
> Нет, э́то доказа́тельство, что я же́нщина.
>
> То́лько побыстре́е！ Мы уже́ опа́здываем！
> Не кричи́.
> Я кричу́, что́бы доказа́ть, что я мужчи́на！

美容院（сало́н красоты́）

A　ベース

美容院 сало́н красоты́; парикма́херская; же́нский зал парикма́херской; (★美容院（сало́н красоты́）はロシアに古くからあったが、ソ連時代は女性の調髪も実用性の強い床屋（парикма́херская）の女性室（же́нский зал）で行われていた。現在では整髪だけでなく、美容全体を扱う сало́н красоты́ と、実用的な理髪店（парикма́херская）が両立している／**美容師** ма́стер (сало́на красоты́)（美容師には女性が多いが、普通男性名詞 ма́стер を使う）; (口) мастери́ца／**ヘアスタイル、髪型** причёска／**カット、散髪** стри́жка：～する стри́чься／**ヘアセット** укла́дка：～する укла́дывать во́лосы; де́лать причёску／**パーマ**（хими́ческая）зави́вка; (口) перфма́нент; хи́мия：～をかける де́лать 「хими́ческую зави́вку［хи́мию］／**ブロー（セット）** укла́дка фе́ном／**染髪** окра́шивание воло́с／**髪を染める** окра́шивать во́лосы／**顔剃り** бритьё／**顔を剃る** бри́ться／**シャンプー**（洗髪）мытьё головы́;（洗髪剤）шампу́нь／**髪の手入れ** ухо́д（за волоса́ми）; профила́ктика（воло́с）

美容院

♣ ミニ・ダイアローグ

最近では男の子でも贅沢な美容院で散髪をするのよ。

Теперь даже мальчики стригутся в роскошных салонах красоты.

へえ？床屋より高いよね。

Да? Это дороже стоит, чем в парикмахерских?

もちろん、3、4倍高いわ。

Конечно, в три-четыре раза дороже.

で、差は大きいの、見た目は？

А разница большая, в смысле красоты?

ええ、大きいわ。それに子供とお母さんが百倍も満足するのよ。

Да, большая. Кроме того, мальчик и мать довольны в сто раз больше.

B　バリエーション

いつもの［かかりつけの］美容師 свой мастер/初めてやってもらう美容師 незнакомый мастер/美容院に（電話でいつもの美容師に）予約をする записываться в салон красоты（к своему мастеру по телефону）/私は自分で髪をセットする Я сама делаю причёску./彼女はいつも自分ではなく、美容院で髪をセットしてもらう Она всегда делает причёску не сама, а в салоне красоты./今度私は髪を少し短めにカットをした В этот раз я подстриглась покороче./ショートカット короткая стрижка/流行のカット модельная стрижка/レイヤーカット слоевая стрижка/レザーカット стрижка бритвой/アップ высокая причёска,/オール・バック все волосы назад/ポニーテール конский хвост/お下げ（髪）косы; косицы; косички/おかっぱ скобка/ウエット・ヘア причёска «мокрые волосы»/シニヨン шиньон/ヘアダイ（染髪）окрашивание；（染髪剤）краска для волос/髪を少し染める подкрашивать волосы; подкрашиваться/髪を金色［まだら］に染める красить волосы в 「золотой цвет［разные цвета］/金髪［ブロンド］の女性 блондинка/黒っぽい髪の女性 брюнетка/ブリーチ（脱色）обесцвечивание; осветление; отбеливание：～する（脱色する）обесцвечивать; осветлеть; отбеливать/ワックスをかける покрывать лаком/長髪 длинные волосы/分け目 пробор/髪を真ん中で［七三に］分ける делать「прямой［косой］пробор/丸［五分、スポーツ］刈り стрижка, под 「машинку［гребёнку, бокс］/丸［五分、スポーツ］刈りにする стричь под 「машинку［гребёнку, бокс］/ショート полубокс/トッ

319

美容院

プ、クラウン ве́рхняя часть (головы́) /フロント пере́дняя часть/サイド боковáя часть/フェイスライン кóнтур лицá

C　オプション

スキンヘッド брúтая головá/植毛 врáщивание волóс：～する врастúть вóлосы/養[育]毛剤 срéдство для ращéния волóс/茶髮 покрáшенные「рýсые [рýжие]」вóлосы/日本髮 традициóнная япóнская причёска/ちょんまげ тёммагэ (стáрая япóнская мужскáя причёска с продолговáтым пучкóм волóс на тéмени)/かつら парúк：～をつけている носúть парúк/櫛、コーム расчёска; гребёнка; гребешóк; грéбень/テールコーム расчёска с длúнной рýчкой/クリップ скрéпка/ピン булáвка/カーラー бигудú

D　インターチェンジ

☞「化粧品」

♣ ミニ・ダイアローグ

男性は女性の髪形にあまり目を向けませんね。男性が興味を持つのは大抵目、顔、胸、それに露出した部分 …

今では剃った、むき出しの頭で出演して、観客の注目を引くモデルがいますね。

ええ、あれもヘアスタイルの一種ですね。

Мáло кто из мужчúн обращáет внимáние на причёски жéнщин. Их чáще всегó интересýют глазá, лицó, грудь и какáя-нибудь обнажённая часть …

Тепéрь нéкоторые манекéнщицы выступáют с брúтой, обнажённой головóй и привлекáют внимáние зрúтелей.

Да. Это тóже одúн из вúдов причёски.

文房具

文房具（канцтовары）

文房具、事務用品 пи́сьменные「това́ры［принадле́жности］; канцеля́рские「това́ры［принадле́жности］;(口) канцтова́ры/**ボールペン**(ша́риковая) ру́чка/**シャープペンシル** автомати́ческий каранда́ш/**鉛筆** каранда́ш：赤〜 кра́сный каранда́ш/**色〜** цветны́е карандаши́/**サイン［フェルト］ペン、マジックインキ** флома́стер/**万年筆** авторучка/**ボールペンの［ペン先の］万年筆** ша́риковая［перьева́я］авторучка/**(ボールペンの)芯** сте́ржень（для ру́чки)/**替え芯** сме́нный сте́ржень/**インク** черни́ла/**インクカートリッジ** ка́ртридж с черни́лами/**消しゴム** рези́нка；(固い) ла́стик/**カッター（ナイフ）** канцеля́рский нож/**(ペン)ナイフ** (перочи́нный) нож/**修正液** штрих/**修正ペン** ру́чка с штри́хом/**マーカー** ма́ркер/**ノート** тетра́дь/**雑記帳** о́бщая тетра́дь/**横罫［方眼］のノート** тетра́дь в「лине́йку［кле́тку］/**手帳** записна́я кни́жка/**メモ帳** блокно́т/**紙** бума́га/**便箋、レターペーパー** почто́вая бума́га/**封筒** конве́рт

♣ **ミニ・ダイアローグ**

コンピュータは事務用品の中に含まれるのかしら？

もちろん、入らない。電子機器という別のカテゴリーに属するね。

私が考えているのは小さな携帯用コンピュータよ。名前が「ノート」でしょう。

もしかすると、現代ではいたる所で明確な境界が消えているのかな。

Включа́ются ли компью́теры в число́ канцтова́ров?

Коне́чно, нет. Они́ принадлежа́т к друго́й катего́рии: «электро́нные аппара́ты».

Я име́ю в виду́ ма́ленькие перено́сные компью́теры. Ведь они́ называ́ются «но́утбуками».

Мо́жет быть, в на́ше вре́мя везде́ исчеза́ют чёткие грани́цы.

B　バリエーション

三色［多色］ボールペン трёхцветна́я［много-цветна́я］ру́чка/**H、B、HB (鉛筆の硬軟度)** T, M, CT/**糊** клей/**セロテープ** кле́йкая ле́нта；(口) ско́тти/**両面テープ** двухсторо́нняя ле́нта/**スティック型［チューブ入り］糊** клей「в

文房具

фо́рме па́лочки [в тю́бике]/液状[澱粉]糊 жи́дкий [крахма́льный] клей/クリップ зажи́м (для бума́г); скре́пка/ダブル・クリップ двойна́я скре́пка/ホッチキス ста́плер：〜の針 ско́бка ста́плера/パンチ（ャー）дыроко́л/画鋲 кно́пка/輪ゴム рези́нка; рези́новый кружо́к/はさみ но́жницы/ファイル па́пка/ラベル ярлы́к/付箋 накле́йка/しおり закла́дка/バインダー па́пка-держа́тель; па́пка с прижи́мом/電卓 насто́льный калькуля́тор; микрокалькуля́тор/印鑑 печа́ть/印肉 шта́мпельная поду́шка

C　オプション

筆入れ пена́л/ペーパーナイフ разрезно́й нож(ик)/ペン перо́：〜軸 ру́чка/定規 лине́йка：三角〜 треуго́льник/コンパス ци́ркуль/ルーペ、拡大鏡 увеличи́тельное стекло́/パネル пане́ль/コルクボード про́бковая доска́/(マグネット式) ホワイトボード (магни́тная) бе́лая доска́/ホワイトボードマーカー флома́стер для бе́лой доски́/ブックスタンド сто́йки для книг/筆 кисть/墨 тушь/硯 ту́шечница/文鎮 пре́сс-папье́/算盤 счёты

D　インターチェンジ

☞「会社」、「コンピュータ」、「郵便」、「店」

♣ミニ・ダイアローグ

近頃は新しくて、使いやすい事務用品が次々に出ているわね。

そうね。ほかの子供が持っていないような鉛筆しか使わない子もいるわ。

ある子供は房のついた鉛筆しか使わない、ある子は玉のついたもの、ある子はミッキーマウスの顔のついたもの…

ところが鉛筆は肝心な点では、百年以上変わっていないのよ。木の棒の中に芯が入っているだけ。

Тепе́рь появля́ются но́вые и удо́бные канцтова́ры оди́н за други́м.

Да, не́которые де́ти по́льзуются то́лько таки́ми карандаша́ми, каки́х нет у други́х.

Оди́н по́льзуется то́лько карандашо́м с ки́сточкой, друго́й с ша́риком, тре́тий да́же с изображе́нием Ми́ки Ма́уса ...

Но каранда́ш, в су́щности, не меня́ется на протяже́нии бо́лее ста лет. Про́сто деревя́нная па́лочка со сте́ржнем в середи́не.

郵　便（почта）

A　ベース

郵便、郵便物 по́чта/郵便局 по́чта/（中央）本局(гла́вный) почта́мт/支局 отделе́ние почто́вой систе́мы; почто́вое отделе́ние/（郵便）ポスト、郵便受け почто́вый я́щик/国内郵便 вну́тренняя по́чта/国際郵便 междунаро́дная по́чта/航空郵便 авиапо́чта; пар авио́н (★普通ローマ字 par avion を使う)/手紙 письмо́/封筒 конве́рт/国内[国外]用封筒 вну́тренний [междунаро́дный] конве́рт/切手付き[なし]の封筒 конве́рт「с ма́рками [без ма́рок]」/はがき откры́тка/絵はがき худо́жественная откры́тка; откры́тка с「ви́дом [фотогра́фией]」/往復はがき откры́тка с опла́ченным отве́том (★ほかの多くの国と同じように、ロシアでも日本のような無地の官製はがきはない。はがきはすべて絵はがきで、官製・私製の区別もない。往復はがきもない)/簡易小包、帯封 бандеро́ль/小包 посы́лка/（封筒[はがき]に）切手を貼る накле́ивать ма́рку на「конве́рт [откры́тку]」; прикле́ивать ма́рку к「конве́рту [откры́тке]」/手紙に写真を同封する вкла́дывать фотогра́фию в письмо́/封をする закле́ивать [запеча́тывать] конве́рт/開封する вскрыва́ть [распеча́тывать] конве́рт/手紙を出す отправля́ть [посыла́ть] письмо́/手紙を受け取る получа́ть письмо́/手紙をポストに入れる、投函する опуска́ть [броса́ть] письмо́ в я́щик/差出人 адреса́нт/受取人 адреса́т/郵便番号 почто́вый и́ндекс/6[7]桁の郵便番号 шести[семи]зна́чный почто́вый и́ндекс/住所 а́дрес/差出人住所 обра́тный а́дрес

B　バリエーション

国際郵便局 междунаро́дная по́чта/郵便局長[局員] дире́ктор [рабо́тник] по́чты/郵便配達（行為）доста́вка [разно́с] по́чты；（人）почтальо́н/価格表示小包[簡易小包] це́нная「посы́лка [бандеро́ль]」/書留 заказно́е; заказна́я корреспонде́нция：～の手紙 заказно́е письмо́/手紙を～で出す отправля́ть письмо́ заказны́м

323

郵　便

C　オプション

速達 спе́шная по́чта（★現在のロシアには速達郵便はない）/現金書留（ロシアにはない）заказно́е письмо́ с деньга́ми/外国郵便受付口 прие́м междунаро́дной корреспонде́нции/国際宅配郵便 DHL（ロシアでもローマ字を使う）/局留め до востре́бования/私書箱 почто́вый абонеме́нтный я́щик/不在配達通知 сообще́ние о невозмо́жности доста́вки по́чты в связи́ с отсу́тствием адреса́та/5000ルーブルの郵便為替[振替] почто́вый перево́д на пять ты́сяч рубле́й

D　インターチェンジ

☞「コンピュータ」、「Eメール」、「電話」

♣ ミニ・ダイアローグ

正夫、私は日本の郵便が民営化されたって聞いたけど。

ええ、2007年に民営化されましたよ。

それで、よくなるの、悪くなるの。

簡単には言えないな。でも、今では郵便局と郵便配達は休日なしに働かなければならないんですね、多くの人は、自分が家にいる時に郵便を受け取るのを望んでいますから。

休日にはEメールを使えばいいでしょ。

いいけれど、今のところまだ小包を送れる新型のメールはできていませんね。

Маса́о, я слы́шала, что япо́нская по́чта была́ приватизи́рована.

Да, она́ была́ приватизи́рована в 2007 году́.

И ста́ло лу́чше и́ли ху́же?

Тру́дно сказа́ть. Но тепе́рь отделе́ния по́чты и почтальо́ны должны́ рабо́тать без выходны́х дней, так как мно́гие хотя́т получи́ть по́чту, когда́ они́ нахо́дятся до́ма.

В выходны́е дни мо́жно по́льзоваться электро́нной по́чтой.

Мо́жно, но пока́ ещё не существу́ет но́вый тип мэ́йла, по кото́рому мо́жно отправля́ть посы́лки.

旅　行

旅　行（поездка）

A　ベース

旅行 поездка（乗り物などで行く・往復すること。旅行そのものを目的としない出張・商用なども含まれる。「旅行」を意味する場合は、大きな旅行でないことが多い）; путеше́ствие（旅行そのものを目的とする旅。乗り物、徒歩のどちらでもよい。пое́здка が比較的小規模な旅行を意味するのに対し、путеше́ствиеは普通比較的大きな旅行を意味する。たとえば、**一泊旅行** су́точная пое́здка、**世界一周旅行** кругосве́тное путеше́ствие。しかし、厳密な限定はなく、**新婚旅行**は規模の大小に関係なく、сва́дебное путеше́ствие）; тури́зм（観光・レジャーの旅行。乗り物、徒歩のどちらでもよい。比較的小規模の場合が多く、**山歩き** го́рный тури́зм、**ハイキング** спорти́вный тури́зм などもある）/**旅行する** соверша́ть 「путеше́ствие［пое́здку］; занима́ться тури́змом; путеше́ствовать/**ヨーロッパを～する** е́здить в Евро́пу; путеше́ствовать по Евро́пе/**～者** тури́ст; путеше́стевенник/**～に行く** отправля́ться в путеше́ствие/**～から戻る** возвраща́ться из путеше́ствия/**団体～** группова́я（туристи́ческая）пое́здка/**団体で～する** путеше́ствовать［соверша́ть пое́здку］в гру́ппе/**個人～** индивидуа́льная пое́здка/**～社、～代理店、観光案内所、ツーリストビューロ** турагентство, тури́стское［туристи́ческое］「аге́нтство［бюро́］; бюро́ туристи́ческих услу́г/**案内書** спра́вочник/**（モスクワの）ガイドブック** путеводи́тель (по Москве́)

♣ ミニ・ダイアローグ

　日本の多くの若者は外国旅行のためにわざわざお金を稼いでいるのよ。

　それは時間とお金の浪費だ。家に座って本を読んでいる方がましさ。

　あなたに賛成できないわ。人間は若くて、感受性のあるうちに、外国を見ておくべきよ。

　Мно́гие молоды́е япо́нцы специа́льно зараба́тывают де́ньги для пое́здки за грани́цу.

　Это напра́сная тра́та вре́мени и де́нег. Лу́чше сиде́ть до́ма и чита́ть кни́ги.

　Я не согла́сна с ва́ми. Ну́жно посмотре́ть други́е стра́ны, пока́ ты мо́лод и чувстви́телен.

旅行

B　バリエーション

旅行の計画を立てる составля́ть план「путеше́ствия [туристи́ческой пое́здки]」/旅行のルート маршру́т путеше́ствия/旅行の準備をする гото́виться к путеше́ствию; собира́ться в путеше́ствие/思い出を作る旅行 путеше́ствие для того́, что́бы созда́ть хоро́шие воспомина́ния/今度の旅行はとても楽しかった В э́тот раз я оста́лся о́чень дово́лен свое́й пое́здкой./私は旅行をして疲れた Я уста́л с доро́ги./観光 осмо́тр достопримеча́тельностей; тури́зм/観光客 тури́ст/観光旅行 тури́зм; тури́стская [туристи́ческая] пое́здка; тури́стское [туристи́ческое] путеше́ствие/海外観光旅行 [ツアー] зарубе́жный тури́зм; зарубе́жная тури́стская [туристи́ческая] пое́здка; зарубе́жное тури́стское [туристи́ческое] путеше́ствие/市内観光 экску́рсия по го́роду; осмо́тр го́рода/見学 экску́рсия/ガイド гид; экскурсово́д/通訳 перево́дчик/添乗員 сопровожда́ющий/名所、見所 достопримеча́тельности/旧跡 истори́ческое ме́сто/遺跡 оста́тки; руи́ны; разва́лины/歴史的な建築物 архитекту́рный па́мятник/有名な建造物 знамени́тое сооруже́ние

C　オプション

城址 ме́сто, где был за́мок; разва́лины за́мка/記念碑 па́мятник/（皇帝の）銅像 па́мятник (импера́тору [与格]); бро́нзовая ста́туя (импера́тора)/神社仏閣 синтои́стские и будди́йские хра́мы/庭園 парк; сад/景勝 [名勝] 地 живопи́сное ме́сто; ме́сто с「краси́вым [живопи́сным] ви́дом/（世界）文化遺産 (всеми́рное) культу́рное насле́дие/国宝 национа́льное сокро́вище/重要文化財 ва́жная культу́рная це́нность/（海外）旅券、パスポート (зарубе́жный) па́спорт/ビザ、査証 ви́за：〜申請 оформле́ние ви́зы/〜の発給 вы́дача ви́зы/通過〜 транзи́тная ви́за/滞在登録 регистра́ция/荷物 бага́ж：手〜 ручно́й бага́ж; ручна́я кладь/〜検査 прове́рка багажа́

D　インターチェンジ

☞「鉄道」、「飛行機」、「船」、「ホテル」、「道路」、「自動車」、「自転車」

旅　行

♣ ミニ・ダイアローグ

　昔、百万長者は大てい豪華船で世界一周旅行をしたものだ、なるべくたくさんお金を使うだけのために。巨額の財産が巨額の利子を生み、その利子がさらに新たな利子を生んで、財産が雪だるま式に、どんどん増えていたのでね。

　で、その点で贅沢な航海は効果があったのかしら?

　なかったね。家に戻ると、銀行からの通知が待っていた。旅行費用の5倍もの新しい利子の通知さ。

　Когда́-то мно́гие миллионе́ры соверша́ли кругосве́тное путеше́ствие на теплохо́дах-люкс то́лько для того́, что́бы потра́тить как мо́жно бо́льше де́нег. Их огро́мное состоя́ние дава́ло огро́мный проце́нт, а э́тот проце́нт, в свою́ о́чередь, дава́л но́вый проце́нт. Ита́к, их состоя́ние всё бо́лее увели́чивалось, как сне́жный ком.

　И роско́шное морско́е путеше́ствие бы́ло эффекти́вным в э́том отноше́нии?

　Нет, когда́ они́ возвраща́лись домо́й, их жда́ли сообще́ния от ба́нков о но́вых проце́нтах, су́мма кото́рых была́ в пять раз бо́льше, чем сто́имость путеше́ствия.

ホテル

ホテル（гостиница）

A　ベース

ホテル гостиница；отéль/一流ホテル первоклáссная гостиница/ホテルの部屋 нóмер：(旅行社を通じて) 〜を予約する　брони́ровать [закáзывать] нóмер в гости́нице（через тристи́ческое аге́нтство）/シングルルーム одномéстный нóмер；нóмер на одногó/二人部屋 двухмéстный нóмер；нóмер на двои́х/ダブル нóмер на двои́х с двуспáльной кровáтью/ツイン нóмер на двои́х с двумя́ кровáтями/バスつきの部屋 нóмер с вáнной/シャワー・コーナーつきの（バスのない）部屋 нóмер с душевóй/ロビー фойé/レストラン рторáн/バイキング швéдский стол：〜式の朝食 зáвтрак в сти́ле швéдского столá/朝食券 талóн на зáвтрак/ビュッフェ буфéт/バー бар/手荷物預かり所 кáмера хранéния/泊まり客 гость；проживáющий；приéзжий/ホテルの支配人 дирéктор гости́ницы/フロント приём/パスポート係 стол паспортóв/チェックイン регистрáция：〜する регистри́роваться [запи́сываться] в гости́ницу/チェックアウト освобождéние нóмера；вы́писка из гости́ницы：〜する освобождáть нóмер；выпи́сываться из гости́ницы/キー ключ：〜を預ける оставля́ть ключ/宿泊者カード（ホテル入館証）прóпуск（★ロシアではチェックインの際に宿泊者カードを受け取り、外出から戻った時にそれを提示する必要がある）/1[2]泊する останáвливаться 「на сýтки [на двóе сýток]/支払い расплáта；расчёт：〜をする рассчитáться/ルームメイド гóрничная/タオル полотéнце/シーツ類 бельё/シーツ交換 обмéн белья́/部屋の掃除 убóрка нóмера

B　バリエーション

スイートルーム нóмер люкс/各階責任者 дежýрная（★ソ連時代に各階の客の処理を全面的に行なっていた係り。現在ではロシアのホテルも他の国と同じように、客の処理はフロント一括方式に移行しつつある）/事務室 администрáция/事務係 администрáтор/サービス・ビューロー сéрвис-бюрó；бюрó обслýживания/ビジネス・ビューロー би́знес бюрó/インターネット・ルーム кабинéт интернéта/両替所 обмéнный пункт/案内所 спрáвочное бюрó；стол информáции/ドアボーイ швейцáр/ルームサービス достáвка еды́ в

ホテル

номер/モーニングコール у́тренний звоно́к (по телефо́ну в наме́ченное вре́мя)/有料テレビ пла́тное телеви́дение/満席[室]です Нет мест./チップ чаевы́е/サービス料 пла́та за обслу́живание/安宿 дешёвая гости́ница; дешёвый ночле́г; ночле́жный дом; (口) ночле́жка/モーテル моте́ль/バンガロー прока́тная да́ча ти́па бу́нгало; бу́нгало; бенга́ло/山小屋 хи́жина для альпини́стов; го́рная хи́жина/レジャー・宿泊施設 дом о́тдыха (ソ連時代から今のロシアにもある、安価で勤労者向けの施設)

C　オプション

観光ホテル гости́ница для тури́стов/温泉旅館 гости́ница на куро́рте с горя́чими исто́чниками/ビジネスホテル (досту́пная) гости́ница для командиро́ванных/カプセルホテル гости́ница с ко́йками в фо́рме ка́псулы/民宿 ночле́жка в жилы́х дома́х/ラブホテル гости́ница для 「влюблённых пар [пар влюблённых]」/日本[和]風旅館 гости́ница в япо́нском сти́ле

D　インターチェンジ

☞ 「食器」、「食事」、「料理」、「旅行」、「レストラン」

♣ ミニ・ダイアローグ

一時ロシアでは巨大なホテルを建てるのが流行したね。

В одно́ вре́мя в Росси́и бы́ло мо́дно постро́ить огро́мные гости́ницы.

そう。こんな笑い話まで広まったよ。「新婚夫婦が新婚旅行の途中モスクワに来た。かれらはあまりにも大きなホテルに泊まったので、出口を見つけるのに苦労した。やっと外に出られた時、新妻はその腕に玉のような赤ちゃんを抱いていた」。

Да. Да́же распространи́лся анекдо́т: «Молодожёны прие́хали в Москву́ по пути́ сва́дебного путеше́ствия. Они́ останови́лись в тако́й большо́й гости́нице, что они́ затрудни́лись найти́ вы́ход. Когда́ наконе́ц-то им удало́сь вы́йти на у́лицу, молода́я жена́ носи́ла на рука́х прекра́сного ребёнка.»

今そういうホテルは大てい建て直されているね。

Тепе́рь мно́гие из таки́х гости́ниц перестра́иваются.

会　議（заседание）

A　ベース

会議 заседа́ние; собра́ние：～室（場）зал заседа́ния／～の参加者 уча́стник заседа́ния／～に出席する прису́тствовать на заседа́нии／～をする［開く］проводи́ть［открыва́ть］заседа́ние／議題 предме́т［вопро́с］обсужде́ния／議長 председа́тель／討論 пре́ния：～する вести́ пре́ния／発言 выска́зывание：～する выска́зывать（своё мне́ние）／質問 вопро́с：～する спра́шивать о＋前置格／～に答える отвеча́ть на вопро́сы／提案 предложе́ние：～する де́лать предложе́ние; предлага́ть／賛成する соглаша́ться／反対する возража́ть; не соглаша́ться／投票 голосова́ние：～する голосова́ть／決をとる ста́вить на голосова́ние／賛成［反対］投票をする голосова́ть за ＋対格［про́тив＋生格］／保留 нейтралите́т：～する держа́ть нейтралите́т／棄権 отка́з［воздержа́ние］от голосова́ния：～する отка́зываться［возде́рживаться］от＋生格／合意 договорённость：～に達する достига́ть договорённости／決議 реше́ние; резолю́ция／可決 приня́тие; одобре́ние：（満場一致で）～する одобря́ть（「единогла́сно［единоду́шно］）／否決 неприня́тие; отклоне́ние：～する не принима́ть; отклоня́ть; отверга́ть

B　バリエーション

委員会（基本的・恒常的な）комите́т；（特定の問題を扱う）коми́ссия／小委員会 подкоми́ссия／協議会 совеща́ние；сове́т／諮問機関 консультати́вный о́рган／議長をつとめる занима́ть до́лжность председа́теля; председа́тельствовать／議事の進行をつとめる вести́ заседа́ние／議事日程 програ́мма заседа́ния; пове́стка дня：～に含まれている стоя́ть на пове́стке дня／～に入れる ста́вить на пове́стку дня／～からはずす снима́ть с пове́стки дня／議事録 протоко́л／草案 прое́кт／審議 обсужде́ние／お互いに譲歩する уступа́ть друг дру́гу／一致点［共通点］を発見する найти́「то́чку соприкоснове́ния［о́бщий язы́к］／妥協 компроми́сс：～する идти́ на компроми́сс／～案 компроми́ссный прое́кт／修正 попра́вка：～する вноси́ть попра́вки／～案 испра́вленный прое́кт; прое́кт с попра́вками／議決権 пра́во го́лоса／白票 незапо́лненный бюллете́нь／決選投票 оконча́тельное「голосова́ние［избирáние]/電子投票 электрóнное голосовáние/定足数 квóрум：～に達した Собрáлся квóрум./～に達している Имéется квóрум./～に達しなかった Не собрáлся квóрум./～に達していない Нет квóрума./議長に一任する предоставля́ть на усмотрéние председáтеля/議長に白紙委任（する）（предоставля́ть）председáтелю карт-блáнш/根回し закули́сная манипуля́ция/裏取引 закули́сная сдéлка/継続審議 перенóс обсуждéния на слéдующее заседáние/廃案になる Проéкт отменён.

C　オプション

国際会議 международная конферéнция/代表団 делегáция/（5か国語の）同時通訳 синхрóнный перевóд（пяти́ языкóв）/イヤホーン нау́шники/通訳のブース бу́дка для перевóдчиков/同時通訳の設備の完備した会議場 конферéнц-зáл, пóлностью обору́дованный для синхрóнного перевóда

D　インターチェンジ

☞「会社」、「国際関係」、「国会」、「議会」

♣ ミニ・ダイアローグ

会議は退屈な儀式だ。意味ない。

Заседáние — ску́чная церемóния. Нет смы́сла.

いや、儀式は退屈で無意味なものじゃない。それに、会議は儀式じゃなくて、形式だよ。

Нет, церемóния не ску́чная бессмы́слица. К тому́ же, заседáние не церемóния, а формáльность.

よけい悪い。ぼくは形式は大嫌いだ。

Ещё ху́же, я ненави́жу формáльность.

いや、形式は生活の重要な要素の一つだよ。まとまらないものを形式がなんとかまとめてくれる。いろんな食料品を入れる袋のようにね。君は野菜、牛乳、卵などを袋に入れずに、手で持って歩けるかい？

Нет, формáльность оди́н из вáжных элемéнтов жи́зни. Онá даёт кóе-каку́ю определённость неопределённым предмéтам, как паке́тик, в котóрый вклáдываются рáзные проду́кты. Рáзве ты мóжешь носи́ть óвощи, молокó, я́йца на рукáх без паке́тика?

会　社

会　社（компания）

A　ベース

会社 компа́ния, о́бщество, фи́рма, предприя́тие
 (1) компа́ния は元来「共通点を持つ人々の集まり」という意味だが、現在では、この語が「会社」の意味で最もよく使われる。ある程度大きな会社で、生産、商業など、いろいろな活動をするものを含む。
　　о́бщество は компа́ния と基本的に同じ意味だが、元来、「社会、組織体」など、いろいろな集団を指す普遍的な意味の語。
　　фи́рма は大きな会社を意味することもあるが、小さな会社、営業・サービスなどのオフィスなどに使われることも多い。
　　предприя́тие は企業体一般を意味する。
 (2) 日本語では「会社」という語は非常に広い意味で使われ、しばしば「仕事」などの意味になるが、ロシア語の компа́ния などにはそれほど広い意味はなく、その代わりに рабо́та などが使われることが多い。たとえば
　　彼は地下鉄で会社に通う。Он е́здит на рабо́ту на метро́.
　　お父さんはご在宅ですか。いいえ、まだ会社です。Ваш оте́ц до́ма？ Нет, он ещё на рабо́те.

株式会社 акционе́рное о́бщество; акционе́рная компа́ния/本社 гла́вный о́фис/支社 филиа́л/社長 президе́нт/部 отде́л/課 се́ктор/部長 нача́льник отде́ла; заве́дующий отде́лом/課長 нача́льник се́ктора; заве́дующий се́ктором/上役、上司（総称）нача́льство；（個人）нача́льник/部下 подчинённый/会社員 слу́жащий, слу́жащая/平社員 рядово́й（слу́жащий）/採用試験 приёмный экза́мен/新入社員 новичо́к/入社 поступле́ние 「на рабо́ту [в компа́нию]：～する поступа́ть 「на рабо́ту [в компа́нию]/任命 назначе́ние：～される назнача́ться; быть назна́чен：彼は課長に～された Он был назна́чен нача́льником се́ктора./配置転換 перемеще́ние в друго́й отде́л：～になる перемеща́ться в друго́й отде́л/転勤 перемеще́ние в друго́е ме́сто：～させられる быть перемещён в друго́е ме́сто/～する переезжа́ть в друго́е ме́сто/左遷 пониже́ние в до́лжности：～される быть пони́жен в до́лжности/解雇 увольне́ние：～する увольня́ть/リストラ（組織再編）переорганиза́ция；（人員削減）сокраще́ние ли́чного соста́ва：～する

会社

сокращáть лѝчный состáв; увольня́ть в связѝ с「сокращéнием лѝчного состáва [переорганизáцией компáнии]/彼は～された Егó увóлили в связѝ с сокращéнием лѝчного состáва./退職 ухóд с рабóты：～する уходѝть с рабóты/退職金 единоврéменное посóбие при ухóде с рабóты

B　バリエーション

資本金 капитáл/株式 áкция/株主 акционéр/株主総会 óбщее собрáние акционéров/配当 дивидéнд/社債 заём компáнии/生産会社 промы́шленная компáния; промы́шленное предприя́тие/外資系会社 предприя́тие с учáстием инострáнного капитáла/合弁会社 совмéстное предприя́тие; СП/ソニーの系列会社 подконтрóльная компáния Сóни/多国籍会社 транснационáльная компáния; транснационáльное предприя́тие/親［子］会社 матерѝнская ［дочéрняя］ компáния/同族会社 компáния в вéдении крóвных рóдственников/石油［建設、製鉄、テレビ］会社 нефтянáя ［стройтельная, сталелитéйная, телевещáтельная］ компáния/航空会社 авиациóнная компáния; авиакомпáния/不動産会社 компáния по делáм недвѝжимости/食品会社 продовóльственная компáния/合名会社 пóлное товáрищество/営業所 контóра/工場 завóд/役員、重役 вы́сшие администрáторы/会長 председáтель 「совéта ［собрáния］ директорóв/副社長 вице-президéнт/取締役 дирéктор/（部の）次長 замéститель начáльника отдéла/（課の）次長 замéститель начáльника сéктора/係長 начáльник сéкции/総務部 администратѝвный ［óбщий］ отдéл/営業部 оператѝвный ［сбытовóй］ отдéл/経理部 бухгалтéрия/人事部 отдéл кáдров/調査部 отдéл обслéдования/海外事業部 отдéл загранѝчных операций/資材部 отдéл снабжéния/秘書課 секретариáт/庶務課 отдéл рáзных дел/昇進 продвижéние ［повышéние］ (по слýжбе)/出世 карьéра/課長昇進の辞令 прикáз о назначéнии завéдующим сéктором/人事考課、勤務評定 ассéсмент ［оцéнка］ персонáла/出向 перевóд в дочéрнюю компáнию：～させられる быть переведён в дочéрнюю компáнию/～する переходѝть в дочéрнюю компáнию/彼は子会社に～した Он переведён в дочéрнюю компáнию./単身赴任する отправля́ться в назнáченное мéсто без семьѝ; рабóтать в назнáченном мéсте без семьѝ/社宅 служéбная квартѝра/社内ローン ссýда от компáнии

333

会　社

C　オプション

代表取締役 дире́ктор-представи́тель／専務取締役 ста́рший управля́ющий дире́ктор／常務取締役 управля́ющий дире́ктор／取締役会 сове́т［собра́ние］директоро́в／監査役 ауди́тор／代表社員 представи́тель товарищества／合資会社 товарищество с ограни́ченной отве́тственностью／有限責任社員 член с ограни́ченной отве́тственностью／無限責任社員 член с неограни́ченной отве́тственностью／経営合理化 рационализа́ция／操(業)短(縮)сокраще́ние произво́дства／倒産 банкро́тство:〜する потерпе́ть банкро́тство；(口)прогоре́ть／清算 ликвида́ция：〜人 ликвида́тор／〜会社 ликвиди́рованная компа́ния

D　インターチェンジ

☞「株式」、「経済」、「仕事」、「貿易」

♣ミニ・ダイアローグ

　私の父は同じ会社に40年勤めていたのよ。ほとんど一生を会社ですごしたわけね。

　それは誇張ですよ。正確な数字によると、職場で10万時間以上すごす人はいませんが、人生は70万時間も続きます。10万時間は全人生のたったの15パーセントです。

　本当なの？
　ええ、どんな人でも人生の70パーセント以上は家で、家庭ですごすのです。
　それじゃ、私もほとんど一生夫とすごさなければならないわけ？　なんて退屈なんでしょう！

　Мой оте́ц рабо́тал в одно́й и той же компа́нии со́рок лет. Зна́чит, он почти́ всю жизнь провёл в свое́й компа́нии.
　Э́то преувеличе́ние. То́чные ци́фры пока́зывают, что никто́ не прово́дит бо́лее ста ты́сяч часо́в на рабо́те, а жизнь продолжа́ется семьсо́т ты́сяч часо́в. Сто ты́сяч часо́в составля́ет всего́ лишь пятна́дцать проце́нтов всей жи́зни.
　Пра́вда？
　Да, любо́й челове́к прово́дит не ме́нее семи́десяти проце́нтов жи́зни до́ма, в семье́.
　Тогда́ я должна́ провести́ почти́ всю жизнь с му́жем？Как э́то бу́дет ску́чно！

仕事

仕事 (работа)

A ベース

仕事 рабо́та; де́ло/労働 рабо́та; труд/働く、仕事をする рабо́тать：一生懸命～ рабо́тать «стара́тельно [уси́ленно, изо всех сил]/彼女は1日7時間～ Она́ рабо́тает семь часо́в в день./賃金、給料 зарабо́тная пла́та; зарпла́та/職場 рабо́та; ме́сто рабо́ты; рабо́чее ме́сто/勤労者、働く人 трудя́щиеся/サラリーマン слу́жащий/労働者 рабо́чий/平日 рабо́чий день/休日 выходно́й день/昼休み переры́в на обе́д; обе́денный переры́в/週五日制 пятидне́вка/(有給) 休暇 (опла́чиваемый) о́тпуск/休日 (も昼休みも) なしで働く рабо́тать без выходны́х дней (и обе́денных переры́вов)/休職 вре́менное освобожде́ние от рабо́ты/退職 ухо́д с рабо́ты; ухо́д на пе́нсию/定年 преде́льный [пенсио́нный] во́зраст：(～) 退職する уходи́ть с рабо́ты (по причи́не достиже́ния пенсио́нного во́зраста)/リストラ увольне́ние：～する увольня́ть/解雇 освобожде́ние от рабо́ты：～される быть «уво́лен [освобождён от рабо́ты]

♣ ミニ・ダイアローグ

叔父さん、仕事って何？
仕事は真の「自分」を発見、または実現することだ。
じゃ、勉強って何？
勉強というのは、「自分」を探すことさ。だから勉強しているうちに必ず「自分」を探して、発見しなければね。それがうまく行かなかったら、どうして自分を発揮できるかい？

Дя́дя, что тако́е рабо́та?
Рабо́та — проявле́ние и́ли осуществле́ние настоя́щего «я».
А что тако́е учёба?
Учёба — э́то по́иски «я». Поэ́тому непреме́нно ну́жно иска́ть и найти́ «я» во вре́мя учёбы. Е́сли э́то не уда́стся, как же мо́жно прояви́ть себя́?

B バリエーション

肉体[頭脳、知的]労働 физи́ческий [у́мственный] труд/私は過労だ Я перегружён рабо́той./公[私]用 служе́бное [ли́чное] де́ло/急用 сро́чное де́ло：

335

仕事

〜ができる Возникает [Появляется] срочное дело./賃金の額 ставка; оклад; размер зарплаты /労働時間 рабочее время; рабочий день/ 1日8時間労働 восьмичасовой рабочий день/残業 сверхурочная работа/仕事中毒、ワーカーホリック работоголик/就職率 занятость/失業 безработица/雇用 наём：完全〜 полная занятость/終身〜 пожизненный наём/就職 вступление на работу：〜する вступать на работу/〜運動、職探し поиски работы/〜運動［職探し］をする искать работу/採用試験 приёмный экзамен/内定 предварительное (неопубликованное) решение о приёме/職業 профессия/定職 постоянная работа/フルタイム полный рабочий день; полное рабочее время/パートタイム неполный рабочий день; неполное рабочее время/アルバイト временная работа：〜をする подрабатывать/自由業 свободная профессия/無職 безработный/家事労働 домашняя работа/専業主婦 домохозяйка (,занимающаяся исключительно домашними делами)

C　オプション

フリー（アルバイ）ター работник по временному контракту/過労死 кароси (語源は日本語)/派遣社員 работник, отправляемый специальным агентством/在宅勤務 работник, занимающийся делами предприятия на дому

D　インターチェンジ

☞「会社」、「家庭、家族」、「年金」、「保険」

♣ミニ・ダイアローグ

仕事には三つのДがなくてはならない。わかるかい？
全然わからないよ。
だれでも金のために働く。Деньги これが第一のДだ。それから、人は自分の心のために働く。Душа が二つ目のДだよ。第三に誰でも他人のために働く。でないと、お金も心も出てこないだろう。Другие が第三のДさ。

Для работы необходимо три «д». Понимаешь？
Ничего не понимаю.
Ты работаешь для денег. Деньги — это первое «д». И ты работаешь для своей души. Душа — второе «д». В-третьих ты работаешь для других, иначе не будет ни денег, ни души. Другие — вот это третье «д».

株　式

株　式（акция）

A　ベース

株(式)、株券 áкция / 有価証券 цéнные бумáги / 株式会社 акционéрное óбщество / 株主 акционéр; пáйщик / 株の所有者 владéлец áкций / 株価 стóимость [ценá] áкций / 額面[実質]価格 номинáльная [реáльная] стóимость / (株の)配当 дивидéнд по áкции / 1割の配当 дивидéнд в дéсять процéнтов / 普通株 обы́чная áкция / 優先株 привилегирóванная áкция / 無配当株 áкция без дивидéнда / 配当の支払い вы́плата дивидéндов / 株の売買 кýпля-продáжа áкций; торг / 証券市場 ры́нок цéнных бумáг / 証券取引所 фóндовая би́ржа / 株のレート курс áкций （на би́рже） / 株のレートが上がる Кýрсы áкций「повышáются [поднимáются,(口) идýт вверх]. / 株の相場が下がる Кýрсы áкций「снижáются [пáдают,(口) идýт вниз]. / 株価が上がった[下がった] Ценá áкции「поднялáсь [упáла]. / 株価が足踏みする Ценá áкции тóпчется на мéсте. / 高[安]値 высóкая [ни́зкая] ценá / インターネットを通じて[電話で]株を買う покупáть áкции「через интернéт [по телефóну]

B　バリエーション

株の発行者 эмитéнт áкций / 株の発行 вы́пуск [эми́ссия] áкций / 投資 инвести́ция：～する инвести́ровать / 株に～する инвести́ровать в áкции / ～家 инвéстор; инвести́тор / 株の取得 приобретéние áкций / 株主名簿 реéстр акционéров / 株の公開 публикáция áкций / 公開募集 откры́тая подпи́ска / (非)公開株 (не)откры́тые áкции / 取引 сдéлка / インサイダー инсáйдер / 株の転売 перепродáжа áкций / 株の買い占め скýпка áкций / 株の譲渡 передáча [трансфéрт] áкций / 権利の譲渡 устýпка прáва; цéссия / 株の大口所有 крýпный пакéт áкций / 株主の（配当受け取りの）権利 прáво акционéров на (получéние дивидéндов) / 額面通りの株 áкция, имéющая номинáл; áкция с номинáльной стóимостью / 額面割れの株 áкция, не имéющая номинáла; áкция без номинáльной стóимости / 暴騰 рéзкое повышéние; рéзкий скачóк / 急落 рéзкое падéние / 株の収益性 дохóдность áкций / 株の流動性 ликви́дность áкций

337

株式

C オプション

発行者利得 эмиссио́нный дохо́д／新株割当 перви́чное размеще́ние а́кции／新株切り換え консолида́ция а́кций／自社株の買い戻し вы́куп со́бственных а́кций／株主［投資家］の権利［利益］の保護 защи́та ｢прав ［интере́сов］｣ акционе́ров ［инве́сторов］／ホールディングカンパニー холди́нговая компа́ния／端株 дро́бные а́кции／外国人投資家 иностра́нный инве́стор／株式買付選択権 опцио́н／ブローカー бро́кер／手数料 коми́ссия／ディーラー ди́лер／（短期的）投機（краткосро́чная) спекуля́ция

D インターチェンジ

☞ ｢会社｣、｢銀行｣、｢経済｣、｢財政｣、｢商業｣、｢貿易｣

♣ ミニ・ダイアローグ

なぜ今多くの人が取引所の売買に参加しているのでしょう？

第一に、一般人が民主主義の本当の意味を理解し始めたからでしょう。これまで政治的民主主義はある程度ありましたが、政界は事実上一握りの最強の企業に支配されていて、経済的民主主義はありませんでしたね。

株を売買することで、私たちが経済を民主化できますか。

もちろんです。あなたは株を買うことで会社の共同所有者になります。あなたは大半の株を買い占めて、会社の経営陣を全部クビにすることさえできるのですよ。

Почему́ тепе́рь мно́го люде́й принима́ет уча́стие в торга́х на би́ржах?

Во-пе́рвых, наро́д начина́ет понима́ть настоя́щий смысл демокра́тии. До сих пор, в не́которой сте́пени, существова́ла полити́ческая демокра́тия, но полити́ческим ми́ром факти́чески управля́ла одна́ ку́чка сильне́йших предприя́тий и не́ было экономи́ческой демокра́тии.

Мы мо́жем демократизи́ровать эконо́мику, покупа́я и́ли продава́я а́кции?

Разуме́ется. Покупа́я а́кции, вы стано́витесь совладе́льцем компа́нии. Вы да́же мо́жете скупи́ть бо́льшую часть а́кций и уво́лить це́лый соста́в дире́кции компа́нии.

銀　行（банк）

A　ベース

銀行 банк：国立〜 госуда́рственный банк/中央〜 центра́льный банк（略 ЦБ）/普通〜 комме́рческий банк/貯蓄〜 сберба́нк; сберега́тельный банк (1922年モスクワに設立された国有の労働者貯蓄銀行。同時に сберега́тельная ка́сса（略 сберка́сса）が各地に設置され、庶民の金融業務を行った。1991年から сберба́нк は株式会社化され、сберка́сса はその支店となって、сберба́нк という名称に統一されたが、従来と同じ業務を継続している。そのため今でも сберба́нк を сберка́сса と呼ぶ人がいる）/メインバンク гла́вный［головно́й］банк/（銀行）口座 ба́нковский счёт：（銀行に）〜を開く открыва́ть счёт（в ба́нке）/〜を解約する（やめる）ликвиди́ровать［закрыва́ть］счёт/預金〜 депози́тный счёт/〜番号 но́мер счёта/〜の名義人 владе́лец счёта/〜の種類 вид счёта/貯金通帳 сберкни́жка; сберега́тельная кни́жка/貯金、預金（預けてある金）сбереже́ния〔複〕;（金を預けること）вклад：普通〜 обы́чный вклад/定期〜 сро́чный вклад/長［短］期定期〜 долгосро́чный［краткосро́чный］вклад/当座〜 вклад на теку́щем счёте/銀行に預け入れる вноси́ть вклад в банк/私は百万円銀行に預けた Я «внёс［вложи́л］миллио́н иен в банк./引き出し изъя́тие/銀行から預金を［百万円］引き出す изыма́ть［брать］«вклад［миллио́н иен］из ба́нка/10万円引き出したら、残高が800円になった По́сле изъя́тия ста ты́сяч иен на счёте оста́лось восемьсо́т иен./現金自動支払機 ба́нковский автома́т; банкома́т/現金自動支払機でお金を引き出す брать［изыма́ть］де́ньги «в банкома́те［банкома́том］/銀行［キャッシュ］カード ба́нковская（магни́тная）ка́рточка/（自動）振替（автомати́ческий）перево́д/振込 перево́д/現金［カード］振込 перево́д «нали́чными［по ка́рточке］/振込人 адреса́нт перево́да/振込先 адреса́т перево́да/娘の口座に毎月25日に生活費を振り込む переводи́ть на счёт до́чери сре́дства на жизнь 25-го（двадца́ть пя́того）числа́ ка́ждого ме́сяца/今日母からの振込があった Сего́дня поступи́л перево́д от ма́тери （на мой счёт）/通帳記入 за́пись в кни́жку/通帳残高 оста́ток на счёте

B　バリエーション

ローン、融資 ссу́да：銀行〜 ба́нковская ссу́да; ссу́да ба́нка/（銀行）から

銀行

～を受ける получáть [брать] ссýду (от бáнка)/～を貸付ける предоставля́ть [дава́ть] ссу́ду/返済方法 фо́рма погаше́ния/ローンを（分割）で返済する погаша́ть [возвраща́ть] ссу́ду (в рассро́чку)/ローンを毎月均等払いで30年間返済する погаша́ть [возвраща́ть] ссу́ду в одина́ковом разме́ре ежеме́сячно в тече́ние тридцати́ лет/担保[無担保]融資 ссу́да 「под зало́г [без зало́га] /不動産を担保にする[抵当に入れる] отдава́ть недви́жимость 「под [в] зало́г/土地建物を担保に融資を受ける получа́ть ссу́ду под зало́г земе́льного уча́стка и зда́ния/金利 проце́нт/円換算 пересчёт на ие́ны/(米ドルに対して)円高[安] повыше́ние [сниже́ние] ку́рса япо́нской ие́ны к до́ллару США

C　オプション

都市[市中]銀行、都銀 городско́й банк/地方銀行 ме́стный банк/輸出入銀行 э́кспортно-и́мпортный банк/長期信用銀行 банк долгосро́чного креди́та/信託銀行 довери́тельный банк/外国為替銀行 банк иностра́нной валю́ты/外国銀行 иностра́нный банк/欧州復興開発銀行（EBRD）Европе́йский банк реконстру́кции и разви́тия（ЕБРР）/外貨準備 резе́рв в иностра́нных валю́тах/外貨勘定 валю́тный счёт/外貨支出 валю́тный расхо́д/外貨ディーリング опера́ция по ку́пле и прода́же иностра́нной валю́ты

D　インターチェンジ

☞「金銭」、「経済」、「財政」、「貿易」

♣ミニ・ダイアローグ

日本では銀行利子がびっくりするほど低いわね。
ええ、実質的にゼロですね。
何のために銀行にお金を預けるの。
ご心配なく。ぼくは貯金がないから、低金利政策で損はしていませんよ。

В Япо́нии ба́нковскиий проце́нт удиви́тельно ни́зкий.
Да, факти́чески нулево́й.
Заче́м вы вкла́дываете де́ньги в банк.
Не беспоко́йтесь. Так как у меня́ нет сбереже́ний, я не прои́грываю от поли́тики ни́зкого проце́нта.

金　銭

金　銭（деньги）

A　ベース

(お)金 деньги/現金 наличные/通貨（национáльная）валюта/外貨 инострáнная валюта/紙幣 бумáжные дéнежные знáки; банкнóт；(旧) ассигнáция (1769-1849ロシアで発行された紙幣）；ассигнáции（複数形で一般に）紙幣/100ルーブル紙幣 сторублёвый банкнóт/硬貨、コイン металлические дéнежные знáки; монéта/5コペイカ玉 пятикопéечная монéта
★ （現行のロシアの紙幣は1000、500、100、50、10、5ルーブルの6種類。硬貨は5、2、1ルーブル、50、10、5、2、1コペイカの8種類)/金[銀、銅、白銅]貨 золотáя [серéбряная, мéдная, нúкелевая] монéта/お金を稼ぐ[使う]зарабáтывать [трáтить] дéньги/お金をためる копúть [накáпливать, отклáдывать] дéньги

B　バリエーション

ロシア銀行券 билéт Бáнка Россúи/紙幣、有価証券、額面価格 купюра/外貨交換、両替 обмéн валюты（少数だが обмéн валют（複数）という例もある)/外貨交換所、両替所 обмéнный пункт/両替をする обмéнивать [менять] дéньги/円をルーブルに換える обмéнивать [менять] иéны на рублú/小銭、細かいお金 мéлочь; мéлкие дéньги/大きなお金を小銭に換える обмéнивать [менять] крýпные дéньги на мéлкие/お金を細かくする[くずす] менять дéньги на мéлкие; размельчáть дéньги/貨幣の流通 дéнежное обращéние/偽造貨幣、にせ金 поддéланные [фальшúвые] дéньги/偽造紙幣、にせ札 поддéланный [фальшúвый] ‘банкнóт [билéт]/貨幣[紙幣]偽造 поддéлка ‘дéнег [билéтов, банкнóтов]/ロシア銀行券の偽造は法律で罰せられます Поддéлка билéтов Бáнка Россúи преслéдуется по закóну./通貨単位 дéнежная едúница

C　オプション

諸国の通貨単位：貨幣単位は複数生格で使われることが多いので、かっこ内にその形を示す。

金　銭

〈日本〉**円** иéна（иен）；**銭** сен（сéнов）/〈ロシア〉**ルーブル** рубль（рублéй）；**コペイカ** копéйка（копéек）/〈アメリカ・カナダ・オーストラリア・ニュージーランドなど〉**ドル** дóллар（дóлларов）；**セント** цент（цéнтов）/〈中国〉**元** юáнь（юáней）；**角** цзяо（цзяо）；**分** фынь（фы́ней）/〈韓国・朝鮮人民共和国〉**ウォン** вóна（вон）；**チョン** чóна（чон）/〈トルコなど〉**リラ** ли́ра（лир）；**チェンチェジモ** чентéзимо（чентéзимо）/〈イギリスなど〉**ポンド** фунт（фýнтов）；（イギリスでの正式呼称は фунт стéрлингов）；**ペンス、ペニー** пéнии; пенс（пéнсов）（英語では単数が penny、複数が pence だが、ロシア語はこの二つは同意語）/**ユーロ** éвро（éвро）；**セント** цент（цéнтов）（EU 加盟28国中、ベルギー、ドイツ、ギリシャ、スペイン、フランス、アイルランド、イタリア、ルクセンブルグ、オランダ、オーストリア、ポルトガル、フィンランド、スロベニア、マルタ、キプロス、スロヴァキア、エストニア、ラトビア、リトアニアの19か国とEU 非加盟のヴァチカン、マヨット、モナコ、サンマリノ、サンピエール・ミクロンなどが使用。2016年8月現在。）

D　インターチェンジ

☞「株式」、「銀行」、「経済」、「財政」、「商業」、「貿易」

♣ミニ・ダイアローグ

人生には三つ危険なものがある。恋愛、金、酒だ。ぼくが思うに、金が他の二つよりずっと怖い。

どうして？

愛や酒は、いわば、量的限界があるのに、金にはそれがない。百人の男や女を愛することはできない。ウオッカを一度に十本飲むこともできない。ところが、いっぺんに百万円借金することはとても簡単だ。

В жи́зни существу́ет три опа́сности: любо́вь, де́ньги и спирт. Я ду́маю, что де́ньги намно́го страшне́е двух други́х.

Почему́?

Потому́ что любо́вь и спирт име́ют, так сказа́ть, коли́чественные преде́лы, а де́ньги — нет. Никто́ не мо́жет люби́ть сто же́нщин и́ли мужчи́н. Вы́пить за оди́н раз де́сять буты́лок во́дки то́же невозмо́жно. Но о́чень легко́ сра́зу взять миллио́н ие́н в долг.

経　済（экономика）

A　ベース

経済 эконо́мика：～学 эконо́мика; экономи́ческая нау́ка/市場～ ры́ночная эконо́мика/市場[混合、指導・命令的]～システム ры́ночная[сме́шанная, кома́ндная] экономи́ческая систе́ма/～活動 экономи́ческая де́ятельность/～行為 экономи́ческое поведе́ние/～政策 экономи́ческая поли́тика/～成長 разви́тие эконо́мики; экономи́ческое разви́тие; экономи́ческий рост/安定（経済）成長 стаби́льный（экономи́ческий）рост/経済危機 экономи́ческий кри́зис/競争 конкуре́нция; соревнова́ние/インフレ(ーション) инфля́ция/デフレ(ーション) дефля́ция/資本 капита́л/労働 труд/分業 разделе́ние труда́/技術 техноло́гия/生産者 производи́тель/消費者 потреби́тель/生産 произво́дство/消費 потребле́ние/分配 распределе́ние/需要と供給 спрос и предложе́ние/需要[供給]の量 объём［коли́чество］「спро́са［предложе́ния］/石油の需要 спрос на нефть/内[外]需 вну́тренний［вне́шний］спрос/設備 обору́дование/製品 проду́кция：～を出す выпуска́ть проду́кцию/商品 това́р/販売 прода́жа/利潤 при́быль/購入 поку́пка/サービス услу́га/交換 обме́н/外貨 иностра́нная валю́та/国内総生産（GDP）валово́й вну́тренний проду́кт/国民総生産（GNP）валово́й национа́льной проду́кт

B　バリエーション

ミクロ[マクロ]経済学 ми́кро[ма́кро]эконо́мика/テクノクラート（総称）технокра́тия；（個人）технокра́т：～主導型社会 технократи́ческое о́бщество/品薄、商品の不足 дефици́т това́ров/商品のだぶつき избы́ток това́ров/買い手[売り手]市場 ры́нок「покупа́теля［продавца́］/市場のバランス ры́ночное равнове́сие/市場の調整 ры́ночное регули́рование/生産方法 произво́дственный ме́тод/工程 произво́дственный проце́сс/設備の改善 усоверше́нствование обору́дования/（労働の）生産性 производи́тельность（труда́）/労働の刺激 стимули́рование труда́/イノベーション иннова́ция/価格のメカニズム механи́зм цен/計画経済 пла́новая эконо́мика/（画一的）計画（директи́вное）плани́рование/（画一的）統制経済 тоталита́рное хозя́йство/国による生産調整 госуда́рственный конт-

経済

ро́ль над промы́шленностью/補助金、助成金 субси́дия; дота́ция

C　オプション

マネージメント ме́неджмент/指導 руково́дство/管理 контро́ль/コンセプト、(総合的構想) конце́пция/戦略 страте́гия：総合的〜 комбини́рованная страте́гия/戦略的計画 страте́гический план; страте́гическое плани́рование/長期[短期]的計画 долгосро́чный [краткосро́чный] план/プログラミング программи́рование/目的設定[達成]постано́вка [достиже́ние] це́лей/フィードバック обра́тная связь/多角化 диверсифика́ция/マーケティング ма́ркетинг/分析 ана́лиз/予測 прогно́з; прогнози́рование/構造[技術]改革 структу́рные [техноло́гические] преобразова́ния/新方針の導入 нововведе́ние/新技術導入 техни́ческое нововведе́ние/人間関係 челове́ческие отноше́ния/部下の教育 обуче́ние подчинённых/やる気の出る雰囲気づくり созда́ние мотивацио́нной атмосфе́ры/(公平な) 責任分担 (справедли́вое) распределе́ние отве́тственности/単独責任 единонача́лие/集中 централиза́ция/分散 децентрализа́ция/権力委譲 дели́рование вла́сти/活動分担 департаментализа́ция/動機づけ、やる気 мотива́ция/刺激 сти́мул/規律 дисципли́на/積極性 инициати́вность/進取の精神 нова́торство/創造性 тво́рческие накло́нности/人材 людски́е ресу́рсы/団結心 корпорати́вный дух/相乗作用 синерги́я/経済[道徳、社会]的責任 экономи́ческая [эти́ческая, социа́льная] отве́тственность

D　インターチェンジ

☞「会社」、「銀行」、「財政」、「商業」、「貿易」

♣ ミニ・ダイアローグ

資本主義と社会主義は二つの異なったシステムではなくて、同じシステムの別の二つの面だと思うわ。
資本主義も社会主義も本当の意味では現実に存在したことがなかった、とぼくは言いたいね。

Я ду́маю, что капитали́зм и социали́зм не две ра́зные систе́мы, а два аспе́кта одно́й и той же систе́мы.
Я бы сказа́л, что ни капитали́зма, ни социали́зма в настоя́щем смы́сле никогда́ не́ было в реа́льности.

財　政

財　政（финансы）

財政 фина́нсы：〜制度 фина́нсовая систе́ма／〜政策 фина́нсовая поли́тика／国家予算 госуда́рственный бюдже́т／予算案 прое́кт бюдже́та／会計［財政］年度 фина́нсовый год／収入 дохо́ды／所得税 подохо́дный нало́г／法人税 нало́г на при́были корпора́ций／間接税 акци́зы／消費税 потреби́тельский нало́г／関税 тамо́женные по́шлины／雑収入 про́чие「поступле́ния［дохо́ды］／支出 расхо́ды／軍事費 вое́нные расхо́ды／国防費 расхо́ды на национа́льную оборо́ну／教育費 расхо́ды на「просвеще́ние［образова́ние］／国債利子 платежи́ по госуда́рственному до́лгу／その他の支出 про́чие расхо́ды／予備費 резе́рв на непредви́денные расхо́ды／歳入［出］годово́й「дохо́д［расхо́д］／収支 бала́нс／黒［赤］字 акти́вный［паси́вный］бала́нс／税収 нало́говые「дохо́ды［поступле́ния］／財源 исто́чник финанси́рования／国債 госуда́рственный заём

♣ミニ・ダイアローグ

私が聞いたところでは、ロシアには住民が税金を払わないコロニーがあるとか。

ええ、それは無政府主義者のコロニーね。でも、そのうちの幾つかでは水道の代わりに井戸、電気の代わりにローソクが使われているそうよ。

そんな生活に耐えるより、税金を払う方が楽かな。

Я слы́шал, что в Росси́и есть коло́нии, населе́ние кото́рой не пла́тит нало́ги.

Да, э́то коло́нии анархи́стов. Но в не́которых из них испо́льзуются коло́дцы вме́сто водопрово́да, све́чи вме́сто электри́чества.

Мо́жет быть, ле́гче плати́ть нало́ги, чем терпе́ть тако́й о́браз жи́зни.

B　バリエーション

均衡［赤字］予算 сбаланси́рованный［дефици́тный］бюдже́т／予算の承認［執行］утвержде́ние［исполне́ние］бюдже́та／（以下の五つはロシア国家予算の収入・支出項目）対外経済活動収益 дохо́ды от внешнеэкономи́ческой де́ятельности／国内商品［労働、サービス］税 нало́ги на「това́ры［рабо́ты,

345

財　政

услу́ги], реализо́ванные на террито́рии РФ/行政的支払いおよび徴収金 административные платежи́ и сбо́ры/罰金、科料、損害賠償 штра́фы, са́нкции, возмеще́ние уще́рба/実質、名目資産売却益 дохо́ды от прода́жи материа́лныных и нематериа́льных акти́вов/予算間振り替え межбюдже́тные трансфе́рты/全国家的問題 общегосуда́рственные вопро́сы/国家安全、権利擁護活動 национа́льная безопа́сность и правоохрани́тельная де́ятельность/国家経済 национа́льная эконо́мика/社会政策 социа́льная поли́тика/住宅・公営事業 ЖКХ/環境保全 охра́на окружа́ющей среды́

C　オプション

財政投資 вложе́ние фина́нсовых средств/決算（фина́нсовый) отчёт/借金、借款 заём/赤字国債 заём для покры́тия бюдже́тного дефици́та/（負債）未払い задо́лженность/貸付金、融資 креди́т/補助金 субси́дия/助成金 дота́ция

D　インターチェンジ

☞ 「議会」、「経済」、「国会」

♣ミニ・ダイアローグ

　不思議ですね、米国や日本みたいな金持ちの国が赤字で苦しんでいるなんて。
　何も不思議なことないわ。その国の収入が支出より少ないから、赤字があるばかりか、1分ごとに増えているのよ。

　それで危なくないのかな？
　とても危ないくらいよ。でも、子供、つまり国民が、病気の父、つまり、国の世話をせずに、健康な子供の世話をしろと父に要求しているのよ。

Удиви́тельно, что таки́е бога́тые госуда́рства, как США и Япо́ния, страда́ют от дефици́та бюдже́та. Ничего́ удиви́тельного тут нет. Дохо́ды э́тих стран ме́ньше, чем расхо́ды. Поэ́тому у них не то́лько есть, но и ка́ждую мину́ту увели́чивается дефици́т.

Ра́зве э́то не опа́сно?

Да́же о́чень опа́сно. Но де́ти, т. е. наро́д, не уха́живают за больны́м отцо́м, т. е. госуда́рством, а тре́буют от отца́, что́бы он уха́живал за здоро́выми детьми́.

346

商　業

商　業（торговля）

A　ベース

商業 торго́вля：～にたずさわる занима́ться торго́влей/商人 торго́вец; купе́ц/需要 спрос; потре́бность/供給 предложе́ние; поста́вка/生産者 произво́дитель/購買者 покупа́тель/市場 ры́нок/商店 магази́н/オーナー владе́лец магази́на/主人 хозя́ин/店主 владе́лец [хозя́ин] магази́на/店長 дире́ктор магази́на/支配人 управля́ющий магази́ном/店員 продаве́ц; продавщи́ца/仕入れ заку́пка/小売店 ро́зничный магази́н/卸[小]売り прода́жа 「о́птом [в ро́зницу]/卸で売る[小売りする] продава́ть 「о́птом [в ро́зницу]/販売 прода́жа/原価、元値 себесто́имость/卸値 опто́вая цена́/小売価格 ро́зничная цена́/利潤 при́быль/定価 устано́вленная цена́/正価 цена́ без запро́са/値下げ сниже́ние цен/安売り прода́жа по 「ни́зким [сни́женным] це́нам/割引 ски́дка/配達 доста́вка на́ дом/クレジットカード креди́тная ка́рточка/現金[分割]払い платёж [опла́та, упла́та] 「нали́чными [в рассро́чку]/宣伝 рекла́ма

♣ミニ・ダイアローグ

以前ロシアの店では、お客が「ありがとう」と言って、店員は黙っていたって、本当ですか。

大体本当ですね。でも、今ではサービスの質がどんどん改善されていますよ。

Ра́ньше в ру́сских магази́нах покупа́тели говори́ли: «Спаси́бо», а продавщи́цы молча́ли. Э́то пра́вда？

Почти́ пра́вда, но тепе́рь ка́чество обслу́живания всё бо́льше и бо́льше улучша́ется.

B　バリエーション

商行為 торго́вые [комме́рческие] опера́ции/営業（торго́вые）опера́ции/商取引 торго́вая сде́лка/マーケティング марке́тинг/国内[外]需要、内[外]需 вну́тренний [вне́шний] спрос/生産者と購買者の仲介 посре́дничество ме́жду произво́дителем и покупа́телем/購買者のニーズ тре́бования по-

347

商　業

купа́теля/購買者のニーズに応える отвеча́ть [удовлетворя́ть] тре́бованиям покупа́теля/購買者の好み вкус покупа́теля/購買者の動向を研究する изуча́ть тенде́нции тре́бований покупа́теля/市場調査 изуче́ние ры́нка/取引先 партнёр по торго́вле/産地[生産者]直結 прямо́й конта́кт с「ме́стом произво́дства [производи́телем]/商品流通 товарооборо́т; товарообраще́ние/中間利益[マージン] при́быль при перепрода́же/現金大量仕入れ заку́пка в большо́м коли́честве нали́чными/海外からの仕入れ заку́пка из-за грани́цы/魚市場 ры́бный ры́нок/青果市場 ры́нок овоще́й и фру́ктов/(卸)問屋 опто́вый магази́н/リーズナブルな値段 норма́льная [досту́пная, разу́мная] цена́/正札 ярлы́к с цено́й; ярлы́к с обозначе́нием цены́/品質のいい物を売る продава́ть「ка́чественные това́ры [това́ры хоро́шего ка́чества]/選択の幅を広げる увели́чивать вы́бор/薄利多売 прода́жа в большо́м коли́честве с небольшо́й при́былью/出血サービス прода́жа с убы́тками/競争 конкуре́нция/販売作戦 плани́рование прода́жи/販売合戦 торго́вая борьба́; конкуре́нция [борьба́] в торго́вле/販路拡張 расшире́ние сбы́та/顧客、お得意さん клие́нт; постоя́нный покупа́тель/固定客の獲得 приобрете́ние постоя́нных покупа́телей/顧客サービス обслу́живание клие́нтов/商魂 комме́рческий дух/儲け主義 комме́рческий дух; коммерциали́зм/支店開設 откры́тие филиа́ла/セールスマン продаве́ц/通信販売 прода́жа по по́чте/注文販売 прода́жа по зака́зам/大口注文 кру́пный зака́з/訪問販売 прода́жа по дома́м/クレジット、信用販売 креди́т/見本市 я́рмарка/展示会 вы́ставка/展示即売会 вы́ставка с прода́жей/帳簿 торго́вая кни́га/簿記 бухгалте́рия/売上げ вы́ручка/収支が釣り合う Дохо́ды покрыва́ют расхо́ды./利益が出る приноси́ть при́быль/赤字になる дава́ть дефици́т/金詰まり нехва́тка де́нег/資金繰り финанси́рование; приобрете́ние средств/店が倒産した[つぶれた] Магази́н「потерпе́л банкро́тство [(口) прогоре́л].

C　オプション

商慣習 торго́вый обы́чай/商法（商業に関する法律）комме́рческое пра́во；(商売のやり方) ме́тод торго́вли/競り торги́/再販、転売 перепрода́жа/掛け値 цена́ с запро́сом/値段の駆け引きをする торгова́ть/番頭 прика́зчик/小僧 ма́льчик

店

D　インターチェンジ

☞「金銭」、「店」

♣ミニ・ダイアローグ

封建時代の日本では、商人は農民や職人より低い格付けをされていたのですよ。 　なぜですか。 　農民や職人は何か現実的なもの、手で触れられる物を生産しますが、商人は品物を動かしているだけで、何も新しい物を作らないからです。 　わかります。当時はまだサービスに対する正しい理解がなかったんですね。	В Япóнии при феодалѝзме купцы́ и торгóвцы стàвились нѝже, чем крестья́не и ремѐсленники. 　Почему́? 　Потому́ что крестья́не и ремѐсленники производя́т чтó-нибудь реáльное, ощутѝмое, а торгóвцы прóсто приводят товáры в движéние и ничегó нóвого не производят. 　Понимáю. Тогдá ещё нé было прáвильного поня́тия об обслу́живании.

店（магазѝн）

A　ベース

店 магазѝн/デパート универмáг/セルフサービス店 универсáм/スーパーマーケット супермáркет/コンビニ мини-мáркет/市場 ры́нок/ショッピングアーケード пассáж/ショッピングセンター торгóвый центр/地下街 подзéмный городóк/キオスク киóск/屋台 ларёк; палáтка/食料品店 магазѝн продýктов; магазѝн «Продýкты»; продовóльственный магазѝн; гастронóм/買う покупáть/売る продавáть/買い物 покýпка：〜をする дéлать 「покýпки [покýпку]

店

> ♣ ミニ・ダイアローグ
>
> 正夫、食料品や日用品はどこで買っているの？
>
> 家の近くの小さな店です。
>
> スーパーマーケットでは？
> 二、三度行きましたが、ああいう所はロシアの香りがしませんね。
>
> Масао, где вы покупа́ете проду́кты и необходи́мые ве́щи для повседне́вной жи́зни?
>
> В небольши́х магази́нах около на́шего до́ма.
>
> А в суперма́ркетах?
> Я был в них два-три ра́за, но там не па́хнет Ру́сью.

B　バリエーション

代金 пла́та／払う плати́ть／レジ ка́сса／レジ係 касси́р (ша)／現金［カード］で支払う плати́ть「нали́чными［по ка́рточке］／レシート чек／ポリ袋 паке́тик／釣り銭 сда́ча

C　オプション

　商品の種類による店の呼び名には、4つの型があります。「食料品店」を例にその型を示せば

1. **магази́н＋商品を示す名詞の生格**：магази́н проду́ктов
　商品を示す形容詞がないか、実用的でない場合はこの型が使われます：**家庭用品店** магази́н хозя́йственных това́ров／**電気製品店** магази́н электротова́ров／**スポーツ用品店** магази́н спортова́ров／**文房具［事務用品］店** магази́н канцтова́ров／**帽子屋** магази́н головны́х убо́ров／**お土産屋［店］** магази́н сувени́ров

2. **商品を示す形容詞＋магази́н**：продово́льственный магази́н
　商品を示す形容詞が実用的な場合はこの型と上の1との併用が多い。しかし、2しかない場合もあります：**家具屋** магази́н ме́бели; ме́бельный магази́н／**宝石店** магази́н ювели́рных изде́лий; ювели́рный магази́н／**本屋、書店** кни́жный магази́н
　次のように、形容詞が売っている商品と多少ずれている場合もあります：**眼鏡屋** опти́ческий магази́н (光学機器店という意味になる)

3. **商品を示す名詞の主格**：проду́кты
　この型は看板に多い。店の入り口の上などに Проду́кты (食料品)、

350

店

　　Ме́бель（家具）、Джи́нсы（ジーンズ）、Но́утбуки（ノートパソコン）などと大書してあります。

4　**特殊の呼び名**：гастроно́м
　　上のような呼び名のほかに固有名詞が店名になっていることも多く、最近はいっそう増える傾向が見られます。人名（Ната́ша, Светла́на など）、地名（Ца́рское село́, Байка́л など）、その他いろいろあります（Де́тский мир, Весна́, Седьмо́й контине́нт, Мечта́ など）。**薬屋、薬局** апте́ка／**ペット ショップ** зоомагази́н／**お惣菜屋** кулина́рия／**ブティック** бу́тик／**IT機器** электро́ника

5　次のような呼び名は元来、「形容詞＋ла́вка（小店）」で、そのла́вка が略されたもの：**お菓子屋** конди́терская／**パン屋、ベーカリー** бу́лочная

D　インターチェンジ

☞「金銭」、「銀行」

♣**ミニ・ダイアローグ**

今世界の大都市の店とそこで売っている品物はとてもよく似ているね。

ぼくの恋人の愛ちゃんは東京の銀座のエルメスの店で働いているんだ。モスクワに来た途端にぼくはトヴェルスカヤのルイ・ヴィトンの店員のリュボーフィが好きになってね。二人は同じ名前で（「愛」は「любо́вь」という意味だからね）、顔もそっくりなんだ。

馬鹿なことを言うはやめろ！さっさと国に帰って、リューバのことは忘れて、愛ちゃんと結婚しろ！

Тепе́рь магази́ны во всех кру́пных города́х ми́ра и това́ры, кото́рые продаю́тся в них, о́чень похо́жи друг на дру́га.

У меня́ люби́мая де́вушка, Ай-чан, рабо́тает в магази́не Эрме́са на Гинд́зе в То́кио. Как то́лько прие́хал в Москву́, я полюби́л Любо́вь, продавщи́цу в магази́не «Louis Vuitton (Люй Вюттон́)» на Тверско́й. У них одина́ковые имена́ (ведь япо́нское сло́во «ай» зна́чит «любо́вь») и они́ о́чень похо́жи друг на дру́га.

Прекрати́ говори́ть глу́пости! Уезжа́й поскоре́е домо́й, забу́дь Лю́бу и жени́сь на Ай-чан.

351

貿易

貿易（внешняя торговля）

A　ベース

貿易 внéшняя торгóвля：～の внешнеторгóвый／国際～ междунарóдная торгóвля／輸入 и́мпорт; ввоз／輸出 э́кспорт; вы́воз／輸入国 импортёр／輸出国 экспортёр／自由貿易 свобóдная торгóвля／市場開放 откры́тие ры́нка／貿易（の）自由化 либерализа́ция внéшней торгóвли／税関 тамóжня／関税 пóшлина／貿易収支 внешнеторгóвый бала́нс／貿易収支残高 са́льдо／貿易外収支 бала́нс по статья́м неви́димой торгóвли／貿易黒[赤]字 акти́вное [пасси́вное] са́льдо торгóвого бала́нса／輸出超過 превышéние э́кспорта над и́мпортом／輸入超過 превышéние и́мпорта над э́кспортом／密輸、密輸入[輸出] контраба́нда／密輸をする занима́ться контраба́ндой／密輸入[輸出]する ввози́ть [вывози́ть]「контраба́ндой [та́йно, нелега́льно]／密輸業者 контрабанди́ст

B　バリエーション

貿易依存度 стéпень незави́симости от внéшней торгóвли／関税制度 тамóженный режи́м／関税障壁 тамóженный барьéр; компенсациóнная пóшлина／国内市場の保護 защи́та внýтреннего ры́нка／関税同盟 тамóженный сою́з／保護貿易 протекциони́стская торгóвля／保護関税 протекциони́стские тари́фы／貿易摩擦 внешнеторгóвые конфли́кты／最恵国 наибóлее благоприя́тствуемая страна́／ブラジルに～待遇を与える предоставля́ть Брази́лии режи́м наибóльшего благоприя́тствования／バーター ба́ртер：～貿易 ба́ртерная торгóвля／直接輸出 непосрéдственный э́кспорт／三角貿易 треугóльная торгóвля／組合せ貿易 комбини́рованная торгóвля／輸出[輸入]割当 и́мпортный [э́кспортный] контингéнт; и́мпортная [э́кспортная] квóта／輸出入禁止 эмба́рго／国際商品 междунарóдный това́р／貿易波及効果 эффéкты послéдствий внéшней торгóвли

貿易

C オプション

外貨準備高 объём валю́тных резе́рвов/外貨預金 авуа́ры/外貨マーケット валю́тный ры́нок/IBRD、国際復興開発銀行 МБРР (Междунаро́дный банк реконстру́кции и разви́тия)/IMF、国際通貨基金 МВФ (Междунаро́дный валю́тный фонд)/GATT、関税および貿易に関する一般協定 ГАТТ (Генера́льное соглаше́ние о тари́фах и торго́вле/互恵通商協定 соглаше́ние о взаи́мной торго́вле/為替管理 валю́тный контро́ль/為替自由化 либерализа́ция валю́ты/オイルダラー нефтяны́е до́ллары/貿易金融 внешнеторго́вое финанси́рование/現地金融 ме́стное финанси́рование/輸入[輸出]手形 и́мпортный [э́кспортный] ве́ксель/貿易保険 страхова́ние междунаро́дной торго́вли

D インターチェンジ

☞「会社」、「経済」、「国際関係」、「商業」

♣ ミニ・ダイアローグ

日本文化への関心は19世紀後半、いわゆるジャポニスムの時期に欧米人の間に高まったけれど、今の外国人の日本文化に対する関心は全然違う種類のものですね。

その違いはどこにあるの？

以前外国人は日本文化そのものに関心を持っていたのだけれど、日本の商品、特に、電子機器、光学機器が世界の市場を埋めつくしてからは、この現象と結びつけて日本文化を見ていますね。関心が多面的になったんですね。

Интере́с к япо́нской культу́ре у люде́й за́пада вы́рос во второ́й полови́не девятна́дцатого ве́ка, в пери́од так называ́емого «япони́зма». Но тепе́рь их интере́с к ней суще́ственно друго́й.

В чём ра́зница?

Ра́ньше иностра́нцы интересова́лись япо́нской культу́рой само́й по себе́. Одна́ко, по́сле того́, как япо́нские това́ры, осо́бенно, электро́нные и опти́ческие изде́лия запо́лнили ры́нки во всём ми́ре, мно́гие иностра́нцы ста́ли смотре́ть на япо́нскую культу́ру в связи́ с э́тим явле́нием. Их интере́с стал бо́лее многосторо́нним.

国際関係

国際関係 (международные отношения)

A　ベース

国際関係 междунаро́дные отноше́ния/外交 диплома́тия/友好関係 дружелю́бные отноше́ния/相互理解 взаимопонима́ние/民族友好 дру́жба наро́дов/世界平和 мир во всём ми́ре/民間外交 наро́дная диплома́тия/草の根外交 разви́тие междунаро́дных отноше́ний на у́ровне просто́го наро́да/国際連合 ООН (Организа́ция Объединённых На́ций の略)/外交関係、国交 дипломати́ческие отноше́ния/国交回復[正常化] восстановле́ние [нормализа́ция] дипломати́ческих отноше́ниях/外務省[大臣] Министе́рство [мини́стр] иностра́нных дел/外交官 диплома́т/大使 посо́л/大使館 посо́льство

B　バリエーション

駐ロ日本大使 япо́нский посо́л в Росси́и/大使館員 член [сотру́дник] посо́льства/公使 посла́нник/(総)領事 (генера́льный) ко́нсул/領事館 ко́нсульство/国連大使 посо́л в ООН/国連事務局長[総会] генера́льный「секрета́рь [ассамбле́я] ООН/安全保障理事会 Сове́т Безопа́сности ООН：～常任理事国 постоя́нный член Сове́та Безопа́сности/外交交渉 диплома́тические перегово́ры/首脳[トップ]会談 перегово́ры「на вы́сшем у́ровне [в верха́х]/首脳[外相]会議 совеща́ние глав [мини́стров иностра́нных дел]/友好[相互援助]条約 догово́р о дру́жбе (и взаимопо́мощи)/軍事同盟[ブロック] вое́нный「сою́з [блок]/国交回復[正常化] восстановле́ние [нормализа́ция] дипломати́ческих отноше́ний/領土問題 территориа́льный вопро́с/北方領土 се́верная террито́рия/北方四島返還問題 вопро́с о возвраще́нии четырёх се́верных острово́в/国境紛争 пограни́чный「конфли́кт [инциде́нт]/武力行使 примене́ние вооружённых сил/核の脅威[抑止力] угро́за [сде́рживающая си́ла] я́дерного ору́жия/平和条約 ми́рный догово́р; мир/停戦条約 догово́р о прекраще́нии огня́/軍拡競争 го́нка вооруже́ний/覇権主義 гегемони́зм/軍縮 разоруже́ние/完全軍縮[軍備撤廃] по́лное разоруже́ние/文化[学術、人的]交流 культу́рный [нау́чный, людско́й] обме́н/学生交換 обме́н студе́нтами/代表[派遣]団 делега́ция/国際シンポジウム[フォーラム] междунаро́дный「симпо́зиум [фо́рум]/国際会議 междунаро́дная

国際関係

конфере́нция/海外援助 по́мощь зарубе́жным стра́нам/ボランティア団体 доброво́льная организа́ция/非政府組織 негосуда́рственная организа́ция/友好[親善]団体 дру́жественная организа́ция/（絶対的）平和主義（абсолю́тный）пацифи́зм/テロ терро́р/テロリスト террори́ст/（経済）制裁（экономи́ческие）са́нкции（複）：～を行う[解除する] применя́ть [снима́ть] са́нкции /輸出入禁止、禁輸 эмба́рго/報復措置 отве́тные ме́ры

C　オプション

NATO（北大西洋条約機構）НАТО（Организа́ция Североатланти́ческого догово́ра）/**EU** ЕС; Европе́йский Сою́з/ワルシャワ条約 Варша́вский догово́р/**ASEAN**（東南アジア諸国連合）Ассоциа́ция госуда́рств Ю́го-Восто́чной А́зии /安保[安全保障]条約 пакт безопа́сности; догово́р о безопа́сности/**OECD**、経済開発協力機構 ОЭСР（Организа́ция экономи́ческого сотру́дничества и разви́тия）/（特命）全権大使（чрезвыча́йный и）полномо́чный посо́л/一等[二等]書記官 пе́рвый [второ́й] секрета́рь/文化担当官 культу́рный атташе́/駐在武官 вое́нный атташе́/姉妹都市 города́-побрати́мы

D　インターチェンジ　☞「国会，議会」、「政党」、「内閣」、「貿易」

♣ ミニ・ダイアローグ

諺では「お客に行くのは楽しいが、家はもっといい」と言うけれど、私は「家は快適、お客は夢の世界！」と言いたいわ。

そうね、私も知らない外国の場所に行くのが大好きなの。

でも、今では時々テロリストが罪のない旅行者を攻撃しているわね。

本当かしら、「隣人」と「敵」が同じ単語の国語があるって？

Посло́вица говори́т: «В гостя́х хорошо́, а до́ма лу́чше», а я бы сказа́ла: «До́ма ую́тно, но в гостя́х фанта́стика !»

Я то́же о́чень люблю́ посеща́ть незнако́мые места́ за грани́цей.

Но тепе́рь террори́сты иногда́ напада́ют на неви́нных тури́стов.

Пра́вда ли, что в не́которых языка́х «сосе́ди» и «враги́» одно́ и то же сло́во ?

裁　判

裁　判（суд）

A　ベース

裁判所 суд／法廷 суд／裁判長 председа́тель／裁判官、判事 судья́／（ロシアの1990年代以降の）治安判事 мирово́й судья́／（ロシアの1990年代以降の）裁判官共同体 суде́йское соо́бщество／弁護士 адвока́т／弁護人 защи́тник／検察官、検事 прокуро́р／（2009年以降の日本の）裁判員 полуприся́жный; наро́дный заседа́тель／被疑者 обвиня́емый／被告（人）（刑事）обвиня́емый; подсуди́мый；（民事）отве́тчик／原告（刑事）гражда́нский исте́ц（в уголо́вном де́ле）；（民事）исте́ц／起訴状 обвини́тельный акт／尋問 допро́с／証人 свиде́тель／弁護［検察］側証人 свиде́тель「защи́ты［обвине́ния］／物証 веще́ственная ули́ка; веще́ственное доказа́тельство／傍証、間接証拠 ко́свенная ули́ка／証言（する）(дава́ть) показа́ние／偽証 ло́жное показа́ние／検事の論告 обвини́тельная речь／弁護人の弁論 защити́тельная речь／求刑 тре́бование о вынесе́нии наказа́ния／判決（刑事）пригово́р；（民事）реше́ние／有罪［無罪、確定］判決 обвини́тельный［оправда́тельный, оконча́тельный］пригово́р／（判決の）導入部 вво́дная часть／理由 описа́тельно-мотивиро́вочная часть／主文 резолюти́вная часть／有罪［無罪］判決の言い渡し обвини́тельный［оправда́тельный, оконча́тельный］пригово́р

♣ミニ・ダイアローグ

　以前日本では裁判官になるには、とても難しい国家試験に合格しなければならなかったんですよ。その試験の合格率はたったの3パーセント！

　Ра́ньше в Япо́нии ну́жно бы́ло сдать о́чень тру́дный госуда́рственный экза́мен, что́бы стать судьёй. Вероя́тность присвое́ния квалифика́ции была́ всего́ лишь три проце́нта！

裁　判

ロシアでは司法官になる人のための共通の国家試験はありません。どこかの裁判所で欠員が生じると、採用試験が行なわれます。法律の教育を受けている人なら、誰でもその試験を受けることができます。

В России нет всеобщего государственного экзамена для будущих юристов. Когда появляется вакансия в каком-нибудь суде, проводится приёмный конкурс. Любой человек, который имеет юридическое образование, может принять участие в этом конкурсе.

B　バリエーション

最高裁判所 Верховный суд（ロシアでは以下の4部を持つ）/民事部 Судебная коллегия по гражданским делам/刑事部 Судебная коллегия по уголовным делам/軍事部 Военная коллегия/破毀(はき)部 кассационная коллегия/高等裁判所 высший［апелляционный］суд/地方裁判所 местный суд/家庭裁判所 семейный суд/簡易裁判所 упрощённый суд/（ロシアの）連邦［州、管区、地方、市］裁判所 федеративный［областной, окружный, местный, городской］суд/各共和国［自治州、自治管区］裁判所 суд субъекта「Российской федерации［автономной области, автономного округа］/（ロシアの1990年代以降の）仲裁裁判所 арбитражный суд/陪審員 присяжный/控訴 апелляция/上告 обжалование/破毀, 破棄 кассация/（弁護側の）控訴申し立て апелляционная жалоба/（検察側の）控訴申し立て апелляционное представление/判決を破棄する кассировать приговор/棄却 отклонение/差し戻し возвращение/再審 повторное「рассмотрение［слушание］/一［二］審 первая［вторая］инстанция/控訴［上告、破毀］審 апелляционная［обжалованная, кассационная］инстанция/確定 вступление в законную силу

C　オプション

国際司法裁判所 Международный суд ООН/軍事裁判 военный трибунал/司法鑑定 судебная экспертиза/法医学 судебная медицина

D　インターチェンジ

☞「国会，議会」、「内閣」、「法律」

357

裁　判

♣ミニ・ダイアローグ

　2009年から日本国民はみんな裁判の審理に参加できるんですよ。

　そうですね、日本の裁判制度史上重要な一歩前進ね。でも私自身はそんな大きな責任は引き受けられないわ。

　失礼ですけど、ご自分が法廷で裁かれていると想像してご覧なさい。まわりに専門の法律家だけしかいないのと、誰か普通の市民がいるのと、どちらをお望みですか？

В 2009 году́ все гра́ждане Япо́нии получи́ли возмо́жность принима́ть уча́стие в суде́бном разбира́тельстве.

Да, э́то ва́жный шаг вперёд в исто́рии суде́бной систе́мы Япо́нии. Но я сама́ не могу́ приня́ть на себя́ таку́ю большу́ю отве́тственность.

Извини́те, но предста́вьте, что вас обвиня́ют в суде́. Вы хоти́те, что́бы вокру́г вас бы́ли одни́ то́лько профессиона́льные юри́сты и́ли был бы кто́-нибудь из обы́чных гра́ждан?

法　律

法　律（закон）

A　ベース

法（法律の総体）пра́во/法律（国権の最高機関で制定された法規）зако́н；（ロシアでロシア連邦全体の法律）федера́льный зако́н/法規範（法律・規範・政令・条令などの総体）законода́тельство；（法典；特定の分野の法律を集めたもの）ко́декс/国（家）法 госуда́рственное пра́во/基本法 основно́й зако́н/国際法 междунаро́дное пра́во/憲法 конститу́ция/（ロシアでロシア連邦全体の憲法に相当するもの）уста́в/規則（種々の機関で制定された決まり）пра́вила/条例 постановле́ния/政令 ука́з/大統領令 ука́з Президе́нта/法律をつくる［改正する、廃止する、公布・発布する］составля́ть［поправля́ть, отменя́ть, издава́ть］зако́н/法律を守る［適用する、破る、の網の目をかいくぐる］соблюда́ть［применя́ть, наруша́ть, обходи́ть］зако́н/法律が発効した Зако́н вступи́л в 「си́лу［де́йствие］./法律が効力を持っている Зако́н 「име́ет си́лу［де́йствует］./法（律）学 правове́дение；юриспруде́нция/法（律）学者 правове́д；юри́ст(-учёный)/法律家 юри́ст/法曹界 юриди́ческий мир/裁判官 судья́/検事 прокуро́р；（総称）прокурату́ра/弁護士 адвока́т；（総称）адвокату́ра/裁判員 полуприся́жный；наро́дный заседа́тель/～制度 но́вая систе́ма полуприся́жных/法科大学院 юриди́ческая аспиранту́ра

B　バリエーション

民事［刑事］法令 гражда́нское［уголо́вное］законода́тельство/労働［結婚、家族］法令 законода́тельство о 「труде́［бра́ке и семье́］/法律集、六法全書 свод зако́нов/編 разде́л/章 глава́/条 статья́/項 часть；пункт/第１号（次のように数字と片かっこで示す）1）/ア号（次のようにアルファベット文字と片かっこで示す）а)/立憲主義 конституционали́зм/立憲君主制 конституцио́нная мона́рхия/憲法改正（憲法を変えること）исправле́ние конститу́ции；（憲法の再検討）пересмо́тр конститу́ции/日本国憲法第九条 девя́тая статья́ Конститу́ции Япо́нии/戦争放棄 отка́з от войны́/武力行使の放棄 отка́з от примене́ния вооружённых сил/基本的人権 основны́е права́ челове́ка/言論［結社、集会、出版、良心］の自由 свобо́да сло́ва［сою́зов,

359

法　律

митингов, печа́ти, со́вести]/立法[行政、司法]権 законода́тельная [администрати́вная, суде́бная] власть/三権分立 разделе́ние трёх власте́й/民[刑、刑事訴訟、労働、行政、家族、商]法 гражда́нское [уголо́вное, уголо́вно-процессуа́льное, трудово́е, администрати́вное, семе́йное, комме́рческое] пра́во/選挙法 избира́тельный зако́н/経済法 экономи́ческие зако́ны/教育基本法 основно́й зако́н об образова́нии/学校教育法 зако́н об образова́нии/労働基準法 основно́й зако́н о труде́

C　オプション

皇室典範(てんぱん) ста́тус импера́торской фами́лии/司法試験 госуда́рственный экза́мен на юри́ста/公証人 нота́риус/公証人役場 нотариа́льная конто́ра/法律相談所 юриди́ческая консульта́ция

D　インターチェンジ

☞「国会，議会」、「裁判」

♣ ミニ・ダイアローグ

ぼくの友人の家には家庭憲章と家庭法があるんですよ。

誰がつくったの？　お友達のお父さん？

いや、きっとひいひいおじいさんでしょ。その憲章や法律は代々百年以上も伝えられてきたのだから。

じゃあ、もうすっかり古くなっているわね。

いや、憲章の第一条は「家庭においては何人(なんびと)も平等にして、相和すべし」というのだよ。

本当？

В семье́ моего́ дру́га есть «Семе́йный уста́в» и «Семе́йный зако́н».

Кто их соста́вил? Его́ оте́ц?

Нет, наве́рное, его́ прапра́дед, так как э́ти уста́в и зако́н передава́лись из поколе́ния в поколе́ние в тече́ние бо́лее ста лет.

Тогда́ они́ уже́ совсе́м устаре́вшие.

Нет, пе́рвая статья́ Уста́ва чита́ется: «В семье́ все чле́ны равны́. Они́ должны́ люби́ть друг дру́га».

Пра́вда?

国会，議会（парламент, дума）

A ベース

国会，議会（一般的、また、イギリスなど）парла́мент；(1906, 1916年の帝政ロシアと現在のロシア) ду́ма；（米国など）конгре́сс/議員 депута́т/上院（一般）ве́рхняя пала́та；（米国など）сена́т；（英国）пала́та ло́рдов/上院議員（一般）член ве́рхней пала́ты；（米国など）сена́тор；（英国）член пала́ты ло́рдов/下院（一般）ни́жняя пала́та；（米国など）пала́та представи́телей；（英国）пала́та о́бщин；（フランスなど）пала́та депута́тов/下院議員（一般）член ни́жней пала́ты；米国など）член пала́ты представи́телей；（英国の）член пала́ты о́бщин；（フランスなど）депута́т/国会召集 созы́в парла́мента/国会を召集する созыва́ть парла́мент/国会解散 ро́спуск парла́мента/国会を解散する распуска́ть парла́мент

B バリエーション

二［一］院制 двухпала́тный ［однопала́тный］ парла́мент/議長 председа́тель；спи́кер/議席、議員資格 ме́сто в парла́менте；манда́т/議員席 места́ для депута́тов/傍聴人 пу́блика；слу́шатель/傍聴席 места́ для пу́блики/代表質問 запро́с представи́телей па́ртий/答弁 отве́т на запро́с/法案 законопрое́кт：～を提出する вноси́ть законопрое́кт/決議案 резолю́ция/審議 обсужде́ние：～する обсужда́ть/可決 приня́тие：～する принима́ть/否決 неприня́тие；отклоне́ние：～する не принима́ть；отклоня́ть；отверга́ть/審議を拒否する не принима́ть уча́стие в обсужде́нии/審議ボイコット бойко́т заседа́ний/審議未了 обсужде́ние не зако́нчено/継続審議 перено́с обсужде́ния на сле́дующую се́ссию/廃案 отме́на законопрое́кта/（内閣）不信任案 во́тум недове́рия прави́тельству：～を提出する выноси́ть во́тум недове́рия/議事録 протоко́л

　日本の場合：

国会，議会 парла́мент/参議院 пала́та сове́тников：～議員 член пала́ты сове́тников/衆議院 пала́та представи́телей：～議員 член пала́ты представи́телей/議事堂 зда́ние парла́мента/通常［臨時、特別］国会 очередна́я ［внеочередна́я, чрезвыча́йная］ се́ссия (парла́мента)/首相の所信表明 изло-

国会，議会

жéние премьéр-минúстром политúческого крéдо/首相の施政方針演説 речь премьéр-минúстра о глáвных направлéниях дéятельности правúтельства/予算委員会 бюджéтный комитéт/議院運営委員会 комитéт по управлéнию парлáментскими делáми/大臣席、ひな壇 местá для минúстров; министéрские местá/解散の詔勅(しょうちょく) имперáторский укáз о рóспуске парлáмента

C　オプション

証人 свидéтель：～喚問 вúзов свидéтеля/参考人 информáтор/学識経験者、有識者 осведомлённое лицó/採決する стáвить на голосовáние/一年生議員 депутáт-новичóк/陣笠 рядовóй депутáт/（電子投票が導入されるまでの投票方法）白[賛成]票 бéлый бюллетéнь; гóлос за/青[反対]票 сúний бюллетéнь; гóлос прóтив

D　インターチェンジ

☞ 「政党」、「内閣」、「法律」

♣ ミニ・ダイアローグ

有名なスポーツ選手や芸能人がよく議員に選ばれますね。あなたこれをどう思いますか。

Извéстные спортсмéны и артúсты óчень чáсто избирáются депутáтами парлáмента. Что вы дýмаете об этом?

職業の代表として選ばれている場合は歓迎します。しかし、ただ有名人として選ばれていると…

Когдá онú избирáются как представúтели своúх профéссий, я привéтствую их, но когдá избирáются прóсто как извéстные лю́ди …

全体として日本の議員には職業、活動分野の代表者が少ないですね。そういう人の数を増やさなければ。

Вообщé среди япóнских депутáтов мáло представúтелей рáзных профéссий и областéй дéятельности. Нýжно увелúчить их числó.

それに主婦や小さい子供の母親の代表も入れる必要がありますよ。

И нýжно включúть в них представúтелей домохозя́ек и матерéй с мáленькими детьмú.

362

政党 (политическая партия)

A ベース

政党 полити́ческая па́ртия/与党 пра́вящая [прави́тельственная] па́ртия/野党 оппозицио́нная па́ртия/保守政党 консервати́вная па́ртия/革新[進歩]政党 прогресси́вная па́ртия/党首、委員長、議長 председа́тель/執行部 (парти́йное) руково́дство/幹事長、書記長 генера́льный секрета́рь/党本部 гла́вный штаб па́ртии/党幹部 руководи́тель па́ртии/ (平)党員 (рядово́й) член па́ртии/民主[自民]党に所属している Он принадлежи́т к「демократи́ческой [либера́льно-демократи́ческой] па́ртии./入党する вступа́ть в па́ртию/離党[脱党]する выходи́ть из па́ртии/離党届を出す подава́ть заявле́ние о вы́ходе из па́ртии/党員証を返す возвраща́ть парти́йный биле́т/党から除名する исключа́ть из па́ртии

B バリエーション

政権党 па́ртия, име́ющая власть/野党第一党 са́мая больша́я [крупне́йшая] оппозицио́нная па́ртия/多数党 па́ртия большинства́/少数党 па́ртия меньшинства́/二大政党 две кру́пные па́ртии/二大政党制 двухпарти́йная систе́ма/国民政党 всенаро́дная па́ртия/大衆政党 па́ртия попули́зма/階級政党 кла́ссовая па́ртия/社会党 социалисти́ческая па́ртия: ～員 социали́ст/自由党 либера́льная па́ртия: ～員 либера́л/民主党 демократи́ческая па́ртия: ～員 демокра́т/共和党 республика́нская па́ртия: ～員 республика́нец/保守党 па́ртия консерва́торов: ～員 консерва́тор/労働党 лейбори́стская па́ртия: ～員 лейбори́ст/無党派、無所属 незави́симый; беспарти́йный; не принадлежа́щий к полити́ческим па́ртиям
　日本の政党:
民主党(員)(上掲参照) 自由民主[自民]党 либера́льно-демократи́ческая па́ртия/自由民主[自民]党員 либера́л-демокра́т/社会民主党 социа́л-демократи́ческая па́ртия/社会民主党員 социа́л-демокра́т/公明党 па́ртия «Комэ́йто»/公明党員 член па́ртии «Комэ́йто» 共産党 коммунисти́ческая па́ртия: ～員 коммуни́ст/国民新党 Но́вая наро́дная па́ртия/新党日本 но́вая па́ртия «Япо́ния»

内　閣

ロシアの政党（2009年8月現在法律的に公認されている7政党）:
統一ロシア Еди́ная Росси́я/**祖国ロシア連邦共産党** Коммунисти́ческая па́ртия Росси́йской Федера́ции/**ロシア統一民主党「ヤブロコ」** Росси́йская объединённая демократи́ческая па́ртия «Я́блоко»/**ロシア自由民主党** Либера́льно-демократи́ческая па́ртия Росси́и/**公正ロシア** Справедли́вая Росси́я/**ロシア愛国党** Патрио́ты Росси́и/**正義党** Пра́вое де́ло

C　オプション

一党支配（一党が長く国を支配すること）однопарти́йное управле́ние госуда́рством；（一党しか存在を許されない政治体制）однопарти́йная полити́ческая систе́ма/**多党制** многопарти́йная полити́ческая систе́ма

D　インターチェンジ

☞「国会，議会」、「内閣」

内　閣（кабине́т мини́стров）

A　ベース

内閣 кабине́т мини́стров（ロシア語では прави́тельство「政府」を「内閣」の意味で使うことも多い）/**(内閣)総理大臣、首相** премье́р-мини́стр（旧ソ連では председа́тель кабине́та мини́стров）/日本では総理大臣は国会議員の中から国会で選出される В Япо́нии премье́р-мини́стр выбира́ется из депута́тов в парла́менте./ロシアでは大統領が首相候補を指名し、国会の承認を求める В Росси́и президе́нт называ́ет кандида́та премье́р-мини́стра и представля́ет в парла́мент на утвержде́ние./アメリカには総理大臣のポストはない。大統領が国家元首と行政府の長を兼ねる В США нет до́лжности премье́р-мини́стра. Президе́нт соединя́ет в свои́х рука́х фу́нкции главы́ госуда́рства и главы́ прави́тельства./**内閣を作る、組閣する** формирова́ть кабине́т мини́стров/**内閣を改造する** реорганизова́ть кабине́т мини́стров/**閣議** заседа́ние кабине́та мини́стров/**内閣総辞職** о́бщая отста́вка кабине́та

内閣

министров; отставка правительства/内閣不信任案 вотум недоверия правительству

> ♣ ミニ・ダイアローグ
>
> 正夫、これまで日本で女性の首相がいましたか。
> いや、一度もないですね。
> もうすぐ出るかしら。
> 残念ながら、近い将来はないでしょう。しかし、政治の世界では一般に明日何が起こるか、だれにもわかりません。
>
> Масао, когда-нибудь в Японии была женщина-премьер-министр?
> Нет, никогда не было.
> Скоро будет?
> К сожалению, в ближайшем будущем не будет. Но вообще никто не знает, что будет завтра в политическом мире.

B バリエーション

(日本の内閣の組織) 内閣官房 Секретариат Кабинета министров: 〜長官 начальник канцелярии премьер-министра/総務大臣[省] министр [Министерство] по вопросам внутренних дел / (以下、министр を Министерство に換えれば、「○○省」の意味になる) 法務大臣 министр юстиции/外務大臣 министр иностранных дел/財務大臣 министр финансов/文部科学大臣 министр просвещения, культуры, спорта, науки и техники/厚生労働大臣 министр здравоохранения, труда и благосостояния/農林水産大臣 министр сельского, лесного и рыбного хозяйства/経済産業大臣 министр экономики, торговли и промышленности/国土交通大臣 министр земель, инфраструктуры и транспорта/環境大臣 министр охраны окружающей среды/防衛大臣 министр национальной обороны

C オプション

内閣府 Секретариат Кабинета министров/総理大臣補佐官 помощник премьер-министра/副大臣 заместитель министра/事務次官 постоянный заместитель министра/宮内庁 Управление императорского дворца/警察庁 Управление полиции/人事院 Палата по кадровым делам/検察庁 Управление прокурорского надзора/入国管理局 Департамент иммиграциоиннго контроля/文化庁 Управление культуры/林野庁 Управление лесного

365

内閣

хозя́йства/水産庁 Управле́ние ры́бного хозя́йства/特許庁 Пате́нтное управле́ние/気象庁 Метеорологи́ческое управле́ние/海上保安庁 Управле́ние по безопа́сности мореплáвания

D　インターチェンジ

☞ 「国会、議会」、「政党」、「法律」

♣ミニ・ダイアローグ

　2001年に日本で行われた中央省庁再編成で「大蔵省」という古い名称が廃止され、「財務省」という新しい名称に代えられました。

　それはどういう省ですか。
　ロシア語や英語では昔も今も「ファイナンス省」です。「大蔵」という名は7世紀の中ごろからあったので、それが消えたのは私にはとても残念です。

При реоргании́зации центра́льных министе́рств и управле́ний, произведённой в 2001 в Япо́нии, стари́нное назва́ние «Министе́рство оку́ра» отменено́ и заменено́ но́вым назва́нием «Министе́рство дза́йму».
　Како́е э́то министе́рство?
　По-ру́сски и по-англи́йски оно́ называ́лось и называ́ется «Министе́рством фина́нсов». Назва́ние «оку́ра» существова́ло с середи́ны седьмо́го ве́ка, и мне о́чень жаль, что оно́ исче́зло.

新聞，雑誌

新聞（газета），雑誌（журнал）

A ベース

新聞 газета：日刊〜 ежедне́вная газе́та / 週刊誌 еженеде́льная газе́та / 朝刊 у́тренний вы́пуск / 夕刊 вече́рний вы́пуск / 夕刊新聞 вече́рняя газе́та / スポーツ新聞［紙］спорти́вная газе́та / 雑誌 журна́л / 総合雑誌 то́лстый журна́л / 月刊誌 ежеме́сячный журна́л; ежеме́сячник / 週刊誌 еженеде́льник; еженеде́льный журна́л / 見出し заголо́вок / 社説 передова́я （статья́） / 一面 пе́рвая страни́ца / 新聞社 газе́та / 雑誌社 изда́тельство журна́ла / 編集部 реда́кция / 編集長 гла́вный реда́ктор / 新聞記者 корреспонде́нт / 特派員 специа́льный корреспонде́нт / レポーター репортёр / カメラマン фото́граф / 定期購読 регуля́рное выпи́сывание газе́ты：МКの〜を申し込む подписа́ться на «МК» (★ロシアには、多くの国と同じように、特別の新聞販売店はない。定期購読の申し込みは郵便局でし、配達も郵便局を通じて行なわれる。キオスク、立ち売りなどは、駅などの特定の場所に限定されておらず、新聞を不定期に購入することは容易)

B バリエーション

日曜版 воскре́сный вы́пуск / 四大紙 четы́ре крупне́йшие газе́ты （Япо́нии） / 経済紙 экономи́ческая газе́та / 大見出しで под больши́м заголо́вком / 一面トップに наверху́ на пе́рвой страни́це / 記事 статья́：〜が新聞に掲載される Статья́ помеща́ется в газе́те. / 三面〜 хро́ника происше́ствий / スポーツ欄 спорти́вные но́вости / 文化欄 хро́ника культу́рной жи́зни / 家庭欄 информа́ция по семе́йной жи́зни / 芸能欄 хро́ника иску́сств / コラム специа́льный отде́л / 書評欄 кни́жное обозре́ние / 劇評 реце́нзия на спекта́кль / 座談会 бесе́да / インタビュー интервью́ / 投書 письмо́ в реда́кцию; письмо́ от чита́теля / テレビ番組 телевизио́нная програ́мма / 訃報，死亡記事 сообще́ние о сме́рти / 広告 рекла́ма; объявле́ние / 折込広告 рекла́ма, вкла́дываемая в газе́ту / 政治［社会，文芸］部 полити́ческий ［обще́ственный, культу́рно-литерату́рный］ отде́л / 婦人雑誌，女性誌 же́нский журна́л / 児童雑誌 де́тский журна́л / スポーツ雑誌 спорти́вный журна́л / 文芸誌 литерату́рный журна́л / 画報 иллюстри́рованный журна́л / 写真週刊誌 иллюстри́рованный еженеде́льник / 季

新聞，雑誌

刊雑誌 журна́л, выходя́щий поквартáльно/コミック кóмикс

C　オプション

業界紙 отраслева́я [делова́я] газе́та/社内報 вну́тренняя газе́та/特ダネ фити́ль/スクープ нóвость, опубликóванная ра́ньше други́х информациóнных средств/号外 специа́льный вы́пуск/新聞配達 разнóс [достáвка] газе́ты/新聞配達夫 разнóсчик газе́ты

D　インターチェンジ

☞「インターネット」、「広告」、「コンピュータ」、「テレビ」

♣ミニ・ダイアローグ

　正夫、あなた新聞を何か定期的に読んでいる？
　ロシアでは、週間新聞の「論拠と事実」を定期的に読んでいます。ほかのは定期的ではなく、気分次第で買っています。
　私もよく「アイフ」を読むわ。いろいろ面白い情報が載っているから。
　日本ではぼくは二つの新聞を定期購読していますが、将棋（日本のチェス）の棋譜を読んだり見たりするためです。どんな情報でもインターネットで取れるんですが、棋譜は新聞で読むのが一番具合がいいですね。

　Масао, вы регуля́рно читáете какýю-нибудь газе́ту?
　Здесь в Росси́и я регуля́рно покупáю еженедéльник «Аргумéнты и фáкты». Остальны́е я покупáю по настроéнию, не так регуля́рно.
　Я тóже чáсто читáю «АиФ». В ней мнóго интерéсной информáции.
　В Япóнии я выпи́сываю две газéты для тогó, чтóбы читáть или смотрéть зáпись пáртий «шоги», япóнских шáхмат. Любóй кусóк информáции мóжно взять в интернéте, но зáпись шáхматных пáртий удóбнее всегó читáть в газéте.

広　告　(реклама)

A　ベース

広告, 宣伝 рекла́ма; рекла́мное объявле́ние/(大々的に) 宣伝する реклами́ровать (в большо́м масшта́бе)/宣伝活動 рекла́мная деятельность [акти́вность]/マスコミ масс-ме́диа; ма́ссовая коммуника́ция [информа́ция]; сре́дства ма́ссовой коммуника́ции [информа́ции]/ダイレクト・メディア директ-ме́диа/テレビ[ラジオ]のコマーシャル、CM рекла́ма на ТВ [телеви́дении [ра́дио]/コマーシャルフィルム、CF рекла́мный видеоро́лик/面白い[明快な]映像 интере́сная [чёткая и я́сная] визуализа́ция/新聞・雑誌広告 рекла́ма в пре́ссе/インターネット広告 рекла́ма в интерне́т/広告のデザイン диза́йн рекла́мы/キャプション заголо́вок/宣伝文句、コピー рекла́мный текст; текст рекла́много объявле́ния/コピーライター копира́йтер; а́втор рекла́мных те́кстов/キャッチフレーズ бро́ская фра́за/できるかぎり単純、正確に максима́льно про́сто и то́чно/イラスト(レーション) иллюстра́ция/ロゴ лого́тип; логома́рк/ナレーション ди́кторский текст/ナレーター ди́ктор/コマーシャルソング рекла́мная пе́сня/ショウウィンドー витри́на/屋外広告 нару́жная рекла́ма/看板 вы́веска/立看板 рекла́мный фане́рный щит/ネオンサイн светова́я [нео́новая] рекла́ма/ポスター плака́т/(催し物の) ポスター、ビラ афи́ша/ダイレクトメール пряма́я почто́вая рекла́ма/直接配布 пряма́я рассы́лка

B　バリエーション

スポットコマーシャル кра́ткий рекла́мный ро́лик/業界出版物 отраслево́е [делово́е] изда́ние/三行広告 рекла́мное объявле́ние на три коло́нки/駅・車内広告 рекла́ма в тра́нспорте/車内広告 рекла́мный щит [плака́т, листо́к] внутри сре́дств обще́ственного тра́нспорта/ちらし、ビラ рекла́мная (информацио́нная) листо́вка/ガイドブック掲載広告 рекла́ма в спра́вочнике/イエローページ жёлтые страни́цы/エキシビション、展示 вы́ставка; демонстра́ция; пока́з/広告塔 афи́шная ба́шня/広告主、スポンサー рекламода́тель; спо́нсор/誇大宣伝 преувели́ченная рекла́ма/広告代理店 [会社] рекла́мное аге́нтство/広告料 пла́та за рекла́му/宣伝費 [料] расхо́ды на рекла́му/広

369

広　告

告手数料 аге́нтский гонора́р／広告効果の追跡調査 отсле́живание эффекти́вности рекла́мы／広告への反響 о́тклик на рекла́му／消費者との結びつき конта́кт с потреби́телем

C　オプション

サンドイッチマン челове́к-рекла́ма; жива́я рекла́ма／アドバルーン рекла́мный возду́шный шар; возду́шная [надувна́я] рекла́ма／移動広告 моби́льная рекла́ма／タクシー［バス］の車体広告 рекла́ма на такси́ [авто́бусах]／情報掲示板 доска́ объявле́ний

D　インターチェンジ

☞「商業」、「店」、「テレビ」、「インターネット」

♣ ミニ・ダイアローグ

正夫、あなたどこで歯ブラシを買う？	Маса́о, где вы покупа́ете зубны́е щётки?
駅前の薬局です。	В апте́ке о́коло ста́нции метро́.
薬局にはいろいろな歯ブラシを売っているわね。そのうち一つをどうやって選ぶの？	В апте́ке продаю́тся ра́зные щётки. Как вы выбира́ете из них одну́?
ほとんど無意識ですね。棚に近づく、1本のブラシが目に飛び込んでくる、それを買うんです。	Почти́ бессозна́тельно. Подхожу́ к по́лкам. Одна́ щётка броса́ется в глаза́ и я беру́ её.
あなたはきっとしょっちゅう宣伝されているのを無意識に選んでいるのよ。たいていのお客は自分の意志で買い物していると思っているけど、実は広告の催眠術にかかっているのよ。	Наве́рное, вы бессозна́тельно выбира́ете ту, кото́рая ча́сто реклами́руется. Мно́гие покупа́тели ду́мают, что де́лают поку́пки по свое́й во́ле, но, на са́мом де́ле, под гипно́зом рекла́мы.

環境問題（экологические вопросы）

A　ベース

環境問題 экологи́ческие「вопро́сы [пробле́мы]/環境 окружа́ющая среда́/居住[生息]環境 среда́ обита́ния/生態系 экосисте́ма/食物連鎖 пищева́я цепь/自然の循環 кругооборо́т в приро́де; приро́дный кругооборо́т/自然のバランス равнове́сие в приро́де; приро́дное равнове́сие/環境を守る защища́ть [храни́ть, сохраня́ть] окружа́ющую среду́/自然の循環を破壊する наруша́ть「приро́дный кругооборо́т [кругооборо́т в приро́де]/環境保護 защи́та [охра́на] окружа́ющей среды́; экологи́ческая защи́та/環境保護活動 природоохра́нная де́ятельность/合理的な自然利用 рациона́льное природопо́льзование/住民の安全 безопа́сность населе́ния/環境にやさしいガソリン экологи́чески чи́стый бензи́н/汚染されていない食品 экологи́чески чи́стые проду́кты/公害の少ない地域 экологи́чески чи́стый райо́н/汚染 загрязне́ние/汚染の規制 контро́ль за загрязне́нием/汚染度 загрязнённость/大気汚染 загрязне́ние「атмосфе́ры [во́здуха]/海洋汚染 загрязне́ние море́й и океа́нов/排気ガス выхлопны́е га́зы/一酸化炭素 о́кись углеро́да/光化学スモッグ фотохими́ческий смог/酸性雨 кисло́тный дождь/オゾン層 озо́новый слой: ～の破壊 разруше́ние озо́нового сло́я/オゾンホール озо́новая дыра́/地球温暖化 потепле́ние земно́го ша́ра/温室効果 парнико́вый эффе́кт：～ガス排出量25％削減 сокраще́ние коли́чества вы́бросов тепли́чных га́зов на 25 проце́нтов/(地球規模の) 環境危機 (глоба́льный) экологи́ческий кри́зис/浄化装置 очисти́тель; очисти́тельное сооруже́ние/廃棄物 отхо́ды/リサイクル可能な廃棄物 утиль/分解しない廃棄物 неусвоя́емые отхо́ды/産業[食物]廃棄物 промы́шленные [пищевы́е] отхо́ды/ゴミの分別収集 сортиру́емый сбор му́сора/古新聞・雑誌 ста́рые газе́ты и журна́лы/紙屑 бума́жные отхо́ды/ (再生のための) 古新聞・雑誌、紙屑 макулату́ра/廃棄物の再利用 утилиза́ция отхо́дов/廃棄物の再加工 перерабо́тка отхо́дов/工業排水 промы́шленные сто́чные во́ды/農薬 сельскохозя́йственные химика́ты/化学肥料 хими́ческие удобре́ния/大規模な気候の変化 крупномасшта́бные измене́ния кли́мата

371

環境問題

B　バリエーション

殺虫剤 пестици́д/除草剤 гербици́д/再生原料 вторсырьё/生産[技術]の無公害化 экологиза́ция произво́дства [техноло́гии]/行政的[法的]働きかけ администрати́вное [правово́е] де́йствие/天然資源の更新と再生 обновле́ние и воспроизво́дство приро́дных ресу́рсов/動物の保護 охра́на живо́тных/動物を絶滅から救う спаса́ть живо́тных от 「ги́бели [исчезнове́ния]」/絶滅しつつある動[植]物 погиба́ющие [исчеза́ющие] ви́ды 「живо́тных [расте́ний]」/乱伐 ма́ссовая вы́рубка лесо́в

C　オプション

フロン、フレオン фрео́н/世界自然保護財団 всеми́рный фонд охра́ны приро́ды/京都議定書 Кио́тский протоко́л

D　インターチェンジ

☞「(自然)災害」、「自転車」、「自動車」、「天気」、「宇宙」

♣ ミニ・ダイアローグ

人間は自分が自然の小さな部分だということを忘れて、自然の主人になろうとした。これは単純な間違いではなくて、恐ろしい罪だよ。

しかし、その誤った自信が信じられないほどの力を人類に与えて、たくさんのよいことをさせたのさ。

いや、虚偽は何一ついいことを生まない。人類はただ世界を荒野に変えようとしているだけさ。

いやあ、君は悲観主義者だね。ぼくは自然が大好きだけど、それに劣らず人間もやっぱり好きだし、尊敬している。

Челове́к забы́л, что он ма́ленькая часть приро́ды и пыта́лся стать её хозя́ином. Э́то не проста́я оши́бка, а стра́шный грех.

Но э́та ло́жная уве́ренность дала́ челове́честву невероя́тную си́лу и позво́лила ему́ соверши́ть мно́го хоро́шего.

Нет, непра́вда не мо́жет привести́ к чему́-то хоро́шему. Челове́чество то́лько превраща́ет мир в пусты́ню.

Ой, како́й ты пессими́ст! Я обожа́ю приро́ду, но не ме́ньше люблю́ и уважа́ю челове́ка.

入学試験（вступительный экзамен）

A　ベース

入学試験 вступительный экзамен/大学[中学]入試 вступительные экзамены в「вýзы [срéдние шкóлы]/統一国家入学試験 едúный госудáрственный вступúтельный экзáмен; ЕГЭ/(大学)受験生 абитуриéнт(ка)/(大学の)受験勉強 подготóвка к вступúтельным экзáменам (в вýзы)：(大学の)〜をする готóвиться к вступúтельным экзáменам (в вýзы)/予備校、受験塾 кýрсы для подготóвки к вступúтельным экзáменам/家庭教師につく занимáться с репетúтором/受験する сдавáть [держáть] вступúтельные экзáмены/筆記試験 пúсьменные экзáмены/口頭試問 ýстные экзáмены/面接 собесéдование; интервью/競争率が高い большóй кóнкурс/10人に1人の倍率 дéсять человéк на однó мéсто/(入学)試験に合格する сдать [пройтú] (вступúтельные) экзáмены/(入学)試験に落ちる[失敗する]、落第する провалúться [потерпéть неудáчу] на (вступúтельных) экзáменах

B　バリエーション

模擬試験 репетициóнный экзáмен/練習試験 прóбный экзáмен/予備試験 предварúтельный экзáмен/選抜 кóнкурс/創造力選抜 твóрческий кóнкурс/テスト、小試験 тестúрование（★ソ連崩壊後、ロシアではさまざまな学校が現れ、試験の方式も多様化した。正規の入学試験は従来どおり6月に行なわれるが、4月に練習・予備試験をする学校もあり、その成績は本試験に加味されないのが建前だが、実際はわからない。）；кóнкурс（コンクール）は元来競争選抜を意味するが、本試験の受験者の数を絞るために、試験に先立って行なわれる кóнкурс は一次試験的な性格を持っている。твóрческий кóнкурс は基礎能力の乏しい受験生を作文などで、振り落とすもの）/専門科目試験 прóфильный экзáмен/願書を出す сдавáть докумéнты/受験料 плáта за сдáчу вступúтельных экзáменаов/マークシート листóк для компьютеризáции：回答は〜方式です В качестве ответов отмечают нужные клéточки на листкáх для компьютеризáции./合格点 проходнóй балл; минимáльное колúчество очкóв для прохóдов/合格発表 объявлéние результáтов экзáмена/有名[エリート]校 знаменúтый [престúжный, элúт-

373

入学試験

ный] институ́т

C　オプション

入学の特典 льго́та при поступле́нии/メダル受賞者 медали́ст; лицо́, зако́нчившее шко́лу с меда́лью/金［銀、銅］メダル золота́я ［сере́бряная, бро́нзовая］ меда́ль/優等生 отли́чник; лицо́, зако́нчившее шко́лу с отли́чием/軍隊に一定期間勤務し、部隊長の推薦によって大学に入学しようとする者には特典が与えられる Предоставля́ется льго́та ли́цам, отслужи́вшим сро́чную слу́жбу в вое́нных си́лах и поступа́ющим по рекоменда́ции команди́ров во́инских часте́й.（ロシアにはソ連時代から、優等生、兵役経験者のほか、身障者、孤児などにも入試の特典がある）/入試委員会 приёмная коми́ссия/偏差値 величина́ дева́ции/受験のためのガイダンス консульта́ция для сда́чи вступи́тельных экза́менов/進学校 шко́ла, ориенти́рованная на подгото́вку к вступи́тельным экза́менам/受験戦争 война́ для вступи́тельных экза́менов/受験地獄 ад вступи́тельных экза́менов

♣ミニ・ダイアローグ

日本では多くのお母さんが子供を一流大学に入れるために、できるだけのことをしているんだよ。

それはよくわかるわ。一流大学を出れば、高収入や、安定した社会的地位や、美人の奥さんが保証されるもの。

でも美人は必ずしも頭がよくないからね、一流大学を出た男と美人の奥さんの子供は 到底全部は一流大学には入れないね。

それで公平な循環が成り立っているわけよ。

В Япо́нии мно́гие ма́тери де́лают всё возмо́жное, что́бы их де́ти поступи́ли в эли́тные университе́ты.

Э́то вполне́ поня́тно. Е́сли зако́нчить эли́тный университе́т, то бу́дут обеспе́чены высо́кие дохо́ды, про́чная пози́ция в о́бществе и краси́вая жена́.

Но так как не все краса́вицы у́мные, далеко́ не все де́ти люде́й, око́нчивших эли́тные университе́ты с краси́выми жёнами, попада́ют в эли́тные университе́ты.

Ита́к, получа́ется справедли́вый цикл.

年　金

年　金（пенсия）

A　ベース

年金 пе́нсия/社会保険 социа́льное страхова́ние/社会年金 социа́льная пе́нсия/年金受給者 пенсионе́р/年金受給年齢に達する достига́ть пенсио́нного во́зраста/年金の種類 ви́ды пе́нсий/老齢年金 пе́нсия по ста́рости/勤続期間年金 пе́нсия за вы́слугу лет/労働年金 трудова́я пе́нсия/身障者年金 пе́нсия по инвали́дности/遺族年金 пе́нсия по слу́чаю поте́ри корми́льца/終身年金 пожи́зненная пе́нсия/年金申告 заявле́ние пе́нсии/年金手続き офрмле́ние пе́нсии/書類を提出する предъявля́ть [сдава́ть] докуме́нты/年金を受け取る [支払う] получа́ть [выпла́чивать] пе́нсию/年金で生活する жить на пе́нсию/私はもう年金生活だ Я уже́ на пе́нсии.; Я уже́ пенсионе́р./年金基金 пенсио́нный фонд/年金積立て пенсио́нное накопле́ние/基礎年金 ба́зовая часть пе́нсии/年金加入者 застрахо́ванное лицо́/保険料 страхово́й взнос/年金支給停止 остано́вка вы́платы пе́нсий

♣ ミニ・ダイアローグ

ぼくの叔父さんは文字通り百万長者でね、年収百万ドルだ。それでいて、年額3万ドルの年金をもらっているんだよ。

それは笑わせるわね。叔父さんにすればそんなちょっぴりの年金をどうしてことわらなかったの？

国民の義務だと思って年金受給者の登録をしてしまって、年金の支給が始まったんだよ。一旦支給が始まると、規則によって、受給を拒否できないそうだ。

それって本当？

Мой дя́дя буква́льно миллионе́р. Его́ годово́й дохо́д миллио́н до́лларов. Всё же он получа́ет пе́нсию разме́ром в три́дцать ты́сяч до́лларов в год.

Э́то да́же смешно́. Почему́ он не отказа́лся от мизе́рной для него́ пе́нсии？

Он зарегистри́ровал себя́ как пенсионе́ра, счита́я э́то обя́занностью граждани́на, и начала́сь вы́плата пе́нсии. Раз упла́та начала́сь, то по пра́вилам невозмо́жно отказа́ться получи́ть пе́нсию.

Пра́вда？

年　金

B　バリエーション

年金体系を見直す пересмотре́ть пенсио́нную систе́му/年金改革 пенсио́нная рефо́рма/新しい年金体系の導入 введе́ние но́вой пенсио́нной систе́мы/分配方式 распредели́тельная систе́ма/保険方式 страхова́я систе́ма/融合方式 сме́шанная систе́ма/年金の構造 структу́ра пе́нсии/年金の保険[積立て]部分 страхова́я накопи́тельная часть пе́нсии/強制[任意]年金保険方式 систе́ма обяза́тельного[произво́льного] пенсио́нного страхова́ния/一家の扶養責任者 корми́лец семьи́/扶養 иждиве́ние/被扶養者 ли́ца, находя́щиеся на иждиве́нии/期限前労働年金 досро́чная трудова́я пе́нсия/年金指定期間 срок назначе́ния пе́нсии/年金（総）額（о́бщий） разме́р пе́нсии/年金最少額 минима́льный разме́р пе́нсии/保険料総額 о́бщая су́мма взно́сов/年金計算 расчёт пе́нсии/年金額を計算する рассчи́тывать разме́р пе́нсии/年金修正 корректиро́вка пе́нсии/年金の再計算 перерасчёт пе́нсии/勤務歴 трудово́й стаж/（平均）報酬額 сре́дний разме́р за́работка

D　インターチェンジ

☞「会社」、「財政」、「仕事」、「保険」

♣ミニ・ダイアローグ

日本の社会は予想よりはるかに速く老化しているんですよ。

それは深刻な問題ね、労働力は減って、年金生活者は増えるのだから。

政府の首領の中には、出産機械が減少しないように、なるべく早く結婚しろと女性に勧める人がいます。

女性は機械？それなら、男性はいったい何なの？

多分、出産機械のための数滴の潤滑油でしょ。

О́бщество Япо́нии старе́ет намно́го быстре́е, чем предполага́лось.

Э́то серьёзная пробле́ма: рабо́чие си́лы уменьша́ются, а число́ пенсионе́ров увели́чивается.

Не́которые руководи́тели прави́тельства рекоменду́ют же́нщинам пора́ньше вы́йти за́муж, что́бы коли́чество роди́льных маши́н не уме́ньшилось.

Же́нщины явля́ются маши́нами？Тогда́ что тако́е мужчи́ны？

Пожа́луй, ка́пли сма́зочного ма́сла для роди́льных маши́н.

保　険（страхование）

A　ベース

保険 страхова́ние：社会[個人]～ социа́льное [ли́чное] страхова́ние/任意[強制]～ доброво́льное [обяза́тельное] страхова́ние/生命[健康、住宅]～ страхова́ние 「жи́зни [здоро́вья, жило́го фо́нда]/医療～ медици́нское страхова́ние/失業～ страхова́ние от безрабо́тицы/損害～ страхова́ние для возмеще́ния уще́рба/火災[傷害、がん]～ страхова́ние от 「огня́ [несча́стного слу́чая, ра́ка]/入院～страхова́ние госпитализа́ции/年金型～ пенсио́нное страхова́ние/個人[法人]財産～ страхова́ние иму́щества 「ча́стных [юриди́ческих] лиц/海上～ морско́е страхова́ние/自動車～ автострахова́ние; автомоби́льное страхова́ние/陸上[鉄道、水上、航空]交通～ страхова́ние средств 「назе́много [железнодоро́жного, во́дного, возду́шного] тра́нспорта/海外旅行～ страхова́ние зарубе́жных пое́здок/抵当～ ипоте́чное страхова́ние/～者、～機関、～業者 страхо́вщик/～会社 страхова́я компа́ния/～契約者 страхова́тель/～契約を結ぶ заключа́ть догово́р страхова́ния/～金 страхо́вка/～料 страхово́й взнос：～を払う плати́ть страхово́й взнос

B　バリエーション

長期[短期、終身]保険 долгосро́чное [краткосро́чное, пожи́зненное] страхова́ние/被保険者 застрахо́ванный/(生命)保険証券 по́лис страхова́ния (жи́зни)/保険額 страхова́я су́мма/保険金支払い страхова́я вы́плата/掛け捨て без возвра́та при оконча́нии де́йствия контра́кта/保険料金表 страхово́й тари́ф/国民福祉 наро́дное благосостоя́ние/福祉国家 страна́ высо́кого благосостоя́ния/健康保険証 докуме́нт страхова́ния здоро́вья/保険医 страхово́й врач/団体[国民]医療保険 коллекти́вное [наро́дное] медици́нское страхова́ние/高齢者医療保険 медици́нское страхова́ние престаре́лых/この医者は保険がきかない У э́того врача́ не применя́ется страхова́ние здоро́вья./展覧会の出品物に保険をかける страхова́ть экспона́ты вы́ставки/女優が美しい足に百万ドルの保険をかけた Актри́са застрахова́ла свои́ краси́вые но́ги в миллио́н до́лларов./事故に備えて飛行機

保　険

には保険をかけてある Самолёты застрахо́ваны на слу́чай несча́стных слу́чаев./失業保険は失職後6ヶ月間、失業前の給料の60パーセントが支払われる Страхо́вка от безрабо́тицы выпла́чивается в тече́ние шести́ ме́сяцев в разме́ре 60 проце́нтов зарпла́ты до поте́ри рабо́ты./ソ連では医療は保障制で、保険ではなかった В Сове́тском Сою́зе медици́нское обслу́живание бы́ло обеспе́чено по́лностью и не́ было медици́нского страхова́ния./国民は保険料を払うことはなく、医療はすべて無料だった Наро́д не плати́л страхово́й взнос и всё медици́нское обслу́живание бы́ло беспла́тным./医療費が国家予算を圧迫する Расхо́ды на медици́нское обслу́живание да́вят на госуда́рственный бюдже́т.

C　オプション

農産物保険 страхова́ние сельскохозя́йственной культу́ры/責任保険 страхова́ние отве́тственности/保険約款 усло́вия страхова́ния

D　インターチェンジ

☞ 「(自然)災害」、「事故」、「財政」、「病気」、「自動車」、「飛行機」、「船」、「年金」

♣ミニ・ダイアローグ

保険会社は保険金支払いの時に慎重すぎると言われますね。はっきり言えば、不当に支払いを拒絶したりすると。

でも、保険契約者の中にもいろいろな人がいますからね、だます人も含めて。最初から、つまり、契約の時点から、相互の信頼が不可欠ですね。

Говоря́т, что страховы́е компа́нии сли́шком осторо́жны при вы́плате страхо́вки. Пря́мо говоря́, они́ иногда́ несправедли́во отка́зываются от вы́платы.

Но среди́ страхова́телей есть ра́зные лю́ди, включа́я и обма́нщиков. С са́мого нача́ла, т. е., с моме́нта заключе́ния контра́кта, должно́ быть взаи́мное дове́рие.

オーディオ（аудио）

A　ベース

オーディオ звуковы́е аппара́ты; а́удио/音響（学）аку́стика/システムコンポ музыка́льный центр/ラジカセ магнито́ла/プレイヤー пле́ер; прои́грыватель/スピーカー громкоговори́тель/ステレオ сте́рео; стереофони́ческий звук/モノ мо́но; монохромати́ческий звук/カセットドライブ кассе́тный карма́н/ＣＤドライブ карма́н компа́кт-ди́сков; ди́сковый карма́н/ターンテーブル таре́лка враще́ния/イヤホーン、ヘッドホーン нау́шники/繰り返し、リピート повторе́ние/繰り返す повторя́ть/プレイ прои́грывание/ポーズ па́уза/メモリー、記憶 па́мять/停止、ストップ стоп; остано́вка; остано́в/機能、ファンクション фу́нкция：～切り替え переключе́ние фу́нкций/ＣＤトラック доро́жка компа́кт-ди́ска/～ＣＤトラックナンバー но́мер доро́жки компа́кт-ди́ска/録音 за́пись：～する запи́сывать/再生 воспроизведе́ние：～する воспроизводи́ть/巻き戻し перемо́тка/巻き戻す перема́тывать/早送り бы́страя перемо́тка вперёд：～する бы́стро перема́тывать вперёд/ダビング копи́рование：～する копи́ровать/ノーマルスピード норма́льная ско́рость/ハイスピード высо́кая ско́рость/3倍速 ско́рость в три ра́за вы́ше норма́льной/イジェクト、取り出し выта́лкивание; извлече́ние/ＣＤをかける прои́грывать компа́кт-ди́ск/トラックを選ぶ выбира́ть доро́жку/ボリューム、音量 гро́мкость/トーン тембр зву́ка/ボリューム[トーン]を調節する регули́ровать「гро́мкость [тембр зву́ка]」

B　バリエーション

ＣＤプレイヤー付きダブルカセット[ラジカセ] двухкассе́тная магнито́ла с CD「пле́ером [прои́грывателем компа́кт-ди́сков]」/チューナー механи́зм настро́йки/アンプ усили́тель/端子、差し込み口 гнездо́/うっかりして録音を消す случа́йно [по оши́бке] стира́ть за́пись/必要なトラック[トラックナンバー]を探す иска́ть「тре́буемую доро́жку [тре́буемый но́мер доро́жки]」/不必要なトラックをとばす[スキップする] пропуска́ть не тре́буемые доро́жки/バンド диапазо́н/周波数選択、チューニング настро́йка/**DVD**（ローマ字をそのまま使う）/**MD** ми́ни-ди́ск/レーザーディスク ла́зерный ди́ск/カラオケ

オーディオ

караокэ

C オプション

音響機材 звуковáя аппаратýра/音響効果、サウンドエフェクト SE；звуковóй эффéкт/音響調整 звуковóй контрóль/音響調整卓、ミキサー пульт звукорежиссёра; звуковóй пульт управлéния/音響フィルター акустúческий фильтр/反響板 акустúческий экрáн; звуковóй экрáн/マイク микрофóн/ワイヤレスマイク радиомикрофóн/録音 зáпись; звукозáпись：スタジオ〜 студúйная зáпись/ライブ〜 живáя зáпись/フォノグラマ фоногрáмма

D インターチェンジ

☞「コンピュータ」、「住居」、「テレビ」

♣ ミニ・ダイアローグ

　私の知り合いの歌手は一度も自分の歌を録音したことがないんだ。
　その歌手は人工的な機械で歪められた自分の声を聞きたくないんだろう。
　一番重要なのは、彼の信念では、歌、ダンス、器楽演奏などは一回だけの、繰り返されないものであるべきだ、ということなんだよ。生きることすべてが、例えば時間のように、過ぎてしまえば、戻らない。同じように歌手の場合も火は一回ごとに燃え尽きて、歌い終われば、何も残らないし、残してはならないのだ。
　彼の哲学は理解するよ。でもやっぱり、時には「時間よ、止まれ！」と言いたくなるじゃないか。

　Мой знакóмый певéц никогдá не запúсывал своё пéние.
　Он не хóчет слýшать свой гóлос, искажённый искýсственным механúзмом.
　Сáмое глáвное в том, что, по егó убеждéнию, пéние, тáнцы, исполнéние на инструмéнтах должны быть одноразовым и неповторúмым. Всё в жúзни, напримéр, как врéмя, прохóдит и не возвращáется. Так же и у певцá огóнь догорáет до концá кáждый раз, и после пéния ничегó не остаётся и не нáдо ничегó оставлять.
　Я понимáю егó филосóфию. Но всё же нам иногдá хóчется сказáть: «Остановúсь, мгновéние!»

テレビ（телевидение）

A ベース

テレビ（ジョン）телеви́дение; ТВ（тэвэ）/テレビ（受信機）телеви́зор/床置き［デスクトップ、ポータブル］～ напо́льный［насто́льный, порати́вный］телеви́зор/～を見る смотре́ть телеви́зор/～放送 телевеща́ние/大型液晶～ телеви́зор с больши́м жидкокристалли́ческим「экра́ном［диспле́ем］/画面、スクリーン экра́н/映像 изображе́ние/カラー、色 цвет/音声 звук/テレビアンテナ телевизио́нная анте́нна/アンテナを立てる［設置する］ста́вить［устана́вливать］анте́нну/テレビ会社 телекомпа́ния/テレビ放送局 телеста́нция; телевизио́нная ста́нция/テレビセンター телеце́нтр; телевизио́нный центр/（テレビ）番組（теле）програ́мма;（теле）переда́ча/テレビ放送番組 програ́мма телепереда́ч（★「番組」を意味するロシア語は переда́ча と програ́мма の二つ。元来、переда́ча は個々の番組、програ́мма はいくつかの переда́ча の総体を意味するが、日常的には、その使い分けは厳密ではない）/ニュース но́вости/天気予報 прогно́з пого́ды; пого́да/（現地）ルポ（теле）репорта́ж/レポーター（теле）репортёр/生放送 переда́ча в прямо́м эфи́ре; лайв/（生）中継（пряма́я）трансля́ция/コマーシャル рекла́ма/コマーシャル映画 рекла́мный ро́лик/スポンサー спо́нсор/チャンネル кана́л：～を選ぶ выбира́ть кана́л/～を切り換える переключа́ть на друго́й кана́л

B バリエーション

衛星放送 спу́тниковое「телевеща́ние［телевизио́нное веща́ние］/アナログ放送 анало́говое телевеща́ние/地上［衛星］デジタル назе́мное［спу́тниковое］цифрово́е телевеща́ние/ブラウン管 кинеско́п/色調 тон/明るさ я́ркость/シャープネス、鮮鋭度 ре́зкость/コントラスト контра́стность/屋外［室内、パラボラ］アンテナ вне́шняя［ко́мнатная, параболи́ческая］анте́нна/教育番組 уче́бная переда́ча/科学番組 нау́чно-популя́рная програ́мма/報道番組 информацио́нная переда́ча/連続番組（теле）сериа́л/座談会 бесе́да/商業テレビ комме́рческое телеви́дение/ケーブル［有線］テレビ ка́бельное телеви́дение/スポーツニュース но́вости спо́рта; спорти́вные но́вости/ドキュメンタリー документа́льная переда́ча/（連続）ドラマ（многосери́й-

381

テレビ

ный) худо́жественный телефи́льм/テレビ映画 телефи́льм/アニメ、劇画 мультиплика́ция; мультфи́льм/連続アニメ[劇画]мультсериа́л/再放送 повто́рная переда́ча; повто́р/娯楽番組 развлека́тельная переда́ча/ワイドショー番組 информацио́нно-развлека́тельная переда́ча/名画劇場 мир кино́/クイズ番組 виктори́на/トークショー ток-шо́у/インタビュー интервью́

C オプション

パワースイッチボタン кно́пка за́пуска; кно́пка «сеть»/（入力[出力]）端子 входна́я [выходна́я] кле́мма/アンテナ端子[ターミナル] анте́нный вход/オーディオビデオ端子[ターミナル] а́удио-ви́део вход/端子をテレビにつなぐ соедини́ть кле́мму с телеви́зором/共同[集合]アンテナ анте́нна для коллекти́вного по́льзования/同軸ケーブル[プラグ] коаксиа́льный ка́бель [разъём]/リモートコントローラー пульт дистанцио́нного управле́ния/TV・VD切り替え вы́бор режи́ма TV/VD [ТВ/ВМ]

D インターチェンジ

☞「オーディオ」、「コンピュータ」、「住居」、「電話」

♣ ミニ・ダイアローグ

ぼくはテレビのコマーシャルを見るのは嫌いだ。まったく、信用できない。

広告では商品のいい面を強調して、よくない面については黙っている。それが自然でしょ。

はっきりいえば、それは詐欺だ。

いずれにしても私はコマーシャルを見るのが好きよ。30秒しか続かないけど、2時間のテレビ映画より印象的だと思うわ。

Я не люблю́ смотре́ть рекла́мы по телеви́дению, они́ о́чень подозри́тельные.

В рекла́мах хоро́шие сто́роны това́ров подчёркиваются, а отрица́тельные сто́роны зама́лчиваются. Э́то есте́ственно.

Пря́мо говоря́, э́то обма́н.

Во вся́ком слу́чае, я люблю́ смотре́ть рекла́мные ро́лики. Они́ продолжа́ются всего́ 30 секу́нд, но, по-мо́ему, они́ бо́лее впечатля́ющи, чем двухчасовы́е телефи́льмы.

電　話（телефон）

A　ベース

電話 телефо́н：市内［市外、国際］～ городско́й ［междугоро́дный; междунаро́дный］ телефо́н／～番号 но́мер телефо́на；（口）телефо́н／自宅の～ дома́шний телефо́н／携帯～ моби́льный ［со́товый］ телефо́н／勤務先の～ рабо́чий телефо́н／国番号 код страны́／町番号 код го́рода／内線番号 доба́вочный (но́мер)／フリーダイヤル беспла́тный вы́зов／電話器 телефо́н; телефо́нный аппара́т／卓上電卓 насто́льный телефо́н／コード шнуро́к／コードレステレフォン ра́дио-телефо́н／受話器 тру́бка：～を取る［置く］брать ［класть］ тру́бку／ダイヤル（ディスコвой）　номеронабира́тель：～を回す、番号を押す набира́ть но́мер／電話をかける звони́ть по телефо́ну；（公）телефони́ровать／テレフォンカード телефо́н-ка́рта／携帯メール электро́нная по́чта с по́мощью моби́льного телефо́на

B　バリエーション

TEL/FAX モード моду́ль тел／фа́кса／FAX 送信［受信］вы́сылка ［прие́м］ фа́кса／ファックスを送る［受ける］посыла́ть ［принима́ть］ факс／ファックスで図面を送る посыла́ть план фа́ксом／スタートボタン кно́пка «старт»：～を押す нажима́ть кно́пку «старт»; стартова́ть／留守番電話 телефо́н с автоотве́тчиком／応答メッセージ отве́т на вы́зов／用件と名前を留守電に吹き込む оставля́ть ［запи́сывать］ информа́цию и своё и́мя на автоотве́тчике／電話加入者 (телефо́нный) абоне́нт／電話番号帳 телефо́нный спра́вочник／電話料金表 телефо́нный тари́ф／電話料金 пла́та за телефо́нные ｢разгово́ры ［перегово́ры］｣／電話料金請求書 телефо́нные счета́／お話中 Телефо́н за́нят.／応答がない、誰も出てこない Не отвеча́ют.; Никто́ не подхо́дит к телефо́ну.／この電話番号は現在使われておりません（間違った番号を回した時の電話局のコール）Непра́вильно на́бран но́мер. ｜ Но́мер, на́бранный ва́ми, не существу́ет.

電　話

（ここでは対話の代わりに、**電話でよく使うフレーズ**を紹介します）

(1)　もしもし、アレクセイ・アンドレーヴィチさんですか？
　　　はい、そうです。
　　　こちらは田中です。

Алло́, Алексе́й Андре́евич?
Да. Я вас слу́шаю.
(Э́то) Говори́т Танака.〔Вас беспоко́ит Танака.〕

(2)　もしもし、アリョーシャ？
　　　いいえ違います。

　　　どうも失礼しました。

Алло́, Алёша?
Нет, вы попа́ли не туда́.〔Вы оши́блись.; Вы непра́вильно набра́ли но́мер.〕
Извини́те.

(3) コーリャをお願いできますか。
　　　ええ、ちょっとお待ちください。

Мо́жно попроси́ть Ко́лю?
Да, мину́точку.

(4) もしもし、マーシャはいますか？
　　　今おりません。
　　　それじゃ、携帯の方にかけてみます。

Алло́, Ма́ша до́ма?
Сейча́с её нет.
Тогда́ я перезвоню́ на её моби́льный (телефо́н).

C　オプション

ボタン кно́пка／自動ダイヤル автомати́ческий набо́р／ワンタッチダイヤル набо́р одно́й кно́пкой／短縮ダイヤル сокращённый набо́р／録音装置 дикто́фон／録音 за́пись／受信［送信］モード моду́ль 「приёма［вы́сылки］／留守電モード моду́ль автоотве́тчика／公衆電話 таксофо́н; телефо́н-автома́т：～用コイン телефо́нный жето́н／ネットワーク сеть／サービスエリア зо́на обслу́живания／加入申込 подпи́ска на услу́гу／電話転送 переадреса́ция вы́зова／基地局 ба́зовая ста́нция／ブラウザー бра́узер／国際ローミング междунаро́дный ро́уминг／圏内 в преде́лах зо́ны де́йствия／複数受信 конфере́нц-связь／プリペイド предопла́та／着信禁止 запре́т вы́зова／バイブレーション вибра́ция; виброзвоно́к／携帯メール электро́нная по́чта по моби́льному телефо́ну／写メール переда́ча фотогра́фии／着信メロディー、着メロ мело́дия при вы́зове／デジカメ付き携帯 моби́льный телефо́н с цифрово́й ка́мерой

D　インターチェンジ

☞「Eメール」、「インターネット」、「コンピュータ」、「写真」

写　真

写　真（фотография）

A　ベース

写真（写真術・印刷された映像、その他の総称）фотогра́фия；(印刷された映像の１枚) фотогра́фия；(фото) сни́мок；(肖像・顔写真) фотопортре́т；(口) фотока́рточка/写真機、カメラ фотоаппара́т；(口) ка́мера/デジタルカメラ цифрово́й фотоаппара́т；цифрова́я ка́мера/ビデオカメラ видеока́мера/カメラつき携帯電話 моби́льный телефо́н с фотоаппара́том/ズーム зум/シャッター затво́р：～ボタン спуск/～を切る спуска́ть затво́р/～チャンス удо́бный моме́нт для "съёмки [сни́мка]/ピント фо́кус：～を合わす наводи́ть [находи́ть] фо́кус; фокуси́ровать/～が合っている быть в фо́кусе/オートフォーカス автофо́кус; автофокуси́рование/マニュアルフォーカス ручно́е фокуси́рование/手ぶれ сотрясе́ние "фотоаппара́та [ка́меры]/ピンボケになる Сни́мок получи́лся расплы́вчатый./写真家、カメラマン фото́граф/写真を撮るのがうまい人 хоро́ший фото́граф/写真を撮る、撮影する фотографи́ровать; снима́ть; де́лать "фотогра́фию [сни́мок]

B　バリエーション

芸術[報道、記念、結婚]写真 худо́жественная [репорта́жная, па́мятная, сва́дебная] фотогра́фия/証明書用の写真 фотогра́фия "для докуме́нтов [на докуме́нты]/スナップ写真 момента́льный сни́мок/レフ（レックス）зерка́льный фотоаппара́т/一眼[二眼]レフ однозерка́льный [двухзерка́льный] фотоаппара́т/デジタル一眼レフ цифрово́й однозерка́льный фотоаппара́т/ЕЕ[自動]カメラ автомати́ческий фотоаппара́т/小型カメラ малоформа́тный фотоаппара́т/ポラロイドカメラ Пларо́йд/子供たち[湖]の写真を撮る фотографи́ровать [снима́ть] "детей [о́зеро]/写真を撮ってもらう、(自分が被写体になって) 写真を撮る фотографи́роваться; снима́ться/一緒に写真をとりましょう Фотографи́руемся вме́сте./カメラの方を見てください Смотри́те в объекти́в！/はい、チーズ！Улыба́йтесь！/美人を正面から[横から、クローズアップで]撮る фотографи́ровать краса́вицу "анфа́с [в про́филь, кру́пным пла́ном]/スピード写真 момента́льное фо́то/（デジタルカメラの）電子工学変換器 электро́нно-опти́ческие преобразова́тели；

385

写　真

ЭОП/画素 пи́ксел/記憶装置 устро́йство　хране́ния/メモリー・フラッシュ флеш-па́мять

C　オプション

標準[広角、交換]レンズ норма́льный [широкоуго́льный, сме́нный] объекти́в/望遠レンズ телеобъекти́в/露出 экспози́ция; вы́держка/光が暗い ма́ло све́та/逆光 за́дний свет/フラッシュ (фото) вспы́шка/ストロボ электри́ческая вспы́шка/デジタル写真[画像]を管理[確認、プリント、修正、編集]するソフト програ́мма для 「организа́ции [просмо́тра, печа́ти, корректиро́вки и реда́кции] цифровы́х сни́мков; програ́мма, позволя́ющая организова́ть [просма́тривать, печа́тать, корректи́ровать и редакти́ровать] цифровы́е сни́мки/カメラをパソコンに接続してディスプレイ上で写真[画像]を見る соединя́ть фотоаппара́т с ПК и просма́тривать сни́мки на диспле́е/ディスプレイ上の写真をプリントする печа́тать сни́мки на диспле́е/カメラをパソコンに接続して写真を取り込む соединя́ть фотоаппара́т с ПК и передава́ть сни́мки/プリンタに挿入したメモリーカードから写真をパソコンに転送する передава́ть сни́мки с ка́рты па́мяти, вста́вленной в при́нтер, на ПК/新しいアルバムを作る де́лать но́вый альбо́м

D　インターチェンジ

☞「コンピュータ」、「電話」、「プリンタ」

♣ミニ・ダイアローグ

　最近写真の世界では革命というより、むしろ幾つもの革命が続いて起こっていて、今ではほとんど誰も昔ながらの手動カメラは使っていません。
　そう、大抵の素人カメラマンが自分で写真を編集、印刷していますね。
　しかも、まだ新しい革命の波がありそうですよ。

После́днее вре́мя в о́бласти фотогра́фии происхо́дит револю́ция, верне́е, ряд револю́ций. Тепе́рь почти́ никто́ не по́льзуется традицио́нным ручны́м фотоаппара́том.
Да, и мно́гие непрофессиона́льные фото́графы са́ми редакти́руют и печа́тают сни́мки.
И чу́вствуется, что ещё бу́дут но́вые во́лны револю́ций.

コンピュータ（компьютер）

A　ベース

コンピュータ компью́тер; ЭВМ (электро́нно-вычисли́тельная маши́на の略)/パソコン персона́льный компью́тер; ПК/ノートパソコン но́утбук/本体 систе́мный блок/キーボード клавиату́ра/ディスプレイ、モニターдисплей; монито́р/液晶ディスプレイ жидкокристалли́ческий диспле́й/画面 экра́н/ブラウン管 кинеско́п/マウス мышь/（ダブル）クリック (двойно́й) щёлчек/マウスで（ダブル）クリックする (два́жды) щёлкнуть мы́шью/プロセッサー проце́ссор/周辺機器 перифери́йные устро́йства/モデム моде́м/カーソル курсо́р/センサー・パネル се́нсорная пане́ль/入力[パワー]ボタン кно́пка пита́ния [POWER]; кно́пка включе́ния и выключе́ния/左[右]ボタン ле́вая [пра́вая] кно́пка вы́бора/キーкла́виш：ファンクション〜 функциона́льные кла́виши/特殊[スペシャル]〜 кла́виши специа́льного назначе́ния/カーソル〜 кла́виши управле́ния курсо́ром/補助〜дополни́тельные кла́виши/一般〜 основны́е кла́виши/スペース[バー]〜 кла́виши пробе́ла/コントロール[シフト、エスケープ、キャップロック、バックスペース、デリート]〜 кла́виш «Ctrl»[«Shift»,«Esc»,«Caps»,«Bs»,«Del»] (普通ローマ字をそのまま使い)/文字・記号〜 алфавитноцифровы́е и зна́ковые кла́виши/メモリーпа́мять/容量 объём/メガ[キロ]バイト ме́га[ки́ло]байт/システムディスク систе́мный диск/インストール устано́вка：〜する устана́вливать/ハードディスク жёсткий диск; ви́нчестер/フロッピーディスク диске́та/書き込み防止 защи́та по за́писи/フォーマット форма́т：〜する формати́ровать/フロッピーディスク[FD]ドライブ дисково́д/CD ром CD-ROM (普通ローマ字をそのまま使う)/CDドライブ платфо́рма CD-ROM; ди́сковая площа́дка/イジェクト извлече́ние：〜する、取り出す извлека́ть/〜ボタン кно́пка извлече́ния/ウインドウ окно́/コンピュータの電源を入れる[切る] включа́ть [выключа́ть] компью́тер/（システム）起動 за́пуск：〜する запуска́ть/立ち上がらない не запуска́ется/リセットする перезапуска́ть/メイン[システム]メニュー гла́вное [систе́мное] меню́/ダイアローグボックス диало́говое окно́/開く открыва́ть/閉じる закрыва́ть/入力 ввод/テキスト入力 ввод те́кста：テキストを入力する вводи́ть текст/単語を入力する вводи́ть [набира́ть] сло́во/入力した単語を消す стира́ть введённое сло́во/

387

コンピュータ

カーソルをａの文字に合わせる устана́вливать курсо́р на бу́кве «а»/点滅しているカーソル мига́ющий курсо́р/ファイルの作成 созда́ние фа́йла/編集 редакти́рование：～する редакти́ровать/移動 перемеще́ние：～する перемеща́ть/挿入 вста́вка：～する вставля́ть/１行あける вставля́ть пусту́ю строку́/複写、コピー копи́рование：～する копи́ровать/復活 восстановле́ние：～する восстана́вливать/バックアップ дубли́рование：～する дубли́ровать/検索 по́иск；опера́ция по́иска：～する (по)иска́ть/変換 заме́на；опера́ция заме́ны：～する заменя́ть/一括変換 глоба́льная заме́на/プリンタ при́нтер/印刷、プリント печа́ть：～する печа́тать/書式 пара́метр страни́цы/キャンセル、取り消し отме́на：キャンセルする、取り消す отменя́ть/切り換え переключе́ние：～る переключа́ть/ローマ字・キリル文字切り換え переключе́ние ме́жду англи́йским и ру́сским алфави́тами/R漢 [ローマ字漢字]切り換え переключе́ние ме́жду англи́йским алфави́том и япо́нскими зна́ками/フォント шрифт/字体 начерта́ние/サイズ разме́р/フォントの追加 добавле́ние шри́фта/スペルチェック прове́рка правописа́ния/保存 хране́ние：～する храни́ть；сохраня́ть/読み込み чте́ние/読み込む чита́ть/スキャナー ска́нер/書き込み за́пись/書き込む запи́сывать/情報 информа́ция：～が消える Информа́ция пропада́ет.

♣ ミニ・ダイアローグ

正夫、コンピュータを何台持ってる？

私は１台だけですが、父、母、姉、弟も自分のコンピュータを持ってますから、一家に５台コンピュータがあるわけです。

それは贅沢じゃないかしら？

そうかも知れません。でも、誰でも家族にも隠さなければならない秘密があるでしょう。うちではほかの者のコンピュータは開かないのが不文律です。

Маса́о, у вас ско́лько компью́теров？

У меня́ то́лько оди́н, но у отца́, ма́тери, сестры́ и бра́та есть свой компью́тер, поэ́тому в одно́й семье́ есть пять компью́теров.

Э́то, мо́жет быть, ро́скошь？

Да, мо́жет быть, но ка́ждый челове́к име́ет секре́ты, кото́рые ну́жно сохрани́ть да́же от чле́нов свое́й семьи́. В мое́й семье́ есть непи́саный зако́н: не открыва́ть компью́теры други́х чле́нов семьи́.

コンピュータ

B　バリエーション

ツールボックス панéли инструмéнтов/コマンド команда/動作表示用ＬＥＤ индикáция режи́мов рабóты/左[右]余白 лéвый [прáвый] óтступ; лéвое [прáвое] пóле/バグ оши́бка; дефéкт; неполáдка/デバッグする устраня́ть 「оши́бку [дефéкт, неполáдку]/ハッカー хáкер；(まれ) хáккер/セクター сéктор/スタイル стиль/タブ табуля́ция/センタリング центри́рование/ LAN コネクタ порт LAN/USB コネクタ порт USB/モニタコネクタ порт VGA/モジュラジャック порт модéма/Ｅ-メールの発信・受信 отпрáвка и приём электрóнной пóчты/ネット[インターネット]接続 вы́ход в сеть; дóступ в Интернéт/（デジカメ）写真操作 рабóта с цифровы́ми фотогрáфиями/デジカメからコンピュータ[パソコン]への写真の転送 передáча фотогрáфии с цифровóй кáмеры на компью́тер [ПК]/コンピュータでの写真の編集 редакти́рование фотогрáфии на компью́тере [ПК]/デジカメ写真を見る просмáтривать цифровы́е фотогрáфии （デジカメ写真については「プリンタ」の項参照）

C　オプション

音楽の録音を聞く прослу́шивать музыкáльные зáписи/自分の音楽コレクションを作る создавáть сóбственные музыкáльные коллéкции/DVDで映画を見る просмáтривать фи́льмы DVD/CD[DVD]に録音・録画する запи́сывать на компáкт-ди́сках [DVD]/バッテリーの充電[交換] заря́дка [замéна] аккумуля́тора/保証 гарáнтия/コンピュータのクリーニング очи́стка компью́тера/ダウンロードセンター центр загру́зки/コンタクトセンター контáктный центр/よくある質問への回答 отвéты на чáсто задавáемые вопрóсы/コンピュータ登録 регистрáция компью́тера

D　インターチェンジ

☞「Ｅメール」、「オーディオ」、「写真」、「電話」、「プリンタ」

インターネット

♣ミニ・ダイアローグ

コンピュータは文句なしに便利な道具だ。コンピュータのない21世紀以降の人類の生活は考えられないよ。

でもコンピュータはよくウイルスに感染するし、コンピュータを絶滅させるもっと恐ろしい病原が現れることも予想されるわ。

ぼくはそうは思わない。もし病気の脅威が増大すれば、コンピュータ医学も進歩するさ。

Компью́теры безусло́вно удо́бные аппара́ты Невозмо́жно предста́вить жизнь челове́чества без комтью́тера после два́дцать пе́рвого ве́ка.

Но в компью́теры ча́сто проника́ют ви́русы и предполага́ется, что поя́вятся ещё бо́лее опа́сные исто́чники заболева́ний, кото́рые уничто́жат компью́теры.

Я так не ду́маю. Е́сли угро́за заболева́ний бу́дет увели́чиваться, то медици́на для компью́теров то́же бу́дет развива́ться.

インターネット (интернет)

A ベース

インターネット интерне́т／インターネットサービス интерне́т се́рвис／コンピュータ・ネットワーク компью́терная сеть／（以下の三つは普通ローマ字をそのまま使うが、ロシア語も示す）ローカルエアリアネットワーク、LAN лока́льная сеть／ワイド［広域］エアリアネットワーク、WAN глоба́льная вычисли́тельная сеть／ワールドワイドウェッブ、ダブリュダブリュダブリュ、WWW всеми́рная паути́на／（通信［コミュニケーション］）プロトコル（коммуникацио́нный) протоко́л／IP、インターネット・プロトコル IP; интерне́тный протоко́л／通信回線 ли́ния「свя́зи［кана́ла］／ブロードバンド брод банд／プロバイダ прова́йдер／インターネット・サービス・プロバイダ интерне́т се́рвис прова́йдер／プロバイダーと契約する заключа́ть контра́кт с прова́йдером／ホスト хост／ホストコンピュータ хост-компью́тер／ホストアドレス а́дрес хост-компью́тера／ホスト名 и́мя хост-「компью́тера［узла́］／サーバー се́рвер／クライアント клие́нт／接続、アクセス до́ступ к се́ти／ターミナ

インターネット

ルアダプタ адáптер терминáла; абонéнтский адáптер/電話回線 телефóнная лúния/ダイアルアップ接続 набóрный дóступ/ＡＤＳＬ АДСЛ（ローマ字のままでもよい）/光ファイバーоптúческое волокнó/ＦＴＴＨ волокнó домóй（ローマ字のままでもよい）/光ファイバーネット волокóнно-оптúческая сеть/光ケーブル оптúческий кáбель/ＩＳＤＮ ИСДН（ローマ字のままでもよい）/同軸ケーブル коаксиáльный кáбель/ワイヤレス接続 беспровóдное соединéние/無線ＬＡＮ беспровóдная локáльная сеть/端末（コンピュータ）терминáльный компьютер/ＩＰアドレス áдрес IP/ドメイン домéйн/ドメイン名 úмя домéйнное/ＤＮＳ、ドメインネームシステム ДНС; систéма имён домéйна/ユーザー пóльзователь; абонéнт/ユーザー名 úмя пóльзователя/ユーザー番号 úмя［код］пóльзователя/ログイン Лог-Ин/ログイン名 úмя пóльзователя; регистрациóнное úмя/パスワード парóль/（パスワードの）認証 устанóвка（парóли）

♣ ミニ・ダイアローグ

率直な質問で失礼ですが、インターネットは利用なさっていますか。
　もちろんです。もしかすると、私のような高齢者はインターネットに興味がないとお考えだったんですか。
　実はそうなんです。統計資料によると、1945年以前生まれの人はインターネットを憎んでさえいるそうです。
　正直に言えば、私もインターネットはあまり好きじゃありませんが、使わないと、この世から退職の憂き目を見ますからね。

Извинúте меня за прямóй вопрóс. Вы пóльзуетесь интернéтом?
　Ещё бы. Мóжет быть, вы дýмали, что такóй пожилóй человéк, как я, не интересýется интернéтом.
　Откровéнно говоря, да. Статистúческие дáнные покáзывают, что лю́ди, родúвшиеся до 1945 гóда, дáже ненавúдят интернéт.
　Чéстно говоря, я не óчень люблю́ интернéт, но éсли я не бýду пóльзоваться им, мне придётся уйтú в отстáвку из э́того свéта.

Ｂ　バリエーション

ホームページ бáзовая странúца; хом-странúца/ブログ блог; сетевóй журнáл; дневнúк собы́тий/ウイルス вúрусы/コンピュータセキュリティкомпью́терная безопáсность; защúта компью́теров（от вúрусов）/ハッカー хáкеры;（まれ）хáккеры/ファイヤーウォール брандмáуер/ゲートウェイ（межсетевóй）

391

インターネット

шлюз

C　オプション

電子掲示板электро́нная доска́ объявле́ний/**電子会議室**электро́нная конфере́нция; электро́нная конфере́нцсвязь/**チャット**интеракти́вная перепи́ска/**オンラインデータベース**интеракти́вная [диало́говая] ба́за да́нных/**アーカイブ**архи́в; храни́лище/**ファイル圧縮**уплотне́ние фа́йла/**1 [2]バイトコマンド**одноба́йтовая [двухба́йтовая] кома́нда/**インターネットカフェ**интерне́т-кафе́/**出会い系サイト**сайт для любви́ и дру́жбы/**電子商取引（Eコマース）**электро́нная комме́рция; электро́нные торги́/**インターネット[オンライン]ショッピング**электро́нная торго́вля/**電子図書館**электро́нная библиоте́ка/**スカイプ**skype, ска́йп（普通ローマ字をそのまま使う）

D　インターチェンジ

☞「Eメール」、「写真」、「プリンタ」

♣ ミニ・ダイアローグ

インターネットが家にいて全世界と交信する可能性を与え、その結果、生きた身近な人たちとの接触を人々から奪うと、一部の人は考えているね。

別の例もあるよ。ある私の若い知り合いはインターネットのおかげで人と接触することを覚え、今ではお笑いトークでテレビ出演さ。

Не́которые лю́ди счита́ют, что интерне́т даёт возмо́жность сообща́ться со всем ми́ром, си́дя до́ма, и тем са́мым лиша́ет люде́й конта́кта с живы́ми бли́зкими людьми́.

Есть друго́й приме́р. Оди́н мой молодо́й знако́мый научи́лся сообща́ться с людьми́ благодаря́ интерне́ту. И тепе́рь он выступа́ет по телеви́дению, как арти́ст коми́ческих диало́гов.

Eメール（электронная почта）

A　ベース

電子メール、Eメール、メール электро́нная по́чта；э-мэйл；e-мэйл；(俗) мы́ло／メールクライアント клие́нт электро́нной по́чты／メールアカウント учётная за́пись электро́нной по́чты：〜の設定 устано́вка учётной за́писи электро́нной по́чты／メールアドレス а́дрес электро́нной по́чты／ログイン名 и́мя по́льзователя／パスワード паро́ль／アウトルック・エクスプレス outlook express／メールの送信［受信］отпра́вка［приём, получе́ние］электро́нной по́чты／メールを読む чита́ть электро́нную по́чту／送信済みアイテム отпра́вленная по́чта／削除済みアイテム стёртая по́чта／下書き черновик／新規作成する созда́ть по́чту／返信 отве́т／全員［マークした人］に返信 отве́т「всем［отме́ченным］адреса́там／添付書類 прикреплённый докуме́нт／アドレス帳 кни́жка адресо́в／メール転送 переда́ча по́чты／携帯メール электро́нная по́чта с по́мощью моби́льного телефо́на

B　バリエーション

送信したメールが戻される Возвраща́ется отпра́вленная по́чта.／ウイルス感染メール по́чта, заражённая ви́русами／コンピュータセキュリティ компью́терная безопа́сность／文字化け искаже́ние зна́ков／エンコード анко́рд／ジャンクメール дрянна́я по́чта／迷惑［スパム］メール спам（мэйл）

C　オプション

フリーメール беспла́тная по́чта／ホットメール хо́тмэйл／メールフレンド、メール友達、メルフレ、メル友 друг по электро́нной по́чте／メールマガジン、メルマガ журна́л элетро́нной по́чты／メールボックス почто́вый я́щик

D　インターチェンジ

☞「インターネット」、「コンピュータ」、「電話」、「郵便」

393

Eメール

♣ミニ・ダイアローグ

ぼくがEメールで受信する情報の90パーセントはとても危険で、間違ってそれを開いたら、身の破滅だよ。

あなたはそういう不愉快なものに耐えなければならないのよ、現代の「文明」国家に生きているかぎり。

Девяно́сто проце́нтов из сообще́ний, кото́рые я получа́ю по электро́нной по́чте, о́чень опа́сны. Éсли откро́ю их по оши́бке, я поги́б.

Вам сле́дует терпе́ть все э́ти неприя́тности, поско́льку вы живёте в совреме́нной «цивилизо́ванной» стране́.

プリンタ（принтер）

A ベース

プリンタ при́нтер：ジェット［バブルジェット、レーザー］〜 стру́йный ［пузырько́во-стру́йный, ла́зерный］ при́нтер／〜複合機 многофункциона́льный при́нтер／カラー〜 полноцветно́й при́нтер／モノクロ［単色］〜 монохро́нный при́нтер／白黒〜 чёрно-бе́лый при́нтер／〜をコンピュータに接続する подключа́ть при́нтер к компью́теру; соединя́ть при́нтер с компью́тером／原稿、オリジナル оригина́л／印刷（された）資料 распеча́тка／（表を下にして）原稿をスキャナーのガラスの上に置きなさい Положи́те оригина́л (лицево́й стороно́й вниз) на стекло́ ска́нера.／コピー［印刷］用紙の種類と大きさの設定 устано́вка ти́па и ｢форма́та［разме́ра］｣ бума́ги для ｢копи́рования［печа́ти］｣／拡大 увеличе́ние разме́ра／縮小 уменьше́ние разме́ра／両面コピー двухсторо́ннее копи́рование／多ページ資料のコピー копи́рование многостра́ничного докуме́нта／印刷用紙の種類と大きさを選びなさい Вы́берите тип и разме́р бума́ги для печа́ти.／（印刷面を下にして）ペーパートレーに紙の束を挿入しなさい Загрузи́те сто́пку бума́ги в лото́к для бума́ги (стороно́й для печа́ти вниз).／コンピュータからの印刷 печа́ть с компью́тера／コンピュータから印刷する печа́тать с компью́тера／ファイルのメニューから「印刷」を選び、印刷またはOKのボタンを押しなさい Вы́берите «печа́ть» в меню́ фа́йла и нажми́те кно́пку «печа́ть» и́ли «OK».／コピー копи́рование：(テキスト・画像・写真を) 〜する копи́ровать (текст, гра́фику, фотогра́фию)／スキャン、スキャニング скани́рование：〜する скани́ровать／デジタル写真 цифрова́я фотогра́фия; цифрово́й сни́мок／プリンタに挿入したメモリーカードから写真をパソコンに転送する передава́ть фотогра́фию с ка́рты па́мяти, вста́вленной в при́нтер, на ПК／写真を直接スキャンして、プリンタに挿入したメモリーカードに転送する передава́ть фотогра́фию путём её непосре́дственного скани́рования на ка́рту па́мяти, вста́вленную в при́нтер／プリンタの操作パネルを使って写真を編集する редакти́ровать фотогра́фию с по́мощью пане́ли управле́ния при́нтера／プリンタを使ってデジタルカメラから写真を印刷する печа́тать фотогра́фию с цифрово́й ка́меры с по́мощью при́нтера

プリンタ

B　バリエーション

ローカルプリンタ лока́льный при́нтер/共有[ネットワーク]プリンタ совме́стный [сетево́й] при́нтер/インクカートリッジ ка́ртридж/ブラック[三色]カートリッジの чёрный [трёхцве́тный] ка́ртридж/プリンタ用紙 бума́га для при́нтера/コピー用紙 копирова́льная бума́га; бума́га для копи́рования/印刷用紙 бума́га для печа́ти/写真用紙 фотобума́га/ペーパートレー лото́к для бума́ги/コピーモード моду́ль копи́рования/ノズル сопло́/（水平）給紙 (горизонта́льная) вкла́дка бума́ги

C　オプション

ドットプリンタ то́чечный при́нтер/インパクトプリンタ уда́рный при́нтер/サーマル[感熱]プリンタ терма́льный при́нтер/熱転写プリンタ термотрансфе́рный при́нтер/昇華型プリンタ сублимацио́нный при́нтер/シリアル[ページ]プリンタ сери́йный [страни́чный] при́нтер

D　インターチェンジ

☞「Eメール」、「インターネット」、「コンピュータ」、「写真」

♣ ミニ・ダイアローグ

日本ではホームプリンタが広く行きわたっています。学生は大抵教科書を買わずに、1時間ほど友達から借りて、自分のプリンタでコピーしてしまう。ガールフレンドのために余分に印刷する者もいるね。

それで女の子は「ありがとう」も言う必要がない。全部簡単に、早く、ただでできるからね。

В Япо́нии широко́ распространены́ дома́шние при́нтеры. Мно́гие студе́нты не покупа́ют уче́бники. Они́ на часи́к беру́т их у дру́га и копи́руют на свои́х при́нтерах. Не́которые печа́тают ли́шние экземпля́ры для люби́мых де́вушек.

И де́вушкам не на́до говори́ть да́же «спаси́бо», так как всё де́лается легко́, бы́стро и беспла́тно.

天　気（погода）

A　ベース

天気、気候 погóда：～がいい[悪い]Погóда「хорóшая [плохáя]./いい[すばらしい]～ хорóшая [прекрáсная, чудéсная, великолéпная] погóда/悪い[いやな]～ плохáя [ужáсная, сквéрная] погóда /晴(天) я́сная [сóлнечная, безоблáчная] погóда/曇(天) плохáя [óблачная, пáсмурная] погóда/雲 óблако; тýча/雨雲（дождевáя） тýча/雨 дождь/大[小]雨 большóй [небольшóй] дождь/大[小]粒の雨 крýпный [мéлкий] дождь/通り雨 кратковрéменный дождь/にわか雨 внезáпный дождь/雨が降り出した Пошёл [Полил] дождь./雪 снег/大雪 большóй снег; большóй снегопáд/小雪 слáбый снег/粉雪 сухóй снег/雪が降り出した Пошёл снег./雨が降りそうだ Собирáется дождь./雨[雪]が降りそうだ Похóже [Кáжется], что「бýдет [пойдёт]「дождь [снег]./雨が降っている Идёт дождь./雪が降っている Идёт [Пáдает] снег./雨[雪]が激しくなった Усилился「дождь [снег]./雨[雪]が小降りになる Дождь [Снег]「стихáет [перестаёт]./きのう大雨が降った Вчерá был большóй дождь./きのう大雪が降った Вчерá「был [вы́пал] большóй снег./Вчерá был большóй снегопáд./雨[雪]が止んだ Дождь [Снег]「кóнчился [перестáл, прекратился]./雷雨、夕立 грозá/雷 гром：～が鳴る Гремит [Раздаётся] гром./～が近くに落ちた Гром удáрил кудá-то недалекó от нас./稲妻 мóлния：～が光る Сверкáет мóлния./虹 рáдуга；～が出た Появилась рáдуга./霧 тумáн/濃霧 густóй тумáн/もや（靄）ды́мка/スモッグ смог/霧が出る Поднимáется тумáн./氷 лёд：川に～が張る Рекá покрывáется льдом./川が凍る Рекá замерзáет./路面凍結、路面のアイスバーン гололёд; гололéдица/風 вéтер/風力 сила вéтра/風力[風速]計 анемóметр; ветромéр/大風 сильный вéтер/そよ風 лёгкий ветерóк/気持ちの[ここち]いい風 лáсковый [приятный] вéтер/涼[寒]風 прохлáдный [холóдный] вéтер/暴風、ハリケーン、暴風雨 урагáн/嵐、暴風雨 бýря/台風 тайфýн/竜巻 смерч/風が吹き出した Поднялся вéтер./風が吹いている Дýет вéтер./今日は風が強い Сегóдня дýет сильный вéтер./今日は風がない Сегóдня вéтра нет./風が強くなった Усилился вéтер./風がおさまった[止んだ]Вéтер утих./温度、気温 температýра/（5月の）平均気温 срéдняя температýра（в мáе）/最高[最低]気温 максимáльная

天　気

[минима́льная] температу́ра/温度計、寒暖計 термо́метр/プラス20度 плюс два́дцать гра́дусов; два́дцать гра́дусов вы́ше нуля́/マイナス17度 ми́нус семна́дцать гра́дусов; семна́дцать гра́дусов 「моро́за [ни́же нуля́]/セ氏10度; 10℃ де́сять гра́дусов по Це́льсию/カ氏零下15度、マイナス15°F ми́нус пятна́дцать гра́дусов по Фаренге́йту/気温が10度まで上がる[下がる] Температу́ра 「поднима́ется [снижа́ется] до десяти́ гра́дусов./今日は寒い[涼しい、暖かい、暑い]Сего́дня 「хо́лодно [прохла́дно, тепло́, жа́рко]./寒く[暖かく]なった Похолода́ло [Потепле́ло].; Ста́ло 「холодне́е [тепле́е]./湿度 вла́жность/湿度計 гигро́метр; влагоме́р/湿度が高い[低い]вла́жность высо́кая [ни́зкая]

B　バリエーション

秋[春]らしい天気 осе́нняя [весе́нняя] пого́да/薄[本]曇り лёгкая [си́льная] о́блачность/晴れ時々曇り я́сная пого́да с переме́нной о́блачностью/曇り時々晴れ о́блачная пого́да с проясне́ниями/曇り時々雨 о́блачная пого́да, времена́ми дождь/曇りだが雨や雪は降らない о́блачность без оса́дков/豪[強]雨 си́льный дождь/集中豪雨 лока́льный [локализо́ванный] большо́й дождь/土砂降りの雨 проливно́й [ли́вневый] дождь; ли́вень/天気雨 дождь при со́лнечной пого́де; золото́й дождь; слепо́й дождь/長雨 затяжно́й [обложно́й] дождь/雨がぱらついている Моросит [Накра́пывает] дождь./降水[降雨、降雪]оса́дки/降水量 оса́дки; коли́чество оса́дков/1時間に15ミリの雨が降った Коли́чество дождя́ за час дости́гло 15 (пятна́дцати) миллиме́тров./ぼたん雪 мо́крый снег：〜が降っている Снег па́дает кру́пными хло́пьями./雪が20センチ積もった[積もっている]Вы́пал [Лежи́т] снег глубино́й в два́дцать сантиме́тров./みぞれ дождь со сне́гом/霰、雹 град/霜 и́ней：〜が降りる Образу́ется и́ней.

C　オプション

気象 метеорологи́ческие 「усло́вия [явле́ния]/以下3つの[　]内の語は気象用語：おだやかな風[和風] уме́ренный ве́тер/強風[疾風、雄風] си́льный ве́тер/(海上の)暴風[大強風] шторм/気圧 (возду́шное) давле́ние/気圧計、晴雨計 баро́метр/低気圧 цикло́н：熱帯性〜 тропи́ческий цикло́н/高気圧 антицикло́н：〜が張り出す Наступа́ет антицикло́н./気圧の谷 фронта́льная депре́ссия/前線 атмосфе́рный фронт/寒冷[温暖]前線 холо́дный [тёплый] （атмосфе́рный) фронт/天気予報 прогно́з пого́ды/気象概況 сво́дка пого́ды; метеорологи́ческая сво́дка/天気[気象]図 синопти́ческая ка́рта/長期予報 долгосро́чный прогно́з/週間予報 прогно́з на сле́дующую неде́лю/気象台 гидрометеорологи́ческая обсервато́рия/気象センター метеоце́нтр/気象衛星 метеорологи́ческий спу́тник/（大雨）注意報 предупрежде́ние (о большо́м дожде́)/（津波）警報 трево́га (о цуна́ми)/花粉情報 информа́ция о коли́честве пы́льцы/サクラ前線 фро́нт цвете́ния са́куры/サクラ開花情報 информа́ция о цвете́нии са́куры

D インターチェンジ

☞ 「（自然）災害」、「環境問題」、「天体、星座」

♣ ミニ・ダイアローグ

モスクワは冬でも晴れが多くていいですね。

ええ、ロシアは大体降水量が多くないわ。冬はもちろん雪が降るけど、それほど頻繁ではないの。知っている？ 昔から外国人にする面白い質問があるのよ。

知りませんね、どんな質問ですか？

冬モスクワの中心ではどれくらい雪が積もりますか？

50センチというところかな。

残念。正解は「ゼロ」。モスクワの中心では雪が降ると、たちまち除雪車が出動して、あっと言う間に全部除雪してしまうのよ。

Хорошо́, что в Москве́ ча́сто быва́ет я́сная пого́да да́же зимо́й.

Да, вообще́ в Росси́и коли́чество оса́дков небольшо́е. Зимо́й, коне́чно, па́дает снег, но не так ча́сто. Зна́ете, есть традицио́нный шу́точный вопро́с для иностра́нцев?

Нет. Како́й и́менно?

Кака́я толщина́ сне́га лежи́т зимо́й в це́нтре Москвы́?

Где́-то пятьдеся́т сантиме́тров.

Нет, пра́вильный отве́т: «Нуль». Как то́лько вы́падет снег в це́нтре Москвы́, мобилизу́ются снегоочисти́тели и момента́льно весь снег убира́ется.

天体、星座

天体（небесное тело），星座（созвездие）

A　ベース

太陽 со́лнце／月 луна́／星 звезда́／恒星 неподви́жная звезда́／惑星、遊星 плане́та／水星 Мерку́рий／金星 Вене́ра／地球 Земля́／火星 Марс／木星 Юпи́тер／土星 Сату́рн／天王星 Ура́н／海王星 Непту́н／衛星（плане́та-）спу́тник／彗星、ほうき星 коме́та／流星、流れ星 метео́р; па́дающая звезда́／星座 созве́здие／北極星 Поля́рная звезда́／北斗七星 Больша́я Медве́дица／南十字星 Крест／光年 светово́й год／星占い гороско́п／占星術 астроло́гия

B　バリエーション

等星 звёздная величина́／一［零、六］等星 звезда́「пе́рвой［нулево́й, шесто́й］величины́／星雲 тума́нность／全天星図 звёздное не́бо／北［南］天се́верное［ю́жное］не́бо／黄道帯 зодиа́к／黄道［獣帯］十二宮 зна́ки［двена́дцать зна́ков］зодиа́ка／アンドロメダ（座）Андроме́да／オリオン Орио́н／カシオペア Кассиопе́я／昴 Плея́ды／星空 звёздное не́бо／星月夜 звёздная ночь

C　オプション

変光星 переме́нная звезда́／二重星 двойна́я звезда́／射手座 Стреле́ц／いるか座 Дельфи́н／魚座 Ры́бы／牛飼座 Волопа́с／牡牛座 Теле́ц／狼座 Волк／大熊座 → 北斗七星／乙女座 Де́ва／牡羊座 Ове́н／蟹座 Рак／御者座 Возни́чий／鯨座 Кит／ケンタウルス Цента́вр；Кента́вр／小熊座 Ма́лая Медве́дица／琴座 Ли́ра／さそり座 Скорпио́н／獅子座 Лев／天秤座 Весы́／とかげ座 Я́щерица／白鳥座 Ле́бедь／双子座 Близнецы́／ペガスス座 Пега́с／蛇座 Змея́／ヘルクレス座 Геркуле́с／水瓶座 Водоле́й／山羊座 Козеро́г／鷲座 Орёл／牽牛座 Альтаи́р／織女星座 Ве́га／七夕祭 звёздный пра́здник

宇　宙

♣ ミニ・ダイアローグ

ある日本の作家がよく言っていたなあ。「天に星、地に花、心に愛」って。
ある女流詩人は「星月夜、人みな美し」と書いたわ。

昔は天と地が恋人同士のように見つめ合っていたんだ。
今は地上に高層ビルが建って、文字通り天を摩して引っ掻いているわ。

Один японский писатель часто говорил: «На небе звёзды, на земле цветы и в душе человека любовь.»
А одна поэтесса написала: «В звёздную ночь все люди выглядят красивее.»

Когда-то небо и земля смотрели друг на друга, как любимые.
Теперь на земле растут высотные здания и буквально скребут небо.

宇　宙（космос）

A　ベース

宇宙 космос：〜空間 космическое пространство／〜ロケット космическая ракета-носитель／〜飛行 космический полёт／〜飛行士 космонавт; космолётчик／〜服 космический костюм；(космический) скафандр／〜遊泳 плавание в космическом пространстве; выход в открытый космос; прогулка в космосе／飛行計画 полётная программа／発射台 стартовая платформа [площадка]／宇宙船発射基地 космодром／宇宙船 космический корабль：〜の発射 запуск космического корабля／〜を発射する запускать космический корабль／〜が軌道に乗った Космический корабль вышел на орбиту.／船長 командир экипажа／航空機関士, フライトエンジニア бортинженер／軌道 орбита：宇宙船を〜に乗せる выводить космический корабль на орбиту／宇宙船が〜からはずれた[を離脱した]Космический корабль сошёл с орбиты.／スペースシャトル челночный космический корабль; спейс шаттл／衛星；スプートニク спутник／衛星中継 спутниковая ретрансляция／人類初の月着陸 первая высадка людей на Луну／惑星間飛行 межпланетный полёт

宇　宙

♣ミニ・ダイアローグ

普通の人が宇宙空間を飛行して、ほかの惑星を訪ねるようになる日も近いね。

あなたが考えているのは技術的な可能性だけです。経済的には可能でしょうか。月までの往復チケットは１枚いくらくらいになるでしょうね。

正確には知らないけれど、一億円以上はするでしょうね。

もうすぐ「宇宙的数字」という表現ができるでしょうね。「天文学的数字」という表現の代わりに。

Недалёк день, когда обычные люди будут летать по космическому пространству и посещать луну и другие планеты.

Вы имеете в виду только техническую возможность. Экономически это будет возможно? Сколько будет стоить билет на луну туда и обратно?

Точно не знаю, но, я думаю, что не дешевле миллиона долларов.

Скоро будет выражение «космические цифры» вместо «астрономических цифр».

Ｂ　バリエーション

軌道投入 вход в плоскость орбиты; выведение на орбиту/軌道修正 коррекция орбиты/静止軌道 геостационарная орбита/周回軌道 круговая орбита/軌道周期 период обращения спутника по орбите/軌道高度 высота орбиты/姿勢制御 ориентация/周回飛行 облёт/飛行管制センター центр управления полётами (ЦУП)/追跡レーダ радиолокационная станция слежения/遠地点 апогей/近地点 перигей/ドッキング（結合）стыковка：～する совершать стыковку; стыковаться с＋造格; пристыковаться к＋与格/アン～（結合解除）отстыковка; расстыковка/再～ перестыковка/～装置 стыковочный агрегат/～ハッチ стыковочный люк/ランデブー（接近, 会合）сближение; встреча：～装置 аппаратура сближения/船外活動 внекорабельная деятельность экипажа; работа в открытом космосе/船内活動 внутрикорабельная деятельность экипажа; работа на борту космического корабля/無重力状態 невесомость/宇宙酔い болезнь движения в космическом полёте/航空日誌 бортовой журнал/大気圏突入 спуск в атмосферу; вход в атмосферу/緊急脱出装置 система аварийного спасения/帰還カプセル возвращаемая баллистическая капсула/エンジン逆噴射 включение двигателя на торможение/着水 посадка на море; приводнение/

宇　宙

軟着陸 мя́гкая поса́дка：～する соверша́ть мя́гкую поса́дку/宇宙船の回収 эвакуа́ция [возвра́т] косми́ческого корабля́/通信 связь：宇宙対地～связь с бо́рта на Зе́млю/グローバル移動体～ глоба́льная моби́льная связь/グローバル衛星～ глоба́льная спу́тниковая связь/地対宇宙～ связь с Земли́ на борт/～途絶 поте́ря свя́зи; пропада́ние свя́зи/液体[固体]燃料ロケット жи́дкостная [твердото́пливная] раке́та/三段式[多段式]宇宙ロット трёхступе́нчатая [многоступе́нчатая] косми́ческая раке́та-носи́тель/再使用型[使い捨て型]ロケット многора́зовая [одноразовая] раке́та-носи́тель/ロケット燃料 раке́тное то́пливо/推力 си́ла тя́ги/月探査機 косми́ческий лета́тельный аппара́т для иссле́дования Луны́/軌道ステーション орбита́льная ста́нция/有人軌道ステーション орбита́льный пилоти́руемый ко́мплекс/国際宇宙ステーション междунаро́дная косми́ческая ста́нция (МКС)/地上追跡ステーション назёмная ста́нция слеже́ния/無人月探査ステーション автомати́ческая лу́нная ста́нция/宇宙医学 косми́ческая медици́на/宇宙開発 освое́ние「ко́смоса [косми́ческого простра́нства]/宇宙学 космоло́гия/宇宙軍 Вое́нно-косми́ческие си́лы (ВКС)/宇宙計画 косми́ческая програ́мма/宇宙研究 косми́ческое иссле́дование/宇宙研究者 космона́вт-иссле́дователь/宇宙航空学 космона́втика; астрона́втика/宇宙航空研究開発機構 Япо́нское аге́нтство аэрокосми́ческих иссле́дований (JAXA)/宇宙ゴミ косми́ческий му́сор/宇宙産業 косми́ческая "инду́стрия [промы́шленность]/宇宙時代 косми́ческая э́ра/宇宙実験 косми́ческий экспериме́нт/宇宙実験技師 космона́вт-испыта́тель/宇宙食 косми́ческая пи́ща/宇宙塵 косми́ческая пыль/宇宙線 косми́ческая радиа́ция; косми́ческий луч; косми́ческое излуче́ние /宇宙探査機 косми́ческая иссле́довательская раке́та

C　オプション

燃料補給システム систе́ма дозапра́вки/衛星航法システム спу́тниковая навигацио́нная систе́ма/全地球測位システム(ГПС) глоба́льная позицио́нная систе́ма/生命維持系 систе́ма жизнеобеспе́чения (СЖ)/セクション отсе́к：貨物～ грузово́й отсе́к/居住～ бытово́й отсе́к/トランジット～ перехо́дный (стыко́вочный) отсе́к/ドッキング～ стыково́й отсе́к/与圧～ герметичный отсе́к/与圧部 гермоотсе́к/モジュール мо́дуль：帰還～ спуска́емый мо́дуль/居住～ бытово́й мо́дуль/研究～ иссле́довательский мо́дуль/サービス～ служе́бный мо́дуль/多目的～ многоцелево́й мо́дуль

宇宙

D インターチェンジ

☞ 「天気」、「天体、星座」、「旅行」

♣ ミニ・ダイアローグ

歴史上初めて有人宇宙船をソ連が打ち上げた、1961年4月12日を覚えていますか。

当然よ。あの日は一生で一番わくわくした日ですもの。その時私は学校の生徒だった。授業の途中で校長先生が全校生徒を集めて、そのニュースを知らせたのよ。

ぼくの聞いた話では、住民がみんな外に出て、自然とデモ行進になったんですってね。

そう。私たちはまるで足が宙に浮いているみたいだったわ。

あなたたち自身も無重力状態みたいなものを感じていたわけですね。

Вы по́мните 12-е (двена́дцатое) апре́ля 1961 (ты́сяча девятьсо́т шестьдеся́т пе́рвого) го́да, когда́ впервы́е в исто́рии Сове́тский Сою́з запусти́л косми́ческий кора́бль на борту́ с челове́ком?

Как же! Э́тот день был наибо́лее потряса́ющим в мое́й жи́зни. Тогда́ я была́ шко́льницей. Среди́ уро́ка дире́ктор шко́лы собра́л всех ученико́в и сообщи́л э́ту но́вость.

Я слы́шал, что все жи́тели вы́шли на у́лицы и возни́кли спонта́нные демонстра́ции.

Да, мы не чу́вствовали земли́ под нога́ми.

Вы са́ми испы́тывали не́что вро́де невесо́мости.

（自然）災害（стихийное бедствие）

A　ベース

災害 бедствие／天災、自然災害 стихийное бедствие／被災者、被害者 пострада́вший; же́ртва：台風の～ пострада́вшие от тайфу́на; же́ртвы тайфу́на／被災地 пострада́вший райо́н; пострада́вшая ме́стность／被害 уще́рб; убы́ток; убы́тки／昨夜の雪崩は死者10名、負傷者22名、行方不明7名の大惨事となった Сне́жный обва́л, произоше́дший вчера́ ве́чером, принёс огро́мное коли́чество челове́ческих жертв: поги́бло де́сять челове́к, получи́ло ране́ние — два́дцать два, пропа́ло бе́з вести — семь.

♣ ミニ・ダイアローグ

以前は「天災は忘れた頃にやってくる」と言っていた。つまり、そんなに頻繁じゃなかったんだ。ところが、今では天災は忘れる暇がないほど頻繁に起こっている。

しかも、今では天災は完全な天災じゃない。人類の行為が災害を引き起こしていることが多いんだ。

今では「災害が来ているのに、それを忘れてる」と言うべきだね。

Ра́ньше говори́ли:«Стихи́йные бе́дствия происхо́дят, когда́ лю́ди забыва́ют их.» Зна́чит, не так ча́сто. Но тепе́рь они́ происхо́дят так ча́сто, что лю́ди не успева́ют их забы́ть.

И тепе́рь они́ мо́гут быть не совсе́м стихи́йными. Де́ятельность челове́чества ча́сто причиня́ет бе́дствия.

Тепе́рь ну́жно сказа́ть: «Бе́дствия происхо́дят, но лю́ди забыва́ют их.»

B　バリエーション

火事、火災 пожа́р／3棟が全焼、5棟が半焼した Три до́ма сгоре́ло по́лностью, пять — части́чно.／近所の火事で私の家も類焼した Пожа́р, произоше́дший у сосе́дей, распространи́лся и на на́шу кварти́ру.; На́ша кварти́ра то́же сгоре́ла от пожа́ра, произоше́дшего у сосе́дей.／彼は自宅の火事で焼死した Он сгоре́л в пожа́ре свое́й кварти́ры.／彼は焼死体となって発見された

405

（自然）災害

Его нашли сгоревшим./山火事 лесной пожа́р：〜は千ヘクタールを焼いてさらに延焼中 Лесной пожа́р сжёг ты́сячу гекта́ров и всё ещё распространя́ется./警察が火災の原因を調査中 Поли́ция выясня́ет причи́ну пожа́ра.

♣ ミニ・ダイアローグ

昨日ぼくはテレビでアメリカのカリフォルニアの山火事を見ましたよ。ハリウッドのそばでした。	Вчера́ я ви́дел по телеви́дению лесно́й пожа́р в Калифо́рнии США, о́коло Голливу́да.
日本には山火事はないの？	В Япо́нии не быва́ет лесны́х пожа́ров?
ありますが、あんな大きくて猛烈なのは日本人には想像がつきませんね。	Быва́ют, но япо́нцы не мо́гут предста́вить тако́й огро́мный и свире́пый лесно́й пожа́р.
ロシアでも時々あんなものすごい山火事があります。数年前、モスクワ近郊で2週間も森が焼けて、火事の煙がモスクワ中を被いました。市民はみな黒めがねをかけ、鼻や口に布などをつけていました。まるでテロリストみたいに。	В Росси́и то́же иногда́ быва́ют таки́е же мо́щные пожа́ры. Не́сколько лет наза́д под Москво́й две неде́ли горе́ли леса́ и дымы́ от пожа́ра покрыва́ли всю Москву́. Все жи́тели носи́ли тёмные очки́ и повя́зки на носа́х и рта́х, как террори́сты.

台風 тайфу́н/ハリケーン урага́н/サイクロン цикло́н/台風の目 глаз тайфу́на/熱帯性低気圧 тропи́ческий цикло́н/暴風雨 бу́ря/風速35メートルの風 ве́тер ско́ростью (в) 35 (три́дцать пять) м/с (ме́тров в секу́нду)/瞬間最大風速 максима́льная мгнове́нная ско́рость ве́тра/看板が風で吹き飛ばされた Вы́веску унесло́ ве́тром./木が風で吹き倒された Дере́вья повали́ло ве́тром./台風が九州を直撃した Тайфу́н пря́мо обру́шился на Кюсю́./台風は紀伊半島に上陸、東北東に向かって時速30キロで進んでいます Тайфу́н вы́садился на полуо́стров Кии и продвига́ется на восто́к-се́веро-восто́к со ско́ростью (в) три́дцать киломе́тров в час./台風は日本をそれて太平洋に抜けた Тайфу́н прошёл ми́мо япо́нских острово́в на Ти́хий океа́н./集中豪雨 лока́льный［локализо́ванный］си́льный дождь/洪水 наводне́ние/堤防が決壊した Плоти́на прорвала́сь./川が氾濫して、村全体が水浸しになった Река́

（自然）災害

「разлила́сь [вы́шла из берего́в] и залила́ всю дере́вню./現地からの報告によると床上浸水約50戸、床下浸水約200戸に達した По сообще́нию с ме́ста происше́ствия приме́рно пятьдеся́т домо́в 「за́лито [за́лило] водо́й вы́ше по́ла, а до двухсо́т — ни́же по́ла./崖[土砂]崩れ обва́л （земли́）/土砂流 пото́к земли́/家屋が濁流に押し流された Дома́ унесло́ му́тными пото́ками./Му́тные пото́ки унесли́ дома́./宮崎県が台風で大きな被害を受けた Префекту́ра Мия́дзаки 「потерпе́ла [понесла́] 「большо́й уще́рб [больши́е убы́тки]」 от тайфу́на./台風が宮崎県に大きな被害をもたらした Тайфу́н 「нанёс [причини́л] 「большо́й уще́рб [больши́е убы́тки]」 префекту́ре Мия́дзаки.

♣ ミニ・ダイアローグ

この数年メキシコ湾とその周辺で盛んにハリケーンが発生しましたね。

ぼくは特に2004年9月にあの辺を襲ったやつをよく覚えています。イワン雷帝という名前でしたから。あいつは百人ほどの人を殺しました。

あのね、その後あいつは引退して、イーゴリと改名したのよ。

После́дние го́ды ча́сто происходи́ли си́льные урага́ны в Мексика́нском зали́ве и в райо́нах вокру́г него́.

Я осо́бенно хорошо́ по́мню тот, кото́рый уда́рил по э́тим райо́нам в сентябре́ 2004 го́да, так как он называ́лся Ива́ном Гро́зным. Он уби́л о́коло 100 челове́к.

Зна́ете, пото́м он ушёл в отста́вку и был переимено́ван в И́горя.

地震 землетрясе́ние/地震の強さ интенси́вность [си́ла] землетрясе́ния/振動 сотрясе́ние; толчо́к/揺れ колеба́ние/震源 оча́г землетрясе́ния; гипоце́нтр/震央 （震源の真上） эпице́нтр землетрясе́ния/地震計 сейсмо́граф/マグニチュード магниту́да/震度 балл：～3の地震 землетрясе́ние （в） три ба́лла/壁のひび割れ тре́щины в стена́х/壁がひび割れる Сте́ны треска́ются./建物が揺れる Зда́ния сотряса́ются./家屋の倒壊[破損]разруше́ние [поврежде́ние] домо́в/家屋が倒壊する Дома́ разруша́ются./全壊家屋100棟、半壊250棟 По́лностью разру́шено сто домо́в, части́чно — две́сти пятьдеся́т./墓石がひっくり返った Моги́льные па́мятники опроки́нулись./レールが歪んだ Железнодоро́жные ре́льсы искриви́лись./地割れ тре́щины в земле́/地滑り о́ползень/山崩れ обва́л/津波 цуна́ми/建物の下敷

(自然) 災害

きになる оставаться под разрушенным зданием/土砂で生き埋めになる быть заживо покрыт землёй/死者が出た Были человеческие жертвы./本震 главный толчок/余震 толчки, следующие после главного толчка/地鳴り подземный гул/縦揺れ, 上下動 вертикальный толчок/横揺れ, 水平動 горизонтальное колебание/地震の сейсмический/地震学 сейсмология/地震学者 сейсмолог/地震予知 прогноз землетрясения/地震観測所 сейсмостанция/耐震建築 антисейсмическое здание/地震現象, 地震活動 сейсмическая деятельность/地震多発地域 сейсмичный район/地震波 сейсмические волны/縦[P]波 продольные волны/横[S]波 поперечные волны/地殻変動現象 тектоническое явление/断層[構造]地震 тектоническое землетрясение/火山性地震 вулканическое землетрясение/活断層 активный разлом

★ 参考

震度は厳密に規定されるものではないので、いろいろな表し方があり、ロシアと日本の震度の表し方も食い違っている。以下に示すのは、日本の震度を大まかにロシアの震度（0〜12；リヒタースケール（Рихтера шкала））に当てはめたもの：無感地震（震度0）незаметное землетрясение/微震（震度1）очень слабое（以下 землетрясение を省略）/軽震（震度2）слабое/弱震（震度3）умеренное/中震（震度4）довольно сильное/強震（震度5）сильное/烈震（震度6）очень сильное/激震（震度7）опустошительное

C オプション

風水害 ущерб [убыток] от「тайфуна [сильного ветра] и наводнения/風害 ущерб [убыток]「от ветра [, причинённый ветром］/寒害 ущерб [убыток] от「холода [мороза]/急な冷え込みでりんごが全滅した Яблоки полностью погибли от неожиданного похолодания./冷害 ущерб [убыток] от холодной летней погоды/夏の異常低温で野菜類が不作だ Урожай овощей получился плохой из-за ненормально низкой температуры в летнюю пору./雪害 ущерб [убыток] от「снега [снегопада]/記録的な雪で各地が被害を受けた Много районов пострадало от рекордно большого снегопада./雪崩 снежный обвал：〜がふもとの人家を襲った Снежный обвал обрушился на жилые дома у подножия горы./干害 ущерб [убыток] от засухи/火山の噴火 [爆発] извержение вулкана/溶岩流 поток лавы/降灰 оседание пепла/火山弾 вулканическая бомба/竜巻 смерч/雷 молния/落雷 удар молнии：彼は

（自然）災害

〜で死んだ Он поги́б от уда́ра мо́лнии./鐘楼に雷が落ちた Мо́лния уда́рила в колоко́льню.

D　インターチェンジ

☞「事故」、「天気」、「天体、星座」、「環境問題」

♣ ミニ・ダイアローグ

ロシア語には「硬き大地」という表現がありました。これはロシア人や一般に地震のない地域の住民たちが、地面は固くて壊れないと考えていた証拠です。

昔われわれの祖先は空もナッツの殻のように硬いと考えていました。今ではわれわれは空も土も脆くて傷つきやすいことを知っています。
だから大切に扱わなければね。

В ру́сском языке́ бы́ло выраже́ние «твердь земна́я». Э́то свиде́тельствует, что ру́сские и вообще́ жи́тели в райо́нах, где нет землетрясе́ния, счита́ли зе́млю твёрдой и неразруши́мой.

В дре́вние времена́ на́ши пре́дки счита́ли да́же не́бо твёрдым, как скорлупа́ оре́ха. Тепе́рь мы зна́ем, что и не́бо, и земля́ хру́пкие и уязви́мые.

Поэ́тому ну́жно относи́ться к ним бе́режно.

事　故

事　故（катастрофа）

A　ベース

事故 катастрофа; несча́стный слу́чай; ава́рия：人身〜 несча́стный слу́чай с 「челове́ческими же́ртвами [челове́ческой же́ртвой]/交通〜 тра́нспортная катастро́фа/自動車〜 автомоби́льная катастро́фа; автокатастро́фа/衝突 столкнове́ние：正面〜 лобово́е столкнове́ние/追突 столкнове́ние сза́ди/スリップする скользи́ть/前方不注意 не обраща́ть внима́ние вперёд/信号を無視する не обраща́ть внима́ние на 「сигна́лы [доро́жные зна́ки]/わき見運転をする води́ть маши́ну, не смотря́ вперёд/酔っ払い運転をする води́ть маши́ну в 「нетре́звом [пья́ном] состоя́нии/居眠り運転をする дрема́ть за рулём/スピード違反 наруше́ние ограниче́ния ско́рости/車が大破した Маши́на си́льно поврежден́а./同乗者が負傷した[重傷を負った] Получи́л (тяжёлое) ране́ние челове́к, е́хавший на одно́й маши́не./10人の子供が被害者になった Пострада́ли де́сять дете́й./鉄道事故 железнодоро́жная катастро́фа/踏切事故 несча́стный слу́чай [катастро́фа, ава́рия] на перее́зде/車両故障 не-испра́вности ваго́на/信号[ポイント、架線]の事故 неиспра́вности 「сигна́ла [стре́лки, подвесно́й прово́дки]/脱線する сходи́ть с ре́льсов/転覆する опроки́дываться/列車に飛び込む броса́ться [пры́гать] под по́езд/ダイヤが乱れる Движе́ние поездо́в нару́шено./10本の列車が運休になった Отме́нено движе́ние десяти́ поездо́в./飛行機事故 авиакатастро́фа/墜落 паде́ние：〜する па́дать/失速 поте́ря 「ско́рости [подъёмной си́лы]：〜する теря́ть 「ско́рость [подъёмную си́лу]/飛行機が空中分解する Самолёт распада́ется в во́здухе./操縦ミス непра́вильное управле́ние самолётом; оши́бка лётчика

B　バリエーション

玉突き事故 столкнове́ния не́скольких маши́н сза́ди/二重[三重]衝突 двойно́е [тройно́е] столкнове́ние/ 通行人を轢く переезжа́ть [дави́ть] пешехо́да/若者の運転する車が老人を轢いて死亡させた[轢いて重傷を負わせた] Маши́на, води́мая молоды́м челове́ком, 「задави́ла пожило́го челове́ка 「на́смерть [и нанесла́ тяжёлое ране́ние]./子供がトラックに轢かれた Ребё-

410

事 故

нок был задавлен грузовико́м.; Ребёнок попа́л под грузови́к.; Ребёнка перее́хал грузови́к./むち打ち症 тра́вма ше́йных позвонко́в/ドライバーが運転席に閉じ込められている Води́тель заблоки́рован внутри́ каби́ны./全列車Ａ駅で折り返し運転中 Все поезда́ не иду́т да́льше ста́нции А./台風で鉄道[東海道線]が不通になった Железнодоро́жное сообще́ние [Движе́ние поездо́в] по ли́нии Тока́йдо прекращено́ из-за тайфу́на./復旧の見込みは不明 Неизве́стно, когда́ бу́дет возобновлено́ движе́ние./復旧作業 рабо́та по восстановле́нию движе́ний

Ｃ　オプション

飛行機をハイジャックする угоня́ть самолёт/家庭内事故 несча́стные слу́чаи в семье́/ガス[水道]管の破裂 взрыв「га́зовой［водопрово́дной］трубы́

Ｄ　インターチェンジ

☞「(自然)災害」、「自動車」、「市内交通」、「鉄道」、「道路」、「飛行機」、「船」

♣ミニ・ダイアローグ

たくさんの事故が家で起こっているのよ、意外に頻繁に。
そう、時には子供が母親の目の前で死んだりする。
年配の人にも、自分の家は危険でいっぱい。熱湯、ガス、電気、刃物…床の１センチの段差でもお年寄りには致命的になりかねないわ。

ぼくはそれをこの目で見たよ。お祖父さんがトイレの敷居で転んで大腿骨を折り、それが亡くなる原因になったんだ。

Мно́го несча́стных слу́чаев происхо́дит до́ма, ча́ще, чем ду́мается. Да, иногда́ де́ти погиба́ют пря́мо перед матеря́ми.

Для пожилы́х люде́й то́же свои́ кварти́ры полны́ опа́сностей: горя́чая вода́, газ, электри́чество, ножи́. Да́же ра́зница в у́ровнях по́ла на оди́н сантиме́тр мо́жет быть смерте́льной для престаре́лых люде́й.

Я ви́дел э́то свои́ми глаза́ми. Мой де́душка упа́л на поро́ге туале́та, сломи́л себе́ бедро́, что привело́ к его́ сме́рти.

411

自転車

自転車（велосипед）

A　ベース

自転車 велосипе́д／自転車選手、自転車に乗る人 велосипеди́ст／ハンドル руль／握り ру́чка／ブレーキレバー рыча́г то́рмоза／ベル звоно́к／ランプ велофона́рь／ランプ掛け держа́тель фонаря́／発電機 генера́тор／ペダル педа́ль／ギア шестерня́／チェーン (вту́лочно-ро́ликовая) цепь／車輪 колесо́／前[後]輪 пере́днее [за́днее] колесо́／タイヤ покры́шка; ши́на：空気〜 пневмати́ческая ши́на／〜の空気が抜けている Ши́на спущена́.／〜がパンクした Ши́на [Покры́шка] ло́пнула.／〜に空気を入れる нака́чивать во́здух в ка́меру ши́ны／チューブ ка́мера ши́ны／チューブなしタイヤ беска́мерная ши́на／リム о́бод／ホーク ви́лка／スポーク спи́ца／泥除け грязево́й щито́к／ハンドブレーキ ручно́й то́рмоз／リムブレーキ клещево́й то́рмоз／サドル седло́／スプリング пружи́на／荷台 бага́жник／反射板 отража́тель; рефле́ктор／変速ギヤ многоступе́нчатая 「переда́ча [шестерня́]／サイクリング езда́ на велосипе́де／三輪車 трёхколёсный велосипе́д

B　バリエーション

自転車競技 велого́нка; велосипе́дные го́нки／ロードレース го́нки на шоссе́／周回レース кольцевы́е го́нки／個人ロードレース класси́ческие го́нки／ツール・ド・フランス тур-де-Фра́нс; Тур Фра́нции／タイムトライアル го́нки на вре́мя／ステージレース го́нки с эта́пами／トラックレース го́нки на тре́ке／個人追い抜き競争 индивидуа́льная го́нка пресле́дования／団体追い抜き競争 кома́ндная го́нка пресле́дования／チームスプリント олимпи́йский спринт／ポイントレース го́нки по очка́м／マディソン «Медисо́н» (па́рные) го́нки／スプリント спринт-матч／競輪 кейрин／マウンテンバイク маунтинба́йк; го́рный велосипе́д／耐久レース го́нки на выно́сливость／（サーキットの周囲に斜め上に向かって勾配のついた）コーナー вира́ж／競争用自転車 го́ночный велосипе́д／短[中、長]距離用自転車 тре́ковый [ли́дерский, ста́йерский] велосипе́д／ロードレース用自転車 шоссе́йный велосипе́д／ゴール（ロードレースの）фи́нишный спурт；（トラックレースの）фи́нишная ли́ния

自転車

C　オプション

枠、パイプ ра́ма/前パイプ рулева́я коло́нка/前[後]ホーク пере́дняя [за́дняя] сто́йка/トレッド проте́ктор/ニップル ни́ппель/バルブ ве́нтиль/駐輪所 стоя́нка велосипе́дов/放置自転車 велосипе́ды, поста́вленные на запрещённых места́х

D　インターチェンジ

☞「環境問題」、「市内交通」、「陸上競技」、「道路」

♣ ミニ・ダイアローグ

世の中に100パーセント完全な物はほとんどありませんよ。その点で自転車は例外ですね。

ええ、自転車は100年前に形、メカ、機能など、すべての点で完成を遂げて、その後基本的に変わっていませんね。

私は自分が30年前に乗っていた自転車を塗り替えて、息子にやりました。その自転車が立派に動いて、かっこよさでも最新型に引けをとらないのです。

На све́те почти́ нет на сто проце́нтов соверше́нных веще́й. В э́том отноше́нии велосипе́д явля́ется исключе́нием.

Да, он дошёл до соверше́нства во всех отноше́ниях, и фо́рмы, и механи́зма, и фу́нкций сто лет тому́ наза́д. И пото́м он принципиа́льно не изменя́ется в тече́ние ста лет.

Я покра́сил велосипе́д, на кото́ром я е́здил три́дцать лет наза́д, и о́тдал его́ сы́ну. Он рабо́тает прекра́сно и по красоте́ фо́рмы не ху́же, чем нове́йшие ти́пы.

113

自動車

自動車（автомобиль）

A　ベース

自動車 автомобиль; машина; автомашина/乗用車 легковая машина/オープンカー（無蓋の）открытая машина；(開閉の) машина с откидным верхом/ジープ джип/ツー[フォー]ドア с「двумя [четырьмя]「дверцами [дверями]/小型車 малолитражный автомобиль/ワゴン грузопассажирский автомобиль/バン(автомобиль-) фургон; автофургон/ライトバン фургончик/マイクロバス микроавтобус/貨物自動車 грузовой автомобиль/トラック грузовик/ダンプカー самосвал/オート三輪 трёхколёсный пикап/小型トラック　газель/ピックアップ пикап/四輪駆動 полный привод；4WDをそのまま使うことが多い/スポーツカー спортивный автомобиль/レーシングカー гоночная машина/電気自動車 электрический автомобиль/中古車 подержанная машина/メジャー[マイナー]モデルチェンジ полное [частичное] изменение модели/自動車の部品 автозапчасти （автомобильные запасные части の略）/修理 ремонт/自動車修理工場 авторемонтная мастерская/ガソリン бензин：～スタンド бензоколонка; (бензо)заправочная「колонка [станция]/車に～を入れる заправлять машину бензином/給油 заправка/洗車(場) автомойка/自動車保険 автомобильное страхование/運転免許 водительские права/自動車教習所 автошкола/シート、座席 сидение：後部～ заднее сидение/運転席 сидение водителя/助手席 сидение рядом с водителем/シートベルト ремень безопасности/ドア дверь/ドアロック блокировка замков дверей/ハンドル руль; рулевое колесо/速度計、スピードメーター спидометр/（カー）ステレオ стереофла/エアコン кондиционер/カーナビ(ゲーター) навигатор/盗難予防装置 сигнализация

B　バリエーション

車体 кузов/シャーシ шасси/ウインカー、点滅ランプ мигающий фонарь/ヘッドランプ、ヘッドライト фара/テールランプ задний фонарь; стоп-сигнал/方向指示灯 указатель поворотов/バックミラー зеркало заднего「обзора [вида]; зеркало-отражатель/フロントグラス ветровое стекло/ワ

414

自動車

ワイパーстеклоочиститель/(リヤ)バンパー(задний) буфер/車輪 колесо́/前[後]輪 пере́дние [за́дние] колёса/タイヤ ши́на; колесо́/スペアタイヤ запасно́е колесо́/リム колёсный о́бод/ボンネット、フード капо́т/トランク бага́жник/ナンバー но́мер：〜プレート номерно́й знак/燃料タンク то́пливный бак; бак для горю́чего/ガソリンタンク бензоба́к/バッテリー аккумуля́торная батаре́я/エアクッション пневмати́ческий амортиза́тор; возду́шная поду́шка/クラッチペダル педа́ль сцепле́ния/アクセルペダル педа́ль акселера́тора/ブレーキペダル педа́ль то́рмоза/変速[シフト]レバー рыча́г переключе́ния 「переда́ч [скоросте́й]」/変速装置 коро́бка переключе́ния 「переда́ч [скоросте́й]」/手動ブレーキレバー рыча́г ручно́го то́рмоза/ヘッドライト切り替えスイッチ переключа́тель све́та фар/ワイパースイッチ выключа́тель стеклоочисти́теля/メーターパネル щит прибо́ров/タコメーター тахо́метр/積算距離計 интегри́рующий дально́мер/燃料計 то́пливный расходо́мер/油圧ゲージ ма́сляный маноме́тр/クラッチ сцепле́ние/ピストン по́ршень/冷却器 радиа́тор; охлади́тель/空[水]冷 возду́шное [водяно́е] охлажде́ние

C オプション

気筒 бараба́н; цили́ндр/不凍液、凍結防止剤[装置] антиобледени́тель/ドライブシャフト ведо́мый вал/外車 иностра́нная маши́на; (口) инома́рка/ベンツ Мерседе́с (他の外車の名は原語と同じ)/ジグリ Жигули́/ラーダ Ла́да/ボルガ Во́лга/ジル Зил/カマーズ Кама́з/ガゼーリ Газе́ли

D インターチェン

☞ 「環境問題」、「自転車」、「市内交通」、「鉄道」、「道路」、「飛行機」、「船」

♣ ミニ・ダイアローグ

自動車は現代社会の不幸の元凶だ。自動車は空気を汚し、騒音を出し、殺人までしている。

Автомоби́ли явля́ются гла́вной причи́ной несча́стья в совреме́нном о́бществе. Они́ загрязня́ют во́здух, поднима́ют шум и да́же убива́ют люде́й.

市内交通

あなたは自動車のマイナス面を誇張しているわ。携帯電話やテレビのない生活はまあ平気でしょう。でも車のない生活なんてありえないわ！車は私たちの友達よ、欠点はあるけど。

Вы преувеличиваете негативные стороны автомобилей. Жизнь без мобильных телефонов или телевизоров была бы ничего. Но жизни без машин быть не может! Они наши друзья, хотя у них есть недостатки.

市内交通（городской транспорт）

A　ベース

市内交通 городской транспорт/**交通手段** вид транспорта/（ロシアの市内交通の主力はバス、次いでトロリーバス、路面電車。日本によくある電車は大体郊外用。モスクワ、ペテルブルグの主要交通は地下鉄）/**地下鉄** метро; метрополитен/**路面電車、市電** трамвай/**バス** автобус/**トロリーバス** троллейбус/**電車** электричка/**バス[トロリーバス、路面電車]の停留所** автобусная [троллейбусная, трамвайная] остановка/**地下鉄の駅** станция метро/**地下鉄の入り口** вход в метро/**地下鉄の出口** выход в город/**「サドーヴァヤ」駅への乗り換え通路** переход на станцию «Садовая»/**乗車賃** плата за проезд/**切符** билет/**地下鉄専用のコイン** жетон на метро/**磁気カード** смарт-карта/**メトロカード** карточка на метро/**20回乗車のカード** карточка на двадцать поездок/**バス[地下鉄]で行く** ездить на 「автобусе [метро]/**バス[地下鉄]を使う** пользоваться 「автобусом [метро]/**バスに乗る** садиться на автобус/**バス[地下鉄]を降りる** выходить из「автобуса [метро]; сходить с「автобуса [метро]/**劇場広場[都心]行きのバス** автобус, идущий 「на Театральную площадь [в центр]/**このバスはガガーリン広場に行きますか** Этот автобус「идёт [едет] на площадь Гагарина ?; **На этом автобусе доедем до площади Гагарина ?**/**タクシー** такси/**乗合[路線]タクシー** маршрутное такси

市内交通

B　バリエーション

路線 маршру́т／バス路線図 схе́ма автóбусных маршру́тов／地下鉄路線図 схе́ма ли́ний метрó／バスは10分おきに来る Автóбусы「иду́т ［е́дут］「через ка́ждые де́сять мину́т ［с интерва́лом в де́сять мину́т］．／バスがなかなか来ない Автóбус дóлго не подхóдит．／2番のトロリーバスはこの停留所に止まりますか На э́той останóвке остана́вливается вторóй троллéйбус ?／回数券 талóны; кни́жка;（口）кни́жечка／定期 проезднóй（проезднóй биле́т は一般に「乗車券」の意だが、「定期券」の意味で使われることも多い）／定期券を見せる предъявля́ть проезднóй／荷物の料金 пла́та за бага́ж

ここでは会話の代わりに、よく聞かれる車内放送を挙げておきましょう。

(1)（バス・トロリーなどで）乗客の皆様、乗車賃は速やかにお払いください。

Уважа́емые пассажи́ры! Опла́чивайте проéзд своевре́менно.

(2)（モスクワの地下鉄で到着時に聞かれるもの）ドブルイニンスカヤ駅です。環状線への乗り換えとセルプホフスカヤ駅への連絡ができます。

Ста́нция «Добры́нинская». Переса́дка на кольцеву́ю ли́нию и перехóд на ста́нцию «Серпухóвская».

(3) 乗客の皆様、お降りの際にはお手回り品をお忘れにならないようにお願いいたします。

Уважа́емые пассажи́ры! При вы́ходе из пóезда не забыва́йте свои́ ве́щи.

(4) ユーゴ・ザーパドナヤ駅、終点です。電車は当駅止まりです。どなた様もお降り願います。

Ста́нция «Ю́го-за́падная», конéчная. Пóезд да́льше не идёт. Освободи́те вагóны.

(5)（モスクワの地下鉄で発車時に聞かれるもの）ご注意ください。ドアがしまります。次はベロルースカヤ駅。

Осторóжно! Дверь закрыва́ется. Сле́дующая ста́нция «Белору́сская».

(6)（ペテルブルグの地下鉄で到着時に聞かれるもの）ネフスキー通り駅です。次はセンナヤ広場駅。

Ста́нция «Не́вский проспéкт». Сле́дующая ста́нция «Сенна́я пло́щадь».

(7)（ペテルブルグの地下鉄で発車時に聞かれるもの）ご注意ください。ドアがしまります。

Осторóжно! Дверь закрыва́ется.

市内交通

C　オプション

検札 контро́ль／検札係 контролёр／無賃乗車、ただ乗り безбиле́тный прое́зд／無賃乗客、ただ乗り безбиле́тный пассажи́р；（口）за́яц／罰金 штраф／市内交通共通定期券 еди́ный（биле́т）（地下鉄、バス、トロリーバス、市電全部の共通乗車券。1998年地下鉄がメトロカード制を始めてからは、地上通共通カード（проездно́й биле́т наназе́мный тра́нспорт）もできた。）

D　インターチェンジ

☞「事故」、「自転車」、「自動車」、「道路」、「鉄道」、「旅行」

♣ミニ・ダイアローグ	
正式のタクシーでない普通の車が乗客を乗せて運ぶのを、よく見かけるんですが。ああいうことは日本では禁止されています。	Я ча́сто ви́жу, что не официа́льные такси́, а обы́чные маши́ны беру́т пассажи́ров и во́зят их. В Япо́нии э́то запреща́ется.
ロシアではまったく普通のことね。ただ、昼間で、近距離で、人の多い通りでなければ、ああいう形のタクシーは利用しない方がいいわ。	В Росси́и э́то соверше́нно норма́льно. То́лько я не сове́тую вам по́льзоваться э́тим ти́пом такси́ кро́ме как днём, на недалёкие расстоя́ния и по многолю́дным у́лицам.

道　路

道　路（доро́га）

A　ベース

道、道路 доро́га; путь/街路 у́лица/大通り проспе́кт/並木道 бульва́р/横町、横丁 переу́лок

> ★ロシアの都市の道路は у́лица、проспе́кт、бульва́р、переу́лок の4種。
> у́лица：多くの道路がこの名で呼ばれる。英語の street に相応。
> проспе́кт：原則として、広くてまっすぐな幹線道路。しかし、実際には、普通の у́лица と区別のつかないものもある。
> бульва́р：両側や中央に並木がある道。
> переу́лок：у́лица とほぼ直角に交差していて、у́лица と у́лица を結ぶ道路。у́лица に比べて細く、短く、交通量も少ない場合が多いが、実際には、у́лица と区別のつかないものもある。переу́лок は「横町、横丁」と日本語に訳されるのが普通だが、この日本語のイメージとは少し違う。

自動車道路 автомоби́льная доро́га; автостра́да/高速道路 скоростна́я доро́га; скоростна́я автостра́да/幹線道路 магистра́ль; магистра́льная доро́га/環状道路 кольцева́я (доро́га)/小道、細道 доро́жка; тропи́нка/歩道 тротуа́р：横断～ перехо́д/地下道 подзе́мный перехо́д/バイパス объездна́я доро́га; обхо́д; байпа́с (с)/車線 полоса́/路肩 обо́чина (доро́ги)/道端、道路際 край у́лицы; боокова́я часть у́лицы/十字路、交差点 перекрёсток/この道路はサドーヴォエ環状道路と交差している Э́та у́лица пересека́ет Садо́вое кольцо́./この道路はミャスニーツカヤ通りとほとんど平行に走っている Э́та у́лица идёт почти паралле́льно с Мясни́цкой./この道路はクレムリン［リャザン］に通じている Э́та у́лица ведёт 「к Кремлю́ [в Ряза́нь]．/四車線の道路 доро́га с четырьмя́ полоса́ми/対向車線 встре́чная полоса́/信号 светофо́р/道路標識 доро́жный указа́тель/街路灯 у́личный фона́рь/左［右］側通行 левосторо́ннее [правосторо́ннее] движе́ние/道路事情 усло́вия доро́жного тра́нспорта/（交通）渋滞 про́бка：～にあう попа́сть в про́бку/オリンピック・スタジアム付近で交通が～している Движе́ние заде́рживается о́коло Олимпи́йского стадио́на./道路工事 ремо́нт доро́г

419

道　路

B　バリエーション

舗装道路 мостовáя; мощёная ýлица/**コンクリート舗装道路** бетóнная мостовáя/**アスファルト舗装道路** асфáльтовая мостовáя; асфальтúрованная ýлица/車道 проéзжая часть ýлицы/貨物輸送幹線道路 грузовáя магистрáль/緑地帯、グリーンベルト полосá зелёных насаждéний

C　オプション

国道 1 号 госудáрственная дорóга No.1 (нóмер одúн)/県道 префектурáльная дорóга/市道 городскáя дорóга/私道 чáстная дорóга/歩道橋 виадýк для пешехóдов/東名高速 скоростнáя автострáда «Томэй» [«Токио-Нагоя»]/モスクワ環状自動車道路 МКАД; Москóвская кольцевáя автомобúльная дорóга/有料道路 плáтная дорóга/**インターチェンジ** трáнспортная развязка/料金所 кáсса/歩行者天国 зóна свобóдного прохóда пешехóдов

D　インターチェンジ

☞「市内交通」、「自転車」、「自動車」、「鉄道」、「旅行」

♣ ミニ・ダイアローグ

近頃じゃどこでもすごい渋滞。何か解決策はないのかな？

私にいい考えがあるの。2 階建てか、それ以上の車しか生産を許可しないの。そうすれば、車が 2 分の 1 か 3 分の 1 に小さくなるわ。

でも、車は交通手段だけじゃない。きれいな服のように人生の装飾ですからね。

今では日本の女性はみんな美しい着物を捨てて、ジーンズで歩いているわ。なぜ同じことができないの？

Тепéрь вездé ужáсные прóбки. Нет ли какóго-либо вы́хода?

У меня́ есть хорóшая идéя. Разрешúть произвóдство тóлько машúн с двумя́ я́русами или бóльше. Тогдá машúны бýдут мéньше в два рáза или дáже в три.

Но машúна не тóлько трáнспортное срéдство. Онá явля́ется и украшéнием жúзни, как красúвая одéжда.

Тепéрь все япóнки брóсили красúвое кимонó и хóдят в джúнсах. Почемý не сдéлать то же сáмое?

鉄　道（железная дорога）

A　ベース

鉄道 желе́зная доро́га/国有鉄道 госуда́рственная желе́зная доро́га/私鉄 ча́стная желе́зная доро́га/線路 ре́льсы/鉄道網 железнодоро́жная сеть/鉄道［列車］輸送 железнодоро́жный тра́нспорт/幹線（железнодоро́жная）магистра́ль/支線 ответвле́ние желе́зной доро́ги；（железнодоро́жная）ве́тка/近郊線 при́городная желе́зная доро́га/在来線 ста́рая желе́зная доро́га/トンネル тунне́ль；тонне́ль：海底～ подво́дный тунне́ль/鉄橋 железнодоро́жный мост/高架鉄道 надзе́мная желе́зная доро́га/信号 сигна́л/踏切（железнодоро́жный）перее́зд/一［二］等車 мя́гкий［жёсткий］ваго́н/（日本の）グリーン車 ваго́н пе́рвого кла́сса/列車 по́езд/客車 пассажи́рский по́езд/普通列車 по́езд с остано́вками на всех ста́нциях/準急 полуэкспре́сс（ロシアにはない）/急行 ско́рый по́езд；экспре́сс/特急 курье́рский по́езд/超特急 суперэкспре́сс/臨時列車 э́кстренный по́езд/長［遠］距離列車 по́езд да́льнего сле́дования/各駅停車 с остано́вками на всех ста́нциях/直通列車（乗り換えのない）по́езд прямо́го сообще́ния；（途中停車のない）сквозно́й по́езд/乗り換え переса́дка：～なし без переса́дки/二度～をして行く е́хать с двумя́ переса́дками/駅（一般の）ста́нция；（大きな駅）вокза́л（★ロシア語では上記の二つの語が「駅」の意味で頻繁に使われる。ста́нция は駅の総称で、すべての駅を ста́нция と呼んでかまわない。вокза́л は元来、さまざまなサービス施設のある大きな駅の建物の意味だが、実際には、そのような建物を備えた駅を意味するのが普通。英語や日本語のターミナル駅と вокза́л は同じものではないが、実際には一致する場合が多い）。

★ 参考

　モスクワ、ペテルブルグなど、いくつかの鉄道駅がある所では、行き先が駅名になる。たとえば、ペテルブルグにはペテルブルグ駅はなく、行く先を名称にした5つの駅がある。
　モスクワ駅はモスクワ方面行きの列車が発車し、モスクワ方面からの列車が到着する駅。モスクワにはモスクワ駅という名の駅はなく、それぞれ行く先を名称にした9つの駅がある。キエフ駅はキエフ方面、カザン駅はカザン方面行きの駅のこと。ただし、ペテルブルグ行きの駅は今でもレニングラード駅と呼ばれている。　ロシアではプラットフォームへの入り口で改札はし

鉄　道

ない。近距離列車（電車）の場合は車内検札がある。長距離の場合は各車両に担当車掌がいて、乗車の際に車両の入り口で切符を確認し、それを預かる。車掌は乗客サービス係でもある。寝具の配布、回収、お茶、お湯などの世話もしてくれる。現在では、弁当の配布をしてくれることもある。
待合い室зал ожидáния/**切符売り場**(билéтная) кáсса/**手荷物預かり所**кáмера хранéния/**コインロッカー**автомáты-кáмеры хранéния/**遺失物係** бюрó [стол] нахóдок/**案内所** спрáвочное бюрó/**時刻表** расписáние движéния поездóв/**電光掲示板**(железнодорóжное) таблó/**自動改札機** автомáтный контролёр/**キオスク** киóск/**乗車口** вы́ход 「на платфóрмы [к поездáм]」/**プラットフォーム** платфóрма/**一番線** пéрвый путь/**駅の出口** вы́ход в гóрод

B　バリエーション

JR Япóнская желéзная дорóга; ЖР/**新幹線** нóвая железнодорóжная магистрáль Япóнии; Синкансэн/**東海道線** лúния Токáйдо/**モスクワ・ペテルブルグ鉄道** магистрáль Москвá-Петербýрг/**シベリア鉄道** Транссибúрская магистрáль/**バイカル・アムール鉄道[バム]** Байкáло-Амýрская магистрáль; БАМ/**単線** однопýтная [одноколéйная] желéзная дорóга; однопýтный [одноколéйный] (желéзный) путь; (口) однопýтка/**複線** двухпýтная [двухколéйная] желéзная дорóга; двухпýтный [двухколéйный] (желéзный) путь/**複々線** четырёхпýтная [четырёхколéйная] желéзная дорóга; четырёхпýтный [четырёхколéйный] (желéзный) путь/**狭[広]軌** ýзкая [ширóкая] колея́/**鉄道を敷く[敷設する]** проклáдывать [стрóить] желéзную дорóгу/**А市とB村の間の鉄道が開通した** Откры́та желéзная дорóга между гóродом А. и селóм Б./**無蓋貨車** вагóн-платфóрма/**有蓋貨車** кры́тый товáрный вагóн/**タンク車** вагóн-цистéрна/**トンネルを掘る** проклáдывать [прорывáть] туннéль/**鉄橋を建設する** стрóить [сооружáть] железнодорóжный мост/**自動警報機付き[開閉式]踏切** переéзд с 「автоматúческим сигнализáтором [шлагбáумом]」/**跨線橋、陸橋** эстакáда; виадýк; надзéмный мост/**ポイント、転轍機** стрéлка: ～**を切り換える** переводúть стрéлку/**自動制御装置、ATS** автостóп: ～**が作動した** Срабóтал автостóп./**枕木** шпáла: ～**を敷く** класть шпáлы/**上り列車** пóезд, идýщий в 「столúцу [цéнтр]」/**下り列車** пóезд, идýщий из 「столúцы [цéнтра]」/**始発** пéрвый пóезд/**終列車** послéдний пóезд/**夜行（列車）** ночнóй пóезд/**貨物列車** товáрный пóезд/**車両** вагóн/**貨車** товáрный [грузовóй] вагóн/**寝台車** спáльный вагóн/**食堂車** вагóн-ресторáн/**座席指定車** плацкáртный вагóн/

鉄　道

コンパートメント купе́

C　オプション

ひかり12号6号車15番席のA Xикари No. 12（но́мер двена́дцать）, шесто́й ваго́н, пятна́дцатое ме́сто A／（ロシアでは次のようになる）**12番列車の6号車No．15の席** по́езд No. 12, шесто́й ваго́н, пятна́дцатое ме́сто／**車掌** проводни́к；проводни́ца／**停留所** платфо́рма（полуста́нок）（文字どおりプラットフォームがあるだけの簡便な停留所）

D　インターチェンジ

☞「事故」、「自転車」、「自動車」、「市内交通」、「道路」、「飛行機」、「船」、「旅行」

♣ミニ・ダイアローグ

一緒にモスクワに行こうよ、列車でシベリア鉄道を通って。

いやだ、退屈で死んでしまう。

いや、ほかの乗客と話もできるし、窓の外の景色を絵に描くことも、駅ごとに植物の採集もできるよ。

ぼくは初対面の人とうまく話ができない、絵は下手だし、花の名前なんか一つも知らない。

じゃあ車室に座って本を読んでいればいい。

だめ、ぼくは閉所恐怖症なんだ！

Пое́дем вме́сте в Москву́ на по́езде по Транссиби́рской желе́зной доро́ге.

Не хочу́. Я умру́ от ску́ки.

Нет, ты мо́жешь разгова́ривать с други́ми пассажи́рами, рисова́ть пейза́жи за о́кнами и́ли собира́ть расте́ния на ка́ждой ста́нции.

Я не уме́ю разгова́ривать с незнако́мыми, пло́хо рису́ю и не зна́ю назва́ния ни одного́ цвето́чка.

Тогда́ ты сиди́ в купе́ и чита́й кни́ги.

Нет, у меня́ клаустрофо́бия！

423

飛行機（самолёт）

A ベース

飛行機 самолёт／大型旅客機 авиалайнер／エアバス аэробус／ジェット機 реактивный самолёт／軽飛行機 лёгкий самолёт／ターボプロペラ飛行機 винтореактивный самолёт／プロペラ пропеллер／飛行艇 самолёт-лодка／超音速 сверхзвуковая скорость／超音速機 сверхзвуковой самолёт／音速の壁 звуковой барьер／巡航［経済］速度 крейсерская скорость／旅客機 пассажирский самолёт／輸送機 транспортный самолёт／軍用機 военный самолёт／離陸 взлёт：〜態勢に入る приготовиться к взлёту／高度を上げる набирать высоту／一定の高度に達する достигать нужной высоты／時速900キロで飛ぶ летать со скоростью (в) 900 (девятьсот) километров／着陸 посадка; приземление：〜する совершать посадку; приземляться／燃料 горючее

B バリエーション

タラップ трап／入り口 дверь／客室 пассажирский салон／客席 места для пассажиров／一等、エグゼクティブクラス первый класс／ビジネスクラス бизнес-класс／エコノミークラス эконом(-)класс; экономи(-)класс; экономический [туристический] класс／シート кресла／ベルト ремень：〜を締める застёгивать ремень／テーブル столик／救命具 спасательный снаряд／荷物入れ багажник／通路 проход／窓 иллюминатор／非常脱出口 аварийный [запасный] выход／乗務員 экипаж：〜室 кабина экипажа／機長 командир корабля／操縦士、パイロット пилот／機関士 борт(-)инженер／スチュワーデス стюардесса; бортпроводница：〜を呼ぶ вызывать стюардессу／空港、飛行場 аэропорт; аэродром／ハブ空港 узловой аэропорт／ターミナル терминал／管制 авиадиспетчерская работа：〜塔 авиадиспетчерская башня／（航空）〜官 авиадиспетчер／誘導路 рулёжная дорожка／離陸用滑走路 взлётная полоса／離着陸用滑走路 взлётно-посадочная полоса／ローディングブリッジ、旅客乗降機 посадочный мост／搭乗 посадка：〜券 посадочный талон／〜口 выход на посадку／税関 таможня／検疫所 карантин; карантинный пункт／入国管理事務所 иммиграционное бюро／デューティーフリーショップ、免税店 магазин беспо́шлинных това́ров

C　オプション

胴体 фюзеля́ж; ко́рпус／主翼 крыло́／補助翼 элеро́н／フラップ подкры́лок／スポイラー спо́йлер／垂直尾翼 киль／方向舵 направля́ющий руль／水平[安定]尾翼 хвостово́й стабилиза́тор／昇降舵 руль высоты́／ホーン（連結レバー）каба́нчик／気象レーダー метеорологи́ческий 「радиолока́тор [рада́р]」／アンテナ анте́нна／主脚部 шасси́／進入灯 огни́ приближе́ния／滑走路灯 огни́ ВПП (взлётно-поса́дочной полосы́)／衝突防止灯 огни́ зо́ны приземле́ния／エプロン перро́н／格納庫 анга́р; авиастоя́нка; ме́сто стоя́нки самолётов／エコノミークラス症候群 синдро́м экономи́ческого кла́сса

D　インターチェンジ

☞「事故」、「自動車」、「鉄道」、「天気」、「船」、「旅行」

♣ミニ・ダイアローグ

ずっと昔から人間は鳥のように空を飛ぶことを夢見ていたんだ。
今やその夢は実現したね。
違う。人間自身はまだ飛べない。強力な動力のついた機械が人間を運んでいるだけだ。
でも、人間が飛ぶのが肉体的に無理なことは証明されているよ。
そうじゃない。人間は飛べる。ただ、夢見ることをやめただけだ。

И́здавна челове́к мечта́л лета́ть по не́бу как пти́ца.
Тепе́рь его́ мечта́ осуществи́лась.
Нет, сам челове́к лета́ть ещё не уме́ет. То́лько маши́на с мо́щными дви́гателями но́сит его́.
Но уже́ дока́зано, что челове́к физи́чески не мо́жет лета́ть сам.
Нет, челове́к мо́жет лета́ть, то́лько он переста́л мечта́ть.

船

船（су́дно）

A　ベース

船（一般）су́дно；(主として大型外洋船・軍艦) кора́бль；(小型) ло́дка；(蒸気船) парохо́д；(ディーゼル・発動機船) теплохо́д；(парохо́д と теплохо́д は動力では別の種類の船だが、見かけでは区別できないので、混同して使われることが多い。日常生活では парохо́д が「船一般」の意味で使われることもある)/商船 торго́вое су́дно/客船 пассажи́рское су́дно/豪華船 парохо́д-люкс/遊覧船 экскурсио́нный парохо́д/輸送船 тра́нспортное су́дно/貨客船 грузопассажи́рское су́дно/貨物船 грузово́е су́дно/タンカー та́нкер/マンモスタンカー та́нкер-гига́нт/石油タンカー та́нкер; нефтево́з; нефтеналивно́е су́дно/コンテナー船 конте́йнерное су́дно; контейнерово́з/渡し船 паро́м/フェリー（ボート）паро́м/漁船 рыболо́вное су́дно/マグロ漁船 тунцело́вное су́дно/トロール船 тра́льщик/砕氷艇 ледоко́л/水中翼船 раке́та; кора́бль на подво́дных кры́льях/高速船 быстрохо́дное су́дно/船首 нос/船尾 корма́/右[左]舷 пра́вый [ле́вый] борт/マスト ма́чта/吃水線 ватерли́ния/煙突 труба́/甲板 па́луба：上[下]～ве́рхняя [ни́жняя] па́луба/竜骨 киль/舵 руль：～を取る пра́вить рулём; стоя́ть у руля́/スクリュー винт/錨 я́корь/船橋、ブリッジ мо́стик/船室 каю́та：一等～ каю́та пе́рвого кла́сса/客室 пассажи́рская каю́та/救命ボート спаса́тельная шлю́пка/救命胴衣 спаса́тельный «снаря́д [по́яс]»/乗客 пассажи́р/乗組員 экипа́ж; кома́нда/船長、艦長 капита́н/水夫、水兵 моря́к

B　バリエーション

(不)定期便 (не)регуля́рный рейс/遠洋定期船 регуля́рное су́дно да́льнего пла́вания/新潟・ナホトカ定期航路 регуля́рные рейсы между Нии́гата и Нахо́дкой/冷凍船 рефрижера́торное су́дно/蟹工船 крабоконсе́рвное су́дно (-заво́д)/掃海艇 тра́льщик/沿岸警備艇 стороже́вой ка́тер/消防艇 пожа́рный ка́тер/哨戒艇 патру́льное су́дно/上陸用舟艇 деса́нтное су́дно/船長室 капита́нская каю́та；(甲板上の) капита́нская ру́бка/操舵室 рулева́я ру́бка/機関室 маши́нное отделе́ние/船の窓、舷窓 иллюмина́тор/船倉 трюм/船内の階段、タラップ трап/ハッチ люк/航海士 шту́рман/一等航海士

пе́рвый [ста́рший] штýрман/二等航海士 второ́й [мла́дший] штýрман/機関士 меха́ник/排水トン数 тонна́ж водоизмеще́ния/重量トン数 дедве́йт-тонна́ж/総トン数 брýтто-реги́стровый тонна́ж/船籍 национа́льная принадле́жность сýдна/船主 судовладе́лец

C　オプション

軍艦 вое́нный кора́бль/航空母艦 авиано́сец/（原子力）潜水艦（а́томная）подво́дная ло́дка [подло́дка]/主力[旗]艦 адмира́льский [фла́гманский] кора́бль/戦艦 лине́йный кора́бль/駆逐艦 истреби́тель/水雷艇 торпе́да/帆船、帆かけ船 па́рус/ガレー船 гале́ра/ノアの箱舟 Но́ев ковче́г

D　インターチェンジ

☞「自転車」、「自動車」、「市内交通」、「飛行機」、「旅行」

♣ミニ・ダイアローグ

　海の旅が懐かしいなあ。1967年まで東京・モスクワ間に直通の飛行機便がなかったので、横浜からナホトカまで船で行ったんだよ。快適な船室、おいしい食事、映画、ダンス、プールまであった。要するに、すべてがすばらしかった。

　時間はどれくらいかかったの？
　ほとんど２日だよ。時間は十分あったから、最初の旅行の時はダンスを習い、二度目はチェスを勉強した。
　船でロシア語の勉強はしたの？
　もちろんさ。レストランのメニューにある単語を全部覚えたよ。

　Я скуча́ю по морско́му путеше́ствию. Так как до 1967 го́да между Токи́о и Москво́й не́ было прямо́го сообще́ния самолётами, мы пла́вали между Иокога́мой и Нахо́дкой. Ую́тная каю́та, вку́сная еда́, киноф́ильмы, та́нцы, да́же был пла́вательный бассе́йн. Одни́м сло́вом, всё бы́ло прекра́сно !

　А как до́лго плы́ли ?
　Почти́ дво́е сýток. Вре́мени бы́ло мно́го. Во вре́мя пе́рвого путеше́ствия я учи́лся танцева́ть, во второ́й раз —— игра́ть в ша́хматы.
　А рýсскому языкý вы учи́лись на теплохо́де ?
　Коне́чно, я запо́мнил все слова́, кото́рые бы́ли в меню́ рестора́на.

427

球　技

球　技（игры с мячом）

A　ベース

球技 игры с мячóм／試合 матч; встрéча; состязáние; соревновáние（前の2語は個々の試合。後の2語は複数で、次のような意味で使われることが多い）／競技会、リーグ戦 соревновáния; состязáния／トーナメント турни́р／チーム комáнда：選抜［ナショナル］〜 сбóрная［национáльная］комáнда／選手 игрóк／監督 глáвный трéнер／勝つ выи́грывать; побеждáть;（口）бить：日本チームは大事な試合に勝った Япóнская комáнда вы́играла вáжный матч.／日本チームが中国に勝った Япóнская комáнда「победи́ла［разби́ла, поби́ла］кита́йскую.／負ける прои́грывать; быть「побежденá［разби́та; (口) поби́та］：日本チームは中国に負けた Япóнская комáнда проигрáла кита́йской.; Япóнская комáнда былá「побежденá［поби́та］кита́йской.（Bバリエーション参照）／引分け ничья́：試合は〜だった Матч окóнчился ничьéй.／準決勝 полуфинáл／決勝 финáл：〜に進出する вы́йти в финáл; игрáть в финáле／チャンピオン、選手権者 чемпиóн／選手権（称号）чемпиóнство／選手権（試合）чемпионáт／世界〜を争う боро́ться за звáние чемпиóна ми́ра／世界〜に参加する учáствовать в чемпионáте ми́ра／優勝、一位 пéрвенство；優勝する завоевáть「пéрвенство［чемпиóнство］／オリンピック Олимпи́йские и́гры；Олимпиáда／金[銀、銅]メダル золотáя［серéбряная, брóнзовая］медáль／彼女は金メダルをとった Онá завоевáла золотýю медáль.／メダリスト медали́ст／表彰台に上る поднимáться на пьедестáл почёта／最優秀選手 сáмый「цéнный［лýчший］игрóк／得点王 игрóк, набрáвший сáмое большóе коли́чество очкóв／スコアー счёт／2対1 (のスコアー) で日本がリード Япóнцы лиди́руют в мáтче со счётом 2-1 (два-оди́н).／今は3対0で「ディナモ」が先行 Сейчáс счёт 3-0 (три-ноль) в пóльзу «Динáмо».／得点 очкó：〜する выи́грывать очкó／ゴール гол／前半 пéрвый тайм; пéрвая полови́на／後半 вторóй тайм; вторáя полови́на／ハーフタイム переры́в／タイムアウト тайм-áут：〜をとる брать тайм-áут／審判 судья́／線審 боковóй судья́; судья́ на ли́ниях／競技場、スタジアム стадиóн／観覧席 трибýна／ファン、サポーター боле́льщик：私はスパルタークの〜だ Я боле́ю за Спартакá.

球技

B バリエーション

コーチ тре́нер; инстру́ктор/トレーナー（コーチの意味で）тре́нер；（練習の協力者の意味で）помо́щник в трениро́вке；（マッサージ師の意味で）масса́жист/勝つ выи́грывать＋у＋生格（相手）＋対格（試合）［в＋競技］：ワールドカップでイタリアがフランスに対して大事な試合に勝った Италья́нская кома́нда вы́играла ва́жный матч у францу́зской в соревнова́ниях за ку́бок ми́ра．/負ける прои́грывать＋与格（相手）＋対格（試合）：全米オープンでベテランのテニス選手が若い相手に大事な試合で負けた О́пытный тенниси́ст проигра́л молодо́му сопе́рнику ва́жный матч на откры́том чемпиона́те США．/先取点を挙げる пе́рвым выи́грывать очко́; открыва́ть счёт /同点にする сра́внивать счёт/試合の主導権 инициати́ва ма́тча/勝利を決定づけたゴール гол, закрепи́вший побе́ду/大差で勝つ выи́грывать с кру́пным счётом/ゼロ敗 про́игрыш с сухи́м счётом/5勝2敗1引分けで勝ち点11 пять «побе́д [вы́игрышей], два «пораже́ния [про́игрыша], одна́ ничья́ и оди́ннадцать ба́ллов/準々決勝 че́тверть-фина́л/ベストエイト во́семь лу́чших/予選 предвари́тельные соревнова́ния; предвари́тельный турни́р/選手交代 заме́на игроко́в/フォワード напада́ющий/バック защи́тник/ハーフバック полузащи́тник/ゴールキーパー врата́рь; голки́пер/ゾーン・ディフェンス зо́нная защи́та/マンツーマン・ディフェンс персона́льная ［ли́чная］защи́та/キックオフ введе́ние мяча́ в игру́/インターセプト перехва́т мяча́/カウンターアタック контрата́ка/ロス［インジュアリー］タイム доба́вочное вре́мя/オフサイド（положе́ние) вне игры́; офса́йд/ペナルティーキック ПК; штрафно́й уда́р/フリーキック свобо́дный уда́р/ゴールキック уда́р с воро́т/パс пас; переда́ча/ドリブル дри́блинг; веде́ние мяча́/警告 предупрежде́ние/反則 наруше́ние пра́вила/退場 удале́ние/失格 дисквалифика́ция

C オプション

契約 соглаше́ние; догово́р：～書にサインする подпи́сывать контра́кт/移籍する переходи́ть в другу́ю кома́нду/移籍 перехо́д［перево́д］в другу́ю кома́нду

D インターチェンジ

☞ 「サッカー」、「テニス」、「バスケットボール」、「バレーボール」、「野球」

サッカー

サッカー（футбол）

A ベース

サッカーфутбо́л:～選手 футболи́ст(ка)/～競技場 футбо́льная площа́дка; футбо́льное по́ле;（観覧席つき）футбо́льный стадио́н/ゴール гол:～を決める、得点する забива́ть гол/キック уда́р:コーナー～ угловóй уда́р/ゴール～ уда́р с воро́т/フリー～ свобо́дный уда́р/ペナルティ～ штрафно́й [одиннадцатиметро́вый] уда́р (по воро́там):пена́льти/ヒール～ уда́р пя́ткой/シュート уда́р по воро́там/パス пас; переда́ча:～する пасова́ть; передава́ть/ショート[スルー]～ коро́ткий [сквозно́й] пас/PK合戦 се́рия пена́льти/スローイン (вы)бра́сывание мяча́ из а́ута:～する выбра́сывать мяч из а́ута/トラップ остано́вка мяча́/ヘッディング головно́й уда́р; уда́р голово́й/ハンド(リング) の反則をする игра́ руко́й/ゴールキーパーがボールをパンチアウト[キャッチ]した Врата́рь[Голки́пер]「отби́л мяч кулако́м [пойма́л мяч в руки́].」/オウンゴール、自殺点 гол в свои́ воро́та/オフサイドトラップ офса́йдная лову́шка/レッド[イエロー]カード кра́сная [жёлтая] ка́рточка/ハットトリック хэт-трик/ホーム(ゲーム)игра́ на своём по́ле/アウェイ игра́ в гостя́х/ワールドカップ、世界選手権 ку́бок ми́ра, чемпиона́т ми́ра/アジア[ヨーロッパ]選手権 чемпиона́т 「А́зии [Евро́пы]/フーリガン хулига́н

B バリエーション

ライト[レフト]バック (R[L]B) пра́вый [ле́вый] защи́тник/ライト[レフト、センター]ハーフ (R[L,C]H) пра́вый [ле́вый, центра́льный] полузащи́тник/アウト[イン]サイドフォワード кра́йний [полусре́дний] напада́ющий/ウィング флант/エースストライカー бомбарди́р/司令塔 диспе́тчер/ゴールエリア врата́рская площа́дка/ツートップ два напада́ющих/ボールをインターセプトする перехва́тывать мяч/ボールを敵から奪う забира́ть мяч у проти́вника/足でボールを奪う подка́тывать мяч/ボールをクリアする очища́ть мяч/ペナルティエリア штрафна́я площа́дка/ゴールキーパーがセービングする Врата́рь пры́гает за мячо́м./オーバーヘッド・キック[シュート] уда́р [уда́р по воро́там] через себя́/突破 проры́в/ピンチ

опа́сный моме́нт／順番にPKを蹴る по о́череди бить пена́льти／サドンデス до пе́рвого необою́дного про́маха／壁 сте́нка／フラッグ флаг：センターライン～フラッグ цетра́льной ли́нии／コーナー～ углово́й флаг／センターサークル центра́льный круг／サイドライン бокова́я ли́ния／ピット техни́ческая зо́на

C オプション

サポート страхо́вка：～する 選手 страху́ющий игро́к／チーム・プレー кома́ндная игра́／国際サッカー連盟；ФИ́ФА, Междунаро́дная футбо́льная федера́ция／Jリーグ、日本プロサッカーリーグ Ли́га япо́нского профессиона́льного футбо́ла／クラブチームの試合 соревнова́ния между клу́бами／サッカー・ジャージ футбо́лка／サッカーシューズ бу́тсы／ゴールキーパー・グローブ врата́рские перча́тки／脛当て щитки́

D インターチェンジ

　いろいろな球技に共通の用語は「**球技**」の項を参照。

♣ミニ・ダイアローグ

　ぼくが聞いた話では、ペテルブルグに暖房つきの屋内サッカー場が、日本の建築家黒川紀章の設計で建てられているそうですが。

　ええ、それは本当よ。私はもう見たわ、と言っても、建物だけで、そこで行われた試合ではないけれど。これからはロシアのファンは暖かい屋内で温かいハンバーガーやホットドッグを食べながら試合を見られるわけよ。

　ぼくはほかほかのロシアのピロシキの方がいいな。

　Я слы́шал, что в Петербу́рге стро́ится закры́тый футбо́льный стадио́н с отопле́нием по прое́кту япо́нского архите́ктора Кисё Курока́ва.

　Да, э́то пра́вда. Я уже́ посмотре́ла его́ … то́лько э́тот дом-стадио́н, и не матч, кото́рый прово́дится на нём. Тепе́рь ру́сские люби́тели мо́гут смотре́ть матч в тёплом до́ме с тёплыми га́мбургерами и́ли хот-до́гами.

　Мне лу́чше с горя́чими ру́сскими пирожка́ми.

テニス

テニス（теннис）

A　ベース

テニス теннис：〜をする играть в теннис/〜をする人；〜選手 теннисист(ка)/〜コート (теннисный) корт; теннисная площадка/ネット сетка/ラケット ракетка/グリップ ручка ракетки/ガット струны/フォア［バック］ハンド удар「справа［слева］/両手打ち удар двумя руками/サービス подача/〜エース эйс/サーブする側 подающий (игрок)/ファースト［セカンド］サーブ первая［вторая］подача/ダブルフォルト двойная ошибка/フットフォルト ножная ошибка/レシーブ приём/レシーブする側 принимающий (игрок)/スマッシュ смэш; удар над головой/ボレー воллей; удар с лёта/ハーフボレー удар с полулёта/ネットに出る выходить к сетке/リターン ответный удар/アウト аут/オンライン на линии/ボールがネットにかかる Мяч попадает в сетку./ラリー обмен ударами/シングルス［ダブルス］одиночный［парный］теннис/混合ダブルス смешанный парный теннис/セット сет/ゲーム гейм/点 очко/ジュース равный счёт/タイブレーク тай-брейк/セット［マッチ］ポイント сет［матч］бол/主審 главный судья

> ♣ミニ・ダイアローグ
> 　私ほんとに驚いたわ。ロシアの女性テニス選手はみんな魅力的ね。
> 　そう。ロシア女性は地上の太陽だね、美しくて、エネルギッシュだ。
>
> 　Я просто удивилась. Все русские теннисистки очаровательны!
> 　Да, русская женщина — солнце на земле, красивая и энергичная.

B　バリエーション

クレー［グラス］コート песчаный［травяной］корт/ハードコート корт с твёрдым покрытием; хард; цемент/ベースライン задняя линия/シングル［ダブルス］用サイドライン боковая линия для「одиночного［парного］тенниса/センターライン средняя линия/サービスライン линия подачи/センターマーク средняя метка/アレー коридор/ラケットの握り方 захват ракетки/金属［合成、木製の］フレーム металлический［составной,

テニス

деревя́нный」「карка́с [о́бод]/ラケットのスイートスポット сви́т-спот; сла́дкое ме́сто; центра́льная часть раке́тки/急所の打ち込み пласиро́вка/急所に打ち込む пласирова́ть/スライス ре́заный уда́р; сла́йс/ドライブ дра́йв/ドロップショット уко́роченный уда́р/トップスピン то́пспин/バックスピン бэ́кспин/ロブ свеча́/フラット[スライス、ドライブ]サーブ пло́ская [ре́заная, кручёная] пода́ча/第一ゲーム[セット]を取る выи́грывать [брать] пе́рвый 「гейм [сет]/第一ゲーム[セット]を失う прои́грывать [теря́ть] пе́рвый 「гейм [сет]/相手のサービスゲームをブレークする разбива́ть подаю́щего проти́вника/副審 помо́щник судьи́/ラインズマン судья́ на ли́ниях

C オプション

ベースライン・プレーヤー игро́к за́дней ли́нии/ネット・プレイヤー игро́к у се́тки/全米[全仏、全豪]オープン откры́тый чемпиона́т 「США [Фра́нции, Австра́лии]/デビスカップ (турни́р на) Ку́бок Дэ́виса/グランドスラム Большо́й шлем: 彼女は〜を全部制覇した Она́ вы́играла все турни́ры Большо́го шле́ма./リストバンド манже́ты; напу́льсники/鉢巻 нало́бная повя́зка; повя́зка для воло́с

D インターチェンジ

いろいろな球技に共通の用語は「**球技**」の項を参照。

♣ミニ・ダイアローグ

　ある心理学者があらゆるスポーツを分析して、テニスにはほかの種目以上に、プレーヤーの性格が出るという結論に達したんだよ。

　そう、今の日本の天皇陛下は良家のお嬢さんたちとペアでテニスをしながら、結婚相手を選んだんですってね。

　Оди́н психо́лог анализи́ровал все ви́ды спо́рта и пришёл к заключе́нию, что в те́ннисе хара́ктеры игроко́в отража́ются бо́льше, чем в други́х ви́дах спо́рта.

　Да, ны́нешний импера́тор Япо́нии выбира́л свою́ неве́сту, игра́я в те́ннис в па́ре с де́вушками из хоро́ших семе́й.

433

バスケットボール

バスケットボール（баскетбол）

A ベース

バスケット（ボール）баскетбо́л：〜選手 баскетболи́ст(ка)/バックボード щит/バスケット（ボールを入れる網）корзи́на; кольцо́/リング кольцо́/ネット се́тка/アタッカー сна́йпер/ガード защи́тник/センター центрово́й/シュート бросо́к：〜を決める забива́ть мяч/ブロック блоки́рование; блок：〜する блоки́ровать/ハイ［ロー］ドリブル высо́кий［ни́зкий］дри́блинг/フェイント финт; обма́нное движе́ние/リバウンド отско́к：〜をとる лови́ть отскочи́вший от щита́ мяч/ボールの取り合い спо́рный мяч：〜に勝つ［負ける］выи́грывать［прои́грывать］спо́рный мяч/アタック ата́ка/カウンターアタック контрата́ка/速攻 бы́страя ата́ка/フリースロー штрафно́й бросо́к/ディフェンス защи́та/プレッシング пре́ссинг/ファウル、反則 фол; наруше́ние пра́вил

B バリエーション

センターライン центра́льная ли́ния/センターサークル центра́льный круг/スリーポイントライン трёхочко́вая ли́ния/フリースローライン ли́ния штрафно́го броска́/フリースローレーン о́бласть штрафно́го броска́/ストレートパス переда́ча［пас］двумя́ рука́ми от груди́/リバウンドパス переда́ча［пас］двумя́ рука́ми с отско́ком/バウンドパス переда́ча［пас］с уда́ром о пол/ワンハンドパス бейсбо́льная переда́ча/ロング［ミドル、スリーポイント］シュート да́льний［сре́дний, трёхочко́вый］бросо́к/ダンクシュート бросо́к све́рху; слем-дан/ジャンプシュート бросо́к в прыжке́/ブロックショット блок-шо́т

C オプション

世界バスケット連盟 Междунаро́дная баскетбо́льная федера́ция; ФИБА/全米バスケット協会 Национа́льная баскетбо́льная ассоциа́ция; НБА

D インターチェンジ

いろいろな球技に共通の用語は「**球技**」の項を参照。

♣ミニ・ダイアローグ
背の高さはバスケットの選手にはどうしても必要なの？
いや、必ずしも必要じゃないね。でも柔軟さと敏捷さは絶対必要だ。

Высо́кий рост обяза́тельно ну́жен для баскетболи́стов？
Нет, не всегда́. Зато́ ги́бкость и ло́вкость необходи́мы.

バレーボール（волейбо́л）

A ベース

バレーボール волейбо́л：〜の選手 волейболи́ст(ка)／敵陣、敵のコート полови́на по́ля проти́вника／ネット се́тка／サーブ пода́ча：〜権 пра́во на пода́чу／〜権を得る выи́грывать пода́чу／アンダーハンド〜 ни́жняя пряма́я пода́ча／オーバーハンド〜 ве́рхняя пряма́я пода́ча, пода́ча све́рху, тенни́сная пода́ча／オーバーサイドハンド〜 ве́рхняя боковая пода́ча／ジャンプ〜 пода́ча в прыжке́／レシーブ прие́м пода́чи：〜する принима́ть пода́чу／回転〜 прие́м пода́чи в паде́нии／トス отки́дка：〜する отки́дывать／プッシュ лёгкий толчо́к／スパイク прямо́й атаку́ющий [напада́ющий] уда́р／ブロック блоки́рование; блок：〜する блоки́ровать／〜するために跳ぶ пры́гать для блоки́рования／フェイント обма́нный уда́р／ドリブル двойно́е каса́ние／ホールディング захва́т／(ワン)タッチ каса́ние мяча́／ネットタッチ каса́ние се́тки／オーバータイム четы́ре уда́ра／イン(мяч) в площа́дке／アウト(мяч) за площа́дкой／コートチェンジ сме́на сторо́н площа́дки

B バリエーション

センターライン центра́льная ли́ния／アタックライン ли́ния нападе́ния／フロント[バック]・ゾーン пере́дняя [за́дняя] зо́на／サービス・ゾーン зо́на пода́чи／プレーヤーの配置 расстано́вка игроко́в／アタック атаку́ющий игро́к／センター центрово́й／パス回し пасу́ющий／後衛レフト ле́вый кра́йний за́дней

バレーボール

ли́нии/後衛ライト пра́вый кра́йний за́дней ли́нии/リベロ игро́к «либе́ро»

C　オプション

ビーチバレーпля́жный волейбо́л/二人制のチーム кома́нда из двух игроко́в/砂のコート песча́ная площа́дка

D　インターチェンジ

いろいろな球技に共通の用語は「**球技**」の項を参照。

♣ ミニ・ダイアローグ

日本の女子バレー選手は1964年の東京オリンピックの時に優勝したのよ。

知ってるよ。その時彼女たちは「東洋の魔女」というあだ名までもらったんだ。

Япо́нские волейболи́стки завоева́ли пе́рвенство в 1964 году́ на Олимпиа́де в Токио.

Зна́ю. Тогда́ им да́ли да́же прозвище «ве́дьмы Восто́ка».

水　泳

水　泳（плавание）

A　ベース

水泳 плáвание/泳ぐ плáвать/海水浴をする купáться（в мóре）/海水浴場 морскóй пляж/（水泳, 競技用）プール（плáвательный, спортúвный) бассéйн/屋内［屋外］～ закры́тый［откры́тый］бассéйн/更衣室、脱衣場 гардерóбная; раздевáльня; раздевáльная; раздевáлка/シャワー室 душевáя/足洗い場 ножнáя вáнна/水泳選手、泳ぐ人 пловéц/水着、水泳着 купáльный［плáвательный］костю́м：セパレートの～ купáльный［плáвательный］костю́м из двух частéй/ビキニ бикúни/水泳パンツ плáвки/水泳帽 купáльная шáпочка

♣ミニ・ダイアローグ

私毎日プールで泳いでるわ。　　　　Я плáваю в бассéйне кáждый день.

あら、私はしょっちゅうプールで歩いているわ。　　　А я чáсто хожý в бассéйне.

プールで歩くの？　　　　Ходúть в бассéйне？

そうよ、流行になっているのよ。楽で体にいいの。　　　Да, э́то становится популя́рным. Легкó и полéзно.

B　バリエーション

水泳競技 соревновáния по плáванию/競泳 заплы́в/公認プール плáвательный бассéйн полóженных размéров/50メートル［長水路］プール пятидесятиметрóвая вáнна; пятидесятиметрóвый бассéйн/25メートル［短水路］プール двадцатипятиметрóвая вáнна; двадцатипятиметрóвый бассéйн/短水路 корóткая дорóжка/飛び込み用プール бассéйн［вáнна］для прыжкóв в вóду/スタート台 стáртовая тýмба/コース（вóдная）дорóжка/泳法 тúпы［спóсобы］плáвания/自由形、クロール вóльный стиль; кроль/背泳、バック（плáвание）на спинé/平泳ぎ、ブレスト брасс/バタフライ баттерфля́й/個人メドレー кóмплексное плáвание/リレー эстафéтный заплы́в/メドレーリ

437

水　泳

レーコмбинированная эстафéта/**100メートル自由形** заплы́в во́льным сти́лем на 100 (сто) мéтров/**ストローク**, 腕のかき гребо́к рука́ми/**ばた足、ビート** уда́р нога́ми/**ツーストローク・シックスビート** два гребка́ рука́ми и шесть уда́ров нога́ми/**蛙足** круговóе движéние ног/**ドルフィンキック** дельфи́н/**(スタートの) 飛び込み** (ста́ртовый) прыжóк/**ターン、折り返し** разворóт; поворóт/**とんぼ返りターン** разворóт в кувыркé; поворóт-са́льто/**タッチ** каса́ние фи́ниша/**体一つリードする** плыть впереди́ на длину́ тéла

C　オプション

水上[水中]競技 во́дные [подво́дные] ви́ды спо́рта/**飛び込み（競技）** прыжки́ в во́ду/**高飛び込み** прыжки́ с вы́шки/**飛び板飛び込み** прыжки́ с трампли́на/**立ち[走り]飛び込み** прыжо́к из сто́йки [с разбéга]/**前[後]飛び込み** прыжо́к с вращéнием тéла вперёд [назáд]/**捻り飛び込み** прыжо́к с винта́ми/**踏み切り** толчо́к/**前[後]踏み切り** из передней [зáдней] сто́йки/**伸び形** с вы́тянутыми коле́нями/**えび形** согну́вшись/**抱え形** с подтя́нутыми коле́нями/**飛形** стиль прыжка́/**入水** спад в во́ду/**難易率** тру́дность/**高飛び込み台** вы́шка/**10[5]メートル固定台** десяти́[пяти́]мéтровая платфо́рма/**飛び板** трампли́н/**シンクロナイズドスイミング** синхро́нное [худо́жественное] пла́вание/**スタンツ** основно́й приём/**ルーティン[フリー]** обяза́тельное [произво́льное] выступлéние/**ソロ** со́ло/**ドゥエット** дуэ́т/**団体** кома́нда; кома́ндные соревнова́ния/**バラクーダ** барраку́да/**前転** переворо́т вперёд/**後転** переворо́т назáд/**直立** вертика́льная пози́ция/**水球、ウォーターポロ** во́дное по́ло/**ゴールポスト** воро́та/**ゴールライン** ли́ния воро́т/**2[4]メートルライン** двух[четырёх]мéтровая ли́ния

♣ミニ・ダイアローグ

生命は水のあったところ、多分海で誕生したのね。

今でも胎児は母親の胎内の液体（羊水）の中で、ほとんど1年間成長する。その中で自由に動いているんだ。つまり、泳いでいるのさ。

そう、人間は生まれながらのスイマーね！

Жизнь родила́сь там, где была́ вода́, наверное, в мо́ре.

И тепéрь заро́дыш растёт в жи́дкости в утро́бе ма́тери в течéние почти́ го́да. В ней он свобо́дно дви́жется, коро́че, пла́вает.

Да, челове́к врождённый пловéц!

スキー，スケート

スキー，スケート (лыжный и конькобежный спорт)

A ベース

スキー (スポーツの種類) ходьба́ на лы́жах；(用具) лы́жи：〜をする ходи́ть [ката́ться] на лы́жах/〜をする人，〜選手 [〜ヤー] лы́жник； лы́жница/〜場 (一般の) ме́сто для ката́ния на лы́жах；(スキーなどをして遊べる行楽地) горнолы́жный куро́рт；(設備の整った大規模な) лы́жная ба́за；(スキー練習場・ゲレンデ) трениро́вочная лы́жная ба́за/ ロープウェー кана́тная доро́га; лыжебукси́р/**リフト** подъёмник/**クリスチャニア** христиа́ния/**ターン** поворо́т/直[斜]滑降 прямо́й [косо́й] спуск/**テレマーク** терема́рк；поворо́т с вы́падом/**サイドステップ，階段登行** подъём ле́сенкой/開脚登行 подъём ёлочкой/**シュプール** (スキーの跡) лыжня́/**ストック** лы́жные па́лки/締め具 крепле́ние/**スノーボード** сне́жная доска́ сно́уборд; сно́уборд

スケート (スポーツの種類) ката́ние на конька́х；(用具) коньки́：〜の刃 конки́/〜をする ката́ться [бе́гать] на конька́х/〜をする人、〜選手、スケーター конькобе́жец；конькобе́жка/〜靴 конькобе́жные боти́нки/**スピード[ホッケー，フィギュア]用〜** беговы́е [хокке́йные, фигу́рные] коньки́/(〜) リンク като́к/人工(〜) リンク иску́сственный като́к/〜競技 конькобе́жный спорт/**スピード競技** соревнова́ния по скоростно́му бе́гу (на конька́х)

B バリエーション

スキー競技 лы́жный спорт/**ノルディック種目** се́верные ви́ды/距離競技 лы́жные го́нки：**10キロ〜** (лы́жные) го́нки на 10 (де́сять) киломе́тров/**リレー** (лы́жная) эстафе́та：**40キロ〜** (лы́жная) эстафе́та 4×10 (четы́ре на де́сять) киломе́тров/**ジャンプ** прыжки́ (на лы́жах с трампли́на)/**ジャンパー、ジャンプ選手** прыгу́н (ья)/**シャンツェ、ジャンプ台** трампли́н (для прыжко́в на лы́жах)/**アプローチ、助走斜面** гора́ разго́на/**ランディングバーン、着陸斜面** гора́ приземле́ния/踏み切り отры́в/踏み切り台 стол отры́ва/飛形スタイル стиль прыжка́/飛距離 да́льность прыжко́в/着地 приземле́ние/**K点** крити́ческий пункт/**70メートル級ジャンプ** прыжки́ со сре́днего трампли́на/**90**

スキー，スケート

メートル級ジャンプ прыжки́ с большо́го трампли́на/複合 двоебо́рье/バイアスロン биатло́н/距離競技と（ライフル）射撃 лы́жная го́нка со стрельбо́й (из винто́вки)/アルペン競技 горнолы́жный спорт/回転 сла́лом/大回転 сла́лом-гига́нт; гига́нтский сла́лом/コース тра́сса/コース距離 длина́ [протяжённость] тра́ссы/標高差 перепа́д высо́т/旗門，関門 воро́та/旗門不通過 про́пуск воро́т/旗門にスキーを引っ掛ける пересека́ть воро́та одно́й лы́жей/滑降，ダウンヒル скоростно́й спуск/スピードスケート скоростно́й бег (на конька́х)/コーナーワーク шаг на поворо́те/カーブ перекрёстный шаг; поворо́т/前傾姿勢 накло́н вперёд/キック толчо́к ного́й/フィギュアスケート фигу́рное ката́ние/フィギュアスケート選手 фигури́ст(ка)/ショートプログラム коро́ткая програ́мма/回転 враще́ние/三回転 троекра́тный поворо́т/芸術点 артисти́ческая оце́нка

C オプション

アイスダンス (спорти́вные) та́нцы на льду/ショートトラック шорт-тре́к/イナバウアー И́на Ба́уер/アイスホッケー хокке́й с ша́йбой; хокке́й на льду

♣ ミニ・ダイアローグ

あのね、誰かを好きになったら、スキーがしたくなるんだよ。

本当かなあ。恋愛とスキーにはなんの関係もありえないよ。

あるさ。雪の白さは純潔と誠実を、雪に被われた山や野は平安な人生を、そしてスキーで走ることは自由と情熱を象徴しているんだ。

ぼくはいつもスキーをしたいと思っているのに暇がない。ただ憧れているだけ…

うん、わかっていたよ。それは君の片想いのシンボルだ。

Зна́ете, когда́ полю́бишь кого́-нибудь, то захо́чется ката́ться на лы́жах.

Не ве́рю. Ме́жду любо́вью и ходьбо́й на лы́жах не мо́жет быть никако́й свя́зи.

Есть! Белизна́ сне́га символизи́рует чистоту́ и че́стность, гора́ и по́ле, покры́тые сне́гом — споко́йную жизнь, а ходьба́ на лы́жах — свобо́ду и страсть.

Я всегда́ хочу́ ходи́ть на лы́жах, но не́когда. То́лько мечта́ю…

Да, я понима́л. Э́то си́мвол твое́й любви́ без взаи́мности.

体　操（гимнастика）

A　ベース

体操 гимна́стика：〜をする де́лать гимна́стику; занима́ться гимна́стикой/健康増進の体操 оздорови́тельная гимна́стика/朝の〜 у́тренняя 「гимна́стика [заря́дка]/まっすぐ立つ стоя́ть пря́мо/腕を上にあげる поднима́ть ру́ки вверх/腕を前後に回す повора́чивать ру́ки вперёд и наза́д/首[体]を左右に回す повора́чивать 「го́лову [ту́ловище] вле́во и впра́во/膝を曲げる[伸ばす] сгиба́ть [вытя́гивать] коле́ни/体を左右に曲げる сгиба́ть ту́ловище вле́во и впра́во/腕を上に上げ、両足を開いたり閉じたりしながら、跳躍する пры́гать, поднима́я ру́ки вверх, попереме́нно расставля́я и соединя́я но́ги вме́сте с прыжко́м/足踏みする шага́ть на ме́сте/息を吸って！Вздох！/息を吐いて！Вы́дох！/深呼吸！Дыши́те глубоко́！/体力トレーニング физи́ческие упражне́ния/太極拳 тай-дзи́ цюа́нь/体操競技 спорти́вная гимна́стика/新体操 худо́жественная гимна́стика/体操選手 гимна́ст(ка)/ジム спорти́вный зал

B　バリエーション

準備体操、ウォーミングアップ разми́нка/リズム体操 ритми́ческая гимна́стика/マスゲーム、集団体操 строевы́е упражне́ния/基本的な体操 общеразвива́ющие упражне́ния/職場体操 произво́дственная 「гимна́стика [заря́дка]/器械体操 гимна́стика [упражне́ния] на снаря́дах/ダンベル体操 упражне́ния со штанго́й/エアロビックス аэро́бика/跳躍 прыжо́к/腕立て伏せ отжима́ние/倒立 сто́йка на 「голове́ [кистя́х]/開脚座、スプリット、股割り шпага́т/空中回転、宙返り са́льто/規定[自由]演技 обяза́тельные [произво́льные] упражне́ния/規定[自由]種目 обяза́тельная [произво́льная] програ́мма/体操器具[用具] спорти́вный [гимнасти́ческий] 「снаря́д [инвента́рь]

C　オプション

床運動 во́льные упражне́ния/前方[後方]二回宙返り двойно́е са́льто вперёд

体　操

[наза́д]/一回捻り宙返り са́льто с враще́нием/鉄棒 перекла́дина/前転 враще́ние вперёд/後転 враще́ние наза́д/大車輪 со́лнце/鉄棒を持ち変える перехва́тывать перекла́дину/鉄棒から手を離す отпуска́ть перекла́дину/平行棒 паралле́льные бру́сья/平行棒上の倒立 сто́йка рука́ми на бру́сьях/段違い平行棒 разновысо́кие бру́сья/トカチョフ переплёт Ткачёва/吊り輪 ко́льца/十字倒立 крест в сто́йке/鞍馬 конь/回転 кругово́е ма́хи/鋏み足 но́жницы/跳馬 опо́рные прыжки́/塚原跳び [一回半後方宙返り前方回転] прыжо́к с переворо́том с полуто́ра са́льто наза́д Цукаха́ры/平均台 бревно́/落下 паде́ние с бревна́/鉄棒 [平行棒、その他] の演技 упражне́ния на「перекла́дине [паралле́льных бру́сьях и т.д.]/運動量 и́мпульс/難度 тру́дность/С 難度 тру́дность гру́ппы С (це)/ボール мяч/リボン ле́нта/棍棒 булава́/左右対称でない動きでバランスを保つ сохраня́ть равнове́сие асимметри́чными движе́ниями/輪 о́бруч/いろいろな動きのコンビネーション комбина́ция ра́зных движе́ний/ロープ скака́лка/ボール [リボン、その他] の演技 упражне́ния с мячо́м [ле́нтой и т.д.]/レオタード леота́рд/スウェーデン体操 шве́дская гимна́стика/肋木 шве́дская [гимнасти́ческая] сте́нка; ле́сенка/家庭用ジム дома́шний спорти́вный ко́мплекс

D　インターチェンジ

☞「薬」、「身体」、「身体器官」

♣ミニ・ダイアローグ

私の父はとても几帳面にラジオで朝の体操をしていたけど、ラジオの朝の体操の番組が中止になったので、やめてしまったわ。

でも今はテレビの体操番組があるでしょう。

ええ、でもあれは女性のための番組だって、父は言っているわ。

そうかもしれないわ。あれは筋肉を鍛えるのではなくて、美しい体形を保つのにいいのね。

Мой оте́ц о́чень аккура́тно занима́лся у́тренней заря́дкой по ра́дио. Но он переста́л, так как переда́чу у́тренней заря́дки по ра́дио отмени́ли.

Но тепе́рь по телеви́дению есть переда́ча гимна́стики.

Да, но оте́ц говори́т, что э́то переда́ча для же́нщин.

Мо́жет быть и так. Она́ помога́ет не развива́ть му́скулы, а сохраня́ть краси́вую фо́рму.

陸上競技（лёгкая атлетика）

A　ベース

陸上競技лёгкая атлéтика：～選手легкоатлéт（ка）/トラック（беговáя） дорóжка/トラック競技 соревновáния на беговóй дорóжке/短［中、長］距離競争 бег на корóткие［срéдние, дли́нные］ диста́нции/短距離選手 спри́нтер/長距離選手 стáйер/フィールド競技 соревновáния на пóле; соревновáния по 「прыжкáм и метáниям［техни́ческим ви́дам］

B　バリエーション

400メートルトラック 400-метрóвая беговáя дорóжка/スタートライン стáртовая ли́ния; ли́ния стáрта/決勝点、ゴール ли́ния фи́ниша/競走 бег/100メートル競走 бег на 100 (сто) мéтров; стометрóвка/女子200メートル競走 бег на 200 (двéсти) мéтров среди́ жéнщин/リレー эстафéта; эстафéтный бег/800メートルリレー эстафéта［эстафéтный бег］ 200 на 4 (двéсти на чéтыре) мéтров/バトン эстафéта; (эстафéтная) пáлочка/バトンタッチ передáча пáлочки/ハードル барьéр/110メートルハードル барьéрный бег на 110 (сто дéсять) мéтров/ハードルを越える брать барьéр; перепры́гивать через барьéр/障害競争 бег с препя́тствиями/障害を越える брать［преодолевáть］ препя́тствие/マラソン марафóнский бег/マラソン選手 марафóнец; марафóнка/給水点［ポイント］пункт питáния/競歩 (спорти́вная) ходьбá/50キロ競歩 ходьбá на 50 (пятьдеся́т) киломéтров/跳躍、ジャンプ прыжки́/ジャンパー (ジャンプの選手) прыгýн (ья)/走幅［高］跳 прыжóк в 「длинý［высотý］/棒高跳 прыжóк с шестóм/グラスファイバーのポール фиберглáсовый шест/三段跳び тройнóй прыжóк/ホップ、ステップ、ジャンプ скачóк, шаг и прыжóк/投擲 метáние/円盤［槍、ハンマー］投 метáние 「ди́ска［копья́, мóлота］/砲丸投 толкáние ядрá/七種競技 семибóрье/十種競技 десятибóрье

陸上競技

C　オプション

アウト[イン]コース вне́шняя [вну́тренняя] доро́жка/直線コース пряма́я (доро́жка)：最後の～ после́дняя [фи́нишная] пряма́я; фи́нишная часть доро́жки/スタートの構え положе́ние на ста́рте/位置について！　用意！ На старт！ Внима́ние！/スターティングブロック ста́ртовая коло́дка/フライング фальста́рт; непра́вильный [преждевре́менный] старт/スターター ста́ртер/ゴール фи́ниш/（ゴール）テープ фи́нишная ле́нта/ゴールする、ゴールのテープを切る финиши́ровать：彼は1着でゴールした Он「финиши́ровал пе́рвым [пришёл пе́рвым к фи́нишу]./バトンタッチゾーン зо́на разбе́га/（障害物の一種）水たまり я́ма с водо́й/助走 разбе́г/踏切り отта́лкивания/踏切り板 доска́ [брусо́к] для отта́лкивания/シザーズジャンプ прыжо́к «но́жницы»/バー пла́нка：バーをクリアーする переходи́ть [брать] пла́нку/2メートル10センチのバーをクリアーする брать высоту́ в два ме́тра де́сять сантиме́тров/ロールオーバー перека́т/背面跳び（прыжо́к）фосбери́-флоп

D　インターチェンジ

☞「球技」、「水泳」、「体操」

♣ ミニ・ダイアローグ

今オリンピックで行われる種目は、とても多いけれど、その中心というか、「華」は相変わらず陸上競技だね。

Тепе́рь на Олимпи́йских и́грах представля́ется о́чень мно́го ви́дов спо́рта. Но их гла́вной ча́стью, так сказа́ть, «цветко́м» остаётся лёгкая атле́тика.

そう。それは古代ギリシャの時代から変わっていないわ。できるだけ速く走る、できるだけ遠くに投げ、できるだけ高く跳ぶ—これは人間の変わらぬ夢ね。

それで人類は100メートルを0.5秒速く走るために80年費やしている。

私たちはそれを技術の進歩と同じように誇りにするべきよ。

Да, э́то не измени́лось со времён дре́вней Гре́ции. Как мо́жно быстре́е бе́гать, как мо́жно да́льше мета́ть и как мо́жно вы́ше пры́гать — э́то ве́чная мечта́ челове́ка.

И челове́чество тра́тит во́семьдесят лет, что́бы пробежа́ть сто ме́тров на полсеку́нды быстре́е.

Мы должны́ горди́ться э́тим так же, как разви́тием техноло́гии.

ボクシング（бокс）

A ベース

ボクシング、拳闘 бокс／〜選手、ボクサー боксёр／重量［中量、軽量］級 тяжёлый［сре́дний, лёгкий］вес／リング ринг／コーナー у́гол：赤［青］〜 кра́сный［си́ний］у́гол／ロープ кана́ты／キャンバス пол; брезе́нт／グローブ перча́тки／トランクス трусы́／ラウンド ра́унд：第１〜 пе́рвый ра́унд／〜で в пе́рвом ра́унде／インターバル интерва́л／ゴング гонг／パンチ уда́р（кулако́м）／ノックダウン нокда́ун／ノックアウト КО; нока́ут

B バリエーション

パンチを当てる наноси́ть уда́р／ミスパンチ про́мах／強烈なパンチをたたき込む наноси́ть「си́льный［мо́щный］уда́р／ジャブ коро́ткий прямо́й уда́р／ストレート прямо́й уда́р／（ロング）フック（дли́нный）боково́й уда́р／アッパーカット уда́р сни́зу; апперко́т／ボディアッパー уда́р сни́зу в ту́ловище／右のストレート прямо́й уда́р пра́вой; пра́вый прямо́й／左のフック боково́й уда́р ле́вой; ле́вый боково́й／ダブルパンチ сдво́енные уда́ры／ワンツーパンチ повто́рный уда́р／カウンターパンチ контруда́р; встре́чный уда́р／ローブロー ни́зкий уда́р／オープンブロー уда́р откры́той перча́ткой／クリンチ клинч／インファイト、接近戦 бли́зкий бой; бой с бли́жней диста́нции／アウトボクシング да́льний бой; бой с да́льней диста́нции／相手をノックダウンする посыла́ть［сбива́ть］проти́вника в нокда́ун／右のフックで相手をマットに沈める［這わせる］пра́вым боковы́м「сбива́ть［вали́ть］проти́вника「на́ пол［на брезе́нт］／ノックアウト［КО］する нокаути́ровать／ノックアウトパンチ нокаути́рующий уда́р／ТКО техни́ческий нока́ут／スタミナが切れてくる Эне́ргия иссяка́ет.／選手がもう試合を続行できる状態ではない Боксёр уже́ не в состоя́нии продолжа́ть бой.／ファイティングポーズ боева́я сто́йка／レフェリーが試合をストップさせる Ре́фери остана́вливает бой.／ドクターストップ остано́вка бо́я по сове́ту врача́／判定［КО］勝 побе́да「по очка́м［нока́утом］／セコンド секунда́нт／レフェリー ре́фери／ジャッジ арби́тр／審判団 суде́йский ко́рпус; суде́йская「колле́гия［брига́да］／採点表 спи́сок очко́в／判定を下す выноси́ть реше́ние／スパーリング уче́бный бой／スパーリ

ボクシング

ングパートナー партнёр для тренировки/サンドバッグ мешок：〜で練習する работать на мешке/シャドーボクシング бой с тенью/ヘッドギア шлем/マウスピース мундштук/WBA；世界ボクシング協会 Всемирная Боксёрская Ассоциация/WBC；世界ボクシング評議会 Всемирный Боксёрский Совет

C　オプション

プロの重量別階級（階級の呼び名がWBAとWBCで異なる場合は[]内にWBCの呼び名を示す）：ヘビー級 тяжёлый вес（以下級と весは略す）/ジュニアヘビー[クルーザー]второй тяжёлый/ライトヘビー первый тяжёлый/スーパーミドル второй полутяжёлый/ミドル первый полутяжёлый/ジュニアミドル[スーパーウエルター]второй средний/ウエルター первый средний/ジュニアウエルター[スーパーライト]второй полусредний/ライト первый полусредний/ジュニアライト[スーパーフェザー]второй лёгкий/フェザー первый лёгкий/ジュニアフェザー[スーパーバンタム]второй легчайший/バンタム первый легчайший/ジュニアバンタム[スーパーフライ]наилегчайший/フライ третий наилегчайший/ジュニアフライ[ライトフライ]второй наилегчайший/ミニマム[ストロー]первый наилегчайший アマチュアの1978年以降の重量別階級：スーパーヘビー級 супертяжёлая（категория）/ヘビー級 тяжёлая/ライトヘビー級 полутяжёлая/ミドル級 вторая тяжёлая/ライトミドル級 первая тяжёлая/ウエルター級 вторая полутяжёлая/ライトウエルター級 первая полутяжёлая/ライト級 лёгкая/フェザー級 полулёгкая/バンタム級 легчайшая/フライ級 вторая легчайшая/ライトフライ級 первая легчайшая/モスキート級 наилегчайшая

♣ミニ・ダイアローグ

　私はボクシングの試合は見ていられないわ。とても残酷で危険で。
　確かに以前はリングの上でも時々事故が起こったけど、今では事故防止に、できるだけの措置がとられているよ。

　Я не могу смотреть матчи по боксу. Очень жестокие и опасные.
　Да, правда, раньше иногда происходили несчастные случаи даже на рингах, но теперь принимаются всевозможные меры для предотвращения несчастья.

柔　道（дзюдо）

A　ベース

格闘技 рукопа́шная борьба́/柔道 дзюдо́; дзю-до́：～選手 дзюдои́ст(ка)/～着 дзюдо́ги：白[青]い～ бе́лое [си́нее] дзюдо́ги/たたみ мат; тата́ми/礼 покло́н：～を交わす кла́няться друг дру́гу/探り合い подгото́вка/組み手、組み方 захва́т; куми́тэ; кумика́та/場内 зо́на борьбы́; в преде́лах「тата́ми [ма́та]/場外 безопа́сная зо́на; за преде́лами「тата́ми [ма́та]」(以下、「立て」までの用語は日本語をそのまま用いる) 一本 и́ппон (10 очко́в)/技あり ваза-а́ри (7)/有効 юко́ (5)/効果 ко́ка (3)/反則負け хансокума́кэ (10 очко́в сопе́рнику)/警告 кэйко́ку (7)/注意 чуй (5)/指導 сидо́ (3)/始め хадзимэ́/待て ма́тэ/立て та́тэ/ポイント очки́ /　合せ技 два ваза-а́ри (, которые счита́ются ра́вными одному́ и́ппон)/反則 наруше́ние пра́вил/故意に場外に出ること наме́ренный вы́ход за преде́лы тата́ми/守り一方の作戦 чрезме́рно защи́тная та́ктика/故意に倒れる наме́ренное паде́ние/拳で叩く уда́р кулако́м/優勢勝ち побе́да [вы́игрыш] по числу́ очко́в/旗判定 реше́ние подня́тием флажка́/主審 арби́тр/副審 судья́/場内審判 судья́ на ма́те

B　バリエーション

段 (мастерско́й) разря́д/6級 шесто́е кю (начина́ющий)/10段 деся́тый дан (са́мый высо́кий)/95キロ級 катего́рия до 95 килогра́мм/95キロ超級 катего́рия свы́ше 95 килогра́мм/無差別級 абсолю́тная катего́рия; откры́тое пе́рвенство/黒帯 чёрный по́яс/奥[横]襟 за́дний [боково́й] отворо́т/受け身 укэ́ми; владе́ние те́лом/乱取り рандо́ри/立ち技 бросо́к из сто́йки/寝技 приёмы лёжа/投げ技 бросо́к/足技 приёмы ног; подно́жка; подсе́чка/腰技 приёмы тазобе́дренным суста́вом/固め技 те́хника ско́вывания/抑え込み захва́т-удержа́ние; зажи́м/締め技 удуше́ние; удуша́ющий захва́т/関節技 боле́вой приём/捨て身技 бросо́к с паде́нием атаку́ющего

C　オプション

(*柔道の技の名は日本語をそのまま使えばよい。例えば、**背負い投げ**は

柔　道

сэоина́гэ). しかし、ロシア語訳が必要な場合も少なくないので、ここではロシア語訳を示す) 出足払い　боковáя подсéчка/送り足払い　подсéчка в темп шагóв/支え吊り込み足　передняя подсéчка/小外刈り　зáдняя подсéчка/小内刈り подсéчка изнутри́/膝車 подсéчка под колéно/小外掛け зацéп снару́жи/大外刈り большóй зацéп снару́жи/小内刈り подсéчка изнутри́/大内刈り большóй зацéп изнутри́/背負い投げ бросóк через плечó/一本背負い бросóк через спи́ну с захвáтом руки́ на плечó/巴投げ бросóк через гóлову с упóром стопы́ в живóт/掬い投げ бросóк захвáтом ноги́/肩車 бросóк через плéчи/腰車 бросóк через бедрó с захвáтом шéи/大腰 бросóк через бедрó с подби́вом/浮き腰 бросóк через таз с охвáтом спины́/吊り込み腰 бросóк через таз с охвáтом шéи/足車 бросóк через нóгу в стóрону/体落とし передняя поднóжка/内股 подхвáт изнутри́/払い腰 подхвáт под óбе ноги́/跳ね腰 подсáд бедрóм гóленью/隅落とし выведéние из равновéсия скру́чиванием/袈裟固め удержáние сбóку захвáтом руки́ и головы́/十字固め захвáт руки́ между ногáми/相手の力に逆らわない не сопротивля́ться си́ле проти́вника/相手の力を逆に相手自身に向ける обращáть си́лу проти́вника ему́ самому́/相手の力を利用して敵を倒す победи́ть проти́вника, пóльзуясь егó си́лой/講道館 Кодокан/柔術 джиу́-джи́цу; дзю́-дзю́цу

♣ミニ・ダイアローグ

正夫、柔道の一番重要な要素は何？

柔道の創始者嘉納治五郎は柔道は格闘や、何か肉体的なものではなくて、道徳教育の一環だと言っていたよ。

で、あなたもそれに同感なの？

うん、最高の柔道家は相手に手を触れずに、精神力で投げ飛ばすことができると信じているよ。

Масао, какóй сáмый вáжный элемéнт дзюдó?

Основáтель дзюдó Дзигоро Кано говори́л, что дзюдó не борьбá и не чтó-то физи́ческое, а оди́н из аспéктов эти́ческого воспитáния.

А вы соглáсны с ним?

Да, я вéрю, что лу́чший дзюдои́ст мóжет брóсить проти́вника духóвной энéргией, не касáясь егó рукáми.

重量挙げ（тяжёлая атлетика）

A　ベース

重量挙げтяжёлая атлетика：～選手тяжелоатлéт(ка)；штангúст(ка)/力技силовы́е ви́ды спóрта/バーベル штáнга/出場вы́ход/プラットフォーム；競技台 помóст/滑り止め、マグネシウム порошóк против скольжéния；магнéзия/マグネシウム入れ чáша с магнéзией/試技 попы́тка/1［2］回目の試技 пéрвая［вторáя］попы́тка/試技回数 колúчество попы́ток/出場確認から試技開始までの選手の持ち時間は1分 В распоряжéнии тяжелоатлéта имéется однá минýта между объявлéнием о егó вы́ходе и начáлом попы́тки./スナッチ ры́вок：～で挙げる рвать/ジャーク толчóк：～で挙げる толкáть/ストッピング останóвка/スクワット подсéд/リフティング поднимáние/2回の試技の合計で最高の重量を挙げた選手が優勝 Победúтелем станóвится спортсмéн, поднявший по сýмме двух попы́ток наибóльший вес.

B　バリエーション

（バーベルの）バー гриф；ось штáнги/重量板 диск/留め金 замóк/手首バンド бандáж на запя́стье/全体［個人］掲示板 óбщее［лúчное］таблó/レフェリー рефери́/審査員 жюрú/時間係 хронометрúст

C　オプション

体重級 весовы́е категóрии/フライ級（до 52 килогрáмм）наилегчáйшая категóрия（以下 категóрия を略す）/バンタム級（до 56）легчáйшая/フェザー級（до 60）полулёгкая/ライト級（до 67.5）лёгкая/ミドル級（до 75）полусрéдняя/ライトヘビー級（до 82.5）срéдняя/ミドルヘビー級（до 90）полутяжёлая/ヘビー級（до 110）пéрвая тяжёлая/スーパーヘビー級（свы́ше 110）вторáя тяжёлая

乗　馬

乗　馬（верховая езда）

A　ベース

乗馬（馬に乗って動くこと）верхова́я езда́；（馬の背に乗ること）поса́дка на ло́шадь／馬に乗る（馬に乗って動く）е́здить на ло́шади；（馬の背に乗る）сади́ться на ло́шадь／下馬 слеза́ние с ло́шади／馬から下りる слеза́ть с ло́шади／馬に乗って行く е́здить верхо́м／馬を飛ばす、馬に乗って走る скака́ть；е́хать вскачь／馬から落ちる、落馬する па́дать с ло́шади／馬 ло́шадь；конь／鼻面 нос；храп／たてがみ гри́ва／蹄 копы́то／蹄鉄 подко́ва；подко́вка／鞍 седло́／鐙 стре́мя／手綱 пово́дья／鞭 хлыст／騎手、騎乗者 вса́дник／乗馬ズボン бри́джи；галифе́／拍車 шпо́ры

B　バリエーション

馬術 иску́сство верхово́й езды́／馬を操ること управле́ние ло́шадью／前髪 чёлка／背峰 хо́лка／蹴爪 шпо́ра／アラブ（種）、アラビア馬 ара́бская поро́да／サラブレッド чистокро́вная верхова́я поро́да／牡馬 жеребе́ц／牝馬 коб́ыла／去勢馬 ме́рин／毛色 масть／青毛 вороно́й／赤毛 р́ыжий／栗毛 бу́рый／鹿毛 гнедо́й／葦毛 се́рый／斑毛 пе́гий／馬具 ко́нское снаряже́ние／面繋（轡を維持し、手綱に接続するために馬の頭部、顔面につける革紐）ремни́ на голове́ ло́шади／轡（普通、複数。馬の制御のために口に入れる金具とそれを紐に固定する金具）удила́／はみ（普通、複数。馬の制御のために口に入れる金具）мундшту́чные удила́／馬勒（轡、はみなどの総称）узда́［узде́чка］для объе́здки／腹帯 подпру́га／馬の手入れをする уха́живать за ло́шадью／厩舎、馬小屋 коню́шня／飼い葉、まぐさ корм；фура́ж／飼い葉桶 корму́шка

C　オプション

脚（騎乗者の膝から下の部分。馬を操るのに重要な役割をする）шенкель／歩き方、歩調 аллю́р／常歩、ウォーク шаг／速歩、トロット рысь／駈足、ギャロップ、キャンター гало́п／自然歩法 аллю́ры, прису́щие ло́шади／側対歩 и́ноходь／襲歩 карье́р／巻乗り вольт；поворо́т наза́д／馬場 мане́ж／馬術競技 класси́ческие ви́ды ко́нного спо́рта／馬場馬術 вы́ездка；аллю́ры／大賞典

乗 馬

Большо́й Приз/大賞典ショートプログラム коро́ткая програ́мма Большо́го при́за/パッサージュ пасса́ж/ピャッフェ пиа́ффе/障害飛越 преодоле́ние препя́тствий; конку́р/飛越 прыжо́к/競技場 скаково́й круг/横木 пла́нка/垣 сте́нка/柵 чухо́нец/水濠 кана́ва с водо́й/踏み込み подхо́д к препя́тствию/（軟）着地 (мя́гкое) приземле́ние/総合馬術 ко́нное троебо́рье/耐久競技 полевы́е испыта́ния/耐久テスト прове́рка на выно́сливость/曲乗り、曲馬 вольтижиро́вка; джигито́вка：～をする вольтижи́ровать; джигитова́ть/曲乗り師、曲馬師 вольтижёр; джиги́т/競争、競馬 (ипподро́мные) ска́чки; скаковы́е соревнова́ния/競馬場、馬場 ипподро́м/（競馬の）騎手 жоке́й/パドック па́ддок/レース гит; зае́зд/ゲート бо́ксы автоста́рта; стартовы́е бо́ксы/ハンディ гандика́п/写真判定 фотофи́ниш/馬身 ко́рпус：半～リードする опережа́ть на полови́ну ко́рпуса/賭け пари́/賭け金 ста́вка/特定の馬に賭ける ста́вить на определённую ло́шадь/馬券売場 тотализа́тор/本命 сильне́йшая ло́шадь/対抗 сопе́рница/穴 тёмная лоша́дка/障害競争 стипль-чёз/重賞レース забе́ги на гла́вные пре́мии/（日本）ダービー (япо́нские) де́рби/生産牧場 ко́нный заво́д/種馬 производи́тель/種牡馬 жеребе́ц-производи́тель/繋駕速歩競争 бега́ в упря́жке

♣ミニ・ダイアローグ

　ぼくは動物は何でも好きだけど、特に馬だね。馬は好きなだけではなくて、尊敬している。
　尊敬までしているの。どうして？
　馬は一番頼りになるエネルギー源の一つだったんだ。今でも「馬力」という言葉が残っているでしょう。この言葉に人類に対する馬の功績が刻印されているね。

　Я вообще́ люблю́ живо́тных, осо́бенно лошаде́й. Я не то́лько люблю́, но и уважа́ю их.
　Да́же уважа́ете. Почему́？
　Ло́шадь была́ одни́м из са́мых надёжных исто́чников эне́ргии. До сих пор остаётся сло́во «лошади́ная си́ла». В э́том сло́ве запечатлена́ заслу́га лошаде́й пе́ред челове́чеством.

野　球

野　球（бейсбо́л）

A　ベース

野球 бейсбо́л：〜場 бейсбо́льная площа́дка／〜選手 бейсболи́ст／芝のグラウンド травяна́я площа́дка; площа́дка с травяны́м покры́тием／人工芝のグラウンド площа́дка с иску́сственным покры́тием／野球場、野球のスタジアム бейсбо́льный стадио́н／屋内［ドーム］野球場 закры́тый стадио́н／内野、ダイヤモンド инфи́лд, вну́треннее по́ле／外野 аутфи́лд, вне́шнее по́ле／塁 ба́за／ホーム、本塁 дом, дома́шняя ［исхо́дная］ба́за／一［二、三］塁 пе́рвая ［втора́я, тре́тья］ба́за／ピッチャーズマウンド круг пода́чи пи́тчера／イニング、回 и́ннинг, пери́од／表［裏］пе́рвая ［втора́я］часть／7 回の表 пе́рвая часть седьмо́го ｢и́ннинга［пери́ода］／延長戦 матч с дополни́тельными и́ннингами／点 перебе́жка; очко́：1 点取る выи́грывать очко́／ピッチャー、投手 пи́тчер／キャッチャー、捕手 ке́тчер／ファースト、一塁手 пе́рвый бе́йсмен／セカンド、二塁手 второ́й бе́йсмен／サード、三塁手 тре́тий бе́йсмен／ショート（ストップ）、遊撃手 шо́рт-сто́п／レフト、左翼手 ле́вый фи́лдер／センター、中堅手 центра́льный фи́лдер／ライト、右翼手 пра́вый фи́лдер／バッター、打者 бэ́ттер／バッターボックス ме́сто для бэ́ттера／ランナー、走者 ра́ннер; бегу́щий／主審 судья́ в ｢до́ме｣／一［二、三］塁塁審 судья́ на ｢пе́рвой ［второ́й, тре́тьей］ба́зе／アウト а́ут：〜にする выбива́ть （из игры́）／〜になる выбива́ться （из игры́）／セーフ сэйф：〜になる ока́зываться в ｢«сэ́йфе» ［безопа́сности］／ストライク страйк; уда́р／ボール бол; мяч／ワンストライク・ツーボール оди́н страйк, два мяча́; два мяча́, оди́н страйк／カウント число́ мяче́й и стра́йков／三振 три стра́йка／フォアボール、四球 четы́ре мяча́／デッドボール、死球 уда́р мячо́м／バット би́та／グローブ перча́тка／ミット лову́шка／投球（ピッチャーがバッターに投げること）пода́ча мяча́：〜する подава́ть мяч／送［投］球（野手がほかの野手に投げること）бросо́к мяча́：〜する броса́ть мяч／ボールを打つ отбива́ть мяч／打球 отби́тый мяч：〜を捕る［捕球する］лови́ть отби́тый мяч／フライを捕る［捕球する］лови́ть мяч на лету́／ゴロを捕る лови́ть мяч, отскочи́вшийся от земли́／ヒット уда́р с заня́тием ба́зы：シングル〜 ра́зовый бросо́к／二［三］塁打 двойно́й ［тройно́й］ба́зовый бросо́к／ホームラン、本塁打 хо́ум-ра́н／ファウル фол／進塁する перебега́ть на сле́дующую ба́зу／ホーム［本塁］に帰る［生還する］；

452

野球

ホームインする возврати́ться в дом/エラー、失策 оши́бка；про́мах/プレーボール、試合開始 нача́ло ма́тча; объявле́ние нача́ла ма́тча

B　バリエーション

ネックストバッターサークル круг для очередно́го бэ́ттера/ファウルライン штрафна́я ли́ния/スリーフィートライン трёхфу́товая ли́ния/フェンス загражде́ние/ネット огради́тельная се́тка/ベンチ скаме́йка запасны́х/ブルペン бу́лпен/一[三]塁コーチ тре́нер на「пе́рвой[тре́тьей]ба́зе/直球、ストレート、ファーストボール бы́стрый мяч/カーブ крива́я пода́ча/スライダー сла́йдер; скользя́щая пода́ча/シュート обра́тно крива́я пода́ча/フォーク ви́лка/チェンジアップ бросо́к со сме́ной ско́рости/ナックル на́клбол/盗塁する красть ба́зу

C　オプション

サイン、シグナル сигна́л/敬遠する наме́ренно дава́ть четы́ре мяча́/(キャッチャーの) マスク ма́ска (ке́тчера)/プロテクター нагру́дник/レガーズ щитки́/プレーオフ ро́зыгрыш/ワールドシリーズ соревнава́ния за чемпиона́т США/ドラフト отбо́р но́вых игроко́в/FA свобо́дный контра́кт; игро́к, по́льзующийся пра́вом на свобо́дный контра́кт/最優秀選手、MVP са́мый це́нный игро́к/WBC；世界野球選手権 Мирово́й бейсбо́льный чемпиона́т

D　インターチェンジ

　いろいろな球技に共通の用語は「**球技**」の項を参照。

♣ミニ・ダイアローグ
　野球は日本人に向いていますね。日本人がアメリカで大活躍しているんだから。
　もしかすると、伝統がものを言っているのかな。日本人は百年以上野球をやっていますから。

Бейсбо́л подхо́дит япо́нцам. Ведь япо́нцы прекра́сно выступа́ют в Аме́рике.
Мо́жет быть, име́ет значе́ние тради́ция. Япо́нцы бо́льше ста лет игра́ют в бейсбо́л.

453

登　山

登　山（альпинизм）

A　ベース

登山 альпинизм/登山スポーツ спортивный альпинизм/山登り горовосхождéние; восхождéние на гóрные вершины/登山家 альпинист/山歩き прогýлка в горáх; гóрный туризм：〜をする гулять в горáх /ベースキャンプ бáзовый лáгерь/確保点 заклáдки/ルート маршрýт/往復登山 восхождéние и спускáние по одномý маршрýту/横断 пересечéние гóрного хребтá/縦走 перехóд ряд гóрных вершин/ロッククライミング、岩登り скалолáзание/フリークライミング、素手岩登り свобóдное скалолáзание; свобóдный стиль [фристáйл] скалолáзания/登山靴 альпинистские ботинки/リュックサック рюкзáк/アノラック、ウインドヤッケ анорáк/寝袋 спáльный мешóк/テント палáтка/山小屋 дóмик для「альпинистов［туристов］/キャンプファイアー（бивáчный）костёр

> ♣ ミニ・ダイアローグ
>
> 富士山は日本人には一番高くて、美しいばかりでなく、神聖な山なんですよ。
>
> 50年前には女性は登山を禁止されていたと聞いたわ。
>
> ええ。女性はその頃罪深いものとみなされていましたからね。
>
> Горá Фудзи не тóлько сáмая высóкая и красивая, но и святáя горá для япóнцев.
>
> Я слышала, что пятьдесят лет назáд жéнщинам былo запрещенó подниматься на неё.
>
> Да, в те временá жéнщины считáлись грéшными.

B　バリエーション

ビバーク бивáк/ザイル альпинистская верёвка/結び目 ýзел/八の字結び восьмёрка/ピッケル ледорýб/カラビナ карабин/（岩場用）ハーケン (скáльный) крюк/アイスハーケン ледóвый крюк/アイゼン кóшки/コッヘル альпинистский [похóдный] котелóк/ヘルメット шлем/登頂 достижéние вершины：〜する достигáть вершины/世界最高峰制覇 достижéние

登山

верши́ны са́мой высо́кой в ми́ре горы́／遭難 беда́：～する попада́ть в беду́／転落、滑落 паде́ние／雪崩（なだれ） (сне́жная) лави́на; сне́жный обва́л／氷河 ледни́к／高山病 го́рная ［высо́тная］ боле́знь／気候順応 акклиматиза́ция／高所順応 адапта́ция к высота́м／救助隊 спаса́тельный отря́д／救助活動 спаса́тельная слу́жба／シェルパ носи́льщик-「ше́рпа ［шерп］

C オプション

リーダー веду́щий／クレバス рассе́лина в леднике́／ステップ платфо́рма／チムニー расще́лина／トリコニー（登山靴の鋲）трико́ни／溝つきゴム底 профили́рованная рези́новая подо́шва／ご来光 восхо́д со́лнца (из-за го́рных хребто́в)／リングヴァンデルング、環状彷徨 кругово́е блужда́ние／酸素欠乏 кислоро́дное голода́ние; кислоро́дная недоста́точность

D インターチェンジ

☞ 「旅行」

♣ミニ・ダイアローグ

　高い山に独りで登るのはとても難しいし、危険だ。最高の経験を持つ登山家でも、頼りになるパートナーと一緒に登る方を選ぶね。

　それは当然ね。でも、頼りになる人はそう簡単に見つからないわ。

　あらかじめ誰が頼りになって、誰がならないかを見極めるのは、ほとんど不可能だね。苦しい状況の中で共同作業を通じて、お互いの信頼関係を生み出すことが必要なんだ。

　登山は私たちに山の知識ばかりでなく、人間についての知識も授けてくれるのね。

Поднима́ться на высо́кие го́ры в одино́чку о́чень тру́дно и опа́сно. Да́же са́мые о́пытные альпини́сты предпочита́ют восходи́ть с надёжными партнёрами.

Э́то есте́ственно, но не так легко́ найти́ надёжных люде́й.

Зара́нее узна́ть, кто надёжнее и кто нет, почти́ невозмо́жно. Через совме́стную рабо́ту в тру́дных усло́виях необходи́мо созда́ть взаи́мное дове́рие.

Да, альпини́зм даёт нам зна́ния не то́лько о гора́х, но и о лю́дях.

455

釣　り

釣　り（рыбная ловля）

A　ベース

釣り ужéние; рыба́лка/魚を釣る уди́ть ры́бу/釣りに行く идти́ на рыба́лку/魚を釣り上げる выу́живать; выта́скивать ры́бу/釣り師、釣り人 уди́льщик; рыба́к-люби́тель/釣り場 мéсто для лóвли ры́бы/海［沖、川、陸、磯、船］釣り ужéние［лóвля］「на мóре［в мóре, на рекé, с бéрега, с ка́мня, с лóдки］/手釣り ужéние с лесóй без у́дочки/釣り（道）具 рыболóвные принадлéжности/釣り竿（全体）у́дочка；(竿の部分) уди́лище/延べ竿 штéкерное уди́лище/木［竹］の竿 деревя́нное［бамбу́ковое］уди́лище/カーボンファイバー［グラスファイバー］の竿 уди́лище из「углеволокна́［стекловолокна́］/複合材料の竿 компози́тное уди́лище/（竿の硬さ）ハード［スーパーハード、ミディアム、パラボラ］жёсткий［сверхжёсткий, срéдний, параболи́ческий］/竿［その他］の手入れ ухóд за уди́лищем［за＋その他の語の造格］/釣り糸 лéска; лесá：ナイロン［カプロン］製の〜 нейлóновая［капрóновая］лéска/撚り糸 плетёная лéска;（口）плетёнка/釣り針、釣り鉤（рыболóвный）крючóк/一本［二本、三本］針 одина́рный［двойнóй, тройнóй］крючóк/浮き поплавóк：玉［棒］〜 ша́риковый［палочкообра́зный］поплавóк/コルク［木、ガチョウの羽］製の〜 поплавóк из「прóбки［дéрева, гуси́ного пера́］/沈み、錘 грузи́ло; груз/枝糸 поводóк

B　バリエーション

スピニング спи́ннинг/継ぎ竿のパート колéно/リール（рыболóвная）кату́шка：〜ホールダー катушкодержа́тель/リング кольцó; у́зел［пéтля］для прима́нки/餌 прима́нка：〜を針につける наса́живать「прима́нку на крючóк/人工餌 иску́сственная прима́нка/たも（網）подса́чка; сак; сачóк：〜で掬う подса́чивать/友釣り ужéние с живóй прима́нкой-ры́бой/自然餌（蛹・幼虫・ミミズ）естéственные прима́нки (насекóмые, личи́нки и земляно́й червь)/生き餌 живéц；植物餌（穀物・油かす・パンなど）прима́нки расти́тельного происхождéния (зёрна, жмы́х, хлеб и т.д.)/撒き餌 разбра́сываемая「нажи́вка［корму́шка］/投げ込み забрóс; забрóс через「гóлову［плечó］/ 左右［側面］投げ забрóс「спра́ва［налéво］/毛針、フライ

釣　り

(иску́сственная) му́шка／ルアー блесна́

C　オプション

釣り宿 ночле́г для рыбако́в-люби́телей／釣り船 ло́дка для ры́бной ло́вли／ゴムボート надувна́я ло́дка／錨(いかり) я́корь／ナビゲーター навига́тор／大物 больша́я [кру́пная] ры́ба／外道(げどう) не наме́ченная ры́ба／魚拓 печа́ть ры́бы：〜をとる печа́тать ры́бу／釣り堀 ры́бный пруд для пла́тного уже́ния

D　インターチェンジ

☞「食料品」、「船」

♣ ミニ・ダイアローグ

　最近まで女性的でないとされていたスポーツを、今では女性がやっていますね。例えば、重量挙げ、ボクシング、レスリング… でも、釣り好きには女性がとても少ない。なぜでしょうか。

　釣りにはまず忍耐力が必要だと思えるけど、実は、一番重要なのは闘争心なのね。だから釣り好きには女性が少ないのよ。軍人の間に事実上女性がいないのと同じように。

　Тепе́рь же́нщины занима́ются таки́ми ви́дами спо́рта, кото́рые неда́вно счита́лись не же́нскими, наприме́р, тяжёлой атле́тикой, бо́ксом, борьбо́й … Но среди́ рыбако́в о́чень ма́ло же́нщин. Чем э́то объясня́ется？

　Ка́жется, что ры́бная ло́вля пре́жде всего́ тре́бует терпели́вости, но, на са́мом де́ле, нужне́е всего́ боево́й дух. Вот почему́ среди́ рыбако́в же́нщин ма́ло как и среди́ вое́нных практи́чески нет же́нщин.

457

チェス、碁、将棋

チェス、碁、将棋（шахматы）

A　ベース

チェスшáхматы：〜をするигрáть в шáхматы／〜の選手、〜をする人шахматúст(ка)／グランドマスター、名人гроссмéйстер／相手партнёр; протúвник／勝負、一局пáртия／チェス盤шáхматная　доскá／駒фигýра／クイーンферзь／キングкорóль／ビショップслон／ナイトконь／ルークладья́／ポーンпéшка／白бéлый／黒чёрный／白を持って指すигрáть бéлыми／手、駒の動きход／一手差す、駒を動かすдéлать ход／好［妙、悪］手удáчный［превосхóдный, неудáчный］ход／相手の駒を取るбрать［бить］фигýру протúвника／駒の交換обмéн фигýрами／攻めнападéние／守りзащúта／キャスリング（王の囲い）рокирóвка／キャスリングする、王を囲うрокировáть(ся)／両取り、両当たりвúлка; двойнóй удáр／歩が成るПéшка превращáется в фигýру.／王手шах：〜をかけるобъявля́ть［дéлать］шах／〜を防ぐзащищáться от шáха／両王手двойнóй шах／千日手вéчный шах／メイト、詰めмат／詰めるобъявля́ть［дéлать］мат（королю́ протúвника）／手詰まり、ステイルメイトпат／形勢положéние／序盤дебю́т／中盤мúттельшпиль; середúна／終盤эндшпиль; окончáние／引き分けничья́; пат／差しかけにするоткла́дывать пáртию／棋譜зáпись「пáртии［позúций и ходóв］／負けを認めるсдавáться／西洋碁шáшки／種類の多い西洋碁の主要4種четы́ре глáвных из мнóгих подвúдов шáшек／百桝目式стоклéточные／ロシア式рýсские／ブラジル式бразúльские／チェッカーズчéкерс／駒шáшка; фигýра／碁盤шáшечная доскá／黒чёрное／白бéлое（西洋碁では白が先手)／相手のコマを全部殺すуничтóжить всех шашек партнёра／敵の駒が動けなくなるШáшки сопéрника не имéют возмóжных ходóв.

♣ ミニ・ダイアローグ
正夫、あなたチェスをするの？
するよ。ぼくはロシアに来たばかりだけど、すぐにチェスを覚えて、今ではロシア人にほとんど負けないね。

Мaсao, вы игрáете в шáхматы?
Да. Я приéхал в Россúю недáвно, но так бы́стро научúлся игрáть в шáхматы, что тепéрь я почтú не проúгрываю рýсским.

チェス、碁、将棋

| つまり、あなたは天才なのね。 | Значит, вы гений. |
| とんでもない。ただチェスはぼくが15年もやってきた日本の将棋と共通点が多いだけだよ。 | Ни в коем случае. Просто шахматы имеют много общего с японским «шоги», в которое я играл пятнадцать лет. |

B　バリエーション

世界チャンピオン чемпион мира／コンピュータとの対戦 матч с компьютером／強力なコンピュータのプログラム мощная компьютерная программа

C　オプション

将棋 японские шахматы：〜を指す играть в японские шахматы／〜を指す人、棋士 шахматист(ка)／名人 гроссмейстер／八段 восьмой дан／五冠王 владетель пятью титулами／将棋盤 шахматная доска／駒 фигура／王 король／飛車 ладья／角 слон／金 золотой／銀 серебряный／桂馬 конь／香車 копьё／歩 пешка／千日手 вечные ходы／持将棋 ничья／碁、囲碁 го, иго

♣ミニ・ダイアローグ

今では世界最強のチェス棋士は人間ではなくて、コンピュータだ。	Теперь самым сильным шахматистом в мире является не человек, а компьютер。
そう。もう10年ほど前に彼、つまりコンピュータが世界チャンピオンのカスパロフに勝って世界中をあっと言わせたね。	Да, уже примерно десять лет назад он, т. е., компьютер, победил мирового чемпиона Каспарова и поразил весь мир.
でも驚くことは何もなかったんだ。今では誰でも知っているよ、チェス棋士の一番重要な条件は創造力ではなくて、記憶力だということを。まさにこの点でコンピュータは人間より優れているんだ。	Но тут ничего удивительного не было. Теперь все знают, что самое важное для шахматистов не творческие способности, а память. Именно в этом отношении компьютер превосходит человека.

映　画

映　画（кино）

A　ベース

映画（総称）кино́; кинематогра́фия／映画（個々の作品）фильм; кинофи́льм／映画館 кинотеа́тр／スクリーン экра́н／上映 демонстра́ция; пока́з：～する демонстри́ровать; пока́зывать／切符、チケット биле́т／切符［チケット］売場 ка́сса／観客席（зри́тельный）зал／映画を見る смотре́ть кино́／映画ファン кинолюби́тель／台詞吹き替えの映画 дубли́рованный фильм／字幕 титр／字幕付きの映画 фильм с ти́тром／俳［男］優（кино）актёр／女優（кино）актри́са／スター（кино）звезда́／監督 режиссёр

B　バリエーション

劇［記録］映画 худо́жественный［документа́льный］фильм／アニメ、動画 анима́ция мультфи́льм; мультиплкациóнный фильм／前［後］編 пе́рвая［втора́я］се́рия／前編と後編のある映画 фильм в двух се́риях／恋愛物 мелодра́ма／喜劇映画（кино）коме́дия／スリラー три́ллер／幻想映画 фэ́нтэзи／推理［刑事］物 детекти́в／歴史映画、時代物 истори́ческий фильм／短編映画 короткометра́жный фильм／ポルノ映画 порногра́фия; порнографи́ческий фильм／成人（向け）映画 фильм не для всех／予告編 ано́нс／コマーシャル映画 рекла́ма; рекла́мный ро́лик／テレビ映画 телефи́льм／西部劇 ве́стерн／ホラー у́жасы／映画化 экраниза́ция：～する экранизи́ровать／文学作品・芝居・バレエ・歌劇などを～したもの кинове́рсия／吹き替えの声優 дублёр／日本語に吹き替える дубли́ровать на япо́нский язы́к／主演俳［女］優 исполни́тель［исполни́тельница］гла́вной ро́ли／主役 гла́вная роль：～を演じる исполня́ть［игра́ть］гла́вную роль／脇役 второстепе́нная［вспомога́тельная］роль／端役 эпизоди́ческая роль／スタントマン каскадёр／配役 распределе́ние роле́й／配役表 спи́сок исполни́телей／助監督 ассисте́нт режиссёра／脚本、シナリオ сцена́рий／脚本作家、シナリオライター сценари́ст／作曲家 компози́тор／撮影所（кино）сту́дия／カメラマン、撮影技師（кино）опера́тор／ナレーター ди́ктор／プロデューサー дире́ктор фи́льма; продю́сер／午前［昼、夜］の部 у́тренний［дневно́й, вече́рний］сеа́нс／近日上映 ско́ро на экра́не／封切り премье́ра／ロードショー премье́ра「в определё-

映画

нном кинотеа́тре [определённых кинотеа́трах]/国際映画祭 междунаро́дный кинофестива́ль/大賞, グランプリ больша́я пре́мия; гран при/ハリウッド Голливу́д/映画の黄金時代 золото́й век кинематогра́фии

C　オプション

オープン撮影、ロケ(ーション) натура́льная съёмка/ロケハン по́иски ме́ста для натура́льной съёмки/スタジオ[セット]撮影 павильо́нная съёмка; съёмка в павильо́не/特撮, 特殊撮影 комбини́рованная съёмка/テスト репети́ция/本番撮影 /NG оши́бка/カチンコ нумера́тор с хлопу́шкой; нумера́тор-хлопу́шка/フィルム編集 монта́ж фи́льма/トーキー звуково́й фильм/無声映画 немо́й фильм/白黒映画 чёрно-бе́лый фильм

D　インターチェンジ

☞ 「オーディオ」、「劇場」、「演劇」、「音楽」、「テレビ」

♣ ミニ・ダイアローグ

ぼくが思うに喜劇では最高の映画人はチャールス・チャップリンだね。

ええ、私もあなたと同じ意見よ。彼は20世紀の初めから映画に出演し、自分の映画の脚本家、監督、作曲家として活躍した。その後百年みんなが彼のまねをしている。

そう、一番初めに一番いいものが現れて、その後どんどん悪くなることがよくあるのよ。

По-мо́ему, са́мый вели́кий кинематографи́ст в жа́нре коме́дии — Чарльз Ча́плин.

Да, я согла́сна с ва́ми.

Он снима́лся и рабо́тал режиссёром, сценари́стом и музыка́нтом свои́х фи́льмов с нача́ла двадца́того ве́ка. А зате́м в тече́ние ста лет все подража́ют ему́.

Да, ча́сто быва́ет, что в са́мом нача́ле появля́ется са́мое лу́чшее, а пото́м всё стано́вится всё ху́же и ху́же.

劇　場

劇　場（теа́тр）

A　ベース

劇場 теа́тр／チケット売り場（биле́тная）ка́сса／プレイガイド театра́льная ка́сса／前売り предвари́тельная прода́жа биле́тов／当日券 биле́ты на сего́дня／観客 зри́тель／観客席 зри́тельный зал／一階普通席 парте́р／ボックス席 ло́жа／一階ボックス席 бенуа́р／一階後部階段席 амфитеа́тр／二階席 бельэта́ж／上階の大衆席 балко́н／補助席 откидно́е（ме́сто）／自由席 свобо́дное（ме́сто）／座席の列 ряд：10列目の5番目の席 пя́тое ме́сто деся́того ря́да／オペラグラス бино́кль／プログラム、配役表 програ́мма; спи́сок исполни́телей／舞台 сце́на／幕 за́навес：〜が開く Поднима́ется за́навес.／〜が下りる Спуска́ется за́навес.／開演ベル звоно́к（★ロシアでは普通第1、第2、第3鈴〈пе́рвый, второ́й, тре́тий звоно́к〉がある）／幕間 антра́кт; переры́в／ビュッフェ буфе́т／開［終］演 нача́ло［коне́ц］「спекта́кля［конце́рта］／上演時間 продолжи́тельность「спекта́кля［конце́рта］

♣　ミニ・ダイアローグ

今ボリショイ劇場は閉まっているんですか。

Сейча́с Большо́й теа́тр закры́т?

新劇場はやっているけど、古い本館は根本的な修繕のために閉館よ。

Но́вая сце́на рабо́тает, но ста́рый, гла́вный теа́тр закры́т на генера́льный ремо́нт.

まったく新しい劇場になるんですか、それとも伝統的な様式が残るんですか。

Бу́дет соверше́нно но́вый теа́тр и́ли оста́нется традицио́нный стиль?

残ればいいと思うけれど。

Я наде́юсь, что оста́нется.

B　バリエーション

ロビー фойе́／通路 прохо́д／クローク гардеро́б：〜係 гардеро́бщик; гардеро́бщица／〜にコートを預ける сдава́ть「пальто́［ве́рхнюю оде́жду］в гардеро́б／かぶりつき（客席の第一列目）пе́рвый ряд（в зри́тельном за́ле）／

462

劇場

天井桟敷(さじき) галерея/立見席 стоячее место/上手(かみて)(舞台から客席に向かって右側) правая сторона сцены/下手(しもて)(舞台から客席に向かって左側) левая сторона сцены/オーケストラボックス[ピット] оркестровая яма/字幕 надпись; титр/フットライト рампа/スポットライト прожектор/音響 акустика：〜効果 звуковой эффект/マチネ、昼の部 матине; дневной спектакль/夜の部 вечерний спектакль/朝興行 утренник/(第二)国立劇場(второй) Национальный театр/国立大[小]劇場 большой [малый] зал Национального театра/日生[俳優座]劇場 театр「《Ниссэй》[《Хайюдза》]」/帝国劇場 театр «Тэйкоку»; Имперский театр/歌舞伎[明治]座 театр「《Кабуки》[《Мэйдзи》]」/ボリショイ[マールイ]劇場 Большой [Малый] театр/ボリショイ劇場新館 Новая сцена Большого театра/モスクワ芸術座劇場 МХАТ (Московский художественный академический театр)/タガンカ劇場 театр на Таганке/ワフタンゴフ劇場 театр имени Е. Вахтангова/モスクワ・オペレッタ劇場 Московский театр оперетты/チャイコフスキー・コンサートホール Концертный зал им. П. Т. Чайковского/マリンスキー劇場 Мариинский театр/ミハイロフスキー劇場(旧ムソルグスキー・オペラ・バレー劇場) Михайловский театр/エルミタージュ劇場 Эрмитажный театр/ボリショイ[マールイ]・ドラマ劇場 Большой [Малый] драматический театр

C オプション

飾り幕 драпировка/舞台の奥行き[間口] глубина [ширина] зеркала сцены/舞台袖 карман сцены/舞台裏(せり) за сценой; закулисная часть сцены/奈落(舞台下の地下の総称) трюм/迫 люк：〜の上げ[下げ] поднятие [опускание] трюка/プロンプターсуфлёр：〜ボックス суфлёрская будка/〜ライト суфлёрский свет/譜面台 нотный пульт; пюпитр：指揮者用〜 дирижёрский пульт/譜面灯 лампа для пульта/リハーサル室 репетиционный зал; репетиционное помещение/楽屋 гримёрная

D インターチェンジ

☞「演劇」、「歌舞伎」、「文楽」、「能、能楽」、「オペラ、バレエ」、「大衆芸能」

♣ ミニ・ダイアローグ
昨日私は歌舞伎座に行ったのよ。
お気に入りましたか。

Вчера я была в театре «Кабуки».
Он вам понравился？

463

演劇

ええ、とても。建物もお芝居も。それに、劇場の中にいろいろな大小のお店やキオスク、レストランや喫茶店があるのも気に入ったわ。	Да, о́чень, и зда́ние, и спекта́кль. И мне понра́вилось то, что внутри́ теа́тра есть разнообра́зные магази́ны, ла́вки, кио́ски, рестора́ны и кафе́.
そうですね。お客は休憩時間も楽しく過ごせます。つらい悲劇の後で、何かちょっときれいなものを買ったり、甘い物を食べるのも悪くないですね。	Да, зри́тели мо́гут хорошо́ провести́ вре́мя да́же во вре́мя переры́вов. Ведь непло́хо по́сле гру́стной траге́дии купи́ть что́-нибудь краси́вое и́ли пое́сть сла́дкое.
そう。女性って、泣いた後でなぜかお腹がへるのよ。	Да, почему́-то же́нщинам хо́чется есть по́сле того́, как они́ попла́кали.

演 劇（театра́льное иску́сство）

A　ベース

演劇（総称）теа́тр; театра́льное иску́сство /（個々の芝居）спекта́кль / 新劇 совреме́нный но́вый теа́тр в Япо́нии. / 戯曲 пье́са / 悲劇 траге́дия / 喜劇、コメディー коме́дия / 劇作家 драмату́рг / 戯曲作者 а́втор пье́сы / 舞台監督 режиссёр / 演出 режиссу́ра; постано́вка：〜家（一般的な）режиссёр / 〜者（特定の作品の）постано́вщик / 脚色 инсцениро́вка：〜家 инсцениро́вщик /（小説を劇に）〜する инсцени́ровать（рома́н для дра́мы）/ 脚本、台本（演劇）сцена́рий；（オペラ・バレエ）либре́тто / 脚本家、台本作者（演劇）сценари́ст、（オペラ・バレエ）либретти́ст / 俳優 актёр / 女優 актри́са / 主役 гла́вная роль; веду́щая роль; гла́вная па́ртия：〜を演じる исполня́ть [игра́ть] гла́вную роль / 主演俳[女]優 исполни́тель [исполни́тельница] гла́вной ро́ли / 脇役 второстепе́нная [вспомога́тельная] роль / 幕（カーテン）за́навес：〜を開ける（上に）поднима́ть за́навес；（上・左右に）открыва́ть за́навес、（左右に）раздёргивать за́навес / 〜を閉める（横、下に）закрыва́ть за́навес / 〜をおろす опуска́ть за́навес / 幕（演劇作品の区切り）де́йствие, акт：第１〜 пе́рвое де́йствие；пе́рвый акт / ４〜の悲劇 траге́дия в четырёх де́йствиях / 場（де́йствие, акт の中の区分）сце́на：карти́на / レパートリー репертуа́р / 初演 премье́ра / 観衆 зри́тель；пу́блика / 聴衆

演劇

слу́шатель; пу́блика

> ♣ ミニ・ダイアローグ
>
> 正夫、劇場には何回くらい行ってる？
> ここ、つまりロシアではできるだけ多く行くようにしているよ。日本ではともかく暇がないからね。
>
> Как ча́сто вы посеща́ете теа́тр, Маса́о?
> Здесь в Росси́и я стара́юсь как мо́жно ча́ще ходи́ть, так как в Япо́нии мне про́сто не́когда.

B　バリエーション

前衛劇 авангарди́стский теа́тр/アングラ совреме́нный авангарди́стский теа́тр（文字通りでは подзе́мный теа́тр）/悲喜劇 трагикоме́дия/人形劇 ку́кольный теа́тр/人形劇[芝居]ку́кольное представле́ние/舞台装置（大道具）декора́ция：～係 машини́ст сце́ны/小道具 бутафо́рия; реквизи́т：～係 бутафо́р; реквизи́тор/照明 освеще́ние; свет：～効果 светово́й эффе́кт/～係 освети́тель/デザイナー худо́жник по све́ту/～を当てる направля́ть свет（на＋対格）/明かり合わせ монтиро́вка све́та по положе́ниям; светова́я репети́ция/明るくする прибавля́ть свет/暗転（照明を暗くして舞台装置を転換する）переме́на декора́ций в темноте́/調光 регулиро́вка све́та/音響 аку́стика：～機材 звукова́я аппарату́ра/～効果、サウンドエフェクト звуково́й эффе́кт/～効果係 звукоопера́тор; звукорежиссёр; звукоинжене́р; ради́ст/衣裳 костю́м：～係 костюмёр：～デザイナー худо́жник по костю́му/メーキャップ грим：～係 гримёр/裏方、舞台スタッフ худо́жественно-постано́вочная часть（ХПЧ）/キャスト соста́в исполни́телей/演技 игра́; исполне́ние（па́ртии, ро́ли）：～者 исполни́тель/役を演じる исполня́ть「роль[па́ртию]」/リハーサル、稽古 репети́ция/本読み чте́ния/立ち稽古 рабо́чая репети́ция/舞台稽古 репети́ция на сце́не; сцени́ческая репети́ция/通し稽古 прого́н/ドレスリハーサル репети́ция в костю́мах/総稽古[ゲネプロ] генера́льная репети́ция/台詞を覚える[忘れる] запомина́ть[забыва́ть] текст/とちる ошиба́ться; пу́тать слова́/アドリブ импровиза́ция/あらすじ кра́ткое содержа́ние спекта́кля/発端、序幕 завя́зка/プロローグ проло́г/クライマックス、山場 кульмина́ция/大詰め、大団円 развя́зка/フィナーレ、終幕 фина́л/エピローグ эпило́г/開演 нача́ло спекта́кля/終演 коне́ц спекта́кля/上演時間 продолжи́тельность спекта́кля/カーテンコール вы́зов актёров на「сце́ну「покло́ны]/演劇評論家 театра́льный

465

大衆芸能

критик

C　オプション

円形劇場 арéна/（地方・国内・国外での）旅公演；巡業 гастрóли; турнé：～をする гастролúровать/外国公演 зарубéжные гастрóли/日本公演 гастрóли в Япóнии/中継 трансля́ция：テレビ[ラジオ]～ трансля́ция по 「телевúдению [рáдио]/大入 аншлáг：～満員 переаншлáг/拍手 аплодисмéнты：～をする аплодúровать；(口) хлóпать/～喝采 овáция/スタンディング・オベーション стоя́чая овáция

D　インターチェンジ

☞ 「劇場」、「オペラ、バレエ」、「大衆芸能」、「能、能楽」、「歌舞伎」、「文楽」

♣ ミニ・ダイアローグ

日本の劇団は大体自分の劇場を持っていないのに引きかえ、ロシアの劇団は常時きまった自分の劇場で出演していますね。

Япóнские театрáльные трýппы, как прáвило, не имéют своегó теáтра, между тем как рýсские трýппы постоя́нно выступáют в своúх определённых теáтрах.

どちらもそれぞれ長所と欠点がありますね。日本の俳優の方が自由ですが、違う環境で出演するのは楽ではありませんよ。

И то, и другóе имéют своú плю́сы и мúнусы. Япóнские актёры бóлее свобóдны, но выступáть в рáзной обстанóвке не так легкó.

大衆芸能（эстрáда）

A　ベース

大衆演芸 эстрáда; эстрáдное искýсство：～劇場 эстрáдный теáтр; теáтр-варьетé/～の芸人 эстрáдный артúст；(口) эстрáдник/ミュージックホール мюзик-хóлл/大衆芸能の番組[出し物] эстрáдное представлéние/お笑い комúческие представлéния/話芸 речевы́е [разговóрные] жáнры/風刺漫談

大衆芸能

сатира; фельетон：〜師 сатирик/掛け合い風刺漫談；漫才 сатирический дуэт/漫談 эстрадный рассказ/司会、番組解説（それ自体が一つの芸になっている）конферанс/(политический)小唄（политические）куплеты/〜を演じる芸人 куплетист/寸劇 драматическая сценка/ポピュラーソング популярные [эстрадные] песни/ポップミュージック популярная музыка; поп-музыка;（俗）попса/ジャズ джаз/手品、奇術、マジック фокус; иллюзия/手品師、奇術師、マジシャン фокусник; иллюзионист/サーカス цирк

♣ ミニ・ダイアローグ

大衆演芸劇場はいつも大入り満員。チケットを手に入れるのが大変だ。大衆演芸専門の二つ目か、それどころか、三つ目の劇場を建てなければ。

В театре эстрады всегда аншлаг. Очень трудно приобрести билеты. Нужно построить второй или даже третий театр специально для эстрады.

それは難しくないわ。でも、今では大衆的な芸人も大きな劇場や、「十月」のような昔の一流映画館で出演しているわ。

Это не трудно, но теперь эстрадные артисты выступают в разных больших театрах и бывших престижных кинотеатрах, например, в «Октябре».

ぼくはそういう身近な触れ合いのない雰囲気で、大衆演芸を見るのは好かないね。

Я не люблю смотреть эстрадные представления в такой неинтимной атмосфере.

それじゃ、レストラン、カフェ、キャバレー、ナイトクラブに行けばいいわ。そういう所によく出演しているのよ。

Тогда вы можете пойти в рестораны, кафе, кабаре или в ночные клубы. Они часто выступают в таких заведениях.

C オプション

ヒットソング шлягер; хит/ロック рок/ジャズバンド джаз-банд; джаз-оркестр/寸劇 миниатюра/バラエティ варьете/パントマイム пантомим/腹話術 чревовещание：〜師 чревовещатель/ピエロ、道化師 клоун/曲芸、軽業（アクロバット）акробатика；（バランス曲芸）эквилибристика；（手づま）жонглёрство/曲芸[軽業]師 акробат; эквилибрист; жонглёр/曲馬（一般の）вольтижировка；（カフカース地方の）джигитовка：〜師（一般の）

467

大衆芸能

вольтижёр; цирковой наездник；（カフカース地方の）джигит/空中ブランコ（演技）воздушный полёт；летающая акробатика；（道具）трапéция/動物使いдрессировщик; дрессировщица/コミックбуфф; буффонада/アイスショー、氷上バレエбалет на льду/楽団эстрадный оркестр/ハードロックхард-рок/メタルметалл; метал-лок/ヘビーメタ（ル）хэви-металл; хеви-металл/ヒットパレードхит-парад

C　オプション

寄席（японский традиционный）эстрадный театр/高座эстрада; эстрадный помост/出囃子 музыка, исполняемая при выходе артиста на сцену/昼席дневной сеанс/夜席вечерний сеанс/中入りперерыв/落語традиционный「юмористический［комический］рассказ/前座младший артист (, выступающий первым)/二つ目артист второго ранга/真打ちглавный［ведущий］артист/漫才юмористический［комический］диалог/色物разные жанры/（歌謡）漫談юмористический［комический］рассказ (с песнями)/声帯模写、声色、ものまねпародия/声色師；ものまね芸人пародист/紙切りискусство вырезывания бумаги/講談устное повествование

D　インターチェンジ☞「演劇」、「劇場」、「音楽」

♣ミニ・ダイアローグ

ぼくはテレビでよくお笑い番組を見ます。

いいと思いますか。

ええ、大体はとても才能がありますね。でも、ユーモアの質のあまりよくないのもいます。

大衆芸能は大衆と密接に結びついてその好みを映し出しています。あるロシアの作家が言ったでしょう。「鏡の中に自分の姿を見て、鏡が歪んでいると苦情を言うな」と。

Я часто смотрю комические эстрадные представления по телевидению.

Они вам нравятся?

Да, во многих из них есть талант, но у некоторых качество юмора не очень хорошее.

Эстрадное искусство тесно связано с народными массами и отражает их вкус. Один русский писатель сказал: «Не жалуйтесь, что зеркало кривое, увидев в нём своё изображение».

音　楽（музыка）

A　ベース

音楽 му́зыка：クラシック[ポピュラー、現代、軽]〜 класси́ческая [популя́рная, совреме́нная, лёгкая] му́зыка / ロシア[ラテンアメリカ]〜 ру́сская [латиноамерика́нская] му́зыка / バレエ[舞踊]〜 бале́тная [танцева́льная] му́зыка / 交響[吹奏、器]楽 симфони́ческая [духова́я, инструмента́льная] му́зыка / ジャズ джаз / ロック рок; рок-му́зыка / ロックンロール рок-н-ро́лл / 交響曲、シンフォニー симфо́ния / 室内楽 ка́мерная му́зыка / 曲（музыка́льное） произведе́ние / 歌劇、オペラ о́пера / オペレッタ опере́тта / ミュージカル мю́зикл / 声楽 вока́льная му́зыка / 歌曲 пе́сня / 民謡、フォークソング наро́дная пе́сня / 歌謡曲 популя́рная пе́сня / ソプラノ сопра́но / コロラチュラ・ソプラノ колорату́рное сопра́но / メゾソプラノ ме́ццо-сопра́но / アルト、コントラルト альт; контра́льто / テノール те́нор / バリトン барито́н / バス бас / 独唱、ソロ со́ло; со́льное пе́ние / ソリスト соли́ст(-ка) / 合唱、コーラス хор / オーケストラ орке́стр / 交響楽団 симфони́ческий орке́стр / 吹奏楽団 духово́й орке́стр / 指揮者 дирижёр / 指揮する дирижи́ровать＋造：オーケストラを〜 дирижи́ровать орке́стром / 小澤征爾指揮のウィーン交響楽団 Ве́нский симфони́ческий орке́стр под руково́дством Сэ́йдзи Одза́ва / 音符 но́та; но́тный знак / 音階 ска́ла / オクターブ окта́ва / 和音 созву́чие; созву́чные но́ты

♣ ミニ・ダイアローグ

どんな動物でも鳥でも自分なりの音楽を持っている。絵画も、彫刻も、詩も持っていないのに。

У всех живо́тных и птиц есть своя́ му́зыка, хотя́ у них нет ни жи́вописи, ни скульпту́ры, ни стихо́в.

それで、要するに何を言いたいの？
ぼくが言いたいのは、音楽は何か本能的なもので、文化の一部ではなくて、自然の一部だということです。

Что вы хоти́те э́тим сказа́ть？
Я хочу́ сказа́ть, что му́зыка — э́то что́-то инстинкти́вное. Она́ не часть культу́ры, а часть приро́ды.

音　楽

B　バリエーション

室内楽曲 произведе́ние ка́мерной му́зыки/協奏曲、コンチェルト конце́рт：ピアノ[トランペット]〜 конце́рт для 「фортепиа́но [трубы́]/バイオリン〜 конце́рт для скри́пки; скрипи́чный конце́рт/奏鳴曲、ソナタ сона́та：ピアノ〜 сона́та для фортепиа́но/バイオリン〜 сона́та для скри́пки; скрипи́чная сона́та/狂詩曲、ラプソディ рапсо́дия/序曲 прелю́дия; увертю́ра/組曲 сюи́та/練習曲、エチュード этю́д/二重奏（曲）дуэ́т/三重奏（曲）три́о/四重奏（曲）кварте́т/五重奏（曲）квинте́т/（第一）楽章 (пе́рвая) часть/（大きくない）曲 пье́са/（作品番号をつけた）曲 о́пус；（略）оп.; о.; соч./ベートーベンの第9交響曲、作品125番 Девя́тая симфо́ния Бетхо́вена, оп. 125 (сто два́дцать пять)/リート неме́цкая пе́сня/バラド балла́да/シャンソン шансо́н/ロマンス рома́нс/セレナーデ серена́да/聖歌、賛美歌 гимн/グレゴリオ聖歌 григориа́нский хора́л/聖歌隊 церко́вный хор/オラトリオ орато́рия/カストラート кастра́т/裏声 фальце́т/アリア、独唱曲 а́рия/二重唱、デュエット дуэ́т/三重唱、トリオ три́о/四重唱 кварте́т/男声 мужско́й го́лос/女声 же́нский го́лос/混声 сме́шанный го́лос/多声の многоголо́сный/二部[四部]合唱 двухголо́сный [четырёхголо́сный] хор/輪唱 кано́н/歌唱法 стиль пе́ния/ベルカント белька́нто/伴奏つき с сопровожде́нием/無伴奏 без сопровожде́ния/アカペラ а капе́лла/声量がある име́ть си́льный го́лос/声量が足りない Го́лос недоста́точно си́льный./音程が狂う дава́ть фальшь/声が割れる Го́лос трещи́т./高音が出ない не дава́ть высо́кого зву́ка/声が出なくなる теря́ть го́лос; лиша́ться го́лоса;（口）спада́ть с го́лоса/小節 купле́т; строфа́/繰り返し рефре́н; припе́в/小節 тре́моло/指揮棒 дирижёрская па́лочка/譜面台 пульт/指揮（者用譜面）台 дирижёрский пульт/コンサートマスター концертме́йстер/ソリスト соли́ст/第一[第二]バイオリン пе́рвые [вторы́е] скри́пки/作曲家 компози́тор/作曲する писа́ть [сочиня́ть] му́зыку：交響曲[ソナタ、歌劇]を〜 писа́ть 「симфо́нию [сона́ту, о́перу]/バレエ[校歌]を〜 сочиня́ть му́зыку 「для бале́та [к шко́льному ги́мну]/プーシキンの詩に曲をつける сочиня́ть му́зыку на стихи́ Пу́шкина/編曲する аранжи́ровать/楽譜 но́ты/総譜、スコア партиту́ра/五線紙 но́тная бума́га/長調 мажо́р/短調 мино́р

C　オプション

バロック音楽 му́зыка баро́кко/十二音音楽 додекафо́ния/全[二分、四分、

音楽

八分]音符 це́лая［полови́нная, четвёртая, восьма́я］но́та／休止符 па́уза／ト音記号 скрипи́чный ключ／ヘ音記号 ба́совый ключ／シャープ、嬰記号 дие́з／フラット、変記号 бемо́ль／嬰ヘ短調 фа-дие́з мино́р／変ロ長調 си-бемо́ль мажо́р／転調 модуля́ция：～する модули́ровать／（ロシア作曲家の）五人組 могу́чая ку́чка

D　インターチェンジ

☞「オペラ、バレエ」、「楽器」、「大衆芸能」

♣ミニ・ダイアローグ

　私は壮大な交響曲を聴くのも、華麗なオペラを聴くのも好きだけど、時々、これは許されないほどの贅沢だという気がすることがあるわ。
　交響曲もオペラも謙虚な人たちの純粋な精神的創造だ。それを贅沢にまで高めたか、低めたのはそれを作った人たちじゃない。贅沢にした責任をとるべきは聴衆、つまり、ぼくたち自身さ。

　Я люблю́ слу́шать и грандио́зную симфо́нию, и великоле́пную о́перу. Но они́ иногда́ мне ка́жутся недопусти́мой ро́скошью.
　И симфо́нии, и о́перы чи́сто духо́вное творе́ние скро́мных люде́й. Возвели́ их до у́ровня ро́скоши и́ли принизи́ли не те, кто со́здал их. За возведе́ние их до у́ровня ро́скоши должна́ отвеча́ть пу́блика, т. е., мы са́ми.

楽器

楽　器（музыкальный инструмент）

A　ベース

楽器 музыка́льный инструме́нт／（ある楽器を）弾く、演奏する игра́ть на＋楽器の名の前置格／ピアノ фортепиа́но; фортепья́но／グランドピアノ роя́ль／アップライトピアノ пиани́но：ピアノを弾く игра́ть на「роя́ле［пиани́но］／バイオリン скри́пка／ギター гита́ра／エレキギター электрогита́ра; электри́ческая гита́ра／電子ピアノ электропиа́но／エレクトーン（★電子ピアノの日本での商標名）электо́н／オルガン орга́н：電子～электроорга́н／パイプ～（тру́бчатый）орга́н／アコーディオン аккордео́н／フルート фле́йта／クラリネット кларне́т／トランペット труба́／チェロ виолонче́ль／ドラム, 太鼓 бараба́н／バラライカ балала́йка／バヤーン бая́н

♣ミニ・ダイアローグ

楽器は値段がとても高いね。一番高いヴァイオリン、たとえばストラディバリは1億円以上もする。

でも、歌手の楽器はもっと高価ね、それは演奏者自身の声帯や肺ですもの。

Музыка́льные инструме́нты сто́ят о́чень до́рого. Са́мая це́нная скри́пка, наприме́р, Страдива́ри сто́ит миллио́н до́лларов.

Но инструме́нты у певцо́в ещё бо́лее це́нны. Это голосовы́е свя́зки и лёгкие сами́х исполни́телей.

B　バリエーション

（鍵盤）楽器（кла́вишный）музыка́льный инструме́нт：弦～стру́нный музыка́льный инструме́нт／擦［撓、打］弦～смычко́вый стру́нный музыка́льный инструме́нт／（木、金）管～（деревя́нный, ме́дный）духово́й музыка́льный инструме́нт／打～уда́рный музыка́льный инструме́нт／ロシア民族～ру́сский национа́льный музыка́льный инструме́нт／邦［日本伝統］～япо́нский национа́льный музыка́льный инструме́нт／鍵盤 клавиату́ра／キー［鍵］кла́виш(а)／ペダル педа́ль／弦 струна́／弓 смычо́к／（弦楽器をはじく）撥、爪、ピック пле́ктр／弦架 коби́лка; подста́вка／糸巻 коло́к／リード язычо́к／

472

楽器

バルブ кла́пан/（打楽器をたたく）撥(ばち)、スティック (бараба́нная) па́лочка

C　オプション

オーボエ гобо́й/ファゴット фаго́т/コルネット корне́т/サクソフォン саксофо́н/トロンボーン тромбо́н/チューバ ту́ба/ビオラ альт; вио́ла/コントラバス контраба́с/ハープ а́рфа/マンドリン мандоли́на/ウクレレ гава́йская гита́ра/ティンパニー лита́вры/シンバル таре́лки/ドラ гонг/カスタネット кастанье́ты/タンブリン тамбури́н/シロフォン［木琴］ксилофо́н/トライアングル треуго́льник/チャイム оркестро́вые колокола́/クラブサン、ハープシコード、チェンバロ клавеси́н/手風琴(てつつみ) гармо́ника/グースリ гу́сли/バンドゥーラ banду́ра/太鼓 бараба́н/鼓 ручно́й бараба́н/横笛 фле́йта/三味線、尺八、琴などはロシア語に対応の語がなく、сямисэ́н, сякуха́ти, ко́то など。

D　インターチェンジ

☞「音楽」、「オペラ、バレエ」、「大衆芸能」

♣ ミニ・ダイアローグ

日本の子供はみんな何か楽器を習っているって聞いたことがあるわ。

Я слы́шала, что все япо́нские де́ти у́чатся игра́ть на како́м-нибудь музыка́льном инструме́нте.

それは少し誇張ですが、ほとんど事実ですね。特に女の子の場合は。

Э́то немно́го преувели́чено, но почти́ пра́вда. Осо́бенно, э́то отно́сится к де́вочкам.

子供たちは自分が希望して習っているの。

Они́ у́чатся по своему́ жела́нию?

大体そうだと思います、例外はあるにしても。

Я ду́маю, что в о́бщем-то, да, хотя́ есть исключе́ния.

私は母にピアノの練習を強制されたけど、今では母に感謝しているわ。

Меня́ ма́ма заста́вила учи́ться игра́ть на пиани́но, но тепе́рь я благода́рна ей.

オペラ，バレエ

オペラ（опера），バレエ（балет）

A　ベース

オペラ о́пера：グランド～ гранд-о́пера; большо́й о́перный спекта́кль/室内～ ка́мерная о́пера/～カーテン о́перный за́навес; фесто́нный за́навес/～グラス（театра́льный）бино́кль/～芸術 о́перное иску́сство/～劇場、歌劇場 о́перный теа́тр/～団 о́перная тру́ппа/声楽 вока́льная му́зыка/前奏曲、序曲、プレリュード прелю́дия, увертю́ра/ソプラノ сопра́но/メゾソプラノ ме́ццо-сопра́но/アルト альт/コントラルト контра́льт/テノール те́нор/バリトン барито́н/バス бас/ソリスト соли́ст（ка）/リードソリスト веду́щий соли́ст/アリア а́рия/デュエット дуэ́т/～で в дуэ́те/独唱（曲）вока́льное со́ло/発声 звукообразова́ние：～法 ди́кция/～練習 вокали́з; вокализа́ция; вока́льное воспита́ние/プリマドンナ примадо́нна

バレエ бале́т：～芸術 бале́тное иску́сство; танцева́льное иску́сство/～教師 педаго́г бале́та/～曲 бале́тная му́зыка/～劇場 бале́тный теа́тр/～コンサート бале́тный конце́рт/～公演 бале́тный спекта́кль/～シューズ бале́тные ту́фли; бале́тки/～［トゥー］シューズ пуа́нты/～団 бале́тная тру́ппа/～ダンサー арти́ст（ка）бале́та/～マスター балетме́йстер/～ミストレス арти́ст（ка）ми́стрес/クラシック［現代］～ класси́ческий［совреме́нный］бале́т/モダン～ бале́т «моде́рн»/バレリーナ балери́на/オーケストラ［テープ、ピアノ］で под окре́стр［фоногра́мму, роя́ль］

B　バリエーション

オペレッタ опере́тта/ミュージカル мю́зикл/振付 постано́вка; хореогра́фия：グリゴローヴィチ～演出［ウラジーミロフ主演］の「イワン雷帝」«Ива́н Гро́зный» в постано́вке Григоро́вича［в исполне́нии Влади́мирова］/～稽古 постано́вочная репети́ция/～師 хорео́граф/～者（特定の作品の）балетме́йстер-постано́вщик/～指導者 балетме́йстер-репети́тор/プリマ・バレリーナ/при́ма-балери́на

オペラ，バレエ

C　オプション

楽劇 музыкáльная дрáма/**オペラ・セリア** óпера-сéрия/演奏会形式 концéртное исполнéние：〜で в концéртном исполнéнии/**アリエッタ** ариéтта/**タイトルロール** тúтульная пáртия/**レチタチーヴォ** речитатúв/**チュチュ**（薄い生地を重ね合わせたバレエのショートスカート）пáчка; тютю/ゆるやかで袖なしのバレエ衣裳 хитóн/**ステップ，パ** па/ゆっくり адáжио/軽快な аллéгро/開脚 вывороность/**ピルエット**（片足のつまさき旋回）пируэ́т/しゃがむ плиé/**バットマン**（片足で立ち他の片足で打つような動き）батмáн/両足でのジャンプ ассамблé/**フェッテ**（上げた足を鞭打ち状に急速に動かすこと）фуэтé/すり足 шассé/（出演者全員が参加する）**フィナーレ** апофеóз/**スター、花形** этуáль/**バレエファン[狂]** балетомáн/毎日の稽古 экзерсúс

D　インターチェンジ

☞「音楽」、「演劇」、「劇場」

♣ミニ・ダイアローグ

うちの女房が最近ダンスを習いだしたんだ。

社交ダンスだね？

いや、本格的なクラシックバレエだ。

悪いけど、君の奥さんは16歳よりちょっと年をとってるよね。

うん、2倍以上だな。

ちょっと遅すぎないかね。

わからん。ともかく晩飯のあと夜遅くまで練習しているよ。

疲れないかなあ？

すごく疲れて、昼間は家で「眠れる美女」の役を演じている。

Моя́ жена́ неда́вно начала́ учи́ться танцева́ть.

Ба́льным та́нцам?

Нет, настоя́щему класси́ческому бале́ту.

Извини́, но твоя́ жена́ немно́го ста́рше, чем шестна́дцать лет.

Да, бо́льше, чем в два ра́за.

Не поздновáто?

Не зна́ю. Во вся́ком слу́чае, она́ у́чится по́сле у́жина до глубо́кой но́чи.

Она́ не устаёт?

О́чень устаёт и днём она́ исполня́ет до́ма роль «Спя́щей краса́вицы».

475

歌舞伎

歌舞伎（кабуки）

　日本固有のものに関係する語は「歌舞伎 кабуки」のように、日本語をそのまま使うことが多い。ロシア語訳は訳語というより、内容の説明であるのが普通。

A　ベース

歌舞伎 кабу́ки/（歌舞伎）十八番 восемна́дцать лу́чших спекта́клей (кабу́ки)/立役 роль положи́тельного геро́я/時代物 истори́ческая пье́са/世話物 пье́са на те́му бытово́й жи́зни/所作事 танцева́льное представле́ние/二枚目 (актёр, исполня́ющий) роль краса́вца/女形 же́нская роль; актёр, исполня́ющий же́нскую роль/口上 объявле́ние; заявле́ние/囃子方 орке́стр; музыка́нты/鳴り物 му́зыка/拍子木 колоту́шка/花道 ханами́ти; доро́жка цвето́в; помо́ст сза́ди к сце́не че́рез весь зал/回り舞台 враща́ющаяся сце́на

♣ ミニ・ダイアローグ

　正夫、「カブキ」って、どういう意味か説明してください。

　一部の人たちは「カ」は歌という意味、「ブ」は踊り、「キ」は演技だと説明しています。

　わかったわ。「カブキ」は「歌、舞い、技の総合」という意味なのね。

　そうですね。でもぼく自身はこの解釈はかなり疑わしいと思っています。

　Объясни́те, Масао, что зна́чит «Кабу́ки»?

　Не́которые объясня́ют, что «ка» зна́чит «пе́ние», «бу» — та́нцы, «ки» — театра́льное иску́сство.

　Поняла́. «Кабу́ки» означа́ет «соедине́ние пе́ния, та́нца и театра́льного иску́сства».

　Да. Но я ли́чно ду́маю, что э́то истолкова́ние дово́льно сомни́тельное.

B　バリエーション

序[幕]эпило́г; нача́ло спекта́кля; завя́зка/大序 нача́ло «пе́рвого де́йствия [пе́рвого а́кта] спекта́кля/一段目 пе́рвое де́йствие; пе́рвый акт/大詰め фина́л; развя́зка/荒事 выраже́ние хра́брости/和事 любо́вная исто́рия/立ち

476

歌舞伎

回り、殺陣(たて)сце́ны「борьбы́ [бо́я, дра́ки]/色事、濡れ場 любо́вная сце́нка/道行 сце́на「путеше́ствия [бе́гства влюблённых]/だんまり пантоми́м; сце́на без слов/見得を切る де́лать впечатли́тельную по́зу/思い入れ выраже́ние глубо́ких чувств без слов/早変わり бы́страя сме́на (оде́жды)/宙づり подве́шивание актёра на кана́те/隈取り грим с разноцве́тными ли́ниями/悪役 (актёр, исполня́ющий) роль「злоде́я [отрица́тельного лица́]/並び大名 стати́ст/馬の足 актёр, дви́гающий чу́чело ло́шади/後見 ассисте́нт/黒子 ассисте́нт в чёрном костю́ме/揚げ幕 поднима́ющийся за́навес/引き幕 раздвига́ющийся за́навес/緞帳(どんちょう) декорати́вный за́навес

C　オプション

せり часть сце́ны, дви́гающаяся вверх и вниз/すっぽん часть ханами́ти, дви́гающаяся вверх и вниз/奈落 трюм (помеще́ние под сце́ной)/名跡(みょうせき) традицио́нное и́мя, передаю́щееся из поколе́ния в поколе́ние/屋号 назва́ние гру́ппы актёров/名跡襲名 насле́дование и́мени/座付き作者 сценари́ст, принадлежа́щий к определённому теа́тру/勧進元 организа́тор спекта́кля; антрепренёр/番付 програ́мма/役者絵 портре́т актёра

♣ミニ・ダイアローグ

歌舞伎のお芝居では、女性の役を全部男性が演じるって、本当？

ええ、本当です。ただ、女の子の役は女の子がやります。時には、女の子が男の子の役もやりますね。

でも男性が女の役をするなんて、なんだか気味がわるいわ。

とんでもない。男が演じる女性は大てい現実の女性より魅力的です。

Пра́вда, что в спекта́клях «кабу́ки» все же́нские ро́ли исполня́ются мужчи́нами？

Да, пра́вда. То́лько ро́ли ма́леньких де́вочек исполня́ются де́вочками. Иногда́ де́вочки игра́ют и ро́ли ма́льчиков.

Но мне ка́к-то жу́тко, что мужчи́ны игра́ют же́нщин.

Ни в ко́ем слу́чае! Же́нщины, исполня́емые мужчи́нами, ча́ще всего́ очарова́тельнее, чем же́нщины в жи́зни.

文楽

文楽（бунраку）

A　ベース

文楽 японский классический кукольный театр «Бунра́ку»/人形浄瑠璃 кукольный театр с исполнением «дзёрури»/人形 ку́кла/かしら голова́ ку́клы/人形遣い кукловод/太夫 сказитель/床 платформа (для сказителей)/本 текст/見台 подставка [пюпитр] для книжки с текстом/三味線 (楽器) сямисэ́н (трёхстру́нный щипко́вый музыка́льный инструме́нт); (演奏者) исполни́тель сямисэ́на

♣ミニ・ダイアローグ

人形劇というと何か子供じみた感じがしますが、日本の伝統的人形劇の文楽には子供じみたものは一切ありません。まったく大人向けのものです。

Слова́ «ку́кольный теа́тр» вызыва́ют чу́вство чего́-то «де́тского». Но в япо́нском традицио́нном ку́кольном теа́тре «Бунра́ку» нет ничего́ де́тского. Он рассчи́тан исключи́тельно на взро́слую пу́блику.

それを聞いたら、興味がわいてきました。文楽の劇はどこで見られますか。

Вы вы́звали у меня́ интере́с к нему́. А где мо́жно посмотре́ть его́ спекта́кли?

東京なら第一国立劇場の小劇場です。でも、中心的な文楽劇場は大阪にあります。ちなみに、まずよく知っている人と相談して、適切な演目を選ばなければだめですよ。

Е́сли в То́кио, то в ма́лом за́ле пе́рвого Национа́льного теа́тра. Но центра́льный теа́тр Бунра́ку нахо́дится в Оса́ка. Кста́ти, снача́ла ну́жно посове́товаться с знатока́ми и вы́брать подходя́щие спекта́кли.

B　バリエーション

三人遣い управле́ние ку́клой тремя́ кукловода́ми/おも遣い кукловод, управля́ющий голово́й и пра́вой руко́й/左遣い кукловод, управля́ющий

文楽

ле́вой руко́й/足遣い（男の人形で）кукловод, управля́ющий нога́ми；（女の人形で）кукловод, имити́рующий движе́ние ног/かつら па́рик/肩板 плечева́я перекла́дина/胴 ту́ловище/へちま подкла́дка

C　オプション

舞台下駄 о́бувь с высо́кими подста́вками для куклово́да/一［二］の手 пере́дний [второ́й] барье́р/本手 за́дний барье́р/舟底 углублённый пол сце́ны

D　インターチェンジ

☞「演劇」、「歌舞伎」、「劇場」、「大衆芸能」

♣ミニ・ダイアローグ

文楽は独特な哲学が特徴ですね。あんな世界観に私は今まで接したことがなかったわ。

ぼくはあなたに文楽の演劇技術にも注目してほしいですね。18世紀から文楽では、チョー現代的な技術が使われていたんですよ。

«Бунра́ку» отлича́ется свое́й оригина́льной филосо́фией. До сих пор я была́ незнако́ма с таки́м миросозерца́нием.

Я рекоменду́ю вам обрати́ть внима́ние и на театра́льную техноло́гию «Бунра́ку». С восемна́дцатого ве́ка в нём испо́льзовалась суперсовреме́нная те́хника.

479

能、能楽

能，能楽（ноо）

A ベース

能 ноо; ногáку (вид япóнских традициóнных театрáльных представлéний)/狂言 кёгэн (небольшáя япóнская класси́ческая комéдия)/能役者、能楽師 актёр [арти́ст] ноо/シテ глáвное лицó; глáвный персонáж/ツレ спýтник глáвного лицá [персонáжа]/ワキ второстепéнное лицó; второстепéнный персонáж/子方 дéтская роль; роль мáльчика/能面 мáска ноо/装束 костю́м/囃子方 музыкáнт/謡い пéние; произнесéние тéкста пьéсы ноо/謡曲 пьéса ноо

B バリエーション

能舞台 сцéна ноо/鏡板 сцéна-задник (, на котóрой изображенá соснá)/橋懸り помóст, ведýщий со сцéны за кули́сы/鏡の間 крóшечная кóмнатка с больши́м зéркалом/揚幕 полосáтый зáнавес/所作 стилизóванный жест/仕舞 исполнéние отдéльных танцевáльных отры́вков

C オプション

切戸 мáленькая незамéтная дверь/白州梯子 деревя́нная лéстница в ступéньки/一[二、三]の松 пéрвая [вторáя, трéтья] соснá/仕手柱 столб ситэ́/脇柱 столб вáки/目付柱 ориенти́ровочный столб/笛柱 столб флейти́ста/後見 ассистéнт/序 завя́зка; вступлéние/急 разви́тие/破 развя́зка

D インターチェンジ

☞「演劇」、「劇場」、「歌舞伎」、「大衆芸能」、「文楽」

能、能楽

♣ミニ・ダイアローグ

　一言で言えば「能」って何ですか。

　一言で？　それはとても無理ですよ。

　ねえ、ともかく試してご覧なさい。あなたは頭脳明晰な人でしょう。

　よくはなさそうだけど…一言で言えば「能」はすべてです。「能」には素朴さと最高に洗練されたものがあります、民衆の英知と深い哲学も、笑いと悲しみも……でも、ご自分の目で見てくださいよ。

Если сказа́ть одни́м сло́вом, что тако́е «нóо»?

Одни́м сло́вом? Э́то про́сто невозмо́жно.

Ну, всё-таки попро́буйте. Ведь вы о́чень у́мный челове́к.

Вряд ли ... Е́сли сказа́ть одни́м сло́вом, то «нóо» — всё. В нём есть простота́ и вы́сшая утончённость, наро́дная му́дрость и глубо́кая филосо́фия, смех и скорбь ... Но посмотри́те его́ свои́ми глаза́ми.

481

美 術

美　術（иску́сство）

A　ベース

美術 иску́сство；(旧) изя́щные иску́сства；(旧) худо́жество／**〜［芸術］の、〜［芸術］的な** худо́жественный／**造形芸術** изобрази́тельные иску́сства／**芸術家** худо́жник（худо́жник は「画家」の意味のことが多いが、一般に「芸術家」、「造形芸術家」を意味することもある。арти́ст は俳優、歌手、音楽家など）／**〜品** худо́жественные произведе́ния／**〜工芸品** изде́лия прикладно́го иску́сства；худо́жественные изде́лия／**〜館** худо́жественный музе́й；галере́я／**〜展** худо́жественная вы́ставка／**〜学校** акаде́мия худо́жеств；институ́т изобрази́тельных иску́сств；худо́жественное учи́лище／**絵画** жи́вопись／**画家** худо́жник；живопи́сец／**洋［日本］画** жи́вопись в «за́падном［япо́нском］сти́ле／**絵（線描・色彩画）** рису́нок；(色彩画) карти́на／**油絵、油彩（総称）** ма́сляная жи́вопись；(個々の絵) карти́на ма́слом；ма́сляная карти́на／**水彩（総称）** акваре́льная жи́вопись；(個々の絵) карти́на акваре́лью；акваре́льная карти́на／**彫刻** скульпту́ра；вая́ние：**〜家** ску́льптор／**工芸** прикладно́е иску́сство：**〜家** худо́жник по прикладно́му иску́сству／**陶芸** гонча́рное иску́сство：**〜家** гонча́р

B　バリエーション

風景画 (総称) пейза́жная жи́вопись；пейза́ж；(個々の絵) пейза́жная карти́на；пейза́ж／**静物画** (総称・個々の絵) натюрмо́рт／**肖像画** (総称) портре́тная жи́вопись；(個々の絵) портре́т／**戦争画** бата́льная карти́на／**風俗画** (総称) жа́нровая жи́вопись；жанр；(個々の絵) жанр／**壁画** (総称) насте́нная жи́вопись；(個々の絵) (стенна́я) ро́спись／**聖像画** (総称) и́конопись；(個々の絵) ико́на／**パステル画** пасте́ль；пасте́льный рису́нок；пасте́льная карти́на；рису́нок［карти́на］пасте́лью／**鉛筆画** рису́нок карандашо́м；каранда́шный рису́нок；каранда́ш／**木炭画** рису́нок у́глем；у́гольный рису́нок／**ペン画** рису́нок перо́м／**裸体画、ヌード** ню／**スケッチ、デッサン、素描、下絵** набро́сок；эски́з；этю́д／**花をスケッチする** набра́сывать цветы́／**鉛筆でデッサンをする** де́лать набро́сок карандашо́м／**習作** этю́д／**大作のために各部分の習作を作る** писа́ть этю́ды часте́й бу́дущего

美術

большо́го произведе́ния/写生する рисова́ть с нату́ры/モデル нату́рщица; нату́рщик/タッチ штрих/配色 расцве́тка/構図 компози́ция/遠近法 перспекти́ва/技法 приём/塑造 ле́пка/塑像 ле́пка; лепна́я рабо́та/石［大理石、木］像 ка́менная [мра́морная, деревя́нная] ста́туя; ка́менное [мра́морное, деревя́нное] извая́ние/銅像 бро́нзовая ста́туя; бро́нзовое извая́ние; па́мятник：プーシキン［チャイコフスキー］の銅像 па́мятник 「Пу́шкину [Чайко́вскому]」(対象を示す語が生格でなく与格になることに注意)/石膏像 гипс/石膏の胸像 ги́псовый бюст/石膏の像をデッサンする рисова́ть с ги́псов/浮き彫り、レリーフ релье́ф/浅浮き彫り барелье́ф/モザイク моза́ика：〜画 моза́ичный рису́нок/陶磁器 фарфо́ро-фая́нсовые изде́лия/ガラス工芸 стеко́льное иску́сство：〜品 худо́жественные стеко́льные изде́лия/（ギリシャ・ローマの）古典芸術 анти́чное иску́сство/クラシック кла́ссика/ロマネスク рома́нский стиль/ゴシック го́тика/ルネサンス Возрожде́ние; Ренесса́нс/バロック баро́кко/ロココ рококо́/クラシシズム、古典主義 классици́зм/ロマンチシズム、ロマン主義 романти́зм/リアリズム、写実主義 реали́зм/印象主義 импрессиони́зм/表現主義 экспрессиони́зм/キュービズム куби́зм/アブストラクト、抽象芸術 абстра́ктное иску́сство/アバンギャルド、前衛芸術 авангарди́зм/ポップアート поп(-)а́рт

C　オプション

テンペラ画（総称）те́мперная жи́вопись；（個々の絵）те́мпера/フレスコ画（総称）фре́ска; фреско́вая жи́вопись；（個々の絵）фре́ска; фреско́вая карти́на/墨絵 карти́на ту́шью/四君子 основны́е предме́ты восто́чной жи́вописи (сли́ва, бамбу́к, орхиде́я и хризанте́ма)/山水画 пейза́ж/美人画 карти́на 「краси́вой же́нщины [краси́вых же́нщин]」/版画 гравю́ра/書道 каллигра́фия/書家 каллигра́ф/楷書 уста́в/行書 полууста́в/草書 ско́ропись/てん書 фо́рма иероглифи́ческого письма́ (бли́зкая к первонача́льным иеро́глифам)/隷書 стилизо́ванная фо́рма иероглифи́ческого письма́/てん刻 гравиро́вка иеро́глифов (в большинстве́ слу́чаев, фо́рмы «тэнсё» на ка́мне, де́реве и т. д.)/漆器 ла́ки/漆芸 лакиро́вка/漆工芸品 худо́жественные ла́ки/彫金 гравиро́вка на мета́лле/七宝 эма́ль：〜細工（制作）изготовле́ние эма́лей；（製品）эма́ли

美　術

D　インターチェンジ

☞「色彩」、「文学」

♣ミニ・ダイアローグ

車のデザインは一種の芸術だね。

美が自動車デザイナーの主目的ではないから、車は芸術品じゃないよ。

でも、毎日使われていた古代朝鮮の茶碗が今では芸術の極致とされているね。

Дизáйн автомашúн являéтся однúм из вúдов искýсства.

Красотá не глáвная цель дизáйнеров автомобúля, знáчит, машúна — не худóжественное произведéние.

Но древнекорéйские чáшки, котóрые употреблялись кáждый день, тепéрь считáются вершúной искýсства.

色　彩（цвет）

A　ベース

色 цвет／配色 расцвётка／原色 основнóй　цвет／中間色 полутóн／白 бéлый цвет／白い бéлый／黒 чёрный цвет／黒い чёрный／紫色 лилóвый цвет／紫の、すみれ色［バイオレット］の лилóвый／赤 крáсный цвет／赤い крáсный／ピンク、桃［バラ］色 рóзовый цвет／ピンクの、桃［バラ］色の рóзовый／青、ブルー сńний цвет; синевá／青い、ブルーの сńний／黄色 жёлтый цвет／黄色い жёлтый／緑色、グリーン зелёный　цвет／緑［グリーン］の зелёный／茶［土］色 корńчневый цвет／茶［土］色の корńчневый

B　バリエーション

はでな色 я́ркий цвет／はでな、はでな色の я́ркий／くすんだ色 нея́ркий цвет／くすんだ(色の)нея́ркий; блéдный／黒っぽい、暗い тёмный／明るい свéтлый（★基本の色の濃淡を示す場合は свeтло-, тёмно-, блéдно- をつける。色の現れ方が弱い場合は接尾辞 -оватый, -еватый をつけることもある。）／濃緑の тёмно-зелёный／薄緑の свeтло-зелёный／青みがかった、青っぽい синевá-тый／緑色がかった зеленовáтый／赤く［白く、黒く、青く、黄色に、緑色に］なる［見える］ краснéть［белéть, чернéть , синéть, зеленéть］／金色に［銀色に、青々と］光る блестéть「зóлотом［серебрóм, синевóй］／赤く［黒く］塗る крáсить в「крáсный［чёрный］цвет／七色の、にじ色の рáдужный／色とりどりの многоцвéтный; разноцвéтный; пёстрый／微妙な色合い нюáнс; оттéнок／赤みがかった茶色 корńчневый цвет с красновáтым оттéнком

C　オプション

（白・グレー系統）真っ白な、スノーホワイト белоснéжный／乳白色の молóчный／アイボリー、象牙色 цвет слóновой кóсти／パール［真珠］色の перлáмутровый／（毛・髪が）白い、灰白色の седóй／灰色の、グレーの сéрый／ねずみ［薄墨］色 (свeтло)-сéрый／チャコールグレー тёмно-сéрый／銀色の、シルバー серéбряный／シルバーグレーの серебрńстый／鉛色の свинцóвый／（黒系統）真っ黒な、漆黒の чёрный　как　смоль／（赤系統）真っ赤な、深紅の

485

色彩

ярко-кра́сный/深紅の、赤紫の пурпу́рный; пурпу́ровый/朱色の а́лый/茜色の светло-кра́сный/臙脂色 тёмно-кра́сный/赤黒い багро́вый/ワインレッド цвет кра́сного вина́/ボルドーワイн色の бордо́/サーモンピンクの ора́нжево-ро́зовый/チェリーピンクの、チェリー色の вишнёвый/桜色の бле́дно-ро́зовый/人参色の、赤毛の ры́жий/（青系統）藍色の тёмно-си́ний/空[水]色の、スカイブルーの голубо́й; светло-си́ний/るり色の лазу́рный/群青 ультра-мари́н/紺色の тёмно-си́ний с пурпу́рным отте́нком/（紫系統）藤色の лило́вый; светло-фиоле́товый/ライラックの сире́невый; бледно-лило́вый/鳩羽色の си́зый/（黄系統）明るい黄[レモン]色の светло-жёлтый; лимо́нный/くすんだ黄[卵]色の бледно-жёлтый/橙々[オレンジ、蜜柑]色の ора́нжевый/カーキ色の ха́ки/クリーム色の кре́мовый/黄土色の жёлтый с красноватым отте́нком/金色の золото́й; золоти́стый/（緑系統）草色[薄緑、浅緑]の светло-зелёный/濃[深]緑の тёмно-зелёный/エメラルドグリーンの изумру́дный/オリーブ色の оли́вковый/黄緑の жёлто-зелёный/（茶系統）薄茶色の светло-кори́чневый/焦げ茶[褐]色の тёмно-кори́чневый/きつね色の светло[жёлто]-кори́чневый/くすんだ茶色の бу́рый/えび茶の кори́чневый с краснова́тым отте́нком/チョコレート色の шокола́дный/栗色の кашта́новый/煉瓦色の кирпи́чный/赤銅色の ме́дный/小麦色の светло-кори́чневый с золоти́стым отте́нком/亜麻色の ру́сый/ベージュ беж;（口）бе́жевый/たいしゃ[黄土]色の о́хровый; кори́чневый с краснова́тым отте́нком/小豆色の тёмно-кори́чневый с краснова́тым отте́нком/（目の色が）茶色の ка́рий

D インターチェンジ　☞「美術」

♣ ミニ・ダイアローグ

　白黒映画の方が「色」がきれいだったという人がいるわね。

　それはぼくにもよくわかるな。墨絵や木炭画で実にきれいな色が表現されていることがよくあるから。色は必ずしも色そのものではなくて、光と闇の相互関係でもあるんだね。

Не́которые лю́ди говоря́т, что в чёрно-бе́лых фи́льмах «цвета́» бы́ли краси́вее.

Э́то я хорошо́ понима́ю. В карти́нах ту́шью и́ли у́глем ча́сто выража́ются о́чень краси́вые цвета́. Цвет не всегда́ цвет сам по себе́, но есть и взаимоотноше́ние све́та и темноты́.

486

文　学 (литература)

A　ベース

文学 литерату́ра/文芸 худо́жественная литерату́ра/ロシア [日本] 文学 ру́сская [япо́нская] литерату́ра/古代 [中世、現代] 文学 дре́вняя [средневеко́вая, совреме́нная] литерату́ра/20世紀文学 литерату́ра XX (двадца́того) ве́ка/文学作品 литерату́рное произведе́ние/散文 про́за/長編小説 рома́н/中編小説 по́весть/短編小説 расска́з/歴史 [恋愛、SF] 小説 истори́ческий [любо́вный, нау́чно-фантасти́ческий] рома́н; истори́ческая [любо́вная, нау́чно-фантасти́ческая] по́весть/推理小説 детекти́в/ルポルタージュ репорта́ж; о́черк/エッセイ、随筆 эссе́/ノンフィクション документа́льная литерату́ра/フィクション вы́мысел/韻文 стихи́/詩 (一般) стихи́；(短詩) стихотворе́ние；(長詩) поэ́ма；(詩情) поэ́зия

B　バリエーション

文学史 исто́рия литерату́ры/古典 кла́ссика/古典主義 классици́зм/ロマン主義、ロマンチシズム романти́зм/リアリズム、写実主義 реали́зм/シンボリズム、象徴主義 символи́зм/自然主義 натурали́зм/社会主義リアリズム социалисти́ческий реали́зм/文学理論 тео́рия литерату́ры/文芸学 литературове́дение/旅行記 путевы́е запи́ски/日記文学 литерату́рное произведе́ние в фо́рме дневника́/書簡体小説 эпистоля́рный рома́н；эпистоля́рная по́весть/伝記 биогра́фия/自伝 автобиогра́фия/批評 кри́тика/批評論文 крити́ческая статья́/ペトロフの小説の批評 крити́ческая статья́ о по́вести Петро́ва/時評 реце́нзия：ペトロフの新しい小説の〜 реце́нзия на но́вую по́весть Петро́ва

C　オプション

主題 те́ма/筋 фа́була/プロット сюже́т/構成 компози́ция/主人公 геро́й/女主人公、ヒロイン герои́ня/中心人物 центра́льная фигу́ра；центра́льное лицо́；центра́льный персона́ж/副人物 второстепе́нная фигу́ра；второстепе́нное лицо́；второстепе́нный персона́ж/人物像 о́браз/モデル

文　学

прототи́п/詩法、詩学 поэ́тика/作詩法 стихосложе́ние/韻律 ри́тмы и ри́фмы/リズム ритм/強弱格 хоре́й/弱強格 ямб/弱強弱格 амфибра́хий/強弱弱格 да́ктиль/弱弱強格 ана́пест/韻 ри́фма：〜を踏む рифмова́ть/男性[女性、ダクチル]韻 мужска́я [же́нская, дактили́ческая] ри́фма/隣接[交差、包括]韻 сме́жные [перекрёстные, охва́тывающие] ри́фмы/有韻詩 рифмо́ванные стихи́/無韻詩、ブランクヴァース бе́лые стихи́/自由詩 во́льные стихи́/音節詩 силлаби́ческие стихи́/アクセント[力点]詩 тони́ческие стихи́/音節力点詩 силлабо-тони́ческие стихи́/脚 стопа́/六脚弱強格 шестисто́пный ямб/一行の中の切れ目 цезу́ра/節 строфа́/物語詩 поэ́ма/叙事詩（総称）э́пос；(個々の作品) эпи́ческая поэ́ма：英雄〜герои́ческая поэ́ма/国民的英雄〜эпопе́я/抒情詩（総称）ли́рика；(個々の作品)（短編）лири́ческое стихотворе́ние；(長編) лири́ческая поэ́ма/劇詩 драмати́ческая поэ́ма/頌詩 о́да/書簡詩 посла́ние; эпи́стола/哲学詩 филосо́фские стихи́/寓話詩 ба́сня/田園詩 экло́га/牧歌 иди́ллия; пастора́ль/挽歌、エレジー элегия/碑銘詩 эпита́фия/寸鉄詩 эпигра́мма/ソネット соне́т/ロンド ро́ндо/バラド балла́да/ロマンス рома́нс/歌謡 пе́сня/散文詩 стихотворе́ние в про́зе/短歌 та́нка; япо́нское пятисти́шье /上の句 пе́рвая полови́на та́нки/下の句 втора́я полови́на та́нки/俳句 ха́йку; япо́нское трёхсти́шье/季語 сло́во, выража́ющее вре́мя го́да

D　インターチェンジ

☞「美術」

♣ミニ・ダイアローグ

日本の女流詩人、女流作家は額田王や紫式部をはじめとして実に素晴らしい作品を創作しましたよ。

私はその名前は知っているけど、作品は読んだことがないわ。

読んでごらんなさい。その作品はいろいろな国語に訳されてますから。

Япо́нские поэте́ссы и писа́тельницы, начина́я с Нукатано-оки́ми и Мураса́кисикибу, со́здали действи́тельно превосхо́дные произведе́ния.

Я зна́ю их имена́, но произведе́ния не чита́ла.

Я рекоменду́ю вам прочесть их произведе́ния. Они́ переведены́ на мно́гие языки́.

宗　教（религия）

A　ベース

宗教 рели́гия／信仰 ве́ра／信じる ве́рить; ве́ровать／神 Бог; бог; божество́／女神 боги́ня／神[仏]を信じる ве́рить [ве́ровать] в 「бо́га [Бу́дду]／神を信仰する испове́довать [ве́ровать] бо́га／キリスト教 христиа́нство／キリスト教徒 христиани́н; христиа́нка／カトリック католици́зм; католи́чество／カトリック教徒 като́лик; католи́чка／プロテスタント（宗教）протестанти́зм；（教徒）протеста́нт(ка)／イエス・キリスト Иису́с Христо́с／聖書 би́блия; свяще́нное писа́ние／旧約聖書 Ве́тхий заве́т／新約聖書 Но́вый заве́т／クリスマス Рождество́ (Христо́во)／復活祭、イースター Па́сха／仏教 буддии́зм／仏教徒 будди́ст(тка)／仏 бу́дда／経典 су́тра／寺 будди́йский храм／イスラム教、マホメット教、回教 исла́м; магомета́нство; мусульма́нство／イスラム教徒、マホメット教徒、回教徒 ислами́ст(ка); магомета́н(ка); мусульма́н(ин); мусульма́нка／マホメット Муха́ммед／アラーの神 Алла́х／コーラン кора́н／モスク（イスラム教礼拝堂） моск／ユダヤ教 иудаи́зм; иуде́йство／ユダヤ教徒 иудаи́ст(ка)／シナゴーグ、ユダヤ教会 синаго́га／神道 синтои́зм／神道信者 синтои́ст／神社 синтои́стский храм／神主 синтои́стский 「священнослужи́тель [свяще́нник]／神官 жрец

♣ミニ・ダイアローグ

　正夫、一つ質問があるの。日本人はみんな神道の信者ですか。
　日本人の大半はそうですが、全員ではありません。大抵のキリスト教徒と一部の仏教徒は神道を拒否しています。
　でも神道は日本の国家宗教でしょう。
　今は違います。それは1945年までのことです。

　Маса́о, у меня́ есть оди́н вопро́с. Все япо́нцы синтои́сты?
　Большинство́ япо́нцев синтои́сты, но не все. Мно́гие христиа́не и не́которые будди́сты отка́зываются от синтои́зма.
　Но синтои́зм явля́ется госуда́рственной рели́гией Япо́нии?
　Тепе́рь нет. Э́то бы́ло до 1945 го́да.

宗教

B　バリエーション

多神教 политеисти́ческая рели́гия; политеи́зм; многобо́жие/一神教 монотеисти́ческая рели́гия; монотеи́зм; единобо́жие/土着宗教 ме́стная рели́гия/原始宗教 первонача́льная рели́гия/自然崇拝 культ приро́ды/新興宗教 но́вая религио́зная гру́ппа/唯一神 еди́ный Бог/創造神 Бог-творе́ц/絶対者 абсолю́т/救世主 спаси́тель; ме́ссия/予[預]言者 проро́к/開祖 основа́тель/伝道者 пропове́дник/〜の信者 испове́дующий [ве́рующий] 〜 (対格); приве́рженец [после́дователь] 〜 (生格)/信仰を持っている人 ве́рующий/信仰を持っていない人 неве́рующий/狂信者 фана́тик/無神論 атеи́зм/無神論者 атеи́ст/殉教 му́ченичество/殉教者 му́ченик; му́ченица/異端 е́ресь/異端者 ерети́к/神殿 храм/聖典 свяще́нная кни́га/正典、正当な聖典 кано́н/教え、教義 уче́ние/(基本)教義、教理 до́гма/戒律 за́поведь/儀礼、儀式 обря́д/リチュアル ритуа́л/勤行 слу́жба/お祈り моли́тва: 〜をする моли́ться/巡礼 пало́мничество/霊魂不滅 бессме́ртие души́/来世 загро́бная жизнь/あの世 тот свет/極楽、天国 рай/地獄 ад/マタイ［マルコ、ルカ、ヨハネ］による福音書、マタイ［マルコ、ルカ、ヨハネ］伝 Ева́нгелие от「Матфе́я［Ма́рка, Луки́, Иоа́нна］; От「Матфе́я,［Ма́рка, Луки́, Иоа́нна］свято́е благовествова́ние/伝道、説教 про́поведь/説教する、布教する пропове́довать/新しい宗教を布教する пропове́довать [распространя́ть] но́вую рели́гию/教会 це́рковь/大聖堂 собо́р/祭壇 алта́рь/聖像画（総称）и́конопись;（個々の）ико́на/修道院 монасты́рь/修道僧 мона́х/修道尼 мона́хиня/修道生活 мона́шество/天地創造 сотворе́ние ми́ра/三位一体 Тро́ица/父なる神 Бог-Оте́ц/精霊 Свято́й Дух/神の子 Бог-Сын/旧教→カトリック/ローマ法王 Ри́мский па́па; па́па Ри́мский/バチカン、ローマ法王庁 Ватика́н/ジェスイット、イエズス会士 иезуи́т/新教→プロテスタント/ルーテル教会 лютера́нская це́рковь/ピューリタニズム、清教 пурита́нство/ピューリタン、清教徒 пурита́нин; пурита́нка/英国国教会 англика́нство; англикани́зм/英国国教徒 англика́нец; англика́нка/救世軍 А́рмия спасе́ния/(ギリシャ)正教 правосла́вие/正教徒 правосла́вный; правосла́вная/ロシア正教会 Ру́сская правосла́вная це́рковь/キリスト教の受容 приня́тие христиа́нства/キリスト教化 христианиза́ция

C　オプション

シャーマニズム шама́нство; шамани́зм/風[商業]の神 бог「ве́тра [торго́вли]/雷神 бог гро́ма/七福神 семь бого́в сча́стья/超自然的存在

宗　教

сверхъесте́ственное существо́/創世記 Кни́га Бытия́/エデンの園 Эде́м; рай/アダムとイヴ Ада́м и Е́ва/堕罪 грехопаде́ние/原罪 первор́одный грех/失楽園 поте́рянный рай/ソロモンの箴言 При́тчи Соломо́на/詩篇 Псалты́рь（女性名詞）、（口）は（男性）、（旧）Псалти́рь/エホバの神 Бог 「Я́хве [Я́гве, Иего́ва]/モーゼ Моисе́й/十戒 де́сять за́поведей/約束の地 обето́ванная 「земля́ [страна́]; обето́ванный край/受胎告知 благовеще́ние/使徒行伝 Дея́ния святы́х апо́столов/黙示録 Апока́липсис/サクラメント[秘蹟、機密、聖礼典、礼典]та́инство/堅信 конфирма́ция; миропома́зание/信仰告白、懺悔 и́споведь/聖体拝領、聖餐式 прича́стие/（病者の）塗油 соборова́ние; елеосвяще́ние/叙階 свяще́нство/キリストの再臨 втори́чный прихо́д Христа́/世界の終末 коне́ц 「све́та [ми́ра]/アンチキリスト анти́христ/最後の審判 стра́шный суд; после́днее суди́лище/終末論 эсхатоло́гия/洗礼祭 Креще́ние/謝肉祭、カーニバル Ма́сленица/四旬節、大斎節 Вели́кий пост/復活祭週 Све́тлая неде́ля/大司教 архиепи́скоп/司教 епи́скоп/司祭 свяще́нник/副[助任]司祭 вика́рий/神父 па́тер/牧師 па́стор

♣ ミニ・ダイアローグ

私の友達の直子がこの間私を結婚式と披露宴に招待してくれたわ。

Моя́ подру́га Нао́ко неда́вно пригласи́ла меня́ на свой сва́дебный обря́д и банке́т.

おシャレなホテルで？

В шика́рной гости́нице?

ええ、神道の伝統的な荘厳な儀式と豪華な晩餐。ほんとに圧倒されてしまったわ。

Да, торже́ственный обря́д по синтои́стской тради́ции и роско́шный обе́д. Они́ пря́мо ошеломи́ли меня́.

変なことですが、大抵の日本人は神道信者で、同時に仏教徒です。結婚式は神道でやりますが、お葬式は仏教式ですよ。

Как ни стра́нно, мно́гие япо́нцы синтои́сты и вме́сте с тем будди́сты. Они́ прово́дят сва́дебный обря́д по-синтои́стски, а по́хороны —— по-будди́йски.

491

仏　教

仏　教（буддизм）

A　ベース

仏教 буддизм：～の будди́йский/～徒 будди́ст (ка),/仏、仏陀 Бу́дда/釈迦 Ша́кья (-) му́ни/経典 су́тра/寺、寺院 будди́йский храм/僧（侶）будди́йский (свяще́нно)служи́тель; бо́нза/住職、和尚 ста́рший свяще́нник хра́ма/小僧 учени́к свяще́нника/仏壇 (будди́йский) алта́рь/仏像 ста́туя Бу́дды/お祈り моли́тва/勤行 слу́жба/修行 уче́ние/数珠 чётки/鈴 колоко́льчик/業 ка́рма/煩悩 грех/四苦、生老病死 четы́ре гла́вных страда́ния; рожде́ние, старе́ние, заболева́ние и смерть/悟り (духо́вное) просветле́ние [пробужде́ние]：～を開く достига́ть (духо́вного)「просветле́ния [пробужде́ния]/解脱 освобожде́ние/前世 предыду́щая жизнь/来世 бу́дущая [гряду́щая] жизнь/現世 настоя́щая [ны́нешняя] жизнь/娑婆 э́тот свет; гре́шный мир/成仏 достиже́ние состоя́ния Бу́дды; достиже́ние вы́сшего「просветле́ния [пробужде́ния]/慈悲 ми́лость

B　バリエーション

総本山 верхо́вный храм/本堂、金堂 гла́вное зда́ние хра́ма/仏塔 па́года/五重の塔 пятия́русная па́года/山門 воро́та в будди́йский храм/穢土 гре́шный мир/浄土 чи́стый мир; рай/涅槃 нирва́на/輪廻 движе́ние в за́мкнутом кругу́/六道 шесть ни́зших у́ровней жи́зни/十界 де́сять у́ровней жи́зни/大乗（仏教）маха́яна (одно́ из двух гла́вных направле́ний будди́зма, це́лью кото́рого явля́ется спасе́ние челове́чества)/小乗（仏教）хина́яна (одно́ из двух гла́вных направле́ний будди́зма, це́лью кото́рого явля́ется пробужде́ние отде́льных люде́й)/宗派 се́кта/禅宗 се́кта «Дзэн»/座禅 медита́ция в сидя́чей по́зе со скрещёнными нога́ми/真宗 се́кта «Си́нсю»/浄土宗 се́кта «Дзёдо»/日蓮宗 се́кта «Нитирэ́н»/木魚 деревя́нный гонг (из кру́глого и по́лого внутри́ куска́ де́рева, на пове́рхности кото́рого вы́резаны фо́рмы ры́бных чешу́й)/念仏 произноше́ние назва́ния Бу́дды; представле́ние себе́ о́браза Бу́дды/題目 произноше́ние назва́ния свяще́нной су́тры «Ло́тос»/精進 пост

C　オプション

如来(にょらい) → 仏陀(ぼさつ)/菩薩 бод(х)исáтва/観音、観世音菩薩 бод(х)исáтва, воплощáющийся в рáзные вúды/托鉢(たくはつ) сбор мúлостыни/巡礼（行為）палóмничество/（人）палóмник; палóмница

♣ ミニ・ダイアローグ

正直に言うと、欧米の国の人は仏教についてひどく一面的な認識を持っているように感じます。たとえば、仏教の本質は現世の否定だとか。

Чéстно говоря́, мне кáжется, что нéкоторые лю́ди стран Еврóпы и Амéрики имéют крáйне одностороннее поня́тие о буддúзме. Напримéр, суть буддúзма как бýдто бы откáз от реáльной жúзни.

申し訳ないけど、私たちに対するあなたの認識が歪んでいるような気がするわ。今では私の国でたくさん仏教の本が出ていて、そのうち一冊でも読めば、そんな単純な考えができるはずないわ。

Извинúте, но вáше поня́тие о нас, по-мóему, искажённое. Теперь у нас издаётся мнóго книг о буддúзме и éсли прочéсть однý из них, не мóжет быть такóго упрощённого понимáния.

ロシア正教会

　正教の用語の日本語訳は日本の正教会で使われているものをできるだけ採用してあります。しかしなじみの薄い語が多いので、必要に応じて（　）内にわかりやすい日本語を示してあります。

A　ベース

（ギリシャ）正教 правослáвие/ギリシャ正教会 Грéко-правослáвная цéрковь/ロシア正教会 рýсская правослáвная ［рýсско-правослáвная］ цéрковь/正教徒 правослáвный, правослáвная/教会 цéрковь/聖堂 храм/十字架 крест/ロシア式十字架 восьмиконéчный крест（普通の十字架の横木の上下

493

ロシア正教会

に短い横木がついたもの。下の横木は斜めになっているものが多い。上の横木はキリストの頭、真ん中は腕、下は足を示す。昔、ロシア教会ではこれを使用していた。縦木、横木一本ずつの普通の十字架がロシア教会に入ってきたのは17世紀のニコンの改革以後）/**イコン、聖像画** ико́на/**礼拝所** часо́вня

B　バリエーション

僧侶階級 духове́нство/**僧位** духо́вные са́ны/**高僧** архиере́й/**総主教** патриа́рх/**府主教** митрополи́т/**大主教** архиепи́скоп/**主教** епи́скоп/**司祭** свяще́нник; иере́й; пресви́тер/**長補祭** протодья́кон/**補祭** дья́кон, диа́кон/**堂務者**（最下級の教会勤務者）дьячо́к/**修道僧**（総称）мона́шество; чёрное духове́нство/（個人）мона́х/**修道尼** мона́хиня/**修道院** монасты́рь/**大修道院** ла́вра/**キエフ・ペチェールスキー大修道院** Ки́ево-Пече́рская ла́вра（キエフ市内にある。ロシア最初のキリスト教総本山）/**三位一体セルギー大修道院** Тро́ице-Се́ргиева ла́вра（モスクワの近くにある。16世紀以降のロシアのキリスト教の総本山。この大修道院のある場所は Се́ргиев поса́д と呼ばれているが、ソ連時代は Заго́рск と呼ばれていた）/**アレクサンドル・ネフスキー大修道院** Алекса́ндро-Не́вская ла́вра（18世紀にロシアの首都になったペテルブルグ市内にある）/**ルーシ[ロシア]のキリスト教導入[受容]** введе́ние [приня́тие] христиа́нства на Руси́/**ルーシ[ロシア]のキリスト教化** креще́ние Руси́/**ウラジーミル聖公** Влади́мир Свято́й/**教会スラブ語** церко̀вно-славя́нский язы́к/**東西教会の分裂** разделе́ние це́ркви/**ニコンの改革** церко́вная рефо́рма Ни́кона/**分離派** раско́льник/**古儀式派、古教徒** старообря́дец/**宗務院** сино́д（ピョートル大帝が創設した教会管理のための政府機関）

C　オプション

掌院 архимандри́т/**修道院長** игу́мен/**奉神礼（祈禱式）** богослуже́ние/**聖体礼儀（ミサ）** обе́дня/**早課（朝の祈禱）** у́треня; зау́треня/**晩課（晩の祈禱）** вече́рня/**機密、秘蹟（サクラメント）** та́инство（機密には以下の7種がある）**聖洗（洗礼）** креще́ние/**傅膏** миропома́зание（主として洗礼のときに受洗した者の体、顔などに油を塗ること。戴冠した者にも行なう。西方教会では塗油と洗礼は別々のもの）/**痛悔（懺悔）** и́споведь; покая́ние/**聖体機密** причаще́ние, евхари́стия（正教ではキリストの血と肉としてぶどう酒と発酵パンを僧侶と信者が飲食する。カトリックでは一般信者はパンだけ食べる。パンは非発酵のもの）/**婚配（結婚）** брак/**聖傅** елеосвяще́ние; соборова́ние

494

(病人に油を塗ること。元来は治療効果を期待したものだったようだが、実際には臨終の儀式になった)/**神品、叙品**(聖職者の任命) свящéнство/**至聖所** алтáрь (教会の最重要部分。престóл (儀式を行なう台) が置かれている)/**聖障** иконостáс (聖像画の付いた仕切り壁 алтáрь と他の部分を区切る) **祭日** прáздник (年によって月日が移動する祭日がある。以下で示した日付は2007年のもの。**復活大祭** Пáсха Христóва 4月8日/**聖枝祭** Вход Госпóдень в Иерусалим 4月1日/**昇天祭** Вознесéние Госпóдне 5月17日/**五旬祭、聖神降臨祭** Пятидесятница; День Святóй Трóйцы 5月27日/**生神女誕生祭** Рождествó Пресвятóй Богорóдицы 9月21日/**十字架挙栄祭** Воздвижéние Крестá Госпóдня 9月27日/**進堂祭** Введéние во храм Пресвятóй Богорóдицы 12月4日/**降誕祭** Рождествó Христóво 1月7日/**神現祭、洗礼祭** Святóе Богоявлéние; Крещéние Госпóдне 1月19日/**迎接祭** Срéтение Госпóдне 2月15日/**福音祭** Благовещéние Пресвятóй Богорóдицы 4月7日/**顕栄祭、変容祭** Преображéние Госпóдне 8月19日/**就寝祭** Успéние Пресвятóй Богорóдицы 8月28日

♣ **ミニ・ダイアローグ**

私正教教会に行って、勤行を見たいのですが、できますか。

ええ、ここでは教会の扉はすべての人に開放されています。ただ、きちんとした身なりをしていなければなりませんよ。頭はスカーフか何かで被ってください。ジーパンはだめです。あまり短くないスカートをはいてくださいね。

Я хотéла бы посетúть правослáвную цéрковь и посмотрéть слýжбу. Это возмóжно?

Да, у нас двéри церквéй всéм открыты. Тóлько нýжно одевáться прилúчно. Покрóйте гóлову платкóм. В джинсах нельзя. Надéньте не óчень корóткую юбку.

変化表

ロシア語の語形変化は次のように分類されます。
I 名詞類　1 名詞　2 代名詞、形容詞類　II 動詞
上記のそれぞれのグループに、語形変化の軸になる<u>基本形</u>があります。
ロシア語の語形変化は単純ではありませんが、文字にこだわった伝統的な学習（教授）法だと、実際より3倍も5倍も複雑になってしまいます。まず、基本形をしっかり押さえれば、恐れることはありません。

A ベース
I 名詞類　1 名詞

①男性・中性単数型

	主格	生格	与格	対格	造格	前置格
男 中	— -<u>o</u>	-<u>a</u>	-<u>y</u>	（不活動体は主格と同じ） （活動体は生格と同じ）	-<u>ом</u>	-<u>e</u>
コップ	стак<u>а</u>н	стак<u>а</u>на	стак<u>а</u>ну	стак<u>а</u>н（＝主格）	стак<u>а</u>ном	стак<u>а</u>не
兄弟	бр<u>а</u>т	бр<u>а</u>та	бр<u>а</u>ту	бр<u>а</u>та（＝生格）	бр<u>а</u>том	бр<u>а</u>те
窓	окн<u>о</u>	окн<u>а</u>	окн<u>у</u>	окн<u>о</u>（＝主格）	окн<u>о</u>м	окн<u>е</u>

②女性単数-а型

	主格	生格	与格	対格	造格	前置格
部屋	-<u>а</u> к<u>о</u>мната	-<u>ы</u> к<u>о</u>маты	-<u>е</u> к<u>о</u>мате	-<u>у</u> к<u>о</u>мнату	-<u>ой</u> к<u>о</u>мнатой	-<u>е</u> к<u>о</u>мнате

③女性単数-ь型

	主格	生格	与格	対格	造格	前置格
ドア	-<u>ь</u> дверь	-<u>и</u> дв<u>е</u>ри	-<u>и</u> дв<u>е</u>ри	-<u>ь</u> дверь	-<u>ью</u> дв<u>е</u>рью	-<u>и</u> дв<u>е</u>ри

④複　数
i 与格、造格、前置格はすべての性、変化型を通じて、次の形だけです。

主格	生格	与格	対格	造格	前置格
(500ページのＢ１参照)		-ам, -ям	主また生格と同じ	-ами, -ями	-ах, -ях
コップ（Ｂ１　参照）		стака́нам	стака́ны	стака́нами	стака́нах
ドア　（Ｂ１　参照）		дверя́м	две́ри	дверя́ми	дверя́х

ii 対格は主格または生格と同じで、とくに覚える必要はありません。
iii 主格、生格にはいろいろな形があります。とくに生格は間違いやすいので、注意してください。Ｂバリエーションの表参照。

2　代名詞、形容詞類
①人称代名詞型

三人称	主格	生格	与格	対格	造格	前置格
単数男・中性　かれ、それ	он, оно́	его́	ему́	его́	им	(н)ём
女性　かの女、それ	она́	её	ей	её	ей	(н)ей
複数　かれら、それら	они́	их	им	их	и́ми	(н)их

＊一・二人称代名詞はＣオプション参照。

②形容詞型
形容詞の語尾は、各性の主格と女性生格、対格をのぞき、上記の三人称代名詞と同じです。たとえば、си́ний（青い）の変化は次のようになります。

	主格	生格	与格	対格	造格	前置格
単数男・中性	си́ний си́нее	си́него	си́нему	主または生格と同じ	си́ним	си́нем
女性	си́няя	си́ней	си́ней	си́нюю	си́ней	си́ней
複数	си́ние	си́них	си́ним	主または生格と同じ	си́ними	си́них

変化表

しかし、これに劣らず重要な型は、си́ний の変化形の母音を e から o、и から ы、я から а に（軟音系から硬音系に）変えたものです。例として、「白い（бе́лый）」の変化を示しましょう。

	主格	生格	与格	対格	造格	前置格
単数男・中性	бе́л<u>ый</u> бе́л<u>ое</u>	бе́лого	бе́лому	主または生格と同じ	бе́лым	бе́лом
女性	бе́л<u>ая</u>	бе́лой	бе́лой	бе́л<u>ую</u>	бе́лой	бе́лой
複数	бе́л<u>ые</u>	бе́лых	бе́лым	主または生格と同じ	бе́лыми	бе́лых

この二つの基本型の語尾だけを、合わせて示します。

	主格	生格	与格	対格	造格	前置格
単数男・中性	-ый /-ое -ий /-ее	-ого -его	-ому -ему	主または生格と同じ 主または生格と同じ	-ым -им	-ом -ем
女性	-ая -яя	-ой -ей	-ой -ей	-ую -юю	-ой -ей	-ой -ей
複数	-ые -ие	-ых -их	-ым -им	主または生格と同じ 主または生格と同じ	-ыми -ими	-ых -их

＊この変化型の使用範囲はとても広く、形容詞のほか、指示代名詞、所有代名詞、定代名詞、順序数詞、疑問（関係）代名詞、形動詞に使われます。

II 動詞

①現在

	単数一人称	二人称	三人称	複数一人称	二人称	三人称
i -e型 読む	-ю чита́ю	-ешь чита́ешь	-ет чита́ет	-ем чита́ем	-ете чита́ете	-ют чита́ют
ii -и型 話す	-ю говорю́	-ишь говори́шь	-ит говори́т	-им говори́м	-ите говори́те	-ят говоря́т

②不完了体未来

	一人称	二人称	三人称
単数	бу́ду чита́ть（その他、動詞不定詞）	бу́дешь чита́ть	бу́дет чита́ть
複数	бу́дем чита́ть	бу́дете чита́ть	бу́дут чита́ть

③過去

	単数男性	中性	女性	複数
立つ	-л стоя́л	-ло стоя́ло	-ла стоя́ла	-ли стоя́ли

以上、わずか4ページ足らずの基本型を、まず、しっかり頭に入れれば、ロシア語の変化はほとんど征服できます。後は付け足りです。少し力を抜いて対処しましょう。

変化表

B バリエーション

上記の基本型大部分はふつう「硬変化」と呼ばれて、名詞類の変化全体の約半数を占めています。残りの半数の大部分は「軟変化」と呼ばれているもので、それ以外がいわゆる「混合変化」です。

しかし、「軟変化」、「混合変化」は基本型（硬変化）に対立する別種の物ではなく、基本型の変種にすぎません。

1 いわゆる軟変化

いわゆる軟変化をちょっと書き換えて見ましょう。

	主格	生格	与格	対格	造格	前置格
男性 英雄 （書き換え）	герóй герой	герóя (геройа)	герóю (геройу)	（＝生格） （＝生格）	герóем (геройом)	герóе (геройе)
辞書 （書き換え）	словáрь словарь	словаря́ (словарьа)	словарю́ (словарьу)	（＝主格） （＝主格）	словарём (словарьом)	словарé (словарье)
中性 海 （書き換え）	мóре (морьэ)	мóря (морьа)	мóрю (морьу)	（＝主格） （＝主格）	мóрем (морьом)	мóре (морьэ)
女性 週 （書き換え）	недéля (недельа)	недéли (недельы)	недéле (недельэ)	недéлю (недельу)	недéлей (недельой)	недéле (недельэ)
複数 ドア （書き換え）	（別記） （別記）	（別記） （別記）	дверя́м (дверьам)	（＝主格） （＝主格）	дверя́м (дверьам)	дверя́х (дверьах)

伝統的な学習（教授）法で、硬変化 стакáн, кóмната と軟変化 герóй, словáрь, недéля, дверь が別種の変化のように感じられるのは、見かけの文字、つまり字面にこだわっていて、変化の本質から離れているからです。軟変化と呼ばれる герóй, словáрь の変化も、語幹に基本形、つまり硬変化の語尾がついているに過ぎません。上で書いた йа, ьа を я, йу, ьу を ю, йо, ьо を ё, йе, ье を е と書いただけのことで、発音からすれば、йа も、ьа も、я も同じです。ロシア語を母国語として覚える幼児たちは、もちろん、硬変化、軟変化などの意識はなく、どちらの場合も、語幹に同じ語尾 -а、-у、-ом、-е をつけて発音しており、字を覚えるようになってから、それを йа ではなく、я と書かなければいけないのだな、と知るのです。

500

私たち外国人の場合もそれと同じように耳と口で覚え、その後で、聞き取れる音を文字で書けばよいのです。ロシア語で[ja], [ju]などの音を文字で書くときは、йа, ьаではなく、яを使うことなどは、学習し始めればすぐに覚えることですから、耳で変化を覚えてしまえば、それを書き表すことは簡単です。逆に文字を先行させると、ロシア語の語形変化はあまりにも複雑で、苦行になってしまいます。

　自然な方法を使えば、変化を身につける労力は3分の1か5分の1に減少するでしょう。

＊上の表で、герóй, мóре, недéля の造格が герóйом, мóрьом, недéльой と書き換えられており、герóём, мóрём, недéлёй という発音になっています。しかし、ё はアクセントのない場合には、е の発音になりますので、問題はありません。

2　いわゆる混合変化

　伝統的な分類だと、混合変化というものもあります。たとえば、「生徒」というロシア語は単数 шкóльник, шкóльника, шкóльнику...、複数 шкóльники, шкóльников...と変化し、大体は硬変化なのに、複数主格は шкóльники と軟変化になっているから、混合変化だというのです。形容詞でも хорóший は хорóшего, хорóшему と大体は軟変化ですが、女性主格は хорóшая と硬変化になり（хорóшяя ではない）、女性対格も хорóшую で硬変化だ（хорóшюю ではない）から、混合変化だと言うのです。

　しかし、これはあまりにも文字に偏した説明で、実際にはナンセンスです。なぜなら、ロシア語の ш は硬音でしか発音されませんから、音でとらえていれば、硬音・軟音の区別はありえません。同じ理由で、хорóший や хорóшие は字面では軟変化ですが、発音は хорóшый, хорóшые という硬音です。音からすれば、混合変化ではありません。また、шкóльники や рýсский も шкóльныки, рýсскый と硬音で発音する人が比較的最近までいましたが、文字ではずっと шкóльники, рýсский と書かれていました。繰り返して言えば、いわゆる混合変化は文字の書き方（正書法、綴り字）の規則の問題で、変化の本質にかかわるものではないのです。次のようなロシア語の綴り字（正書法）の規則を知っていればよいだけのことです。

　「ж, ч, ш, щ と г, к, х の後には（発音にかかわりなく）ы, я, ю は書かれず、必ず и, а, у が書かれる。ц の後にも、я, ю は書かれない。しかし、и だけでなく、ы も特定の場合には使われる」

3　子音交替

動詞 писа́ть の現在変化は пишу́, пи́шешь, пи́шет..., лете́ть は лечу́, лети́шь, лети́т..., люби́ть は люблю́, лю́бишь, лю́бит... で、語幹の子音が二種類あります。しかし、これも変化の本質に関わるものではありません。ロシア語には、見かけは違っても実質的に等価の子音の組み合わせがあり、状況に応じて、一方が出たり、他方が出たりします。たとえば、「大きな声で」гро́мко,「もっと大きな声で」гро́мче (к-ч)、「道」доро́га,「小道」доро́жка (г-ж) などがその例です。こういうものを「子音交替」と呼んでいます。

г-ж, д-ж, д-жд, з-ж, зд-жд, к-ч, с-ш, ск-щ, ст-щ, т-ч, т-щ, х-ш, б-бл, в-вл, м-мл, п-пл, ф-фл

一部の動詞変化に、この子音交替が見られます。子音交替が起こると、-e 型の動詞では現在形のすべての形で、-и 型の動詞では一人称単数だけに、不定詞と違う子音が現れます。

4　その他（追加）

①複数の主格と生格はちょっと複雑です。はじめのうちは多少間違ってもかまいません。少しずつ確実に覚えてください。

	語尾	例語	語尾	例語
単数主格	ж, ч, ш, щ 以外の子音	стака́н　コップ	-й	геро́й　英雄
複数主格	-ы	стака́ны	-и	геро́и
複数生格	-ов	стака́нов	-ев	гербев

	語尾	例語	語尾	例語	語尾	例語
単数主格	ж, ч, ш, щ	врач　医師	-ь	слова́рь　辞書	-е	мо́ре　海
複数主格	-и	врачи́	-и	словари́	-я	моря́
複数生格	-ей	враче́й	-ей	словаре́й	-ей	море́й

	語尾	例語	語尾	例語
単数主格	-ие	зда́ние　建物	-ье	воскресе́нье　日曜日
複数主格	-ия	зда́ния	-ья	воскресе́нья
複数生格	-ий	зда́ний	-ий	воскресе́ний

	語尾	例語
単数主格	же, че, ше, ще, це, цо	жили́ще 住居　лицо́ 顔
複数主格	-a	жили́ща　ли́ца
複数生格	—	жили́щ　лиц

	語尾	例語	語尾	例語	語尾	例語
単数主格	-a	ва́за 花瓶	-子音+я	неде́ля 週	-母音+я	ше́я 首
複数主格	-ы	ва́зы	-и	неде́ли	-и	ше́и
複数生格	—	ваз	-ь	неде́ль	-母音+й	ше́й

	語尾	例語	語尾	例語	語尾	例語
単数主格	-ия	ли́лия ユリ	-ья	ке́лья 庵	-ья	статья́ 論文
複数主格	-ии	ли́лии	-ьи	ке́льи	-ьи	статьи́
複数生格	-ий	ли́лий	-ий	ке́лий	-ей	стате́й

②いわゆる**出没母音**

япо́нец（日本人）の変化は япо́нца, япо́нцы... となり、単数主格以外では、-нец の母音 e が消えます。студе́нтка（女子学生）の場合は、複数生格で студе́нток となり、他の数・格では存在していない о が т と к の間に現れます。これは母音がアクセントのある場合は強い発音になって目立ったり、子音が続いて発音しにくい場合には母音が応援のために現れたり、一方、アクセントのない母音は弱まり、極端な場合には、消えてしまったりした結果です。これも音の問題としてとらえれば、自然な流れです。大切なのは、その流れに逆らわないようにすることです。変化の本質には関係がないのです。

③**再帰動詞**

動詞の中に -ся のついている再帰動詞と呼ばれるものがあります。この動詞の変化形は独自のものではなく、普通の動詞変化の後に（子音の後では）-ся か、（母音の後では）-сь がつくだけです（形動詞場合はいつも -ся）。

変化表

C オプション

上記の基本形とその変種のほかに、いろいろな変形がありますが、この表では原則として基本形に絞ります。変種は辞書などで確認してください。ただ次のものだけ、挙げておきます。

1 人称代名詞、再帰代名詞

人称 \ 格	主格	生格	与格	対格	造格	前置格
単数―一人称	я	меня́	мне	меня́	мной	мне
二人称	ты	тебя́	тебе́	тебя́	тобо́й	тебе́
複数―一人称	мы	нас	нам	нас	на́ми	нас
二人称	вы	вас	вам	вас	ва́ми	вас
再帰代名詞（すべての数・人称に共通）	―	себя́	себе́	себя́	собо́й	себе́

2 数詞

①数詞の多く（5～20、30、50、60、70、80）は -ь のある女性名詞と同じ変化をします（主格に -ь がない場合も含めて）。

	ドア	5	16	30	80
主格	две́рь	пять	шестна́дцать	три́дцать	во́семьдесят
生格	две́ри	пяти́	шестна́дцати	тридцати́	восьми́десяти
与格	две́ри	пяти́	шестна́дцати	тридцати́	восьми́десяти
対格	две́рь	пять	шестна́дцать	три́дцать	во́семьдесят
造格	две́рью	пятью́	шестна́дцатью	тридцатью́	восьмью́десятью
前置格	две́ри	пяти́	шестна́дцати	тридцати́	восьми́десяти

② 1 оди́н は定代名詞 оди́н と同じ変化です。

③ 2 два, 3 три, 4 четы́ре の変化は次の通りです。

主格	生格	与格	対格	造格	前置格
два, две	двух	двум	主格または生格	двумя	двух
три	трёх	трём	主格または生格	тремя	трёх
четы́ре	четырёх	четырём	主格または生格	четырьмя	четырёх

④40 со́рок，90 девяно́сто，100 сто の変化は次の通りです。

主格	生格	与格	対格	造格	前置格
со́рок	сорока́	сорока́	主格または生格	сорока́	сорока́
девяно́сто	девяно́ста	девяно́ста	主格または生格	девяно́ста	девяно́ста
сто	ста	ста	主格または生格	ста	ста

⑤複合数詞（200〜900）と合成数詞はそれぞれの構成要素が変化します。

⑥千、百万、十億などは名詞として扱われ、変化も名詞と同じです。

⑦順序数詞については、「**数詞**」の「順序数詞」の項を参照。

語彙・表現索引

[記号・数字・欧文]

ASEAN　355
ATS　422
A型肝炎　302
B型肝炎　302
CD（ドライブ）　379,387
CDトラック　379
CDロム　387
CT（スキャナー）　299
C難度　442
DVD　379,389
EE［自動カメラ］　385
EU　355
Eメール　393
FA　453
FAX送信［受信］　383
GATT　353
HB　321
IMF　353
ＩＰアドレス　391
ＩＴ機器　351
Jリーグ　431
JR　422
K点　439
KO（勝）　445
MD　379
MVP→最優秀選手
NATO　355
NG　461
OECD　355
PK（合戦）　430,431
P波→縦波
SF小説　487
S波→横波

TEL/FAXモード　383
TKO　445
Tシャツ　261
UV　317
Vネックセーター　260
WBA，WBC　446,453

[あ]

藍色（の）　486
「挨拶」　2
アイシャドー　316
アイスコーヒー　287
アイスショー　468
アイスダンス　440
アイスハーケン　454
アイスバーン　397
アイスペール　294
アイスホッケー　440
相席　280
相手　458
アイゼン　454
愛撫　310
合服　260
アイボリー　485
アイライン　316
アイロン（台）　266
アウェイ　430
アウト　432,435,452
アウトコース　444
アウトボクシング　445
アウトルック・エクスプレス　393
青　485
青コーナー　445
青みがかった　485

赤　485
アーカイブ　392
アカクサスグリ　282
赤黒い　486
赤毛（の）　450,486
赤コーナー　445
赤字　348
赤字予算　345
赤ちゃん　270
茜色の　486
アカペラ　470
赤紫の　486
明るい　485
明るさ　381
赤ワイン　287
赤ん坊　312
秋　398（→「季節」146）
アキレス腱　305
アクセス　390
アクセルペダル　415
揚げ物　293
揚げる　291
アコーディオン　472
顎　305
麻　263
朝興行　463
「朝，昼，晩，夜」　125
アジ　281
足（首）　305
足洗い場　437
足車　448
葦毛（あしげ）　450
アジソン病　302
足遣い　479
味付け　291
足踏み　441

足踏みミシン　266	あぶる　291	暗証番号　272
足技　447	アプローチ　439	アンズ　282
預け入れる　339	亜麻　263	安全保障条約→安保条約
アスコットタイ　264	亜麻色の　486	安全保障理事会　355
アスファルト舗装道路　420	甘口　287	アンダーハンドサーブ　435
四阿（あずまや）　277	雨雲　397	アンチョビ　272
アタッカー　434	雨戸　273	安定尾翼　425
アタック　434,435	甘党　290	アンテナ（端子）　381
アタックライン　435	甘やかす　271	アンドロメダ　400
頭　305	編上靴　268	案内書　325
アダムとイヴ　491	編み物　266	案内所　422
アーチ　277	飴湯　288	鞍馬　442
熱燗　288	アメリカン　287	あんぱん　285
小豆色の　486	アーモンド　282,290	アンプ　379
厚化粧　317	荒事　476	安保条約　355
アッパーカット　445	嵐　397	
アップライトピアノ　472	あらすじ　465	**[い]**
アップリケ　267	アラーの神　489	
アップルパイ　284,289	アラーム付き（時計）　264	胃　307
誂え　260	霰（あられ）　398	炒［煎］る　291
アデノイド　302	アリア　470	委員会　330
アトニー　300	アルコール飲料　287	委員長　363
アドバルーン　370	アルコール中毒　301	イエス・キリスト　489
アトピー　317	アルツハイマー　301	イエズス会士　490
アドリブ　465	アルト　469	イエローカード　430
アドレス帳　393	アルバイト　336	イエローページ　369
穴　451	アルバム　386	胃炎［アトニー］　300
穴かがり　267	アルペン競技　440	胃潰瘍　300
アナログ時計　264	アルミサッシ　272	胃カメラ　299
アナログ放送　381	アルミホイル　275	錨　426,457
アニメ　460,382	アルメニアコニャック　288	生き餌　456
アノラック　262,454	アレー　432	生き埋め　407
アパート　272	荒れ性　317	育毛剤→養毛剤
あばら骨　305	アレルギー　317	イクラ　291
アバンギャルド　483	アレルギー性鼻炎　300	池　277
アフガン針　266	アロハシャツ　261	胃けいれん　302
アブストラクト　483	袷（あわせ）　262	生け垣　277
鐙（あぶみ）　450	合せ技　447	囲碁　459
油　282	泡立て器　275	イコン　494
油揚げ　283	アングラ　465	「意志」　10
油絵　482	安産　312	イジェクト　379
脂性用の　317	アンサンブル　260	イージーオーダー　266

遺失物係　422	糸巻　266, 472	392
石灯篭　278	稲妻　397	インターネット・ルーム　328
医者　298	イナバウアー　440	インターバル　445
衣裳（係［デザイナー］）　465	イニング　452	インタビュー　382
異常低温　408	居眠り運転　410	インターフォン　273
移植（ごて）　277	「衣服」　260	インテリア　273
椅子　296	イブニングドレス　262	咽頭（炎）　302, 307
イースター→復活祭	居間　272	印肉　322
イースト　285	医薬品　314	陰囊　310
イズバー　273	イヤホーン　379	インファイト　445
イスラム教（徒）　489	イヤリング　265	インフルエンザ→流感
移籍　429	「依頼」　12	インフレ（ーション）
イセエビ　281	イラスト（レーション）　369	韻文　487
遺跡　326	医療費　378	インポ（テンツ）　310
磯釣り　456	いるか座　400	陰毛　311
痛み　300	入れ歯　303	引用符　193（→「句読点」192）
痛み止め　314	色　381, 485	韻律　487
炒める　291	色事　477	インレー　303
イタリアン・パセリ　282	イワシ　281	
一院制　361	岩登り　454	**[う]**
「位置関係」　160	韻　488	
一眼レフ　385	陰核→クリトリス	ウイキョウ　282
イチゴ　282	印鑑　322	ウイスキー　288
位置について，用意！　444	インク　321	ウイルス　391
市場　349	インクカートリッジ　321, 396	ウイルス感染メール　393
胃腸薬　314	陰茎　310	ウイルス性肝炎　301
一塁（手）　452	インゲン　282	ウインカー　414
一塁コーチ　453	インコース　444	ウインザーノット　264
一過性（の）　300	インサイダー　337	ウインドウ　387
一回捻り宙返り　442	印刷　388	ウインドブレーカー　262
一家団欒　271	印刷資料　395	ウインドヤッケ　454
一括変換　388	印刷用紙　395, 396	ウインナーコーヒー　287
一局　458	インシュリン　315	ウインナーソーセージ　281
一戸建て　272	印象主義　483	ウェイター　296
一酸化炭素　371	インスタントコーヒー　287	ウェイトレス　296
一等航海士　426	インストール　387	植木　273
一等車　421	インターチェンジ　420	植木鉢　277
一等書記官　355	「インターネット」　390	ウエスト　266, 305
一本（背負い）　447, 448	インターネットカフェ　392	ウエハース　289
糸　266	インターネット広告　369	ウェルター級　446
井戸　276	インターネットサービス　390	魚座　400
糸ブラシ　304	インターネットショッピング	ウォーターポロ　438

ウオッカ 287	鬱病 301,302	衛星 400,401
ウォーミングアップ 441	腕 305	衛星航法システム 403
ウォン 342	腕時計 264	衛星中継 401
うがい薬 314	腕立て伏せ 441	衛星デジタル 381
浮き 456	腕輪 265	衛星放送 381
浮き腰 448	うどん 283	映像 381
ウクレレ 473	ウナギ 281	泳法 437
受取人 323	馬 450	栄養クリーム 317
「受身」 172	馬小屋 450	駅 421
受身 447	ウミザリガニ 281	液晶ディスプレイ 387
右舷 426	海釣り 456	液体燃料ロケット 403
ウサギ 281	右翼手→ライト	エグゼクティブクラス 424
後ろ身頃 266	裏 452	エクレア 289
牛飼座 400	裏方 465	エコノミークラス 424
右心室［房］ 308	裏声 470	エコノミークラス症候群 425
臼（うす） 276	裏取引 331	餌 456
薄曇り 398	売り手市場 343	エースストライカー 430
薄茶色の 486	ウール 263	エチュード 470
謡い 480	上着 260	エッセイ 487
内股 448	上役 332	エデンの園 491
「宇宙」 401	運休 410	絵はがき 323
宇宙医学 403	運転席 414	えび形 438
宇宙開発 403	運転免許 414	えび茶の 486
宇宙学 403	運動神経 307	エピローグ 465
宇宙空間 401	「運動の起点と終点」 164	エプロン 425
宇宙計画 403	「運動の動詞」 175	エメラルドグリーン 486
宇宙研究（者） 403	運動量 442	エラー 453
宇宙航空学 403		襟 261
宇宙航空研究開発機構（JAXA） 403	**［え］**	襟（巻き） 264
宇宙ゴミ 403	絵 482	エレキギター 472
宇宙産業 403	エアクッション 415	エレクトーン 472
宇宙実験 403	エアコン 273,414	エレジー→挽歌
宇宙食 403	エアバス 424	円 342
宇宙塵 403	エアロビックス 441	沿岸警備艇 426
宇宙線 403	「映画」 460	演技 465
宇宙船（発射基地） 401,403	嬰記号→シャープ	遠近（法） 483
宇宙探査機 403	永久歯 303	遠近両用の 264
宇宙飛行 401	営業 347	園芸 277
宇宙服 401	営業所（部） 333	円形劇場（の） 264,466
宇宙酔い 402	英国国教会（国教徒） 490	「演劇」 464
宇宙ロケット 401	エイズ 301,311	臙脂色 486
		演出（家） 464

510

炎症　300	大熊座　400	オート三輪　414
延焼中　406	大匙　294	オートフォーカス　385
エンジン逆噴射　402	大外刈り　448	オードブル　291, 296
延髄　308	大詰め　465	オートミール　281
円高　340	大通り　419	乙女座　400
遠地点　402	大麦　281	オーナー　347
延長戦　452	大物　457	オナニー　310
エンドウ豆　282	大雪　397	オーバー　261
煙突　273, 426	お母さん　270	おばあさん　270
円盤投　443	お母さんっ子　271	オーバーシューズ　269
鉛筆　321	お菓子屋　289, 351	オーバータイム　435
鉛筆画　482	おかっぱ　319	お話中　383
燕尾服　262	陸釣り　456	オーバーハンドサーブ　435
円安　340	悪寒　300	帯　262
	お金　341	帯封　323
［お］	沖釣り　456	オフサイド　429
	奥襟　447	オーブン　274
お祈り　490	屋外アンテナ　381	オープンカー　414
オイルダラー　353	屋外広告　448	オープン撮影　461
「お祝い」　8	屋外［内］プール　437	オープンサンド　284
王　458, 459	オクターブ　469	オープンシャツ　261
横隔膜　307	屋内野球場　452	オープンブロー　445
牡牛座　400	奥歯　303	「オペラ, バレエ」　474
応接室　272	送り足払い　448	オペラグラス　462
黄疸　301	お化粧　316	オペレッタ　474
横断　454	オーケストラ　469	オーボエ　473
横断歩道　419	オーケストラボックス　463	お盆　294
大内刈り　448	抑え込み　447	オマール　281
王手　458	お下げ　319	お土産屋［店］　350
嘔吐　300	おじいさん　270	オムライス　293
黄土色の　486	押入れ　273	オムレツ　292
横紋筋　306	白粉（おしろい）　316	面繋（おもがい）　450
オウンゴール　430	汚染（度）　371	表　452
大雨（注意報）　399	お惣菜屋　351	錘　456
大入（満員）　466	オゾン層［ホール］　371	親　270
大風　397	オーダーメイド　260	親会社　333
大型液晶テレビ　381	おちょこ　294	親知らず　303
大型パン　284	夫　270	親離れ　271
大型旅客機　424	「オーディオ」　379	女形（おやま）　476
狼座　400	オーデコロン　316	親指　305
「大きさ, 長さ, 重さなど」　120	お父さん　270	泳ぐ　437
	お得意さん　348	オラトリオ　470

511

オリオン 400	開演ベル 462	海底トンネル 421
折り返し 438	海王星 400	回転 440,442
折り返し運転中 410	絵画 482	回転レシーブ 435
オリジナル 395	外貨 343	ガイド 326
オリーブ色の 486	海外援助 355	ガイドブック 325
オリーブ油 282	海外観光旅行 326	飼い葉（桶） 450
オリンピック 428	海外事業部 333	開封する 323
オール・バック 319	外貨勘定 340	外務省 354
オルガスム 310	外貨交換 341	外務大臣 354
オルガン 472	外貨交換所 341	海綿体 310
オレンジ 282	外貨準備 340	外野 452
オレンジ色の 486	外貨準備高 353	潰瘍 300
オレンジジュース 287	外貨ディーリング 340	海洋汚染 371
(卸)問屋 348	外貨マーケット 353	外用薬 314
卸売り 347	外貨預金 353	外来患者 298
おろし金 275	「会議」 330	街路（灯） 419
卸値 347	開脚登行 439	下院（議員） 361
お笑い 466	回教（徒） 489	カウンターアタック 429,434
音階 469	会計年度 345	カウンターパンチ 445
「音楽」 469	解雇 332	カウント 452
音響 463,465	外交（官） 354	替え上着 260
音響学 379	外交関係 354	替え芯 321
音響機材 380,465	外交交渉 355	顔 305
音響効果 380,463,465	外国為替銀行 340	家屋 407
温室 277	外国人投資家 338	顔剃り 318
温室効果 371	外耳炎 300	画家 482
温室育ち 271	外資系会社 333	抱え形 438
温水 274	「会社」 332	化学繊維 263
温泉旅館 329	外車 415	踵（かかと） 305
温暖前線 398	会社員 332	係長 333
音程 470	外出着 260	かがり縫い 267
温度［計］ 397,398	(宇宙船の)回収 403	柿 282
女主人公 487	外需 343	垣 451
音符 469	海上保険 377	カーキ色の 486
オンラインショッピング 392	外食 279	書き込み（防止） 387
音量 379	海水浴（場） 437	書留 323
	回数券 417	垣根 272,277
［か］	階段 272	鉤針 266
	階段登行 439	貨客船 426
課 332	懐中時計 264	歌曲 469
回 452	会長 333	角 459
開演 462,465	買い手市場 343	核家族 270

閣議　365
角切り　293
隠し針　267
覚醒剤　315
拡大　395
拡大鏡　322
格闘技　447
格納庫　425
核の脅威［抑止力］　354
楽譜　470
角膜炎　302
額面価格　337
楽屋　463
家具屋　350
賭け　451
鹿毛（かげ）　450
駆足　450
家計（簿）　270,271
歌劇　469
賭け金　451
崖崩れ　407
掛け捨て　377
可決（する）　361
掛け値　348
火災　405
飾り幕　463
火山性地震　408
火山弾　408
「菓子」　289
家事　270
カ氏　398
火事　405
舵　426
カシオペア　400
貸付金　346
果実酒　288
菓子パン　285
カシミヤ　263
貨車　422
カジュアル　260
カシューナッツ　282,290
鍛治屋　276

柏餅　290
（カー）ステレオ　414
ガス管　274
カスタネット　473
ガスレンジ　274
風　397
風邪　300
火星　400
風邪薬　314
カセットドライブ　379
風通し　273
化繊　263
架線　410
画素　386
家族　270
家族計画　313
家族旅行　271
ガソリン　414
ガソリンスタンド　414
ガソリンタンク　415
カーソル　387
肩　305
ガータ　264
ガータ編み
型紙　266
肩車　448
片手鍋　274
肩肉　283
肩幅　266
固め技　447
肩ロース　283
花壇　277
カタン糸　267
課長　332
カチンコ　461
カツオ　281
「楽器」　472
滑降　440
学校給食　279
合唱　469
滑走路灯　425
カッター（ナイフ）　266,321

活断層　408
カッティング　266
カッテージチーズ　282,285
カット　318
ガット　432
「活動体，不活動体」　179
カップ　294
かつら　320
滑落　455
家庭　270
「家庭，家族」　270
「仮定」　92
カーディガン　260
家庭教育　271
家庭裁判所　357
家庭サービス　271
家庭内暴力　271
家庭崩壊　271
ガーデニング　277
カーテン　273
カーテンコール　465
ガード　434
カード振込　339
カトリック　489
ガードル　261
カーナビ（ゲーター）　414
カニ　281
蟹座　400
蟹工船　426
カーニバル　491
金詰まり　348
化膿　300
「可能，不可能」　48
鹿子（かのこ）編み　267
画鋲　322
過敏症　317
かぶ　282
株（の買い占め）　337
カーブ　440,453
カフェ　296
株価　337
「歌舞伎」　476

語彙・表現索引

513

株券　337	カラフトマス　281	幹事長　363
「株式」　337	仮縫い　260,266	患者　298
株式会社　332	カリフラワー　282	「感情」　18
カフス（ボタン）　261,264	顆粒　314	環状道路　419
カプセル　314	花柳病→性病	冠状動脈　308
カプセルホテル　329	科料　346	間食　280
カプチーノ　287	カルチベーター　277	勧進元　477
株主　337	カルテ　298	管制［塔，官］　424
かぶりつき　462	カレイ　281	関税［障壁，制度，同盟］
花粉症　300	ガレージ　272	352
花粉情報　399	ガレー船　427	関節　305
株分け　277	カレーライス　293	関節炎　302
壁（紙）　272	過労死　336	間接証拠　356
カーペット　273	カワカマス　281	間接税　345
過保護　271	革靴　268	関節技　447
カボチャ　282	カワスズキ　281	汗腺　307
かまど　276	為替［管理，自由化］　353	幹線［道路］　419,421
髪　305	川釣り　456	完全軍縮　354
神　489	癌　300	肝臓　307
紙　321	簡易小包　323	「感嘆」　22
髪型　318	簡易裁判所　357	寒暖計→温度計
紙タオル　275	肝炎　301	感嘆符　193
上手　463	眼科　298	艦長　426
雷　397,408	寒害　408	缶詰　282
上の句　488	干害　408	「間投詞」　187
ガム　290	換気扇　273,274	監督　428,460
カメラ（つき携帯電話）　385	柑橘類　282	カントリーハウス　272
カメラマン　460	観客（席）　460,462	神主　489
画面　381,387	「環境問題」　371	観音（菩薩）　493
鴨　283	環境大臣　365	乾パン　285
貨物自動車　414	環境にやさしい　371	甲板　426
貨物船　426	環境保護［保全］　346	看板　369
貨物列車　422	缶切り　275	寒風　397
柄　261	「関係詞」　182	乾物　282
カラー　381	観光　326	「願望」　15
カーラー　320	観光案内所　325	漢方薬　315
カラオケ　379	観光客　326	潅木　277
辛口　287	肝硬変　301	関門　440
からし　282	観光旅行　326	丸薬　314
辛子入れ　294	看護師　298	「勧誘，勧告，提案」　45
「身体（からだ）」　305	燗酒　288	観覧席　428
カラビナ　454	監査役　334	寒冷前線　398

[き]

木　277
キー　387
ギア　412
気圧計　398
気圧［の谷］　398
キイチゴ　282
黄色（い）　485
議員［資格，席］　361
記憶　379
記憶装置　386
キオスク　349, 422
気温　397
議会　361
器械体操　441
気管　307
「期間」　135
帰還カプセル　402
機関士　424, 427
気管支（炎）　300, 307
気管支拡張症　302
機関室　426
帰還モジュール　403
戯曲　464
喜劇［映画］　460, 464
季語　488
気候［順応］　397, 455
生地　266
義歯→入れ歯
生地　263
棋士　458
儀式　490
議事堂［録］　361
騎手　450
奇術師　467
気象　398
偽証　356
気象衛星［概況］　399
騎乗者　450
気象センター［台］　399

気象庁　366
気象レーダー　425
既製服　260
「季節」　146
偽造貨幣［紙幣］　341
起訴状　356
ギター　472
議題　330
北大西洋条約機構　355
機長　424
議長　361
キック　440
キックオフ　429
ギックリ腰　87, 300
吃水線　426
キッチン　272, 274
切手　323
きつね色の　486
切符　416, 460
切符売り場　422, 460
規定演技［種目］　441
軌道　401, 402
気筒　415
起動　387
軌道周期［修正，投入］　402
絹　263
杵（きね）　276
記念碑　326
機能→ファンクション
「機能動詞」　189
キノコ　282
踵（きびす）　268, 305
義父　271
棋譜　458
義母　271
キーボード　387
キーホールダー　264
基本的人権　359
基本法　359
着物　260
旗［不通過］　440
「疑問」　25

客室　424, 426
客車　421
脚色［家］　464
客席　424
客船　426
脚本［家］　460, 464
客間　272
キャスト　465
キャスリング　458
逆光　386
キャッシュカード　339
キャッチフレーズ　369
キャッチャー　452
キャップ　264
ギャバジン　263
キャビア　291
キャベツ　281
キャラメル　289
ギャロップ　450
キャンセル　388
キャンター　450
キャンディー　289
キャンバス　445
キャンプファイアー　459
「球技」　428
救急病院　298
急行　421
球根　277
牛脂→ヘット
臼歯　304
（水平）給紙　396
休日　335
休止符　471
厩舎　450
急所　433
休職　335
救助活動［隊］　455
急須　294
給水点［ポイント］　443
急性（の）　300
救世軍［主］　490
旧跡　326

給湯設備　273
牛肉　281
牛乳　282
救命具　424
救命胴衣［ボート］　426
旧約聖書　489
給油　414
キュウリ　281
給料　335
キュービズム　483
キュロットスカート　260
胸囲　305
教育基本法　360
教育番組　381
教育費　345
教育ママ　271
競泳　437
教会　490
教会スラブ語　494
狭軌　422
競技会　428
競技場　428, 451
競技台　449
供給　347
狂言　480
共産党　363
狂詩曲→ラプソディ
香車　459
強震　408
強心剤　314
狭心症　300
「強制」　42
競走　348, 443
競争　451
胸像　483
協奏曲→コンチェルト
強壮剤　315
競争用自転車　412
兄弟　270
共同アンテナ　382
「強調」　29
京都議定書　372

［胸部］レントゲン検査　299
強風　398
競歩　443
共和党　363
「許可」　56
曲　469
曲芸［軽業］師　467
局留め　324
曲乗り［師］　451
曲馬［師］　451
玉露　286
虚血　302
去勢馬　450
居住モジュール　403
御者座　400
漁船　426
魚拓　457
距離競技　439
霧　397
ギリシャ正教［会］　493
キリスト教［教徒］　489
霧吹き（器）　266
記録映画　460
キロバイト　387
金, 銀　459
筋萎縮症　302
金色の　486
銀色の　485
筋炎　302
金管楽器　472
緊急脱出装置　402
キング　458
均衡予算　345
「銀行」　339
銀行カード　339
（銀行）口座　339
「禁止」　59
筋ジストロフィー　302
近日上映　460
金星　400
金銭　341
近地点　402

筋肉　305
筋肉組織　306
金髪　319
勤務評定→人事考課
筋無力症　302
金メダル　428
銀メダル　428
禁輸　355
金利　340
勤労者　335

［く］

クイズ番組　382
ぐい呑み　294
クイーン　458
空港　424
空中回転　441
空中ブランコ　468
空中分解　410
空調　273
空腹　279
空冷　415
草の根外交　354
草花　277
草餅　290
鯨座　400
櫛　265, 320
グースベリー　282
「薬」　314
薬アレルギー　315
薬屋　351
薬指　305
くすんだ色　485
果物（屋）　282
下り列車　422
口　305
駆逐艦　427
口取り　293
唇　305
口紅　316
靴　268

クッキー　289
クッキングプレート　274
靴下　264
靴墨　268
靴擦れ　268
靴直し　268
靴のサイズ　268
靴ひも［ブラシ，べら］
　268
靴磨き　268
靴屋　268
轡（くつわ）　450
「句読点」　192
宮内庁　365
国番号　383
首　305
首回り　266
熊手　277
隈取り　477
組曲　470
組み手，組み方　447
蜘蛛膜下出血　301
畳　397
鞍　450
暗い　485
クライアント　390
クライマックス　465
クラシック音楽　469
グラスコート　432
グラスファイバー　443,456
グラタン　292
クラッカー　289
クラッチ（ペダル）　415
クラリネット　472
グランドスラム　433
グランドピアノ　472
グランドマスター　458
グランプリ　461
クリ　282
栗色の　486
栗毛　450
クリスチャニア　439

クリック　387
グリップ　320,432
クリップ　322
クリトリス　310
クリーム　282
クリーム色の　486
グリル　275
グリーン　485
グリーンサラダ　291
グリーン車　421
クリンチ　445
グリーンピース　282
クルトン　292
くるぶし　305
クルマエビ　281
車寄せ　272
クルミ　282
グルメ　280
クレーコート　432
クレジット［カード］　347,
　348
グレーの　485
クレバス　455
クレープ　263
グレープフルーツ　282
クレンザー　274
黒　458,485
黒字　345
黒パン　284
黒い　485
黒帯　447
クローク　296,462
黒子　477
クローゼット　273
黒っぽい　319,485
黒ビール　287
グローブ　445,452
クロール　437
鍬　277
クワス　287
軍拡競争　355
軍艦　427

軍縮　358
群青　486
軍用機　424
燻製　281

[け]

敬遠（する）　453
計画出産　313
稽古　465
経口避妊薬→ピル
警告　429,447
頸骨　306
「経済」　343
経済開発協力機構　355
経済産業大臣　365
経済紙　367
［経済］制裁　355
警察庁　365
芸術家　482
芸術点　440
軽震　408
継続審議　361
携帯電話［メール］　383,393
ケイタリング　280
頸動脈　308
競馬［場］　451
軽飛行機　424
刑法　360
桂馬　459
契約　425
経理部　333
計量カップ　275
競輪　412
毛色　450
外科　298
毛皮帽　264
ケーキ（店）　289
劇映画　460
劇画　382
劇作家　464
「劇場」　462

激震　408	現金書留　324	号外　368
下剤　314	現金自動支払機　339	航海士　426
袈裟固め　448	現金払い　347	口蓋垂　307
消しゴム　321	現金振込　339	公害病　301
「化粧品」　316	原稿　395	光化学スモッグ　371
下駄　269	健康保険証　377	広角レンズ　386
ケチャップ　282	肩甲骨　305	合格［点，発表］　373
血圧［計］　300	原告　356	豪華船　426
血圧降下剤　314	言語中枢　307	高架鉄道　421
血圧測定　299	検査　299	睾丸　310
血液検査［バンク］　299	原罪　491	交感神経　307
「結果，帰結」　88	検索　388	抗癌剤　315
決壊　406	検札［係］　418	交換レンズ　386
血管　307	検察側証人　356	広軌　422
月刊誌　367	検察官　356	高気圧　398
月経［周期］　310	検察庁　365	交響楽［曲，団］　469
決算　346	犬歯　304	口腔科医　303
決勝点　443	検事　356, 359	航空機関士　401
結石　301	原子力潜水艦　427	航空日誌　402
血栓［症］　302	腱鞘炎　302	航空母艦　427
血便　301	原色　485	航空郵便　323
結膜炎　302	ケンタウルス　400	高血圧（症）　300
蹴爪　450	現代文学　487	膠原病　302
ゲート　451	現地ルポ　381	「広告」　369
ゲートウェイ　391	拳闘→ボクシング	広告代理店［手数料，塔］
毛抜き　317	鍵盤（楽器）　472	369
解熱剤　314	検便　299	虹彩炎　302
ゲネプロ　465	憲法［改正］　359	交差点　419
毛針　456	言論の自由　359	高山病　455
ケーブルテレビ　381		公使　354
ゲーム　432	**［こ］**	合資会社　334
下痢　300		仔牛肉　281
下痢止め　314	碁　458, 459	格子縞　261
腱　305	コイ　281	皇室典範　360
弦　472	コイン　341	公衆電話　384
元　342	コインロッカー　422	甲状腺（炎）　302, 308
検疫所　424	抗アレルギー剤　314	公証人（役場）　360
減塩［食］　280	更衣室　437	高所順応　455
原価　347	豪雨，降雨　398	亢進　301
玄関　272	耕運機　277	香辛料　282
牽牛座　400	効果　380, 447	構図　483
現金　341	口蓋　308	降水（量）　398

洪水　406	コカコーラ　287	小雨　397
香水［スプレー］　316,317	小型車　414	小皿　294
恒星　400	小型トラック　414	腰　305
抗生物質　314	小型丸パン　284	腰帯　262
厚生労働大臣　365	古儀式派　494	漉し器　275
降雪　398	顧客［サービス］　348	腰車　448
控訴［審］　357	呼吸器　307	ゴシック　483
高速船　426	国（家）法	腰回り　305
高速道路　419	国債　345	50キロ競歩　443
降誕祭　495	国際宇宙ステーション　403	五重奏［曲］　470
小内刈り　448	国際映画祭　461	胡椒　282
紅茶　286	国際会議　354	こしょう入れ　294
交通事故　410	「国際関係」　354	腰技　447
交通渋滞　419	国際サッカー連盟　431	個人メドレー　437
交通手段　416	国際司法裁判所　357	コース［距離］　437,440
「肯定,否定」　65	国際シンポジウム　355	個数詞　202
後転　438,442	国際宅配郵便　324	小銭　341
高度　424	国際通貨基金　353	小銭入れ　264
喉頭（炎）　302,307	国際電話　383	「午前,午後」　129
高等裁判所　357	国際復興開発銀行　353	跨線橋　422
後頭部［葉］　305,308	国際法　359	五線紙　470
公認プール　437	国際郵便　323	小外掛け［刈］　448
光年　400	国債利子　345	誇大宣伝　369
降灰　408	国際連合　354	固体燃料ロケット　403
購買者　347	小口切り　293	誇大妄想狂　302
後半　428	国道　420	コーチ　429
抗ヒスタミン剤　315	国土交通大臣　365	「国会,議会」　361
興奮剤　315	国内総生産　343	国会［解散,召集］　361
後編　460	国内郵便　323	骨格［筋］　305,306
合弁会社　333	国宝　326	国境紛争　355
後方二回宙返り　441	国防費　345	コック　296
合名会社　333	小熊座　400	国交［回復］　354,355
公明党［員］　363	国民新党　363	骨折　300
肛門　307	国民総生産　343	小包　323
膏薬　314	国立劇場　463	コットン　263
小売価格［店］　347	穀類　481	骨盤　306
後輪　412	国連事務局長［総会］　354	コップ　294
高齢者医療保険　377	国連大使　354	コッペパン　284
小エビ　281	焦げ茶［褐］色の　486	コッヘル　454
氷　397	コケモモ　282	古典［主義］　487
氷を入れて　287	ココア　287	コート　261
小会社　333	小匙　294	琴座　400

語彙・表現索引

519

コード　　　383
小道具［係］　　465
コートチェンジ　　435
子供　　270
子供服　　260
子供用下着　　261
コードレステレフォン　　383
コーナー　　445
コーナーキック　　430
粉薬　　314
粉茶　　286
粉ミルク　　313
粉雪　　397
コーナーワーク　　440
コニャック　　287
コネクタ　　389
ご飯　　291
ご飯茶碗　　294
碁盤　　458
コーヒー　　286
コーヒー・ブレイク　　287
コピー　　388
コピーモード［用紙］　　396
コピーライター　　369
コーヒー沸かし　　294
五分刈り　　319
拳　　305
コペイカ　　342
ゴボウ　　283
駒　　458
弦架（こま）　　473
コマーシャル　　381
コマーシャルソング　　369
小窓　　272
駒の交換［動き］　　458
コマンド　　389
ゴミの分別収集　　371
小道　　419
コミック　　368
ゴム編み　　267
小麦［粉］　　281
小麦色の　　486

小麦パン　　284
ゴムボート　　457
米　　281
こめかみ　　305
コメディー　　464
小雪　　397
小指　　305
ご来光　　455
娯楽番組　　382
コラーゲン　　317
コーラス　　469
コラム　　367
コーラン　　489
ゴール　　412,428,430,443,444
ゴールエリア［キック］　　429,430
ゴールキーパー　　429
コルクボード　　322
コルセット　　261
コルネット　　473
ゴールポスト　　438
ゴールライン　　438
コレステロール［測定］　　280,299,300
コロラチュラ・ソプラノ　　469
コロン　　192
　（→「句読点」192）
声色　　468
紺色の　　486
ゴング　　445
コンクリートの　　272
コンクリート舗装道路　　420
混合ダブルス　　432
コンサートマスター　　470
金色の　　486
混声　　470
コンセント　　273
コンソメスープ　　291
コンチェルト　　470
コンテナー船　　426
コンドーム　　310
コントラスト　　381

コントラバス　　473
コントラルト　　469,474
コンパクト　　316
コンパス　　322
コンパートメント　　423
コンビニ　　349
「コンピュータ」　　387
コンピュータ断層撮影　　299
コーンフレーク　　281
棍棒　　442
コンマ　　192
　（→「句読点」192）
婚約指輪　　265

［さ］

災害　　405
サイクリング　　412
サイクロン　　406
最恵国　　352
財源　　345
最高気温　　397
最高裁判所　　356
最後の審判　　491
歳出　　345
再使用型ロケット　　403
菜食　　279
採寸　　266
「財政」　　345
再生（する）　　379
臍帯血移植　　302
在宅勤務　　336
祭壇　　490
裁断　　266
採点表　　445
サイドボード　　275
サイドライン　　431
歳入　　345
「裁判」　　356
裁判員［官, 所, 長］　　356
砕氷艦　　426
財布　　264

「裁縫，編み物，刺繍」 266
裁縫［用具］ 266
財務大臣 365
最優秀選手 428,453
採用試験 332
在来線 421
ザイル 454
サイン 453
サインペン 321
サウンドエフェクト→音響効果
サーカス 467
さかずき→おちょこ
魚 281
魚スープ 292
作業着［服］ 260
作詞法 487
ザクースカ→前菜
サクソフォン 473
桜色の 486
サクラ開花情報 399
サクラ前線 399
サクランボ 282
サケ 281
サケマス類 281
左舷 426
鎖骨 305
座骨［神経］ 306,307
支え吊り込み足 448
サージ 263
匙 294
挿し木 277
差し込み口 273,379
差出人［住所］ 323
刺し縫い 267
刺身 293
刺身包丁 276
査証→ビザ
左心室［房］ 308
サスペンダー 264
座席 414,462
座席指定車 422
座禅 492

左遷 332
さそり座 400
座談会 381
撮影技師［所］ 460
「サッカー」 430
雑記帳 321
作曲［家］ 460
雑居住宅 272
殺菌剤 315
雑誌［社］ 367
雑収入 345
殺虫剤 372
サツマイモ 283
サディズム 311
サテン 263
サード 452
砂糖 282
砂糖入れ［挾］ 294
悟り 492
サドル 412
サドンデス 431
サニーレタス 282
サバ 281
サーバー 390
サービス 432
サービス エース［ゾーン］ 432,435
サービスビューロー 328
サービスライン 432
サーブ 435
サファイヤの 265
サポーター 428
サポート 431
寒い 398
サモワール 286
サーモンピンクの 486
さやインゲン［えんどう］ 282
座薬 314
左翼手→レフト
皿 294
更紗 263

サラダ 291
サラダ入れ 294
サラダ菜 282
サラダボール 294
サラブレッド 450
サラミ 281
サラリーマン 335
ザリガニ 281
ざる 276
サーロイン 283
サワークリーム［煮］ 282
産院 312
産科医 312
三回転 440
三角筋 306
三角貿易 352
参議院（議員） 361
三脚 386
産休 312
残業 336
三行広告 369
サングラス 264
懺悔 491
三権分立 360
参考人 362
サンザシ 282
三叉神経 307
三重唱，三重奏［曲］ 470
三色ボールペン 321
三振 452
山水画 483
散水ノズル 277
「賛成，反対」 68
賛成［反対］投票 362
酸性雨 371
酸素欠乏 455
残高 339
サンダル 268
三段式［多段式］宇宙ロット 403
三段跳び 443
サンドイッチ 285

サンドバッグ　446
3倍速　379
散髪　318
産婦人科　298,312
散文［詩］　487
サンマ　281
三枚(におろす)　293
三位一体　490
三面記事　367
三輪車　412
三塁［手, 打, コーチ］　452, 453

［し］

痔　301
詩　487
試合　428
試合開始→プレーボール
仕上げ　266
仕入れ　347
寺院　492
ジェット機　424
ジェットプリンター　395
シェフ　296
シェルパ　455
塩　282
塩入れ　286, 294
しおり　322
「歯科」　303
歯科［医院］　303
司会　467
紫外線　317
詩学　487
直火　291
歯冠　303
時間係　449
歯間ブラシ　304
磁器　295
試技　449
磁気カード　416
「色彩」　485

指揮者［台, 棒］　469, 470
敷地　272
色調　381
四球→フォアボール
死球→デッドボール
子宮　310
子宮筋腫　301
子宮頸管糜爛　302
子宮後［前］屈　302
子宮内膜炎　301
司教　491
仕切り壁　277
資金繰り　348
シグナル　453
歯茎　303
軸　322
ジグリ　415
止血剤［薬］　314
試験管ベビー　313
「事故」　410
「時刻」　132
時刻表　422
「仕事」　335
仕事と家庭の両立　270
仕事中毒→ワーカーホーリック
司祭　491
資材部　333
地酒　288
自殺点→オウンゴール
死産　312
獅子座　400
死者　408
支社　322
刺繡　266
歯周病　304
刺繡枠　266
支出　345
市場　347
市場開放　352
市場調査　348
私書箱　324
歯髄　304

システムキッチン　275
システムコンポ　379
地滑り　407
「時制［現在・過去・未来］」　195
姿勢制御　402
施政方針演説　362
歯石　304
支線　421
「自然災害」　405
自然主義　487
自然崇拝　490
歯槽膿漏　304
時速　424
舌　305
下絵　257
下書き　393
下着　261
下縫い→仮縫い
七面鳥　283
試着室　36
次長　333
膝蓋骨　306
失格　429
漆器　295
失業　336
失業保険　378
漆喰壁　273
しつけ　271
シーツ類［交換］　328
漆黒の　485
失策→エラー
湿疹　301, 307
失速　410
湿布　314
湿度［計］　398
室内アンテナ　381
室内楽［曲］　470
ジッパー　260
失楽園　491
シテ　480
私鉄　412

市電　416	絞め技　447	車両　422
自伝　487	霜　398	車両故障　410
「自転車」　412	下手　463	車輪　412, 414, 425
シート［ベルト］　414, 424	下の句　488	シャワー［ルーム］　272
指導　447	釈迦　492	ジャンクメール　393
自動改札機　422	社会党　363	シャンソン　470
自動散水器　277	社会民主党　363	シャンツェ→ジャンプ台
「自動車」［教習所］　414	ジャガイモ　281	ジャンパー　262, 439, 443
自動車事故　410	ジャーク　449	シャンパン　288
自動車道路　419	斜滑降　439	シャンパングラス　294
自動車保険　377, 414	借款　346	ジャンプ［台］　439, 443
自動制御装置　422	弱震　408	シャンプー　318
自動ダイヤル　384	蛇口　274	朱色の　486
自動点火バーナー　275	ジャケット　260	主演俳［女］優　460
自動振替　339	社債　333	終演　462, 465
「市内交通」　416	写実主義　487	自由演技　441
市内電話　383	車掌　422	自由化　352
シナゴーグ　489	シャーシ　414	自由形　437
地鳴り　408	シャシリィク　291	周回軌道［飛行］　402
シナリオ［ライター］　460	写真［家, 機］　385	週刊誌　367
次男　270	写真判定　451	週間予報　399
歯肉炎　304	写真用紙　396	衆議院（議員）　361
支配人　296, 347	ジャズ　469	「住居」　272
芝刈機　277	射精（する）　310	「宗教」　489
芝生　277	社説　367	習作　482
耳鼻咽喉科　298	車線　419	収支　345
ジープ　414	車　414	十字架　493
シフトレバー　415	社長　330	十字固め　448
紙幣　341	シャツ　261	十字倒立　442
シベリア鉄道　422	借金　346	自由種目　441
司法鑑定　357	ジャッジ　445	住所　323
司法権［試験］　360	シャッター　385	就職（する）　336
資本　343	シャッターカーテン　273	住職　492
姉妹　270	車道　420	就職率　336
仕舞　480	シャドーボクシング　446	十字路　419
姉妹都市　355	車内広告　369	修正液　321
字幕［付きの映画］　460, 463	謝肉祭→カーニバル	縦走　454
自民党　363	ジャブ　445	じゅうたん　273
ジム　441	シャープ　471	集団給食　279
事務次官　365	しゃぶしゃぶ　293	集団体操→マスゲーム
事務服　260	シャープペンシル　321	集中豪雨　398, 406
事務用品［店］　321	シャベル　277	集中治療　299

舅　270	出世　333	浄化装置　371
「柔道」　447	出生率　313	松果体　308
自由党　363	出力端子　382	商慣習　348
修道院　490	シュート　430,434,453	定規　322
修道僧［尼］　490	手動ブレーキレバー　415	将棋［盤］　458
姑　270	手動ミシン　266	乗客　426
十二指腸［潰瘍］　301,307	ジュニアウェルター級　446	「商業」　347
収入　345	（ボクシングの階級）→ 446	証言　356
重箱　294	首脳会談　355	証券市場［取引所］　337
十八番　476	シューバ　261	商号　347
終盤　458	主婦　270	商行為　347
周辺機器　387	シュプール　439	昇降舵　425
終幕　465	シュミーズ　261	上告　357
終末［論］　491	主役　460,464	商魂　348
自由民主［自民］党　363	腫瘍　300	錠剤　314
宗務院　494	腫瘍科　298	「小詞（助詞）」　198
重役　333	需要　347	上司　332
重要文化財　326	需要と供給　343	焼死体　405
修理　414	主翼　425	乗車口　422
「重量挙げ」　449	主力艦　427	乗車賃　416
重量級　445	受話器　383	症状　300
重量トン数　427	瞬間最大風速　406	昇進　333
縮小　395	準急　421	精進料理　280
ジューサー　275	巡業　466	浄水器　274,280
手術　298	殉教［者］　490	商船　426
首相　364	準決勝　428	肖像画　482
主食　279	巡航速度　424	「承諾，拒絶」　72
主審　432,447,452	準々決勝　429	焼酎　288
主人　347	準備体操　441	小腸　307
主人公　487	巡礼　490	象徴主義　487
ジュース　287,432	錠　272	衝突　410
受精　310,312	上院［議員］　361	商店　349
主題　487	小陰唇　310	消毒薬　315
受胎　310	上映（する）　460	商取引　347
受胎告知　491	消炎剤　314	場内［審判］　447
受胎調節　313	上演時間　462,465	小児科［病院］　298
十戒　491	ショウガ　283	商人　347
出血サービス　348	場外　447	証人　356
出向　333	障害競争　443	小脳　307
「出産」　312	哨戒艇　426	「乗馬」　450
出産準備期［予定日］　312	消化器　307	乗馬ズボン　450
十種競技　443	消化剤　314	消費［者］　343

消費税　345	植物油　280, 282	庶務課　333
商品　348	食物連鎖　371	女優　460, 464
商品流通　348	食休み　279	ショール　264
勝負　458	食欲［不振］　279, 300	ショルダーバック　264
正札　348	「食料品」　281	尻　305
［譲歩，認容］　97	食料品店　349	シルク　263
商法　348	書痙　302	シルクハット　264
情報　388	書斎　272	シルバー［グレーの］　485
消防艇　426	助産婦　312	辞令　333
静脈　307	助詞　198	司令塔　430
乗務員　424	書式　388	白, 白い　458, 485
常務取締役　334	叙事詩　488	痔ろう　302
照明　273, 465	助手席　414	白パン　284
照明効果［係］　465	抒情詩　488	シロフォン　473
生薬　315	所信表明　361	シロフサスグリ　282
醤油　282	助成金　346	白ワイン　287
醤油差し　294	女性用下着→ランジェリー	地割れ　407
乗用車　414	除草　277	ジン　288
上陸用舟艇　426	除草剤　372	芯　321
条例　359	助走　444	腎炎　301
じょうろ　277	助走斜面　439	震央　407
上腕［大腿］二頭筋　306	食間　314	新株割当　338
初演　464	「食器」　294	神官　489
書家　433	ジョッキ　294	新幹線　422
助監督　460	食器洗い機　275	新規作成（する）　393
書記長　363	食器棚　275	審議ボイコット［未了］　361
序曲　470	ショッピングアーケード　349	心筋梗塞　300
ジョギングシューズ　268	ショッピングセンター　349	シンク→流し
職業［病］　301	書店　350	深紅の　485
食後　314	ショート　320, 452	シングルス　432
「食事」　279	書道　483	シングルスーツ　260
食事休み　279	ショートカット　319	シングルルーム　328
食餌療法　280	所得税　345	シンクロナイズドスイミング　438
触診　299	ショートケーキ　289	
食前　314	ショートトラック　440	神経［細胞，繊維］　307
食卓　274	ショートパンツ　260	新劇　464
食中毒　301	ショートプログラム　440	震源　407, 震度　408
食堂　272	序盤　458	信号　410, 419, 421
食道　307	書評欄　367	信仰　489
食堂車　422	処方（する）　314	人工餌　456
職場　335	処方箋　299, 314	人工芝のグランド　452
食パン　285	序幕　465	新興宗教　490

人工授精 313	新聞広告 367	スカイプ 392
人工透析 299	新聞社 367	スカイブルーの 486
人工哺育 313	新聞配達［夫］ 368	スカート 260
深呼吸 441	尋問 356	スカーフ 264
審査員 449	新約聖書 489	スカンポ 282
人事院 365	診療 298	「スキー，スケート」 439
人事考課［部］ 333	診療部門 298	スキー［競技］ 439
寝室 272		好き嫌い 279
紳士服 260	**［す］**	ずきずき（痛む） 304
神社 489		スキーヤー 439
人身事故 410	「水泳」 437	すき焼き 293
心身症 301	スイカ 282	スキャナー 388,395
ジーンズ 263	水球 438	スキャニング 395
新生児 312	水彩 482	スキャン 395
心臓 307	水産庁 366	スキン→コンドーム
腎臓 307	水上競技 438	スキンシップ 271
心臓移植 301	水星 400	スキンヘッド 320
腎臓炎 302	彗星 400	掬い投げ 448
心臓疾患 300	水槽 277	スクープ 368
心臓発作 300	膵臓 307	スクラップ 317
「身体」 305	膵臓炎 302	スクランブルエッグ 292
「身体器官」 307	吹奏楽 469	スグリ 282
靭帯 306	吹奏楽団 469	スクリュー 426
寝台車 422	「推測，推量」 32	スクリューブラシ 317
新体操 441	水中競技 438	スクリーン 460
信託銀行 340	水中翼船 426	スクワット 449
身長 305	垂直尾翼 425	スケソウダラ 281
新陳代謝 317	水道 272	スケーター 439
陣痛 312	炊飯器 275	スケッチ 482
震度 407	随筆 487	スケート 439
振動 407	水夫，水兵 426	スケートリンク 439
神道 489	水平尾翼 425	スコア 428
進入灯 425	睡眠薬 315	少し辛口 287
シンバル 473	吸い物 293	スコッチウイスキー 288
審判 428	水雷艇 427	寿司 293
審判団 445	推理小説 487	筋 487
神父 491	推力 403	筋子 291
シンフォニー 469	水冷 415	涼しい 398
心不全 300	「数詞」 202	硯 322
人物像 487	スウェーデン体操 442	裾 261
「新聞，雑誌」 367	末っ子 270	スター 460
新聞記者 367	頭蓋骨 305,307	スタイル 389

スタジアム　428	スパイク　269, 435	墨　322
スタジオ［撮影］　461	スパイクシューズ　269	墨絵　483
スターター　444	スパイス　282	ズーム　385
スターティングブロック　444	スパゲティ　282	スモークサーモン　292
スタート台　437	スーパーウェルター級　446	スモッグ　397
スタートライン　443	(ボクシングの階級→446)	スモモ　282
スタミナ　445	スパーリング（パートナー）	スモン病　302
スタンツ　438	445, 446	スラックス　260
スタンディング・オベーション	昴　400	すりこ木　276
466	スパンコール　261	スリットスカート　260
スタントマン　460	スピーカー　379	スリッパ　268
スチュワーデス　424	スピード違反　410	スリップ（する）　261, 410
スチームアイロン　266	スピード競技　439	スリッポン　268
スーツ　260	スピード写真　385	すり鉢　276
頭痛［薬］　300, 314	スピードスケート　440	スリーピース　260
ズック　263	スピードメーター　414	スリーポイントシュート　434
ステイルメイト　458	スピニング　456	スローイン　430
ステッチ　266	スープ（皿）　294, 296	寸劇　467
ステップ　455	スプートニク　401	寸法　266
捨て身技　447	スプライト　287	
ステレオ　379	スプリンクラー　277	［せ］
ストッキング→靴下	スプリント　412	
ストック　439	スプーン　294, 296	「性」　310
ストップ　379	スペアタイヤ　415	晴雨計　398
ストライク　452	スペースシャトル　401	星雲　400
ストール　264	滑り止め　449	精液　310
ストレート　445, 453	スペルチェック　388	正価　347
ストレート［コーヒー］　286	スポイラー　425	性科学　311
ストロー　294	スポーク　412	声楽　469
ストロー級　446	スポーツウェア　260	聖歌隊　470
ストローク　438	スポーツカー　414	精管　310
ストロボ　386	スポーツ刈り　319	税関　352, 424
砂　278	スポーツシャツ　261	性教育　310
スナッチ　449	スポットライト　463	清教徒　490
スナップ写真　385	スポーツニュース　381	正教徒　490
スニーカー　268	スポーツ用品店　350	「制限，限定」　62
脛　305	ズボン　260	政権党　363
脛当て　431	スポンサー　381	性交，性行為，性差　310
すね肉　283	スポンジ　274, 317	星座　400
頭脳労働　335	ズボン下　261	正餐　279
スノーボード　439	澄まし汁　293	生産者　347
酢の物　293	スマッシュ　432	生産者直結　348

生産牧場　451
青磁　295
精子　310
静止軌道　402
税収　345
聖書　489
生殖［器］　310
成人（向け）映画　461
精神安定剤　315
精神科　298
精神薄弱　302
精神病　301
精神分裂病　301
性生活　310
性染色体　311
生鮮食品　281
聖像画→イコン
声帯　307
生体肝移植　302
声帯模写　468
性的興奮［成熟, 倒錯］　310, 311
晴天　397
「政党」　363
精嚢　310
性犯罪　311
性病　302, 311
制服　260
西部劇　460
静物画　482
性ホルモン　310
生命維持系　403
生命保険証券　377
西洋碁　458
セイヨウナシ　282
西洋ワサビ　282
性欲　310
声量　470
清涼飲料　287
セイロン茶　286
生老病死　492
背負い投げ　448

背泳ぎ→背泳
世界自然保護財団　372
世界選手権　430
世界平和　354
世界ボクシング協会［評議会］　446
セカンド　452
積算距離計　415
脊髄　308
石像　483
脊椎カリエス　302
脊椎分離　302
石庭　278
赤銅色の　486
咳止め　314
石油タンカー　426
セクション　403
セクター　389
セコンド　445
セ氏　398
セーター　260
雪害　408
説教（する）　490
接近戦　445
石膏像　483
接続　390
「接続詞」　206
セット（撮影）　461
セット　432
セットポイント　432
背中　305
セパレートの　437
背広上下　260
セーフ　452
背骨　306
セミコロン　192 （→「句読点」192）
ゼリー　292
迫［せり］　463
競り　348
台詞［せりふ］　465
台詞吹き替えの映画　460

セールスマン　348
セルフサービス店　349
セレナーデ　470
セロテープ　321
セロリ　282
世話物　476
繊維　263
前衛芸術→アバンギャルド
前衛劇　465
船外［内］活動　402
戦艦　427
前戯　310
専業主婦　270
千切り　293
前傾姿勢　440
前菜　291
洗剤　274
船室　426
洗車　414
選手［権者］　428
船首　426
先取点　429
禅宗　492
線審　428
占星術　400
船籍　427
船倉　426
ぜんそく　300
センター　434, 435, 452
センターサークル　431, 434
センターハーフ（フォワード）　430
センターライン　432, 434, 435
「選択」　114
センタリング　389
全地球測位システム　403
煎茶　286
船長［室］　426
剪定［ばさみ］　277
宣伝［活動, 文句］　347
セント　342
前頭葉　308

栓抜き　275
染髪　318
前半　428
船尾　426
煎餅　290
前編　460
前方二回宙返り　441
前方不注意　410
専務取締役　334
全滅　408
洗面台　272
前立腺肥大　301
前輪　412
線路　412

[そ]

僧（侶）　492
躁鬱病　302
掃海艇　426
臓器移植　301
総稽古　465
象牙色　485
倉庫　273
総合［専門］病院　298
総合外来病院　298
相互援助条約　354
操作パネル　395
早産　312
走者→ランナー
操縦士　424
操継ミス　410
送信済みアイテム　393
装身具　264,265
創世記　491
双生児　270
創造神　490
操舵室　426
遭難（する）　455
「挿入語，挿入句」　214
相場　337
総務大臣［省］　365

総務部　333
草履　269
総理大臣補佐官　365
早漏　311
組閣（する）　364
側対歩　450
速度［計］　414
鼠径　305
鼠けいリンパ肉芽腫症　302
底　268
素材　263
ソース　282
蘇生術　299
ソーセージ　281
塑造，塑像　483
ソックス　264
即効薬　315
袖　261
袖回り　266
袖丈　266
ソナタ　470
ソネット　488
そば［粉］　281,283
素描→デッサン
祖父　270
ソフトドリンク　287
ソプラノ　469
祖母　270
そよ風　397
空色の　486
ソリスト　469
ソロ　438
算盤　322
損害賠償　346
ゾーン・ディフェンス　429

[た]

（動詞の）体　231
大腸　307
大陰唇　310
退院（する）　298

ダイエット　280
体落とし　448
耐火（性）の　272
大回転　440
体格　305
大学（付属）病院　298
大家族　270
大気汚染　371
大気圏突入　402
耐久競技　451
耐久テスト　451
耐久レース　412
胎教　313
代金　350
太鼓　473
対抗　451
対向車線　419
大根　282
胎児　312
大使　354
大使館［員］　354
大司教　491
大車輪　442
体重　305
「大衆芸能」　466
大衆政党　363
大主教　494
大賞→グランプリ
退場　429
退職［金］　353
耐震建築　408
耐震（性）の　272
大聖堂　490
「体操」　441
体操競技［選手］　441
橙々色の　486
大腿骨　306
大団円　465
大腸［炎］　301,307
タイツ　260
大動脈　308
「台所」　274

タイトスカート 260	堕罪 491	ダブルパンチ 445
ダイニングキッチン 272	打者→バッター	ダブルフォルト 432
大脳 307	多重点 193（→「句読点」192）	食べ歩き 280
大破 410	多色ボールペン 321	ターボプロペラ飛行機 424
代表［派遣団］ 355	多神教 490	玉浮き 456
代表質問 361	ダスターコート 261	玉突き事故 410
代表取締役 334	ダストシュート 274	玉ネギ 281
台風［の目］ 397, 406	たたき 273	ターミナル 424
大福（餅） 290	ただ乗り 417	たも 456
タイブレーク 432	たたみ 273, 447	タラ 281
台本［作者］ 464	ただれ 302	トラップ 424, 426
タイマー 275	多段式宇宙ロット 403	だるさ 300
「代名詞」 220	立ち稽古 465	たわし 274
タイムアウト 428	裁ち台 266	タン 281
タイムトライアル 412	立ち飛び込み 438	段 447
対面式シンク 275	裁ちばさみ 266	ターン 438, 439
タイヤ 410, 412, 415	立見席 463	タンカー 426
ダイヤモンド 452	脱衣場 437	短歌 488
ダイヤル 383	脱臼 300	胆管 308
太陽 400	タック 261	短距離競争［選手］ 443
大理石像 483	ダッシュ 193（→「句読点」192）	タンク車 422
体力トレーニング 441	脱臭剤 317	ダンクシュート 434
タイル貼りの 272	脱線 410	短靴 268
タウンウェア 260	タッチ 438	タンクトップ 261
ダウンコート 261	脱腸 302	炭酸入りミネラルウォーター 288
ダウンジャケット 262	手綱 450	端子 379
ダウンヒル 440	ダッフルコート 262	断食療法 280
タオル 328	竜巻 397, 408	タンシチュー 292
高値 337	立て 447	短縮ダイヤル 384
高跳 443	建て売り 272	単身赴任（する） 333
高飛び込み（台） 438	たてがみ 450	短水路 437
滝 278	縦波 408	男性用下着 261
タキシード 262	縦揺れ 408	胆石 301
打球 452	種 277	単線 422
タクシー 416	種馬 451	断層撮影 299
卓上コンロ 275	足袋 262	団体 438
卓上電卓 383	ダービー 451	団地 272
托鉢（たくはつ） 493	ダビング（する） 379	段違い平行棒 442
濁流 407	タブ 389	ターンテーブル 379
たけのこ 283	ダブルス 432	断熱材 273
多国籍会社 333	ダブルスーツ 260	胆嚢 307, 胆嚢炎 301
タコメーター 415		

530

タンバリン　473
ダンプカー　414
タンブラー　294
ダンベル体操　441
短編映画　461
短編小説　487
担保　340
暖房　272
端末［コンピュータ］　391
男優　460

［ち］

治安判事　356
チェス［盤］　458
「チェス，碁，将棋」　458
チェッカーズ　458
チェックアウト［イン］　328
チェリー　282
チェロ　472
チェーン　412
チェンジアップ　453
チェンバロ　473
地下街　349
地殻変動現象　408
地下鉄［路線図］　416
地下道　419
力技　449
地球　449
地球温暖化　371
蓄膿症　302
乳首　305
チケット［売り場］　460, 462
恥骨　310
地上デジタル　381
地上追跡ステーション　403
地震　407
地震学［学者，観測所］　408
地震計　407
地震波［予知］　408
チーズ　282
チーズクッキー［バーガー］

　　　　　285
父　270
縮み　262
地滑り　407
膣　310
チップ　296
知的労働　335
血止め　314
千鳥掛け　267
地鳴り　408
地方裁判所　357
チーム　428
チームスプリント　412
チーム・プレー　431
茶　286
チャイム　273
茶色（の）　485, 486
着信禁止　384
着水　402
着地　439
着メロ　384
着陸　424
チャコ　266
チャコールグレー　485
茶托　294
チャック　260
チャット　392
茶の間　273
茶髪　320
茶碗　294
チャンネル　381
チャンピオン　428
注意　447
宙返り　441
中間色　485
中間利益　348
中距離競争　443
中継　466
中堅手→センター
中古車　414
仲裁裁判所　357
駐在武官　365

中耳炎　300
抽象芸術　483
昼食　279
中震　408
虫垂　308
虫垂炎　301
中枢神経　307
中性脂肪　300
中毒　301
中火　293
注文建築　272
注文販売　348
注文服　260
駐輪所　413
柱廊　277
チューナー　379
チューニング　379
チューブ　412
駐日本大使　354
腸　307
長距離競争［選手］　443
長距離列車　421
腸炎　301
蝶ネクタイ　264
超音速［機］　424
超音波検査　299
朝刊　367
長期信用銀行　340
長期予報　399
彫金　483
彫刻［家］　277, 482
調査中　406
調査部　333
チョウザメ類　281
朝食　279
朝食券　328
長身　305
聴診　298
聴神経　307
長水路プール　437
朝鮮人参　315
長調　470

超特急　421
長男　270
跳馬　442
長髪　319
長編小説　487
帳簿　348
長補祭　494
調味料　232
跳躍　441,443
貯金［通帳］　339
直撃　406
直線コース　444
直腸　307
直通列車　421
直立　438
猪口　294
チョコレート（色の）　486
チョコレートケーキ　289
直滑降　439
チョッキ　260
直球　453
ちょんまげ　320
ちらし　369
縮緬　262
治療　298,300
賃金　335
鎮痛薬　310

［つ］

追跡調査　370
追跡レーダ　402
追突　410
追肥　277
墜落　410
ツイン　328
通貨［単位］　341
通行人　410
通常国会　361
通信回線　390
通信販売　348
通帳記入［残高］　339

痛風　302
通訳　326
通路　424,462
塚原跳び　442
月　400
月探査機　403
月着陸　401
蔓物　277
土色（の）　485
土踏まず　305
鼓　473
ツードア　414
ツートップ　430
津波　407
津波警報　399
つば　264
ツーピース　260
妻　270
爪先　268
紬　262
爪　305,472
詰め，詰める　458
詰め物　303
強火　293
「釣り」（糸）　456
吊り篭　277
吊り込み腰　448
釣り竿　456
釣り師［人］　456
ツーリストビューロ　325
釣り場［針］　456
釣り船　457
釣り銭　350
釣り堀［宿］　457
吊り輪　442
ツール・ド・フランス　412
ツルコケモモ　282
ツールボックス　389
ツレ　480
悪阻（つわり）　312

［て］

手　305,458
出会い系サイト　392
出足払い　448
「庭園，園芸」　277
帝王切開　312
定価　347
低カロリー食　280
低気圧　398
定期［券］　417
定期購読　367
低血圧［症］　300
停止→ストップ
低脂肪牛乳　282
定職　336
ディスプレイ　387
ティーセット　294
停戦条約　355
ティータイム　279,287
蹄鉄　450
「程度」　100
抵当保険　377
ディナー　279
ディナーセット　294
定年　335
ティーバッグ　286
ティーパーティ　287
ディフェンス　434
ディーラー　338
停留所　416,422
ティンパニー　473
手紙　323
出来合い→既製服
テキスト入力　387
手首　305
手首バンド　449
デコレーションケーキ　289
デザイン　277
デザート　296
デジカメ写真（付き携帯）

389, 384
デジタル時計　264
デジタルカメラ［写真］　395
手品［師］　467
手数料　338
テスト　373, 461
手帳　321
鉄橋　422
鉄筋コンクリートの　272
デッサン　482
「鉄道」（網）　421
鉄道事故　410
鉄道交通保険　377
デッドボール　452
鉄板　275
鉄棒　442
手詰まり　458
手釣り　456
「テニス」　432
テニスコート　432
テニスシューズ　269
デニム　263
手荷物預かり所　422
手の甲［ひら］　305
テノール　469
デバッグ　389
デパート　349
出刃包丁　276
デビスカップ　433
手袋　264
テーブル　296, 424
テーブルクロス　294, 296
デフレ（ーション）　343
出前　279
デュエット　470
デューティーフリーショップ　424
寺　492
テラス　273
テールランプ　414
「テレビ」（受信機、アンテナ）　381

テレビ映画［番組］　461, 381
テレフォンカード　383
テレマーク　439
テロ［活動］　355
テロリスト　355
点　432
店員　347
電気　272
「天気」　397
伝記　487
天気雨　398
電気自動車　414
天気図　399
電気ポット　275
天気予報　381, 399
電気レンジ　274
転勤　332
電源　387
電光掲示板　422
天国　490
てん刻　483
天災　405
展示［会］　348
電子会議室　392
電子掲示板　392
展示即売会　348
電磁調理器→クッキングプレート
電子ピアノ　472
電子メール　393
電車　416
店主　347
てん書　483
天井　272
添乗員　326
天井桟敷　463
電子レンジ　274
伝染病　300
転送　395
「天体、星座」　400
電卓　322
天地創造　490
転調　471

店長　296
点滴　299
点滴薬　314
転轍機　422
テント　454
電動ミシン　266
伝道者　490
天王星　400
転売　348
天火→オーブン
点鼻薬　314
伝票　296
天秤座　400
転覆　410
添付書類　393
てんぷら　293
テンペラ画　483
点滅［ランプ］　414
店屋物　279
転落　455
「電話」（器、番号帳）　383

［と］

ドア　272, 414
ドアボーイ　328
ドアロック　414
（雨）樋　273
トイレ　272
党員［証］　363
ドゥエット　438
動画　460
倒壊　407
投函（する）　323
党幹部　363
陶器　295
投球　452
同居（する）　270
陶芸　482
道化師→ピエロ
凍結防止剤［装置］　415
橈骨　306

当座預金　339
倒産（する）　334
投資（する）　337
「動詞の体」　231
陶磁器　295
同軸ケーブル　382, 391
同時通訳　331
当日券　462
投手　452
党首　363
投書　367
搭乗［券］　424
等星　400
同性愛［者］　310
統制経済　343
銅像　483
同族会社　333
胴体　305, 425
頭頂　306
登頂（する）　454
当直医　299
投擲　443
同点　429
東南アジア諸国連合　355
盗難予防装置　414
糖尿病　300
投票　330
豆腐　283
動物使い　468
答弁　361
党本部　363
動脈［硬化］　301, 307
銅メダル　428
トウモロコシ　281
倒立　441
盗塁（する）　453
「道路」（工事, 標識）　419
通し稽古　465
通り雨　397
ト音記号　471
トカチョフ　442
とかげ座　400

「時を示す副文」　117
トーキー　461
ドキュメンタリー　381
特撮, 特殊撮影　461
トークショー　382
独唱［曲］　470
ドクターストップ　445
特ダネ　368
得点［王］　428
特派員　367
特命全権大使　355
特別国会　361
時計　264
床の間　273
「登山」（家, 靴）　454
都市ガス　272
都市銀行　340
年子　270
綴じ目　266
閉じる　387
土砂崩れ　407
土砂降り　398
トス　435
土星　400
土地　272
とちる　465
特急　421
特許庁　366
ドッキング　402
徳利　294
トックリセーター　260
ドットプリンタ　396
トップ　320
トップスピン　433
ドーナツ　289
トーナメント　428
飛び石　278
飛び板［飛び込み］　438
飛び込み　438
扉　272
土瓶［敷き］　294
戸袋　273

土間　273
トマト　281
トマトジュース［ソース］　281, 287
泊まり客　328
ドーム野球場　452
ドメイン　391
ドメイン名　391
留め金　449
留め袖　262
巴投げ　448
友釣り　456
共働き　270
ドラ　473
ドライ　287
トライアングル
ドライバー　411
ドライブ　433
ドライブサーブ　433
ドライブシャフト　415
ドライフルーツ　282
トラック　379, 414, 443
トラック競技　443
トラックレース　412
トラップ　430
ドラフト　453
ドラマ　381
ドラム　472
トランキライザー　315
トランク　415
トランクス　445
トランペット　472
トリオ　470
取り消し　388
取り皿　294
取締役　333
取締役会　334
鶏肉　281
ドリブル　429, 435
「度量衡」　123
ドリンク剤　314
ドル　342

ドルフィンキック 438	長雨 398	難度 442
ドレスリハーサル 465	長鉤針→アフガン針	納戸 273
ドレッシング 292	流し 274	ナンバー［プレート］ 415
トレーナー 429	長襦袢 262	難病 301
トレンチコート 261	長袖シャツ 261	
トローチ 314	中庭 277	［に］
トロット 450	長ネギ 281	
ドロップ 289	中指 305	二院制 361
ドロップショット 433	流れ星 400	にきび 301
とろ火 293	投げ技 447	肉 281
泥除け 412	ナス 282	肉料理 291
トロリーバス 416	雪崩 408, 455	肉食 279
トロール船 426	夏→「季節」(146)	肉体関係 310
トロンボーン 473	ナックル 453	肉体労働 335
トーン 379	ナッツ 282, 290	煮こごり 292
曇天 397	夏服 260	煮魚 292
トンネル 421, 422	ナナカマド 282	にじ色の 485
とんぼ返りターン 438	七色の 485	ニジマス 281
	七種競技 443	二重唱, 二重奏［曲］ 470
［な］	斜め切り 293	二重衝突 410
	ナビゲーター 457	二重星 400
内需 343	ナプキン 294, 296	二重窓 272
内科 298	鍋 274	ニシン 281
「内閣」［総辞職］ 364	生菓子 290	ニシンの塩漬け［燻製］ 292
内閣官房 365	生ごみ［入れ］ 274	にせ金, にせ札 341
内閣総理大臣 365	生ごみ処理機 275	荷台 412
内閣府 365	ナマズ 281	二大政党［制］ 363
内視鏡 299	生中継 381	日刊新聞 367
内助の功 271	生の 291	日記文学 487
内線番号 383	生ハム 292	日照 273
内装 273	生ビール 287	ニット 263
内臓 307	生放送 381	二等航海士 427
内臓筋 306	鉛色の 485	二等車 421
内定 336	常足（なみあし） 450	二等書記官 355
ナイト 458	並木道 277, 419	ニトログリセリン 315
ナイトクリーム 317	鳴り物 476	二の腕 306
ナイフ 294, 296, 321	ナレーター 460	二部合唱 470
内服薬 322	難易率 438	日本（式）庭園 278
内分泌器官 308	軟膏 314	日本画 482
内野 452	難産 312	日本髪 320
ナイロン 263	軟性下痢 302	日本国憲法第九条 359
苗床 277	軟着陸 403	日本酒 288

日本ダービー 451	縫い目 266	脳炎 301
日本風旅館 329	縫う 266	脳下垂体 308
日本文学 487	ヌード 482	脳梗塞 300
日本料理 291	ヌードル 282	脳細胞 308
荷物 326	ヌードルスープ	脳死 301
荷物入れ 424	塗り薬 314	脳出血 300
煮物 293	ネオンサイン 369	脳軟化 301
入院［患者, 治療］ 298	ネクタイ［ピン］ 264	濃霧 397
乳液 317	ネクタリン 282	能面 480
「入学試験」 373	ネグリジェ 261	農薬 371
入国管理事務所 424	値下げ 347	「能力, 才能」 52
乳児 313	ねずみ色 485	農林水産大臣 365
乳歯 303	ネッカチーフ 264	ノズル 396
入社（する） 332	ネックレス 265	のぞき穴 273
乳製品 282	熱冷まし 314	ノックアウト［パンチ］ 445
乳白色の 485	熱帯性低気圧 398	ノット 264
入力 387	熱転写プリンタ 396	のど 305
入力端子 382	ネット 432, 434, 435, 453	ノート 321
ニュース 381	熱湯 286	のど飴 314
ニュース映画 461	ネット接続 389	ノートパソコン 387
ニューロン 308	ネットタッチ 435	のべ板 275
尿管 308	ネットプレーヤー 433	延べ竿 456
煮る 291	ネットワーク 390	上り列車 422
二塁［手, 打］ 452	涅槃 492	「飲み物」 286
庭 272, 277	寝袋 454	飲むヨーグルト 282
にわか雨 397	ネフローゼ 302	糊 321
人形劇 465	根回し 331	乗合タクシー 416
人形浄瑠璃［遣い］ 478	練り歯磨き 303	乗り換え 421
人間ドック 299	寝技 447	乗組員 426
認証 391	「年月日, 世紀」 148	ノルディック種目 439
人参 281	「年金」 375	ノンフィクション 487
妊娠 312	年金型保険 377	
妊娠中絶 313	「年齢」 153	［は］
認知症 301	念仏 492	
ニンニク［の芽］ 282	燃料 424	歯 303, 305
妊婦 312	燃料計［タンク］ 415	場 464
任命 332	ノアの箱船 427	バー 444, 449
	ノイチゴ 282	パイ 284, 289
［ぬ・ね・の］	ノイバラ 282	バイアスロン 440
	脳 307	廃案 361
縫い代 266	「能, 能楽」 480	灰色の 485
縫い針 266	脳溢血 300	背泳 437

肺炎　300
バイオリン　472
バイオレットの　485
排気ガス　371
肺気腫　302
廃棄物　371
ハイキング　325
バイキング　328
俳句　488
歯医者　303
ハイジャック　411
肺静脈　308
配色　277, 485
陪審員　357
配達　347
配置転換　332
はい、チーズ！　385
配当　337
肺動脈　308
梅毒　302, 311
ハイドリブル　434
パイナップル［ジュース］ 282, 287
這い這い（をする）　312
バイパス　419
ハイヒール　268
パイプ　413
ハイフン　193
肺胞　308
背面跳び　444
配役［表］　460, 462
俳優　460, 464
パイロット　262, 424
バインダー　322
パウンドケーキ　289
バウンドパス　434
羽織　262
はがき　323
端株　338
袴（はかま）　262
秤　275
吐き気　300

掃き出し窓　273
「履物」　268
パーキンソン氏病　302
はく　268
バグ　389, 馬具　450
白菜　282
白磁　295
白紙委任（する）　331
拍車　450
拍手［喝采］　466
白内障　302
白票　362
薄利多売　348
ハーケン　277, 454
覇権主義　354
馬券売場　451
派遣社員　336
パーゴラ　277
はさみ　322
鋏み足　442
箸　294
橋　277
箸置き　294
始め　447
パジャマ　261
馬術［競技］　450
走り跳び込み　438
走幅跳　443
「場所」　156
馬身　451
バス　272, 416
パス　429, 430
バス入れ　264
「バスケット（ボール）」　434
パスタ　282
バス付きの部屋　328
パステル画　482
バスト　266, 305
パスポート　326
パス回し　435
バスルーム　272
パスワード　391, 393

パセリ　282
パソコン　387
バター［入れ，ナイフ］　282, 294
バーター　352
ばた足　438
肌着　261
肌襦袢　262
旗判定　447
バタフライ　437
バターロール　284
撥（ばち）　472
バチカン　490
鉢巻　433
ハッカー　389, 391
二十日大根　282
罰金　346, 418
バッグ　264
パック　317, 429
バックアップ　388
バックスピン　433
バックハンド　432
バックボード　434
バックミラー　414
発言　330
抜歯　303
発射台　401
バッター　452
ハッチ　426
バッテリー　389, 415
発電機　412
バット　452
ハット　264
ハットトリック　430
発熱　300
発泡酒　288
パテ　292
はでな（色）　485
パートタイム　336
パドック　451
ハードディスク　387
ハードル　443

語彙・表現索引

537

ハードロック 468	バラッド 488	バンダナ 264
バトン［タッチ］ 443	パラボラアンテナ 381	バンタム級 446,449
バーナー 274	バラライカ 472	「パン，ペストリー」 284
鼻［の穴］ 305	バランスのとれた 279	パンタロンスーツ 260
鼻緒 269	ハリウッド 461	パンチ 322,445
鼻風邪 300	バリウム 299	パンチアウト 430
花柄 261	貼り薬 314	番茶 286
鼻血 300	ハリケーン 397,406	ハンチング 264
鼻面 450	バリトン 469	パンツ 260
バナナ 282	針山 266	判定 445
花ばさみ 277	春 146,398（→「季節」146）	判定勝 445
花道 476	パルケット 273	ハンディ 451
跳ね腰 448	バルコニー 273	パンティ（ストッキング）
パネル 322	バルブ 413	261,264
馬場 450	晴 397	番頭 348
母 270，パパ 270	馬鈴薯 281	ハンドクリーム 317
ハーブ 473	バレエ 474	ハンドバッグ 264
パフ 316	バレエ［シューズ］ 269	ハンドブレーキ 412
ハブ空港 424	破裂 411	パントマイム 467
ハーフコート 262	晴れ時々曇り 398	ハンドル 412,414
ハープシコード 473	「バレーボール」 435	万能薬 315
ハーフタイム 428	腫れ物 301	販売［合戦，作戦］ 347,348
羽二重 263	バレリーナ 474	バンパー 414
ハーフバック 429	馬勒 450	ハンバーガー 284
ハーフボレー 432	バロック音楽 470	ハンバーグステーキ 291
歯ブラシ 303	パン 414	「反復」 142
バーベル 449	パン 281,284	パンプス 268
パーマ 318	半襟 262	半ブーツ 268
はみ 450	版画 483	ハンマー投 443
歯磨き 303	挽歌 488	パン屋 284,351
バーミセリ 282	パン籠 294	氾濫 406
ハム 281	ハンカチ 264	
ハムエッグ 292	反響板 380	**［ひ］**
速歩（はやあし） 450	パンク 412	
早送り 379	判決 356	ピアス 265
早変わり 477	判事 356	日当たり 273
端役（はやく） 460	反射板 412	ピアノ 472
囃子方 476	半ズボン 260	ピエロ 467
腹 305	帆船→帆かけ船	鼻炎 300
払い腰 448	伴奏つき 470	ビオラ 473
バラエティ 467	反則［負け］ 429,434,447	被害［者］ 405,407
開く 387	半袖シャツ 261	「比較」 104

干菓子　290
光ケーブル［ファイバー］
　391
悲喜劇　465
被疑者　356
ビキニ　437
挽き肉［割り］　281
引き幕　477
飛距離　439
引き分け　428,458
鼻腔　307
ピケ　263
飛形　438,439
悲劇　464
非公開株　337
飛行管制センター　402
「飛行機」（事故）　410,424
飛行場［艇］　424
被告［人］　356
ひ骨　306
ピザ　284
膝　305,306
ビザ　326
被災者（地）　405
膝車　448
庇　273
膝のお皿　306
肘　305
ビジネスクラス　424
ビジネスホテル　329
「美術」　482
非常脱出口　424
秘書課　333
美食家→グルメ
ビショップ　458
微震　408
美人画　483
ピストン　415
非政府組織　355
額　305
ビタミン欠乏症　302
ビタミン剤　310

左余白　389
左側通行　419
ビーチバレー　436
ビート　438
ピック　472
ピックアップ　414
ピッケル　454
羊［の］肉　281
ピッチャー　452
ヒット　452
ピット　431
ヒップ　266,305
踵　450
「必要, 義務」　39
尾骶骨　306
ビデオカメラ　385
ビート　282
人差し指　305
一人っ子［息子, 娘］　270
ひな壇　362
ピーナツ　282,290
ひな鳥　281
泌尿器［科］　298,307
避妊　310
避妊具［剤, 薬］　313
ビバーク　454
批評　487
皮膚科　298
ビーフステーキ，ビフテキ
　291
ビーフストロガノフ　291
皮膚病　301
被保険者　377
ピーマン　282
干物　282
冷や　288
日焼け止めクリーム　317
ビュッフェ　451
ピューリタン　490
雹（ひょう）　398
「病院」　298
病院長　298

美容院　318
氷河　455
「病気」　300
標高差　440
表札　273
「美容院」　318
美容師　318
拍子木　476
標準レンズ　386
表彰台　428
氷上バレエ→アイスショー
ビラ→ちらし
平泳ぎ　437
平社員　332
ヒラメ　281
肥料　277
ビール　287
ヒール　268
ヒールキック　430
ピル　310
ピルゼンビール　287
昼の部　463
昼休み　335
ヒレ　283
ヒロイン　487
ピロシキ　284
ビロード　263
ピン　320
瓶入りの〜　282
ピンク（の）　485
貧血（症）　300
便箋　321
ピント, ピンボケ　385
牝馬　450
品簿

[ふ]

ファイティングポーズ　445
ファイル　322
ファイル圧縮　392
ファイルの作成　388

ファウル 434, 452	吹き抜け 273	ブーツ 268
ファゴット 473	布教 (する) 490	不通 411
ファースト 452	布巾 (ふきん) 275	普通列車 421
ファックス 383	服 260	復活 388
ファッション時計 264	複合 440	復活祭 489
ファン 428	福音書 490	復活大祭 495
ファンクション［キー］ 379, 387	副作用 314	復旧 411
	［副詞］ 235	｢仏教｣ (徒) 492
ファンタ 287	福祉国家 377	フック 445
ファンデーション 316	複写 388	ブックスタンド 322
フィギュアスケート［選手］ 440	副社長 333	物証 356
	副食 279	仏像, 仏陀, 仏壇, 仏塔 492
フィクション 487	｢服飾品, 装身具｣ 264	フットライト 463
フィナーレ 465	服飾品 264	物理療法 299
ブイヨン 291	副審 433, 447	筆［入れ］ 322
フィールド競技 443	副腎 308	｢不定詞｣ 238
封 323	複線 422	ブティック 351
風害 408	副大臣 365	フード 415
封切り 460	副鼻腔炎 302	ブドウ 282
風景画 482	複々線 422	不凍液 415
風刺漫談［師］ 466, 467	服用［量］ 314	フードプロセッサー 275
風水害 408	ふくらはぎ 305	フナ 281
風速計 397	腹話術 467	船釣り 456
封筒 321, 323	不在配達通知 324	不妊［症］ 313
夫婦 270	フサスグリ 282	｢船｣ 426
風力 397	藤色の 486	踏切 421, 422
風力計 397	父子家庭 271	踏み切り 438, 439, 444
フェイント 434, 435	負傷 410	踏み切り台 439
フェザー級 446, 449	婦人科医 312	踏み込み 451
フェリー［ボート］ 426	婦人病 301	譜面台［灯］ 463
フェルト 263	婦人服 260	冬 146 (→｢季節｣146)
フェンス 272, 277, 453	不整脈 301	冬服 260
フォアハンド 432	付箋 322	フライ 452, 456
フォアボール 452	舞台［裏］ 462, 463	フライ級 446, 449
フォーク 294, 296, 453	舞台監督［稽古］ 464, 465	フライトエンジニア 401
フォードア 414	舞台装置 465	フライパン 274, 291
フォーマット 387	舞台袖 463	フライング 444
フォワード 429	双子 270	ブラインド 273
フォント 388	双子座 400	ブラウス 261
部下 332	豚肉 281	ブラウン管 381, 387
吹き替え 460	普段着 260	ブラジャー 261
吹出物 301	部長 332	ブラック［コーヒー］ 236

540

フラッグ　431
ブラックベリー　282
フラッシュ　386
プラットホーム　422, 449
フラップ　425
フランクフルトソーセージ
　281
フランスパン　284
プランター　277
ブランデー　288
フリー　438
フーリガン　430
フリーキック　429, 430
フリークライミング　454
振込　339
振込先　339
振込人　339
フリーザー　274
フリーサイズ　266
フリースロー　434
振り袖　262
フリーター　336
フリーダイヤル　383
ブリーチ　319
ブリッジ　303, 426
プリーツスカート　261
ブリーフ　261
プリマドンナ　474
フリーメール　393
武力行使　355
「プリンタ」　388, 395
プリンタ用紙　396
プリント　263
プール　437
ブルー　485
篩（ふるい）　277
プルオーバー　260
ブルゾン　262
フルタイム　336
フルーツゼリー　289
フルート　472
ブルーの　485

ブルーベリー　282
ブルペン　453
プルーン　282
フレアスカート　260
プレイ　379
プレイガイド　462
プレイヤー　379
ブレーキペダル　415
ブレーキレバー　412
ブレーク　433
フレスコ画　383
ブレスレット　265
プレタポルテ　260
プレハブ住宅　272
プレーボール　453
フレーム　432
ブロー［セット］　318
ブログ　391
プログラム　462
プロセッサー　387
ブローチ　265
ブロック　434, 435
フロックコート　262
プロット　487
フロッピーディスク　387
プロテクター　453
プロテスタント　489
プロデューサー　460
プロトコル　390
ブロードバンド　390
風呂場　272
プロバイダ　390
プロパンガス　273
プロペラ　424
プロローグ　465
フロン　372
フロント　320, 328
ブロンド　219
フロントガラス　414
プロンプター［ボックス］
　463
噴火　408

文化遺産　326
「文学」（作品，史）　487
文化交流［担当官］　355
文化庁　365
文化欄　367
分割払い　347
文芸［学］　487
文芸映画　460
噴水　277，分数　204
文鎮　322
分別収集　371
分娩室　312
「文房具」（店）　321, 350
噴門　308
「文楽」　478

[ヘ]

ヘアスタイル　318
ヘアセット［ダイ］　318, 319
塀　272
平均気温　397
平均台［棒］　442
閉所恐怖症　423
米食　279
ヘイゼルナッツ　290
閉塞　302
平和主義［条約］　355
ヘ音記号　471
ペガスス座　400
ベーカリー　351
壁画　482
ベーコン　281
ベージュ　486
ベースキャンプ　454
ペストリー　284
ベースライン　432
へそ　305
ペダル　412, 472
ベーチェット病　302
ペチコート　261
別荘　272

ヘッディング　430	ペンス　342	棒高跳　443
ヘット　281	変速ギヤ　412	放置自転車　413
ヘッドギア　446	変速装置［レバー］　415	包丁　274
ペットショップ　351	変態性欲　311	傍聴席［人］　361
ヘッドホーン　379	ペンダント　265	暴騰　337
ヘッドライト［ランプ］　414	ベンチ　453	報道番組　381
ペディキュア　316	ベンツ　415	暴風［雨］　397,406
ペナルティーエリア［キック］　430	弁当［箱］　279,295	報復措置　355
ペニス　310	扁桃腺炎　302	法務大臣　365
ペーパートレー　395,396	便秘　300	訪問着　260,262
ペーパーナイフ　322	弁膜症　302	訪問販売　348
ヘビー級　446,449		「法律」　359
蛇座　400	［ほ］	法律家　359
ヘビーメタ（ル）　468	保育器　312	法律相談所　360
ペプシコーラ　287	ボイラー　275	ほうろう質　304
ヘムステッチ　267	ポイント　410,422,447	頬［骨］　305,306
ベランダ　273	法　359	頬紅　316
ペリメニ　291	法（律）学（者）　359	保温ポット　275
ベル　412	法案　361	帆かけ船　427
ベルカント　470	法医学　357	簿記　348
ヘルクレス座　400	棒浮き　456	捕球（する）　452
ベルト　264,424	防衛大臣　365	ホーク　412
ヘルニア，ヘルペス　302	「貿易」　352	ボクサー　445
ベルベット　263	貿易外収支　352	「ボクシング」　445
ヘルメット　454	貿易摩擦　352	北斗七星　400
ベレー帽　264	望遠レンズ　386	ポケット　261
弁　308	法科大学院　359	「保険」　377
ペン　322	防寒靴　268	保険会社　377
ペン画　482	砲丸投　443	保険金［支払い］　377
変換　388	ほうき　277	保険約款　378
便器　272	ほうき星　400	保険料　377
変記号　471	膀胱　307	歩行者天国　420
勉強部屋　272	方向舵　425	保護関税［貿易］　352
編曲（する）　470	方向指示灯　414	星　400
弁護側証人　356	帽子　264	干しアンズ　282
変光星　400	放射線科　298	星占い　400
弁護士［人］　356	傍証　356	保証　389
返済方法　340	法人税　345	ポシェット　264
編集［長，部］　388	宝石　265	母子家庭　271
偏食　279	宝石店　350	星空　400
返信　393	法曹界　359	母子手帳　313
		捕手　452

保守（政）党 363	ホーム［イン］ 452	マイクロバス 414
補助金 346	ホームウェア 260	毎月均等払い 340
補助席 462	ホーム［ゲーム］ 430	マイホーム 271
補助翼 425	ホームページ 391	マウス 387
ホース 277	ホームラン 452	マウスピース 446
ポーズ 379	ホラー［映画］ 460	マウンテンバイク 412
ポスター 369	ポラロイドカメラ 385	前売り 462
ホスト［コンピュータ］ 390	ポリエステル 263	前髪 450
母性愛［本能］ 313	掘りごたつ 273	前歯 303
舗装道路 420	ポリ袋 275,350	前身頃 266
保存 388	ボリューム 379	マーカー 321
ボータイ 264	ボール 274,442,452	マーガリン 282
ポタージュ 298	ポール 443	マカロニ 282,292
ぼたん雪 398	ボルガ 415	撒き餌 456
ポーチ 273	ボルシチ 291	巻尺 266
歩調 450	ボリショイ劇場 463	巻きスカート 261
勃起（する） 310	ホールディング 435	巻き戻し 379
北極星 400	ホールディングカンパニー 338	マーキュロ 315
ボックス席 462	ボルドーワイン色の 486	幕，幕間 462,464
ホッチキス 322	ポルノ映画 460	マグカップ 294
ポット［敷き］ 294	ボールペン 321	まぐさ 450
ホットパンツ 260	ボレー 432	マクドナルド 284
ホットメール 393	ホーレンソウ 282	マークシート 373
ホップ，ステップ，ジャンプ 443	ポロシャツ 261	マグニチュード 407
ポップアート 483	ホワイトボード 322	マグネシウム 449
ポップミュージック 467	ポーン 458	枕木 422
北方四島返還問題 354	本曇り 398	マグロ 281
北方領土 354	本社 332	マクロ経済学 343
ボディアッパー 445	本震 408	マーケティング 347
ポテトコロッケ 292	本体 387	孫 270
ポテトサラダ 291	ポンド 342	マジシャン 467
「ホテル」 328	ボンネット 415	マジック 467
歩道［橋］ 419,420	本番 461	マジックインキ 321
仏 492	本命 451	マシュマロ 289
ポニーテール 319	本屋 350	マスカラ 316
母乳 312	本読み 465	マスク 453
骨 305	本塁［打］ 452	マスゲーム 441
骨付き肉 281		マスコミ 369
牡馬（ぼば） 450	**［ま］**	マスト 426
ポピュラーソング 467		マゾヒズム 311
ボビン 267	マイク 380	股 305
		マタニティウェア 260

543

まだら 319	マンモスタンカー 426	見本市 348
待合室 422		耳［たぶ］ 305
マチネ 463	**[み]**	耳鳴り 300
待ち針 266		ミュージカル 469
真っ赤な 485	蜜柑（みかん） 282	ミュージックホール 466
真っ黒な 485	右側通行 419	名跡［襲名］ 477
まつ毛 305	ミキサー 275	みりん 283
マッシュポテト 292	右余白 389	ミルク入れ 294
マッシュルーム 282	ミクロ経済学 343	ミルクコーヒー 287
まっ白な 485	眉間 305	ミルクチョコレート 289
マッチポイント 432	未婚の母 271	ミルクティー 286
抹茶 286	未熟児 312	民間外交 354
待て 447	ミシン［針］ 266	ミンクのコート 261
マット 445	ミシン刺繡 267	民事部 356
窓 272,424	水瓶座 400	民宿 329
マトン→羊（の）肉	水着 437	民主党［員］ 363
まな板 274	水切り籠 274	民族友好 354
マニキュア 316	水差し 294	民法 360
マネージメント 344	水玉模様 261	
マフラー 264	水たまり 444	**[む]**
魔法瓶 275	ミスパンチ 445	
ママ 270	水まわり 273	無蓋貨車 422
継母 271	「店」 349	麦わら帽子 264
守り 458	水やり 277	婿 270
眉 305	みそ汁 293	無公害化 371
眉墨 316	みぞれ 398	無罪判決 356
眉ブラシ 317	見出し 367	無差別級 447
マヨネーズ 282	道 419	無地 261
マラソン［選手］ 443	ミックスジュース 287	蒸し煮する 291
マリネ 293	三つ揃い 260	虫歯 303
丸刈り 319	ミット 452	無重力状態 402
丸首セーター 260	密輸，密輸入［輸出］ 352	「無主語文」 242
満室 329	見通し 277	無職 336
饅頭 290	見所 326	無所属 363
満場一致 330	ミートボール 292	無人月探査ステーション 403
マンション 272	ミドル級 446,449	無神論［者］ 490
慢性（の） 300	ミドルシュート 434	息子，娘 270
マンツーマン・ディフェンス 429	ミトン 264	結び目 454
満点パパ 271	南十字星 400	無声映画 461
マンドリン 473	ミニスカート 261	無線 LAN 391
万年筆 321	ミニマム級 446	無担保融資 340
	ミネラルウォーター 288	鞭 450

むち打ち症　411	メラニン（色素）　317	モーニングコール　329
無賃乗客［乗車］　418	メール［アドレス］　393	モノ　379
無党派　363	メール（友）　393	物置［部屋］　273
「無人称文」　246	メールボックス　393	物差し　266
棟	メルマガ（ジン）　393	ものまね　468
胸　305	メロン　282	物もらい　302
胸肉　283	綿　263	モヘア　263
無配当株　337	免税店　424	木綿　263
無伴奏　470	面接　373	桃　282
紫色　485	明太　281	もも　305
紫の　485	メンチカツ　292	桃色　485
	めん棒　275	もも肉　283
［め］		靄（もや）　397
	［も］	模様替え　277
目　267, 305		門　273
名画劇場　382	モイスチャークリーム　317	モンゴウイカ　281
メイク　316	儲け主義　348	門歯　304
メイク［化粧］落とし　317	盲腸［炎］　301, 307	問診　298
銘酒　288	網膜炎［剥離］　302	紋付き　262
名所，名勝地　326	模擬試験　373	門灯　273
名人　458, 459	木魚　492	文部科学大臣　365
「命令，要求」　36	黙示録　491	
迷惑メール　393	木星　400	**［や・ゆ・よ］**
メインディッシュ　291, 296	木造の　272	
メインバンク　339	木炭画　482	やかん　274, 294
眼鏡　264	「目的」　76	山羊座　400
眼鏡屋　350	文字化け　393	焼き魚　292
メガバイト　387	モジュール　403	焼き鶏　293
女神　489	モスキート級　446	焼豚　281
メーキャップ［係］　465	モスク　489	焼き物　293
メゾソプラノ　469	モスクワ芸術座劇場　463	「野球」　452
目出し帽　264	モスリン　263	野球場［選手］　452
メーターパネル　415	餅菓子　290	薬局　314
目玉焼き　292	木管楽器　472	役　465
メダリスト　428	木琴　473	役員
メタル　428	モデム　387	薬学　314
メドレーリレー　437	モーテル　329	薬剤［師］　314
メトロカード　416	モデル　487	役者絵　477
メニュー　296	モニター　387	薬草［酒］　288
メモ帳　321	モニタコネクタ　389	屋号　477
メモリー　379, 387	モーニング［コート］　262	夜行［列車］　422
メモリーフラッシュ　386	モーニングカップ　294	野菜　281

545

野菜サラダ 291	床 272	横揺れ 408
安売り 347	床上［床下］浸水 407	横襟 447
屋台 349	床運動 441	予算案 345
野鳥 283	浴衣 262	予算委員会 362
薬局 299,314,351	雪 397	余震 408
野党［第一党］ 363	ユーザー［名］ 391	予選 429
屋根［裏部屋］ 272,273	油彩 482	酔っ払い運転 410
山歩き 325,454	輸出［超過］ 352	与党 363
山火事［崩れ］ 406,407	輸出入銀行 340	予備費 345
山小屋［登り］ 454	輸送機 424	読み込み 388
山場→クライマックス	輸送船 426	嫁 270
ヤリイカ 281	ユダヤ［教会，教徒］ 489	予約 319
槍投 443	ゆで卵 292	夜の部 463
湯 286	ゆでる 291	よろい戸 273
油圧ゲージ 415	輸入 352	弱火 293
有蓋貨車 422	輸入［輸出］手形 353	四車線 419
有給休暇 335	輸入国 352	四輪駆動 414
遊撃手 452	輸入超過 352	
有効 447	湯のし 266	**［ら］**
友好団体［関係］ 354,355	指先 305	
友好条約 355	指ぬき 266	雷雨 397
有罪判決 356	指環 265	来世 490
融資 346	湯船 272	ライト 452
優勝 428	弓 473	ライト級 446,449
夕食 279	揺れ 407	ライトバック 430
有人軌道ステーション 403	ユーロ 342	ライトバン 414
遊星 400	湯沸かし器 275	ライトフライ級 446
優勢勝ち 447	与圧部 403	ライトヘビー級 446,449
優先株 337	洋画 482	ライブ録音 380
有線テレビ 381	羊羹 290	ライフル射撃 440
夕立 397	溶岩流 408	ライ麦パン 284
誘導路 424	謡曲 480	ライラックの 486
｢郵便｣ 323	腰痛 300	ラインズマン 433
郵便受け 272,324	洋服 260	ラウンド 445
郵便為替［振替］ 324	養毛剤 320	落語 468
郵便局［局長，配達，番号］ 323	容量 387	落第する 373
郵便物	預金 339	落馬 450
幽門 308	浴槽 272	落雷 397,408
遊覧船 426	ヨーグルト 282	ラケット 432,433
有料テレビ 329	予［預］言者 490	ラジカセ 379
有料道路 420	横波 408	ラシャ 263
	予告編 460	ラーダ 415

裸体画　482
ラッパズボン　260
ラップ　275
ラディッシュ　282
ラード　281
ラプソディー　470
ラベル　322
乱切り　293
卵細胞　310
卵子　310
ランジェリー　261
卵巣　310
ランディングバーン　439
ランデブー　402
乱取り　447
ランナー　452
ランプ　283, 412

[り]

リアバンパー　414
リアリズム　487
利益　347
リーグ戦　428
「陸上競技」（選手）　443
離婚　271
利潤　347
リストバンド　433
リストラ　335
リズム　488
リズム体操　441
リセット　387
リーダー　455
離着陸用滑走路　424
陸橋　422
立憲君主制［主義］　359
リップクリーム　317
リップスティック　316
立法権　360
リート　470
リード　472
離乳［食］　312

リネン　263
リバウンド［パス］　434
リハーサル　465
リハーサル室　463
リハビリ　299
リピート　379
リビングルーム　272
リフティング　449
リフト　439
リボン　442
リム［ブレーキ］　412, 415
流感　300
竜骨　426
流産　312
流水路　277
「理由，原因」　81
流星　400
リュックサック　454
リューマチ　301
両替［所］　341
料金所　420
領事［館］　354
両親　270
両手打ち　432
領土問題　355
涼風　397
両面コピー　321, 395
両面テープ　321
「料理」　291
料理法　293
旅客機　424
旅客乗降機　424
緑地帯　420
緑茶　286
緑内障　302
旅券　326
「旅行」　325
旅行記　487
旅行保険　377
リラ　342
離陸［態勢］　424
リール　456

リレー　437, 443
リング　434, 445, 456
臨月　312
リンゴ　282
臨時国会　361
輪唱　470
臨時列車　421
輪廻　492
淋病　302, 311
林野庁　365

[る]

ルアー　457
塁　452
塁審　452
「類似」　110
類焼　405
ルーク　458
留守（番）電（話）　383
ルーティン　438
ルーテル教会
ルート　454
ルバーシア　263
ルーブル　342
ルーペ　322
ルポ　381
ルポルタージュ　487
ルームサービス［メイド］　328
るり色の　486

[れ]

礼　447
霊安室　299
冷感症　310
冷却器　415
霊魂不滅　490
冷酒　288
冷水　274
冷凍庫［室］　274

冷凍船　426
冷凍冷蔵庫　274
礼服　262
冷房　273
レイヤーカット　319
レインコート　262
レオタード　442
レガーズ　453
歴史小説　487
レザーカット　319
レーザーディスク　379
レーザープリンタ　395
レシーブ　432,435
レジ［係］　350
レシート　350
レジャー施設　329
レーシングカー　414
レース　263,451
「レストラン」　296
レタス　282
レチタチーヴォ　475
レッグウォーマー　264
列車　421
烈震　408
レッドカード　430
レバー　281
レパートリー　464
レフェリー　445,449
レフト　452
レフトハーフ　430
レフトバック　430
レポーター　381
レモン［ティー］　282,286
レーヨン　263
レリーフ　483
恋愛小説　487
煉瓦色の　486
レンガ造りの　272
レンコン　283
レンジフード　274
練習曲→エチュード
レントゲン写真　299

［ろ］

絽　263
炉　276
廊下　272
労働［者］　335
労働基準法　360
労働党　363
老廃物　317
路肩　419
ログイン［名］　391,393
録音（する）　379
肋膜［炎］　302,307
ロケ（ーション）　461
ロケット　265
ロケット燃料　403
ロケハン　461
ロゴマーク　369
ロココ　483
「ロシア正教会」　493
ロシアの政党　364
ロシア文学　487
ロシア料理　291
露出　386
ロスタイム　429
路線［タクシー］　416
肋間神経　307
ロック　467
ロッククライミング　454
ロックンロール　469
肋骨　305,307
六法全書　359
ローディングブリッジ　424
ロードショー　460
ロードレース　412
ロードリブル　434
ロビー　328,462
ロブ　433
ロープ　442,445
ロープウェー　439
ロブスター　281

ロープデコルテ　262
ローブロー　445
ロマネスク　433
ローマ法王（庁）　490
ロマン主義　487
ロマンス　488
ロマンチシズム　487
路面電車　416
路面凍結　397
ロールオーバー　444
ロールキャベツ　291
ロールケーキ　289
ロールパン　284
ローン　339
論告　356
ロングシュート　434
ロングフック　445

［わ］

輪　442
ワイシャツ　261
ワイドショー番組　382
ワイパー　414
ワイヤレス接続　391
ワイヤレスマイク　380
ワイン　287
ワイングラス　294
ワインレッド　486
和音　469
和菓子　290
ワーカーホーリック　336
ワキ　480
ワギナ　310
わき見運転　410
わき腹　305
脇役　460,464
輪切り　293
惑星　400
惑星間飛行　401
話芸　467
分け目　319

548

輪ゴム	322	ワックス	319	ワールドカップ	430
ワゴン	414	和風旅館	329	ワールドシリーズ	453
技あり	447	和服	260	ワンタッチ	435
鷲座	400	「話法」	253	ワンタッチダイヤル	384
和食	291	わらじ	269	ワンツーパンチ	445
渡し船	426	割引	347	ワンハンドパス	434

藤沼　貴（ふじぬま　たかし）

1931年生。
早稲田大学大学院博士課程修了。文学博士。
早稲田大学名誉教授。創価大学名誉教授。
主要著書
『ロシア語スキット集』（NHK）、『和露辞典』（研究社）
『近代ロシア文学の原点』（れんが書房新社）
『トルストイの生涯』、『トルストイ』（以上第三文明社）
主要訳書　トルストイ『幼年時代』、『少年時代』、『戦争と平和』（以上岩波文庫）。
『アンナ・カレーニナ』、『復活』（以上講談社）

新版　ロシア語ハンドブック　　　定価はカバーに表示してあります。

2016年9月30日　新版発行Ⓒ

著　者	藤　沼　　　貴
発行者	揖　斐　　　憲
発　行	東洋書店新社

〒150-0043　東京都渋谷区道玄坂1丁目
19番11号　寿道玄坂ビル4階
　　　　電　話　03-6416-0170
　　　　ＦＡＸ　03-3461-7141

発　売　垣内出版株式会社
〒158-0098　東京都世田谷区上用賀6丁目
16番17号
　　　　電　話　03-3428-7623
　　　　ＦＡＸ　03-3428-7625

印刷・製本　株式会社光陽メディア
装　幀　クリエイティブ・コンセプト

落丁，乱丁本はお取り替え致します。　　　　ISBN 978-4-7734-2020-3

東洋書店新社の好評関連書

現代ロシア語文法 [新版]
城田　俊著
A5・688頁・本体価格4,800円

- 初めてロシア語を学ぶ人を対象に、分かりやすく、しかも体系的に編集。
- 読解・作文・文法の基本的事項を網羅し、さらに熟読することで会話・通訳・翻訳能力の準備段階まで習得できる、情報量豊富な本格的実用参考書。

ロシア語文法便覧 [新版]
宇多文雄著
A5・484頁・本体価格4,200円

- 辞書のように使い込むうちに自然とロシア語の実力を高めることができる実用的文法書。音声学・音韻論から形態論、統語論までこの一冊にすべて収録。
- 本格的かつ実用的な文法書。

一冊目のロシア語 CD付き [新版]
中澤英彦著
A5・256頁・本体価格2,000円

- 初学者がまず手に取るべき、最良の入門書
- ロシア語のエッセンスを反復練習し、はじめての方でも論理的に学べる。
- 最初の5課は、ロシア語にルビ付きで安心。

ロシア語使える文型80 CD付き [新版]
佐山豪太著
A5・198頁・本体価格2,800円

- 「初級を終えたけれど、その先が…」「読めるけれど、しゃべれない…」という人に。
- 単語と合わせて「文型」=表現の型を覚えることで、言いたかったことが形になる！
- 実践的な会話のために、使える文型を80厳選し、用法が身につくよう例文を豊富に用意

ロシア語で読む星の王子さま CD付き [新版]
八島雅彦訳注
A5・176頁・本体価格2,800円

- サンテグジュペリの名作をロシア語で。楽しんでロシア語が身につく。
- 読解力をつけたい初級を終えた読者におすすめ。
- 耳でも楽しめる朗読CD付き。

時事ロシア語 [新版]
加藤栄一著
A5・304頁・本体価格2,800円

- BBC等の実際のニュース報道を素材にして、最新の「時事ロシア語」を政治、経済から文化にいたるまで詳細に解説。
- 豊富な索引も付き、一冊で新聞、雑誌からネットまで「時事ロシア語」が分かる！

現代ロシア語文法 中・上級編 [新版]
城田　俊・八島雅彦著
A5・368頁・本体価格3,800円

- ロシア語学習で最重要のキーである「格」と「前置詞」の用法について（第1部）、より自然なロシア語を習得するために、語彙と慣用的表現について（第2部）詳述。
- ロシア語完全マスターまであと一歩、の学習者のためのハイレベルな一冊。